Eidel · Moderne Verfahren
der Unternehmensbewertung
und Performance-Messung

Rechnungs- und Prüfungswesen

Herausgegeben von Prof. Dr. Karlheinz Küting
RA/WP/StB Prof. Dr. Claus-Peter Weber

Moderne Verfahren der Unternehmensbewertung und Performance-Messung

Kombinierte Analysemethoden auf der Basis von US-GAAP-, IAS- und HGB-Abschlüssen

von Dipl.-Kffr. Dr. Ulrike Eidel

Verlag Neue Wirtschafts-Briefe
Herne/Berlin

Die Deutsche Bibliothek – CIP-Einheitsaufnahme

Eidel, Ulrike:
Moderne Verfahren der Unternehmensbewertung und Performance-Messung : kombinierte Analysemethoden auf der Basis von US-GAAP-, IAS- und HGB-Abschlüssen / Ulrike Eidel. – Herne ; Berlin : Verl. Neue Wirtschafts-Briefe, 1999
(Rechnungs- und Prüfungswesen)
Zugl.: Saarbrücken, Univ., Diss., 1999
ISBN 3-482-51301-5

ISBN 3-482-**51301**-5

Druck: Druckerei Plump OHG, Rheinbreitbach.

GELEITWORT

Die Unternehmensbewertung und Performance-Messung sind in jüngerer Vergangenheit immer stärker von internationalen Entwicklungen beeinflußt worden, sei es aufgrund des Shareholder Value-Gedankens oder der zunehmenden Anwendung von internationalen Rechnungslegungsvorschriften, die voraussichtlich noch durch die Umsetzung des KapCoRiLiG forciert wird.

Frau Dr. Ulrike Eidel stellt in der vorliegenden Arbeit die in der US-amerikanischen und kanadischen Unternehmenspraxis am weitesten verbreiteten Maßstäbe zur Performance-Messung – Economic Value Added (EVA), Cash Value Added (CVA) und Cash Flow Return on Investment (CFROI) – dar. Dabei wird die konkrete Ermittlung der Performance-Maßstäbe auf Basis von US-GAAP-, IAS- und HGB-Abschlüssen erläutert.

Die Attraktivität dieser Maßstäbe zur periodenbezogenen Erfolgsbeurteilung liegt vor allem darin begründet, daß sie unter Berücksichtigung von Prognosen in einen Unternehmenswert überführt werden können. Neben einer Darstellung, auf welche Weise mittels des EVA, CVA und CFROI eine Unternehmensbewertung durchgeführt werden kann, wird die Verbindung dieser ‚neuen' Bewertungsverfahren zu den traditionellen Zukunftserfolgswertverfahren – Discounted Cash Flow- und Ertragswertverfahren – herausgearbeitet.

Des weiteren geht Frau Dr. Eidel auf das in den USA neben dem Discounted Cash Fow-Verfahren bedeutendste Verfahren zur Bewertung von Unternehmen – den Marktwertansatz – ein. Der Marktwertansatz bzw. das Price-Earnings-Ratio-Modell als seine wichtigste Variante koppelt sich sowohl von den traditionellen Zukunftserfolgswertverfahren als auch den neuen Bewertungsverfahren ab und stellt einen eigenständigen Bewertungsansatz dar. Wesentliche Komponente des Price-Earnings-Ratio-Modells ist die Unternehmenskennzahl Earnings per Share, deren Ermittlung und Informationsgehalt nach den US-GAAP, IAS und der Empfehlung der DVFA/SG dargestellt und beurteilt wird.

Die vorliegende Publikation zeigt sowohl dem Wissenschaftler als auch dem Praktiker die Zusammenhänge der neuen und traditionellen Verfahren der Unternehmensbewertung auf und gibt konkrete Handlungsanweisungen bei einer Unternehmenbewertung und Performance-Messung auf Basis von US-GAAP-, IAS- und HGB-Abschlüssen.

Saarbrücken, im Juli 1999   Prof. Dr. Karlheinz Küting

VORWORT

Die klassischen (Zukunftserfolgswert-)Verfahren der Unternehmensbewertung – das in Deutschland dominierende Ertragswert- und das international übliche Discounted Cash Flow-Verfahren – werden zunehmend kritisiert. Die Kritik kommt insbesondere von seiten der Unternehmensberater, die zugleich ihre eigenen Bewertungskonzepte unter dem Schlagwort ‚Shareholder Value' vorstellen. Die vorliegende Arbeit erläutert, systematisiert und beurteilt die populärsten ‚neuen' Unternehmensbewertungsmethoden unter Berücksichtigung internationaler Bilanzierungsgepflogenheiten.

Sie entstand während meiner Tätigkeit als wissenschaftliche Mitarbeiterin am Institut für Wirtschaftsprüfung an der Universität des Saarlandes. Sie wurde im Sommersemester 1999 von der Rechts- und Wirtschaftswissenschaftlichen Fakultät unter dem Titel "Kombinierte Methoden der externen Unternehmensbewertung und Performance-Messung im internationalen Bilanzierungskontext – Earnings per Share, Economic Value Added, Cash Flow Return on Investment" als Dissertation angenommen.

An dieser Stelle möchte ich meinem verehrten Doktorvater, Herrn Prof. Dr. Karlheinz Küting, für die wissenschaftliche Betreuung der Arbeit danken sowie Herrn Prof. Dr. Horst Glaser für die Übernahme des Koreferats. Ferner danke ich den Mitarbeitern des CIERA an der University of Illinois at Urbana-Champaign für ihre Gastfreundschaft bei meinem Auslandsaufenthalt in den USA sowie dem DAAD für das hierfür bereitgestellte Forschungsstipendium.

Meinen Eltern danke ich von ganzem Herzen für ihren liebevollen Rückhalt sowie ihr fortwährendes Interesse während meines Studiums und meiner Lehrstuhlzeit.

Mein ganz besonderer Dank gilt Michael Strickmann für seine vielfältige Unterstützung und Offenheit, sei es bei der Durchsicht des Manuskripts oder der Vorbereitung meines Auslandsaufenthalts. Vor allem aber danke ich ihm für die abwechslungsreiche und glückliche Zeit, die wir gemeinsam am und insbesondere außerhalb des Lehrstuhls verbringen durften.

Kehl, im Juli 1999   Ulrike Eidel

INHALTSÜBERSICHT

INHALTSVERZEICHNIS

ABBILDUNGSVERZEICHNIS

ABKÜRZUNGSVERZEICHNIS

a.A.	andere(r) Auffassung
a.M.	am Main
AAR	accounting rate of return
Abs.	Absatz
AcSEC	Accounting Standards Executive Committee
AG	Aktiengesellschaft
AICPA	American Institute of Certified Public Accountants
AIN	Accounting Interpretation (des AICPA)
AktG	Aktiengesetz
AMEX	American Stock Exchange
APB	Accounting Principles Board
ARB	Accounting Research Bulletin
BCG	Boston Consulting Group
BörsG	Börsengesetz
BörsZulV	Börsenzulassungsverordnung
bspw.	beispielsweise
bzgl.	bezüglich
bzw.	beziehungsweise
ca.	circa
CAP	Committee on Accounting Procedure
CAPM	Capital Asset Pricing Model
CE	costs of equity
CEO	Chief Executive Officer
CFA	Chartered Financial Analysts
CFROI	Cash Flow Return on Investment
Co.	Company
CPA	Certified Public Accountant
CRSP	Center For Research In Security Prices
CVA	Cash Value Added
DAX	Deutscher Aktienindex
d. Verf.	die Verfasserin
d.h.	das heißt
DCF	Discounted Cash Flow
diesbzgl.	diesbezüglich
DM	Deutsche Mark

DVFA	Deutsche Vereinigung für Finanzanalyse und Anlageberatung e.V.
e.g.	for example
e.V.	eingetragener Verein
E/P	Earnings Price-Ratio
EBIT	earnings before interests and taxes
EITF	Emerging Issues Task Force
emp.	empirisch
EMT	Effizienz-Markt-These
EPS	Earnings per Share
ESt	Einkommensteuer
EStG	Einkommensteuergesetz
etc.	et cetera
ev.	eventuell
EVA	Economic Value Added
excl.	exclusive
f.	folgende
FASB	Financial Accounting Standards Board
FAZ	Frankfurter Allgemeine Zeitung
FCF	free Cash Flow
ff.	fortfolgende
FIFO	first in-first out
FN	Fußnote
GE	Geldeinheit, General Electrics
GewESt	Gewerbeertragsteuer
GewStG	Gewerbesteuergesetz
ggf.	gegebenenfalls
GmbHG	Gesetz betreffend die Gesellschaften mit beschränkter Haftung
HFA	Hauptfachausschuß des IDW
HGB	Handelsgesetzbuch
h.M.	herrschende Meinung
Hrsg.	Herausgeber
html	hypertext markup language
http	hypertext transfer protocol
i.Br.	im Breisgau
i.d.R.	in der Regel
i.S.v.	im Sinne von
i.V.m.	in Verbindung mit
IAS	International Accounting Standards

IASC	International Accounting Standards Board
ICO	income from continiuing operations
IDW	Institut der Wirtschaftsprüfer in Deutschland e.V.
Inc.	Incorporation
incl.	inclusive
IPO	Intitial Public Offering
IRR	internal rate of return
IRS	Internal Revenue Service
KapAEG	Kapitalaufnahmeerleichterungsgesetz
KSt	Körperschaftsteuer
KStG	Körperschaftsteuergesetz
LIFO	last in-first out
LP	Limited Partnership
MDAX	Mid Cap-DAX
M&A	Mergers & Acquisitions
Mio.	Million(en)
Mrd.	Milliarde(n)
MV/EBIT-Ratio	Market Value-Earnings Before Interests and Taxes-Ratio
MVA	Market Value Added
NASDAQ	National Association of Security Dealers Automated Quotation
No.	Number
NOPAT	net operating profit after tax
NPV	net present value
Nr.	Nummer
NYSE	New York Stock Exchange
OA	operating assets
o.O.	ohne Ortsangabe
OROA	operating return on assets
o.V.	ohne Verfasser
OTC	over the counter
p.a.	per annum
P/B-Ratio	Price Book-Ratio
P/E-Ratio	Price Earnings-Ratio
PBO	projected benefit obligation

PublG	Gesetz über die Rechnungslegung von bestimmten Unternehmen und Konzernen (Publizitätsgesetz)
PVED	present value of expected dividends
R&D	Research and Development
Reg.	Regulation
REVA	Refined Economic Value Added
RI	residual income
Rn.	Randnummer(n)
ROE	return on equity
ROI	return on investment
ROIC	return on invested capital
SAB	Staff Accounting Bulletin(s) (der SEC)
SABI	Sonderausschuß Bilanzrichtliniengesetz
SEC	Securities and Exchange Commission
S.	Scite(n)
SFAC	FASB Concept Statement
SFAS	Statement of Financial Accounting Standards No.
SG	Schmalenbach Gesellschaft – Deutsche Gesellschaft für Betriebswirtschaft e.V.
SIC	Standard Industrial Classification Code
sog.	sogenannte(r,s)
SOP	Statement of Position
StückAG	Stückaktiengesetz
u.a.	unter anderem/und andere
UK	United Kingdom
URL	Uniform Ressource Locator
US, U.S.	United States
USA, U.S.A.	United States of America
US-GAAP	US-Generally Accepted Accounting Standards
usw.	und so weiter
vgl.	vergleiche
Vol.	Volume
vs.	versus
WACC	weighted average cost of capital
WP	Wirtschaftsprüfer
z.B.	zum Beispiel

Teil 1: Einleitung

I. Wirtschaftliches Umfeld

Dem Aktienmarkt schenken in jüngerer Zeit Kapitalanbieter wie auch -nachfrager eine erhöhte Aufmerksamkeit. Auf der einen Seite nutzen die Unternehmen als Kapitalnachfrager den Aktienmarkt nicht länger allein zur Finanzierung ihrer wirtschaftlichen Aktivitäten, sondern auch für andere Zwecke, wie etwa zur Steigerung ihres Prestiges, das durch die tägliche Notierung in der Finanzpresse und die damit verbundenen Unternehmensmeldungen eine Reihe von positiven Rückwirkungseffekten auslöst. Ferner wird oftmals eine Aktiennotierung an ausländischen Börsen angestrebt, sei es zwecks Erhöhung des Bekanntheitsgrades im Ausland oder um eine bloße Steigerung der Aktiennachfrage zu erzielen. Auf der anderen Seite steigt das Interesse der privaten Anleger als Kapitalanbieter an einer Anlage in Aktien. Allein die (Erst-)Emission der Deutsche Telekom AG hat im Jahr 1996 etwa 500.000 Neuaktionäre in Deutschland hervorgebracht. Darüber hinaus nimmt auch die Professionalität der institutionellen Aktionäre zu, die ebenfalls einen wachsenden Teil ihres Vermögens in verschiedenen Ländern anlegen, um die positiven Effekte einer internationalen Diversifikation zu nutzen.

Die veränderten Rahmenbedingungen und der damit einhergehende verschärfte Wettbewerb an den Kapitalmärkten haben zwei wesentliche Veränderungen im Verhalten der Marktteilnehmer mit sich gebracht:

(1) Unternehmen wenden zunehmend **internationale Rechnungslegungsvorschriften** an und zwingen dadurch die Anleger, internationale Aspekte in ihrer Analyse der Unternehmensinformationen zu berücksichtigen.

(2) Immer mehr Unternehmen implementieren für die interne Leistungsmessung und die Bewertung alternativer Unternehmensstrategien auf den Kapitalmarkt gerichtete **Shareholder Value-Konzepte.** Diese Shareholder Value-Ansätze eröffnen den Anlegern wiederum neue Möglichkeiten zur externen Unternehmens- und Aktienbewertung.

Das Interesse der Anleger und insbesondere der Aktienanalysten an neuen Modellen zur Bewertung von Unternehmen ist groß. Dies liegt zum einen in Unzulänglichkeiten der traditionellen Bewertungsinstrumente begründet. Zum anderen darf nicht übersehen werden, daß die Bewertungsmodelle für die Analysten ein entscheidendes Verkaufsinstrument darstellen und sie sich mit neuen Produkten von anderen Marktteilnehmern abheben können.[1]

II. Problemstellung

Das am weitesten verbreitete Modell zur Bewertung von Aktien ist das **Price Earnings-Ratio-Modell** (P/E-Ratio-Modell), in das die Unternehmenskennzahl **Earnings per Share** (EPS) eingeht. Das P/E-Ratio-Modell ist das klassische Bewertungsmodell der fundamentalen Aktienanalyse. EPS-Kennzahlen gehören infolgedessen international zu den meistveröffentlichten bilanzanalytischen Kennzahlen sowohl in der Finanzpresse als auch in den Jahresabschlüssen der Unternehmen und werden regelmäßig von Finanzanalysten prognostiziert.

In jüngerer Vergangenheit werden jedoch EPS-Daten – trotz internationaler Harmonisierungsmaßnahmen – heftig kritisiert. Die Kritik rührt nicht nur von wissenschaftlicher Seite her, sondern wird insbesondere von Unternehmensberatern geäußert.[2] Letztere stellen zugleich verschiedenartige eigene Bewertungskonzepte unter dem Schlagwort ‚Shareholder Value' vor und stehen miteinander in einem scharfen Wettbewerb.[3]

Zu diesen neuen Bewertungsmethoden gehören das **Cash Flow Return on Investment-Modell** (CFROI-Modell) und das **Economic Value Added-Modell** (EVA-Modell)[4]. Beide Bewertungsmaßstäbe wurden von US-amerikanischen Unternehmensberatungsgesellschaften konzipiert. Neben diesen beiden Mo-

---

1 Jackson, Global Director of Equity Research bei CS First Boston, weist auf die Bedeutung der Bewertungsmethoden bei der Kommunikation mit Kunden hin: „I was looking for some valuation technique that would differentiate our research product and provide a value-added service to our clients." Jackson, A. (EVA at CS First Boston 1996), S. 98.

2 „Companies have looked for measures that are better correlated with the creation of shareholder value to evaluate their business units and managers." Davis, H.A. (Cash Flow and Performance Measurement 1996), S. 19.

3 Die Anzeigen der Unternehmensberater lauten entsprechend: „Vergessen Sie traditionelle Kennzahlen wie EPS, ROE oder ROI. Die wahre Meßlatte für den Erfolg Ihres Unternehmens ist EVA." Anzeige der Stern Stewart Europe Limited in Capital, November 1997, S. 80.

4 Siemens wendet seit 1998 als erstes deutsches Unternehmen das EVA-Konzept von Stern Stewart & Co. als Performance-Maßstab an. Vgl. O.V. (Valuing Companies 1997), S. 53.

dellen, die wohl zu den bekanntesten zählen,[5] wird der Markt mit einer ganzen Reihe anderer mehr oder weniger ähnlicher Modelle regelrecht überflutet.

Die Attraktivität dieser beiden Bewertungsmodelle, aber auch des P/E-Ratio-Modells, liegt darin begründet, daß sie auf einem **Maßstab zur periodenbezogenen Erfolgsbeurteilung bzw. Performance-Messung** – den EPS, dem CFROI oder dem EVA – beruhen. Dieser kann schließlich unter Berücksichtigung von Prognosen in einen **Unternehmens- oder Aktienwert** überführt werden, indem er in das entsprechende Bewertungsmodell integriert wird. Alle drei Bewertungsmodelle erheben den Anspruch, eine Alternative zu den bei der externen Bewertung als zu aufwendig, komplex und nicht praktikabel empfundenen Zukunftserfolgswertverfahren (Discounted Cash Flow- oder Ertragswertverfahren) darzustellen. Sie stellen de facto **kombinierte Verfahren zur Unternehmensbewertung und Performance-Messung** dar.

III. Zielsetzung und Aufbau der Arbeit

Ziel der vorliegenden Arbeit ist es, die kombinierten Verfahren zur Unternehmensbewertung und Performance-Messung – das P/E-Ratio-Modell als klassisches Instrument der Aktienbewertung sowie das CFROI- und das EVA-Modell als neue Bewertungsmodelle – darzustellen und zu beurteilen. Im Mittelpunkt stehen dabei die EPS, der CFROI und der EVA, die zum einen in das Bewertungsmodell eingehen und zum anderen bei isolierter Betrachtung als Maßstäbe zur Messung der Performance einer Periode dienen.

In den Teilen 2 und 3 werden hierfür die Grundlagen gelegt, wobei Teil 2 vorerst eine Einordnung der **fundamentalen Aktienanalyse,** deren Zielsetzung gerade in der Aktienbewertung liegt, innerhalb der Wertpapieranalyse vor-

---

5 „BCG's CFROI and its rival EVA™ (economic value added), a performance measurement system developed by Stern Stewart in New York, happen to be two of the more popular tools finance executives are reaching for." Birchard, B. (New Metrics 1994), URL: http://www.cfonet.com/cgi-bin/vdkw_cgi/xb04302e3-2552/Search/245428/8.

Bei einer Befragung von 153 Unternehmen in den USA und Canada gaben 26% der Unternehmen an, daß sie den EVA entweder allein oder gemeinsam mit anderen Performance-Maßstäben verwenden, und bei 21% der Unternehmen wird der CFROI allein oder gemeinsam mit anderen Performance-Maßstäben zur Leistungsbeurteilung herangezogen. Vgl. Davis, H.A. (Cash Flow and Performance Measurement 1996), S. 6. EVA™ ist ein von Stern Stewart & Co. eingetragenes Warenzeichen. Vgl. O.V. (Valuing Companies 1997), S. 53.

nimmt. Des weiteren wird die Notwendigkeit und die Stellung der fundamentalen Aktienanalyse in der Praxis diskutiert.

Teil 3 stellt die Methoden der **fundamentalanalytischen Aktienbewertung** den **Methoden der Unternehmensbewertung** gegenüber und erläutert deren Gemeinsamkeiten und Unterschiede. Anschließend werden die Grundkonzeptionen der Unternehmens- bzw. Aktienbewertungsverfahren anhand der Bewertungsmodelle von Miller und Modigliani dargestellt.

Auf die **Bewertungsmodelle von Miller und Modigliani** lassen sich sämtliche am Kapitalwertkalkül orientierte Unternehmensbewertungsmethoden zurückführen. Dies trifft sowohl für die traditionellen Zukunftserfolgswertverfahren – Ertragswert- und Discounted Cash Flow-Verfahren – als auch für die hier zur Diskussion stehenden kombinierten Bewertungsmodelle zu. Zudem können direkte Verbindungen zwischen den traditionellen und den kombinierten Bewertungsverfahren ausgemacht werden.

Teil 4 erläutert die Ermittlung des **Unternehmenswerts** nach dem CFROI-, dem EVA- und dem P/E-Ratio-Modell. Des weiteren wird die konkrete Beziehung der drei kombinierten Bewertungsverfahren zu den Modellen von Miller und Modigliani sowie den traditionellen Bewertungsverfahren dargelegt. Vor dem Hintergrund des Anspruchs der neuen Bewertungsverfahren, die klassischen Modelle ablösen zu können, wird dabei insbesondere ihr Informationsgehalt beurteilt.

Teil 5 geht schließlich detailliert auf die Ermittlung der **Performance-Maßstäbe** sowie ihren Informationsgehalt ein. Entsprechend dem durch das KapAEG in Zukunft voraussichtlich weiter forcierten Trend zur Internationalisierung der externen Rechnungslegung beschränkt sich die Untersuchung nicht auf Unternehmen, die nach HGB-Normen Rechnung legen.[6] Vielmehr erstreckt sich die Analyse auch auf die Normengefüge der US-Generally Accepted Accounting Standards (US-GAAP) sowie der International Accounting Standards (IAS).

Abbildung 1 gibt den Aufbau der Arbeit graphisch wieder.

---

6   Im Zuge des KapAEG, das 1998 in Kraft getreten ist, wurde § 292a in das HGB eingefügt. Dieser befreit unter bestimmten Bedingungen börsennotierte Mutterunternehmen in der Rechtsform einer Kapitalgesellschaft von ihrer Verpflichtung zur Konzernrechnungslegung gemäß den §§ 290 ff. HGB, wenn statt dessen nach internationalen Grundsätzen Rechnung gelegt wird. Vgl. hierzu ausführlich Kessler, H./Strickmann, M. (Konzernrechnungslegung 1998), S. 611.

Abbildung 1: Aufbau der Arbeit

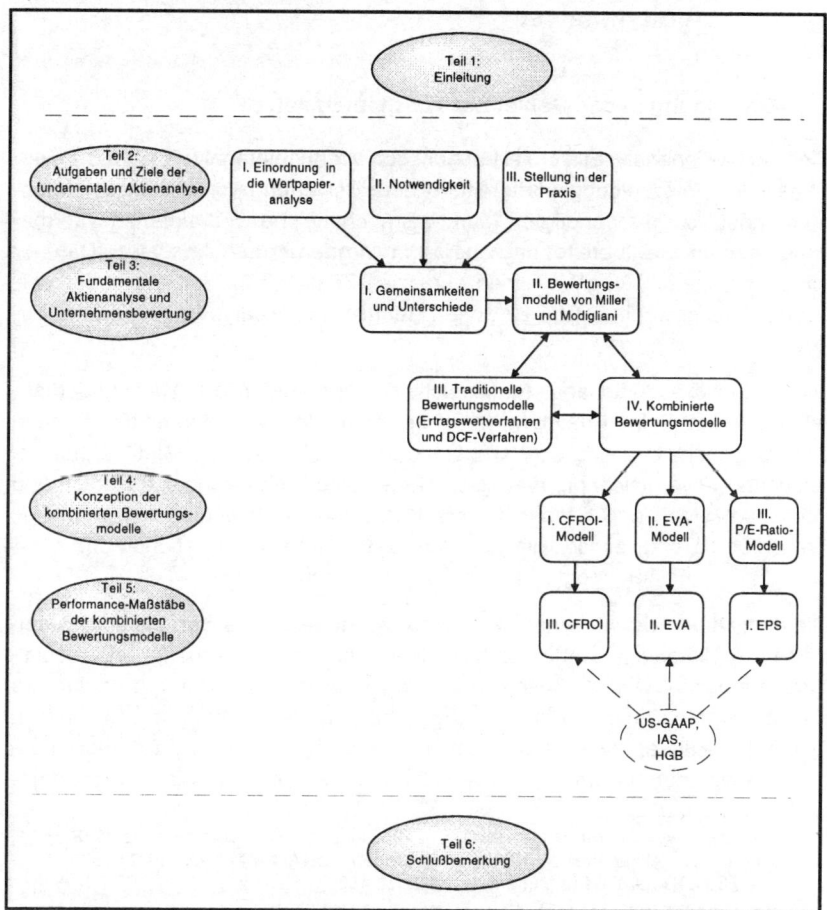

Teil 2: Aufgaben und Stellung der fundamentalen Aktienanalyse

I. Einordnung in das Gebiet der Wertpapieranalyse

Ziel der Aktienanalyse als Teilbereich der Wertpapieranalyse ist es, in der Phase der Entscheidungsvorbereitung eine Bewertung von Aktien vorzunehmen, indem sie die benötigten Markt-, Branchen- und Unternehmensinformationen sammelt, aufbereitet und auswertet (**fundamentale Analyse**).[7] Darüber hinaus hat sie die Aufgabe, einen günstigen Zeitpunkt für den Kauf oder Verkauf der ausgewählten Titel zu treffen (**technische Analyse** oder Chartanalyse).

Die technische Aktienanalyse verzichtet – im Gegensatz zur Fundamentalanalyse – auf eine Ermittlung von Kurseinflußfaktoren und versucht, diese in ihrer Gesamtheit zu erfassen, wobei sie das Geschehen am Markt selbst untersucht. Sie vergleicht die graphisch dargestellte Entwicklung von Kursen und Börsenumsätzen und beobachtet die Kurs- und Indexverläufe mit dem Ziel, Trends und Trendwechsel, die sich anhand bestimmter Formationen des Kursverlaufs ankündigen, möglichst frühzeitig zu erkennen.[8]

Die endgültige Auswahl einer Aktie hängt von den spezifischen Zielen des einzelnen Kapitalanlegers ab. Gemäß seinen Rendite-, Sicherheits- und Liquiditätspräferenzen[9] wird im Anschluß an die **Einzelanalyse** ein für ihn optimales Depot (Portefeuille) aus Aktien und ggf. auch anderen Wertpapieren erstellt. Die **Portefeuilleanalyse**[10] berücksichtigt dabei die Risiko- und Ertragswirkungen, die sich durch Kombination verschiedener Aktien bzw. Wertpapiere erge-

---

7 Vgl. Buchner, R. (Grundzüge 1981), S. 218; Dinauer, J.W. (Aktienanalyse 1978), S. 1; Kienast, R. (Aktienanalyse 1976), S. 9; Siebert, G. (Aktienanalyse 1972), S. 7; Penman, S.H. (Return to Fundamentals 1992), S. 465.

8 Vgl. Perridon, L./Steiner, M. (Finanzwirtschaft 1997), S. 227 ff.

9 Die Kombination dieser drei Ziele wird das 'magische Dreieck' der Wertpapieranlage genannt. Vgl. Buchner, R. (Grundzüge 1981), S. 218.

10 Der Ausgangspunkt für die moderne Portfolio-Theorie war das Erscheinen des Hauptwerks von Harry M. Markowitz „Portfolio Selection" im Jahre 1959. Markowitz stellt die einseitige Zielausrichtung auf eine Renditemaximierung in Frage: „The hypothesis implies that the investor places all his funds in the security with the greatest discounted value. If two or more securities have the same value, then any of these or any combination of these is as good as any other." Markowitz, H.M. (Portfolio Selection 1952), S. 78. Charakteristisch für die moderne Portfolio-Theorie ist daher die zweidimensionale Zielfunktion (Rendite und Risiko).

ben. Sie vergleicht zum einen auf Branchenebene die Werthaltigkeit der Aktien unterschiedlicher Geschäftszweige und zum anderen auf makroökonomischer Ebene die Attraktivität einer Anlage in Aktien gegenüber einer Anlage in anderen Wertpapieren.

Die Auswahl eines Aktien-Portefeuilles setzt sich folglich aus zwei Phasen zusammen: „The first stage starts with observation and experience and ends with beliefs about future performances of available securities. The second stage starts with the relevant beliefs about the future performances and ends with the choice of portfolio."[11] Die Fundamentalanalyse als Einzelanalyse geht in diesem Sinne von einem präzise formulierten Entscheidungsproblem aus und hat die Hauptfunktion der Entscheidungsvorbereitung (erste Phase).[12]

Die vorliegende Arbeit konzentriert sich auf die fundamentalanalytische Seite der Einzelanalyse, d.h. die Bewertung einzelner Aktien anhand der Instrumente der fundamentalen Aktienanalyse. Das klassische Instrument der fundamentalen Aktienanalyse ist das Price Earnings-Ratio-Modell (**P/E-Ratio-Modell**). Aber auch die von Unternehmensberatern neu konzipierten Bewertungsmodelle – das Cash Flow Return on Investment-Modell (**CFROI-Modell**) und das Economic Value Added-Modell (**EVA-Modell**) – können als fundamentalanalytische Bewertungsmethoden dienen.

Ziel der Bewertungsmodelle ist es, den **inneren Wert** einer Aktie zu ermitteln.[13] Sie knüpfen dabei an die Tatsache an, daß der Käufer einer Aktie, die einen Bruchteil des Gesamtkapitals repräsentiert, u.a. einen Anspruch auf ei-

---

11 Markowitz, H.M. (Portfolio Selection 1952), S. 77.

12 Sell-side Analysten konzentrieren sich dabei hauptsächlich auf die Einzelanalyse bzw. Bewertung einzelner Aktien und beurteilen Unternehmen einer bestimmten Branche aus nationaler und zunehmend auch internationaler Sicht. Sie geben ihre Empfehlungen an die Verkäufer weiter, die im direkten Kontakt mit den Kunden (bspw. institutionelle Großanleger) stehen. „Sell-side analysts are the ones who write reports for public consumption and work for brokerage firms. ... As a group, almost all the reports they write recommend buying or holding shares." Stewart, G.B. (Quest for Value 1991), S. 44. Auf der Kundenseite arbeiten ebenfalls Analysten – die Buy-side Analysten –, deren Ziel es ist, eine möglichst hohe Rendite des Portfolios unter gegebenen Risikogesichtspunkten zu erzielen. „They work for the big-money players who are serious about maximizing the return on their portfolios in a very competitive business. The research they perform and the recommendations they make are for private eyes only." Stewart, G.B. (Quest for Value 1991), S. 44. Im Gegensatz zu Sell-side Analysten, die grundsätzlich an möglichst großen Umsätzen interessiert sind, verfolgen Buy-side Analysten meist langfristige Ziele. Vgl. Davis, H.A. (Cash Flow and Performance Measurement 1996), S. 86.

13 Vgl. Reis, J.P./Cory, C.R. (Fine Art of Valuation 1994), S. 180.

nen Anteil des Jahresgewinns erwirbt. Die fundamentalen Aktienbewertungsmethoden sehen Kursbewegungen in der Ertragskraft des dahinterstehenden Unternehmens begründet. Der innere Wert einer Aktie reflektiert demnach die Erwartungen der Anleger hinsichtlich der Fähigkeit des Unternehmens, zukünftig Gewinne bzw. Cash Flows zu erzielen.

Indem die Bewertungsmodelle nun versuchen, den inneren Aktienwert zu eruieren, können sie relative Unter- bzw. Überbewertungen einzelner Titel feststellen und daran anknüpfend Kauf- oder Verkaufsempfehlungen aussprechen.[14] Des weiteren beabsichtigen die Instrumente der Fundamentalanalyse, die Preisbildung von Aktien am Markt allgemein zu erklären.[15]

Der Aktienbewertung nach der Ertragskraft[16] wird im Rahmen der Aktienanalyse die größte Bedeutung beigemessen. Abbildung 2 stellt die Teilbereiche der Aktienanalyse nochmals graphisch dar. Zu beachten ist allerdings, daß sich die fundamentalen Bewertungsansätze hinsichtlich der Ermittlung des Kapitalisierungszinses durchaus auf Modelle der Portfoliotheorie stützen können. So kann etwa das Capital Asset Pricing Model einerseits als Portfolio Selection-Modell fungieren und andererseits als Bewertungsansatz zur Ermittlung individueller Wertpapierrenditen bzw. Kapitalkosten dienen.[17] Die einzelnen Teilbereiche können daher nicht strikt voneinander getrennt werden.

Die Bedeutung der fundamentalen Aktienanalyse kann von zwei Seiten in Frage gestellt werden: Zum einen ist es unbestreitbar, daß der Kurs auch durch sog. nicht-fundamentale Faktoren beeinflußt wird, zum anderen stellt die Effizienz-Markt-These die Notwendigkeit der fundamentalen Aktienanalyse prinzipiell in Frage. Auf beide Ansätze wird im folgenden kurz eingegangen.

---

14 Infolge der zweidimensionalen Zielfunktion (Ertrag und Risikovermeidung) kann jedoch der Fall eintreten, daß Aktien, die nach einer isolierten Aktienbewertung aufgrund ihrer Ertragschancen als ungünstig beurteilt werden, bei der Strukturierung eines Portefeuilles dienlich sind, weil sie sich zur Reduktion des Risikos eignen. Diese Eignung wird sich auch in den Kursen der Aktien widerspiegeln, da die Nachfrage nach ihnen steigen wird. Vgl. Uhlir, H./Steiner, P. (Wertpapieranalyse 1994), S. 156 f.

15 Spooner sieht eine Parallele zwischen der fundamentalen Aktienanalyse sowie den Anlagezielen und der Darwin-Lehre „Survival of the fittest": "By determining that one firm (organism; d. Verf.) is structurally fit to survive in a growth industry (species; d. Verf.) and suited to the dynamics of the economy (environment; d. Verf.), and then buying shares or debt issued by that company, they contribute in a self-fulfilling way to its fitness." Spooner, M.C. (Origin 1984), S. 80.

16 Vgl. Schmidt, R.H. (Aktienkursprognose 1976), S. 41.

17 Vgl. Uhlir, H./Steiner, P. (Wertpapieranalyse 1994), S. 169 ff. Vgl. auch ausführlich Teil 5 Gliederungspunkt II. B. 4. c) (2).

Abbildung 2: Teilbereiche der Aktienanalyse

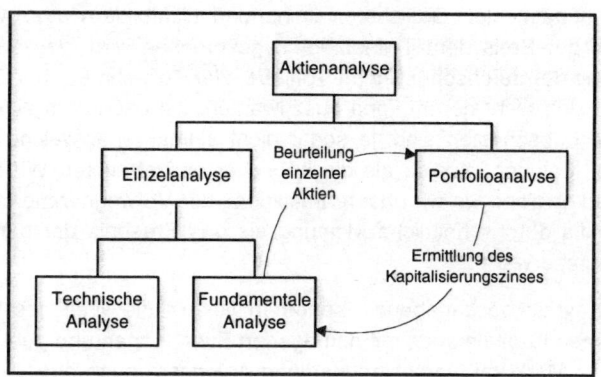

II. Notwendigkeit der fundamentalen Aktienanalyse

A. Ansätze zur Erklärung nicht-fundamentaler Kursbildung

Neben den gesamtwirtschaftlichen, branchenspezifischen sowie insbesondere unternehmensindividuellen Größen, die die Ertragskraft eines Unternehmens bestimmen, beeinflussen auch nicht-fundamentale Momente den Kurs einer Aktie. Denn die Börse als antizipativer Markt spiegelt nur die **Erwartungen** bzgl. der Ertragskraft der jeweiligen Unternehmen wider.

Zwischen den Kursbestimmungsfaktoren und den tatsächlichen Aktienkursen besteht damit kein mechanischer oder ‚naturgesetzlicher' Zusammenhang. Bindeglied zwischen fundamentalen Daten und Aktienkursen sind menschliche Verhaltensweisen. Aussagen über den Zusammenhang zwischen fundamentalen Kursbestimmungsfaktoren und Aktienkursen sind demzufolge zugleich auch Regeln über die Beziehung von Wirtschaftsfaktoren und menschlicher Psyche.[18]

Psychologische Faktoren können zu Übertreibungsphasen führen, wenn bspw. die allgemeine Meinung über das, was die allgemeine Meinung sein werde, zur Basis der Börsenkursbildung wird.[19] Es ist daher möglich, daß der Börsenkurs – der effektive Preis – vom inneren Wert abweicht. Keynes ver-

---

18 Vgl. Donner, O. (Kursbildung 1934), S. 67.
19 Vgl. Waschkowski, H. (Prognose 1971), S. 28.

gleicht dieses Verhalten mit Zeitungswettbewerben, „bei denen die Teilnehmer die sechs hübschesten Gesichter von hundert Lichtbildern auszuwählen haben, wobei der Preis dem Teilnehmer zugesprochen wird, dessen Wahl am nächsten mit der durchschnittlichen Vorliebe aller Teilnehmer übereinstimmt ... Es handelt sich nicht darum, jene auszuwählen, die nach dem eigenen Urteil wirklich die hübschesten sind, ja sogar nicht einmal jene, welche die durchschnittliche Meinung wirklich als die hübschesten betrachtet. Wir haben den dritten Grad erreicht, wo wir unsere Intelligenz der Vorwegnahme dessen widmen, was die durchschnittliche Meinung als das Ergebnis der durchschnittlichen Meinung erwartet."[20]

Das von Keynes beschriebene Phänomen verläßt die Welt des theoretisch vollkommenen Kapitalmarkts mit homogenen Erwartungen und geht von einem realistischen Markt mit verschiedenartigen Anlegergruppen aus. Dementsprechend geben die sog. **Noise Trading**-Ansätze die normative Auffassung von rationalem Verhalten auf und bemühen sich statt dessen um eine Einbindung des tatsächlich beobachtbaren Verhaltens.

Sie teilen die Anleger in mindestens zwei Gruppen ein: Noise Trader und rationale Anleger. Noise Trader haben zwar den gleichen Zugang zu den Informationen wie rationale Anleger, handeln aber bei engem Rationalitätsverständnis lediglich ‚quasi-rational', indem sie bspw. aufgrund abweichender Informationswahrnehmung und -verarbeitung zu Überreaktionen tendieren. Da Noise Trader prinzipiell die Aktienpreise mitbestimmen, ist es notwendig, daß auch rationale Anleger das Verhalten dieser Gruppe berücksichtigen. Dabei lassen sich vor allem professionelle Anleger durch Gerüchte beeinflussen und entscheiden nicht allein aufgrund ihrer eigenen Analysen.[21]

Noise Trading bedeutet dennoch nicht, „daß Fundamentals und das darauf gerichtete Handeln bedeutungslos werden würden, sondern ermöglicht das Einbeziehen zusätzlicher, verhaltensbestimmender Faktoren."[22] Es ist jedoch davon auszugehen, daß der Kurs sich um den inneren Wert der Aktie bewegt, da objektive Fakten extreme Kursausschläge oder verkehrte Erwartungen im Zeitablauf zurückholen werden und auf diese Weise eine Anpassung an den ‚wahren' inneren Wert erfolgt. Wird in einer sog. Übertreibungsphase bspw. ei-

---

20 Keynes, J.M. (Allgemeine Theorie 1965), S. 131f.
21 Vgl. grundlegend zu Noise Trading-Ansätzen Menkhoff, L./Röckemann, C. (Noise Trading 1994), S. 278 ff.
22 Menkhoff, L./Röckemann, C. (Noise Trading 1994), S. 279.

ne 100%ige Gewinnsteigerung erwartet, kann ein 50%iger Anstieg der Gewinne zu Kursverlusten führen.[23]

Verhaltenswissenschaftlich geprägte Erkenntnisse treten daher eher bei der Betrachtung kürzerer Zeitperioden in den Vordergrund, während der Kurs langfristig weiterhin durch fundamentale Faktoren bestimmt wird (vgl. Abbildung 3). Eine rationale Bewertung, d.h. die Bestimmung des inneren Werts einer Aktie, bleibt demzufolge unerläßlich.

Abbildung 3: Erklärungen der Kursbildung

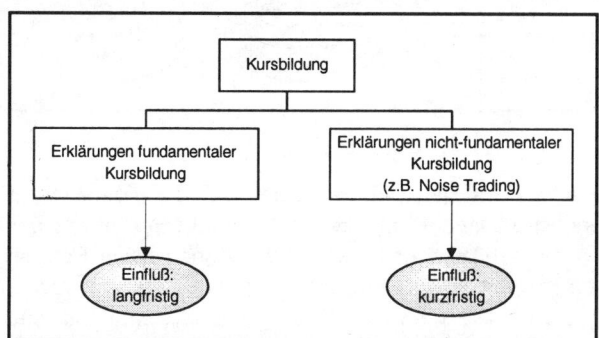

B. Effizienz-Markt-These und fundamentale Aktienanalyse

Neben den Ansätzen zur Erklärung nicht-fundamentaler Kursbildungseinflüsse auf Aktienmärkten setzt sich auch die Effizienz-Markt-These kritisch mit der Fundamentalanalyse auseinander. Die Effizienz-Markt-These (EMT) untersucht, inwieweit „prices at any point in time ‚fully reflect' available information"[24]. Es werden drei Formen der EMT – je nach der Quantität der Informationen, die verarbeitet worden sind und sich in den Kursen widerspiegeln – unterschieden (vgl. Abbildung 4):[25]

---

23 Vgl. Mayer, G. (Fundamentalanalytische Aktienbewertungsmethoden 1973), S. 187.

24 Fama, E.F. (Efficient Capital Markets 1970), S. 413.

25 Vgl. Fama, E.F. (Efficient Capital Markets 1970), S. 383 ff.; Kolb, R.W./Rodríguez, R.J. (Financial Management 1996), S. 321 f.; Watts, R.L./Zimmermann, J.L. (Positive Accounting Theory 1986), S. 19; Ross, S.A./Westerfield, R.W./Jaffe, J. (Corporate Finance 1996), S. 337 ff.; Weston, J.F./Besley, S./Brigham, E.F. (Managerial Finance

Abbildung 4:   Effizienz-Markt-These

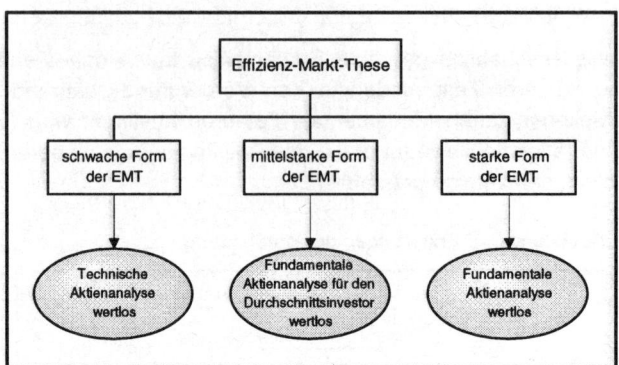

- Die **schwache Form** der EMT behauptet, daß der momentane Kurs die im vergangenen Kursverlauf enthaltenen Informationen bereits berücksichtigt. Aus der Analyse bisheriger Kursverläufe können keine Schlüsse gezogen werden, um zukünftige Kurse zu schätzen, da die Aktienkursveränderungen zufällig verlaufen. Die schwache Form der EMT stellt daher die technische Analyse in Frage, die aus der Analyse vergangener Kursverläufe Prognosen erstellen möchte.[26]

- Die **mittelstarke Form** der EMT besagt, daß sich alle öffentlich verfügbaren Informationen in den Kursen umgehend niederschlagen. Sollte sich die mittelstarke EMT als zutreffend herausstellen, kann mit den Methoden der Fundamentalanalyse kein überdurchschnittlicher Gewinn erzielt werden.[27] Nur Analysespezialisten – nicht aber die Durchschnittsinvestoren – können durch leistungsfähige Analysetechniken Informationsvorsprünge erzielen.

- Die **strenge Form** der Hypothese postuliert, daß die Kurse alle Informationen, öffentliche sowie Insiderinformationen, reflektieren. Gilt diese Form der EMT, ist jegliche Form der Aktienkursprognose unsinnig, denn kein Investor kann auf Dauer – gleichgültig mit welcher Strategie – Unter- oder Überbe-

---

    1996), S. 314 ff.; Gitman, L.J. (Managerial Finance 1994), S. S. 276; Sharpe,
    W.F./Alexander, G.J./Bailey, J.V. (Investments 1999), S. 93 ff.
26   Vgl. Jones, C.P. (Investments 1998), S. 257 f.
27   Vgl. Jones, C.P. (Investments 1998), S. 258.

wertungen ausfindig machen.[28] Dementsprechend wird ein effizienter Markt wie folgt beschrieben: „An efficient market is one in which the prices of all securities quickly and fully reflect all available information."[29]

Zu den verschiedenen Formen der EMT gibt es für viele Länder und unterschiedliche Zeiträume zahlreiche **empirische Untersuchungen**. Sie beobachten, ob mit bestimmten Anlegerstrategien Überrenditen erzielt werden können. Überrenditen stellen die Differenz zwischen tatsächlicher und erwarteter Rendite, die auf Basis eines Modells bestimmt wird, dar.[30] Auf diese Weise werden stets die Effizienz des Kapitalmarkts und die Wirksamkeit des zugrundeliegenden Modells gleichzeitig getestet.[31] Sind nun mit einer bestimmten Strategie Überrenditen erzielt worden, so kann dies ein Anzeichen dafür sein, daß der Markt ineffizient oder das Modell, mit dem die erwarteten Renditen ermittelt wurden, fehlerhaft ist oder beides zutrifft.

Die schwache Form der EMT soll nach Untersuchungen angelsächsischer und deutscher Kapitalmarktexperten für die meisten Märkte gelten.[32] Die mittelstarke Form der EMT wird dagegen von einigen Studien bestätigt bzw. zumindest vorläufig nicht falsifiziert. Andere Untersuchungen widerlegen jedoch die Theorie der mittelstarken Kapitalmarkteffizienz, so daß die Frage nach der Informationseffizienz des Kapitalmarkts nicht abschließend beantwortet werden kann.[33]

---

28   In einem effizienten Markt muß der Preis nicht jederzeit dem inneren Wert der Aktie entsprechen. Abweichungen vom inneren Wert müssen jedoch zufällig und dürfen daher nicht mit einer Variablen korreliert sein. Die Wahrscheinlichkeit, unterbewertete Aktie zu finden, beträgt aufgrund der zufälligen fehlerhaften Abweichungen 50:50. Vgl. Damodaran, A. (Investment 1996), S. 147, 149.

29   Jones, C.P. (Investments 1998), S. 255.

30   Zur Anwendung können bspw. das Capital Asset Pricing Model oder das Arbitrage Pricing Model gelangen. Vgl. ausführlich Teil 5 Gliederungspunkt II. B. 4. c) (2).

31   Die empirischen Untersuchungen zur Markteffizienz lassen sich im wesentlichen in zwei Arten unterteilen: Event Studies untersuchen die Renditen vor und nach der Veröffentlichung von Informationen (bspw. Bekanntgabe von Gewinnen, Aktiensplits oder Investitionsprojekten). In einem effizienten Markt müssen sich die Informationen bei Bekanntgabe sofort in den Preisen widerspiegeln, soweit diese nicht bereits vorweg genommen wurden. Die Kurse steigen bei positiven Überraschungen und fallen bei negativen Überraschungen. Portfolio Studies untersuchen die Renditen von Aktien, die nach bestimmten Kriterien in verschiedene Gruppen eingeteilt wurden (bspw. nach der Höhe der Price Earnings-Ratio oder des Price Book-Value). Vgl. Damodaran, A. (Investment 1996), S. 151.

32   Vgl. Kiehling, H. (Kapitalmarkttheorien 1992), S. 476; Grünwald, L. (Kapitalmarkteffizienz 1980), S. 209 ff.; Mühlbradt, F.W./Reiss, W. (Verhalten 1980), S. 118 ff.

33   Vgl. Heintges, S. (Bilanzkultur und Bilanzpolitik 1995), S. 41; May, A. (Informationsverarbeitung 1991), S. 313 ff.

Als Resümee dieser Untersuchungen kann festgehalten werden, daß Kursan-
passungen nicht im Zeitpunkt der Bekanntgabe einer kursrelevanten Information abgeschlossen sind. Dies bedeutet, daß der Markt in aller Regel sog.
Marktanomalien aufweist, denn in einem effizienten Markt passen sich die
Kurse schnell den verfügbaren Informationen an.[34] Ebenso weisen der sog.
Januareffekt oder die Wochenendeffekte möglicherweise auf einen ineffizien-
ten Kapitalmarkt hin.[35] Daneben können auch die bereits erwähnten psychologischen Faktoren zu einem Abweichen von innerem Wert und aktuellem Kurs
eines Aktientitels führen.

Paradoxerweise ist es gerade die Fundamentalanalyse, die, indem sie Unter-
und Überbewertungen aufdeckt, dazu beiträgt, daß der Markt effizient zu arbeiten vermag.[36] Des weiteren erfüllt ein effizienter Markt, bei dem sich die Aktienkurse im Gleichgewicht befinden, die der Börse zugeschriebene Funktion,
„nämlich zu einer effizienten Allokation des disponiblen Kapitals in der Gesamtwirtschaft beizutragen."[37] Der gesamtwirtschaftliche Nutzen der Fundamentalanalyse und die Suche nach Ungleichgewichtslagen einzelner Anleger,
diese Situation zur eigenen Renditesteigerung auszunutzen, geraten damit in
Konflikt.

Das **Ziel der Fundamentalanalyse** ist es aber nicht nur, Ungleichgewichte
auszunutzen, sondern soll vielmehr auch die Möglichkeit eröffnen, sich an ge-
gebene Verhältnisse optimal anzupassen.[38] Selbst auf einem gleichgewichti-
gen Markt ist es sinnvoll, anhand der Fundamentalanalyse Informationen für
die Strukturierung von Portefeuilles zu beschaffen, denn der Anleger sucht

---

34   Vgl. Jones, C.P. (Investments 1998), S. 255.

35   Gemäß dem Januareffekt sind die Renditen im Monat Januar statistisch signifikant hö-
     her als die Renditen der anderen Monate, und gemäß dem Wochenendeffekt sind die
     Renditen am Montag statistisch signifikant negativ. Vgl. Kolb, R.W./Rodríguez, R.J.
     (Financial Management 1996), S. 336.

36   „The internal contradiction of claiming that there is no possibility of beating the market
     in an efficient market and requiring profit-maximizing investors to constantly seek out
     ways of beating the market and thus make it efficient has been explored by many. If
     markets were, in fact, efficient, investors would stop looking for inefficiencies, which
     would lead to markets becoming inefficient again. It makes sense to think about an ef-
     ficient market as a self-correcting mechanism, where inefficiencies appear at regular
     intervals but disappear almost instantaneously as investors find them and trade on
     them." Damodaran, A. (I 1996), S. 149. Vgl. auch Bernstein, L.A. (Defense 1975), S.
     57 ff.; Jones, C.P. (Investments 1998), S. 266, 488; Schmidt, R.H. (Aktienkursprogno-
     se 1976) S. 157.

37   Schmidt, R.H. (Aktienkursprognose 1976), S. 155.

38   Vgl. Schmidt, R.H. (Aktienkursprognose 1976), S. 152.

auch im Gleichgewicht aus den effizienten Portefeuilles dasjenige aus, das seinen persönlichen Risikoneigungen und Ertragswünschen am nächsten kommt.

III. Stellung der fundamentalen Aktienanalyse in der Praxis

In der Praxis haben sich infolge der unterschiedlichen Ansätze zur Erklärung der Kursbildung verschiedene **Investorengruppen** herausgebildet.[39] Im allgemeinen konzentrieren sich die einzelnen Investorengruppen auf bestimmte Teilaspekte der Aktienbewertung. Die Bewertungsphilosophien der einzelnen Gruppen zeigen jedoch, daß die fundamentale Aktienanalyse stets eine – wenn auch manchmal untergeordnete – Rolle spielt:[40]

- **Fundamental Analysts**: Die fundamentale Analyse in reiner Form geht davon aus, daß der innere Wert einer Aktie durch die ökonomischen Charakteristika eines Unternehmens bestimmt wird. Eine Abweichung des tatsächlichen Aktienkurses vom inneren Wert ist ein Anzeichen dafür, daß die Aktie unter- oder überbewertet ist.

- **Franchise Buyers**: Franchise Buyers konzentrieren sich auf Branchen, in denen sie sich sehr gut auskennen und daher zukünftige Cash Flows besser prognostizieren können als der durchschnittliche Investor. Im Gegensatz zu den bereits beschriebenen ‚reinen' fundamentalen Analysten versuchen sie des weiteren, Einfluß auf unterbewertete Unternehmen zu gewinnen und damit die Unternehmenspolitik mitzubestimmen. Entscheidend für sie ist der Wertzuwachs, der durch angemessene Restrukturierungen des Unternehmens erzielt werden kann.[41]

- **Chartists**: Technische Analysten gehen davon aus, daß Aktienkurse insbesondere von psychologischen Faktoren beeinflußt werden. Diese finden sich in den Kursbewegungen, im Umsatz etc. wieder.[42] Einige technische Analy-

---

39 Nach einer Umfrage von Vergoossen wenden 100% der Investmentberater und 86% der Portfoliomanager die fundamentale Aktienanalyse in der Praxis an. Vgl. Vergoossen, R.G.A. (Accounting Changes 1994), S. 65.

40 Vgl. Damodaran, A. (Investment 1996), S. 6 ff.

41 Die Philosophie der Franchise Buyers beschreibt Warren Buffet:„In his permanent companies, he (Buffet; d. Verf.) is typically not only a member of the board, but a close friend of the CEO. He is truly a partner in the enterprise, one who reportedly has a say in major capital allocations." Chew, D.H. (Buffet 1995), S. 128.

42 Vgl. Damodaran, A. (Asset Selection 1998), S. 212 ff.

sten integrieren die fundamentale Analyse, um bspw. Unterstützungs- bzw. Widerstandslinien zu bestimmen, unter bzw. über die der Aktienkurs nicht sinken oder steigen wird.

- **Information Traders**: Information Traders versuchen, kurz vor oder nach der Veröffentlichung von Informationen zu handeln. Gekauft wird bei guten, verkauft bei schlechten Informationen. Dabei achten sie nicht auf den Wert der Aktie an sich, sondern auf die Information und die daraus resultierende Wertänderung. Information Traders kaufen daher auch überbewertete Aktien, soweit sie der Meinung sind, daß die nächste Information positiver als erwartet ausfällt.[43]

- **Market Timers**: Market Timers vertreten die Ansicht, daß es lohnender ist, Auf- und Abbewegungen des Markts in seiner Gesamtheit zu prognostizieren, als sich auf die Auswahl einzelner Aktien zu konzentrieren. Sie bewerten entweder den Markt als abstraktes Ganzes oder als Summe sämtlicher Aktien. Liegt der theoretische Wert des Markts unter seinem aktuellen Stand oder sind relativ betrachtet mehr Aktien aufgrund eines bestimmten Bewertungsmodells über- als unterbewertet, so gilt der Markt als überbewertet.

- **Efficient Marketers**: Efficient Marketers glauben, daß der Kurs jederzeit die beste Schätzung des inneren Werts der Aktie repräsentiert und daß jeder Versuch, Ineffizienzen aufzudecken, mehr kostet als er Überrenditen erwirtschaftet. Ihr Ziel liegt von daher eher darin, aufzudecken, welche Annahmen über Wachstum und Risiko in den Kursen wiedergegeben werden als unter- bzw. überbewertete Aktien herauszufiltern.

IV. Zusammenfassung

Ziel der fundamentalen Aktienbewertungsmethoden – zu denen sowohl das P/E-Ratio- als auch das CFROI- und EVA-Modell zählen – ist es, den **inneren Wert** einer Aktie zu ermitteln. Der innere Wert einer Aktie spiegelt die Ertragskraft, also die Fähigkeit des jeweiligen Unternehmens, zukünftig Gewinne bzw. Cash Flows zu erwirtschaften, wider. Die Fundamentalanalyse versucht, die

---

43 Information Traders ermitteln, welche (fundamentalen und nicht-fundamentalen) Informationen die Aktienkurse in bestimmter Art und Weise beeinflussen. Ferner versuchen sie, zukünftig zur Veröffentlichung gelangende Informationen zu prognostizieren. Anschließend stellen sie fest, ob nach der Informationsveröffentlichung ein Restadjustierungspotential vorhanden ist. Vgl. Mühlbradt, F.W./Reiss, W. (Verhalten 1980), S. 125; Waschkowski, H. (Prognose 1971), S. 74.

Faktoren, die die Ertragskraft des betreffenden Unternehmens bestimmen, aus dem Markt-, Branchen- und Unternehmensgeschehen herauszufiltern und in den Aktienbewertungsmodellen zu verarbeiten. Weicht der mittels dieser Modelle berechnete innere Wert (prognostizierter Kurs) vom Marktpreis (tatsächlicher Kurs) der Aktie ab, so können aufgrund der festgestellten Unter- oder Überbewertungen Kauf- bzw. Verkaufsempfehlungen ausgesprochen werden.

Da die Börse ein antizipativer Markt ist und die Erwartungen bzgl. der Ertragskraft reflektiert, beeinflussen auch psychologische bzw. nicht-fundamentale Faktoren indirekt die Aktienkurse. Diese werden meist nicht von den fundamentalanalytischen Aktienbewertungsmodellen erfaßt. Da jedoch nicht-fundamentale Daten einen eher kurzfristigen Einfluß auf den Markt ausüben, während **langfristig fundamentale Daten** den Aktienkurs bestimmen, bleibt die Notwendigkeit einer rationalen Bewertung unverändert bestehen.

Der Nutzen der fundamentalanalytischen Bewertungsmodelle wird des weiteren von der mittelstarken Ausprägung der Effizienz-Markt-These in Frage gestellt, die davon ausgeht, daß die Aktienkurse sämtliche öffentliche Informationen widerspiegeln und damit u.a. eine Auswertung von Jahresabschlüssen zur Erzielung von Überrenditen nicht erfolgversprechend ist. Es belegen jedoch nicht alle empirischen Untersuchungen diese These. Ferner trägt gerade die Fundamentalanalyse paradoxerweise dazu bei, daß der Markt **effizient** wird, indem Über- und Unterbewertungen transparent gemacht werden.

Die Fundamentalanalyse ist der Kern jeder Aktienanalyse, die je nach der vom Investor vertretenen Philosophie eine mehr oder minder bedeutsame Stellung bei seiner persönlichen Anlagestrategie einnimmt. Nachdem die Aufgaben der fundamentalen Aktienanalyse sowie ihre Notwendigkeit beschrieben worden sind, beleuchtet das folgende Kapitel die Zusammenhänge zwischen Unternehmensbewertung und fundamentaler Aktienanalyse und beschreibt das Grundgerüst, auf das sich die zur Diskussion stehenden Aktienbewertungsmethoden zurückführen lassen.

TEIL 3: FUNDAMENTALE AKTIENANALYSE UND UNTERNEHMENSBEWERTUNG

I. Gemeinsamkeiten und Unterschiede

A. Relevante Bewertungsströme

Die Instrumente der fundamentalen Aktienanalyse haben ihre Wurzeln in der dynamischen Investitionsrechnung. Williams beschrieb 1938 erstmals den inneren Wert einer Aktie in Form eines Barwertmodells. Grundgedanke seines Gegenwartswertkonzepts (Present Value Theory) ist, daß der **innere Wert einer Aktie** als Summe aller künftigen Vorteile, die mittels eines geeigneten Kalkulationszinses auf den Betrachtungszeitpunkt abzuzinsen sind, aufgefaßt werden kann.[44] Die Vorteile aus einer Anlage in Aktien bestehen zum einen in Dividenden und zum anderen in dem Verkaufskurs. Formelhaft läßt sich der Aktienwert in einem Zeitpunkt 0 somit wie folgt ausdrücken:

Discounted Cash Flow Model $\quad P_0 = \sum_{t=1}^{n} \dfrac{D_t}{(1+i)^t} + \dfrac{P_n}{(1+i)^n}$

wobei

P_t	=	Wert der Aktie zum Zeitpunkt t
D_t	=	Dividende der Aktie zum Zeitpunkt t
i	=	Kalkulationszinssatz

Aus dem in dieser Weise beschriebenen **Discounted Cash Flow Model** wurde schließlich das **Dividend Discount Model** abgeleitet, indem der Verkaufskurs (= Wert der Aktie P) am Ende der jeweiligen Periode durch den Barwert der zukünftigen Erträge (Dividende und geschätzter Verkaufskurs am Ende der folgenden Periode) ersetzt wird.[45] Dies führt dazu, daß sich die Kursprognose – zumindest theoretisch – nach unendlich verschiebt:[46]

---

44   Vgl. Williams, J.B. (Investment Value 1938), S. 55 ff.

45   Die Barwertmodelle können nicht nur zur Ermittlung des inneren Werts, sondern auch zur Bestimmung der Aktienrendite herangezogen werden, wenn anstelle von P_0 der Kaufkurs eingesetzt wird und die Formel nach „r = i unbekannt" aufgelöst wird.

46   Vgl. Kolb, R.W./Rodríguez, R.J. (Financial Management 1996), S. 73 f.; Hickman, K./Petry, G.H. (Court Accepted Formulas, Dividend Discount and P/E Models 1990), S. 77; Sharpe, W.F./Alexander, G.J./Bailey, J.V. (Investments 1999), S. 525 ff.; Brealey, R.A./Myers, S.C./Marcus, A.J. (Fundamentals 1995), S. 118.

Dividend Discount Model $\qquad P_0 = \sum_{t=1}^{\infty} \dfrac{D_t}{(1+i)^t}$

Beide Modelle verdeutlichen, daß der Barwert der zukünftigen Überschüsse der Einzahlungen (Ausschüttungen und Kapitalrückzahlungen) über die Auszahlungen (Kapitaleinzahlungen) aus der Sicht eines Investors den inneren Wert einer Aktie wiedergibt. Und gerade diese Überlegungen sind auch der Ursprung der am Kapitalwertkalkül orientierten Verfahren der Unternehmensbewertung. Denn die Gesamtheit der Kapitalanteile bzw. Aktien repräsentiert nichts anderes als die Verfügungsmacht über das Unternehmen als Ganzes. Eine **theoretisch richtige** Unternehmensbewertung kann infolgedessen nur auf Grundlage der erwarteten Ein- und Auszahlungen zwischen Unternehmen und (potentiellen) Unternehmenseigentümern erfolgen, da der Wert eines Unternehmens aus der Sicht des Käufers bzw. Verkäufers aus seiner Fähigkeit, finanzielle Ergebnisse in Form von Entnahmen zu erzielen, resultiert.[47]

Dennoch gehen die auf der Kapitalwertmethode basierenden Verfahren der Unternehmensbewertung – sowohl das Ertragswertverfahren als auch die Discounted Cash Flow-Methode – „grundsätzlich davon aus, daß der Wert eines Unternehmens nicht indirekt aus den effektiv fließenden Ausschüttungen an die Anteilseigner abzuleiten ist, sondern aus den zukünftigen Einnahmenüberschüssen des Unternehmens selbst"[48] ermittelt wird. Die von der dynamischen Investitionsrechnung postulierte Trennung der Zahlungsströme zwischen **Investor** und Investitionsobjekt bzw. **Unternehmen** einerseits und zwischen Unternehmen und **Umwelt** andererseits wird damit aufgehoben.[49] Grundlage für die Unternehmensbewertung sind folglich die Salden der künftigen Zahlungsströme zwischen Unternehmen und Umwelt.[50] Ertragswertverfahren und Discounted Cash Flow-Methode treffen jedoch Annahmen, die dazu führen, daß der jeweils zu berücksichtigende Zahlungsstrom mit den Zahlungen an die Kapitalgeber übereinstimmt.[51]

Die Fokussierung auf die Zahlungsströme zwischen Unternehmen und Umwelt ist auch der Aktienbewertung nicht fremd. So plädieren Miller und Modigliani

---

47 Vgl. Moxter, A. (Grundsätze 1983), S. 79; Busse von Colbe, W. (Gesamtwert 1992), S. 58.

48 Jonas, M. (Unternehmensbewertung 1995), S. 85.

49 Die Verfahren der Unternehmensbewertung verkörpern ihrem Kern nach Investitionsrechnungen. Vgl. Kußmaul, H. (Gesamtbewertung 1996), S. 262.

50 Vgl. Coenenberg, A.G. (Unternehmensbewertung 1992), S. 94.

51 Vgl. Sieben, G. (Unternehmensbewertung 1995), S. 722.

nicht für die Kapitalisierung der Dividenden, sondern betrachten die Gewinne oder Cash Flows des Unternehmens. Der innere Wert der Unternehmensanteile bestimmt sich dann „solely by 'real' considerations – in this case the earning power of the firm's assets and its investment policy – and not how the fruits of the earnings are 'packaged' for distribution."[52] Entscheidend ist damit die Ertragskraft und nicht die reine Ausschüttungspolitik des Unternehmens.

Abbildung 5[53] stellt die Ansätze der theoretisch richtigen und praktisch relevanten Verfahren zur Beurteilung von Unternehmen bzw. Aktien dar. Die einnahmenorientierte Sicht des Investors spiegelt seine Rendite wider. Diese hängt jedoch von der Ertragskraft des Unternehmens ab, d.h. seiner Fähigkeit, zukünftig Einzahlungsüberschüsse, Cash Flows oder Gewinne zu erzielen. Die Ströme zwischen Unternehmen und Umwelt, die die Ertragskraft des Unternehmens wiedergeben, lassen sich je nach der vorgenommenen Abgrenzung in eine zahlungs-, Cash Flow- und gewinnorientierte Sicht des Unternehmens aufspalten.

Abbildung 5:   Bewertungsströme bei der Unternehmens- oder Aktienbewertung

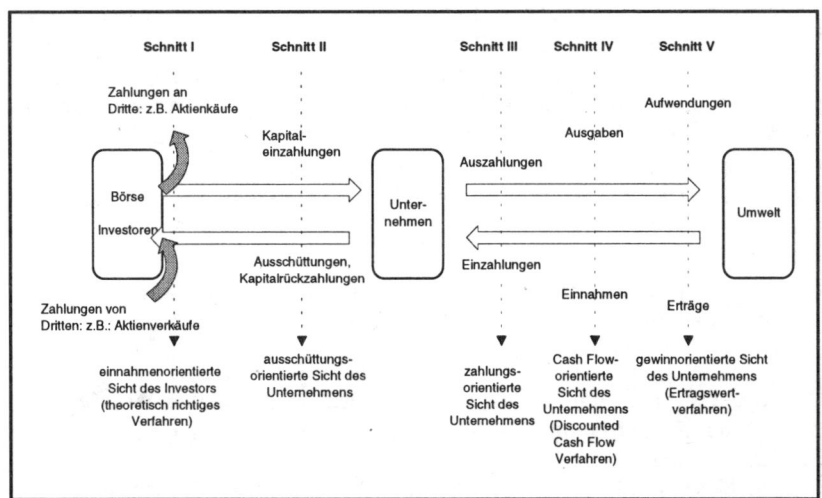

---

52   Miller, M.H./Modigliani, F. (Valuation 1961), S. 414.

53   Modifiziert entnommen aus Helbling, C. (Unternehmensbewertung 1995), S. 93;
      Günther, T. (Controlling 1997), S. 78.

B. Relevante Datenbasis

Da sich die Verfahren der Unternehmens- und der Aktienbewertung auf **identische Bewertungsströme**, d.h. die Kapitalisierung der Bewertungsströme zwischen Unternehmen und Umwelt, konzentrieren, können sich Unterschiede nur aufgrund der **verwendeten Datenbasis**, d.h. der Daten, die den Bewertungsströmen zugrunde gelegt werden, ergeben. Eine Grenze zwischen den Verfahren der Unternehmens- und der Aktienbewertung läßt sich dabei ziehen, indem die (tatsächlichen und potentiellen) Aktionäre in zwei Gruppen unterteilt werden. Während Minderheitsaktionäre Methoden der Aktienbewertung einsetzen, stützen Mehrheitsaktionäre ihre Entscheidung auf Verfahren der Unternehmensbewertung. Dies hat folgende Ursachen:[54]

(1) Der Erwerber einer **Anteilsmehrheit** kann nach dem Kauf der Anteile die zukünftige Entwicklung des Unternehmens dirigieren oder zumindest erheblich beeinflussen. Er wird stets seine persönlichen Erwartungen und Fortführungsideen in die Bestimmung des Anteils- bzw. Unternehmenswerts einfließen lassen. Eine Wertlücke entsteht für den Erwerber in Form der Differenz zwischen aktuellem und potentiellem Unternehmenswert, der sich nach der Reorganisation des Unternehmens oder in Verbindung mit anderen Unternehmen ergibt.[55] Damit berücksichtigt der Akquisiteur einer Mehrheit bei der Suche nach Unterbewertungen auch **suboptimale Entscheidungen des bisherigen Management**. Zudem kann davon ausgegangen werden, daß ein potentieller Mehrheitsaktionär Zugriff auf **unternehmensinterne Informationen** hat.

(2) Der Erwerber eines **kleineren Anteils** hat dagegen kaum Einflußmöglichkeiten auf das Geschehen in dem Unternehmen und wird durch seinen Anteilskauf keine Änderung der Unternehmenspolitik erzwingen können; er kann bestenfalls eine eventuell bevorstehende Übernahme durch Corporate Raiders in seinem Kalkül antizipieren. Zur Bewertung seines Anteils bzw. des Unternehmens stehen einem solchen Erwerber grundsätzlich nur öffentlich verfügbare Informationen zur Verfügung. Die Qualität der Bewertung und der darauf aufbauenden Investitionsentscheidungen wird folglich vom Ausmaß der **Informationsasymmetrie** zwischen Manager-Insidern und externen Investoren geprägt.[56] Mit anderen Worten ist für

---

54 Vgl. Lehmann, S. (Neue Wege 1994), S. 31.
55 Vgl. Günther, T. (Controlling 1997), S. 8.
56 Vgl. Böcking, H.-J. (Rechungslegung und Kapitalmarkt 1998), 24 f.; Schroeder, R.G./Clar, M.W. (Accounting Theory 1998), S. 64 ff.

eine richtige Bewertung entscheidend, daß die Manager alle kursrelevanten Informationen an den Markt bzw. die Eigentümer richtig weiterge-
ben.

Die **Grenzen** zwischen Erwerbern eines kleineren und größeren Anteils sind
allerdings **fließend**: Zwischen den beiden Extremen des 100%igen Besitzes
und dem Halten nur einer Aktie liegt eine Vielzahl von Zwischenformen, die
dem Aktionär mit steigender Anteilsquote zunehmend mehr Einflußmöglichkeiten an die Hand geben. So verleihen die Anteilsquoten der Sperrminorität (>
25%), der einfachen (> 50%) und qualifizierten Mehrheit (≥ 75%) dem Erwerber bestimmte Sonderrechte.[57] Des weiteren spielt – neben der eigenen An-
teilshöhe – auch die Größenverteilung der anderen Anteile eine Rolle für den
Grad an Einflußmöglichkeiten, den die eigenen Anteile gewähren. Unter dem
potentiellen bzw. tatsächlichen Erwerber eines kleineren Anteils wird hier vereinfachend ein Minderheitsaktionär mit einer Beteiligung von bis zu 25% verstanden.[58]

Entsprechend dem Umfang der zu erwerbenden Aktien kann der Markt alternativ in zwei Segmente aufgespalten werden: Den bereits existierenden **Markt
für einzelne Anteilsrechte** und den **Markt für Aktienpakete**, deren Erwerb zu
Veränderungen der Machtposition im Unternehmen führt. Der letztgenannte
Markt hat sich insbesondere in den 80er Jahren in den USA herauskristallisiert,
nachdem fast 30.000 Unternehmen mit einem Wert von über 1.000 Mrd. US-$
übernommen wurden.[59] Die Übernahmewelle führte zu der Bildung eines
Markts für Unternehmenskontrolle (market for corporation control).[60] Neben
diese beiden Märkte tritt schließlich noch der **Markt für Börseneinführungen**.

Der spezifische Bewertungsanlaß spielt für die Ausgestaltung des Bewer-
tungsverfahrens eine entscheidende Rolle. Je nachdem, ob eine reine Kapitalanlage (Erwerb eines kleineren Anteils) oder aber eine Kapitalanlage, die mit

---

57   Nach § 133 AktG bedürfen die Beschlüsse der Hauptversammlung der Mehrheit der
     abgegebenen Stimmen. Satzungsänderungen bedürfen nach § 179 AktG einer Mehr-
     heit die mindestens drei Viertel des bei der Beschlußfassung vertretenen Grundkapi-
     tals erfaßt.

58   Lehmann betrachtet dagegen alle Aktionäre, die eine Beteiligung von 0 bis ein-
     schließlich 50% besitzen als Minderheitsaktionäre; vgl. Lehmann, S. (Neue Wege
     1994), S. 32. Bei einem Aktionär, der 50% der Anteile hält, kann jedoch ein
     maßgeblicher, sogar ein beherrschender Einfluß auf die Unternehmenspolitik i.d.R.
     nicht geleugnet werden.

59   Vgl. Smith, G.D./Richard, S. (Financial Capitalism 1993), S. 50.

60   Vgl. Günther, T. (Controlling 1997), S. 33 ff.; Heintges, S. (Bilanzkultur 1995), S. 80 ff.

strategischen Zielen verbunden ist (Erwerb eines größeren Anteils), angestrebt wird, werden eher detailliert ausgestaltete Unternehmens- oder eher vereinfachte Aktienbewertungsmethoden eingesetzt. Der wesentliche Unterschied zwischen Unternehmens- und Aktienbewertungsmethode bei der Bestimmung des inneren Werts besteht damit lediglich in der zugrundeliegenden Datenbasis und nicht in der technischen Vorgehensweise. **Die fundamentalanalytischen Aktienbewertungsmodelle** sind insofern in die **Unternehmensbewertung eingebettet.** Der notierte Kurs bildet sich im übrigen sowohl aufgrund der von den verschiedenen Aktionärsgruppen eingesetzten Aktienbewertungsmethoden als auch auf Basis von Unternehmensbewertungsmethoden. Da im folgenden die Konzeption der Bewertungsmodelle und nicht ihre konkrete inhaltliche Ausgestaltung im Einzelfall im Vordergrund steht, wird nicht weiter zwischen Unternehmens- und Aktienbewertungsmethoden unterschieden.

II. Methoden der Unternehmensbewertung nach Miller und Modigliani

A. Überblick

Miller und Modigliani fassen in ihrem bereits 1961 erschienenen Aufsatz „Dividend Policy, Growth, and the Valuation of Shares" die **vier wesentlichen Bewertungsmethoden** für Unternehmen bzw. Aktien zusammen, auf die sich sowohl die traditionellen als auch die hier betrachteten kombinierten Bewertungsverfahren zurückführen lassen. Die Bewertung kann danach basieren auf

(1)   dem Barwert der Dividenden (Stream of Dividends Approach),

(2)   dem Barwert der Cash Flows (Discounted Cash Flow Approach),

(3)   dem Barwert der Erfolge (Stream of Earnings Approach) oder

(4)   dem Barwert der gegenwärtigen, laufenden Gewinne zuzüglich des Barwerts der Investitionsmöglichkeiten (Current Earnings plus Future Investment Opportunities Approach).

Alle genannten Methoden lassen sich auf das Discounted Cash Flow Model zurückführen und kommen – unter bestimmten Annahmen – zum **gleichen Ergebnis.** Miller und Modigliani unterstellen einen vollkommenen Kapitalmarkt,[61]

---

61   Zu den Merkmalen eines vollkommenen Kapitalmarkts vgl. im einzelnen Miller, M.H./Modigliani, F. (Valuation 1961), S. 412; Süchting, J. (Finanzmanagement 1995), S. 370.

rationales Verhalten der Anleger, Sicherheit bzgl. der zukünftigen Erfolge und Investitionsmaßnahmen unter Annahme einer konstanten Diskontierungsrate i sowie eine reine Eigenkapitalfinanzierung. Des weiteren wird von einer unendlichen Lebensdauer des Unternehmens ausgegangen.[62]

Die Bewertung auf Basis des **Barwerts der Dividenden** bzw. das Dividend Discount Model wurde bereits im vorangegangenen Abschnitt beschrieben.[63] Gemeinsam mit dem Discounted Cash Flow Model stellt es aus der Sicht eines (potentiellen) Kapitalanlegers die theoretisch richtige Vorgehensweise bei der Unternehmens- bzw. Aktienbewertung dar, da auf die Zahlungsströme zwischen Investor und Unternehmen abgestellt wird.

Die Bewertungsmethoden 2, 3 und 4 berücksichtigen hingegen die Einnahmen- und Ausgabenströme bzw. Ertrags- und Aufwandsströme zwischen Umwelt und Unternehmen, an die die für die Praxis relevanten Bewertungsmethoden anknüpfen. Die formale Konzeption dieser Bewertungsmethoden wird nachfolgend dargestellt.[64]

B. Barwert der Cash Flows

Der Discounted Cash Flow Approach diskontiert die zukünftigen Einnahmenüberschüsse (Einnahmen (R_t) abzüglich der Ausgaben (O_t)) auf den Bewertungszeitpunkt (t = 0) mit dem Kalkulationszinssatz i ab. Diese Berechnungsweise führt zum korrekten Unternehmenswert (P_0), d.h. sie stimmt mit dem Dividend Discount Model überein, sofern die Einnahmenüberschüsse voll an die Anteilseigner ausgeschüttet werden:[65]

$$\text{Discounted Cash Flow Approach} \qquad P_0 = \sum_{t=1}^{\infty} \frac{R_t - O_t}{(1+i)^t}$$

Wird dagegen von einer Vollausschüttung abgesehen, müssen zum einen **kalkulatorische Zinsen** auf die **Kapitalbindung** im Unternehmen berechnet werden. Zum anderen ist die **Kapitalbindung zum Bewertungszeitpunkt** dem Unternehmenswert hinzuzurechnen. Auf diese Weise wird dem Umstand

---

62   Vgl. Miller, M.H./Modigliani, F. (Valuation 1961), S. 412, 414.
63   Vgl. Teil 3 Gliederungspunkt I. A.
64   Auf eine Herleitung aus dem Discounted Cash Flow Model wird verzichtet. Vgl. dazu Miller, M.H./Modigliani, F. (Valuation 1961), S. 415 ff.
65   Vgl. Miller, M.H./Modigliani, F. (Valuation 1961), S. 416.

Rechnung getragen, daß sich das gebundene Kapital beim Anteilseigner erst im Zeitpunkt der Aufgabe seines Beteiligungsengagements bzw. der Veräußerung der Anteile in Cash Flows niederschlägt.

Dies wird besonders deutlich, wenn man die Cash Flows i.S.v. Einzahlungsüberschüssen versteht. Der Unternehmenswert ergibt sich dann als diskontierter Strom dieser **Einzahlungsüberschüsse**. Investiert das Unternehmen nicht sämtliche Einlagen der Anteilseigner bzw. werden nicht sämtliche erwirtschafteten Einzahlungsüberschüsse des Unternehmens ausgeschüttet, so verbleiben beim Unternehmen liquide Mittel. Auf diese (brachliegenden) liquiden Mittel wird der Anteilseigner eine Verzinsung verlangen, die er bei Ausschüttung am Markt erzielen könnte. Ferner sind bei einem bestehenden Unternehmen die liquiden Mittel zum Bewertungszeitpunkt dem Unternehmenswert zuzuordnen. Denn diese sind im Zeitpunkt des Erwerbs bereits vorhanden.

Werden dagegen unter den Cash Flows die **Einnahmenüberschüsse** verstanden, erstreckt sich die Kapitalbindung zwischen Unternehmen und Anteilseigner nicht mehr allein auf die liquiden Mitteln, sondern auf das gesamte Netto-Geldvermögen.[66]

C. Barwert der Erfolge

In der Berücksichtigung der Kapitalbindung zwischen Unternehmen und Anteilseigner sehen Miller und Modigliani den entscheidenden Schritt bei der Ermittlung des Unternehmenswerts auf der Basis der zukünftigen Ertragsüberschüsse. Da zur Finanzierung der Unternehmensaktivitäten Eigenkapital aufgenommen werden muß bzw. – bei Selbstfinanzierung – Gewinne einbehalten werden müssen, sind **Opportunitätskosten** in Höhe des Kapitalisierungszinses zu berechnen. Der innere Wert des Unternehmens bzw. seiner Anteile (P_o) gleicht bei einer unterstellten vollständigen Eigenfinanzierung damit dem Barwert der Erfolge (E_t) abzüglich der erforderlichen Rendite (in Höhe des Kalkulationszinssatzes i) auf das zu Beginn der Periode vorhandene Eigenkapital. Bei vollständiger Eigenfinanzierung entspricht das Eigenkapital den bis zum

---

66   Vgl. Sieben, G. (Unternehmenserfolg 1988), S. 364 ff.; Günther, T. (Controlling 1997), S. 86 ff. Das Netto-Geldvermögen entspricht den liquiden Mitteln zuzüglich Forderungen und abzüglich Verbindlichkeiten. Vgl. Süchting, J. (Finanzmanagement 1995), S. 15.

jeweiligen Zeitpunkt t getätigten Investitionen I_r (exklusive der Investitionen der laufenden Periode; r = 0 bis t-1):[67]

Stream of Earnings Approach $\quad P_o = \sum_{t=1}^{\infty} \dfrac{E_t - \sum_{r=0}^{t-1} I_r \cdot i}{(1+i)^t}$

Beträgt die Kapitalbindung zum Bewertungszeitpunkt nicht null, ist des weiteren das vorhandene Eigenkapital zum Barwert der Übergewinne (Ertragsüberschüsse abzüglich der kalkulatorischen Zinsen auf das Eigenkapital) zu zählen.[68] Gemäß Lücke dienen die kalkulatorischen Zinsen als Ausgleichsventil, „das den Unterschied zwischen den Ergebnissen der Ausgaben-Diskontierungsreihe und der Kosten-Diskontierungsreihe verschwinden läßt."[69] Bei theoretisch korrekter Einrechnung der Zinswirkungen aus der Kapitalbin-

---

67   Vgl. Miller, M.H./Modigliani, F. (Valuation 1961), S. 420.

68   Das Eigenkapital zum Bewertungszeitpunkt korrigiert bspw. Aufwendungen, die bereits vor dem Kauf des Unternehmens zu Auszahlungen geführt haben und beim Käufer nicht mehr berücksichtigt werden müssen (z.B. Abschreibungen auf vor der Übernahme getätigte Investitionen). „Entsprechendes gilt für Erträge vor dem Übernahmezeitpunkt, die erst danach zu Einzahlungen führen, für Aufwendungen des Verkäufers, die erst beim Käufer zu Auszahlungen führen, sowie Einzahlungen, die erst nach der Übernahme zu Erträgen werden, so daß sich als Gesamtkorrekturgröße schließlich EK₀ (das Eigenkapital zum Bewertungszeitpunkt; d. Verf.) ergibt." Sieben, G. (Unternehmenserfolg 1988), S. 367. Vgl. auch Knüsel, D. (Discounted Cash Flow-Methode 1994), S. 84 f.; Gerling, C. (Unternehmensbewertung 1985), S. 416 ff.; Münstermann, H. (Wert 1966), S. 30 ff.; Hax, H. (Investitionstheorie 1993), S. 148 ff.

69   Lücke, W. (Investitionsrechnungen 1955), S. 314. Die verschiedenen Bewertungsansätze (Schnitt II, Schnitt III, Schnitt IV und Schnitt V der Abbildung 5) führen zu einer identischen Bewertung, soweit die Summen der **Entnahme-, Einzahlungs-, Einnahme- und Ertragsüberschüsse** über den Planungszeitraum hinweg identisch sind. Mit anderen Worten unterscheiden sich die Bewertungsströme lediglich in der zeitlichen Verteilung, nicht aber in der absoluten Höhe. Korrekturen müssen vorgenommen werden, soweit auf die Bewertungsströme zwischen Unternehmen und Umwelt abgestellt wird. So sind bei einer Bewertung auf Basis der Einzahlungsüberschüsse kalkulatorische Zinsen auf die vorhandenen liquiden Mittel, bei einer Bewertung auf Basis der Einnahmenüberschüsse kalkulatorische Zinsen auf das vorhandene Netto-Geldvermögen und bei einer Bewertung auf Basis der Ertragsüberschüsse kalkulatorische Zinsen auf das Eigenkapital zu berücksichtigen. Allerdings führt die Substitution einer Methode durch eine andere dazu, daß auf beide Methoden zurückgegriffen werden muß. Bspw. muß zur Korrektur der Ertragsüberschüsse das Eigenkapital bekannt sein. Dies erfordert die Kenntnis der Entnahmeüberschüsse, die die Höhe des Eigenkapitals bestimmen. Vgl. Sieben, G. (Unternehmenserfolg 1988), S. 371.

dung lassen sich damit die gleichen rechnerischen Ergebnisse wie bei der Cash Flow-Bewertung ableiten.[70]

Diese Zusammenhänge berücksichtigt auch das **Ertragswertverfahren**, das grundsätzlich von der Vollausschüttung der Gewinne ausgeht: Bei einer im Zeitablauf unveränderten Höhe des Eigenkapitals – dies ist im Hinblick auf die Vollausschüttungs- und Finanzierungsprämissen korrekt – hebt sich der Barwert der kalkulatorischen Zinsen auf das Eigenkapital und das Eigenkapital selbst zum Bewertungsstichtag auf.[71] Kalkulatorische Zinsen auf das Eigenkapital müssen daher nicht gesondert berücksichtigt werden.[72]

Beispiel 1:   **Unternehmensbewertung auf Basis der Erfolge**

Ein Unternehmen mit einem Eigenkapital von 150 GE erwirtschaftet in den folgenden Perioden Ertragsüberschüsse in Höhe von 100 GE. Diese werden voll an die Anteilseigner ausgeschüttet. Die Höhe des Eigenkapitals bleibt im Zeitablauf unverändert. Die kalkulatorischen Zinsen betragen 10%. Der Unternehmenswert, der sich mit Berücksichtigung der kalkulatorischen Zinsen und des vorhandenen Eigenkapitals ergibt (Fall 1), entspricht der Diskontierung der Ertragsüberschüsse (Fall 2):

$$\text{Fall 1: } 150\,GE + \frac{100\,GE - 150\,GE \cdot 0{,}1}{(1+0{,}1)} + \frac{100\,GE - 150\,GE \cdot 0{,}1}{(1+0{,}1)^2} + \frac{100\,GE - 150\,GE \cdot 0{,}1}{(1+0{,}1)^3} + \ldots$$

$$= 150\,GE + \frac{85\,GE}{0{,}1} = 1.000\,GE$$

$$\text{Fall 2: } \frac{100\,GE}{(1+0{,}1)} + \frac{100\,GE}{(1+0{,}1)^2} + \frac{100\,GE}{(1+0{,}1)^3} + \ldots = \frac{100\,GE}{0{,}1} = 1.000\,GE$$

---

70   Die Identität einer Unternehmensbewertung auf der Grundlage von Aufwendungen/Erträgen und einer Bewertung auf Basis von Einnahmen/Ausgaben zeigen Busse von Colbe, W. (Zukunftserfolg 1957), S. 54 ff.; Münstermann, H. (Wert 1966), S. 34; Sieben, G. (Unternehmenserfolg 1988), S. 364 ff.

71   Vgl. Sieben, G. (Unternehmenserfolg 1988), S. 367; Teil 3 Gliederungspunkt III. B.

72   Die Bewertung anhand der Kapitalisierung der Übergewinne bildet die Grundlage der verschiedenen Methoden der Übergewinnabgeltung. Diese bestimmen den Unternehmenswert grundsätzlich als Summe von Reproduktionswert und Geschäftswert, der in diesem Fall den Wert der Übergewinne verkörpert. Die verschiedenen Methoden der Übergewinnabgeltung unterscheiden sich hinsichtlich der Zeitspanne, für die Übergewinne erwartet werden (befristete und unbefristete Übergewinnabgeltung), sowie bzgl. der Diskontierung (diskontierte und undiskontierte Übergewinnabgeltung). Vgl. zu den Methoden der Übergewinnabgeltung Kußmaul, H. (Gesamtbewertung 1996), S. 310.

Eine Kapitalisierung der Erfolge führt dementsprechend zu einem korrekten Ergebnis, soweit

- **kalkulatorische Zinsen auf das Eigenkapital** von den zukünftigen Ertragsüberschüssen abgezogen werden sowie das **Eigenkapital** zum Bewertungszeitpunkt berücksichtigt wird oder alternativ

- eine **Vollausschüttung** der Ertragsüberschüsse sowie ein im Zeitablauf **konstantes Eigenkapital** unterstellt werden.[73]

Werden diese Prämissen aufgegeben, führt eine Einbeziehung der Gesamterfolge grundsätzlich zu Doppelverrechnungen. Die einbehaltenen Gewinne werden dann zum einen bei ihrer Entstehung und zum anderen in den nachfolgenden Perioden als Reinvestitionserfolg berücksichtigt.[74]

D.   Barwert der gegenwärtigen Erfolge zuzüglich des Barwerts der Investitionsmöglichkeiten

Die im folgenden dargestellte Bewertungsmethodik erscheint Miller und Modigliani aus dem Blickwinkel eines Investors, der ein ganzes Unternehmen kaufen möchte, als die naheliegendste. Für einen potentiellen Unternehmensinhaber wird der Unternehmenswert durch die **Ertragskraft der vorhandenen Vermögensgegenstände** sowie die Möglichkeiten des Unternehmens, zusätzliche **Investitionen** in den Bereichen vorzunehmen, in denen eine **über der geforderten Mindestverzinsung liegende Rendite** erzielt werden kann, determiniert.[75]

Der erste Term der Formel zur Bestimmung des Unternehmenswerts beschreibt dementsprechend den Barwert der gegenwärtigen Erfolge (F_1) bzw. den uniform, unendlichen Gewinnstrom der bereits vorhandenen Vermögensgegenstände und der zweite Term die Investitionsmöglichkeiten. Dabei wird vereinfachenderweise davon ausgegangen, daß jede Erweiterungsinvestition

---

73   Eine auf Grundlage der Gesamterfolge beruhende Aktienbewertung führt damit grundsätzlich zu einer theoretisch falschen Bewertung, da eine hierbei unterstellte Vollausschüttung nur von Mehrheiten und nicht vom Erwerber eines kleineren Anteils durchgesetzt werden kann.

74   Vgl. Moxter, A. (Grundsätze 1983), S. 79 f.; Uhlir, H./Steiner, P. (Wertpapieranalyse 1994), S. 107; Serfling, K./Pape, U. (Ertragswertverfahren 1995), S. 943.

75   Desinvestitionen in den Bereichen, in denen die Rendite unter der gewünschten Mindestverzinsung liegt, werden hier nicht explizit berücksichtigt.

(I_t)[76] eine ewige Rente von $I_t \cdot i^*_t$ (i^* = Rendite der Investition) erzielt und damit $I_t \cdot i^*_t / i$ den Barwert dieser Rente ausdrückt, von dem noch das eingesetzte Kapital bzw. die Höhe des Investitionsvolumens zu subtrahieren ist:[77]

Investment Opportunities Approach $\qquad P_0 = \dfrac{E_1}{i} + \displaystyle\sum_{t=1}^{\infty} \dfrac{\dfrac{I_t \cdot i^*_t}{i} - I_t}{(1+i)^t}$

Die Gleichung verdeutlicht, daß Wachstumsaktien (growth stock) stets eine Rendite, die über den Kapitalkosten liegt ($i^*_t > i$) erzielen müssen. Die Kapitalkosten fungieren damit bei Investitionsentscheidungen als sogenannte **cut-off** oder **hurdle rate**. Nichts anderes propagieren indes sämtliche Shareholder Value-Konzepte der 90er Jahre: Um den Wert eines Unternehmens zu steigern, muß Kapital in den Geschäftsbereichen freigesetzt werden, in denen die Rendite unter den Kapitalkosten liegt, und Kapital in solche Projekte investiert werden, die eine Verzinsung über den Kapitalkosten versprechen.[78]

Entspricht die Rendite der Investitionsobjekte (i^*_t) dem Kapitalkostensatz (i), wird der zweite Term der Gleichung null. Unter dieser Bedingung führt somit auch eine Kapitalisierung des **Gesamtgewinns** zu einer theoretisch korrekten Unternehmensbewertung.[79] Die Annahme der Vollausschüttung beim Stream of Earnings Approach führt insofern zu demselben Unternehmenswert, als wenn sich **einbehaltene Gewinne genau zum Kapitalisierungszins** verzinsen.[80]

---

76 Erhaltungsinvestitionen werden im ersten Term der Gleichung erfaßt.

77 Die Annahme, daß Erweiterungsinvestitionen eine ewige Rente erzielen, ist nicht einschränkend, da eine ungleichförmige Verzinsung barwertmäßig über eine äquivalente gleichförmige Verzinsung wiedergegeben werden kann. Vgl. Miller, M.H./Modigliani, F. (Valuation 1961), S. 416.

78 Vgl. hierzu Teil 4 Gliederungspunkt II. C. 1.

79 Vgl. Miller, M.H./Modigliani, F. (Valuation 1961), S. 416; WP-Handbuch (Band II 1998), S. 32. Vgl. zur Kapitalisierung des Gesamtgewinns auch Büschgen, H.E. (Wertpapieranalyse 1966), S. 91 ff.

80 Vgl. WP-Handbuch (Band II 1998), S. 32.

III. Traditionelle Methoden der Unternehmensbewertung – Ertragswertverfahren und Discounted Cash Flow-Methode

A. Überblick

Die beiden meistpraktizierten Verfahren zur Bewertung von Unternehmen stellen in Deutschland das **Ertragswertverfahren** und das **Discounted Cash Flow-Verfahren** (DCF-Verfahren) dar.[81] Das Ertragswertverfahren stützt sich insbesondere auf die zur Zeit noch gültige HFA-Stellungnahme 2/1983 des Instituts der Wirtschaftsprüfer in Deutschland e.V., die für deren Berufsstand empfohlen und gegenwärtig weiterentwickelt wird.[82]

Die folgenden Ausführungen berücksichtigen den aktuellen Diskussionsstand im Hauptfachausschuß und im Arbeitskreis Unternehmensbewertung. Sie stimmen mit dem am 27. Januar 1999 verabschiedeten Entwurf ‚Grundsätze zur Durchführung von Unternehmensbewertungen' überein.

Ertragswert- und DCF-Verfahren **korrespondieren** prinzipiell mit der von **Miller und Modigliani** beschriebenen Bewertung gemäß dem Barwert der Erfolge bzw. der Cash Flows. Die international gebräuchliche DCF-Methode wird in der Literatur als Oberbegriff für die verschiedenen Shareholder Value-Ansätze verstanden.[83] Damit wird angedeutet, daß die hier zur Diskussion stehenden Bewertungsmodelle (Economic Value Added- und Cash Flow Return on Investment-Modell), die unter dem Schlagwort Shareholder Value propagiert werden, sich letztlich auf das DCF-Verfahren stützen.

Was aber ist unter dem oftmals überstrapazierten Begriff des **Shareholder Value** zu verstehen? Shareholder Value „bedeutet nicht mehr und nicht weniger, als daß der Vorstand einer Aktiengesellschaft das Unternehmen im Interesse der Aktionäre zu führen habe."[84]

---

81 Nach einer empirischen Untersuchung von Peemöller, Bömelburg und Denkmann im August 1993 wenden von den befragten Wirtschaftsprüfungsgesellschaften, M&A-Beratungen, Unternehmensberatungen, Investmentbanken, Beteiligungsunternehmen, Industrieunternehmen und Banken 39% das Ertragswertverfahren und 33% das Discounted Cash Flow-Verfahren an. Vgl. Peemöller, V.H./Bömelburg, P./Denkmann, A. (Unternehmensbewertung 1994), S. 742.

82 Nach der überarbeiteten Fassung kann demnächst auch die DCF-Methode als mögliche Vorgehensweise angewendet werden. Vgl. auch O.V. (Berichterstattung 1997), S. 34.

83 Vgl. Peemöller, V.H./Keller, B./Rödl, M. (Strategische Unternehmensbewertung 1996), S. 75.

84 Albach, H. (Shareholder Value 1994), S. 273.

Wie bereits erläutert, besteht der Nutzen eines Aktionärs (Shareholder Value) in dem Barwert seiner zukünftigen Netto-Einnahmen, den es zu maximieren gilt. Da die Geschäftsführung jedoch nicht die Präferenzen aller Anteilseigner kennt und nicht davon ausgegangen werden kann, daß diese Präferenzen identisch sind, wird empfohlen, sich am Kriterium der Marktwertmaximierung zu orientieren.[85] Die Aufgabe eines Unternehmens, das den Shareholder Value-Ansatz als Managementmethode[86] implementiert, ist es daher, den Marktwert des Eigenkapitals zu maximieren.[87] Zur abbildungstechnischen Umsetzung dieses Gedankens stehen dem Unternehmen verschiedene Methoden offen.[88] Bühner/Weinberger sowie Bender/Lorson unterscheiden grundsätzlich zwei Typen von Shareholder Value-Ansätzen:[89]

- Die primär **finanzwirtschaftlich orientierten Modelle** greifen auf die Kapitalwertmethode zurück und legen der Bewertung der Investitionsalternativen Cash Flows zugrunde, so daß hier regelmäßig das DCF-Verfahren angewandt wird. Ist der Kapitalwert größer null, sollte eine Investition getätigt werden.

- Die primär buchhalterischen (**aufwands- und ertragsorientierten) Modelle** ermitteln eine Rentabilitätsspanne (return on investment spread) zwischen buchhalterischer Eigenkapitalrentabilität und der von den Aktionären erwarteten Rendite. Ein Wertzuwachs liegt demzufolge erst vor, wenn der Gewinn die Kapitalkosten deckt. Investitionen sollten folglich dann getätigt werden, wenn die Rentabilitätsspanne positiv ist. Den primär buchhalterischen Modellen liegt somit aus der Sichtweise von Miller und Modigliani eine Unternehmensbewertung auf der Grundlage des Barwerts der Erfolge zugrunde.[90]

---

85 Vgl. hierzu Hachmeister, D. (Discounted Cash Flow 1995), S. 11 ff.

86 Vgl. Bender, J./Lorson, P. (Verfahren der Unternehmensbewertung IV 1997), S. 1, 7. Vgl. zu den Anwendungsfeldern Küting, K./Lorson,P. (Kursbeeinflussung 1996), S. 11.

87 Vgl. Hostettler, S. (Economic Value Added 1997), 23 f.; Mandl, G./Rabel, K. (Unternehmensbewertung 1997), S. 37; Kunz, R.M. (Shareholder Value 1998), S. 16; Süchting, J. (Finanzmanagement 1995), S. 330. Der Marktwert des Eigenkapitals bzw. der Kurswert eines Unternehmens ist jedoch nur unter der Annahme der strengen Form der Effizienz-Markt-These mit dem Shareholder Value identisch.

88 Dazu gehören insbesondere das DCF-Verfahren sowie das EVA- und das CFROI-Modell.

89 Vgl. Bühner, R./Weinberger, H.-J. (Cash-Flow 1991), S.188 ff.; Bender, J./Lorson, P. (Verfahren der Unternehmensbewertung IV 1997), S. 8.

90 Vgl. Teil 4 Gliederungspunkt II. B.

Nach Bender/Lorson weisen auch die buchhalterischen Modelle „eine grund-
sätzliche Verwandtschaft mit der Philosophie des DCF-Verfahrens"[91] auf. Diesem Standpunkt wird hier insoweit zugestimmt, als daß eine Bewertung auf
Basis der Erfolge in eine Bewertung auf Basis von Cash Flows überführt werden kann und die Ermittlung der Kapitalkosten marktgestützt erfolgt. Jedoch
kann **nicht für alle Shareholder Value-Ansätze die DCF-Methode als Oberbegriff** verwendet werden, da die buchhalterischen Ansätze auf die Methodik
der Kapitalisierung der Erfolge zurückgreifen.

B. Ertragswertverfahren

Das Ertragswertverfahren ermittelt den Wert des Eigenkapitals auf der Grundlage von Plan-Gewinn- und Verlustrechnungen, indem die zukünftigen **Ertragsüberschüsse** nach Abzug von beim Anteilseigner nicht anrechenbaren
Unternehmenssteuern auf den Bewertungszeitpunkt abgezinst werden.[92] Abweichend von der Stellungnahme vertritt der Arbeitskreis Unternehmensbewertung in jüngster Vergangenheit die Ansicht, daß auch die Auswirkungen
persönlicher Ertragsteuern generell zu berücksichtigen sind.[93]

Für die Prognose der zukünftigen Ertragsüberschüsse ist die Aufstellung einer
Finanzbedarfsrechnung erforderlich. Da das vorhandene Eigenkapital i.d.R. als
fixe Größe angenommen wird, wird davon ausgegangen, daß der zusätzliche

---

91   Bender, J./Lorson, P. (Verfahren der Unternehmensbewertung IV 1997), S. 8 (im
      Original kursiv).

92   Im Rahmen der Ermittlung objektivierter Unternehmenswerte wird die Anrechnungsbe-
      rechtigung der Anteilseigner unterstellt. Die Körperschaftsteuer wird infolgedessen nur
      bei Thesaurierungen (z. B. Rücklagenbildung zur Substanzerhaltung) und nicht ab-
      zugsfähigen Aufwendungen erfaßt. Bei der Ermittlung subjektiver Unternehmenswerte
      ist ferner eine ggf. fehlende Anrechnungsberechtigung der Anteilseigner zu berück-
      sichtigen. Vgl. WP-Handbuch (Band II 1998), S. 92.

93   Dies gilt bereits für die Ermittlung objektivierter Unternehmenswerte, wobei ein typisie-
      render Ertragsteuersatz zu verwenden ist. Dabei wird unterstellt, daß die Anteilseigner
      unbeschränkt steuerpflichtig und anrechnungsberechtigt sind sowie ihre Anteile im Pri-
      vatvermögen halten. Bei der Ermittlung subjektiver Entscheidungswerte tritt an die
      Stelle des typisierenden Ertragsteuersatzes die tatsächliche Steuerbelastung. Vgl.
      WP-Handbuch (Band II 1998), S. 37, 42. Die Zukunftserfolge sind somit grundsätzlich
      um eine typisierende Steuer zu kürzen und mit dem Kapitalisierungssatz nach persön-
      licher Einkommensteuer abzuzinsen, da die Einnahmen aus der alternativ am Kapital-
      markt getätigten Anlage der persönlichen Einkommensteuer unterliegen. Vgl. Siepe,
      G. (Ertragsteuern 1997), S. 4.

Finanzbedarf durch Fremdkapital gedeckt wird.[94] Die prognostizierten Ertragsüberschüsse müssen folglich um Zinsaufwendungen oder -erträge für Finanz-
lücken bzw. -überschüsse des Unternehmens korrigiert werden (modifizierte
Ertragsüberschüsse).[95]

Die Bestimmung des Unternehmenswerts erfolgt i.d.R. in zwei Schritten: In der
ersten Bewertungsphase wird vorerst ein **objektivierter Unternehmenswert**
ermittelt.[96] In der darauffolgenden Phase werden schließlich für die Berechnung **subjektiver Entscheidungswerte** die zuvor verallgemeinerten Datenan-
sätze durch individuelle ersetzt. Dazu gehören bspw. die Berücksichtigung be-
absichtigter Neugestaltungen sowie etwaige (echte) Synergie-Effekte, die nach
dem Erwerb des Unternehmens realisiert werden können.[97]

Der **Kapitalisierungszins**, mit dem die Ertragsüberschüsse auf den Bewertungszeitpunkt abgezinst werden, gibt die Renditeforderungen der Eigenkapitalgeber wieder. Er hat die Aufgabe, diejenige Verzinsung widerzuspiegeln,
„die der Kapitalgeber aus seinem finanziellen Engagement in das Unternehmen mindestens fordern muß, will er sich nicht schlechter stellen als bei Er-
greifen seiner bestmöglichen Alternative."[98] Die Bestimmung des Kapitalisie-

---

94 Ein Finanzüberschuß führt zu einer Rückzahlung von Fremdkapital. Wird dagegen das
Eigenkapital nicht als konstante Größe angenommen, vermindern (erhöhen) fehlende
(überschüssige) Eigenkapitalbeträge den Ertragswert. Vgl. HFA (Stellungnahme
2/1983), S. 477.

95 Vgl. Bieg, H. (Investition 1997), S. 223 ff.; WP-Handbuch (Band II 1998), S. 89 ff.

96 „Der objektivierte Unternehmenswert entspricht dem Zukunftserfolgswert, der sich bei
Fortführung des Unternehmens in unverändertem Konzept und mit allen realistischen
Zukunftserwartungen seiner Marktchancen, finanziellen Möglichkeiten und sonstigen
Einflußfaktoren ... bestimmen läßt." WP-Handbuch (Band II 1998), S. 5 f.

97 Vgl. WP-Handbuch (Band II 1998), S. 6 f.   Erst in der Verhandlungsphase werden
ergänzende Wertfaktoren unter Einbeziehung subjektiver Erwartungen bzgl. der
Entwicklung des Unternehmens einkalkuliert und damit neue Führungskonzepte
berücksichtigt. Bei Kauf oder Verkauf von Aktien spielt dabei die Frage der Einflußmöglichkeiten auf die Aktiengesellschaft eine entscheidende Rolle, denn die Anteilsquoten der Sperrminorität (> 25%), der einfachen (> 50%) und der qualifizierten
($\geq$ 75%) Mehrheit verleihen dem Anteilseigner entsprechende Sonderrechte. Die Wert-
einflüsse, die sich daraus ergeben, werden bei der subjektiven Betrachtung einbezogen. Hiermit entspricht der innere Wert eines Aktienpakets grundsätzlich nicht
dem quotalen Anteil am gesamten Unternehmenswert einer Aktiengesellschaft. Die
Preisgrenze für die Anteile, die zu einem Überschreiten einer bestimmten Beteiligungs-
quote führen, wird sich aus den damit verbundenen Einflußmöglichkeiten für den
Erwerber ergeben. Eine schematische Ableitung des inneren Werts einer Aktie aus
dem Gesamtwert des Unternehmens ist in solchen Fällen nicht möglich.

98 Sieben, G. (Unternehmensbewertung 1995), S. 726. Vgl. zu den Funktionen des Kapitalisierungszinses im einzelnen Bieg, H. (Investition 1997), S. 228 f.

rungszinses eröffnet jedoch einen weiten Problemkomplex, der nur durch grobe Vereinfachungen gelöst werden kann.[99]

Da es – anders als bei der Fremdfinanzierung – keine vertragliche Vereinbarung über die Verzinsung gibt, setzen sich die Eigenkapitalkosten bei der Ermittlung des objektivierten Unternehmenswerts nach der Zinszuschlagsmethode grundsätzlich aus einer **risikofreien Rendite** (Verzinsung quasi-sicherer,
langfristiger festverzinslicher Wertpapiere)[100] und einem **Risikozuschlag** zusammen.[101] Mit dem Risikozuschlag wird neben dem operativen Risiko, das
durch unvorhersehbare Ergebnisentwicklungen bestimmt wird, insbesondere
auch das Kapitalstrukturrisiko, das vom Verschuldungsgrad des Unternehmens
abhängt, abgegolten. Zur Bemessung des Risikozuschlags kann dabei auch
das Capital Asset Pricing Model (CAPM) herangezogen werden.[102] „Unterstellt
man nämlich, daß der Kapitalmarkt tatsächlich wie vom Capital Asset Pricing
Model beschrieben funktioniert, so kann eine mühsame Suche nach der besten Anlagealternative unterbleiben, weil der Kapitalmarkt alle Anlagemöglichkeiten umfaßt."[103] Bei der Ermittlung subjektiver Entscheidungswerte richtet
sich der Kapitalisierungszins dagegen nach den individuellen Verhältnissen
des Investors. Als Kapitalisierungszins kommt beispielsweise der Zinssatz ablösbarer Kredite oder die durchschnittliche Aktienrendite in Betracht.[104]

Bei unbegrenzter Lebensdauer setzt sich der Unternehmenswert schließlich
aus den folgenden Komponenten zusammen: dem Barwert der zukünftigen

---

99   Vgl. Bieg, H. (Investition 1997), S. 230 ff.; Hachmeister, D. (Discounted Cash Flow
     1995), S. 261 ff.

100 Dabei wird grundsätzlich auf die Stichtagsrendite öffentlicher Anleihen abgestellt. Vgl.
     WP-Handbuch (Band II 1998), S. 99. Vgl. hierzu insbesondere Teil 5 Gliederungspunkt
     II. B. 4.

101 Vgl. zur Berücksichtigung der Inflation im Kapitalisierungszins WP-Handbuch (Band II
     1998), S. 101 f.; Bieg, H. (Investition 1997), S. 229, 233 f.

102 Vgl. WP-Handbuch (Band II 1998), S. 64, 99. Vgl. hierzu insbesondere Teil 5 Gliederungspunkt II. B. 4. c) (3). In der Theorie wird die Abzinsung der
     Sicherheitsäquivalente der zukünftigen Ertragsüberschüsse (sicherheitsäquivalenter
     Ertrag) mit dem Basiszins vorgeschlagen (Ergebnisabschlagsmethode). Das Risiko
     wird dann bereits in der Zählergröße berücksichtigt. Der Investor verhält sich gegenüber der unsicheren Verteilung zukünftiger Erfolge einerseits sowie dem Sicherheitsäquivalent andererseits indifferent. Mit Hilfe der Sicherheitsäquivalenzmethode können maximal begründbare Risikozuschläge errechnet werden. Vgl. Ballwieser, W.
     (Komplexitätsreduktion 1990), S. 171 ff.; Ballwieser, W./Schmid, H. (Management Buy-
     Outs 1990), S. 362; Hachmeister, D. (Discounted Cash Flow 1995), S. 262 ff.; Serfling,
     K./Pape, U. (Ertragswertverfahren 1995), S. 944.

103 Sieben, G. (Unternehmensbewertung 1995), S. 727.

104 Vgl. WP-Handbuch (Band II 1998), S. 102.

Erfolge des **betriebsnotwendigen Vermögens** und dem Barwert der Netto-veräußerungserlöse des **nicht-betriebsnotwendigen Vermögens.**[105] Die er-ste Komponente wird in zwei Phasen aufgespalten. In den ersten – näheren – Phase werden differenziert veranschlagte Einzelerfolge zugrunde gelegt, wäh-rend die zweite – fernere – Phase mit konstanten, nachhaltigen Erfolgserwar-tungen oder einem pauschalen Wachstum rechnet.[106].

Abbildung 6 stellt die Ermittlung des Zukunftserfolgswerts nach dem Ertrags-wertverfahren graphisch dar.

Abbildung 6: Ertragswertverfahren

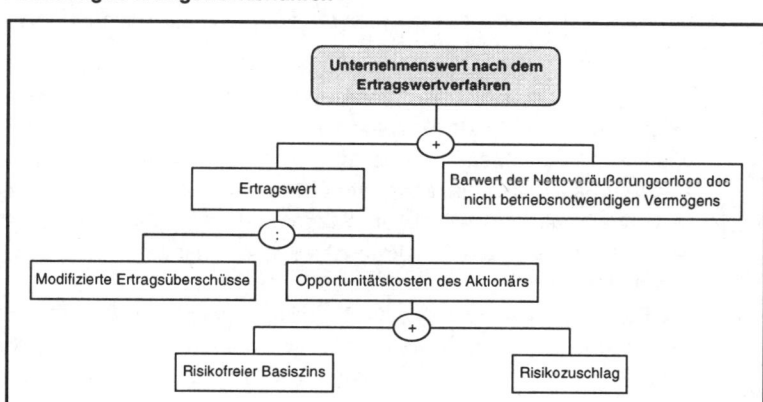

---

105 Vgl. WP-Handbuch (Band II 1998), S. 92 f., 102; HFA (Stellungnahme 2/1983), S. 479. Übersteigt der Fortführungswert des nicht betriebsnotwendigen Vermögens dessen Li-quidationswert, so ist der Fortführungswert anzusetzen.

106 Vgl. WP-Handbuch (Band II 1998), S. 52. Dagegen spaltet die noch gültige HFA-Stellungnahme die erste Komponente in drei Phasen auf. In den ersten beiden Phasen (zunächst ca. drei und danach ca. weitere fünf Jahre) werden differenziert veran-schlagte Einzelerfolge zugrunde gelegt, wobei die zweite Phase Trenderwartungen und Ableitungen aus den Plänen der ersten Phase erfaßt. In der dritten Phase wird mit konstanten, nachhaltigen Erfolgserwartungen gerechnet. Vgl. HFA (Stellungnahme 2/1983), S. 478; Kußmaul, H. (Gesamtbewertung 1996), S. 356; Küting, K. (Shareholder-Value 1998), S. 214.

C. Discounted Cash Flow-Verfahren

Im Gegensatz zum Ertragswertverfahren zinst die DCF-Methode zukünftige **Einnahmenüberschüsse** auf den Bewertungszeitpunkt ab. Der Unternehmenswert – als Wert des Eigenkapitals – wird dabei grundsätzlich als Differenz aus dem Gesamtwert des Unternehmens und dem Wert des Fremdkapitals ermittelt. Hinter dem Begriff des DCF-Verfahrens[107] können sich drei verschiedene Ansätze verbergen, die bei konsistenter Handhabung ihrer Rechnungsgrundlagen zu identischen Ergebnissen führen:[108]

(1) Die **Entity-Methode** (Weighted Average Cost of Capital Approach, Flow to Firm Method) berechnet im Gegensatz zum Ertragswertverfahren den Wert des Eigenkapitals indirekt:

- In einem ersten Schritt wird der Unternehmensgesamtwert ermittelt, indem die **freien Cash Flows** mit einem gewogenen durchschnittlichen Kapitalkostensatz abgezinst werden. Die freien Cash Flows stellen grundsätzlich die erwarteten Einnahmenüberschüsse vor Zinsen, aber nach Investitionsausgaben und nach Steuern dar. Sie geben somit den aus der Umsatztätigkeit erwirtschafteten und nach erfolgten Investitionen verbleibenden Liquiditätsüberschuß wieder, der für die Bedienung der Fremd- und Eigenkapitalgeber verwendet werden kann. Die freien Cash Flows werden überwiegend aus Plan-Gewinn- und Verlustrechnungen abgeleitet.[109] Ihre Abgrenzung erfolgt in der Literatur jedoch recht uneinheitlich.[110]

---

107   Vgl. zur konkreten Vorgehensweise Rappaport, A. (Discounted Cash Flow Valuation 1994), S. 161 ff.; Gordon, R.L. (Discounted Cash Flow Analysis 1988), S. 259 ff.

108   Die drei Ansätze führen zum gleichen Unternehmenswert, soweit die gewichteten durchschnittlichen Kapitalkosten (und damit grundsätzlich die Kapitalstruktur) konstant bleiben. Dies ist dann der Fall, wenn die Fremdfinanzierung proportional zur Entwicklung des Gesamtunternehmenswerts erfolgt. Dabei kann vereinfachend von einer auf Marktwerten basierenden konstanten Zielkapitalstruktur ausgegangen werden. Vgl. Ross, S.A./Westerfield, R.W./Jaffe, J. (Corporate Finance 1996), S. 461; Drukarczyk, J. (Unternehmensbewertung 1998), S.176 ff.; Günther, T. (Controlling 1997), S. 106 f.; Hachmeister, D. (Discounted Cash Flow 1995), S. 272.

109   Ausgangspunkt ist meist das (Betriebs-)Ergebnis vor Steuern und Zinsen (Earnings before Interests and Taxes, EBIT), von dem die Steuerzahlungen, die ein unverschuldetes Unternehmen zu leisten hätte, abgezogen werden. Anschließend sind Abschreibungen und Rückstellungszuführungen hinzuzurechnen und Auflösungen von Rückstellungen zu subtrahieren. Der so ermittelte Brutto Cash Flow wird letztlich noch um die Investitionen in das Anlage- und das Netto-Umlaufvermögen gekürzt. Vgl. Sieben, G. (Unternehmensbewertung 1995), S. 718. Das Netto-Umlaufvermögen bzw. das working capital kann als Umlaufvermögen abzüglich kurzfristiger Passiva definiert

Der **Kapitalkostenansatz**, die erste Variante der Entity-Methode und gleichzeitig der populärste Ansatz, [111] geht bei der Ermittlung der freien Cash Flows von der Fiktion eines unverschuldeten Unternehmens aus. Damit werden zu hohe Steuern und zu niedrige Cash Flows berechnet, denn die Fremdkapitalzinsen werden vorerst nicht als Betriebsausgabe im steuerlichen Sinne anerkannt. Der steuermindernde Effekt der Fremdfinanzierung –das sog. Steuerschild des Fremdkapitals – wird jedoch anschließend im Kapitalkostensatz im Nenner berücksichtigt, indem der Fremdkapitalkostensatz um den Steuereffekt der Fremdkapitalzinsen verringert wird.

Die Kapitalkosten lassen sich als Summe aus den gewichteten Eigen- und Fremdkapitalkosten darstellen, wobei die jeweiligen Fremd- und Eigenkapitalanteile zu Marktwerten gewichtet werden.[112] Damit tritt zwangsläufig ein Zirkularitätsproblem auf, da der Wert des Eigenkapitals gleichzeitig die Bestimmungsgröße und die gesuchte Größe ist. Für die praktische Anwendung wird i.d.R. eine Zielkapitalstruktur (Marktwertrelationen von Eigen- bzw. Fremdkapital zum Gesamtkapital) ermittelt.[113]

Um die Zielkapitalstruktur konstant zu halten, sind diffizile Planungen erforderlich, denn eine im Zeitablauf konstante Kapitalstruktur geht davon aus, daß Investitionsprojekte entsprechend der Kapitalstruktur des Unternehmens finanziert werden. Die Fremdfinanzierung muß

---

werden. Des weiteren besteht die Möglichkeit, vom Umlaufvermögen die kapitalkostenfreien Passiva abzuziehen.

110 Vgl. Ballwieser, W. (Aktuelle Aspekte 1995), S. 121; Ballwieser, W. (Discounted Cash Flow-Verfahren 1998), S. 84; Brown, G.T. (Free Cash Flow 1996), S. 171 ff. Vgl. zu verschiedenen Cash Flow-Definitionen US-amerikanischer Unternehmen Johnston, D./Zipprich, D.C. (Cash Flow Analysis 1992), S. 39 ff.

111 Vgl. Hayn, M. (Bewertung 1997), S. 172.

112 Vgl. hierzu ausführlich Teil 5 Gliederungspunkt II. B. 4. d).

113 Vgl. Ballwieser, W. (Discounted Cash Flow-Verfahren 1998), S. 85; Grinblatt, M./Titman, S. (Financial Markets 1998), S. 464; Hachmeister, D. (Discounted Cash Flow 1995), S. 271. Das WP-Handbuch schlägt dagegen die iterative Ermittlung des Unternehmenswerts und der gewogenen Kapitalkosten vor. Vgl. WP-Handbuch (Band II 1998), S. 106. Wird die Kapitalstruktur nicht konstant gehalten, müssen die Kapitalkosten periodenweise angepaßt werden.

sich infolgedessen am Unternehmenswert orientieren,[114] und die Verschuldungspolitik ist damit eindeutig determiniert.[115]

Zu den mit den gewogenen durchschnittlichen Gesamtkapitalkosten abgezinsten erwarteten freien Cash Flows der als planbar angesehenen Zukunft ist schließlich noch der Residualwert,[116] der den Wert nach der expliziten Planungsperiode erfaßt, sowie der Wert des nicht-betriebsnotwendigen Vermögens zu addieren.

Die zweite Variante der Entity-Methode, der **Total Cash Flow-Ansatz**, legt dagegen bei der Ermittlung der freien Cash Flows ein verschuldetes Unternehmen zugrunde. In diesem Fall ist der freie Cash Flow um den steuermindernden Effekt des Fremdkapitals höher als beim Kapitalkostenansatz. Der Steuervorteil der Fremdfinanzierung darf folglich nicht mehr in den Kapitalisierungszins eingehen.[117]

- In einem zweiten Schritt wird zur Berechnung des Eigenkapitalwerts der Wert des Fremdkapitals vom Gesamtwert des Unternehmens abgezogen.[118]

(2) Die **Adjusted Present Value-Methode** (Konzept des angepaßten Barwerts) versucht, die mit dem Entity-Ansatz verbundenen Nachteile einer

---

114 Vgl. Hachmeister, D. (Discounted Cash Flow 1995), S. 271; Ballwieser, W. (Shareholder Value-Ansatz 1994), S. 1396. Werden dagegen die Investitionen nicht im Verhältnis der Anteile der Werte des Eigen- und des Fremdkapitals finanziert, wird bei konstanten Gesamtkapitalkosten unterstellt, daß bei gleichbleibendem Fremdkapitalkostensatz der Eigenkapitalkostensatz mit dem Verschuldungsgrad steigt. Mit anderen Worten werden die Eigenkapitalkosten an den Verschuldungsgrad angepaßt. Vgl. Sieben, G. (Unternehmensbewertung 1995), S. 731.

115 Dies trifft zu, soweit Zielkapitalstruktur und Ausschüttungspolitik vorgegeben werden. Vgl. Ballwieser, W. (Discounted Cash Flow-Verfahren 1998), S. 85.

116 Die Vorschläge zur Ermittlung des Restwerts reichen dabei von der Verwendung des Liquidationswerts über eine Schätzung nach Marktwert/Buchwert-Verhältnissen und anhand einer erwarteten Price-Earnings-Ratio (Exit Value) bis hin zur Kapitalisierung eines nachhaltigen Gewinns oder eines normalisierten freien Cash Flow (mit oder ohne Wachstumsannahmen; ‚perpetuity value'). Vgl. Hostettler, S. (Economic Value Added 1997), 208 f.; Kußmaul, H. (Gesamtbewertung 1996), S. 397; Börsig, C. (Unternehmenswert 1993), S. 86.

117 Vgl. Ballwieser, W. (Discounted Cash Flow-Verfahren 1998), S. 81.

118 Vgl. Grinblatt, M./Titman, S. (Financial Markets 1998), S. 464 ff.; Benninga, S./Sarig, O.H. (Corporate Finance 1997), S. 239 ff.; Ross, S.A./Westerfield, R.W./Jaffe, J. (Corporate Finance 1996), S. 459 f.; Küpper, H.-U. (Marktwertorientierung 1998), S. 522 f.

konstanten Zielkapitalstruktur zu vermeiden. Der Unternehmensgesamtwert wird hierfür in zwei Komponenten geteilt:[119]

- Die erste Komponente gibt den Wert der **operativen Unternehmen-
  stätigkeit** wieder. Dabei werden – wie beim Kapitalkostenansatz –
  vorerst die freien Cash Flows des Unternehmens bei einer fiktiven
  vollständigen Eigenfinanzierung ermittelt. Im Gegensatz zum Kapitalkostenansatz sind die freien Cash Flows anschließend mit dem
  Eigenkapitalkostensatz – und nicht mit einem gewogenen durchschnittlichen Kapitalkostensatz – abzuzinsen. Der Eigenkapitalkostensatz darf aufgrund der unterstellten Eigenfinanzierung lediglich
  das operative Risiko und nicht das Finanzierungsrisiko widerspiegeln.[120] Da es jedoch praktisch keine rein eigenfinanzierten börsennotierten Unternehmen gibt, ist die Berechnung von Eigenkapitalkosten eines fiktiv unverschuldeten Unternehmens als äußerst problematisch anzusehen.

- Die zweite Komponente faßt die gesamten **Wertbeiträge der Finan-
  zierungsseite** zusammen und wird durch den Kapitalwert der Effekte aus der Fremdfinanzierung dargestellt. Die Steuervorteile aus
  der Fremdfinanzierung werden hierfür mit einem risikoäquivalenten
  Zins abgezinst.

- Vom Unternehmensgesamtwert ist anschließend der Wert des
  Fremdkapitals abzuziehen.

(3) Die **Equity-Methode** (Flow to Equity Method) kommt dem Ertragswertverfahren von der Konzeption her am nächsten: Lediglich die den Eigentümern zufließenden Einnahmenüberschüsse sind mit dem Eigenkapitalkostensatz, der sowohl das operative als auch das finanzielle Risiko wie-

---

119 Vgl. Grinblatt, M./Titman, S. (Financial Markets 1998), S. 455 ff.; Benninga, S./Sarig,
O.H. (Corporate Finance 1997), S. 239 ff.; Ross, S.A./Westerfield, R.W./Jaffe, J. (Corporate Finance 1996), S. 455 ff.; Küpper, H.-U. (Marktwertorientierung 1998), S. 523.

120 Bei der Ermittlung der Eigenkapitalkosten bei vollständiger Eigenfinanzierung müssen
bestimmte Reaktionshypothesen der Eigentümer unterstellt werden. Es wird zwischen
Nettogewinn- und Bruttogewinn-Ansatz unterschieden. Der Bruttogewinn-Ansatz geht
von einem linearen Einfluß der Verschuldung auf die Eigenkapitalkosten aus, während
der Nettogewinn-Ansatz einen Einfluß der Kapitalstruktur auf die Eigenkapitalkosten
verneint. Der Nettogewinn-Ansatz wird damit gerechtfertigt, daß das Kapitalstrukturrisiko innerhalb angemessener Verschuldungsgrenzen von den Aktionären nicht wahr-
genommen wird. Vgl. Hachmeister, D. (Discounted Cash Flow 1995), S. 100, 128, 267
f. Vgl. auch Teil 5 Gliederungspunkt II B. 4. c) (2).

dergibt, abzuzinsen.[121] Bei der DCF-Methode wird dabei grundsätzlich das Capital Asset Pricing Model (CAPM) zur Berechnung der Eigenkapitalkosten herangezogen.[122] Der auf diese Weise bestimmte freie Cash Flow berücksichtigt sowohl die Zahlungen an die Fremdkapitalgeber als auch den steuermindernden Effekt des Fremdkapitals.[123]

Die nachfolgende Abbildung 7 faßt die Ausgestaltung der einzelnen Ansätze des DCF-Verfahrens tabellarisch zusammen.[124]

---

121 Wird beim Equity-Ansatz der DCF-Methode auch bei einer nicht kapitalstrukturneutralen Fremdfinanzierung von konstanten Eigenkapitalkosten ausgegangen (Nettogewinn-Ansatz), wird ein Einfluß der Finanzierung auf die Eigenkapitalkosten verneint.

122 Zum CAPM vgl. ausführlich Teil 5 Gliederungspunkt II. B. 4. c) (2).

123 Vgl. Grinblatt, M./Titman, S. (Financial Markets 1998), S. 476 ff.; Benninga, S./Sarig, O.H. (Corporate Finance 1997), S. 411 ff.; Ross, S.A./Westerfield, R.W./Jaffe, J. (Corporate Finance 1996), S. 457 f.

124 Vgl. auch Richter, F. (Steuerungs- und Monitoringsystem 1996), S. 27.

Abbildung 7: **Ansätze des Discounted Cash Flow-Verfahrens**

	Entity-Ansatz (Kapitalkostenansatz)	Adjusted Present Value-Ansatz	Equity-Ansatz
Zahlungsströme	Freier Cash Flow: Vor Bedienung der Eigen- und Fremdkapitalgeber Nach bei Eigenfinanzierung zu zahlenden Steuern	Freier Cash Flow: Vor Bedienung der Eigen- und Fremdkapitalgeber Nach bei Eigenfinanzierung zu zahlenden Steuern Periodische Steuervorteile aus Fremdfinanzierung	Freier Cash Flow: Nach Bedienung der Fremdkapitalgeber Nach bei anteiliger Fremdfinanzierung zu zahlenden Steuern
Kapitalisierungszins	Durchschnittlicher Kapitalkostensatz: Eigenkapitalkostensatz bei anteiliger Fremdfinanzierung Risikoloser Zinssatz abzüglich relativer Steuervorteile aus Fremdfinanzierung	1. Eigenkapitalkostensatz bei Eigenfinanzierung[125] 2. Risikoloser Fremdkapitalzinssatz	Eigenkapitalkostensatz bei anteiliger Fremdfinanzierung[126]
Berechnung des Marktwerts des Eigenkapitals	Abzug des Fremdkapitalwerts vom Unternehmensgesamtwert	Abzug des Fremdkapitalwerts vom Unternehmensgesamtwert	Direkte Berechnung
Berücksichtigung des Steuervorteils aus anteiliger Fremdfinanzierung	Kapitalisierungszins	Einfluß der Finanzierung wird explizit zum Marktwert eines unverschuldeten Unternehmens addiert	Freier Cash Flow

Ergänzend ist darauf hinzuweisen, daß bei der Bewertung deutscher Unternehmen unter der Prämisse der Vollausschüttung aufgrund des körperschaftsteuerlichen Anrechnungsverfahrens das Steuerschild des Fremdkapitals bzgl. der Körperschaftsteuer entfällt. Bei der Bewertung deutscher Unternehmen ist deshalb der **Cash Flow vor (anrechnungsfähigen) Körperschaftsteuern** und Zinsen der Ermittlung des Unternehmenswerts zugrunde zu legen. Die Ausschüttungsbelastung ist somit Ertragsbestandteil, während

---

125 Vgl. Teil 5 Gliederungspunkt II. B. 4. c) (2).
126 Vgl. Teil 5 Gliederungspunkt II. B. 4. c) (2).

die Thesaurierungs-[127] und die Definitiv-Belastungen[128] den Cash Flow verringern.[129] In den USA kommt es dagegen wegen der Doppelbesteuerung der Gewinne auf Unternehmens- und Investorebene regelmäßig zu einem Steuerschild in Höhe der auf den Zinsaufwand bezogenen corporate tax rate. Die Cash Flows werden daher stets nach Steuern ermittelt.

Abbildung 8 stellt die Komponenten des Unternehmenswerts entsprechend dem Kapitalkostenansatz graphisch dar.

Abbildung 8: Discounted Cash Flow-Verfahren (Kapitalkostenansatz)

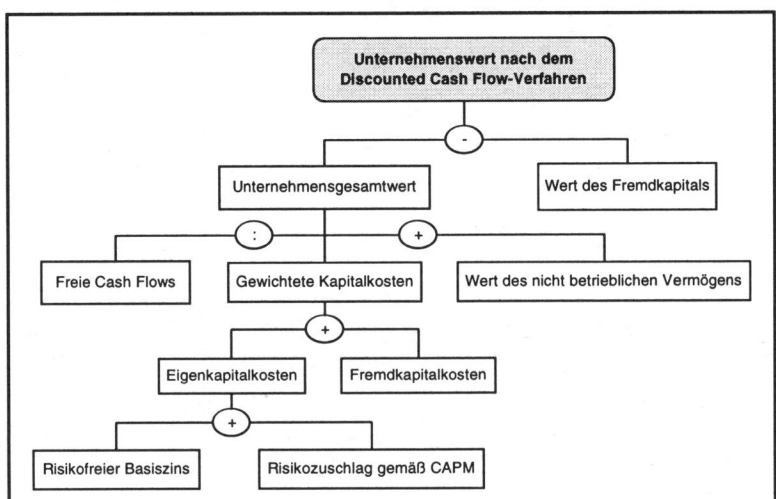

---

127   Teilweise wird auch empfohlen, die Thesaurierungsbelastung als Ertragsbestandteil zu berücksichtigen. Vgl. hierzu Teil 5 Gliederungspunkt II. B. 3. sowie II. B. 4. b).

128   Die Definitiv-Belastung bezieht sich auch nicht abzugsfähige Aufwendungen.

129   Vgl. Ballwieser, W. (Discounted Cash Flow-Verfahren 1998), S. 87; Bieg, H. (Investition 1997), S. 247; Jonas, M. (Unternehmensbewertung 1995), S. 94. Dies gilt insoweit, als es sich um inländische Investoren handelt. Ein Steuerschild existiert aber noch in bezug auf die Gewerbeertragsteuer. Dieses wird grundsätzlich im Kapitalkostensatz berücksichtigt. Da die persönlichen Ertragsteuern nach der internationalen Praxis nicht als wertbestimmend angesehen werden, wird empfohlen, diese erst in einem letzten Rechengang in die Bewertung einzubeziehen. Vgl. WP-Handbuch (Band II 1998), S. 116 f.

D. Unterschiede zwischen dem Discounted Cash Flow-Verfahren und dem Ertragswertverfahren

Ertragswert- und DCF-Verfahren führen konzeptionell zu einer identischen Bewertung.[130] Beide Verfahren treffen Annahmen, damit die diskontierten Bewertungsströme (Ertrags- bzw. Einnahmenüberschüsse) den Zahlungen an die Kapitalgeber entsprechen:[131] Das Ertragswertverfahren unterstellt grundsätzlich die Vollausschüttung der Ertragsüberschüsse,[132] während das DCF-Verfahren davon ausgeht, daß die freien Cash Flows tatsächlich an die Kapitalgeber fließen.[133]

Jedoch führen die beiden Methoden selbst bei Verwendung übereinstimmender Ausgangsdaten nicht zwangsläufig zu einem identischen Unternehmenswert. Ursache hierfür sind zum einen die **Bewertungsannahmen** der beiden Verfahren und zum anderen die unterschiedlich getroffenen **Bewertungsvereinfachungen**:

(1) Das Ertragswertverfahren geht von einer Finanzierung der Erweiterungsinvestitionen mit **Fremdkapital** aus, während das DCF-Verfahren primär eine **Innen-** und damit **Eigenfinanzierung** dieser Investitionsprojekte unterstellt. Eine Fremdkapitalaufnahme erfordert konkrete zusätzliche Planungsschritte: "Im wesentlichen werden nur dann die gleichen Annahmen bzgl. der Finanzierung von Investitionsprojekten zugrunde gelegt werden, wenn die Abschreibungen größer sind als die Investitionsauszahlungen oder diesen entsprechen. In diesem Fall liegt es nahe, bei beiden Verfahren von einer reinen Innenfinanzierung auszugehen."[134]

---

130 Vgl. Born, K. (Überleitung 1996), S. 1889.

131 Vgl. Sieben, G. (Unternehmensbewertung 1995), S. 722 f.

132 Die Vollausschüttungsannahme bei der Ermittlung objektivierter Unternehmenswerte bezieht sich auf den nach Berücksichtigung der Substanzerhaltung und rechtlichen Restriktionen verbleibenden Ertragsüberschuß. Vgl. WP-Handbuch (Band II 1998), S. 32. Bei der Ermittlung subjektiver Entscheidungswerte ist der geplante Umfang der Innenfinanzierung durch Einbehaltung finanzieller Überschüsse zu berücksichtigen. Bewertungsrelevant sind dann nur die dem Eigentümern zufließenden Ausschüttungsbeträge. Vgl. WP-Handbuch (Band II 1998), S. 39.

133 Auch bei der DCF-Methode kann eine Überprüfung erfolgen, ob der Cash Flow aus rechtlichen (Bildung gesetzlicher Rücklagen) oder faktischen Gründen nicht ausgeschüttet werden kann. Vgl. WP-Handbuch (Band II 1998), S. 106.

134 Sieben, G. (Unternehmensbewertung 1995), S. 729. Vgl. dazu auch Bieg, H. (Investition 1997), S. 249; Born, K. (Überleitung 1996), S. 1885; WP-Handbuch (Band II 1998), S. 109.

Des weiteren geht der Kapitalkostenansatz der DCF-Methode grundsätzlich von einer konstanten Zielkapitalstruktur aus.[135] Dies hat zur Folge, daß von den impliziten Finanzierungsannahmen der DCF-Methode abgewichen werden muß. Beide Bewertungsansätze führen nur dann zum identischen Ergebnis, soweit die Investitionen im Verhältnis der geforderten Anteile des Eigen- und des Fremdkapitals am Gesamtkapital finanziert werden.[136]

(2) Ertragswertverfahren und DCF-Verfahren können sich ferner bei der Bestimmung der **Eigenkapitalkostensätze** unterscheiden: Die DCF-Methode bestimmt den Risikozuschlag zum Basiszins marktgestützt, während nach dem Ertragswertverfahren auch auf andere Methoden zur Bemessung des Risikozuschlags (z.B. Ergebnisabschlagsmethode) zurückgegriffen werden kann.

(3) Die **Steuerersparnis aus der Fremdfinanzierung** wird beim gängigen Kapitalkostenansatz der DCF-Methode im Gesamtkapitalkostensatz berücksichtigt, der auf pauschale Weise mittels eines Steuersatzes angepaßt bzw. vermindert wird. Bei der Bestimmung dieses Cash Flowbezogenen Steuersatzes kann es zu Ungenauigkeiten kommen, da es sich bei den Steuerbemessungsgrundlagen stets um Erfolgs- und nicht um Zahlungsgrößen handelt. Beim Ertragswertverfahren wird die Steuerersparnis direkt in der Erfolgsgröße beachtet.[137]

E. Prognosemodelle

Wie in den vorangegangenen Abschnitten bereits erläutert wurde, gehen bei der Prognose der zukünftigen Ertragsüberschüsse bzw. freien Cash Flows das Ertragswert- und das DCF-Verfahren von einem Zwei-Phasen-Schema aus. Die Prognosen unterstellen dabei bestimmte Prämissen bzgl. der Veränderung der in die Bewertungsmodelle eingehenden Variablen (Erfolgsgrößen und Investitionen). Entsprechend den Annahmen über das zukünftige Wachstum

---

135 Vgl. Teil 3 Gliederungspunkt III. C.

136 Vgl. hierzu Sieben, G. (Unternehmensbewertung 1995), S. 730 f.; Ballwieser, W. (Aktuelle Aspekte 1995), S. 124.

137 Vgl. hierzu Sieben, G. (Unternehmensbewertung 1995), S. 732.

können allerdings mindestens fünf Wachstumsmodelle unterschieden werden:[138]

Die beiden einfachsten Wachstumsmodelle sind das Zero Growth Model und das Constant Growth Model: Das **Zero Growth Model** unterstellt, daß die Wachstumsrate der in das Modell eingehenden Variablen null beträgt. Das **Constant Growth Model** geht indes von einer konstanten Wachstumsrate aus. Die logische Erweiterung des Constant Growth Model ist das **Two-Stage Growth Model**, auf das sich die DCF-Methode stützt. Es unterstellt in den ersten Perioden eine außergewöhnlich hohe oder niedrige Wachstumsrate, die sich ab einem bestimmten Zeitpunkt der durchschnittlichen Wachstumsrate der Branche anpaßt. Die Annahme verschiedener Wachstumsraten beruht auf der Idee, daß Unternehmen – wie auch Produkte – einen Lebenszyklus haben. Dem Two-Stage Growth Model haftet dabei der Nachteil an, daß sich in der Realität ein Wechsel auf einen durchschnittlichen Wert nicht von heute auf morgen, sondern über einen gewissen Zeitraum hinweg vollziehen wird. Das **Three-Stage Growth Model**, an das sich das zur Zeit noch gültige HFA-Verfahren anlehnt, fügt daher noch eine Übergangsphase ein. Entsprechend dem Produktlebenszyklusmodell kann als vierte Phase der Abschwung im **Four-Stage Growth Model** integriert werden.[139]

Mit dem Übergang vom Constant Growth Model zum Three-Stage Growth Model steigt die Anzahl und folglich die Komplexität der Prognosedaten. Wird beim ersten Modell die Wachstumsentwicklung bei der Prognose ggf. zu sehr vereinfacht, kann andererseits bei zu komplexen Modellen die Bewertung da-

---

138 Vgl. Elton, E.J./Gruber, M.J. (Modern Portfolio Theory 1991), S. 453 ff.; Fischer, D.E./Jordan, R.J. (Security Analysis 1995), S. 268 ff.; Jones, C.P. (Investments 1998), S. 353 ff.; Sharpe, W.F./Alexander, G.J./Bailey, J.V. (Investments 1999), S. 526 ff.

139 Da jedes Unternehmen ein Teil einer Branche ist, die wiederum einen Teil der Gesamtwirtschaft bildet, vollzieht sich die Prognose der benötigten Größen in drei Schritten: Gesamtwirtschaftliche Analyse (Economy/Market Analysis), Branchenanalyse (Industry Analysis) und Unternehmensanalyse (Company Analysis). Vgl. Jones, C.P. (Investments 1998), S. 402 f.; Fischer, D.E./Jordan, R.J. (Security Analysis 1995), S. 101 ff. Entsprechend dieser dreistufigen Analyse wird nach einer Studie von King der Kurs einer Aktie zu ungefähr 50% von gesamtwirtschaftlichen Faktoren und zu annähernd 10% von branchenspezifischen Einflüssen bestimmt. Vgl. King, B. (Market and Industry Factors 1966), S. 139 ff. Auch Prognosefehler können in die genannten drei Bereiche eingeteilt werden: Nach einer Untersuchung von Gruber/Elton/Gultekin sind 3% der Fehler auf eine falsche Interpretation der gesamtwirtschaftlichen Faktoren, 30% auf eine fehlerhafte Auslegung der Branchenfaktoren zurückzuführen, während mehr als 65% der Fehler auf einer Fehleinschätzung des Unternehmens beruhen. Vgl. Sharpe, W.F./Alexander, G.J./Bailey, J.V. (Investments 1999), S. 587.

durch ungenau sein, daß ein Analyst kaum in der Lage sein wird, verschiedene Wachstumsraten im Zeitablauf hinreichend genau zu schätzen.[140]

F. Beurteilung des Ertragswertverfahrens im Vergleich zur Discounted Cash Flow-Methode

Bei einem Vergleich des Ertragswertverfahrens mit dem DCF-Verfahren ergibt sich kein Anlaß zu einem Methodenstreit, da die verschiedenen Ausprägungen der DCF-Methode prinzipiell mit der Ertragswertmethode kompatibel sind. Die Ansichten, welches Verfahren vorzuziehen ist, können jedoch bei einer Detailbetrachtung auseinandergehen.[141]

Die Kritik am Ertragswertverfahren entzündet sich zum einen an der ggf. ‚pauschalen' **Bestimmung des Risikozuschlags** zur Ermittlung der Eigenkapitalkosten, der durch die unternehmensindividuelle Einschätzung des Bewerters bestimmt wird. Das DCF-Verfahren weist auf den ersten Blick den Vorteil einer transparenteren Ermittlung der risikoäquivalenten Diskontierungssätze auf, da diese marktgestützt ermittelt werden. Im Gegensatz dazu ist die unternehmensindividuelle Einschätzung des Risikozuschlags, die das Ertragswertverfahren neben der marktgestützten Berechnung zuläßt, kaum nachvollziehbar. Die Problematik einer gewünschten nachprüfbaren Ermittlung des Kapitalisierungszinses wird dennoch trotz der zwingenden Bewertung entsprechend dem CAPM auch beim DCF-Verfahren nicht gänzlich beseitigt: Einerseits eröffnen die Schätzungen der in das Kapitalmarktmodell eingehenden Variablen eine Reihe von Ermessensspielräumen. Andererseits wird im Schrifttum teilweise bestritten, daß der Kapitalmarkt so funktioniert, wie es das CAPM postuliert.[142]

Zum anderen wird die **inhaltliche Ausgestaltung** des Ertragswertverfahrens bei der Ermittlung des objektivierten oder typisierten Unternehmenswerts in Frage gestellt:[143] Der Grundsatz der Bewertung der vorhandenen Ertragskraft fordert die Einbeziehung aller zukünftig nachweisbaren Erfolgschancen, soweit diese bereits eingeleitet sind. Investitionsvorhaben dürfen folglich nicht berück-

---

140   Elton und Gruber sprechen hierbei von einem „trade-off between complexity and manageability." Elton, E.J./Gruber, M.J. (Modern Portfolio Theory 1991), S. 463.

141   Vgl. Drukarczyk, J. (DCF-Methoden 1995), S. 334.

142   Vgl. Teil 5 Gliederungspunkt II. B. 4. c) (2).

143   Vgl. Maul, K.-H. (Offene Probleme 1992), S. 1253 ff.; Küting, K. (Shareholder-Value 1998), S. 220. .

sichtig werden, wenn sie lediglich geplant sind.[144] Nach dem Grundsatz der erfolgsorientierten Substanzerhaltung müssen des weiteren alle Aufwendungen Berücksichtigung finden, die zur nachhaltigen Bereitstellung der Unternehmensleistung erforderlich sind, wobei die ertragbringende Substanz unverändert bleibt.[145] Beim DCF-Verfahren werden Erhaltungs- und Erweiterungsinvestitionen dagegen generell explizit geplant. Damit gehen individuelle Entwicklungschancen stets mit in die Bewertung ein. Dem läßt sich jedoch entgegnen, daß bei der Ermittlung **subjektiver Entscheidungswerte** beim Ertragswertverfahren strukturverändernde Maßnahmen auch dann zu berücksichtigen sind, wenn sie noch nicht eingeleitet sind.[146] Das Ertragswertverfahren korrigiert sich im zweiten Bewertungsschritt somit selbst, so daß die inhaltliche Ausgestaltung letztlich nicht kritisiert werden kann.

Ferner wird die Ausgestaltung des Ertragswertverfahrens als Netto-Rechnung, die den Wert des Eigenkapitals direkt ermittelt, in Frage gestellt. Das DCF-Verfahren berechnet dagegen grundsätzlich erst auf Basis einer Brutto-Rechnung den Unternehmensgesamtwert, aus dem schließlich der Wert des Eigenkapitals abgeleitet wird. Welche Rechnung konzeptionell überlegen ist, wird in der Literatur nicht einhellig beurteilt und hängt von der Sichtweise des Beurteilenden ab.[147]

Der Vorteil des **Brutto-Ansatzes** besteht darin, daß er das Gesamtvermögen als eigentliche Quelle der Wertschöpfung erfaßt.[148] Bei der Ermittlung des Unternehmensgesamtwerts müssen Cash Flows, die durch die Fremdkapitalaufnahme entstehen, nicht explizit berücksichtigt werden, da der freie Cash Flow vor Fremdkapitalzinsen ermittelt wird. Dies erleichtert die Bewertung insbesondere dann, wenn sich der Verschuldungsgrad des Unternehmens zukünftig bedeutend verändern soll, wie es bspw. bei einem Leveraged Buy-Out denkbar ist. Gleiches gilt auch bei einem sehr hohen Verschuldungsgrad, da der Eigen-

---

144 Vgl. zum Grundsatz der Bewertung der vorhandenen Ertragskraft WP-Handbuch (Band II 1998), S. 30; HFA (Stellungnahme 2/1983), S. 474; Bieg, H. (Investition 1997), S. 201; Kußmaul, H. (Gesamtbewertung 1996), S. 352.

145 Vgl. zum Grundsatz der erfolgsorientierten Substanzerhaltung HFA (Stellungnahme 2/1983), S. 474 f.; Bieg, H. (Investition 1997), S. 203; Kußmaul, H. (Gesamtbewertung 1996), S. 353; WP-Handbuch (Band II 1998), S. 27 f.

146 Vgl. WP-Handbuch (Band II 1998), S. 38.

147 Vgl. Ballwieser, W. (Aktuelle Aspekte 1995), S. 126.

148 Vgl. Günther, T. (Controlling 1997), S. 108; Volkart, R. (Shareholder Value 1998), S. 175.

kapitalwert stärker durch Annahmen bzgl. Wachstum und Risiko beeinflußt wird und der Gesamtunternehmenswert tendenziell aussagekräftiger ist.[149]

Der **Netto-Ansatz** (Equity-Ansatz der DCF-Methode) zeigt demgegenüber die 'wahren' freien Cash Flows, d.h. die Cash Flows, die den Eigentümern zuzurechnen sind, und erlaubt daher einen schnellen Einblick in die Liquiditätslage des Unternehmens.[150]

IV. Kombinierte Methoden der Unternehmensbewertung und Performance-Messung

A. Grundkonzeption der kombinierten Methoden

Sowohl das Ertragswertverfahren als auch die DCF-Methode werden in der Praxis bei der externen Unternehmensanalyse als „komplex, aufwendig, nicht praktikabel und als schwer verständlich"[151] angesehen. Dies führt dazu, daß für externe Unternehmensbewertungen andere Beurteilungsmaßstäbe im Mittelpunkt stehen: „Während der FCF (freier Cash Flow; d. Verf.) in den Großunternehmen nicht mehr wegzudenken ist, begründet kaum ein Anleger oder Analyst seine Anlageentscheide mit dieser Kennziffer. Selbst Kurs/Cashflow-Verhältnisse vermögen die alteingesessene P/E (**Price Earnings-Ratio**; d. Verf.) (Kurs/Gewinn-Verhältnis) nicht zu verdrängen."[152]

Die Komplexität dieser Methoden ist ferner der Nährboden für **neue Bewertungsmodelle**. Baumann, früherer Finanzvorstand der Siemens AG, argu-

---

149 Vgl. Damodaran, A. (Investment 1996), S. 242 f.; Ballwieser, W. (Discounted Cash Flow-Verfahren 1998), S. 85. Bei Veränderungen des Verschuldungsgrads ist die Adjusted Present Value-Methode am einfachsten zu handhaben. Vgl. Benninga, S./Sarig, O.H. (Corporate Finance 1997), S. 241; Kaplan, S.N./Ruback, R.S. (Discounted Cash Flow vs. The Method of „Comparables" 1996), S. 46.

150 Vom Standpunkt der Nähe zur theoretisch richtigen Bewertung gemäß dem Dividend Discount Model wäre demgegenüber der Netto-Ansatz der DCF-Methode anzuwenden. Während das Dividend Discount Model die Cash Flows zwischen Anteilseigner und Unternehmen bewertet, stellt der Equity-Ansatz auf die Cash Flows zwischen Unternehmen und Umwelt ab. Dividend Discount Model und Equity-Ansatz des DCF-Verfahrens führen zum gleichen Ergebnis, wenn die Dividenden den freien Cash Flows entsprechen, d.h. eine Vollausschüttung unterstellt wird. Ein identisches Ergebnis wird des weiteren dann erzielt, wenn die freien Cash Flows größer sind als die Dividenden und die Differenz zwischen beiden in Projekte investiert wird, die zu einem Kapitalwert von Null führen. Vgl. Damodaran, A. (Investment 1996), S. 219 ff.

151 Hostettler, S. (Economic Value Added 1997), S. 3.

152 Solenthaler, E. (Free-Cash-flow-Explosion 1995), S. 23.

mentiert entsprechend bei der Einführung des Economic Value Added-Konzepts in ‚seinem' Unternehmen: „Wir haben mit Discounted Cash-flow experimentiert – mit wenig Erfolg. Das ist zu abstrakt, zu wenig kontrollierbar, zu weit entfernt von aktueller Berichterstattung und Jahresabschluß."[153]

Diese Argumentation kann ohne weiteres auf Aktienanalysten übertragen werden, für die sowohl das Ertragswertverfahren als auch die DCF-Methode verhältnismäßig schwer kommunizierbar sind. Ferner ist es für externe Analysten, die regelmäßig keinen Zugang zu den erforderlichen internen Daten haben, noch schwieriger, zuverlässige Prognosen zu treffen.

Die hier zur Diskussion stehenden sog. **kombinierten Bewertungsmodelle** – das Price Earnings Ratio-Modell (P/E-Ratio-Modell), das Economic Value Added-Modell (EVA-Modell) sowie das Cash Flow Return on Investment-Modell (CFROI-Modell) – basieren ebenfalls auf den Bewertungsmodellen von Miller und Modigliani. Ihre Wurzeln in den ursprünglichen Modellen sind jedoch – anders als bei den traditionellen Bewertungsmodellen – nicht unmittelbar erkennbar.

Den kombinierten Bewertungsmodellen ist gemeinsam, daß sie zunächst eine **Leistungsbeurteilung der vergangenen Perioden** anhand des dem Modell zugrundeliegenden **Performance-Maßstabs** (Earnings per Share (EPS), Economic Value Added (EVA) und Cash Flow Return on Investment (CFROI)) vornehmen.[154] Dieser wird anschließend für die kommenden Perioden prognostiziert und **in das Bewertungsmodell integriert**, so daß schließlich der Wert des Unternehmens ermittelt werden kann. Abbildung 9 gibt den Aufbau der kombinierten Bewertungsmodelle wieder.

---

153 O.V. (Interview 1997), S. 47.

154 Die Leistungsbeurteilung in Form einer Rentabilitätskennzahl entfällt beim DCF-Verfahren, da der freie Cash Flow sich nicht als Erfolgsmaßstab eignet.

Abbildung 9:   Aufbau der kombinierten Bewertungsverfahren

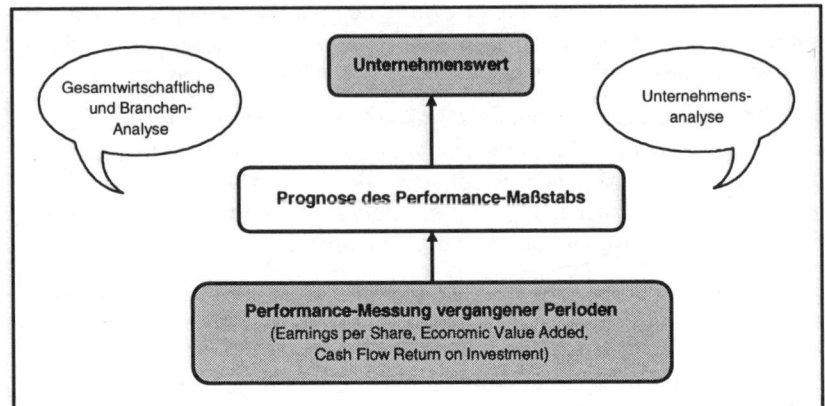

B. Anforderungen an die kombinierten Methoden

Die Anforderungen, denen ein aussagekräftiger Maßstab zur Messung der finanziellen Performance einerseits und ein darauf aufbauendes Bewertungsmodell andererseits genügen müssen, lassen sich wie folgt abgrenzen:

(1) Da ein Maßstab zur Beurteilung des finanziellen Erfolgs für die Aktionäre gesucht wird, muß sich dieser zwangsläufig am Aktionärswert des Unternehmens orientieren. [155] Die **Orientierung am Aktionärswert** rückt den Shareholder Value im Sinne des Gegenwartswerts aller zukünftigen Nettoeinnahmen eines Aktionärs in den Mittelpunkt der Betrachtung. Die Leistungsbeurteilung beschränkt sich damit lediglich auf die Messung finanzieller Größen. Andere Ziele bleiben unbeachtet. [156]

Ein Performance-Maßstab, der sich am Aktionärswert orientiert, sollte bereits ein erster **Indikator für die Ertragskraft** des Unternehmens, d.h. die

---

155 Vgl. Hesse, T. (Periodischer Unternehmenserfolg 1996), S. 17 f.

156 Diese monistische Orientierung am Aktionärswert entsprechend dem Shareholder Value-Ansatz steht einer pluralistischen Zielausrichtung gemäß dem Stakeholder-Ansatz entgegen. Während im Shareholder Value-Ansatz die Ziele der Anteilseigner (Shareholder) berücksichtigt werden, bezieht der Stakeholder-Ansatz auch die Zielvorstellungen anderer Interessengruppen wie Arbeitnehmer, Lieferanten und Kunden ein. Vgl. Bischoff, K. (Shareholder Value-Konzept 1994), S. 168 ff.

Fähigkeit des Unternehmens, in Zukunft für den Aktionär Cash Flows zu erwirtschaften, darstellen. Es wird – mit anderen Worten – ein Maßstab gesucht, der repräsentativ für die in Zukunft zu erwartende nachhaltige Unternehmensleistung ist.[157] Die Leistungsbeurteilung einer vergangenen Periode erhält auf diese Weise eine prognostische Färbung. Eine zukunftsorientierte Betrachtungsweise ist sinnvoll, da sie ungewöhnliche Geschäftsvorfälle, die sich in der Zukunft aller Voraussicht nach nicht regelmäßig wiederholen, von vornherein außer Betracht läßt und sich auf die Beurteilung des eigentlichen operativen ‚Tagesgeschäfts' beschränkt.

(2) Als weitere zentrale Anforderung an einen Maßstab zur Beurteilung der finanziellen Leistungsfähigkeit tritt die **Vergleichbarkeit** in zeitlicher und zwischenbetrieblicher Hinsicht hinzu. Sie fordert eine einheitliche Anwendung der Verfahren zur Ermittlung der finanziellen Performance.[158] Unterschiede in der Höhe des ermittelten Leistungsmaßstabs dürfen nicht auf ungleiche Ermittlungsmethoden zurückzuführen sein, sondern sollten lediglich Ausdruck einer unterschiedlichen Leistung sein.

(3) Ferner wird eine **objektivierte** Ermittlung der Performance gefordert. Darunter ist eine nach außen hin nachprüfbare Vorgehensweise zu verstehen.[159] Sie erleichtert und verbessert die Kommunizierbarkeit, die vor allem für Sell Side-Analysten bei Verkaufsgesprächen unentbehrlich ist.

(4) Des weiteren ist die **Datenkonsistenz** der verschiedenen Elemente, die in den Leistungsmaßstab einfließen, zu beachten. Konkret handelt es sich um das Zusammenspiel zwischen der Erfolgs- oder Cash Flow-Größe und der Kapitalgröße, die kombiniert die Rentabilität des Unternehmens wiedergeben.

Die Anforderungen an ein Instrument zur Beurteilung des finanziellen Erfolgs lassen sich direkt auf das Bewertungsmodell übertragen. Denn der innere Wert eines Unternehmens hängt im wesentlichen von der Prognose der zukünftigen Leistung, d.h. des erwarteten Gewinns pro Aktie, des Economic Value Added oder des Cash Flow Return on Investment ab. Entscheidend ist, daß das Bewertungsmodell die Kurseinflußfaktoren aus dem Wirtschaftsgeschehen um-

---

157   Vgl. Bender, J. (Ergebnisbereinigung nach DVFA/SG 1996), S. 41.

158   Vgl. Bender, J. (Ergebnisbereinigung nach DVFA/SG 1996), S. 40; Hesse, T. (Periodischer Unternehmenserfolg 1996), S. 21.

159   Vgl. zum Begriff der Objektivität Bretzke, W.-R. (Objektivitätsanspruch 1976), S. 543 ff.

fassend herausfiltert und korrekt zu einer Prognose der zukünftigen Leistung und damit des Unternehmenswerts weiterverarbeitet.

V. Zusammenfassung

Die fundamentalanalytischen Aktienbewertungsmethoden sind konzeptionell in die Unternehmensbewertung eingebettet. Mit Ausnahme des Dividend Discount Model greifen sie bei der Bewertung auf die Einzahlungs-, Einnahmen- oder Ertragsüberschüsse zwischen Unternehmen und Umwelt zurück. **Unterschiede** zwischen **Aktienbewertungs-** und **Unternehmensbewertungsmethoden** können sich jedoch regelmäßig in dem der Bewertung zugrundeliegenden Informations- bzw. Datenmaterial ergeben: Ein Erwerber einer Mehrheit der Anteile an einem Unternehmen wird zum einen seine persönlichen Fortführungsideen in die Bewertung einfließen lassen und zum anderen meist über eine größere Informationsbasis verfügen. Ein Erwerber einer Minderheit hat dagegen lediglich Zugriff auf öffentlich verfügbare Informationen und keine persönlichen Einflußmöglichkeiten auf das Unternehmen.

Bereits Miller und Modigliani haben – wenn auch unter restriktiven Annahmen – die Identität verschiedener am **Kapitalwertkalkül** orientierter Methoden der Unternehmensbewertung demonstriert. Die Tatsache, daß sich sämtliche Bewertungsverfahren aus dem Discounted Cash Flow Model ableiten lassen und bei einer sachgerechten Ausgestaltung zu identischen Ergebnissen führen, zeigt auf der einen Seite die Fruchtlosigkeit jeglicher Kontroverse, welche Bewertungsströme (Gewinn oder Cash Flow) den Unternehmenswert bestimmen. Auf der anderen Seite lenken die verschiedenen Bewertungsmethoden das Augenmerk auf die Faktoren, von den Shareholder Value-Konzepten auch als Werttreiber bezeichnet, die den Kurs einer Aktie bestimmen. Die einzelnen Ausprägungen des klassischen Grundmodells der Unternehmens- bzw. Aktienbewertung setzen diesbzgl. unterschiedliche Akzente und verdeutlichen das Zusammenwirken der Kursbestimmungsfaktoren.[160]

Die Bewertung auf der Grundlage des Barwerts der gegenwärtigen Gewinne zuzüglich des Barwerts der Investitionsmöglichkeiten setzt den Akzent auf die Wachstumsmöglichkeiten eines Unternehmens und berücksichtigt die Kursbestimmungsfaktoren am transparentesten. Entscheidend ist, daß Wachstum nur dann zu einer Kurserhöhung führen kann, soweit die Rendite über den Kapital-

---

160 Vgl. Miller, M.H./Modigliani, F. (Valuation 1961), S. 415.

kosten liegt. Unter Wachstum ist insofern nicht ein reines Gewinnwachstum, sondern ein **Gewinnwachstum, das über die gewünschte Mindestverzinsung hinausgeht**, zu verstehen.

Die gewünschte Mindestverzinsung ist auch bei einer Bewertung auf **Basis der Erfolge** – wie sie auch das Ertragswertverfahren vorsieht – zu berücksichtigen. Diese führt zu einem theoretisch korrekten Ergebnis, soweit eine der folgenden Bedingungen erfüllt ist:

(1)   Bei der Abzinsung der Ertragsüberschüsse müssen kalkulatorische Zinsen auf das Eigenkapital berechnet werden. Des weiteren ist das Eigenkapital zum Bewertungszeitpunkt zu den diskontierten Ertragsüberschüssen hinzuzuaddieren.

(2)   Alternativ kann eine Vollausschüttung der Ertragsüberschüsse und eine unveränderte Höhe des Eigenkapitals unterstellt werden. Das Eigenkapital zum Bewertungszeitpunkt sowie die auf den Bewertungszeitpunkt abgezinsten kalkulatorischen Zinsen heben sich dann auf.

(3)   Wird die Annahme der Vollausschüttung aufgegeben, führt die Kapitalisierung der Gesamterfolge grundsätzlich auch dann zum richtigen Unternehmenswert, wenn sich die einbehaltenen Erfolge zum Kapitalisierungszins verzinsen.[161]

Die traditionellen Methoden der Unternehmensbewertung – das Ertragswert- und das DCF-Verfahren – lassen sich in ihren Grundzügen auf die Bewertungsmethoden von Miller und Modigliani zurückführen. Unterschiede zwischen den beiden Verfahren ergeben sich aufgrund der getroffenen Bewertungsvereinfachungen und -annahmen, nicht aber hinsichtlich ihrer Bewertungskonzeption.

Der Nachteil der traditionellen Bewertungsmodelle besteht in der schweren Kommunizierbarkeit der Verfahren. Diesen Nachteil versuchen die kombinierten Bewertungsmethoden zu beseitigen. Den kombinierten Bewertungsmodellen ist gemeinsam, daß ihre wesentliche Komponente ein Maßstab zur Beurteilung des finanziellen Erfolgs einer Periode (EPS, EVA oder CFROI) ist. Der Maßstab wird anschließend zur Berechnung des Unternehmenswerts unter Berücksichtigung von Prognosedaten in das zugehörige Modell (P/E-Ratio-, CFROI-, EVA-Modell) integriert. Auf diese Weise verbinden die kombinierten

---

161   Dies gilt insoweit, als steuerliche Effekte nicht berücksichtigt werden.

Bewertungsmethoden eine Performance-Messung mit einer Unternehmensbewertung.

Ein Maßstab zur Beurteilung der finanziellen Performance muß sich am Aktionärswert orientieren, einen Vergleich in zeitlicher und zwischenbetrieblicher
Hinsicht erlauben und einen Indikator für die Ertragskraft darstellen. Des weiteren müssen die einzelnen Elemente, die in den Performance-Maßstab eingehen, aufeinander abgestimmt werden und die Ermittlung für Dritte nachvollziehbar sein. Insbesondere die letztgenannte Forderung erhöht die Kommunizierbarkeit nach außen hin.

Im folgenden Kapitel werden die kombinierten Bewertungsmodelle in ihren
maßgeblichen Grundzügen dargestellt sowie das Zusammenwirken ihrer einzelnen Komponenten erläutert.

Teil 4: Konzeption der kombinierten Bewertungsmodelle

I. Cash Flow Return on Investment-Modell

A. Überblick

Die verschiedenen Bewertungsmodelle der Boston Consulting Group (BCG) stützen sich auf das Cash Flow Return on Investment-Modell (CFROI-Modell). Das CFROI-Modell ist ein Unternehmensbewertungsmodell, das ursprünglich von der Finanzberatungsgesellschaft Holt[162] entwickelt wurde. Im Jahr 1991 übernahm die BCG das Unternehmen mit dem Ziel, das Bewertungsmodell weltweit in der Unternehmensberatung einzusetzen. Die theoretische und empirische Weiterentwicklung des CFROI-Modells wird seither von einem Tochterunternehmen der BCG, der BCG/Holt Planning Associates Inc. koordiniert.[163] Neben der BCG/Holt, die im wesentlichen Beratungsaufgaben in Unternehmen wahrnimmt, wendet auch die Holt Value Associates LP das CFROI-Modell im Portfoliomanagement an.[164]

Aus dem CFROI-Modell hat die BCG einige weitere Bewertungsformeln abgeleitet. Dazu gehört das Cash Value Added-Modell[165], das eine vereinfachte Bewertung ermöglicht, sich aber am konzeptionellen Kern des ursprünglichen Ansatzes orientiert. Im folgenden wird das ursprüngliche Bewertungsmodell – das CFROI-Modell – dargestellt. Im Mittelpunkt stehen die beiden Komponenten des CFROI-Modells: der CFROI, der als **Performance-Maßstab** dient, sowie das Free Cash Flow-Konvergenz-Verfahren, das als **Prognoseverfahren** bei der Berechnung des Unternehmenswerts eingesetzt wird.

---

162 HOLT steht für die vier Gründungspartner Robert Hendricks, Eric Olsen, Marvin Lipson und Rawley Thomas der ehemaligen Finanzberatungsgesellschaft.

163 Vgl. Lehmann, S. (Neue Wege 1994), S. 5 f.

164 Die Berechnung des CFROI kann in den beiden Gesellschaften differieren. Vgl. Peterson, P. P./Peterson, D.R. (Measures of Value Added 1994), S. 26.

165 Vgl. Teil 4 Gliederungspunkt II. C. 1.

B.   Herleitung des Cash Flow Return on Investment-Modells

Das CFROI-Modell lehnt sich an die **DCF-Methode** an. Gemäß dem Entity-Ansatz des DCF-Verfahrens ermittelt sich der Unternehmenswert als Summe der mit einem Gesamtkapitalkostensatz (GKS) auf den Bewertungszeitpunkt abgezinsten zukünftigen freien Cash Flows abzüglich des Marktwerts des Fremdkapitals (FK).[166] Als freie Cash Flows werden im CFROI-Modell die Salden aus den zukünftigen Brutto Cash Flows (BCF) und den Investitionen (I) eines Unternehmens bezeichnet. Die zukünftigen Brutto Cash Flows werden dabei in Cash Flows aus vergangenen Investitionen und Cash Flows, die aus geplanten Investitionen resultieren, aufgespalten. Das CFROI-Modell knüpft in dieser Hinsicht an die Bewertung nach Miller/Modigliani gemäß dem **Barwert der gegenwärtigen Erfolge zuzüglich des Barwerts der Investitionsmöglichkeiten** an.[167]

Der Unternehmenswert (P_0) ergibt sich nach dem **CFROI-Modell** im wesentlichen wie folgt:

$$P_0 = \sum_{t=1}^{\infty} \frac{BCF_t^{\text{vergangene Investitionen}} + BCF_t^{\text{zukünftige Investitionen}} - I_t}{(1+GKS)^t} - FK^{\text{Marktwert}}$$

Die wesentliche Komponente zur Berechnung der einzelnen Elemente ist der CFROI. Er kann bei der Analyse von Unternehmen in zweifacher Hinsicht genutzt werden:

(1)   Zum einen stellt der CFROI als Rentabilitätskennzahl bei isolierter Betrachtung die **Performance** eines Unternehmens während einer Berichtsperiode dar. Dementsprechend verfolgt er das Ziel, „einen fairen Vergleich verschiedener Aktiengesellschaften aus der externen Sicht eines Investors"[168] sowie einen Vergleich in zeitlicher Hinsicht zu ermöglichen.

---

166   Vgl. Teil 3 Gliederungspunkt III. C. Um den Gesamtwert des Unternehmens zu erhalten, muß zu dem auf diese Weise ermittelten Wert noch der Marktwert des nicht betrieblich notwendigen Vermögens addiert werden. Auf den eigentlich noch hinzuzurechnenden Marktwert des nicht betrieblich notwendigen Vermögens wird hier und im folgenden nicht weiter eingegangen. Der Marktwert des Fremdkapitals wird geschätzt, indem der Zinsaufwand mit dem für Industrieschuldverschreibungen geltenden Zinssatz gemäß der Kapitalisierungsformel der ewigen Rente abgezinst wird. Vgl. Lewis, T.G. (Steigerung 1995), S. 240; Lehmann, S. (Neue Wege 1994), S. 243. Die Gesellschaftsanteile Dritter werden ferner zum Fremdkapital gezählt. Vgl. Lehmann, S. (Neue Wege 1994), S. 244.

167   Vgl. Lewis, T.G. (Steigerung 1995), S. 119.

168   Lehmann, S. (Neue Wege 1994), S. 153 (im Original fett).

(2) Zum anderen dient der CFROI als Ausgangspunkt für die Prognose der zukünftigen Cash Flows aus bereits getätigten und geplanten Investitionen. Des weiteren ermöglicht er die Berechnung der Kapitalkosten. Die Umsetzung des Performance-Maßstabs CFROI in einen **Unternehmenswert** wird dabei durch das **Free Cash Flow-Konvergenz-Verfahren** gewährleistet.

Im folgenden wird die Konzeption des CFROI sowie des Free Cash Flow-Konvergenz-Verfahrens, die die Berechnung der einzelnen Elemente des Unternehmenswerts (Kapitalkosten, zukünftige Brutto Cash Flows und zukünftige Investitionen) ermöglichen, dargestellt.

C. Komponenten des Cash Flow Return on Investment-Modells

1. Cash Flow Return on Investment

Der CFROI basiert auf dem Konzept des **internen Zinsfußes**. Der interne Zinsfuß einer Investition ist der Zins, bei dem der Kapitalwert der Investition gleich null ist. Mit anderen Worten entsprechen sich bei Verwendung des internen Zinssatzes die Anfangsauszahlung und die aus der Investition über ihre Nutzungsdauer hinweg erwarteten und mit dem internen Zinsfuß diskontierten Einzahlungsüberschüsse. Der interne Zinsfuß gibt die Effektivverzinsung des jeweils gebundenen Kapitals wieder. Liegt der interne Zinssatz einer Investition über denen der Alternativen, gilt diese als vorteilhaft.[169] Im Gegensatz zu den traditionellen Rentabilitätskennzahlen (z.B. Gesamtkapitalrentabilität) stellt der CFROI demnach keine statische, sondern aufgrund seiner kapitaltheoretischen Orientierung eine dynamische Größe dar.[170]

Sowohl die Investition in ein einzelnes Objekt als auch die Investition in ein ganzes Unternehmen gehen mit einer Ausgabe in einer Periode und mit Einnahmen (ggf. auch mit weiteren Ausgaben) in den darauffolgenden Perioden einher.[171] Zur Berechnung des CFROI wird daher die Methodik des internen Zinssatzes auf die Aggregationsebene ‚Unternehmen' übertragen, indem das gesamte Unternehmen wie ein Investitionsobjekt behandelt wird. Ausgangs-

---

169 Vgl. Bieg, H. (Investitionsrechnung 1985), S. 66 ff.; Bieg, H. (Investition 1997), S. 79 ff.; Perridon, L./Steiner, M. (Finanzwirtschaft 1997), S. 65 ff.; Drukarczyk, J. (Finanzierung 1996), S. 141 f.; Kußmaul, H. (Investitionsrechnung 1998), S. 170 ff.

170 Vgl. Drukarczyk, J. (Finanzierung 1996), S. 175 f.

171 Vgl. Edwards, J./Kay, J./Mayer, C. (Economic Analysis 1987), S. 12.

material sind dabei die Bilanz und die Gewinn- und Verlustrechnung des jeweiligen Unternehmens:[172]

Während die Anfangsauszahlung bei der Investition in ein einzelnes Objekt relativ eindeutig vordeterminiert ist, muß diese bei der Beurteilung von ganzen Unternehmen erst aus den Jahresabschlußdaten abgeleitet werden. Die fiktive Anfangsauszahlung bildet die **inflationierte Bruttoinvestitionsbasis**, die in der Investitionsrechnung dem 'eingesetzten Kapital' entspricht. Sie spiegelt den Kapitalbedarf wider, der von den Kapitalgebern (verzinslich) zu beschaffen ist.[173]

Zur Bestimmung der Nutzungsdauer (n) eines Unternehmens wird die Nutzungsdauer seines Sachanlagevermögens herangezogen; unter den Einzahlungsüberschüssen werden im Zeitablauf konstante **Brutto Cash Flows** der betrachteten Periode angesetzt. Der Brutto Cash Flow ist dabei „der Liquiditätszufluß aus der Geschäftstätigkeit vor Investitionen in Anlagevermögen und Working Capital."[174] Schließlich werden die Zahlungsüberschüsse der letzten Periode um das **nicht abnutzbare Vermögen** (nicht abschreibbare Aktiva) erweitert:

$$\text{Bruttoinvestitionsbasis}_0 = \sum_{t=1}^{n} \frac{\text{Brutto Cash Flow}_t}{(1+\text{CFROI})^t} + \frac{\text{Nicht abschreibbare Aktiva}_n}{(1+\text{CFROI})^n}$$

Dieser Berechnungsweise liegt zum einen die Annahme zugrunde, daß die Aktiva so lange Cash Flows erzeugen, wie es die durchschnittliche Nutzungsdauer der eingesetzten Aktiva erlaubt.[175] Zum anderen werden aufgrund der konstanten Cash Flows implizit unveränderte Umweltbedingungen unterstellt. Der CFROI stellt daher die in der Vergangenheit realisierte Verzinsung dar. Er „gibt den durchschnittlichen Return auf das insgesamt in einem Geschäft investierte Kapital zu einem bestimmten Zeitpunkt wieder"[176] und vollzieht eine Nachkalkulation aller getätigten Investitionen.

Ist die **Differenz** zwischen **CFROI** und dem zu vergleichenden **Kapitalkostensatz** des Unternehmens positiv, so wird im Hinblick auf die Wertsteigerungs-

---

172 Vgl. auch Drukarczyk, J. (Finanzierung 1996), S. 174 f.
173 Vgl. Lewis, T.G./Lehmann, S. (Investitionsentscheidungen 1992), S. 10.
174 Lewis, T.G. (Steigerung 1995), S. 248.
175 Vgl. Lewis, T.G. (Steigerung 1995), S. 44.
176 Lewis, T.G. (Steigerung 1995), S. 44.

analyse davon ausgegangen, daß der Wert des Unternehmens gesteigert wurde.[177] Abbildung 10 stellt die Ermittlung des CFROI graphisch dar.[178]

Abbildung 10: Ermittlung des CFROI

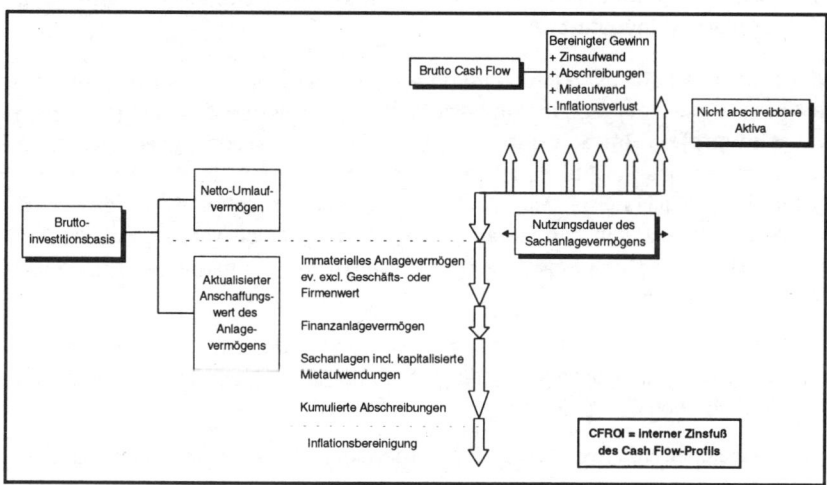

2. Free Cash Flow-Konvergenz-Verfahren

a) Überblick

Mit Hilfe des Free Cash Flow-Konvergenz-Verfahrens werden die **zukünftigen Brutto Cash Flows** prognostiziert. Das Free Cash Flow-Konvergenz-Verfahren basiert auf der Grundannahme, daß sowohl der CFROI als auch die Wachstumsrate der Investitionen eines Unternehmens über einen bestimmten Zeitraum (Konvergenzzeitraum) gegen einen gesamtwirtschaftlichen oder Branchendurchschnitt konvergieren. Die um die Investitionen der jeweiligen Periode gekürzten Brutto Cash Flows (freie Cash Flows) sind anschließend bei der Ermittlung des Unternehmenswerts auf den Bewertungszeitpunkt abzuzinsen. Dabei wird der **Kapitalisierungszins** aus den Marktwerten und den mittels des Free Cash Flow-Konvergenz-Verfahrens prognostizierten freien Cash Flows ermittelt. Im folgenden wird zunächst auf die Prognose der zukünftigen

---

177 Vgl. Hachmeister, D. (Cash Flow Return on Investment als Erfolgsgröße 1997), S. 556.
178 Abbildung leicht modifiziert entnommen aus Lewis, T.G. (Steigerung 1995), S. 45.

Brutto Cash Flows eingegangen und anschließend die Berechnung des Kapitalisierungszinses erläutert.

b) Ermittlung der zukünftigen Brutto Cash Flows aus vergangenen und geplanten Investitionen

Zur Prognose der Cash Flows wird vorerst die Betrachtung des Unternehmens als Einzelprojekt aufgegeben und eine Multiprojekt-Betrachtung vorgenommen. Die **Multiprojekt-Betrachtung** spaltet die Bruttoinvestitionsbasis in verschiedene Investitionsprojekte des Unternehmens auf; denn in der Realität sind nicht alle Investitionen – wie im obigen Berechnungsschema für den CFROI implizit unterstellt – in der Betrachtungsperiode getätigt worden. Für die Prognose der freien Cash Flows müssen im einzelnen die folgenden Fragen beantwortet werden:

(1) Wie lange erzielen die einzelnen Investitionen des Unternehmens, die bis zur Betrachtungsperiode getätigt wurden (vergangene Investitionen), zukünftig noch Cash Flows?

(2) In welcher Höhe wurden in der Vergangenheit die einzelnen Investitionen getätigt?

(3) Wie hoch sind die zukünftigen Cash Flows aus vergangenen Investitionen?

(4) Wie hoch sind die zukünftigen Investitionen sowie die aus ihnen resultierenden Cash Flows?

Ad (1):

Das CFROI-Modell geht bei der Multiprojekt-Betrachtung davon aus, daß das **letzte** noch laufende **Investitionsprojekt um die Nutzungsdauer zurückgerechnet** begonnen hat. Eine Nutzungsdauer von 15 Jahren ist bspw. gleichbedeutend mit 15 Investitionsprojekten, wobei für das 14 Jahre alte Investitionsprojekt noch ein zukünftiger Jahres-Cash Flow bei der Ermittlung des Unternehmenswerts zu berücksichtigen ist, für das 13 Jahre alte noch zwei Jahres-Cash Flows usw.[179]

---

179 Vgl. Lewis, T.G. (Steigerung 1995), S. 110; Lehmann, S. (Neue Wege 1994), S. 140 f.

Ad (2):

Das CFROI-Modell unterstellt, daß das **Investitionsvolumen** jährlich um einen bestimmten konstanten Prozentsatz gewachsen ist. Die **Wachstumsrate** wird dabei auf Basis des Verhältnisses der Buchwerte zu den historischen Anschaffungskosten geschätzt.[180] Bei der Berechnung der jährlichen Investitionen der Vergangenheit ist darauf zu achten, daß die Summe der Investitionsausgaben der einzelnen Projekte über die Nutzungsdauer den in der Bilanz ausgewiesenen Anschaffungskosten entsprechen muß. Anschließend werden Inflationsanpassungen vorgenommen, um die Investitionen zum heutigen Geldwert zu bestimmen.[181]

Ad (3):

Die zukünftigen Cash Flows aus vergangenen Investitionen hängen von der jeweiligen Rendite bzw. dem CFROI der einzelnen Investition ab. Nach der Ermittlung der jährlichen Investitionen in der Vergangenheit muß folglich der jeweils zugehörige jährliche CFROI für die einzelnen Investitionsprojekte be-

---

180 Entsprechend diesen Vorgaben werden die jährlichen Investitionen gemäß eines von der BCG verwendeten Algorithmus getrennt für das abschreibbare Sachanlagevermögen und die nicht abzuschreibenden Aktiva bestimmt. Vgl. Lewis, T.G. (Steigerung 1995), S. 244 ff.; Lehmann, S. (Neue Wege 1994), S. 135 f. Ist die Relation von Buchwert zu historischen Anschaffungskosten hoch (niedrig), so zeigt dies an, daß die Aktiva relativ neu (alt) sind, und deutet zudem auf eine in der Vergangenheit vergleichsweise hohe (niedrige oder negative) Wachstumsrate hin. Ein Verhältnis von 50% entspricht einem Nullwachstum. Vgl. Lewis, T.G. (Steigerung 1995), S. 239.

Die Relation Buchwert zu historischen Anschaffungskosten wird allerdings zum einen durch steuerliche Abschreibungsvergünstigungen, insbesondere Sonderabschreibungen, und zum anderen durch die in Deutschland überwiegend angewandte gemischte Abschreibung geprägt. Die BCG berechnet jedoch mittels eines Algorithmus ein fiktives Verhältnis von Buchwert zu historischen Anschaffungskosten unter der Annahme der Anwendung der linearen Abschreibung. Rein steuerliche Abschreibungen werden bei der Umrechnung nicht berücksichtigt. Vgl. hierzu auch Teil 5 Gliederungspunkt III. B. 2. sowie Gliederungspunkt C. 2.

181 Die Berücksichtigung der Inflation in der Wachstumsrate bei der Bestimmung der jährlichen Investitionen sowie die nachfolgende Inflationierung der jährlichen Investitionen auf den heutigen Zeitpunkt sind nur beim abschreibbaren Sachanlagevermögen erforderlich. Von dem Sachanlagevermögen werden in dem vom Lehmann illustrierten Beispiel, das aus der BCG/Holt-Software entnommen wurde, des weiteren die Anlagen im Bau sowie die geleisteten Anzahlungen abgespalten. Auch für sie wird eine bestimmte konstante Wachstumsrate unterstellt. Ein Inflationsausgleich wird analog zu den nicht abschreibbaren Aktiva nicht vorgenommen. Vgl. Lehmann, S. (Neue Wege 1994), S. 187. Nach Peterson und Peterson ist dagegen eine Inflationsanpassung für Grund und Boden von dem Beratungsunternehmen Holt Value Associates vorgesehen. Vgl. Peterson, P. P./Peterson, D.R. (Measures of Value Added 1994), S. 28 f.

stimmt werden. Gemäß den Ausführungen von Lehmann unterstellt die BCG hierbei, daß der CFROI eines deutschen Unternehmens über 40 Jahre gegen den **durchschnittlichen CFROI deutscher Aktiengesellschaften**, die in der sog. ‚Deutschland AG' zusammengefaßt werden, konvergiert:

Wird bspw. für das abgelaufene Geschäftsjahr ein CFROI von -1,29% ermittelt und für die Deutschland AG von 5,5%, so nähert sich der CFROI über die kommenden 40 Jahre der Rentabilität der ‚Deutschland AG' an.[182] Bei einer Nutzungsdauer von 15 Jahren weist das im laufenden Geschäftsjahr abgelaufene 15 Jahre alte Investitionsprojekt somit einen CFROI von -1,29% auf, das vor 14 Jahren getätigte Investitionsprojekt einen CFROI von -0,61% usw. Lewis dagegen scheint für alle noch aktiven Projekte von dem Cash Flow-Profil des betreffenden Geschäftsjahrs auszugehen.[183] Für alle vergangenen Investitionsprojekte würde bei dieser Vorgehensweise ein CFROI von -1,29% zugrunde gelegt werden.

Da nun die Nutzungsdauer der Investitionen, die jährlichen Investitionen und der jährliche CFROI bekannt sind, können für jedes Investitionsprojekt der Vergangenheit die Brutto Cash Flows prognostiziert werden.

Ad (4):

Die geplanten Investitionen werden in Ersatz- und Erweiterungsinvestitionen unterteilt. Es wird angenommen, daß die Wachstumsrate, die die Höhe der Investitionen bestimmt, gegen den Durchschnitt der **Wachstumsrate der Investitionen der ‚Deutschland AG'** konvergiert. Gleiches gilt für den CFROI, der gegen den CFROI der ‚Deutschland AG' konvergiert. Mit Hilfe des CFROI werden schließlich die Brutto Cash Flows der einzelnen Investitionen für den gesamten Konvergenzzeitraum prognostiziert.

Nach Erläuterungen in US-amerikanischen Literaturbeiträgen ermittelt die Holt Value Associates LP jedoch auch individuelle Konvergenzfaktoren und geht somit nicht für alle Unternehmen von einem einheitlichen Konvergenzzeitraum von 40 Jahren aus: „HOLT's number crunchers assign each firm a 'fade factor',

---

182 Der CFROI des folgenden Jahres wird bspw. auf Basis der folgenden Formel berechnet: $CFROI_2 = CFROI_1 - 0,1 \, (CFROI_1 - CFROI_{Durchschnitt})$. Der Konvergenzfaktor beträgt 10%. Mit anderen Worten verringert sich die Wachstumsdifferenz zum Durchschnittswert um jährlich 10%. Vgl. Lehmann, S. (Neue Wege 1994), S. 185.

183 Vgl. Lewis, T.G. (Steigerung 1995), S. 112.

which estimates how long it will take for its cash-flow return to revert back to the normal range."[184]

Abbildung 11 stellt vereinfacht die Projektion künftiger Cash Flows an einem Beispiel dar. Bei den Investitionsprojekten der Vergangenheit wird von einem konstanten CFROI von 15% ausgegangen und kein Wachstum berücksichtigt. Bei den zukünftigen Projekten wird dagegen eine Wachstumsrate von 10% unterstellt. CFROI und Wachstumsrate konvergieren gegen einen empirisch ermittelten Durchschnittswert.

Abbildung 11:   Free Cash Flow-Konvergenz-Verfahren

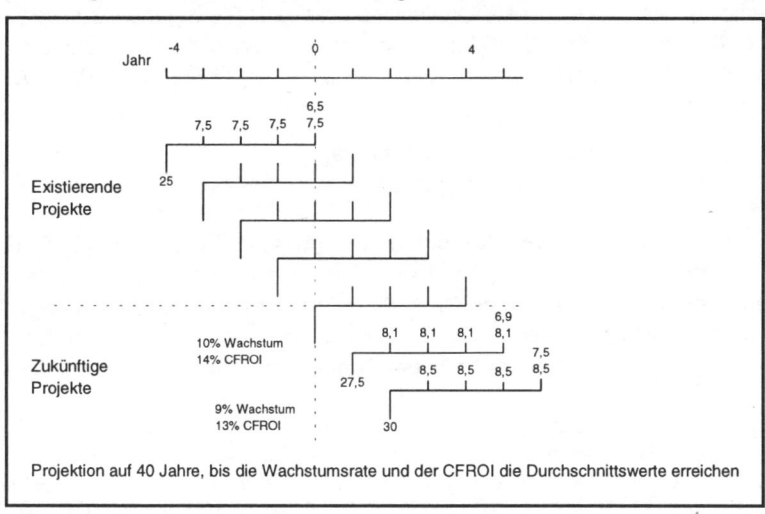

Projektion auf 40 Jahre, bis die Wachstumsrate und der CFROI die Durchschnittswerte erreichen

---

184 McGugan, I. (Follow the cash 1998), S. 38. „High-return companies in high growth fields, like Micron Technology, tend to fade fast, ... Companies with long records of high returns, like Abbott Laboratories or Coca-Cola or Emerson Electric, tend to fade more slowly." Samuels, G. (Follow the Cash 1996), S. 217. Vgl. auch Thomas, R./Edwards, L. (HOLT Methods 1993), S. 38. Gemäß den Ausführungen von Lewis weicht die BCG nur dann von der einheitlichen Konvergenzrate ab, wenn eine bessere Performance des Unternehmens zu erwarten ist. Vgl. Lewis, T.G. (Steigerung 1995), S. 241.

c) Ermittlung der Kapitalkosten

Die BCG verwendet zur Bestimmung der Kapitalkosten nicht die üblicherweise angewandten Methoden,[185] sondern leitet sie **direkt aus dem Kapitalmarkt ab:**[186] Neben der Berechnung des CFROI für die einzelnen Unternehmen wird zusätzlich die durchschnittliche Rentabilität (CFROI) der deutschen Aktiengesellschaften („Deutschland AG') ermittelt.[187]

„Auf Basis des CFROI dieser Deutschland AG wird eine standardisierte Cashflow-Projektion vorgenommen und mit der tatsächlichen Bewertung der Unternehmen verglichen, wie sie sich am Aktienmarkt und unter Einbeziehung des Fremdkapitals darstellt. Die Kapitalkosten sind dann gleich jenem Zinssatz, mit dem die zukünftigen Cash-flows den tatsächlichen Unternehmenswerten (Marktwert des Eigenkapitals (EK) und des Fremdkapitals (FK); d. Verf.) im Kapitalmarkt entsprechen."[188]

$$EK^{Marktwert} + FK^{Marktwert} = \sum_{t=1}^{40} \frac{Freier\,CashFlow_t}{(1+GKS)^t}$$

Der so abgeleitete, **durchschnittliche Gesamtkapitalkostensatz** (GKS) dient grundsätzlich zur Abzinsung der freien Cash Flows der einzelnen Unternehmen.[189] Auf die standardisierte Cash Flow-Prognose für die ‚Deutschland AG' geht Lewis nicht näher ein. Es kann davon ausgegangen werden, daß sich die zukünftigen freien Cash Flows aus der Summe der freien Cash Flows der ein-

---

185 Vgl. Teil 5 Gliederungspunkt II. B. 4.

186 Vgl. Samuels, G. (Follow the Cash 1996), S. 217; Lewis, T.G./Stelter, D. (Mehrwert 1993), S. 111 f.; Davis, H.A. (Cash Flow and Performance Measurement 1996), S. 21.

187 Hierfür faßt die BCG 60 Aktiengesellschaften zur ‚Deutschland AG' zusammen.

188 Lewis, T.G. (Steigerung 1995), S. 81 f. „Die so abgeleiteten, durchschnittlichen realen Gesamtkosten deutscher Aktiengesellschaften lagen 1992 bei circa 6,5 bis 7 Prozent. Dieser Wert läßt sich auch ableiten aus dem realen Wertzuwachs deutscher Aktien von circa 8 bis 9 Prozent pro anno seit 1954 (nominal sind das circa 12 bis 13 Prozent) und den langfristigen realen Fremdkapitalkosten von rund 3,5%. Dieser Gesamtkapitalkostensatz ist geeignet, die Entwicklung der Aktienkurse bei der überwiegenden Mehrheit der in dieses Portfolio aufgenommenen Gesellschaften zu erklären." Lewis, T.G./Stelter, D. (Mehrwert 1993), S. 112. Da die prognostizierten freien Cash Flows eine reale Größe darstellen, muß es sich bei den Kapitalkosten um reale Kapitalkosten handeln, d.h., die Kapitalkosten enthalten keinen Inflationsausgleich. Vgl. Lehmann, S. (Neue Wege 1994), S. 201.

189 In Einzelfällen werden unternehmensspezifische Anpassungen hinsichtlich Risiko und Verschuldungsgrad vorgenommen. Vgl. Lewis, T.G./Stelter, D. (Mehrwert 1993), S. 112.

zelnen Unternehmen zusammensetzt, die nach dem Free Cash Flow-Konvergenz-Verfahren in die Zukunft projiziert werden.

D. Anwendungsmöglichkeiten des CFROI-Modells

Als vereinfachtes Bewertungsmodell erhebt das CFROI-Modell den Anspruch, mittels des Free Cash Flow-Konvergenz-Verfahrens den sog. **stichtagsorientierten** Ertragswert aus Sicht der Minderheitsaktionäre, die keine wesentliche Änderung der Geschäftspolitik erwarten, zu berechnen. Ein Vergleich der tatsächlichen Börsenbewertung mit dem mittels des CFROI-Modells berechneten stichtagsorientierten Ertragswert kann auf eine Unter- oder Überbewertung von Aktien hinweisen. Mehr als 200 Investmentberatungen weltweit beziehen jährlich die Prognosedaten gemäß dem CFROI-Modell.[190]

Dem stichtagsorientierten Ertragswert steht der **prognoseorientierte** Ertragswert gegenüber, der von seiten der Mehrheitsaktionäre, die über mehr Informationen verfügen, ermittelt werden kann. Statt dem eher pauschalen Free Cash Flow-Konvergenz-Verfahren werden hierbei die Cash Flows für den näheren Planungszeitraum explizit prognostiziert. Ausgangspunkt ist wiederum der CFROI, der in seine Komponenten Cash Flow-Marge, Kapitalumschlag und Nutzungsdauer zerlegt und schließlich für die verschiedenen Geschäftsfelder des Unternehmens geschätzt wird.[191]

Die Ermittlung des prognoseorientierten Ertragswerts dient der Akquisitionsbewertung. Weichen prognoseorientierter und stichtagsorientierter Ertragswert voneinander ab, so existiert eine **Wertlücke**, die von potentiellen Mehrheitsaktionären ausgenutzt werden kann.[192] Abbildung 12 stellt den Aufbau des CFROI-Modells nochmals graphisch dar.

---

190 Vgl. O.V. (Valuing Companies 1997), S. 54.

191 Das CFROI-Schema ist mit dem traditionellen ROI-Schema vergleichbar. Vgl. Lehmann, S. (Neue Wege 1994), S. 264. Für den Planungszeitraum, der nicht explizit prognostiziert werden kann, wird wiederum der stichtagsorientierte Ertragswert angesetzt. Vgl. Lehmann, S. (Neue Wege 1994), S. 277.

192 Vgl. Lehmann, S. (Neue Wege 1994), S. 280.

Abbildung 12:   CFROI-Modell

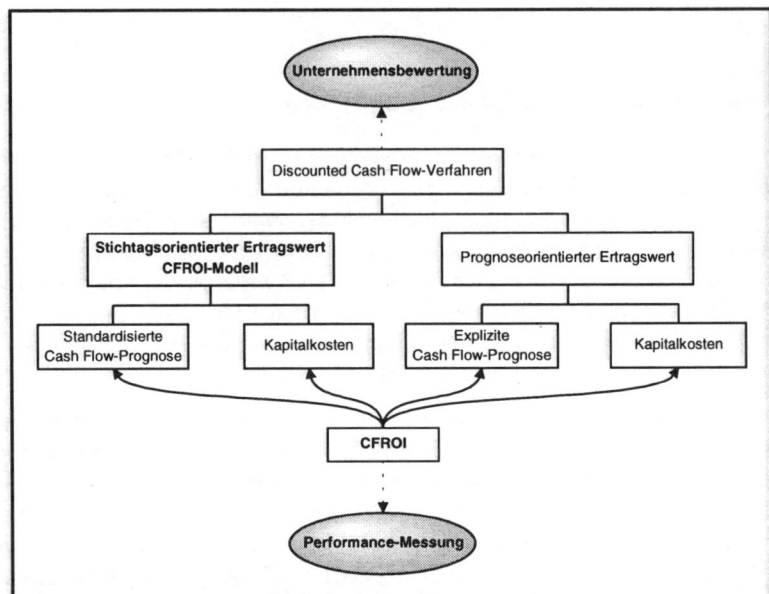

E. **Beurteilung der Konzeption des Cash Flow Return on Investment-Modells**

Das CFROI-Modell kann als konkrete **Handlungsanweisung bei der Bewertung von Unternehmen mit dem DCF-Verfahren** verstanden werden. „Im Kern handelt es sich bei diesem Bewertungsansatz lediglich um eine standardisierte Cash-flow-Projektion als Basis zur Verwendung eines normalen Discounted Cash-flow-Ansatzes."[193]

Sowohl die Kapitalkosten als auch die zukünftigen freien Cash Flows werden mittels des Free Cash Flow-Konvergenz-Verfahrens berechnet. Dabei wird von den traditionellen Prognosemodellen (Constant Growth, Two-Stage Growth etc.)[194] abgewichen und ein **Konvergenz-Modell** angewandt, das für jede Periode unterschiedliche Wachstumsraten bzgl. Rentabilität und Investitionen, die

---

193   Lewis, T.G. (Steigerung 1995), S. 122.
194   Vgl. Teil 3 Gliederungspunkt III. E.

im Zeitablauf gegen einen Durchschnittswert konvergieren, zugrunde legt. Es stellt sich damit die Frage, ob das CFROI-Modell in der Lage ist, die Nachteile der DCF-Methode zu beseitigen, bzw. ob die standardisierte Cash Flow-Projektion eine zuverlässige Vereinfachung bei der Ausgestaltung der DCF-Methode darstellt.

Die **Qualität des CFROI-Modells** hängt im wesentlichen von der Vertrauenswürdigkeit der einzelnen Variablen – insbesondere des CFROI[195] – ab. Das Bewertungsmodell baut auf zahlreichen Annahmen auf. Vor allem die Ermittlung der Wachstumsrate der Investitionen sowie die Bestimmung der Nutzungsdauer mittels Algorithmen bleibt undurchsichtig. Wendet ein Unternehmen die gemischte Abschreibung an und/oder nimmt rein steuerrechtliche Abschreibungen vor, treten zwangsläufig Verzerrungen bei der Bestimmung der Nutzungsdauer und der Investitionen auf. Des weiteren weicht die Berechnung des durchschnittlichen Gesamtkapitalkostensatzes, der grundsätzlich für alle Unternehmen einheitlich angewandt wird, deutlich von den üblicherweise angewandten Methoden ab. Unternehmensspezifische Anpassungen hinsichtlich Risiko und Verschuldungsgrad sollten allerdings berücksichtigt werden.[196]

Ungeachtet der Kritik am CFROI-Modell ist die **Konvergenzannahme**, die davon ausgeht, daß die Rentabilität eines Unternehmens langfristig gegen einen Durchschnittswert konvergiert, durchaus plausibel und wurde zudem durch empirische Untersuchungen bestätigt.[197] Das Absinken eines überdurchschnittlichen CFROI erfolgt aufgrund des Wettbewerbsdrucks, während bei einer unterdurchschnittlichen Rentabilität die Renditevorstellungen der Investoren grundsätzlich zu einer Konvergenz nach oben führen.[198] Je nach den individuellen Gegebenheiten können darüber hinaus auch unternehmens- oder bran-

---

195 Vgl. dazu Teil 5 Gliederungspunkt III.

196 „Eigene, auf den CFROI-Verfahren basierende Untersuchungen dazu, wie sich Entwicklungen von Aktienkursen am besten nachvollziehen lassen, haben uns gezeigt, daß man die Aussagekraft beziehungsweise die Bewertung nicht verbessern kann, indem man die Beta-Faktoren mit einbezieht." Lewis, T.G./Stelter, D. (Mehrwert 1993), S. 112. Vgl. zu den verschiedenen Methoden bei der Bestimmung der Kapitalkosten Teil 5 Gliederungspunkt II. B. 4.

197 Eine Untersuchung von BCG/HOLT in den USA hat ergeben, daß über die Zeiträume 1977-1981 und 1982-1986 „sowohl Aktiengesellschaften mit einer Rentabilität über 6,2% (US-Durchschnitts-CFROI) als auch Aktiengesellschaften mit einer Rentabilität unter 6,2% mit einer dem Konvergenzkonzept vergleichbaren Stärke gegen 6,2% konvergierten." Lehmann, S. (Neue Wege 1994), S. 183. Vgl. zur Vorgehensweise von Ramping-Verfahren Günther, T. (Controlling 1997), S. 148 ff.

198 Vgl. Lehmann, S. (Neue Wege 1994), S. 180 ff.

chenspezifische Entwicklungen hinsichtlich der zu erwartenden Wachstumsrate oder der Rentabilität in den Prognosedaten berücksichtigt werden, indem
entsprechende Durchschnittswerte als Konvergenzmaßstab herangezogen
werden.[199]

---

199   Vgl. Thomas, R./Edwards, L. (HOLT Methods 1993), S. 38.

II. Economic Value Added-Modell

A. Überblick

Das Economic Value Added-Modell (EVA-Modell) gehört zu den **Contribution-Modellen**, die seit einigen Jahren in der Praxis eine hohe Anerkennung finden.[200] „Bei den Contribution-Modellen handelt es sich letztlich um Übergewinnmethoden, die davon ausgehen, daß nur die über den Kapitalkosten liegende Rentabilität zusätzlichen Wert schafft."[201] Über- oder Residualgewinne stellen damit grundsätzlich den Gewinn eines Unternehmens dar, der sowohl die Kosten des Fremd- als auch des Eigenkapitals überschreitet.

Seit kurzem wird den Contribution-Modellen auch von wissenschaftlicher Seite (wieder) vermehrt Aufmerksamkeit geschenkt.[202] Wurden doch in den vergangenen Jahren hauptsächlich empirische Untersuchungen durchgeführt, die die Beziehung zwischen Aktienkursen und bestimmten Jahresabschlußdaten untersuchten. Die eigentliche (theoretische) Beziehung zwischen Jahresabschluß und Unternehmenswert blieb dagegen außen vor. Mit der verstärkten Konzentration auf die **Verbindung von Jahresabschluß und Unternehmenswert** rückt gleichzeitig auch die fundamentale Aktienanalyse in den Vordergrund.[203] Das EVA™-Modell[204] des Beratungsunternehmens Stern Stewart & Co., die in der Literatur bisher meistdiskutierte Version der Contribution-Modelle, wird im folgenden stellvertretend für Bewertungsverfahren, die auf dem gleichen Konzept gründen, dargestellt.[205]

---

200 Vgl. Sheehan, T.J. (To EVA™ or not to EVA 1994); Uyemura, D.G./Kantor, C.C./Pettit, J.M. (EVA® for Banks 1996); O'Byrne, S.F. (EVA® and Shareholder Return 1997); Walbert, L. (Wealth Creators 1993); Tully, S. (Creating Wealth 1993).

201 Lewis, T.G. (Steigerung 1995), S. 124.

202 Vgl. Richter, F. (Steuerungs- und Monitoringsystem 1996); Günther, T. (Controlling 1997); Hesse, T. (Periodischer Unternehmenserfolg 1996); Ohlson, J.A. (Earnings 1995); Feltham, G.A./Ohlson, J.A. (Valuation 1995); Lundholm, R.J. (Ohlson and Feltham/Ohlson Models 1995).

203 Vgl. Bernhard, V.L. (Feltham-Ohlson Framework 1995), S. 734, 736.

204 EVA™ ist ein eingetragenes Warenzeichen von Stern Stewart & Co.

205 Dazu gehören das Economic Profit-Modell von McKinsey & Company Inc., das Added Value-Modell der London Business School und der Cash Value Added der Boston Consulting Group. Vgl. Davis, E./Kay, J. (Corporate Performance 1990); Davis, E./Flanders, S./Star, J. (Successful Companies 1991); Copeland, T./ Koller, T./Murrin, J. (Valuation 1994); Lewis, T. G. (Steigerung 1995).

B. Herleitung des Economic Value Added-Modells

Die Unternehmensbewertung auf Basis von Übergewinnen stellt **kein neues Bewertungsverfahren** dar. Sie wurde sowohl von Marshall[206] im Jahre 1912 als auch von Preinreich[207] im Jahre 1938 sowie Solomons[208] im Jahr 1965 beschrieben. Auch für die Praxis ist die Bewertung mittels der Residualgewinne kein unbekanntes Verfahren.[209] Nach einer Untersuchung von Reece und Cool im Jahre 1976 verwendeten bereits 30% der 459 befragten Unternehmen den Residualgewinn zur internen Beurteilung der Performance einzelner Sparten.[210]

Die Übergewinn- bzw. Residualgewinnmethoden[211] übernehmen das Gedankengut der Unternehmensbewertung gemäß dem **Barwert der Erfolge.** Unter

---

206 „When a man is engaged in business, his Profits for the year are the excess of his receipts from his business during the year over his outlay for his business. The difference between the value of the stock of plant, material, etc. at the end and at the beginning of the year is taken as part of his receipts or as part of his outlay, according as there has been an increase or decrease of value. What remains of his profits after deducting interest on his capital at the current rate ... is generally called his Earnings of undertaking or management." Marshall, A. (Economics of Industry 1912), S. 52.

207 Vgl. Bernhard, V.L. (Feltham-Ohlson Framework 1995), S. 741.

208 Vgl. Solomons, D. (Performance 1965), S. 64 ff.; 126 f.

209 „In fact, it was used in a crude form by the Internal Revenue Service (IRS) as early as 1920 to estimate the impact of prohibition on the value of breweries." Bernhard, V.L. (Feltham-Ohlson Framework 1995), S. 741.

Zimmermann, Professor of Accounting an der University of Rochester's Simon School of Business, weist auf die praktische Anwendung des EVA-Modells bei General Electric bereits in den 50er Jahren in einer Diskussionsrunde hin: "As an academic historical footnote to this discussion, let me also point out that EVA is not new. I've been able to trace it back to a 1955 monograph by General Electric's management. GE was worried about some of the incentive problems with Return on Net Assets, ... And the GE people actually proposed a measure they called 'residual income', which is operating income less a capital charge." Stern Stewart (EVA™ Roundtable 1994), S. 53. Nach den Aussagen von Stewart wurde das EVA-Modell bereits in den 20er Jahren bei General Motors angewandt: „Alfred Sloan's book My Years at General Motors describes how in the 1920s General Motors had a system where they set aside a 15% rate of return in their business. Ten percent of all operating profits after the 15% capital charge became the bonus pool to be shared by the management. And, much like our leveraged equity purchase plan, GM's managers would then be required to use part of their bonus to buy stock in the company on a leveraged basis. So, in this sense, everything we at Stern Stewart have done to refine and apply EVA is merely an afterthought to a system General Motors had in place in the 1920s." Stern Stewart (EVA™ Roundtable 1994), S. 54.

210 Vgl. Reece, J.S./Cool, W.R. (Investment Center Performance 1978), S. 46.

211 „One can view 'abnormal earnings' as a contradiction of 'above normal earnings', where normal earnings equal the risk-free interest rate times the book value of firm's equity. Some, ... refer to this as 'excess earnings'. Edey ... uses the term 'super-

den von Miller und Modigliani getroffenen Annahmen wurde festgestellt, daß der Unternehmenswert als Barwert der Erfolge berechnet werden kann, soweit auf die bereits getätigten Investitionen bzw. das eingesetzte Kapital (kalkulatorische) Zinsen berücksichtigt werden. Ist zum Bewertungszeitpunkt bereits Kapital gebunden, so muß des weiteren das vorhandene Kapital zum Barwert der Übergewinne addiert werden.[212]

Gemäß dem **EVA-Modell** läßt sich der **Unternehmenswert** sowohl auf Basis des Entity-Ansatzes (Brutto-Rechnung) als auch des Equity-Ansatzes (Netto-Rechnung) berechnen.[213] Der Unternehmenswert (P_0) ergibt sich nach dem **Entity-Ansatz** aus den mit dem durchschnittlichen Kapitalkostensatz (GKS) abgezinsten Übergewinnen zuzüglich des Buchwerts des Vermögens (BW_0).[214] Der Übergewinn stellt dabei den Erfolg vor Fremdkapitalzinsen abzüglich der Kosten auf das eingesetzte Gesamtkapital zu Beginn der Periode (BW_{t-1}) dar. Von dem so berechneten Unternehmensgesamtwert ist anschließend der Wert des Fremdkapitals (FK) abzuziehen:

$$P_0 = BW_0 + \sum_{t=1}^{\infty} \frac{\left(\text{Erfolg vor Zinsen}_t - GKS \cdot BW_{t-1}\right)}{\left(1+GKS\right)^t} - FK$$

Der **Equity-Ansatz** ermittelt dagegen den Wert des Eigenkapitals direkt, indem die zukünftigen Übergewinne mit den Eigenkapitalkosten (EKS) auf den Bewertungszeitpunkt abgezinst und zum Eigenkapital (EK_0) hinzuaddiert werden. Der Übergewinn stellt dabei den Erfolg nach Fremdkapitalzinsen abzüglich der kalkulatorischen Eigenkapitalkosten auf das Eigenkapital zu Beginn der Periode (EK_{t-1})dar:

$$P_0 = EK_0 + \sum_{t=1}^{\infty} \frac{\left(\text{Erfolg nach Zinsen}_t - EKS \cdot EK_{t-1}\right)}{\left(1+EKS\right)^t}$$

---

profits', and the management accounting literature typically refers to it as 'residual income'." Feltham, G.A./Ohlson, J.A. (Valuation 1995), S. 726.

212 Vgl. Teil 3 Gliederungspunkt II. C.

213 Zur Identität der Residualgewinnmethoden (Entity- und Equity-Ansatz) mit den DCF-Verfahren (Entity- und Equity-Ansatz) vgl. Richter, F. (Steuerungs- und Monitoringsystem 1996), S. 32 ff. Ferner führen Entity- und Equity-Ansatz zu einem identischen Ergebnis, soweit eine kapitalstrukturneutrale, unternehmenswertorientierte Fremdfinanzierung unterstellt wird. Vgl. Teil 3 Gliederungspunkt III. C.

214 Vgl. Bernhard, V.L. (Feltham-Ohlson Framework 1995), S. 741; Fairfield, P.M. (Present Value 1994), S. 24 f.

Die Parallele des Equity-Ansatzes des Übergewinnverfahrens zum Ertragswertverfahren wird hiermit deutlich. Allerdings verzichtet das Übergewinnverfahren im Gegensatz zum Ertragswertverfahren auf die Annahme einer Vollausschüttung und eines im Zeitablauf konstanten Eigenkapitals, so daß sowohl
das Eigenkapital zum Bewertungszeitpunkt als auch kalkulatorische Zinsen auf
das Eigenkapital zu berücksichtigen sind.[215]

Gemäß den obigen Formeln „value is determined by the creation of wealth,
mesured by aggregate accounting earnings, rather than the distribution of
wealth, measured as dividends."[216] Die Attraktivität der Contribution-Modelle
besteht daher darin, daß der Unternehmenswert direkt aus den Daten des Jahresabschlusses abgeleitet werden kann und sich vom Dividend Discount Model
löst.[217]

Zur Ermittlung des Unternehmenswerts aus der Sicht der Eigenkapitalgeber
müssen folglich die zukünftigen Übergewinne, der Buchwert des betrieblichen
Vermögens, die Kapitalkosten und der Marktwert des Fremdkapitals berechnet
werden. Die Schätzung der Übergewinne ist nicht unproblematisch, da das
(Eigen- oder Gesamt-)Kapital zu Beginn der jeweiligen Periode ermittelt werden muß. Dies setzt auch die Kenntnis bzw. bestimmte Annahmen bzgl. der
zukünftigen Ausschüttungen voraus.

Die wesentliche Kenngröße des EVA-Modells ist der Übergewinn, der nunmehr
als **Economic Value Added** (EVA) bezeichnet wird. Der EVA kann folglich –
wie auch der CFROI – in zweifacher Hinsicht genutzt werden:

(1) Zum einen stellt der EVA bei isolierter Betrachtung einen Maßstab zur
     Performance-Messung einer Periode dar, der sowohl einen zeitlichen
     als auch zwischenbetrieblichen Vergleich erlaubt.

(2) Zum andern geht der EVA unter Berücksichtigung von Prognosen in das
     Unternehmensbewertungsmodell ein. Der **Market Value Added** (MVA),
     der den auf den Bewertungszeitpunkt diskontierten Strom der prognosti-
     zierten Übergewinne wiedergibt, stellt dabei die Verbindung zum Kapital-
     markt her.

---

215 Vgl. hierzu Teil 3 Gliederungspunkt II. C. sowie Gliederungspunkt III. B.
216 Fairfield, P.M. (Present Value 1994), S. 24.
217 „Without violating the PVED (present value of expected dividends; d. Verf.) percept,
     one obtains explicit and basic expressions relating value and return to accounting da-
     ta." Ohlson, J.A. (Earnings 1995), S. 681.

Im folgenden werden die beiden Elemente EVA und MVA näher dargestellt.

C. Komponenten des Economic Value Added-Modells

1. Economic Value Added

Der Performance-Maßstab EVA läßt sich sowohl nach der capital charge-Formel als auch nach der value spread-Formel berechnen:[218]

$EVA_{\text{capital charge-Formel}}$ = Betrieblicher Gewinn – Kapitalkosten

$EVA_{\text{value spread-Formel}}$ = (Vermögensrendite – Kapitalkostensatz) · Betriebliches Vermögen[219]

Während die obigen Formeln die grundlegenden Berechnungsmöglichkeiten darstellen, müssen die einzelnen Komponenten, die auf Daten des Jahresabschlusses beruhen, inhaltlich weiter konkretisiert werden. Stern Stewart & Co. sehen in Abhängigkeit vom jeweiligen Unternehmen bis zu 164 Anpassungsmaßnahmen vor.[220] In der Praxis werden allerdings nur bis zu 15 Anpassungsmaßnahmen als wesentlich beurteilt.[221]

Wie bereits dargelegt, wird ein **Wertzuwachs** in einer bestimmten Periode nur dann erreicht, soweit der Gewinn sämtliche Kosten, d.h. auch die von den Eigenkapitalgebern geforderte Mindestrendite, überschreitet. Ist der EVA negativ, so wurde Kapital vernichtet, da die betrieblichen Erträge nicht die gesamten Kapitalkosten des Unternehmens decken. Die Kapitalkosten stellen die Hürde

---

218 Vgl. Dillon, R.D./Owers, J.E. (EVA® as a Financial Metric 1997), S. 32 f.; Hostettler, S. (Economic Value Added 1997), S. 45; Küting, K. (Shareholder-Value 1998), S. 212; Drukarczyk, J. (Finanzierung 1996), S. 170; Dirrigl, H. (Konvergenz in der Unternehmensrechnung 1998), S. 569; Englert, J./Scholich, M. (Unternehmensführung 1998), S. 686; Milunovick, S./Tsuei, A. (EVA 1996), S. 105; Baetge, J./Jerschensky, A. (Rentabilitätsanalyse 1997), S. 420.

219 In der US-amerikanischen Literatur wird der betriebliche Gewinn durch den Net Operating Profit after Tax (NOPAT), die Vermögensrendite durch den Operating Return on Assets (OROA) und das betriebliche Vermögen durch die (Net) Operating Assets (OA) beschrieben.

220 Vgl. Dillon, R.D./Owers, J.E. (EVA® as a Financial Metric 1997), S. 33. Nach Milbourn sind es sogar 250 Anpassungsmaßnahmen. Vgl. Milbourn, T. (Performance Measure 1997), S. 6.

221 Vgl. Milbourn, T. (Performance Measure 1997), S. 6. Vgl. zu den Anpassungsmaßnahmen Teil 5 Gliederungspunkt II. B.

(**hurdle rate**) dar, die übersprungen werden muß, damit ein 'Gewinn' vorliegt.[222]

Das EVA-Konzept integriert mit der Berücksichtigung der Eigenkapitalkosten einen Aspekt des **ökonomischen Gewinns** (economic concept of income)[223] und stellt in diesem Sinn nicht mehr ausschließlich auf den buchhalterischen Gewinn (accounting concept of income) ab.[224]

Neben dem EVA-Modell existiert eine Reihe von ähnlich ausgestalteten Performance-Maßstäben.[225] Hier sei lediglich noch das **Cash Value Added-Modell** (CVA-Modell) angeführt, das von der BCG als vereinfachtes Bewertungsinstrument neben dem ursprünglichen CFROI-Modell eingeführt wurde.[226] Im Gegensatz zum EVA-Modell mißt es den Wertzuwachs nicht auf Gewinn-, sondern auf ‚Cash Flow'-Basis. Der Cash Value Added (CVA), der zur periodi-

---

222 Vgl. Brossy, R./Balkcom, J.E. (Create Value 1994), S. 19; Kaikan, K. (EVA and Shareholder Value 1997), S. 99. Entsprechend der obigen Formel bieten sich einem Unternehmen drei Wege an den Wert zu steigern: (1) Steigerung des Gewinns ohne zusätzliche Kapitalaufnahme, (2) Investitionen in die Geschäftsbereiche, in denen der Kapitalkostensatz unter der Vermögensrendite liegen, bis diese übereinstimmen, (3) Desinvestitionen in den Geschäftsbereichen, in denen die Kapitalkosten die Gewinne übersteigen. Vgl. Stewart, G.B. (Quest for Value 1991), S. 138; Stern Stewart (EVA™ Roundtable 1994), S. 49.

223 „..., the economic concept of income is the amount that can be distributed by an entity to its owners after providing benchmark returns to all claimants and still leave the firm as well off in terms of resources at the end of the period as at the beginning." Dillon, R.D./Owers, J.E. (EVA® as a Financial Metric 1997), S. 33. Der ökonomische Gewinn (wertmäßiger Gewinnbegriff) ist demnach der Betrag, der ausgeschüttet werden kann, ohne daß sich der Zukunftserfolgswert eines Unternehmens, d.h. die auf den Bewertungszeitpunkt abgezinsten Netto-Einzahlungsüberschüsse, ändert. Er ist das Ergebnis einer Rechnungslegung, die das Ziel der Erfolgskapitalerhaltung verfolgt. Vgl. Coenenberg, A.G. (Jahresabschluß 1997), S. 782 ff.; Günther, T. (Controlling 1997), S. 22.

224 Der bilanzielle oder buchhalterische Gewinn (geldmäßiger Gewinnbegriff) basiert dagegen auf dem Konzept der nominalen Geldkapitalhaltung. Ein Gewinn entsteht bereits dann, wenn die Erträge die historischen Kosten für die Produktionsfaktoren übersteigen. Insbesondere bleiben die Kosten des Eigenkapitals unberücksichtigt: „Accounting measures focus on the residual income available for residual claims, before they receive any return." Dillon, R.D./Owers, J.E. (EVA® as a Financial Metric 1997), S. 33. Vgl. auch Bieg, H./Kußmaul, H. (Externes Rechnungswesen 1998), S. 23 ff.

225 Das Konzept des Residualgewinns versteckt sich hinter einigen Bezeichnungen, wie z.B. dem trading contribution, der von Unilever angewandt wird oder dem economic profit, den Lloyds' berechnet. Vgl. Barfield, R. (Nearly New 1998), S. 41.

226 Daneben bietet die BCG noch weitere vereinfachte Bewertungsverfahren an, die auf algebraischen Wertformeln basieren oder eine Bewertung mit Hilfe von simulierten Multiplikatoren durchführen. Vgl. dazu Lewis, T.G. (Steigerung 1995), S. 125 ff.

schen Erfolgsmessung dient, wird dabei mittels Multiplikation der inflationsan-
gepaßten Bruttoinvestitionsbasis mit der Differenz aus CFROI und Gesamtkapitalkostensatz (GKS) ermittelt:[227]

CVA = (CFROI – GKS) · Inflationsangepaßte Bruttoinvestitionsbasis

2. Market Value Added

Soll der EVA in ein Unternehmensbewertungsmodell integriert werden, so muß
zum betrieblichen Vermögen der abgezinste Strom der **zukünftigen EVA** addiert werden. Der auf den Bewertungszeitpunkt mit einem Gesamtkapitalkostensatz (GKS) diskontierte Strom der erwarteten EVA wird auch als **$MVA_{ex\ ante}$**
(Market Value Added) bezeichnet.[228] Der Perfomance-Maßstab EVA ist in dieser Hinsicht direkt mit dem Unternehmenswert verbunden. Der Gesamtunternehmenswert (U_0) ergibt sich schließlich aus dem Buchwert des (betriebsnotwendigen)[229] Vermögens (BW_0) zuzüglich dem $MVA_{ex\ ante}$.[230]

$$U_0 = BW_0 + \sum_{t=1}^{\infty} \frac{EVA_t}{(1+GKS)^t}$$

$$= BW_0 + MVA_{ex\ ante}$$

Soll lediglich der Eigenkapitalwert des Unternehmens berechnet werden, muß
der Marktwert der Drittverbindlichkeiten von dem so ermittelten Gesamtunternehmenswert subtrahiert werden.[231] Soweit Marktwerte nicht verfügbar sind,
wird auf die entsprechenden Buchwerte zurückgegriffen. Dabei werden jedoch
nicht alle in der Bilanz ausgewiesenen Fremdkapitalien berücksichtigt.[232]

---

227 Bruttoinvestitionsbasis, Kapitalkosten und CFROI werden wie im CFROI-Modell be-
     rechnet. Vgl. Teil 4 Gliederungspunkt I. C. sowie Teil 5 Gliederungspunkt III. B.

228 „Thus, EVA is the internal measure which leads to the external consequence of buil-
     ding a premium (or discount) into the market value of a company." Stewart, G.B.
     (Quest for Value 1991), S. 153.

229 Der Wert des nicht-betriebsnotwendigen Vermögens muß gesondert ermittelt werden.
     Vgl. hierzu Teil 3 Gliederungspunkt III. B. und Gliederungspunkt III. C.

230 Vgl. Stewart, G.B. (Quest for Value 1991), S. 153; Grant, J.L. (EVA™ for Investment
     Managers 1996), S. 43, 46 f.

231 Vgl. Teil 3 Gliederungspunkt III. C.

232 Vgl. zur Ermittlung des Buchwerts des Fremdkapitals Teil 5 Gliederungspunkt II. B. 2.

Das zentrale Problem bei der Berechnung des Unternehmenswerts stellt die Prognose der zukünftigen Übergewinne dar. Es bietet sich an, hierfür zwei unterschiedliche Phasen zu unterscheiden. Für den **expliziten Prognosezeitraum** lassen sich die Übergewinne in fünf Werttreiber bzw. Schlüsselgrößen auffächern (vgl. Abbildung 13). Die einzelnen Schlüsselgrößen sind jeweils zu prognostizieren. Durch adäquate Verknüpfung der Werttreiber wird der value spread als Differenz zwischen Vermögensrendite und Kapitalkostensatz berechnet. Der EVA ergibt sich schließlich mittels Multiplikation des value spread mit dem Quotienten aus Umsatz und Kapitalumschlag.[233] Die anschließende Bestimmung des **Restwerts** kann sich bspw. an das Verfahren der Kapitalisierung eines normalisierten freien Cash Flows anlehnen:[234] Der normalisierte EVA basiert dabei auf dem betrieblichen Gewinn und dem betrieblichen Vermögen des letzten expliziten Prognosejahrs.

Abbildung 13:   **Werttreiber des EVA-Modells**

Werttreiber	
1. Umsatzwachstum:	$\dfrac{\text{Umsatz}_{t+1}}{\text{Umsatz}_t} - 1$
2. Umsatzrendite (Operating Profit Margin):	$\dfrac{\text{Betrieblicher Gewinn vor Steuern}}{\text{Umsatz}}$
3. Kapitalumschlag (Turnover of Assets):	$\dfrac{\text{Umsatz}}{\text{Betriebliches Vermögen}}$
4. Cash Flow-Steuersatz (Cash Tax Rate):	$\dfrac{\text{Zahlungswirksame Steuern auf den betrieblichen Gewinn}}{\text{Betrieblicher Gewinn vor Steuern}}$
5. Gewichteter durchschnittlicher Kapitalkostensatz (Weighted Average Cost of Capital):	Ermittlung der Eigenkapitalkosten mittels des Capital Asset Pricing Model
Vermögensrendite	Umsatzrendite · Kapitalumschlag · (1 − Cash Flow-Steuersatz)
Value spread	Vermögensrendite − Kapitalkostensatz

Die BCG bietet dagegen eine Reihe von unterschiedlich ausgestalteten CVA-Modellen an, die **keine explizite Prognose von Werttreibern** erfordert. Das

---

233 Vgl. Hostettler, S. (Economic Value Added 1997), S. 202 ff. Die Aufschlüsselung des EVA in seine Werttreiber für Prognosezwecke hat Rappaport bereits bei der traditionellen DCF-Methode für den freien Cash Flow vorgeschlagen. Vgl. Rappaport, A. (Shareholder Value 1995), S. 53 ff.; Küting, K./Lorson, P. (Konzernmanagement 1997), S. 20.

234 Vgl. Hostettler, S. (Economic Value Added 1997), S. 210 f.; Teil 3 Gliederungspunkt III. C.

einfachste CVA-Modell geht von in Zukunft konstanten Übergewinnen in Form des CVA aus. Der Unternehmenswert ergibt sich dann aus den mit dem Gesamtkapitalkostensatz (GKS)[235] kapitalisierten zukünftigen CVA zuzüglich des sog. Nettoinvestment und abzüglich des Werts des Fremdkapitals (FK). Bei dem Nettoinvestment handelt es sich um ein inflationsangepaßtes, um ökonomische Abschreibungen[236] reduziertes Kapital.[237]

$$P_0 = \text{Nettoinvestment} + \sum_{t=1}^{\infty} \frac{\overline{CVA}}{(1+GKS)^t} - FK = \text{Nettoinvestment} + \frac{\overline{CVA}}{GKS} - FK$$

Die Projektion des CVA in die Zukunft kann aber auch auf anderen Annahmen beruhen und bspw. um die Elemente Wachstum und Konvergenz erweitert werden.[238]

D. Anwendungsmöglichkeiten des Economic Value Added-Modells

Das EVA-Modell[239] als Verfahren zur Unternehmensbewertung ermöglicht es, Unter- bzw. Überbewertungen auf den Aktienmarkt festzustellen, indem der $MVA_{ex\ post}$ mit dem $MVA_{ex\ ante}$ verglichen wird. Während der $MVA_{ex\ ante}$ – wie dargelegt – den Barwert aller zukünftigen betrieblichen Übergewinne wiedergibt, wird der $MVA_{ex\ post}$ direkt aus den gegenwärtigen Kapitalmarktdaten abgeleitet. Der $MVA_{ex\ post}$ stellt dabei die Differenz zwischen dem Marktwert des gesamten Unternehmens und dem aus dem Jahresabschluß abgeleiteten Buchwert des Vermögens dar:[240]

Marktwert des Unternehmens = Buchwert des Vermögens + $MVA_{ex\ post}$

Der $MVA_{ex\ post}$ kann folglich als kumulativer Performance-Maßstab verstanden werden, der die Beurteilung des Aktienmarkts bzgl. aller vergangenen und zukünftigen Projekte widerspiegelt.[241] Ist der $MVA_{ex\ ante}$ größer (kleiner) als der

---

235 Vgl. zur Berechnung des Gesamtkapitalkostensatzes Teil 4 Gliederungspunkt I. C. 2. c).

236 Vgl. hierzu ausführlich Teil 5 Gliederungspunkt III. C. 1. d).

237 Vgl. Lewis, T.G. (Steigerung 1995), S. 126.

238 Vgl. Lewis, T.G. (Steigerung 1995), S. 126 ff.

239 Im weiteren wird nur das EVA-Modell als Verfahren zur Unternehmensbewertung erörtert.

240 Vgl. Stewart, G.B. (Quest for Value 1991), S. 153.

241 Vgl. Stewart, G.B. (EVA™: Fact and Fantasy 1994), S. 72.

MVA$_{ex\ post}$, kann dies – eine zutreffende Prognose der Werttreiber vorausgesetzt – ein Anzeichen für eine Unterbewertung (Überbewertung) sein.[242]

Ferner ist es möglich, gegenwärtige Aktienkurse in die einzelnen Schlüsselvariablen aufzuspalten und auf ihre **Plausibilität** hin zu untersuchen, indem überprüft wird, welche Erwartungen die Kurse hinsichtlich der zukünftigen Übergewinne, d.h. des value spread und der Kapitalkosten, reflektieren.[243] Abbildung 14 stellt den Aufbau des EVA-Modells nochmals graphisch dar.

Abbildung 14:   EVA-Modell

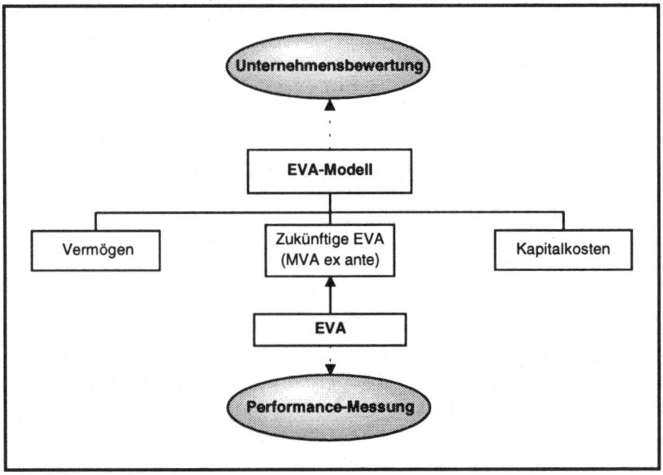

E.   Beurteilung der Konzeption des Economic Value Added-Modells

Ebenso wie das CFROI-Modell basiert das EVA-Modell auf den traditionellen Verfahren der Unternehmensbewertung. In dieser Hinsicht beinhaltet es keine Neuigkeiten. Es stellt sich somit die Frage, inwieweit es dem EVA-Modell ge-

---

242   Vgl. Hostettler, S. (Economic Value Added 1997), S. 245.

243   Jackson führt als Beispiel Wal-Mart an, dessen Aktienkurs 1990 bei $ 44 lag. Selbst wenn der Spread (Differenz zwischen Vermögensrendite und Kapitalkostensatz) von Wal-Mart, der damals bei 7% lag, 16 Jahre bei der Reinvestition sämtlicher Erfolge erzielt werden würde, würde dies nur ungefähr die Hälfte des Kurses rechtfertigen. Ferner müßten Investitionen über diesen Zeitraum mit einem identischem value spread getätigt werden. Wal-Mart war somit aus Finanzanalysten-Sicht überbewertet. Vgl. Jackson, A. (EVA at CS First Boston 1996), S. 101.

lingt, zu einer Vereinfachung der traditionellen Bewertungsverfahren beizutragen.

Die Unternehmensbewertung auf Basis des EVA ist im Gegensatz zu der DCF-Methode leichter verständlich und damit einfacher kommunizierbar. Interessanterweise lehnt sich das EVA-Modell **konzeptionell** – insbesondere in Form des Equity-Ansatzes – eher an das **Ertragswert-** als an das DCF-Verfahren an.[244] Auch das Ertragswertverfahren stellt auf eine Ertrags- statt auf eine Einnahmenüberschußrechnung mit der Begründung ab, daß diese eher den Anforderungen der Praxis entspricht.[245] Die Daten der Bilanz und der Gewinn- und Verlustrechnung werden beim EVA-Modell auf relativ einfache Weise miteinander verbunden und der Bewertung zugrunde gelegt. Unter diesem Aspekt erscheint das EVA-Modell – zumindest auf den ersten Blick – auch um einiges transparenter als das äußerst komplexe CFROI-Modell.

Allerdings bleibt das **Prognoseproblem** im Gegensatz zum CFROI- und zum CVA-Modell unangetastet. Wird auch mit viel Mühe das investierte Kapital als eine Komponente des Unternehmenswerts anhand von vielen Anpassungsmaßnahmen aus dem Jahresabschluß abgeleitet, so erleichtert dies keineswegs die Prognose zukünftiger EVA und die Bestimmung der Kapitalkosten als die entscheidenden Komponenten des Unternehmenswerts.[246] Bei der Prognose zukünftiger EVA besteht des weiteren das Problem, daß der Bewerter die Höhe des eingesetzten Kapitals – auf das in jeder Periode die Kapitalkosten berechnet werden – schätzen muß. Dies ist aber nur möglich, soweit sich die Ausschüttungen hinreichend genau prognostizieren lassen oder diesbzgl. Annahmen getroffen werden.

---

244 Dies gilt nicht für die inhaltliche Ausgestaltung (z.B. Berechnung des Kapitalkostensatzes).

245 Die Ableitung einer Einnahmenüberschußrechnung aus den Zahlen der Aufwands- und Ertragsrechnung dürfte meist schwieriger sein als die Erstellung einer Ertragsüberschußrechnung. Vgl. Bieg, H. (Investition 1997), S. 206 f.; WP-Handbuch (Band II 1998), S. 24; HFA (Stellungnahme 2/1983), S. 470.

246 Ravid weist in einer Diskussionsrunde auf die Schwierigkeiten aller Bewertungsmethoden hin, die sich auf die DCF-Methode zurückführen lassen. „ ... one should also remember that EVA has the same problems that we have always had with discounted cash flow. For one thing getting a precise estimate of the cost of capital is very difficult. ... Also, estimating expected future cash flows is more of an art than a science. ... You can't escape this imprecision, whether you use EVA or discounted cash flow." Stern Stewart (EVA™ Roundtable 1994), S. 63. Vgl. auch Lowenstein, R. (Economic Elixir 1997), S. C1.

III. Price Earnings-Ratio-Modell

A. Überblick

Das Price Earnings-Ratio-Modell (P/E-Ratio-Modell) ist das in der Praxis **meistverbreitete**[247] und zugleich am **meisten mißbrauchte Bewertungsmodell.** Keine namhafte Finanzzeitung oder Investmentbank verzichtet auf die regelmäßige Veröffentlichung der beiden Komponenten dieses Modells – den Earnings per Share (Gewinn je Aktie) sowie der Price Earnings-Ratio (P/E-Ratio; Kurs-Gewinn-Verhältnis). Diese sollen dem Anleger einen schnellen Überblick über die Performance von Unternehmen und die Preiswürdigkeit der von ihn ausgegebenen Aktien geben. Die vordergründig leichte Verständlichkeit der beiden Kennzahlen verbirgt allerdings verschiedene Gefahrenquellen. Sind diese dem Analysten nicht oder nur unzureichend bekannt, können die Kennzahlenwerte leicht zu Fehlentscheidungen verleiten.

B. Price Earnings-Ratio-Modell als eigenständiger Bewertungsansatz

Beim P/E-Ratio-Modell handelt es sich um einen **eigenständigen Ansatz** zur Bewertung von Unternehmen, der sich – im Gegensatz zu den beiden bereits dargestellten kombinierten Bewertungsmodellen (CFROI- und EVA-Modell) – von der Konzeption der Barwertmodelle löst. Das P/E-Ratio-Modell stützt sich dabei regelmäßig auf die Marktdaten von Vergleichsunternehmen und verzichtet damit auf eine Prognose von einzelnen Schlüsselgrößen, die in die Barwertmodelle eingehen.

Der Unternehmenswert (P_0) nach dem **P/E-Ratio-Modell** ergibt sich, indem der nachhaltig erzielbare oder erwartete Gewinn (E_0) eines Unternehmens mit einer angemessenen P/E-Ratio (P_a/E_a) multipliziert wird.[248] Anstatt einer absoluten Erfolgsgröße wird jedoch meist die Kennzahl Gewinn je Aktie verwendet, die zur Ermittlung des Unternehmenswerts anschließend mit der Anzahl der Aktien multipliziert wird. Die angemessene P/E-Ratio ist dabei ein Multiplikator, der angibt, mit welchem Vielfachen der Gewinn an der Börse bewertet wird:[249]

---

247 Vgl. Benninga, S.Z./Sarig, O.H. (Corporate Finance 1997), S. 305.

248 Vgl. Jones, C.P. (Investments 1998), S. 366; Fischer, D.E./Jordan, R.J. (Security Analysis 1995), S. 270 ff.; Harrington, D.R. (Corporate financial analysis 1993), S. 178.

249 Vgl. Sharpe, W.F./Alexander, G.J./Bailey, J.V. (Investments 1999), S. 534; Jones, C.P. (Investments 1998), S. 370; Fischer, D.E./Jordan, R.J. (Security Analysis 1995), S. 270 f.; Mayer, G. (Fundamentalanalytische Aktienbewertungsmethoden 1973), S. 170.

$$P_0 = E_0 \cdot \frac{P_a}{E_a}$$

Beim P/E-Ratio-Modell fließen konzeptionell nicht nur Risikoaspekte, sondern auch Wachstumserwartungen über die P/E-Ratio entweder über die Verwendung von tatsächlich gezahlten Marktpreisen von Vergleichsunternehmen oder über die Berechnung eines theoretischen Multiplikators mit in die Bewertung ein. Mit anderen Worten müssen zur Berechnung des Unternehmenswerts nicht mehr zukünftige Cash Flows oder Übergewinne auf den Bewertungszeitpunkt diskontiert werden, denn die Wachstumschancen werden bereits in der angemessenen P/E-Ratio erfaßt. Der **P/E-Ratio** obliegt damit eine ganze Vielfalt an Aufgaben:

- Sie erfüllt in erster Linie eine **Prognosefunktion** und gibt die Qualität der Gewinne aus der Sicht des Markts wieder.

- Des weiteren wird die P/E-Ratio durch den **Opportunitätskostengedanken** beeinflußt. Wird bspw. der (erwartete) Gewinn eines Unternehmens mit der P/E-Ratio derselben Branche multipliziert, so impliziert diese Vorgehensweise, daß „Unternehmen derselben Branche die maßgeblichen Opportunitätskosten bestimmen"[250].

Earnings per Share-Daten (EPS-Daten) stellen die zweite Komponente des P/E-Ratio-Modells dar. Entsprechend den Verwendungsrichtungen der bereits dargestellten Maßstäbe können sie ebenfalls in zweifacher Hinsicht genutzt werden:

(1) Zum einen gehen die EPS als zu kapitalisierende Erfolgsgröße in das P/E-Ratio-Modell ein und dienen somit der **Unternehmensbewertung.**

(2) Zum anderen sollen EPS-Daten – isoliert betrachtet – die **Performance** eines Unternehmens einer Berichtsperiode darstellen[251] und als Ausgangspunkt zur Abschätzung seines zukünftigen nachhaltigen Ertragspotentials dienen.[252] Sie geben an, wieviel Gewinn einer Aktie auf Basis der realisierten oder potentiellen Kapitalstruktur zuzuordnen ist.

Obwohl das P/E-Ratio-Modell einen eigenständigen Bewertungsansatz darstellt, kann es **formal** direkt aus den Barwertmodellen abgeleitet werden. Dies geschieht, indem die P/E-Ratio aus der Bewertungsgleichung der Barwertmo-

---

250 Ballwieser, W. (Multiplikatoren 1991), S. 58.
251 Vgl. SFAS 128, Abs. 79.
252 Vgl. Blasch, D.M./Kelliher, J./Read, W. J. (Redeliberate EPS 1996), S. 43.

delle abgeleitet wird. Um den Unternehmenswert zu berechnen, wird die P/E-Ratio anschließend mit dem nachhaltigen oder erwarteten Gewinn (je Aktie) multipliziert.

Je nachdem, welche Annahmen über das zukünftige Wachstum der zugrunde-liegenden Vorteilsströme getroffen werden, spiegeln sich diese in der theoreti-schen P/E-Ratio wider.[253] Beispielhaft wird die Ermittlung der P/E-Ratio auf Ba-sis des Barwerts der Erfolge (E) für ein Unternehmen gezeigt, dessen Wachs-tumsrate (g) dem durchschnittlichen nominalen Wirtschaftswachstum ent-spricht (Gordon Growth Model bzw. Constant Growth Model).[254] Die P/E-Ratio ergibt sich wie folgt:

$$P_0 = \sum_{t=1}^{\infty} \frac{E_0 \left(1+g\right)^t}{\left(1+EKS\right)^t} = \frac{E_0 \left(1+g\right)}{EKS-g} \qquad \Rightarrow \qquad \frac{P_0}{E_0} = \frac{\left(1+g\right)}{EKS-g}$$

$$P_0 = E_0 \frac{\left(1+g\right)}{EKS-g}$$

Die Herleitung veranschaulicht nochmals, daß sowohl Wachstumschancen (g) als auch die Eigenkapitalkosten (EKS) die P/E-Ratio beeinflußen. Das P/E-Ratio-Modell verzichtet allerdings auf die Ermittlung eines theoretischen Multi-plikators und greift statt dessen auf die P/E-Ratio von Vergleichsunternehmen zurück.

Die Ableitung der P/E-Ratio verdeutlicht zudem, daß der Multiplikator nur in ei-nem **Sonderfall** das Pendant zum **Kehrwert der Eigenkapitalkosten** (EKS) der Barwertmodelle ist. Mit anderen Worten ist bspw. eine P/E-Ratio von 10 nur unter restriktiven Bedingungen gleichbedeutend mit einem Kapitalisie-rungszins von 10%.[255] Formeltechnisch ausgedrückt stimmt die P/E-Ratio unter

---

253 Vgl. Fridson, M.S. (Financial Statement Analysis 1995), S. 205 ff.

254 Vgl. Jones, C.P. (Investments 1998), S. 353.

255 Die P/E-Ratio kann aber auch als Amortisationsdauer oder pay off period gedeutet werden, denn sie stellt auf das investierte Kapital des Aktieninvestors, d.h. den Kurs-wert der Aktie ab. Vgl. Coenenberg, A.G. (Jahresabschluß 1997), S. 703 f.; Baetge, J./Jerschensky, A. (Rentabilitätsanalyse 1997), S. 420; Küting, K./Weber, C.-P. (Bi-lanzanalyse 1999), S. 277. „Je höher die Price-Earnings-Ratio ist, desto 'teuerer' ist das jeweilige Papier, desto kleiner ist die kurzfristig realisierte Rendite, bzw. um so länger dauert es, bis der Kaufpreis durch Gewinn amortisiert wird." Gräfer, H. (Bilanz-analyse 1997), S. 161.

folgenden Annahmen mit dem reziproken Wert des Kapitalisierungszinses überein:[256]

$$\frac{P_0}{E_0} = \frac{1}{EKS} \quad \Rightarrow \quad P_0 = \frac{E_0}{EKS}$$

Die P/E-Ratio entspricht dem **Kehrwert der Eigenkapitalkosten**, soweit unterstellt wird, daß die in Zukunft gleichbleibenden Erfolge voll ausgeschüttet werden.[257] Statt der Vollausschüttung kann alternativ die Annahme getroffen werden, daß die Rendite der Erweiterungsinvestitionen dem Kalkulationszins entspricht. Die P/E-Ratio kann in dieser Form sowohl auf den Unternehmenswert als Barwert der Erfolge[258] als auch auf die Bewertung gemäß dem Barwert der gegenwärtigen Erfolge zuzüglich des Barwerts der Investitionsmöglichkeiten[259] zurückgeführt werden. Die Herleitung darf jedoch nicht zu der Spekulation verleiten, daß das P/E-Ratio-Modell einen Sonderfall der Barwertmodelle darstellt.[260] Denn die P/E-Ratio stimmt nur unter den genannten Prämissen mit dem Kehrwert der Eigenkapitalkosten überein.

Im folgenden wird die Ausgestaltung der beiden Komponenten des P/E-Ratio-Modells – des Erfolgs (je Aktie) als quantitativem Maß und der P/E-Ratio als qualitativem Maß – erläutert.

---

256   Vgl. Brealey, R.A./Myers, S.C./Marcus, A.J. (Fundamentals 1995), S. 127; Sharpe, W.F./Alexander, G.J./Bailey, J.V. (Investments 1999), S. 536 f.

257   Vgl. Ballwieser, W. (Multiplikatoren 1991), S. 54 f.

258   Unter der Annahme konstanter Erfolge und der Vernachlässigung von kalkulatorischen Zinsen auf das gebundene Kapital läßt sich das P/E-Ratio-Modell wie folgt herleiten (vgl. Teil 3 Gliederungspunkt II. C.):

$$P_0 = \sum_{t=1}^{\infty} \frac{E_t - \sum_{r=0}^{t-1} I_r \cdot EKS}{(1+EKS)^t} = \sum_{t=1}^{\infty} \frac{E_t}{(1+EKS)^t} = \frac{E_0}{EKS}$$

259   Bei der Ableitung des P/E-Ratio-Modells aus dem Barwert der gegenwärtigen Erfolge zuzüglich des Barwerts der Investitionsmöglichkeiten wird unterstellt, daß letztgenannter Barwert einen Wert von Null annimmt. Mit anderen Worten wird angenommen, daß die Rendite der Erweiterungsinvestitionen dem Kalkulationszins entspricht. Der Unternehmenswert wird infolgedessen lediglich durch die Ertragskraft der vorhandenen Vermögensgegenstände und die Rendite einer Alternativanlage beeinflußt (vgl. Teil 3 Gliederungspunkt II. D.)

$$P_0 = \frac{E_0}{EKS} + \sum_{t=0}^{\infty} \frac{\frac{I_t \cdot i^*_t}{i} - I_t}{(1+EKS)^t} = \frac{E_0}{EKS}$$

260   A.A. Ballwieser, W./Schmid, H. (Management Buy-Outs 1990), S. 362.

C. Komponenten des Price Earnings-Ratio-Modells

1. Earnings per Share

Die erste Komponente des P/E-Ratio-Modells stellt die Erfolgsgröße dar, die mit der P/E-Ratio zu multiplizieren ist. Aus Gründen der Vergleichbarkeit wird i.d.R. anstatt einer absoluten Erfolgsgröße die Kennzahl Gewinn je Aktie (EPS) verwendet. Als Erfolgsgröße können die gegenwärtigen, die bereinigten oder die prognostizierten Gewinne in das Bewertungsmodell eingehen.[261]

Auf internationaler Ebene gehören EPS-Daten zu den **meistveröffentlichten Unternehmenskennzahlen.**[262] Sowohl in den Jahresabschlüssen als auch in der Finanzpresse werden EPS-Werte in aller Regel publiziert; zugleich stellen sie eine der wichtigsten Kennzahlen in der Aktienanalyse dar.[263] Die Bedeutung geht sogar so weit, daß in einigen Ländern **nationale Rechnungslegungsstandards** ihre Ausgestaltung als Teil der gesetzlich vorgeschriebenen Rechnungslegung regeln. In anderen Ländern wiederum wird die Ermittlung der EPS durch die Börsenaufsicht oder Empfehlungen bestimmter Vereinigungen von Finanzanalysten geregelt.

---

261   Vgl. Elton, E.J./Gruber, M.J. (Modern Portfolio Theory 1991), S. 464.

262   Vgl. Chasteen, L.G./Flaherty, R.E./O'Connor, M.C. (Intermediate Accounting 1995), S. 1023; Jones, C.P. (Investments 1998), S. 478.

263   Vgl. Brackney, K.S./Collins, W.A./Mautz, R.D. (EPS Calculation Rules 1998), S. 51; Pacter, P./Petrone, K.R. (Earnings per Share 1994), S. 455.

Abbildung 15:   EPS-Regelungen in verschiedenen Ländern[264]

Regelung durch nationale Standards	Regulierung durch die Börse	Empfehlungen von Analysten
Frankreich Hongkong Israel Japan Kanada Korea Malaysia Neuseeland Niederlande Nigeria Simbabwe Singapur Südafrika Taiwan UK USA	Australien Brasilien Finnland Indonesien Japan Kanada Neuseeland USA	Dänemark Deutschland Italien Norwegen Österreich Portugal Schweden Schweiz

Je nachdem, ob ein vergangenheitsorientierter oder ein zukunftsorientierter Standpunkt eingenommen wird, geben die EPS bei isolierter Betrachtung die tatsächliche oder eine wahrscheinliche (zukünftige) Aufteilung des Gewinns an:

Bei der **vergangenheitsorientierten** Betrachtung wird – vereinfacht formuliert – die Erfolgsgröße durch die in der Berichtsperiode im Umlauf befindlichen Aktien dividiert.[265] Die EPS werden dann als basic EPS[266] oder Ergebnis je Aktie[267] bezeichnet. Bei der **zukunftsorientierten** Betrachtung werden auch sog. potentielle Aktien in den Nenner einbezogen. Potentielle Aktien resultieren aus der möglichen Ausübung von Finanzinstrumenten, die ein Recht auf den Bezug von Aktien verbriefen. Gehen die potentiellen Aktien zusätzlich in den Nenner ein, so sinken die EPS. Mit anderen Worten ergibt sich aus der Berücksichtigung von potentiellen Aktien ein Verwässerungseffekt. Für EPS-Daten, die diesen Verwässerungseffekt berücksichtigen, werden die Begriffe

---

264 Vgl. IASC, Key Issues 1990, unveröffentlichte Analyse des IASC, modifiziert entnommen aus Mertens, U. (Earnings per Share 1995), S. 11.

265 Je nach Vorschrift müssen auch Vorzugsaktien berücksichtigt werden. Vgl. Teil 5 Gliederungspunkt I. B. 3. b) (2).

266 Vgl. SFAS 128, Abs. 39.

267 Vgl. Busse von Colbe, W. u.a. (Ergebnis nach DVFA/SG 1996), S. 123.

diluted EPS bzw. EPS – assuming dilution[268] und verwässertes Ergebnis je Aktie[269] verwendet.

Die Berechnungsweisen der länderspezifischen Regelungen zur Ermittlung der EPS weichen teilweise gravierend sowohl in der Berechnung des Zählers (Erfolg) als auch des Nenners (Aktienanzahl) voneinander ab, so daß die EPS unterschiedlicher nationaler Herkunft nicht ohne Vorbehalt miteinander vergleichbar sind. Des weiteren gibt es selbst bei rein nationaler Betrachtung nicht die EPS-Kennzahl, sondern eine ganze **Palette von EPS-Daten,** die sowohl bzgl. der zugrunde gelegten Erfolgsgröße als auch hinsichtlich der zu berücksichtigenden Anzahl von Aktien differieren.

2. Price Earnings-Ratio

a) Überblick

Die P/E-Ratio als zweite Komponente des P/E-Ratio-Modells dient nicht nur zur Kurs-prognose bzw. der **Ermittlung des Unternehmenswerts,** sondern kann bei der Bewertung von Aktien auch isoliert betrachtet werden. In diesem Fall wird mittels der P/E-Ratio eine **relative Bewertung** durchgeführt.[270] Sie kann als normalisierter Preis einer Aktie aufgefaßt werden.[271] Analysten verwenden die P/E-Ratio dann zum Zeitvergleich sowie zum Unternehmens- und Branchenvergleich, um die Preiswürdigkeit einer Aktie zu beurteilen.[272]

Im folgenden wird vorerst auf die isolierte Verwendung der P/E-Ratio zur Beurteilung von Anlagealternativen eingegangen. Anschließend werden die unterschiedlichen Wege zur Ermittlung der angemessenen P/E-Ratio, die als Multiplikator bei der Unternehmensbewertung verwendet wird, diskutiert.

---

268   Vgl. SFAS 128, Abs. 39.
269   Vgl. Busse von Colbe, W. u.a. (Ergebnis nach DVFA/SG 1996), S. 123.
270   Vgl. Jones, C.P. (Investments 1998), S. 479; Black, F. (Accounting Rules 1993), S. 3; Bell, W.E. (Price-Future Earnings Ratio 1963), S. 387.
271   Vgl. Malkiel, B.G. (Equity Yields 1963), S. 1010.
272   Vgl. Winzer, A. (Aktienbewertung 1968), S. 62 f.

b)   Price Earnings-Ratio als isolierter Bewertungsmaßstab

Zur Beurteilung der **relativen Preiswürdigkeit** von Aktien wird die P/E-Ratio direkt aus Markt- und Unternehmensdaten berechnet. Der Analyst setzt hierbei eine bestimmte Gewinngröße und eine Aktienkursgröße zueinander in Beziehung. Bei der Ausgestaltung der Zähler- und Nennergröße eröffnen sich ihm verschiedene Möglichkeiten:

Die Gewinngröße kann zum einen aus dem Jahresabschluß entnommen werden, wobei wiederum zwischen einer unbereinigten Übernahme des Erfolgs laut Gewinn- und Verlustrechnung und einer durch Anpassungsmaßnahmen bereinigten Gewinngröße unterschieden werden kann.[273] Zum anderen kann sie sich auf unterschiedliche Zeitperioden beziehen. In diesem Zusammenhang kommen insbesondere die Gewinne der vergangenen 12 Monate, des letzten Geschäftsjahrs, die prognostizierten Gewinne des nächsten Geschäftsjahrs oder der für mehrere Jahre prognostizierte kumulierte Gewinn in Betracht. Des weiteren ergeben sich Unterschiede, je nachdem welcher Marktpreis – die Schlußnotierung oder der höchste, mittlere oder niedrigste Preis einer Periode – verwendet wird.

In Abhängigkeit von der konkreten Ausgestaltung der Zähler- und Nennergröße werden die konventionelle P/E-Ratio und die Price Future Earnings-Ratio unterschieden: Die **konventionelle P/E-Ratio (trailing P/E-Ratio)** setzt entweder den durchschnittlichen Kurs einer Aktie im Zeitraum eines Jahres in das Verhältnis zu dem erzielten Gewinn des betreffenden Jahres (durchschnittliche P/E-Ratio) oder sie dividiert den laufenden Kurs durch den geschätzten Gewinn des laufenden Jahres (kurzfristige P/E-Ratio).[274]

Zeitvergleiche sowie Vergleiche mit der konventionellen P/E-Ratio der Branche oder anderer Unternehmen ermöglichen Aussagen darüber, ob die Aktie eher an ihrer oberen oder unteren relativen Preisgrenze gehandelt wird.[275] Zu be-

---

273   Hierbei kommen ebenfalls verschiedene Gewinngrößen in Betracht. Vgl. Teil 5 Gliederungspunkt I. B. 2.

274   Vgl. Damodaran, A. (Asset Selection 1998), S. 195; Jones, C.P. (Investments 1998), S. 479; Fischer, D.E./Jordan, R.J. (Security Analysis 1995), S. 260; Büschgen, H.E. (Wertpapieranalyse 1966). S. 48. „The conventional price-earnings ratio may be regarded as the number of years earnings (at the recent or current rate) which are included in the market price." Bell, W.E. (Price-Future Earnings Ratio 1963), S. 387.

275   Entsprechend kann die P/E-Ratio einer Aktie zum Vergleich in das Verhältnis der P/E-Ratio eines Indexes gesetzt werden. Vgl. Fischer, D.E./Jordan, R.J. (Security Analysis 1995), S. 262.

achten ist, daß die konventionelle P/E-Ratio nur als adäquater Bewertungsmaßstab dienen kann, solange Aktien mit gleichem Risiko und mit gleichen
Wachstumschancen miteinander verglichen werden.[276] Dies veranschaulicht
folgendes Beispiel:

Beispiel 2: **Vergleich der P/E-Ratio von Unternehmen mit unterschiedlichen
Wachstumschancen**

	Unternehmen A	Unternehmen B
Kurs (in GE)	500	300
Gewinn (in GE)	100	50
P/E-Ratio	5	6
Erwartetes Gewinnwachstum	30%	100%
Price Future Earnings-Ratio	3,8	3

Bei einem ausschließlichen Vergleich der P/E-Ratios gilt das Unternehmen A
im obigen Beispiel als unterbewertet. Seine Aktien würden bei einer isolierten
Beurteilung als kaufwürdig gelten. Da das Unternehmen B aber im Vergleich
zu Unternehmen A **größere Wachstumschancen** hat, sind seine Aktien nicht
zwangsläufig teurer. So beträgt die sog. Price Future Earnings-Ratio, die den
aktuellen Kurs in das Verhältnis zum erwarteten Gewinn setzt, bei A 3,8 und im
Falle von B 3. Von diesem Standpunkt aus ist Unternehmen B relativ unterbewertet.

Durch den zusätzlichen Vergleich mit der Price Future Earnings-Ratio können
für zwei Gesellschaften mit identischen konventionellen P/E-Ratios relative
Unter- bzw. Überbewertungen signalisiert werden. Als angemessene P/E-Ratio
wird daher in der Praxis grundsätzlich das Verhältnis von laufendem Kurs zum
prognostizierten Gewinn des kommenden Geschäftsjahrs verwendet.

Die **Price Future Earnings-Ratio** (forward P/E-Ratio) berücksichtigt somit die
zukünftige Gewinnentwicklung. Die einfachste Möglichkeit, eine Price Future
Earnings-Ratio zu bilden, besteht darin – wie im vorangegangenen Beispiel
demonstriert – , den Kurs durch den geschätzten Gewinn des kommenden

---

276 Vgl. Damodaran, A. (Asset Selection 1998), S. 195; Winzer, A. (Aktienbewertung
     1968), S. 67. Kann bei einem Vergleich der P/E-Ratios der Unterschied nicht auf fun-
     damentale Bestimmungsfaktoren (z.B. Wachstumserwartungen) zurückgeführt wer-
     den, gilt das Unternehmen als über- oder unterbewertet.

Geschäftsjahrs zu dividieren.[277] Wird der aktuelle Kurs in Relation zu den für mehrere zukünftige Jahre kumulierten Gewinnen gesetzt, so gibt die Price Future Earnings-Ratio die Anzahl der Jahre wieder, die es dauern wird, bis die kumulierten Gewinne dem laufenden Kurs entsprechen.[278] Stimmt die Anzahl der Jahre, für die die addierten zukünftigen Gewinne den derzeitigen Kurs ergeben, bei verschiedenen Unternehmen überein, so werden diese als gleichwertig angesehen. Abbildung 16 faßt die unterschiedlichen Arten von P/E-Ratios tabellarisch zusammen:

Abbildung 16: Ermittlung der P/E-Ratio

Konventionelle P/E-Ratio		Price Future Earnings-Ratio	
Ø Kurs	Aktueller Kurs	Aktueller Kurs	Aktueller Kurs
Erfolg der vergangenen Periode	Erfolg der laufenden Periode	Erfolg der nächsten Periode	Σ der Erfolge der nächsten Perioden

Ein Gewinnwachstum allein führt jedoch nicht unbedingt zu einer Werterhöhung bzw. einer Kursteigerung von Aktien. Eine solche tritt nur dann ein, wenn die **Rendite**, in der sich auch das Gewinnwachstum widerspiegelt, die **Kapitalkosten übersteigt.**[279] Auch ein Vergleich der Price Future Earnings-Ratio führt daher nicht zwangsläufig zu einer korrekten endgültigen Anlageentscheidung. Das folgende – stark vereinfachte – Beispiel verdeutlicht diese Tatsache:

---

277 Vgl. Damodaran, A. (Asset Selection 1998), S. 195. Vgl. zur Prognose zukünftiger EPS-Daten Previts, G.J./Bricker, R.J./Robinson. T.R./Young, S.J. (Sell-Side Financial Analyst Company Reports 1994), S. 61.
278 Vgl. Bell, W.E. (Price-Future Earnings Ratio 1963), S. 387.
279 Vgl. auch Teil 3 Gliederungspunkt II. D.

Beispiel 3:   **Vergleich der P/E-Ratio von Unternehmen mit unterschiedlichen Wachstumschancen**

	Unternehmen A	Unternehmen B
Eigenkapital (in GE)	500	500
Eigenkapitalrendite	12%	12%
Kurs (in GE)	500	500
Gewinn (in GE)	60	60
P/E-Ratio	8,33	8,33
Dividende (in GE)	45	60
Erwartetes Gewinn- und Dividendenwachstum	3%	0%
Price Future Earnings-Ratio	8,09	8,33

Die Unternehmen A und B werden lediglich durch Eigenkapital bzw. einbehaltene Gewinne finanziert. Die Kurse stimmen mit dem theoretisch richtigen Wert gemäß dem Dividend Discount Model überein, d.h., sie stellen den auf den Bewertungszeitpunkt abgezinsten Wert der zukünftigen Dividenden dar. Ferner werden Risikogesichtspunkte außer acht gelassen. Der Marktzins beträgt 12%. Die Kurse für die Aktien von A und B zu Beginn der Periode ermitteln sich nach dem Dividend Discount Model wie folgt:

$$\text{Kurs Aktie A: } \frac{45\,\text{GE}}{0,12-0,03} = 500\,\text{GE} \qquad \text{Kurs Aktie B: } \frac{60\,\text{GE}}{0,12} = 500\,\text{GE}$$

Wird lediglich die Price Future Earnings-Ratio betrachtet, so gilt die Aktie des Unternehmens A aufgrund ihres Gewinnwachstums als relativ unterbewertet.[280]

---

280   Zahlreiche empirische Studien belegen, daß die Strategie, in Aktien mit niedriger P/E-Ratio zu investieren, zu einer überdurchschnittlichen Rendite führt. Dies gilt auch auf internationaler Ebene. Vgl. Fama, E.F./French, K.R. (Expected Returns 1992), S. 427 ff.; Jaffe, J./Keim, D./Westerfield, R. (Stock Returns 1989), S. 135 ff. Die Ursache für die überdurchschnittliche Entwicklung von Aktien mit niedriger P/E-Ratio ist noch nicht vollständig geklärt: „We can only speculate as to what drives the abnormal returns associated with high and low E/P stocks. One possible explanation is that the E/P anomaly is time period-specific, although eighteen years is a rather long time period. It may also be the case that there are behavioral biases among investors that cause them systematically to underprice high E/P stocks and overprice low E/P stocks. Such irrational behavior is also difficult to accept, given the magnitude of the abnormal returns and the length of time over which the phenomenon has persisted. For now, the 'E/P effect' remains an enigma." Fuller, R.J./Huberts, L.C./Levinson, M.J. (Returns to E/P Strategies 1993), S. 23. Damodaran sieht eine Erklärung für die überdurchschnittliche Rendite von Aktien mit niedrigen P/E-Ratios darin, daß diese i.d.R. eine höhere Dividendrendite erwirtschaften, für die der Investor – je nach den Landesvorschriften – höhere Steuern zu zahlen hat. Vgl. Damodaran, A. (Investment 1996), S. 175. Derartige Aktien wird der Investor dann im Vergleich zu Aktien, deren Rendite im wesentli-

Bei näherer Untersuchung stellt sich jedoch heraus, daß eine Anlage in A und B für die Aktionäre gleich attraktiv ist. Denn die Rendite eines Aktionärs, der am Anfang der Periode die Aktie A gekauft hat, stimmt mit der Rendite des Käufers der Aktie B überein:

Der Kurs der Aktie A steigt am Ende der Periode gemäß dem Dividend Discount Model um 3% auf 515 GE. Des weiteren erhalten die Aktionäre des Unternehmens A eine Dividende in Höhe von 45 GE. Sie realisieren damit eine Rendite von insgesamt 12%:

Kurs Aktie A: $\dfrac{46,35\,GE}{0,12-0,03} = 515\,GE$

Rendite eines Aktionärs von A: $\dfrac{15\,GE + 45\,GE}{500\,GE} = 12\%$

Der Kurs der Aktie B dagegen bleibt unverändert, da die Dividende weder steigt noch fällt. Die Rendite des Aktionärs B beträgt folglich obenfalls 12%.

Rendite eines Aktionärs von B: $\dfrac{60\,GE}{500\,GE} = 12\%$

Das Beispiel zeigt, daß Gewinnwachstum allein nicht entscheidend ist. Auch die konventionelle P/E-Ratio des Unternehmens A in der kommenden Periode bleibt unverändert, da dem Gewinnwachstum eine entsprechende Kurssteigerung gegenübersteht:

Konventionelle P/E-Ratio des Unternehmens A: $\dfrac{515\,GE}{61,8\,GE} = 8,33$

Wie bereits Miller und Modigliani verdeutlicht haben, erzielen sog. **Wachstumsaktien, d.h. Aktien mit einer steigenden P/E-Ratio**, eine **Rendite, die über den Kapitalkosten** liegt.[281] Im obigen Beispiel führt das Gewinnwachstum jedoch nicht zu einer über den Kapitalkosten liegenden Rendite. Rentabilität und Kapitalkosten stimmen überein.[282]

---

chen durch Kursveränderungen bestimmt wird, niedriger bewerten. Dabei ist zu beachten, daß die Rendite nach Unternehmenssteuern und vor persönlichen Steuern des Investors ermittelt wird.

281 Vgl. Miller, M.H./Modigliani, F. (Valuation 1961), S. 420; Teil 3 Gliederungspunkt II. D.

282 „To merit a high P/E, a firm must have the prospect of significant earnings growth. Moreover, to the extent that this growth is fueled by new investment, the firm must

Das Beispiel illustriert auch, daß ein **Vergleich der P/E-Ratio mit der erwarteten Wachstumsrate** des Unternehmens – wie sie teilweise in der Aktienanalyse praktiziert wird – zu Fehlentscheidungen führen kann. „In its more general form, the ratio of PE ratio to growth is used as a measure of relative value, with lower value believed to indicate undervaluation relative to other firms."[283] Eine derartige Investmentstrategie läßt außer acht, daß bei hohen Zinsen oder risikoreichen Unternehmen falsche Schlußfolgerungen gezogen werden können. Denn Gewinnwachstum führt nicht zwangsläufig zu einer Unternehmenswertsteigerung.

In der Realität wird indes aufgrund der Unsicherheit bzgl. zukünftiger Entwicklungen der tatsächliche Aktienkurs i.d.R. nicht mit dem theoretisch richtigen Wert übereinstimmen, wie es im obigen Beispiel unterstellt wurde. Der Analyst steht daher vor der Aufgabe, die Annahmen über Wachstum, Rendite und Risiko, die sich in der P/E-Ratio widerspiegeln, zu isolieren und sie auf ihre **Plausibilität** hin zu überprüfen. Obwohl aus dem reinen Vergleich von P/E-Ratios eine genaue Aussage über die relative Preiswürdigkeit nicht getroffen werden kann, lassen sich folgende Trendaussagen ableiten:[284]

(1)   Unternehmen mit hohem Risikoprofil weisen i.d.R. eine niedrigere P/E-Ratio auf.

(2)   Unternehmen mit niedrigen Wachstumschancen besitzen im allgemeinen ebenfalls eine geringere P/E-Ratio als Unternehmen, die schnell oder stetig wachsen.

(3)   Eine vergleichsweise hohe P/E-Ratio weisen i.d.R. nur solche Unternehmen auf, deren Rendite über den Kapitalkosten der Investoren liegt.

Ein zwischenbetrieblicher und interperiodischer Vergleich von P/E-Ratios kann folglich nur dann sinnvolle Ergebnisse liefern, wenn die **fundamentalen Faktoren** – insbesondere das **Zinsniveau** und die **Wachstumsraten** des Unternehmens – nicht außer acht gelassen werden. Dies gilt insbesondere beim

---

have the ability to earn an extraordinary return on that investment." Leibowitz, M.L./Kogelman, S. (Price/Earnings Ratio 1994), S. 2.

283   Damodaran, A. (Investment 1996), S. 296.

284   Vgl. Leibowitz, M.L./Kogelman, S. (Price/Earnings Ratio 1994), S. 3; Jones, C.P. (Investments 1998), S. 483; Gerling, C. (Unternehmensbewertung 1985), S. 105; Brealey, R.A./Myers, S.C./Marcus, A.J. (Fundamentals 1995), S. 449 f.; Brigham, E.F./Gapenski, L.C. (Financial Management 1996), S. 630.

Vergleich der P/E-Ratios von Unternehmen mit Sitz in **unterschiedlichen Ländern** mit dem Ziel, unter- und überbewertete Märkte ausfindig zu machen.[285] Neben abweichendem Zinsniveau und unterschiedlichen Wachstumsraten können auch Differenzen in den **Rechnungslegungsvorschriften und/oder -praktiken** eine weitere Ursache für ein prinzipiell unterschiedliches Niveau der P/E-Ratios sein. Dies gilt in besonderem Maße für Japan: In Japan führen nach einer Untersuchung von Krall bilanztechnische Faktoren im internationalen Vergleich zu einer Erhöhung der P/E-Ratio um den Faktor 3,5 bis 4.[286]

c) Ermittlung der Price Earnings-Ratio zur Berechnung des Unternehmenswerts

Die angemessene P/E-Ratio, mit der die erwartete Ergebnisgröße multipliziert wird, um den Unternehmens- oder Aktienwert zu ermitteln, kann auf drei unter-

---

285 Vgl. Damodaran, A. (Investment 1996), S. 300.

286 Vgl. Krall, M. (Japanischer Aktienmarkt 1993), S. 201. Unterschiede ergeben sich insbesondere bei der Konsolidierung, der Bilanzierung von Rückstellungen und den Abschreibungsmodalitäten. French/Poterba korrigierten die P/E-Ratio zur Bereinigung unterlassener Bilanzkonsolidierungen für die Jahre 1975-1988 und kamen damit zu wesentlich geringeren Werten der P/E-Ratio. „We estimate that if Japanese firms used U.S. accounting practices, the P/E ratio for the Tokyo Stock Exchange would have dropped from its reported value of 54,4 to 32,1 at the end of 1988." French, K.R./Poterba, J.M. (Japanese Stock Prices 1991), S. 361.

Beispielhaft seien hier die fehlenden Konsolidierungsmaßnahmen bei den in Japan typischen Keiretsu angeführt: „Japanese corporations prepared consolidated financial statements by applying Anglo-American principles which was inadequate because the way corporate groups are formed in Japan is different from that of Anglo-American countries. Japanese corporations maintain close relationships on the basis of multilateral reciprocity, e.g., cross share holding, whereas uni-lateral relationships prevails in Anglo-American countries, e.g., mother/daughter companies. A typical group in the US resembles a hierarchy, whereas it is a network in Japan." Sawabe, N. (The Role of Accounting in Japan's Financial Crisis 1998), S. 15 f. Mit dem Hinweis auf das Wesentlichkeitsprinzip unterließen japanische Banken die Konsolidierung von Unternehmen, an denen sie nicht mehr als 5% der Anteile besitzen. Auch eine Bewertung gemäß der Equity-Methode wurde nicht vorgenommen. An dem Unternehmen Nihon Zyutuka Kinyu sind z.B. im Jahr 1995 die Banken Sakura mit 5%, Sanwa mit 5%, Toyo Trust mit 3,2%, Mitsui Trust mit 3,1%, Hokkaido Takusyoku mit 3,1%, Asahi mit 3,1%, Daiwa mit 3,1%, Yokohama mit 2,6% und Chiba Banks mit 2,6% beteiligt. Keine Bank hat genug Anteile, um rechtlich als herrschendes Unternehmen zu gelten. Teilweise wird jedoch die Ansicht vertreten, daß Nihon Zyutaku Kinyu zumindest unter dem Einfluß, wenn nicht sogar unter einer gemeinschaftlichen Kontrolle dieser Banken steht. Vgl. Sawabe, N. (The Role of Accounting in Japan's Financial Crisis 1998), S. 16.

schiedliche Arten berechnet werden. Diese werden in den folgenden Abschnitten dargestellt.

(1) Ermittlung der Price Earnings-Ratio mittels Vergleichsunternehmen

Die Bewertung von Unternehmen mittels der P/E-Ratio von Vergleichsunternehmen ist Bestandteil des sog. **Marktwertansatzes** (Market Approach). Dieser ist gemeinsam mit der DCF-Methode der am häufigsten angewandte Ansatz zur Bewertung ganzer Unternehmen in den USA.[287] Zum Teil wird er sogar
als der wichtigste Bewertungsansatz angesehen, der bei den unterschiedlichsten Bewertungsanlässen Anwendung finden kann,[288] während die DCF-
Methode in manchen Fällen nur zweitrangig verwendet wird.[289]

Der Marktwertansatz geht davon aus, daß „similar assets should sell at similar
prices."[290] Er verfolgt das Ziel, anhand eines oder verschiedener geeigneter
Vergleichsunternehmen den Marktwert eines bestimmten Unternehmens zu
ermitteln. Der Marktwertansatz kann sowohl für nicht börsennotierte als auch
für börsennotierte Unternehmen angewandt werden. Die Berechnung des
Marktwerts für ein börsennotiertes Unternehmen erlaubt eine Überprüfung, inwieweit der derzeitige Marktpreis gerechtfertigt ist oder eventuelle Über- oder
Unterbewertungen vorliegen. Je nachdem, welche Vergleichspreise zur Bewertung verwendet werden, werden folgende Unterformen des Marktwertansatzes unterschieden:[291]

---

287 In den USA werden grundsätzlich drei Ansätze zur Unternehmensbewertung unter-
     schieden: Der market approach, der auf einem Vergleich mit Marktpreisen öffentlich
     notierter Unternehmen beruht, der income approach, nach dem das Unternehmen
     vorwiegend nach der DCF-Methode bewertet wird und der damit der deutschen Versi-
     on des Ertragswertverfahrens entspricht, sowie das Pendant zum Substanzwertverfah-
     ren, der asset approach (cost approach). Vgl. Lokey, O. K./Braun, R.S./Cefali, S.L.
     (Business Valuation 1990), S. 468 ff.; Sanfleber-Decher, M. (Unternehmensbewertung
     1992), S. 597 f.; Schreier, W.T./Joy, O.M. (Judicial Valuation 1978), S. 858; Jaensch,
     G. (Unternehmensbewertung 1989), S. 329 ff.
288 Vgl. Teil 4 Gliederungspunkt III. D.
289 Vgl. Sanfleber-Decher, M. (Unternehmensbewertung 1992), S. 601.
290 Cornell, B. (Corporate Valuation 1993), S. 56. Der Market Approach wird am häufig-
     sten bei der Bewertung von Immobilien und Grundstücken angewandt. Wenn ein Haus
     verkauft wird und die Nachbarhäuser sich weitgehend ähneln, so werden sich auch die
     Preise entsprechen.
291 Vgl. DeAngelo, L.E. (Equity Valuation 1990), S. 100; Kaplan, S.N./Ruback, R.S. (Dis-
     counted Cash Flow vs. The Method of „Comparables" 1996), S. 49; Sanfleber-Decher,

- Beim **Comparable Company Approach** werden die Preise für öffentlich notierte Unternehmen herangezogen. Da die Börsenkurse i.d.R. die Preise für die Erlangung von Minderheitsanteilen wiedergeben, wird bei der Bewertung des Unternehmens davon ausgegangen, daß keine Kontrollmöglichkeit begründet wird.

- Beim **Comparable Acquisition Approach** gelten die Preise für bereits abgeschlossene andere Akquisitionen als Vergleichspreise. Sie geben den Wert des Unternehmens aus der Sicht des Käufers einer 'Mehrheit' wieder. Es handelt sich daher grundsätzlich um den Preis für den Erwerb des sog. control value eines Unternehmens, der dem Käufer die Leitungsmacht hierüber einräumt.

- Des weiteren können die Preise für erstmalige Börsenplazierungen als Vergleichspreise dienen. Der **Initial Public Offering Approach** wird allerdings meist nur zur Unternehmensbewertung bei Börseneinführungen verwendet.

Anhand der erstgenannten Methode (Comparable Company Approach) werden im folgenden die einzelnen Schritte des Marktwertansatzes aufgezeigt:[292]

(1) Im Vorfeld werden **Studien** über die allgemeine wirtschaftliche Lage und die Branche des zu bewertenden Unternehmens durchgeführt. Des weiteren erfolgt eine Analyse des Unternehmens selbst, insbesondere anhand der publizierten Jahresabschlüsse sowie – soweit vorhanden – interner Daten.

(2) Im Anschluß müssen **Vergleichsunternehmen** (comparative companies) gesucht werden, die in vorher festgelegten Kriterien (z.B. gleiche Geschäftstätigkeit, Absatzwege etc.) soweit wie möglich mit dem zu bewertenden Unternehmen übereinstimmen.[293] Zu diesem Zweck sind für die

---

M. (Unternehmensbewertung 1992), S. 598 ff.; Schreier, W.T./Joy, O.M. (Judicial Valuation 1978), S. 862 ff.

292 Vgl. Benninga, S.Z./Sarig, O.H. (Corporate Finance 1997), S. 307 ff.; Cornell, B. (Corporate Valuation 1993), S. 60 ff.; Joyce, A.A./Roosma, J.P. (Valuation 1996). S. 1 ff.; Pratt, S. P./Reilly, R. f./Schweihs, R. P. (Valuing a Business 1996), S. 206 ff.; Sanfleber-Decher, M. (Unternehmensbewertung 1992), S. 598 ff.; Hafner, R. (Unternehmensbewertungen 1993), S. 88 f.

293 Hierbei können eine Vielzahl von Datenbanken herangezogen werden. Bspw. erlaubt der Standard Industrial Classification Code (SIC) eine Klassifizierung von Unternehmen entsprechend ihrem Geschäftszweig.

ausgewählten Unternehmen u.a. eine Reihe von Kennzahlen zu bilden, die die Performance umfassend beschreiben.[294] Bei der Auswahl der Vergleichsunternehmen ist insbesondere darauf zu achten, daß die Unternehmen möglichst dieselbe Finanzierungsstruktur und dieselben Wachstumschancen aufweisen. Die Kennzahlenanalyse sollte zudem möglichst nach der Bereinigung von Bilanzierungs- und Bewertungsunterschieden durchgeführt werden.[295]

(3) Wurden insoweit geeignete Vergleichsunternehmen ausfindig gemacht, werden für diese verschiedene **Multiplikatoren** gebildet. Dies geschieht, indem ausgewählte Performance-Daten in das Verhältnis zu den Marktpreisen gesetzt werden. Bspw. werden die P/E-Ratio für die letzten 3 Jahre, die letzten 12 Monate, das Kurs-Cash Flow-Verhältnis und das Kurs-Buchwert-Verhältnis gebildet.

(4) Findet sich kein Vergleichsunternehmen, das eine ähnliche Struktur und ähnliche Performance-Daten aufweist, müssen die Multiplikatoren durch **Zu- oder Abschläge** angepaßt werden. Auf diese Weise ist es möglich, unterschiedliche Wachstumsraten der Gewinne bspw. in die P/E-Ratio einzubeziehen.[296]

Das gleiche gilt, wenn sich die Unternehmen in ihrer Kapitalstruktur wesentlich unterscheiden. Ein Unternehmen, das zu 100% eigenfinanziert

---

294 „Most valuation specialists start their search for alternative investments in an SIC code range, then use sales, earnings, capital structure and other basic financial measures to further limit their choices. To pare the list down to a few peers, they use qualitative business similarities – in products, markets, competition, customers, etc." Bielinski, D. W. (Comparable Company Approach 1990), S. 64.

Auch Revenue Ruling 59-60 weist darauf hin, daß nach der Branchenanalyse eine eingehende Unternehmensanalyse zu erfolgen hat: „Although the only restrictive requirement as to comparable corporations specified in the statute is that their line of business be the same or similar, yet it is obvious that consideration must be given to other relevant factors in order that the most valid comparison possible will be obtained." Revenue Ruling 59-60 (1959-1 C.B. 237), Section 4(h).

295 Vgl. Pratt, S.P./Reilly, R.F./Schweihs, R.P. (Valuing a Business 1996), S. 221.

Können Bilanzierungs- und Bewertungsunterschiede nicht beseitigt werden, da die erforderlichen quantitativen Angaben fehlen, muß zumindest anhand einer qualitativen Jahresabschlußanalyse eine Unterteilung von Unternehmen, die ergebnisverbessernde Maßnahmen (progressive Bilanzierung) bzw. ergebnisverschlechternde Maßnahmen (konservative Bilanzierung) vornehmen, erfolgen. Vgl. hierzu Küting, K./Weber, C.-P. (Bilanzanalyse 1999), S. 424 ff.

296 Beispiele für derartige Korrekturen finden sich bei Gerling, C. (Unternehmensbewertung 1985), S. 105 ff. Vgl. auch Born, K. (Unternehmensanalyse 1995), S. 177 f.

ist, kann nicht ohne weiteres mit einem Unternehmen, das in hohem Maße fremdfinanziert ist, verglichen werden, da dieses einem höheren Risiko ausgesetzt ist.[297] In diesem Fall muß für das Vergleichsunternehmen die P/E-Ratio – wie das folgende Beispiel zeigt – angepaßt werden.[298]

Beispiel 4: **Ermittlung des Unternehmenswerts mittels des P/E-Ratio-Modells für Unternehmen mit unterschiedlicher Finanzierungsstruktur**

	Unternehmen A	Unternehmen B
Eigenkapital (in GE)	800	?
Fremdkapital (in GE)	0	500
Gewinn vor Zinsaufwendungen (in GE)	100	100
Gewinn nach Zinsaufwendungen (in GE)	100	50
P/E-Ratio	8	?
MV/EBIT-Ratio	8	?

Das Unternehmen A wird lediglich mit Eigenkapital finanziert. Der Marktwert des Eigenkapitals sowie des gesamten Unternehmens beträgt 800 GE. Der Gewinn vor Zinsen stimmt mit dem nach Zinsen überein. A wird nach einer entsprechenden Unternehmensanalyse als Vergleichsunternehmen für das zu bewertende Unternehmen B ausgewählt. Beide Unternehmen gleichen sich bis auf die Kapitalstruktur vollständig. Der derzeitige Wert des Fremdkapitals von B beträgt 500 GE. Der Gewinn vor Zinsaufwendungen beträgt ebenfalls 100 GE. Der Gewinn nach Zinsaufwendungen beläuft sich auf 50 GE; es wird ein Fremdkapitalzinssatz (FKS) von 10% unterstellt. Steuerliche Aspekte bleiben im Beispiel unberücksichtigt.[299]

Zur Ermittlung des Eigenkapitalwerts von B wird nun der Gewinn nach Zinsen mit der P/E-Ratio des Vergleichsunternehmens A multipliziert. Der Eigenkapitalwert von B entspricht demnach 400 GE (= 8 · 50 GE) und der

---

297 Vgl. Lokey, O.K./Braun, R.S./Cefali, S.L. (Business Valuation 1990), S. 469 f.; Stewart, G.B. (Quest for Value 1991), S. 272.

298 Vgl. Cornell, B. (Corporate Valuation 1993), S. 72.

299 Mittels der Adjusted Present Value-Methode kann der Barwert der Steuervorteile (Steuernachteile), der auf die unterschiedliche Kapitalstruktur zurückgeführt werden kann, zum Unternehmensgesamtwert addiert oder subtrahiert werden. Vgl. Grinblatt, M./Titman, S. (Financial Markets 1998), S. 463; Teil 3 Gliederungspunkt III. C. Ausgangspunkt ist dann der Gewinn eines eigenfinanzierten Unternehmens vor Zinsaufwendungen, aber nach Steuern.

gesamte Unternehmenswert 900 GE, während der Unternehmensgesamtwert von A lediglich 800 GE beträgt.

Die jeweiligen Unternehmensgesamtwerte müßten im vorliegenden Beispiel allerdings übereinstimmen, da der bloße Unterschied in der Finanzierungsstruktur keine Abweichung rechtfertigt. Die Renditeforderungen
der Aktionäre des Unternehmens B sind aufgrund des mit der Verschuldung einhergehenden **Kapitalstrukturrisikos** höher als die der Aktionäre
des Unternehmens A.[300] Eine unkorrigierte Übernahme der P/E-Ratio des
Unternehmens A, in der sich die Eigenkapitalkosten von A widerspiegeln,
führt damit zu einer falschen Beurteilung der Lage von B. Das finanzielle
Risiko muß vielmehr zusätzlich zum operativen Risiko berücksichtigt werden.

Der Analyst sollte daher statt der P/E-Ratio die **MV/EBIT-Ratio**, die das
Verhältnis von Marktwert des Unternehmens (Market Value; MV) zum
Gewinn vor Zinsen (Earnings before Interests and Taxes; EBIT) wieder-
gibt, als Multiplikator verwenden.[301]

Im vorangegangenen Beispiel beträgt die MV/EBIT-Ratio des Unternehmens A ebenfalls 8. Wird nun die MV/EBIT-Ratio mit dem Gewinn vor
Zinsen des Unternehmens B multipliziert, so liegt der Unternehmensgesamtwert bei 800 GE (= 8 · 100 GE). Da sich beide Unternehmen lediglich
in ihrer Finanzierung unterscheiden und steuerliche Aspekte außen vor
bleiben, ist dieses Ergebnis korrekt. Der Eigenkapitalwert ergibt sich anschließend durch Subtraktion des Fremdkapitalwerts vom Unternehmensgesamtwert.

Die zu bevorzugende Verwendung der MV/EBIT-Ratio statt der P/E-Ratio
bei unterschiedlicher Finanzierung der Unternehmen wird nochmals
sichtbar, wenn der Unternehmenswert nach der **DCF-Methodik** berechnet wird: Der Unternehmensgesamtwert ergibt sich bei beiden Unternehmen durch Abzinsung der Erfolge vor Fremdkapitalzinsen mit den Ge-

---

300 Es wird eine lineare Beziehung zwischen Verschuldungsgrad und finanziellem Risiko
     der Eigenkapitalgeber zugrunde gelegt.

301 Vgl. dazu auch Benninga, S.Z/Sarig, O.H. (Corporate Finance 1997), S. 311; Baron, P.
     (Price a Profitable Company 1996), S. 97 ff. Baron mißt den earnings before interests
     and taxes die größte Bedeutung bei der Unternehmensbewertung bei. In diesem Fall
     geht das P/E-Ratio-Modell ähnlich vor wie der Entity-Ansatz der DCF-Methode. Es wird
     erst ein Unternehmensgesamtwert ermittelt, von dem anschließend zur Berechnung
     des Eigenkapitalwerts der Wert des Fremdkapitals subtrahiert wird.

samtkapitalkosten von 12,5 %. Dabei wird hier unterstellt, daß der Erfolg nachhaltig erzielt wird.[302] Der Unternehmensgesamtwert (U_0) für A sowie B beträgt:

$$U_0 = \frac{100\,GE}{0,125} = 800\,GE$$

Ohne Berücksichtigung steuerlicher Effekte stimmen die **Gesamtkapital- kosten (GKS)** beider Unternehmen überein.[303] Des weiteren entsprechen die Eigenkapitalkosten von A den Gesamtkapitalkosten, während die Eigenkapitalkosten von B aufgrund des Kapitalstrukturrisikos steigen. Wird eine lineare Beziehung zwischen Verschuldungsgrad und finanziellem Risiko der Eigenkapitalgeber unterstellt,[304] berechnen sich die Eigenkapitalkosten (EKS) von B wie folgt:

$$EKS = GKS + (GKS - FKS) \cdot \frac{Fremdkapital}{Eigenkapital}$$

$$EKS = 12,5\% + (12,5\% - 10\%) \cdot \frac{500\,GE}{300\,GE} = 16,7\%$$

Werden die Netto-Erfolge nunmehr mit den Eigenkapitalkosten diskontiert, ergibt sich ein Eigenkapitalwert (P_0) von 300 GE.[305]

$$P_0 = \frac{50\,GE}{0,167} = 300\,GE$$

(5) Die berechneten Multiplikatoren werden schließlich mit den Performance-Daten des zu bewertenden Unternehmens multiplikativ verknüpft. Der Unternehmensbewerter erhält damit verschiedene Preise für das Unter-

---

302 Die Unternehmenswerte stimmen im Beispiel mit dem bilanziellen Eigenkapital überein.

303 Vgl. zum Modigliani-Miller-Theorem von der Irrelevanz der Finanzierung Modigliani, F./Miller, M.H. (Cost of Capital 1958), S. 261 ff.

304 Vgl. zum Leverage-Effekt Küting, K. (Unternehmensführung 1985), S. 9.

305 Der gewogene durchschnittliche Gesamtkapitalkostensatz (GKS) von B berechnet sich wie folgt:

$$GKS = Eigenkapitalkostensatz \cdot \frac{Eigenkapital}{Gesamtkapital} + Fremdkapitalkostensatz \cdot \frac{Femdkapital}{Gesamtkapital}$$

$$= 16,7\% \cdot \frac{300\,GE}{800\,GE} + 10\% \cdot \frac{500\,GE}{800\,GE} = 12,5\%$$

Vgl. hierzu Teil 5 Gliederungspunkt II. B. 4. a).

nehmen. Der Wert des Unternehmens ergibt sich schließlich aus deren Gewichtung im konkreten Einzelfall. Die Anzahl der Multiplikatoren sowie ihre **Gewichtung** bleiben allerdings dem Bewerter überlassen.

Die Vorgehensweise des Comparable Company Approach veranschaulicht, daß der Marktwertansatz eine **komplexe Version des P/E-Ratio-Modells** darstellt: Bei der Bewertung eines Unternehmens nach dem Marktwertansatz wird nicht nur die P/E-Ratio, sondern darüber hinaus werden auch weitere Multiplikatoren zur Wertermittlung herangezogen. Das P/E-Ratio-Modell stellt jedoch die wichtigste Bewertungsvariante des Market Approach dar.

Der Marktwertansatz basiert auf der Annahme, daß die Kennzahl Unternehmenswert zu beobachteter Variable des Bewertungsobjekts (bspw. Gewinn oder Umsatz) weitestgehend mit der entsprechenden Kennzahl des Vergleichsunternehmens übereinstimmt; also folgender Zusammenhang gilt:[306]

$$\frac{\text{Unternehmenswert}^{\text{Bewertungsobjekt}}}{\text{Beobachtete Variable}^{\text{Bewertungsobjekt}}} = \frac{\text{Unternehmenswert}^{\text{Vergleichsunternehmen}}}{\text{Beobachtete Variable}^{\text{Vergleichsunternehmen}}}$$

Die Unternehmensbewertung nach dem Marktwertansatz gilt aufgrund des vorwiegend vergangenheitsorientierten Datenmaterials in den USA als 'objektiv':[307] Prognosen spiegeln sich grundsätzlich nur in der Zählergröße der Multiplikatoren, d.h. in den Börsenkursen, wider. Der Aktienkurs wiederum ist das Ergebnis der Erfolgserwartungen aller Marktteilnehmer.

(2) Ermittlung der Price Earnings-Ratio mittels Barwertmodellen

Die P/E-Ratio kann ferner − wie bereits bei der Herleitung des P/E-Ratio-Modells gezeigt wurde − direkt aus den Barwertmodellen abgeleitet werden. Dies geschieht indem die entsprechenden **Gleichungen der Barwertmodelle** durch den Gewinn dividiert werden. Beispielhaft wird die Ermittlung der P/E-Ratio auf Basis des Barwerts der Dividenden (= Erfolg (E) · Ausschüttungsquote (a)) für ein Unternehmen gezeigt, dessen Wachstum (g) dem durch-

---

306 Vgl. Cornell, B. (Corporate Valuation 1993), S. 57; Lokey, O.K./Braun, R.S./Cefali, S.L. (Business Valuation 1990), S. 469.

307 Vgl. Sanfleber-Decher, M. (Unternehmensbewertung 1992), S. 603; Teil 4 Gliederungspunkt III. F.

schnittlichen nominalen Wirtschaftswachstum entspricht (Gordon Growth Model bzw. Constant Growth Model). Die P/E-Ratio ergibt sich wie folgt:[308]

$$P_0 = \sum_{t=1}^{\infty} \frac{E_0\, a\,(1+g)^t}{(1+EKS)^t} = \frac{E_0\, a\,(1+g)}{EKS - g} \quad \Rightarrow \quad \frac{P_0}{E_0} = \frac{a(1+g)}{EKS - g}$$

Oftmals soll aber gerade durch die Verwendung der P/E-Ratio die Ermittlung der einzelnen Bestimmungsfaktoren umgangen werden. Das P/E-Ratio-Modell stellt im Gegensatz zu dem recht theoretischen Barwertansatz ein pragmatischeres Bewertungsmodell dar. So ist es gemäß obiger Gleichung notwendig, die vom Investor erwünschte Mindestverzinsung sowie die Wachstumsrate der Gewinne und Dividenden zu prognostizieren. Das P/E-Ratio-Modell verlangt dagegen in seiner Grundform lediglich die Prognose der Gewinne für die nächste(n) Periode(n) des betreffenden Unternehmens. Die Eigenkapitalkosten sowie die Wachstumserwartungen beinhaltet die angemessene P/E-Ratio des betreffenden Vergleichsunternehmens bzw. der Branche. Die hier dargestellte Ermittlung der P/E-Ratio auf Basis der Barwertmodelle ist daher eher **theoretischer** Natur.

(3) Ermittlung der Price Earnings-Ratio mittels Regressionsmodellen

Eine weitere Möglichkeit zur Bestimmung der P/E-Ratio besteht in der Verwendung empirischer Bewertungsmodelle (statistical approach to P/E-Ratio).[309] Regressionsmodelle ermitteln die P/E-Ratio in Abhängigkeit bestimmter gewichteter Faktoren. Die Gewichtungsfaktoren werden an der Entwicklung der P/E-Ratio der Vergangenheit erprobt. Mit Hilfe der Regression wird versucht, die Art und Form diese Zusammenhangs möglichst genau zu bestimmen.[310] Die Regressionsfunktionen zur Bestimmung der theoretischen bzw. objektivierten P/E-Ratio basieren auf der **multiplen linearen Regression,** die einen linearen Zusammenhang zwischen einer zu erklärenden Variablen und mehreren Erklärungsvariablen darstellt:

P/E-Ratio = $b_0 + b_1 X_1 + b_2 X_2 + ... + b_n X_n + \varepsilon$

---

308 Vgl. hierzu Teil 4 Gliederungspunkt III. B.

309 Vgl. Perridon, L./Steiner, M. (Finanzwirtschaft 1997), S. 222 f.; Damodaran, A. (Asset Selection 1998), S. 200 ff.; Fischer, D.E./Jordan, R.J. (Security Analysis 1995), S. 262 f.

310 Vgl. Rönz, B./Förster, E. (Regressionsanalyse 1992), S. 10.

b_0 stellt die Regressionskonstante, b_i die Regressionskoeffizienten ($i = 0, 1, \ldots$ n), X_i die Erklärungsvariablen und ε den Residualterm dar. Die Gewichtungsfaktoren b_i geben die Sensitivität der abhängigen Variablen, der P/E-Ratio, auf eine Veränderung einer unabhängigen Variablen X_i an. Die Restkomponente ε beschreibt die nicht erfaßten Einflußfaktoren, d.h. die Einflüsse bekannter unwesentlicher Faktoren, zufälliger Erscheinungen und unbekannter Faktoren.

In der Anlagepraxis werden meist **drei bis vier Variablen** verwendet. Die ersten Regressionsmodelle für die Bewertung von Aktien wurden in den 30er Jahren entwickelt und insbesondere in den 60er Jahren aufgrund der Verbreitung statistischer Verfahren angewandt. Seitdem sind Hunderte dieser Modelle aufgestellt worden.[311] Die Modelle ermitteln auf der Grundlage dieses Bewertungskalküls eine theoretische P/E-Ratio. Durch einen Vergleich mit der laufenden P/E-Ratio lassen sich dann ggf. Über- bzw. Unterbewertungen feststellen. Ferner kann die theoretische P/E-Ratio als Multiplikator eingesetzt werden.

Die Regressionsmodelle weisen jedoch einige **Nachteile** auf: Erstens wird angenommen, daß zwischen den Erklärungsvariablen und der P/E-Ratio eine lineare Beziehung besteht. Zweitens sind einzelne Erklärungsvariablen teilweise miteinander korreliert. Drittens muß die Beziehung zwischen der P/E-Ratio und den Erklärungsvariablen im Zeitablauf nicht stabil sein.[312] Cragg und Malkiel schließen daraus, daß Regressionsmodelle lediglich zur Erklärung von P/E-Ratios, nicht aber zur Prognose geeignet sind.[313]

---

311 Vgl. Uhlir, H./Steiner, P. (Wertpapieranalyse 1994), S. 115. Zu den bekannten Regressionsmodellen gehören die Modelle von Kisor/Whitbeck und Malkiel/Cragg. Vgl. Kisor, M./Whitbeck, V.S. (New Tool 1963), S. 55 ff.; Hensel, H. (Kapitalanlage 1976), 111 ff. Vgl. zu neueren Regressionsanalysen Damodaran, A. (Investment 1996), S. 305 f.

312 Vgl. Perridon, L./Steiner, M. (Finanzwirtschaft 1997), S. 223; Damodaran, A. (Investment 1996), S. 306.

313 Vgl. Damodaran, A. (Investment 1996), S. 305.

D. Anwendungsmöglichkeiten des Price Earnings-Ratio-Modells

In den USA ist der Market Approach und damit auch das P/E-Ratio-Modell neben dem Income Approach, wonach Unternehmen vorwiegend nach der DCF-Methode bewertet werden, das am **meisten verwendete Verfahren zur Bewertung ganzer Unternehmen.** Neben dem Comparable Company Approach wird bei Akquisitionen zusätzlich der Comparable Acquisition Approach durchgeführt, der das Unternehmen auf Basis von bereits vollzogenen ähnlichen Transaktionen bewertet.[314] „Da die der Untersuchung zugrundeliegenden Kaufpreise im Regelfall den Wert des gesamten Unternehmens repräsentieren, handelt es sich hier – im Gegenteil zur similar public company-method – nicht um Preise für die Erlangung von Minderheitenanteilen, sondern für den Erwerb des sog. control value des Unternehmens."[315]

Die Anwendung des Marktwertansatzes wird auch von Revenue Rule 59-60 des Revenue Code befürwortet. Revenue Rule 59-60 gilt grundsätzlich für **steuerliche Zwecke.**[316] Sie bezieht sich insbesondere auf die Bewertung von Unternehmen für schenkungs- und erbschaftssteuerliche Zwecke. Revenue Ruling 59-60 wird aber auch als Leitlinie für die Bewertung in Konkursfällen, bei Unternehmenskäufen, der Beteiligung von Arbeitnehmern am Unternehmen und anderen Anlässen herangezogen.[317]

Das P/E-Ratio-Modell findet ferner bei **Börseneinführungen** – international ist die Bezeichnung IPO (Initial Public Offering) üblich – vor der erstmaligen Notierung von Aktien Anwendung. Das emittierende Unternehmen führt in aller Regel zunächst eine interne Unternehmensbewertung nach dem Ertragswert-

---

314 Vgl. DeAngelo, L.E. (Equity Valuation 1990), S. 100; Kaplan, S.N./Ruback, R.S. (Discounted Cash Flow vs. The Method of „Comparables" 1996), S. 49.

315 Sanfleber-Decher, M. (Unternehmensbewertung 1992), S. 600.

316 Vgl. LeClair, M.S. (Valuing the Closely-Held Corporation 1990), S. 31 f.; Lokey, O.K./Braun, R.S./Cefali, S.L. (Business Valuation 1990), S. 481. „In two landmark decisions, Central Trust and Bader, the court ruled that the value of a target company could be estimated by capitalizing the company's dividends and earnings." Cornell, B. (Corporate Valuation 1993), S. 59. Vgl. zu den beiden Gerichtsentscheidungen Englebrecht, T.D./Leeson, C.H. (Valuation 1978), S. 57 ff., und Hickman, K./Petry, G.H. (Court Accepted Formulas, Dividend Discount and P/E Models 1990), S. 76 ff.

317 „The general purpose of this Ruling was to outline the factors that courts should consider in valuing shares of closely held corporations, especially for estate and gift purposes. In 1965, the Treasury Department subsequently announced that these same value factors were to be extended to determinations of fair market value of all types of business interests and for federal income tax purposes." Schreier, W.T./Joy, O.M. (Judicial Valuation 1978), S. 872 f.

oder dem DCF-Verfahren durch.[318] Der aus dem internen Unternehmenswert abgeleitete Emissionspreis dient anschließend als Ausgangspunkt für die Bestimmung des tatsächlichen Emissionspreises.

Emissionsbanken nehmen unabhängig von der internen Unternehmensbewertung grundsätzlich eine Bewertung nach dem standardisierten Verfahren auf Basis des P/E-Ratio-Modells vor, das die fundamentalen Daten des Unternehmens mit den P/E-Ratios des Markts abgleicht.[319] Die Bewertung gemäß dem P/E-Ratio-Modell berücksichtigt die **Marktkonstellation** bei Emission und dient als Verhandlungsbasis bei der Preisfestsetzung bzw. der Ermittlung der Kursbandbreite beim Bookbuilding-Verfahren.[320] Über die Verwendung von spezifischen P/E-Ratios der Branche oder des Markts fließen neben den unternehmensindividuellen Kriterien auch das allgemeine Börsenklima in die Preisfindung mit ein. Das P/E-Ratio-Modell ergänzt somit eine vorangehende interne Unternehmensbewertung im Zuge der Festlegung des Ausgabekurses bzw. der Kursbandbreite. Der Emissionspreis ist folglich stets das Ergebnis mehrerer Unternehmensbewertungsprozesse.

Ferner wird vorgeschlagen, das P/E-Ratio-Modell in die DCF-Methode einzubinden: Mittels des P/E-Ratio-Modells ist es möglich, den **Restwert** zu schätzen, indem der Gewinn zum Ende des expliziten Planungszeitraums mit der erwarteten P/E-Ratio multipliziert wird. Dieser Ansatz geht hypothetisch davon

---

318　Vgl. Jacob, A.-F. (Investment Banking 1996), S. 127 ff.; Kaplan, S.N./Ruback, R.S. (Discounted Cash Flow vs. The Method of „Comparables" 1996), S. 45.

319　Vgl. Blättchen, W. (Börse 1996) S. 13 ff.; Trobitz, H.H./Wilhelm, W. (Going Public 1996), S. 169; Wegmann, J. (Emissionspreis 1996), S. 152 ff.

320　Vgl. Wagner, W. (Shareholder-Value 1996), S. 325; Koch, W./Wegmann, J. (Börseneinführung 1996), S. 129 ff.
　　　Der Emittent kann zwischen zwei Emissionsvarianten unterscheiden: Festpreisverfahren und Bookbuilding-Verfahren. Bis 1994 war das Festpreisverfahren in Deutschland üblich, das dem Börsenneuling die Übernahme der gesamten Emission zu einem im Vorfeld festgelegten Preis garantiert. Die Banken tragen das volle Plazierungsrisiko und die Unternehmen den Vertrauensverlust bei einem nicht marktgerechten Emissionspreis. Das Bookbuilding-Verfahren berücksichtigt die aktuellen Kapitalmarktverhältnisse, indem potentielle Investoren vorerst hinsichtlich ihrer Abnahme- und Zahlungsbereitschaft befragt werden und in einer ersten Phase unverbindliche Angebote abgeben. Es erlaubt der Emittentin zum einen die Realisierung eines gewünschten Investorenmixes und zum anderen auch das Ausnutzen unterschiedlicher Zahlungsbereitschaft. Das Bookbuilding-Verfahren wurde 1994 erstmals in Deutschland von der Dresdner Bank AG angewandt und hat sich als Standardtechnik für großvolumige Emissionen etabliert. Vgl. zur näheren Beschreibung der beiden Plazierungsformen Weiler, L. (Bookbuilding 1998), S. 263 ff.; Jacob, A.-F. (Investment Banking 1996), S. 127 ff.

aus, daß das Unternehmen am Ende des Planungshorizonts zum Marktwert (sog. exit value) verkauft wird. Allerdings dürfte es schwer sein, eine angemessene P/E-Ratio für einen Zeitpunkt, der 5 bis 10 Jahre in der Zukunft liegt, hinreichend genau zu prognostizieren. [321] Abbildung 17 stellt das P/E-Ratio-Modell und seine Komponenten nochmals graphisch dar.

Abbildung 17:   **P/E-Ratio-Modell**

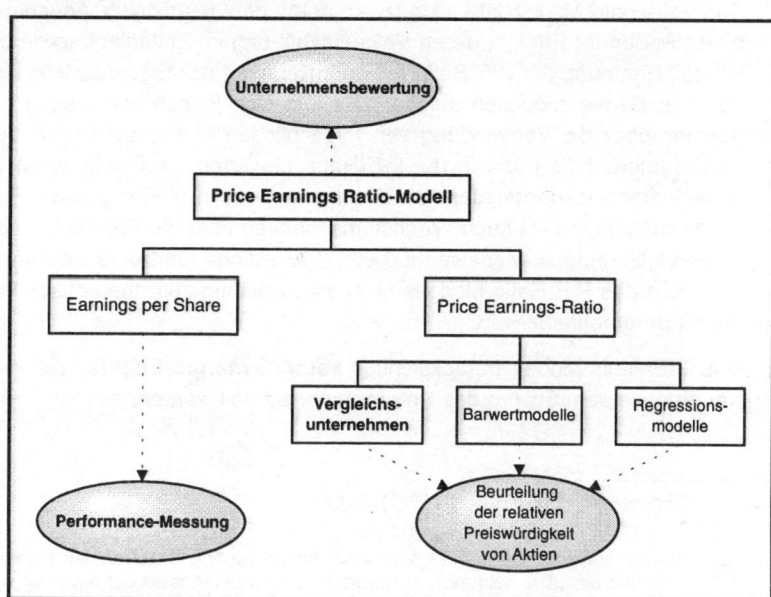

E.   Beurteilung der Konzeption des Price Earnings-Ratio-Modells

Die verschiedenen Anwendungsbereiche des P/E-Ratio-Modells zeigen, daß sich die Bewertung gemäß dem Marktwertansatz in der Praxis einer großen Beliebtheit erfreut. Allerdings sieht sich das Bewertungsmodell insbesondere von theoretischer Seite scharfer Kritik ausgesetzt. Die einzelnen **Kritikpunkte** werden nachfolgend aufgegriffen:

---

321 Vgl. Alford, A.W. (Price-Earnings Valuation Method 1992), S. 95; Börsig, C. (Unternehmenswert 1993), S. 86; Kußmaul, H. (Gesamtbewertung 1996), S. 397 f.

(1) Nur in Ausnahmefällen können mit dem Marktwertansatz **richtige** Bewertungsresultate erzielt werden, da der Marktwertansatz nur unter restriktiven Umweltbedingungen – gleichbleibende Erfolge sowie Übereinstimmung der E/P-Ratio mit den Eigenkapitalkosten – mit dem theoretisch richtigen Ertragswertverfahren übereinstimmt.[322]

Dieser Kritikpunkt geht von einem Sonderfall des P/E-Ratio-Modells aus. Das P/E-Ratio-Modell läßt sich zwar unter den restriktiven Annahmen gleichbleibender Erfolge, deren Vollausschüttung im Zeitablauf sowie der Übereinstimmung der P/E-Ratio mit dem Kehrwert der Eigenkapitalkosten aus den Barwertmodellen ableiten. Es löst sich jedoch von diesen Annahmen über die Verwendung von tatsächlichen Marktpreisen von Vergleichsunternehmen, die in die P/E-Ratio eingehen, und stellt einen eigenständigen Bewertungsansatz dar. Infolgedessen fließen sowohl Risikoeinschätzungen als auch Wachstumschancen über die P/E-Ratio implizit in die Unternehmensbewertung ein.[323] Allerdings führt eine Bewertung auf Basis des P/E-Ratio-Modells nicht zwangsläufig zum theoretisch korrekten Unternehmenswert.

(2) Das P/E-Ratio-Modell berücksichtigt **keine Synergie-Effekte**, die dem Käufer nach dem Erwerb des Unternehmens zuteil werden.[324]

---

322 Vgl. Ballwieser, W. (Multiplikatoren 1991), S. 62 f.

323 Vgl. hierzu ausführlich Teil 4 Gliederungspunkt III. B.
     Nur unter restriktiven Annahmen stimmt der Kehrwert der P/E-Ratio mit den Eigenkapitalkosten überein: „The confusion arises when capitalization rates get mixed up with the cost of capital. This confusion is not solely due to the fact that names are similar. Under certain circumstances, it is possible to appraise a firm by dividing a measure of income by the cost of capital as if it were the capitalization rate ... However, situations in which the cost of capital can be used as a capitalization rate are extraordinarily rare. Nonetheless, some appraisers fall into the trap of employing the cost of capital as a capitalization rate." Cornell, B. (Corporate Valuation 1993), S. 58 f. So auch Pratt, S.P./Reilly, R.F./Schweihs, R.P. (Valuing a Business 1996), S. 225: „Multiples of economic income variables ... are the reciprocals of capitalization rates applicable to those variables. ... Therefore, valuation multiples are influenced by the same forces that influence capitalization rates, the two most important of which are: 1. Risk 2. Expected growth in the operating variable being capitalized. Therefore, to make an intelligent estimate of what multiple is appropriate for the subject company relative to the multiples observed for the guideline companies, the analyst must make some judgements as to the relative risk and growth prospects of the subject compared with the guideline companies."

324 Vgl. Gerling, C. (Unternehmensbewertung 1985), S. 238; Harrington, D.R. (Corporate financial analysis 1993), S. 179.

Dieses Argument trifft beim Kauf von Anteilen, die dem Erwerber bestimmte Einflußmöglichkeiten auf das Unternehmen garantieren (Markt für Unternehmenskontrolle), zu. Es bietet sich daher an, beim Erwerb ganzer Unternehmen, zusätzlich nach dem Comparable Acquisition Approach vorzugehen. Kaplan und Ruback haben festgestellt, daß der Comparable Industry Acquisition Approach, der Transaktionen in der betreffenden Branche berücksichtigt, zu den besten Resultaten führt.[325] Bei der Bewertung von Minderheitsanteilen, die dem Erwerber keine wirksame Einflußnahme erlauben, spielen Synergie-Effekte des Erwerbs dagegen keine Rolle.

(3) Die **Wahl von Vergleichsunternehmen**, die die P/E-Ratio bestimmen, liegt vollständig im Ermessen des Bewerters. Die Bewertung ist in diesem Sinne subjektiv gefärbt.[326]

Die Wahl eines oder mehrerer geeigneter Vergleichsunternehmen kann sich als schwierig erweisen.[327] In den USA, wo eine Vielzahl von Unternehmen börsennotiert sind, ist die hierfür erforderliche Datengrundlage im allgemeinen vorhanden. Meist wird daher nicht nur ein Unternehmen zur Bewertung herangezogen, sondern es wird versucht, möglichst viele ähnliche Unternehmen herauszufiltern.[328] Läßt sich kein entsprechendes Vergleichsunternehmen finden, sollte das DCF-Verfahren angewandt

---

325 Vgl. Kaplan, S.N./Ruback, R.S. (Discounted Cash Flow vs. The Method of „Comparables" 1996), S. 52.

326 Vgl. Cornell, B. (Corporate Valuation 1993), S. 57; Schreier, W.T./Joy, O.M. (Judicial Valuation 1978, S. 863 f.

327 „For obvious reasons, the 'degree of similarity' is probably the most commonly litigated factor in valuation cases. Valuing the stock of closely held corporations often turn on this factor." Bjorklund, V.B./Meisel, S.A. (When Are Comparables Comparable Enough? 1991), S. 50.

328 Um Unternehmen herauszufinden, die in einem ähnlichen oder dem gleichen Geschäftszweig tätig sind, wird der SIC Code herangezogen. Dabei wird zwischen primären, sekundären und weiteren SIC Codes unterschieden, wobei der primäre Code die überwiegende Geschäftätigkeit des Unternehmens beschreibt. Die Auswahl der Vergleichsunternehmen anhand dieser Klassifizierung verspricht zuverlässige Ergebnisse: „The results suggest that the widespread procedure of selecting comparable firms by industry is relatively effective, where industry is defined by the first three SIC digits." Alford, A.W. (Price-Earnings Valuation Method 1992), S. 106. „... industry appears to be a good surrogate for the component of risk and earnings growth related to P/E multiples." Alford, A.W. (Price-Earnings Valuation Method 1992), S. 107.

werden.[329] Alternativ ist es möglich, den Multiplikator aus den Barwertmodellen abzuleiten oder mit Hilfe der Regressionsanalyse zu berechnen.[330]

(4) Es besteht die Gefahr, daß durch die vorrangige Ausrichtung auf Markt-
    größen **individuelle Stärken und Schwächen** des Unternehmens ggf.
    nicht erkannt werden. Dieses Risiko ist bei den 'reinen' investitionstheore-
    tischen Ansätzen in geringerem Maße gegeben, da sich diese nur auf das
    betreffende Unternehmen konzentrieren.[331]

(5) Es ist möglich, daß über die Marktpreise der Vergleichsunternehmen
    Fehlbewertungen des Markts in die Bewertung mit einfließen.[332] Dies gilt
    bspw. bei Überreaktionen der Börse.

    Ist der Aktienanalyst der Ansicht, daß der Markt die Aktien der Ver-
    gleichsunternehmen falsch bewertet, bietet sich ebenfalls eine theoreti-
    sche Berechnung des Vergleichsmultiplikators auf Basis der Barwertmo-
    delle oder mit Hilfe der Regressionsanalyse an.[333]

(6) Schließlich ist zu beachten, daß für Unternehmen mit **negativen** sowie
    unregelmäßigen Erfolgen das P/E-Ratio-Modell nicht angewandt wer-
    den kann.

    Dies gilt für Unternehmen, für die eine Berechnung eines nachhaltigen
    oder normalisierten Erfolgs – bspw. infolge von großangelegten Restruk-
    turierungsmaßnahmen – nicht möglich ist. In diesen Fällen sollte auf an-
    dere Multiplikatoren des Marktwertansatzes zurückgegriffen werden. Für
    Produktionsunternehmen bietet sich dabei die Price Book Value-Ratio
    (Marktwert des Eigenkapitals zu Buchwert des Eigenkapitals) und für
    Dienstleistungsunternehmen die Price Sales-Ratio an.[334]

---

329 „As the true economic similarities with the 'comparable' companies become tenuous
    due to greater diversity in personnel, products and markets, it's time to consider other
    pricing techniques such as discounted cash flow analysis (DCF)." Bielinski, D. W.
    (Comparable Company Approach 1990), S. 64.
330 Vgl. hierzu Teil 4 Gliederungspunkt III. C. 2. c) (2) und Gliederungspunkt III. C. 2. c)
    (3).
331 Vgl. Sanfleber-Decher, M. (Unternehmensbewertung 1992), S. 603.
332 Vgl. Damodaran, A. (Investment 1996), S. 507.
333 Vgl. Teil 4 Gliederungspunkt III. C. 2. c) (2) und Gliederungspunkt III. C. 2. c) (3). Die
    Regressionsanalyse kann auf der Analyse aller börsennotierten Unternehmen aufbau-
    en und um unternehmensspezifische Eigenschaften bereinigt werden.
334 Vgl. Damodaran, A. (Investment 1996), S. 507; Jones, C.P. (Investments 1998), S.
    371; Mohan, N./Ainina, M.F./Kaufman, D./Winger, B.J. (Acquisition/Divestiture Valuati-

Verglichen mit der P/E-Ratio und der Price Book Value-Ratio weist die Price Sales-Ratio den Vorteil auf, daß sie schwerer durch Bilanzierungsmaßnahmen zu beeinflussen ist. Sie vernachlässigt jedoch die Aufwandsseite. Die Price Book Value-Ratio gilt als relativ stabiler und leicht verständlicher Bewertungsmaßstab, der einen zuverlässigen Vergleich zwischen Unternehmen einer Branche erlaubt. [335]

F. Vergleich des Price Earnings-Ratio-Modells mit den traditionellen Methoden der Unternehmensbewertung

Abschießend wird ein Vergleich des P/E-Ratio-Modells mit den Bewertungsmodellen, die auf dem Barwertansatz beruhen, vorgenommen. Stellvertretend für die klassischen Bewertungsverfahren wird dabei die DCF-Methode herangezogen.

Der größte Vorteil der klassischen Bewertungsmodelle liegt in der Berücksichtigung der **individuellen Chancen und Risiken** des Unternehmens sowie in ihrer **theoretisch korrekten Fundierung**. Des weiteren wird oftmals argumentiert, daß die DCF-Methode zuverlässigere Ergebnisse liefert, weil sie sich auf Ausgaben- und Einnahmenströme anstatt auf Ertrags- und Aufwandsströme stützt und damit nicht durch **Bilanzierungs- und Bewertungsspielräume** beeinflußt wird.[336] Dies trifft zu, soweit der Investor die Möglichkeit hat, auf interne Daten zuzugreifen.

In der Praxis allerdings basiert die DCF-Methode weitgehend auf dem Zahlenmaterial der Gewinn- und Verlustrechnung sowie der Bilanz, so daß mitunter auch daraus abgeleitete Cash Flow-Größen durch Bilanzierungs- und Bewertungsregeln beeinflußt werden können. „First, DCF valuations use historical accounting relations to forecast future earnings, from which future cash flows

---

on 1991), S. 74. Beide Kennzahlen können – ebenso wie die P/E-Ratio – aus den Barwertmodellen hergeleitet werden.

335 Eine Alternative zur Price Book Value-Ratio stellt **Tobin's Q** dar. Q beschreibt das Verhältnis von Marktwert des Gesamtkapitals zu den Reproduktionskosten des Gesamtkapitals. Vgl. Damodaran, A. (Asset Selection 1998), S. 195. Die Schätzung der Reproduktionskosten ist allerdings relativ schwierig. Vgl. zu möglichen Vereinfachungslösungen Perfect, S.B./ Wiles, K.W. (Tobin's Q 1994), S. 313 ff.

336 Vgl. LeClair, M.S. (Valuing the Closely-Held Corporation 1990), S. 34; Stewart, G.B. (Quest for Value 1991), S. 24.

are estimated. Second, the terminal values that typically constitute the majority of DCF-generated value are commonly estimated from projections of future earnings. Finally, investment bankers rely on historical accounting relations to evaluate the reasonableness of managerial earnings forecasts ... . This fact suggests that it is inappropriate to view DCF analysis as a substitute for accounting-based valuation methods, since it is itself largely an accounting method in practice."[337]

Das P/E-Ratio-Modell **verzichtet** im Gegensatz zu den traditionellen Zukunftserfolgswertverfahren grundsätzlich auf die **explizite Prognose der Werttreiber** (Gewinnwachstum, Risikoprämie und Zinsen).[338] Dies ist zugleich Stärke als auch Schwäche des Modells:

Als Stärke ist es anzusehen, weil Prognosen bzgl. der Inputdaten stets subjektiv gefärbt sind und für die Berechnung des Kapitalisierungszinses zwar Kapitalmarktmodelle existieren, diese aber mit einigen, zum Teil gravierenden Mängeln behaftet sind.[339] Die Verwendung von tatsächlich gezahlten Marktpreisen erlaubt eine **Objektivierung von Prognosen**, da der Kurs als Ansammlung unterschiedlicher Prognosen bzgl. der Ertragskraft eines Unternehmens verstanden werden kann. Das Hauptproblem der Unternehmensbewertung – die Prognose der Unternehmenserfolge für mehrere Perioden –, die für einen externen (potentiellen) Minderheitsaktionär oftmals „die Schärfe von nächtlichen Nebelschwaden"[340] besitzt, umgeht das P/E-Ratio-Modell weitestgehend. Sie wird dem Markt überlassen.[341]

Dieser Begründung folgend wird der Market Approach in den USA auch bei Bewertungen für steuerliche Zwecke favorisiert: „ ... for tax related valuations, especially if litigation is contemplated, this approach (income approach; d. Verf.) is viewed as speculative, and its conclusions are treated with skepticism by many IRS agents and especially the courts. The market approach is the ap-

---

337 DeAngelo, L.E. (Equity Valuation 1990), S. 100 f. Vgl. auch Schreier, W.T./Joy, O.M. (Judicial Valuation 1978), S. 859.

338 Dies gilt nicht, soweit die P/E-Ratio aus einem Barwertmodell abgeleitet wird. Vgl. Teil 4 Gliederungspunkt III. C. 2. c) (2).

339 Vgl. Mohan, N./Ainina, M.F./Kaufman, D./Winger, B.J. (Acquisition/Divestiture Valuation 1991), S. 74; Schreier, W.T./Joy, O.M. (Judicial Valuation 1978), S. 859 f.; Damodaran, A. (Asset Selection 1998), S. 193.

340 Moxter, A. (Modigliani-Miller-Theorem 1975), S. 152.

341 Der Marktwertansatz ist der Erfolgsprognose eines Investors überlegen. Vgl. Gerling, C. (Unternehmensbewertung 1985), S. 343.

proach overwhelmingly favored by the courts."[342] Gleichzeitig liegt aber in der Vernachlässigung der expliziten Prognose der Werttreiber auch die Schwäche des P/E-Ratio-Modells, denn **unternehmensindividuelle Gegebenheiten**, die einen wesentlichen Einfluß auf die Wertermittlung besitzen, werden unter Umständen vernachlässigt.

Günther sieht in den Multiplikatoren „nur pauschalisierende Näherungslösungen für eine detailliertere Unternehmensbewertung ... Fehleinschätzungen der Multiplikatoren oder der prognostizierten Basiswerte, wie z.B. des Jahresüberschusses nach Steuern, führen durch die multiplikative Verknüpfung zu erheblichen Änderungen des Marktwertes des Eigenkapitals."[343] Vor dem Hintergrund, daß bei einer 'detaillierteren Unternehmensbewertung', d.h. beim Ertragswert- und DCF-Verfahren, allerdings jedes einzelne Detail prognostiziert werden muß, können Fehleinschätzungen durch die anschließende Verknüpfung der Prognosedaten jedoch ebenfalls zu erheblichen Wertveränderungen bzw. -verzerrungen führen.[344]

Das P/E-Ratio-Modell und die auf Barwertmodellen basierenden Verfahren lösen das Problem der Bewertung von **entgegengesetzten Richtungen**. Während das P/E-Ratio-Modell die Bewertung vom Markt her vornimmt, untersuchen die Barwertmodelle die einzelnen Bestimmungsfaktoren des Werts. Aus diesem Grund sollte man sie nicht als miteinander konkurrierende, sondern als **sich ergänzende Verfahren** betrachten.[345]

Kaplan und Ruback verglichen die DCF-Methode (Adjusted Present Value-Method) mit dem Marktwertansatz (Comparable Company Approach und Comparable Transaction Approach) anhand von 51 Unternehmens-

---

342 Howitt, I.A. (Valuing Closely Held Stock 1993), S. 45.

343 Günther, T. (Controlling 1997), S. 254.

344 „Discounted cash flow models are highly sensitive to assumptions made for growth, profit margin, and terminal value. This sensitivity problem has prompted one businessman to remark that the 'use of incorrect assumptions have been a more significant source of bad investment decisions than the use of simple measurement techniques'." Mohan, N./Ainina, M.F./Kaufman, D./Winger, B.J. (Acquisition/Divestiture Valuation 1991), S. 77.

345 Vgl. Bielinski, D.W. (Comparable Company Approach 1990), S. 68; Martin, W.B. (Direct Capitalization 1993), S. 393. Entsprechend argumentiert auch Harrington: „While we would dismiss the P/E-multiple method as the sole approach to valuing an acquisition, it can be put to good use by the analyst. It can be used to put the present-value analysis into a capital-market perspective." Harrington, D.R. (Corporate financial analysis 1993), S. 180.

verkäufen.[346] Sie kamen zu dem Ergebnis, daß beide Methoden durchschnittlich betrachtet gleich gute Ergebnisse liefern. Allerdings muß hier hinzugefügt werden, daß Kaplan und Ruback nur Unternehmen in die Analyse einbezogen, deren Management für mindestens 4 Jahre nach dem Unternehmensverkauf Prognosen über einzelne Erfolgskomponenten veröffentlichten. Derartige Informationen sind einem Minderheitsaktionär meist unzugänglich. Die zutreffendsten Schätzungen erhielten Kaplan und Ruback allerdings durch eine Kombination der beiden Verfahren. Es empfiehlt sich daher beide Verfahren parallel anzuwenden.[347]

---

346 Vgl. Kaplan, S.N./Ruback, R.S. (Discounted Cash Flow vs. The Method of „Comparables" 1996), S. 45 ff.

347 Vgl. Kaplan, S.N./Ruback, R.S. (Discounted Cash Flow vs. The Method of „Comparables" 1996), S. 60. Vgl. auch Benninga, S.Z./Sarig, O.H. (Corporate Finance 1997), S. 305: „multiple analysis can provide a valuable 'sanity check'."
In der Praxis werden die Verfahren meist kombiniert: DeAngelo befragte vier Investmentbanken (Morgan Stanley, Salomon Bros, Dillon Read and First Boston), wie sie Management Buyouts bewerten. Alle vier Gesellschaften führten parallel den Comparable Company Approach, den Comparable Acquisition Approach sowie die DCF-Methode durch. Vgl. DeAngelo, L.E. (Equity Valuation 1990), S. 103 ff. Die P/E-Ratio bilden die befragten Investmentbanken sowohl auf der Basis der aktuellen EPS als auch den prognostizierten EPS und multiplizierten diese anschließend mit der prognostizierten EPS. Auch der Restwert, der im Rahmen des DCF Verfahrens zu berechnen ist, wird meist mit unterschiedlichen Verfahren ermittelt (P/E-Ratio-Modell, Barwert der nach dem expliziten Planungszeitraum zu erwartenden Cash Flows unter Annahme einer konstanten Wachstumsrate etc.). Vgl. DeAngelo, L.E. (Equity Valuation 1990), S. 105 f. Zu einem ähnlichen Ergebnis kamen Mohan, Ainina, Kaufman und Winger bei der Befragung der Fortune 1000 größten Unternehmen, wie sie Akquisitionen bewerten. Vgl. Mohan, N./Ainina, M.F./Kaufman, D./Winger, B.J. (Acquisition/Divestiture Valuation 1991), S. 74 ff.
Die Befragung von Investmentberatungsgesellschaften von Bruner, Eades, Harris und Higgins führte ebenfalls zu einem übereinstimmenden Ergebnis: Alle befragten großen Investmentberatungsgesellschaften wenden gleichzeitig die DCF-Methode, den Comparable Company Approach und den Comparable Transaction Approach an. 80% der Gesellschaften gewichten anschließend die Ergebnisse der drei Methoden. 10% benutzen die DCF-Methode als vorrangiges Bewertungsverfahren und weitere 10% ziehen das DCF-Verfahren lediglich zur Kontrolle der Ergebnisse, die mit den anderen beiden Methoden gewonnen wurden, heran. Vgl. Bruner, R.F./Eades, K.M./Harris, R.S./Higgins, R.C. (Survey and Synthesis 1998), S. 17.

IV. Zusammenfassung

In Abbildung 18 wird nochmals graphisch die **Verbindung der kombinierten Verfahren der Unternehmensbewertung und Performance-Messung zu den klassischen Bewertungsmethoden** offengelegt. Die Erfolgsbeurteilung der vergangenen Perioden vollzieht sich bei den kombinierten Bewertungsmodellen nach dem CFROI, dem EVA oder den EPS. Die einzelnen Performance-Maßstäbe werden anschließend prognostiziert und in ein Unternehmensbewertungsmodell integriert.

Abbildung 18: Ableitung der kombinierten Bewertungsmodelle

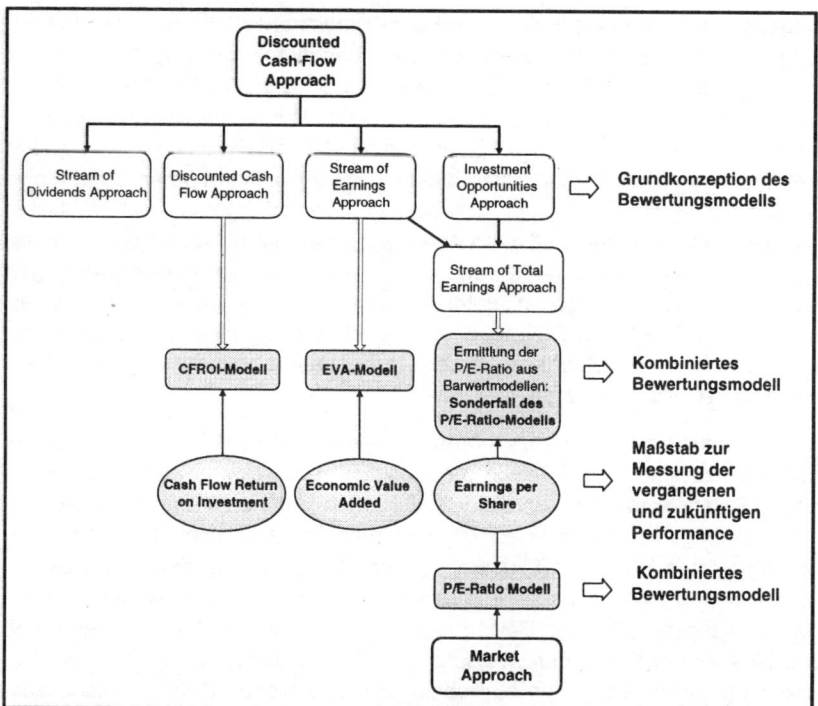

Während sich sowohl die Bewertung auf Basis des CFROI als auch auf der Grundlage des EVA direkt aus den klassischen Bewertungsmethoden ableiten lassen, koppelt sich das **P/E-Ratio-Modell** von den Barwertmodellen ab und ermöglicht eine neue Sichtweise. Es verzichtet grundsätzlich auf die Prognose der Inputdaten und baut statt dessen regelmäßig auf den Marktdaten von Vergleichsunternehmen auf. Das Prognoseproblem und die Bestimmung des Kapitalisierungszinses – die schwierigsten Aufgaben bei der Bewertung von Unternehmen – werden auf diese Weise im wesentlichen ausgeschaltet. An die Stelle dieser beiden Problemkomplexe tritt jedoch die Suche nach geeigneten Vergleichsunternehmen.

Da das P/E-Ratio-Modell der Bewertung eine völlig entgegengesetzte Sichtweise im Vergleich zu den klassischen Bewertungsmethoden zugrunde legt, stellt es bei der externen Unternehmensbewertung einen **unverzichtbaren Bestandteil** dar. Die Schwächen des P/E-Ratio-Modells können dabei ausgemerzt werden, indem die klassischen Bewertungsmodelle ebenfalls herangezogen werden.

Dagegen sind die verschiedenen auf dem Barwertansatz beruhenden Bewertungsmodelle eher austauschbar, denn sie betrachten das Unternehmen aus einem identischen Blickwinkel. Die Bewertung gemäß dem **CFROI-Modell** beruht auf dem Barwert der Cash Flows. Es kann als konkrete Handlungsanweisung bei der Bewertung von Unternehmen mit dem DCF-Verfahren verstanden werden. Sowohl die Kapitalkosten als auch die zukünftigen freien Cash Flows werden mittels des Free Cash Flow-Konvergenz-Verfahrens berechnet. Dabei wird ein Konvergenz-Modell zugrunde gelegt, das auf für jede Periode unterschiedlichen Wachstumsraten bzgl. Rentabilität und Investitionen, die gegen die Werte eines Durchschnittsunternehmens konvergieren, aufbaut. Die vereinfachende Cash Flow-Prognose wird jedoch mit zahlreichen Annahmen ,erkauft' und ist hinsichtlich ihrer Qualität insbesondere von der Vertrauenswürdigkeit des CFROI abhängig.

Die Bewertung mittels des **EVA-Modells** basiert auf dem Barwert der Erfolge und führt zu einer Renaissance der Residual- bzw. Übergewinnverfahren. In seiner Equity-Konzeption entspricht es konzeptionell dem Ertragswertverfahren. Allerdings verzichtet es auf die Annahme der Vollausschüttung sowie einer konstanten Höhe des Eigenkapitals und berücksichtigt daher sowohl kalkulatorische Zinsen auf das Eigenkapital bei den Ertragsüberschüssen als auch das Eigenkapital zum Bewertungszeitpunkt. Damit muß der Bewerter das Eigenkapital bzw. beim Entity-Ansatz das Gesamtkapital für die jeweiligen Perioden prognostizieren. Dies ist problematisch, da hierfür auch zukünftige Ausschüttungen bekannt sein müssen. Das Modell ist aufgrund des relativ leicht verständlichen Performance-Maßstabs EVA besser kommunizierbar als das CFROI-Modell. Die vermeintliche Einfachheit des Modells löst allerdings nicht die Probleme – Bestimmung des Kapitalisierungszinses sowie Prognose der Werttreiber – bei der praktischen Ermittlung des Unternehmenswerts.

Das dem EVA-Modell konzeptionell verwandte CVA-Modell, das eine vereinfachte Variante des CFROI-Modells darstellt, verzichtet dagegen auf die explizite Prognose der Schlüsselgrößen. Dabei geht das CVA-Modell entweder von
konstanten ‚Übergewinnen' in Form des CVA aus oder unterstellt analog zum
ursprünglichen CFROI-Modell einen gegen den Wert eines Durchschnittsunternehmens konvergierenden CFROI. Damit wird die Aussagefähigkeit des
CVA-Modells wiederum maßgeblich vom CFROI bestimmt.

Da sich das EVA-Modell und das CFROI-Modell als **Varianten bzw. Handlungsanweisungen der Zukunftserfolgswertverfahren** entpuppen, hängt ihr
Informationsgehalt demnach von der inhaltlichen Ausgestaltung und insbesondere von dem zugrundeliegenden Performance-Maßstab – EVA und CFROI –
ab. Das folgende Kapitel beschäftigt sich nun mit der detaillierten Ermittlung
und Würdigung der einzelnen Performance-Maßstäbe.

Teil 5: Performance-Maßstäbe der kombinierten Bewertungsmodelle

I. Earnings per Share

A. Überblick

EPS-Daten gehören in der internationalen Finanzpresse zu den meistveröffentlichten Unternehmenskennzahlen.[348] Ferner stellen sie die einzige Kennzahl dar, zu deren Offenlegung Unternehmen, die einen Jahresabschluß nach US-GAAP oder IAS aufstellen, verpflichtet sind.[349]

In ihrer einfachsten Form spiegeln die EPS das Verhältnis des Erfolgs zur Anzahl der Aktien wider und geben an, wieviel Erfolg auf eine Aktie entfällt. Aus dieser Grundgleichung heraus entspringt jedoch eine Flut von unterschiedlich ausgestalteten **EPS-Varianten**. Diese unterscheiden sich sowohl hinsichtlich ihrer Erfolgsgröße im Zähler als auch bzgl. der im Nenner berücksichtigten Aktienanzahl.[350] Der Informationsgehalt einer bestimmten EPS-Kennzahl hängt somit von der jeweiligen konkreten Ausgestaltung ab.

Aktienanalysten werden in Deutschland in jüngerer Vergangenheit mit EPS-Daten aus **drei Regelungsbereichen** konfrontiert: Ergebnis je Aktie-Kennzahlen nach US-GAAP, nach IAS sowie nach der gemeinsamen Emp-

---

348 „Earnings per share (EPS) is the single most widely used statistic in financial analysis today." Pacter, P./Petrone, K.R. (Earnings per Share 1994), S. 455. Vgl. auch Brackney, K.S./Collins, W.A./Mautz, R.D. (EPS Calculation Rules 1998), S. 51; Chasteen, L.G./Flaherty, R.E./O'Connor, M.C. (Intermediate Accounting 1995), S. 1023; Schader, H. (Ergebnis je Aktie 1997),S. 149.

349 Eine Regelung zur Offenlegung von EPS-Daten im Jahresabschluß sehen die folgenden Länder vor: Australien, Brasilien, Kanada, Finnland, Frankreich, Indonesien, Irland, Israel, Japan, Korea, Neuseeland, Nigeria, Singapur, Südafrika, das Vereinigte Königreich und die USA. Vgl. Pacter, P./Petrone, K.R. (Earnings per Share 1994), S. 464. Die Verpflichtung zur Offenlegung von EPS-Daten, die gemäß den jeweils einschlägigen Vorschriften zu berechnen sind, wird teilweise als (unzulässiger) Eingriff der Rechnungslegung in die Bilanzanalyse betrachtet. Vgl. Pacter, P./Petrone, K.R. (Earnings per Share 1994), S. 455.

350 Werden EPS-Kennzahlen darüber hinaus länderübergreifend verglichen, entstehen noch einige Subvarianten, die, je nachdem, ob sie auf den nationalen Empfehlungen von Analysten beruhen oder direkt an die Jahresabschlußdaten anknüpfen, unterschiedlich berechnet werden. Vgl. Bender, J. (Unterschiede im internationalen Vergleich 1994), S. 418 ff.

fehlung der DVFA/SG[351]. Dabei ist es möglich, daß Unternehmen neben den EPS nach US-GAAP oder IAS, zu dessen Ausweis sie bei Aufstellung eines US-GAAP- oder IAS-Abschlusses verpflichtet sind, auf freiwilliger Basis zusätzlich das Ergebnis nach DVFA/SG offenlegen.[352]

Im folgenden wird zunächst auf die Ermittlung und den Informationsgehalt der Zähler- und Nennergrößen der EPS nach US-GAAP und IAS sowie des Ergebnisses je Aktie nach DVFA/SG eingegangen. Anschließend erfolgt eine Beurteilung der EPS-Kennzahlen als Performance-Maßstab.[353]

B. Earnings per Share nach US-GAAP

1. Regelungen und zur Offenlegung verpflichtete Unternehmen

Seit Februar 1997 regelt SFAS 128 'Earnings per Share' die Ermittlung und Offenlegung von EPS-Daten.[354] SFAS 128 ersetzt seither APB Opinion No. 15, die 1969 die Offenlegung von EPS-Daten in den Jahresabschlüssen nach US-GAAP erstmalig verpflichtend vorschrieb.[355]

---

351 Ergebnis je Aktie nach der gemeinsamen Empfehlung der Deutschen Vereinigung für Finanzanalyse und Anlageberatung e.V. (DVFA) und des Arbeitskreises 'Externe Unternehmensrechnung' der Schmalenbach-Gesellschaft – Deutsche Gesellschaft für Betriebswirtschaft e.V. (SG).

352 Die Veba AG veröffentlicht bspw. seit 1994 parallel das Ergebnis nach DVFA/SG als auch das Ergebnis je Aktie nach US-GAAP. Vgl. zu weiteren Unternehmen Teil 5 Gliederungspunkt I. D. 4.

353 Laut SFAS 128, Abs. 79, dienen die EPS als Performance-Maßstab: „The Board concluded that the objective of basic EPS is to measure the performance of an entity over the reporting period and that the objective of diluted EPS should be consistent with the basic EPS objective while giving effect to all dilutive potential common shares that were outstanding during the period."

354 SFAS 128 gilt für Jahres- und Zwischenabschlüsse, die nach dem 15. Dezember 1997 enden. Vgl. SFAS 128, Abs. 43.

355 Bereits 1953 beanstandete das Committee on Accounting Procedure (CAP), die Vorgängerorganisation des FASB (Financial Accounting Standards Board), in ARB 43 die Offenlegung von per share-Daten, die sich lediglich auf das net income beziehen. In ARB 49 schlug das CAP allgemeine Regelungen für die Ermittlung von EPS-Daten vor. APB Opinion 9 beinhaltete schließlich im Jahr 1966 erstmalig Empfehlungen für die freiwillige Berechnung und den Ausweis der EPS. Zur Offenlegung von EPS-Daten wurden börsennotierte Unternehmen jedoch erst 1969 durch APB Opinion 15 verpflichtet. Vgl. auch Elsea, J.E./Cox, B.D. (FASB's New Earnings per Share 1997), S. 26 f.

Mit den neuen Vorschriften zur Ermittlung der EPS verfolgte das FASB eine doppelte Zielsetzung:[356] Zum einen sollten die damals bestehenden, komplexen US-amerikanischen Regelungen vereinfacht werden.[357] Zum anderen sollte ein Standard entwickelt werden, der möglichst mit dem des IASC übereinstimmt.[358]

Der neue Standard konzentriert sich vornehmlich auf die **Berechnung der Anzahl an Aktien** und damit auf die Nennergröße. Die Ermittlung der Erfolgsgröße im Zähler der EPS-Formel wird von SFAS 128 vernachlässigt, indem auf bestimmte (Teil-) Erfolgsgrößen der Gewinn- und Verlustrechnung verwiesen wird, die unverändert in den Zähler der EPS-Kennzahlen eingehen.

SFAS 128, Abs. 6, verpflichtet alle **Unternehmen, die Stammaktien oder potentielle Stammaktien ausgegeben haben**, zur Ermittlung und Offenlegung von EPS-Daten. Zu den potentiellen Stammaktien gehören Finanzierungstitel – bspw. Optionsscheine oder Wandelschuldverschreibungen –, die einen Bezug von Stammaktien ermöglichen. Des weiteren müssen die Wertpapiere an einer in- oder ausländischen Börse oder am OTC-Markt[359] gehandelt werden.[360] Auch Unternehmen, die eine Notierung an der Börse anvisieren, sind verpflichtet, EPS-Kennzahlen auszuweisen. Demgegenüber müssen nach SFAS 128 Investmentgesellschaften und voll im Fremdbesitz stehende Tochterunterneh-

---

356   Vgl. Elsea, J.E./Cox, B.D. (FASB's New Earnings per Share 1997), S. 26.

357   Vgl. zur Kritik FASB (Earnings per Share 1996), Abs. 78 ff.

358   Das gemeinsame EPS-Projekt von IASC und FASB war eines der ersten Projekte des 'FASB's Plan for International Activities', aufgrund dessen sich das FASB zunehmend auch mit der internationalen Rechnungslegung auseinandersetzt. Vgl. Blasch, D.M./Kelliher, J./Read, W.J. (EPS 1996), S. 43; FASB (Earnings per Share 1996), Abs. 64.

359   Der Sekundärmarkt wird in die Börse (exchange) und in den Over-The-Counter-Markt (OTC-Markt) unterteilt: „An exchange is a physical location where buyers and sellers come together to buy and sell securities. The New York Stock Exchange (NYSE) is probably the best example, though there are many more, both in the United States and abroad. An over-the-counter (OTC) market, in contrast, allows buyers and sellers to transact without meeting at one physical place ... The National Association of Security Dealers Automated Quotation System (NASDAQ) market in the United States is a noteworthy example of a computer-linked OTC equity market." Grinblatt, M./Titman, S. (Financial Markets 1998), S. 81. Daneben gibt es noch einen dritten und vierten Markt, die sowohl Elemente der Börse als auch des OTC-Markts integrieren. Im dritten Markt werden an der Börse gelistete Aktien over-the-counter durch einen Broker verkauft und gekauft. Im vierten Markt handeln große Investoren an der Börse gelistete Aktien unter sich selbst. Vgl. Grinblatt, M./Titman, S. (Financial Markets 1998), S. 81f.

360   Dies gilt auch für Wertpapiere, die nur lokal notiert sind – bspw. an der Midwest Exchange in Chicago. Sogenannte nonpublic enterprises sind von der Verpflichtung zur Offenlegung von EPS-Daten befreit.

men keine EPS-Daten offenlegen.[361] Entschließt sich ein Unternehmen, freiwillig EPS-Daten zu veröffentlichen, müssen diese auf Basis der Regelungen von SFAS 128 ermittelt werden.[362]

2. Ermittlung des Erfolgs im Zähler der Earnings per Share

a) Überblick

Gemäß den Regelungen der US-GAAP gibt es nicht die EPS-Kennzahl, sondern eine ganze Reihe von EPS-Daten, deren Informationsgehalt je nach der konkreten Ausgestaltung der Zähler- und Nennergröße variiert. SFAS 128 fordert, daß die Erfolgsgrößen im Zähler der EPS **direkt an die Erfolgsgrößen in der Gewinn- und Verlustrechnung** anknüpfen. Es werden folglich bei der Ermittlung der EPS-Kennzahlen keine Bereinigungen – wie bspw. beim Ergebnis je Aktie nach DVFA/SG[363] – durchgeführt.

Die Anzahl der offenzulegenden EPS-Daten hängt von der konkreten Erfolgsstruktur des jeweiligen Unternehmens ab. Unternehmen, die einen Jahresabschluß nach US-GAAP aufstellen, müssen im Extremfall bis zu **fünf EPS-Kennzahlen hinsichtlich der Zählergröße** offenlegen. In Anlehnung an Regulation S-X, die das Umsatzkostenverfahren[364] verbindlich vorschreibt,[365] stellt sich das Gliederungsschema einer US-amerikanischen Gewinn- und Verlustrechnung wie folgt dar:[366]

---

361 Investmentgesellschaften, die die Forderungen des AICPA Audit and Accounting Guide, Audits of Investment Companies, erfüllen, müssen ausgewählte je-Aktie-Kennzahlen veröffentlichen.

362 Vgl. auch Munter, P. (Earnings Per Share Reporting 1997), S. 16.

363 Vgl. Teil 5 Gliederungspunkt I. D.

364 Das Umsatzkostenverfahren stellt den net sales und gross revenues (Umsatzerlösen) der Periode die ihnen zuzurechnenden Aufwendungen (cost and expenses applicable to sales and revenues) gegenüber. Die Aufwendungen werden grundsätzlich nach ihren Funktionsbereichen getrennt. Vgl. Kieso, D.E./Weygandt, J.J. (Intermediate Accounting 1995), S. 144.

365 Regulation S-X fordert eine Gliederung gemäß der multi-step-form, bei der verschiedenen Zwischensummen gebildet werden. Bei Anwendung der single-step-form existieren lediglich zwei unterschiedliche Kategorien: revenues und expenses, wobei das net income in einem Schritt (single step) mittels der Subtraktion der expenses von den revenues berechnet wird. Vgl. Kieso, D.E./Weygandt, J.J. (Intermediate Accounting 1995), S. 141.

366 Vgl. Regulation S-X § 210.5-03.

Abbildung 19:   Gewinn- und Verlustrechnung nach US-GAAP

Income Statement
1. Net sales and gross revenues
2. Cost and expenses applicable to sales and revenues
3. Other operating costs and expenses
4. Selling, general and administrative expenses
5. Provision for doubtful accounts and notes
6. Other general expenses
7. Non-operating income
8. Interest and amortization of debt discount and expense
9. Non-operating expenses
10. Income/loss from continuing operations before income taxes
11. Minority interest in income of consolidated subsidiaries[367]
12. Equity in earnings of unconsolidated subsidiaries and 50% or less owned persons
13. Income tax epenses
14. Income/loss from continuing operations
15. Discontinued operations, less applicable income tax
16. Income before extraordinary items and cumulative effects of changes in accounting principles
17. Extraordinary items, less applicable income tax
18. Cumulative effect of changes in accounting principles, less applicable income tax
19. Net income/loss

Gemäß SFAS 128 müssen EPS-Kennzahlen sowohl für das income from continuing operations als auch für das net income in der Gewinn- und Verlustrechnung offengelegt werden.[368] Weist ein Unternehmen des weiteren ein Ergebnis aus der Stillegung oder dem Verkauf eines Geschäftsbereichs (discontinued operations), ein außerordentliches Ergebnis (extraordinary items) und/oder ein Ergebnis aus der Änderung der Bilanzierungs- und Bewertungsmethoden (cumulative effect of changes in accounting principles) aus, so kann es für die EPS-Daten, die sich auf diese Teilerfolgsgrößen beziehen, zwischen einem Ausweis in der Gewinn- und Verlustrechnung und im Anhang wählen.[369]

---

367 In der Praxis sind minority interests von untergeordneter Bedeutung. Selten werden die auf Minderheiten entfallenden Gewinnanteile als Teile der Gewinnverwendung nach dem Jahreserfolg ausgewiesen (Entity-Theorie). Vgl. Niehus, R.J./Thyll, A. (Konzernabschluß nach US-GAAP 1998), Rn. 1076, 1078; Teil 5 Gliederungspunkt I. B. 3. d). Teilweise werden die Gewinn- und Verlustanteile der Minderheiten nach den Ertragsteuern gezeigt. In diesem Fall werden sie net-of-tax ausgewiesen. Vgl. Gibson, C.H. (Financial Statement Analysis 1998), S. 70.

368 Vgl. SFAS 128, Abs. 36

369 Vgl. SFAS 128, Abs. 37.

Die zuletzt genannten drei Teilerfolgsgrößen stellen die offen in der Gewinn- und Verlustrechnung auszuweisenden unregelmäßigen Erfolgsbestandteile (**irregular items**) dar. Sie dürfen nicht in das income from continuing operations eingehen. Dem income from continuing operations wird folglich die größte prognostische Aussagekraft hinsichtlich der Ertragskraft[370] eines Unternehmens beigemessen, denn es zeigt, ob das Unternehmen in der Berichtsperiode in seiner eigentlichen Geschäftstätigkeit erfolgreich gewirtschaftet hat oder nicht.[371]

Im folgenden werden die einzelnen Erfolgsgrößen, für die EPS-Kennzahlen zu bilden sind, erläutert. Des weiteren wird auf das comprehensive income eingegangen, wofür das FASB ursprünglich ebenfalls die Bildung von EPS-Daten vorsah, wovon letztlich im verabschiedeten Standard jedoch zurückgetreten wurde.

b) Discontinued operations

Plant ein Unternehmen während der Berichtsperiode die Stillegung oder Veräußerung eines wesentlichen Geschäftsbereichs oder einer Kundengruppe (separate major line of business or class of customer)[372] und leitet dafür ent-

---

370 „Earning power is the most likely level of income to be obtained in the future – that is, to the extent this year's net income is a good predictor of future years' net income. Earning power differs from actual net income by the amount of irregular revenues, expenses, gains and losses included in this year's net income." Kimmel, P.D./Weygandt, J.J./Kieso, D.E. (Financial Accounting 1998), S. 648 (im Original fett).

371 „ ... EPS for income from continuing operations is the focus of many in the financial community. It is also the published basis for calculating EPS from operating income, another key financial statistic." Brackney, K.S./Collins, W.A./Mautz, R.D. (EPS Calculation Rules 1998), S. 53. Vgl. auch Haller, A. (Rechnungslegung in den USA 1994), S. 283.

372 Vgl. APB Opinion 30, Abs. 13. Bei einem Segment kann es sich um ein Tochterunternehmen, eine rechtlich unselbständige Abteilung oder Sparte, ein Gemeinschaftsunternehmen oder andere Beteiligungen handeln. Voraussetzung ist, daß die Vermögensgegenstände, die Tätigkeit sowie der Betriebserfolg des Segments sowohl physisch als auch für Zwecke der Rechnungslegung von den anderen Vermögensgegenständen, Tätigkeiten und Betriebserfolgen abgegrenzt werden können. Vgl. Welsch, G.A./Zlatkovich, C.T. (Intermediate Accounting 1989), S. 1166. Vgl. zu Beispielen AIN-APB Opinion 30. Die Definition eines Segments in APB Opinion 30 ist nicht mit der Definition in SFAS 131 zu verwechseln. Vgl. zur Segmentdefinition gemäß SFAS 131 Albrecht, W.D./Chipalkatti, N. (Segment Reporting 1998), S. 46 ff.; Nichols, L.M./Gallun, R.A. (New Segment Standard 1998), S. 54; Böcking, H.-J./Benecke, B. (Segmentberichterstattung 1998), S. 92 ff.; Husmann, R. (Segmentberichterstattung 1998), S. 816 ff.

sprechende Maßnahmen ein, müssen die damit in Verbindung stehenden Aufwendungen und Erträge in einem gesonderten Posten discontinued operations erfaßt werden.[373] Des weiteren hat eine Anpassung der offengelegten Abschlüsse der Vorperioden zu erfolgen, indem der Betriebserfolg des abgehenden Segments unter den discontinued operations berücksichtigt wird.[374] Das income from continuing operations gibt damit den Erfolg des Unternehmens ohne den Erfolg des abgehenden Segments wieder.[375]

Die im Posten discontinued operations gesondert auszuweisenden Aufwendungen und Erträge werden in zwei Kategorien unterteilt:[376]

(1) Zum einen muß der **Betriebserfolg**, den der betreffende Unternehmensbereich bis zum Zeitpunkt der formalen Beschlußfassung der Veräußerung oder Aufgabe (measurement date)[377] erwirtschaftet hat, gesondert ausgewiesen werden.

(2) Zum anderen wird der eigentliche **Erfolg aus der Veräußerung** oder Aufgabe des Geschäftsbereichs zum Zeitpunkt der Veräußerung oder Aufgabe (disposal date)[378] separat erfaßt.

---

373 Vgl. APB Opinion 30, Abs. 8.
1996 haben von 600 untersuchten Unternehmen in den USA 54 Unternehmen discontinued operations ausgewiesen. Vgl. Yarnall, G.L./Rikert, R. (Accounting Trends & Techniques 1997), S. 395.

374 Vgl. APB Opinion 30, Abs. 13; White, G.I./Sondhi, A.C./Fried, D. (Financial Statements 1997), S. 61.

375 „The reason for separating these gains and losses from Income from Continuing Operations (ICO) is that gains and losses from disposals of segments are relatively more random and less likely to recur in the future than elements constituting ICO." Rapaccioli, D./Schiff, A. (Reporting Sales of Segments 1991), S. 53. Vgl. auch Jaenicke, H.R./Rascoff, J. (Segment Disposition 1974), S. 65; Whitis, R.E./Smith, K.W. (A Flowchart Approach to Reporting Discontinued Operations 1993), S. 44.

376 Vgl. APB Opinion 30, Abs. 8; Kimmel, P.D./Weygandt, J.J./Kieso, D.E. (Financial Accounting 1998), S. 650; Kieso, D.E./Weygandt, J.J. (Intermediate Accounting 1995), S. 147; Welsch, G.A./Zlatkovich, C.T. (Intermediate Accounting 1989), S. 1167 ff.

377 „... the measurement date of a disposal is the date on which the management having authority to approve the action commits itself to a formal plan to dispose of a segment of the business, whether by sale of disposal." APB Opinion 30, Abs. 14. Der formale Plan für die Stillegung oder Veräußerung muß dabei zumindest die folgenden vier Bestandteile enthalten: eine Beschreibung der wesentlichen Vermögensgegenstände, die im folgenden abgehen, eine Erläuterung der Art des Abgangs, die Dauer der phaseout period, eine Prognose des Betriebserfolgs für die phase-out period und eine Prognose der Erlöse bei der Aufgabe oder Veräußerung.

378 „... the disposal date is the date of closing the sale if the disposal is by sale or the date that operations cease if the disposal is by abandonment." APB Opinion 30, Abs. 14.

Stimmt der Zeitpunkt der formalen Beschlußfassung nicht mit dem Zeitpunkt
der Veräußerung oder Aufgabe überein, wird unter der zweiten Kategorie auch
der Betriebserfolg ausgewiesen, den der Unternehmensbereich zwischen dem
Zeitpunkt der Beschlußfassung und dem Zeitpunkt der Veräußerung oder Aufgabe **(phase-out period)**[379] erzielt.[380] Die Situation stellt sich problematisch
dar, wenn der Zeitpunkt der Beschlußfassung und der Zeitpunkt des Verkaufs
oder der Aufgabe nicht in der gleichen Berichtsperiode liegen **(extended phase-out period)**.

Abbildung 20 stellt die einzelnen Komponenten, die bei Vorliegen einer extended phase-out period unter den discontinued operations erfaßt werden, graphisch dar.

Abbildung 20:   Komponenten der discontinued operations

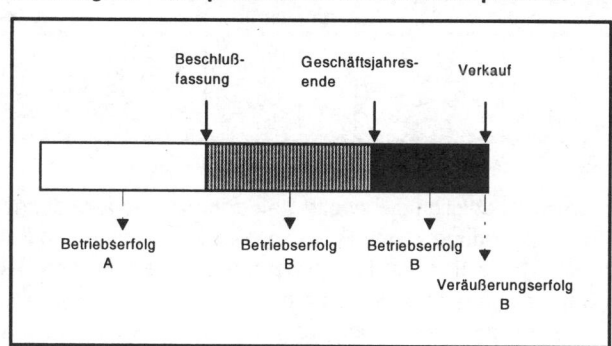

Konkret wird bei einer extended phase-out period der vom Zeitpunkt der Beschlußfassung bis zum Periodenende erzielte Betriebserfolg mit dem Betriebserfolg, den das Segment in der kommenden Berichtsperiode bis zur Ver-

---

379 Vgl. Delaney, P.R./Adler, J.R./Epstein, B.J./Foran, M.F. (GAAP 1999), S. 66. Die pha-
     se-out period sollte nicht den Zeitraum von 12 Monaten überschreiten. Vgl. APB Opini-
     on 30, Abs. 15. Entsprechende Anforderungen stellt auch die SEC. Vgl. Goldberg, I.
     (Income Statement Presentation 1996), S. 6.

     Für börsennotierte Unternehmen haben die Vorschriften der SEC Vorrang vor den US-
     GAAP, die von anderen Institutionen veröffentlicht wurden. Vgl. auch Siebert, H.
     (Grundlagen der US-amerikanischen Rechnungslegung 1996), S. 75.

380 Vgl. zu den verschiedenen Komponenten des gain (loss) of the disposal of a segment
     auch Deming, J.R. (Extraordinary Items 1974), S. 23; Munter, P. (Discontinued Opera-
     tions 1997), S. 66 ff.

äußerung oder Aufgabe erwirtschaftet, und dem eigentlichen Erfolg aus der Veräußerung zusammengefaßt. Die mit A bzw. B gekennzeichneten Komponenten sind somit getrennt auszuweisen. Da die beiden letztgenannten Komponenten die folgende Geschäftsperiode betreffen, müssen diese prognostiziert werden. Der eigentliche Abgangserfolg berechnet sich dabei als Differenz zwischen **Netto-Veräußerungswert** und **Buchwert des Netto-Vermögens**.[381]

Ergibt sich als Saldo (der Komponenten B) ein Verlust, ist dieser in der Berichtsperiode zu erfassen. Ein Gewinn wird dagegen grundsätzlich nur insoweit berücksichtigt, als er bereits realisiert worden ist.[382]

Beispiel 5:   **Discontinued operations**

Fall	Realisierter Erfolg	Erwarteter Erfolg	Erwarteter Veräuße-rungserfolg	Saldo	Gain (loss) on disposal of segment
1	$-400	$ -200	$ 700	$ 100	$ 0
2	$ 200	$ 300	$ 400	$ 900	$ 200
3	$ 200	$ -400	$ 500	$ 300	$ 200
4	$ -400	$ 400	$ 100	$ 100	$ 0

Beispiel 5 betrachtet lediglich die zweite Kategorie von Aufwendungen und Erträgen, die in der Abbildung 20 mit B gekennzeichnet sind: In den Fällen 1 und 4 ergibt sich als Saldo der drei Komponenten ein Gewinn, dem jedoch kein realisierter Gewinn gegenübersteht. Er darf nur bis zum realisierten Verlust realisiert werden, so daß im Jahr der Beschlußfassung weder ein Gewinn noch ein Verlust erfaßt wird.[383] In den Fällen 2 und 3 ist der Netto-Gewinn größer als

---

381 Vgl. APB Opinion 30, Abs. 15. Dabei sind sämtliche Aufwendungen zu berücksichtigen, die aus der Entscheidung des Abgangs resultieren. Dazu gehören zusätzliche Pensionsverpflichtungen, Abfindungen der Arbeitnehmer und zukünftige Mieten aufgrund langfristiger Leasingverträge, soweit diese nicht durch Untervermietung abgedeckt werden. Vgl. APB Opinion 30, Abs. 17. Auch Zinsen können wahlweise in den discontinued operations als Aufwendungen erfaßt werden. Wie die Zurechnung zu erfolgen hat, wird in EITF 87-24 'Allocation of Interest to Discontinued Operations' beschrieben.

382 Vgl. APB Opinion 30, Abs. 15; Welsch, G.A./Zlatkovich, C.T. (Intermediate Accounting 1989), S. 1167; Kieso, D.E./Weygandt, J.J. (Intermediate Accounting 1995), S. 163 ff.

383 Vgl. Spiceland, J.D./Sepe, J.F. (Intermediate Accounting 1998), S. 112; Delaney, P.R./Adler, J.R./Epstein, B.J./Foran, M.F. (GAAP 1999), S. 67.

der in der Berichtsperiode realisierte Erfolg. Er darf nur in der Höhe des realisierten Gewinns ausgewiesen werden.[384]

Stellt sich in der Periode des Abgangs des Segments heraus, daß die **Schätzungen** hinsichtlich des Betriebserfolgs und/oder des eigentlichen Abgangserfolgs falsch waren, so werden sie in der folgenden Periode, in der sie sich als fehlerhaft erwiesen haben, korrigiert. Eine Korrektur der Abschlüsse der Vorperioden erfolgt hingegen nicht.[385]

Discontinued operations werden – wie alle anderen gesondert in der **Gewinn- und Verlustrechnung** offenzulegenden unregelmäßigen Erfolgsbestandteile – nach Abzug der auf sie entfallenden ertragsabhängigen Steuern ausgewiesen. Es handelt sich insofern um Netto-Größen.[386] Der Ausweis der discontinued operations in der Gewinn- und Verlustrechnung stellt sich wie folgt dar:[387]

	Vorspalte	Hauptspalte
Discontinued operations		
Income (loss) from operations of discontinued Division X		
(less applicable income taxes of $ X)	XX	
Loss on disposal of Division X,		
including provision of $ X for operating losses during phase-out period		
(less applicable income taxes of $ X)	XX	XX

---

384 Gemäß EITF 85-36 'Discontinued Operations with Expected Gain and Interim Operating Losses' dürfen erwartete Betriebsverluste des abgehenden Segments erst in der Periode des eigentlichen Abgangs berücksichtigt werden, soweit mit hinreichender Sicherheit ein Netto-Gewinn erwartet wird.

385 Vgl. Kieso, D.E./Weygandt, J.J. (Intermediate Accounting 1995), S. 167. Die Vorjahresangaben dürfen auch dann nicht angepaßt werden, wenn sich ein Unternehmen in der Folgeperiode nach der Beschlußfassung entschließt, ein Segment doch nicht stillzulegen oder zu veräußern, da die Umkehrung der Entscheidung keinen Fehler darstellt. Lediglich der Betriebserfolg, den das Segment in den Vorperioden erzielt hat, muß aus den discontinued operations der Vorjahre in die entsprechenden Posten der continuing operations umgegliedert werden. Vgl. EITF 90-16; Goldberg, I. (Income Statement Presentation 1996), S. 4 f. Hat das Unternehmen in der Periode der Beschlußfassung bereits einen Verlust der Folgeperiode mittels der Bildung von Rückstellungen vorweggenommen, so wird in der Periode, in der die Entscheidung revidiert wird, die Rückstellung aufgelöst. Vgl. EITF 90-16; Goldberg, I. (Income Statement Presentation 1996), S. 4 f.

386 Diese Verfahrensweise wird als intraperiod tax allocation bezeichnet. Auch das income from continuing operations wird als Netto-Größe ausgewiesen. „The general concept is 'let the tax follow the income'." Kieso, D.E./Weygandt, J.J. (Intermediate Accounting 1995), S. 153.

387 Vgl. APB Opinion 30, Abs. 8.

Im Zuge der Revision von SFAS 121 'Accounting for Impairment of Long-Lived Assets and for Long-Lived Assets to Be Disposed Of' soll künftig **ein Verfahren** für die Bilanzierung des Abgangs von langlebigen Vermögensgegenständen festgelegt werden.[388] Dies umschließt folglich auch den Abgang von Segmenten. Zur bisherigen bilanziellen Vorgehensweise können sich daher folgende wesentliche Änderungen ergeben:[389]

(1) Der **Abgangserfolg** wird ggf. auf der Grundlage des niedrigeren Werts von Buchwert (carrying amount) und Marktwert (fair value) abzüglich der Verkaufskosten bewertet.

(2) Des weiteren zieht das FASB in Betracht, **Betriebserfolge** des abgehenden Segments in der phase-out period in der Periode zu erfassen, in der sie erwirtschaftet werden. Erwartete betriebliche Verluste auf der einen Seite würden damit nicht bereits in der Periode der Beschlußfassung einbezogen. Auf der anderen Seite würden realisierte betriebliche Verluste aufgrund eines prognostizierten Netto-Gewinns nicht erst in der Periode des eigentlichen Abgangs berücksichtigt.[390]

Der gesonderte Ausweis sämtlicher Aufwendungen und Erträge, die in Verbindung mit der Aufgabe von Geschäftsbereichen stehen, ermöglicht es dem Analysten, die zukünftige Entwicklung des Unternehmens hinsichtlich seines Kerngeschäfts besser einzuschätzen. Allerdings haben Unternehmen einen gewissen Spielraum bei der Beurteilung, ob ein Segment i.S.v. APB Opinion 30 vorliegt oder nicht. Sie können somit Einfluß auf die Klassifizierung der korrespondierenden Aufwendungen und Erträge innerhalb der continuing operations oder als gesonderter Posten 'below the line' in den discontinued operations nehmen.

Nach einer Untersuchung von 504 (Teil-)Betriebs- und Unternehmensverkäufen der Jahre 1985 und 1986 von Rapaccioli und Schiff scheinen Unternehmen diesen Ermessensspielraum in der Praxis erheblich zu ihren Gunsten auszunutzen: 61% der Veräußerungen mit einem Netto-Gewinn wurden innerhalb

---

388 Auch die IAS sehen nur ein Verfahren für die Bewertung von langlebigen Vermögensgegenständen vor. Vgl. IAS 36; Schmidt, M. (Folgebewertung des Sachanlagevermögens 1998), S. 808 ff.
389 Ein Exposure Draft ist für 1999 vorgesehen.
390 Vgl. Beispiel 4, Fall 1.

der continuing section ausgewiesen, während 57% der Veräußerungen mit einem Netto-Verlust in den discontinued operations erfaßt wurden.[391]

Schließlich stellt sich die Frage, ob es sinnvoll ist, erwartete Verluste aus der operativen Geschäftstätigkeit der kommenden Periode grundsätzlich bereits in der aktuellen Berichtsperiode zu erfassen, während realisierte Verluste bei einem erwarteten Netto-Gewinn überhaupt nicht berücksichtigt werden.[392] In das net income der Berichtsperiode gehen somit Geschäftsvorfälle einer folgenden Periode ein. Nach hier vertretener Ansicht ist ein Ausweis der erwarteten operativen Verluste in Form einer entsprechenden Anhangangabe ausreichend.[393]

c) Extraordinary items

Außerordentliche Aufwendungen und Erträge zeichnen sich dadurch aus, daß sie sowohl ihrer Art nach **ungewöhnlich**[394] sind als auch **selten**[395] anfallen;[396] beide Kriterien müssen erfüllt sein. Ist dagegen nur ein Kriterium erfüllt, erscheinen die ungewöhnlichen oder selten anfallenden Aufwendungen und Erträge im income from continuing operations. Extraordinary items werden

---

391 Vgl. Rapaccioli, D./Schiff, A. (Reporting Sales of Segments 1991), S. 55.

392 Vgl. Beispiel 4, Fall 4.

393 Es bleibt abzuwarten, inwieweit in SFAS 121 entsprechende Regelungen aufgenommen werden.

394 „Unusual nature – the underlying event or transaction should possess a high degree of abnormality and be of a type clearly unrelated to, or only incidentally related to, the ordinary and typical activities of the entity, taking into account the environment in which the entity operates." APB Opinion 30, Abs. 20. Je nach dem Tätigkeitsfeld des Unternehmens werden daher bestimmte Aufwendungen und Erträge unterschiedlich beurteilt. Bspw. sind Frostschäden auf einer Plantage in Florida nicht als außerordentlich zu betrachten, da mit diesen alle 3 oder 4 Jahre gerechnet werden muß. Vgl. Kieso, D.E./Weygandt, J.J. (Intermediate Accounting 1995), S. 148.

395 „Infrequency of occurrence – the underlying event or transaction should be of a type that would not reasonably be expected to recur in the foreseeable future, taking into account the environment in which the entity operates." APB Opinion 30, Abs. 20.

396 Vgl. APB Opinion 30, Abs. 20. Ziel von APB Opinion 30 ist es, die Anzahl der Tatbestände, die als außerordentlich klassifiziert werden, auf das notwendige Maß zu reduzieren. Vgl. Cameron, A.B./Stephens, L. (Treatment of Non-Recurring Items 1991), S. 83. Vgl. zur allgemeinen Zielsetzung des Ausweises der extraordinary items Barnea, A./Ronen, J./Sadan, S. (Extraordinary Items 1975), S. 60. Vor Einführung von APB Opinion 30 wurde die Einteilung in außerordentliche und ordentliche Komponenten in besonderem Maße bilanzpolitisch ausgenutzt. Bei einem niedrigen net income bestand bspw. die Tendenz, Verluste eher als außerordentlich einzustufen als Gewinne. Vgl. White, G.I./Sondhi, A.C./Fried, D. (Financial Statements 1997), S. 90 f.

ebenfalls nach Abzug der auf sie entfallenden ertragsabhängigen Steuern direkt nach den discontinued operations ausgewiesen.[397]

APB Opinion 30 zählt eine Reihe von Erträgen und Aufwendungen auf, die grundsätzlich nicht unter den extraordinary items erfaßt werden dürfen.[398] Andere Erfolgskomponenten genügen dagegen nicht den obengenannten Anforderungen, sind aber **kraft expliziter Regelung** unter die extraordinary items zu subsumieren. Dazu gehören insbesondere Gewinne und Verluste aus der frühzeitigen Tilgung langfristiger Verbindlichkeiten.[399]

Die strenge Abgrenzung führt dazu, daß außerordentliche Erfolge nur in Ausnahmefällen ausgewiesen werden. Ferner beschränkt sich das außerordentliche Ergebnis überwiegend auf die kraft Vorschrift auszuweisenden Erfolgskomponenten.[400] Von 600 befragten US-amerikanischen Unternehmen wiesen im Jahr 1994 gerade 59 extraordinary items aus. Ohne Ausnahme waren diese auf Gewinne und Verluste aus der frühzeitigen Tilgung langfristiger Schulden zurückzuführen. In den Jahren 1995 und 1996 gaben lediglich 3 bzw. 5 Unternehmen von den 53 bzw. 60 Unternehmen, die ein außerordentliches Ergebnis auswiesen, andere Ursachen als eben solche **Gewinne und Verluste aus der Tilgung langfristiger Schulden** an.[401]

397　Zu beachten ist, daß im Equity-Ertrag (equity in earnings of unconsolidated subsidiaries and 50% or less owned persons) enthaltene anteilige außerordentliche Aufwendungen und Erträge ebenfalls in das außerordentliche Ergebnis eingehen. Gleiches gilt für Aufwendungen und Erträge, die bei accounting changes entstehen. Vgl. Niehus, R.J./Thyll, A. (Konzernabschluß nach US-GAAP 1998), Rn. 1258.

398　Vgl. APB Opinion 30, Abs. 23. Dazu gehören: (1) Abschreibungen auf Forderungen, Vorräte, vermietete Vermögensgegenstände oder immaterielle Vermögensgegenstände, (2) Gewinne oder Verluste aus Fremdwährungsgeschäften oder der Fremdwährungsumrechnung, (3) Gewinne oder Verluste aus der Aufgabe eines Unternehmensbereichs (discontinued operations), (4) Gewinne oder Verluste aus dem Abgang von Anlagevermögen, (5) Aufwendungen und Erträge, die aus einem Streik resultieren, Anpassungen der Aufwendungen und Erträge bei langfristigen Verträgen.

　　Nur in seltenen Fällen erfüllen die unter Punkt 1 und 4 genannten Aufwendungen oder Erträge die beiden Kriterien der Seltenheit und Ungewöhnlichkeit, die eine Klassifizierung unter den extraordinary items erlauben. „For example, gains and losses such as (1) and (4) above would be classified as extraordinary if they are a direct result of a major casuality (such as an earthquake), an expropriation or a prohibition under a newly enacted law or regulation." Kieso, D.E./Weygandt, J.J. (Intermediate Accounting 1995), S. 148 (im Original teilweise fett, sowie anstatt (1) und (4) auf (a) und (d) verweisend).

399　Vgl. SFAS 4, Abs. 8.

400　Vgl. Nichols, D.R. (Never-to-Recur Unusual Item 1974), S. 47.

401　Vgl. Yarnall, G.L./Rikert, R. (Accounting Trends & Techniques 1997), S. 402.

d) Income from continuing operations

Die Aussonderung des außerordentlichen Ergebnisses aus dem income from continuing operations führt aufgrund der restriktiven Auslegung des Kriteriums 'außerordentlich' nicht zu einer Trennung von regelmäßigen und unregelmäßigen Aufwendungen und Erträgen.[402] Erfolgskomponenten, die entweder selten anfallen oder als ungewöhnlich einzustufen sind (**unsual or infrequently occurring items**) – mithin nur ein Kriterium der Außerordentlichkeit erfüllen –, werden weiterhin innerhalb des income from continuing operations ausgewiesen.[403]

Sollten im income from continuing operations unregelmäßige oder ungewöhnliche Aufwendungen und/oder Erträge enthalten sein, müssen diese indes gesondert ausgewiesen werden.[404] Dieser Umstand macht es möglich durch Ausgliederung der unusual or infrequently occurring items – ungeachtet der bilanzpolitischen Möglichkeiten – ein income from continuing operations zu bestimmen, daß sich auf die regelmäßigen Aufwendungen und Erträge beschränkt.

Obwohl unusual or infrequently occurring items betragsmäßig anzugeben sind, werden sie bei der **Ermittlung der offenzulegenden EPS nicht bereinigt.** Ihre Erfassung führt zu einer größeren Variabilität bzw. Sensitivität des income from continuing operations[405] und verringert demzufolge auch die Aussagefähigkeit der EPS hinsichtlich der nachhaltigen Ertragskraft des Unternehmens.

Bei einer externen Korrektur des income from continuing operations um die ungewöhnlichen und die unregelmäßigen Aufwendungen und Erträge im Zähler der EPS muß beachtet werden, daß die Beträge **vor Steuern** anzugeben sind. Das income from continuing operations wird dagegen nach ertragsabhängigen Steuern ausgewiesen.[406] Den Unternehmen steht es frei, diesbzgl.

---

402 Vgl. Cameron, A.B./Stephens, L. (Treatment of Non-Recurring Items 1991), S. 83; Schroeder, R.G./Clar, M.W. (Accounting Theory 1998), S. 148.

403 Vgl. Williams, J.R. (GAAP-Guide 1999), S. 42.09; Larson, K.D./Spoede, C.W./Miller, P.B.W. (Fundamentals 1994), S. 539. I.d.R. werden ungewöhnliche oder unregelmäßige Erfolgskomponenten unter den other revenues and gains oder den other expenses and losses ausgewiesen. Vgl. Kimmel, P.D./Weygandt, J.J./Kieso, D.E. (Financial Accounting 1998), S. 650.

404 APB Opinion 30, Abs. 26.

405 Vgl. SFAC 5, Abs. 35; Cameron, A.B./Stephens, L. (Treatment of Non-Recurring Items 1991), S. 81 ff.

406 „The Opinion stated that these items should not be reported net of income tax because (a) reporting net of tax is a feature of extraordinary items, (b) other items above 'In-

zusätzliche Angaben zu machen sowie die Auswirkungen auf die EPS zu erläutern.[407] Es ergeben sich daher Schwierigkeiten, den Nach-Steuer-Betrag der irregular or infrequently occurring items zu berechnen.[408]

Allerdings ist bei einer Erfolgsprognose zu beachten, daß gemäß empirischen Untersuchungen die **extraordinary items** und die **unsual or infrequently occurring items** einen unterschiedlichen **Informationswert** bzgl. zukünftiger Unternehmenserfolge besitzen. Denn im Gegensatz zu den extraordinary items ist es eher wahrscheinlich, daß sich unsual or infrequently occurring items in Zukunft wiederholen. Sie sollten daher bei der Prognose des net income nicht vernachlässigt werden. Bei der Prognose des Erfolgs vor discontinued operations, extraordinary items und unsual or infrequently occurring items spielen sie dagegen keine Rolle.[409]

e) Accounting changes

Accounting changes können einen wesentlichen Einfluß auf den Erfolg einer Berichtsperiode und aufgrund des zeitlichen Zusammenhangs der publizierten Rechenwerke unweigerlich auch auf den Erfolg der Vorperioden ausüben. Sie können zum einen den Einblick in die tatsächliche Ertragslage einer bestimmten Periode und zum anderen den zeitlichen Vergleich in erheblicher Weise beeinträchtigen.[410] APB Opinion 20 'Accounting Changes' unterscheidet daher zwischen **drei Arten von accounting changes**, an die jeweils unterschiedliche Rechnungslegungskonsequenzen (Berichtsfolgen) anknüpfen:

(1) Wechsel der Bilanzierungs- und/oder Bewertungsmethoden (change in accounting principle);

---

come before extraordinary items' are not usually reported net of tax, and (c) intraperiod income tax allocation might become overly complex." Welsch, G.A./Zlatkovich, C.T. (Intermediate Accounting 1989), S. 94.

407   Vgl. auch Goldberg, I. (Income Statement Presentation 1996), S. 8.

408   Vgl. Cameron, A.B./Stephens, L. (Treatment of Non-Recurring Items 1991), S. 82.

409   Vgl. Fairfield, P.M./Sweeney, R.J./Yohn, T.L. (Accounting Classification 1996), S. 338 f.

410   Vgl. Kimmel, P.D./Weygandt, J.J./Kieso, D.E. (Financial Accounting 1998), S. 652; APB Opinion 20, Abs. 1.

(2) Änderungen der bisherigen Schätz- bzw. Rechnungslegungsannahmen (change in accounting estimates);

(3) Änderung im Umfang des Berichtsobjekts bzw. des Konsolidierungskreises (change in reporting entity).

Des weiteren wird in APB Opinion 20 die Behandlung von fundamentalen Fehlern diskutiert, die allerdings nicht zu den accounting changes gezählt werden.[411]

Ein Methodenwechsel (**change in accounting principles**) liegt vor, wenn ein Unternehmen von einer GAAP-konformen Bilanzierungs- oder Bewertungsmethode zu einer anderen GAAP-konformen Methode wechselt.[412] Dem Unternehmen müssen sich somit zumindest zwei alternative Methoden anbieten.[413] Ein Wechsel von Bilanzierungs- und Bewertungsmethoden darf dabei nur vorgenommen werden, soweit veränderte Sachverhalte oder Umstände für diesen Wechsel sprechen.[414]

Der Großteil der Methodenwechsel wird gemäß dem sog. **current approach** bilanziert. Dieser fordert, daß die Differenz zwischen den Gewinnrücklagen zu Beginn der Berichtsperiode, in der der Methodenwechsel durchgeführt wird, und den Gewinnrücklagen, die sich ergeben, wenn der Methodenwechsel rückwirkend für alle betroffenen Perioden vollzogen wird, berechnet wird.[415] Die sich ergebende Differenz ist dann gesondert in der Gewinn- und Verlustrech-

---

411 Vgl. APB Opinion 20, Abs. 13.

412 Sieht eine neue Vorschrift eine veränderte Bilanzierungsweise vor, so muß der in der betreffenden Vorschrift erläuterten Behandlung des Methodenwechsels gefolgt werden.

413 Beispiele für changes in accounting principles sind der Wechsel von der linearen Abschreibung zu einer anderen Abschreibungsmethode, ein Wechsel in der Bewertung der Vorräte (z.B. von der FIFO-Bewertung zur Durchschnittsbewertung), ein Wechsel von der completed-contract-method zur percentage-of-completion-method bei der Langfristfertigung, ein Wechsel von der sofortigen Aufwandsverrechnung bestimmter Aufwendungen zur Aktivierung und Abschreibung der entsprechenden Aufwendungen und der Wechsel von der Anschaffungskostenmethode bei der Bewertung von Beteiligungen zur Equity-Bewertung. Vgl. Welsch, G.A./Zlatkovich, C.T. (Intermediate Accounting 1989), S. 1258.

414 Vgl. Goldberg, I. (Income Statement Presentation 1996), S. 11.

415 Vgl. APB Opinion 20, Abs. 20; Delaney, P.R./Adler, J.R./Epstein, B.J./Foran, M.F. (GAAP 1999), S. 741.

nung unter dem Posten cumulative effect of changes in accounting principles auszuweisen.[416]

Mit anderen Worten wird bei dieser Vorgehensweise die Situation abgebildet, die sich ergäbe, wenn die neue Methode von Anfang an angewandt worden wäre. Die erforderliche Korrektur, die sich auf die Vorperioden bezieht, mindert oder erhöht den Erfolg der Berichtsperiode. Die Anpassungsmaßnahme wird dementsprechend auch als catch-up adjustment bezeichnet.[417]

Der Ausweis des Postens **cumulative effect of changes in accounting principles** hat zwischen dem income before extraordinary items und dem net income zu erfolgen.[418] Die Abschlüsse der Vorperioden werden nicht angepaßt. Allerdings müssen gemäß APB Opinion 20 das income before extraordinary items sowie das net income für die Vorperioden zusätzlich auf die Weise ermittelt werden, als wäre die neue Methode bereits von Anfang an angewandt worden. Entsprechende Pro-forma-Daten[419] werden dann in der Gewinn- und Verlustrechnung offengelegt.[420] Ziel dieser Pro-forma-Angaben ist es, einen zeitlichen Vergleich zu ermöglichen. Neben dem Ausweis der EPS bezogen auf den cumulative effect of changes in accounting principles müssen ebenfalls die EPS-Daten für das income before extraordinary items und das net income auf Pro-forma-Basis angegeben werden.[421] Die Vorgehensweise des current approach wird im folgenden anhand des Wechsels der Abschreibungsmethode erläutert.

Beispiel 6:   **Change in accounting principle (current approach)**

Ein Unternehmen wechselt im Geschäftsjahr 1999 von der linearen Abschreibung (straight line depreciation) zur geometrisch-degressiven Abschreibung

---

416 Auswirkungen auf die ertragsabhängigen Steuern müssen dabei berücksichtigt werden.

417 Vgl. Welsch, G.A./Zlatkovich, C.T. (Intermediate Accounting 1989), S. 1257.

418 Gemäß APB Opinion 20, Abs. 20, ist die Anpassung „not an extraordinary item but should be shown in a manner similar to an extraordinary item."

419 Pro-forma-Angaben sind 'Als-ob'-Angaben.

420 Vgl. APB Opinion 20, Abs. 21.

421 Vgl. APB Opinion 20, Abs. 21; Spiceland, J.D./Sepe, J.F. (Intermediate Accounting 1998), S. 917. Pro-forma-Angaben sind für alle offengelegten Perioden erforderlich. Dabei ist zu beachten, daß ggf. weitere Anpassungen erforderlich werden, bspw. wenn sich Erfolgsbeteiligungen aufgrund eines höheren oder niedrigeren net income ändern würden. Vgl. APB Opinion 20, FN 6.

(declining-balance depreciation) mit einem Abschreibungssatz von 20%.[422] Der Vermögensgegenstand besitzt eine Nutzungsdauer von 10 Jahren und wurde Anfang 1997 angeschafft. Die Anschaffungskosten betragen $ 200.000. Der Steuersatz beträgt 40%. Der Anpassungsbetrag, der gesondert in der Gewinn- und Verlustrechnung auszuweisen ist, berechnet sich in diesem Fall wie folgt:[423]

Current approach

Bisher verrechnete lineare Abschreibungen (1997 und 1998) $ 200.000 · 10% · 2 Jahre		$ 40.000
Abschreibungen, die bei Anwendung der degressiven Abschreibungsmethode verrechnet worden wären		
1997: $ 200.000 · 20%	$ 40.000	
1998: ($ 200.000 - $ 40.000) · 20%	$ 32.000	$ 72.000
Anpassung (catch-up adjustment) vor Steuern = Erhöhung der kumulierten Abschreibungen		$ 32.000
Anpassung (catch-up adjustment) nach Steuern $ 32.000 · (1 - 0,4)		$ 19.200

APB Opinion 20 zählt einige Methodenwechsel auf, für die der current approach nicht zulässig ist. Statt dessen ist der **retroactive approach** anzuwenden. Zu den Methodenwechseln, die gemäß dem retroactive approach bilanziert werden, gehören der Wechsel von der completed-contract-method zur percentage-of-completion-method (und vice versa) bei der Langfristfertigung sowie der Wechsel vom LIFO-Verfahren zur Durchschnittsbewertung bei den Vorräten.[424]

Der Unterschied zum current approach besteht darin, daß der retroactive approach die Anpassungsmaßnahme, die die Vorperioden betrifft, direkt mit den

---

422 Ein Wechsel von der degressiven Abschreibungsmethode (accelerated depreciation method) zur linearen Abschreibung wird gemäß APB Opinion 20, FN 3, nicht als Methodenwechsel behandelt, soweit die folgenden 3 Bedingungen erfüllt werden: (1) Der Methodenwechsel zu einem bestimmten Zeitpunkt wurde bereits geplant. (2) Der Methodenwechsel wird vorgenommen, damit der betreffende Vermögensgegenstand über die Nutzungsdauer vollständig abgeschrieben werden kann. (3) Der Wechsel wird konsistent angewendet. In diesem Fall kennzeichnet die Kombination der zwei genannten Methoden eine eigene Abschreibungsmethode.

423 Die Abschreibung des laufenden Geschäftsjahrs wird unter dem entsprechenden Posten innerhalb der continuing section und nicht unter dem cumulative effect of changes in accounting principles erfaßt.

424 Vgl. APB Opinion 20, Abs. 27; Williams, J.R. (GAAP-Guide 1999), S. 42.10; Delaney, P.R./Adler, J.R./Epstein, B.J./Foran, M.F. (GAAP 1999), S. 746.

Gewinnrücklagen zu Beginn der Periode verrechnet. Der Erfolg der Periode wird folglich nicht berührt. Diese Anpassungsmaßnahme wird als prior period adjustment bezeichnet, da sich der Methodenwechsel lediglich in den Abschlüssen der vorangegangenen Perioden auswirkt.[425]

Sämtliche offengelegte Jahresabschlüsse müssen infolgedessen angepaßt werden, d.h., es erfolgt ebenfalls ein Ausweis, als wäre die neue Methode von Anfang an angewandt worden.[426] Eine Angabe von Pro-forma-Daten allein ist jedoch nicht ausreichend. Ferner müssen die Auswirkungen des Wechsels auf die EPS bezogen auf das income before extraordinary items und das net income für alle Offenlegungsperioden angegeben werden.[427]

Der Vorteil des retroactive approach besteht darin, daß die Gewinn- und Verlustrechnung der Berichtsperiode unberührt bleibt. Aufgrund dessen sieht ihn APB Opinion 20 insbesondere bei Methodenwechseln vor, die gegenüber der ursprünglichen Vorgehensweise zu einer Erhöhung des net income führen können.[428] Derartige Methodenwechsel bergen ansonsten stets die Gefahr, leicht als bilanzpolitisches Instrument mißbraucht zu werden.[429]

Kann der Anpassungsbetrag, der unter dem cumulative effect of changes in accounting principles gesondert auszuweisen ist, nicht bestimmt werden, wird der **prospective approach** angewandt.[430] Der prospective approach verzichtet gänzlich auf eine Anpassung der vorangegangenen Perioden. Statt dessen wirkt sich der Methodenwechsel in der laufenden und in den kommenden Perioden aus. Pro-forma-Daten werden von daher nicht offengelegt. Jedoch müssen die Auswirkungen auf den Erfolg der gegenwärtige Periode sowie die EPS angegeben werden.[431] Ein Beispiel hierfür ist der Wechsel von der FIFO- zur LIFO-Methode bei der Bewertung der Vorräte. Die Vorräte zum Ende des Vor-

---

425 Vgl. auch SFAS 16, Abs. 11.

426 Der retroactive approach geht in zwei Schritten vor. Zuerst wird die Anpassungsbuchung bzw. die catch-up adjustment zu Beginn des Jahres wie beim current approach berechnet. Anschließend erfolgt eine Anpassung sämtlicher Jahresabschlüsse.

427 Vgl. APB Opinion 20, Abs. 28.

428 „Certain changes in accounting principles are such that the advantages of retroactive treatment in prior years reports outweigh the disadvantages." APB Opinion 20, Abs. 27.

429 Vgl. Welsch, G.A./Zlatkovich, C.T. (Intermediate Accounting 1989), S. 1263.

430 Vgl. Delaney, P.R./Adler, J.R./Epstein, B.J./Foran, M.F. (GAAP 1999), S. 749.

431 Vgl. APB Opinion 20, Abs. 26.

jahrs entsprechen dann den Vorräten zu Beginn des Jahres, in der der Methodenwechsel stattfindet.[432]

Ein Wechsel von Bilanzierungs- und Bewertungsmethoden ist ein beliebtes Instrument, das Unternehmen zur **Erfolgsglättung** (income smoothing) einsetzen. In einer Untersuchung der Fortune 500 in den Jahren 1980 bis 1985 stellten May und Schneider fest, daß die Mehrzahl (61%) der Methodenwechsel zu einer Erhöhung der EPS führen.[433] Überdies lag die Ursache der Methodenwechsel oftmals nicht in einer Änderung des zugrundeliegenden Sachverhalts begründet.[434] „Evidence suggests that management's primary motivation in making discretionary accounting changes is not to reflect economic flows more accurately, but rather to manage reported earnings."[435]

Unter die accounting changes fallen ferner eventuelle Änderungen der Rechnungslegungsannahmen (**change in accounting estimates**). Die Bilanzierung und Bewertung von Geschäftsvorfällen beruht oftmals auf Schätzungen, da zukünftige Entwicklungen stets mit gewissen Unsicherheiten behaftet sind. Im Laufe der Zeit ist es allerdings möglich, aufgrund von im Zeitablauf bekanntgewordenen neuen Tatsachen bessere Schätzungen abzugeben. In diesem Fall muß bei der Abbildung des betreffenden Sachverhalts die neue verbes-

---

432 Vgl. Goldberg, I. (Income Statement Presentation 1996), S. 12.

433 Vgl. May, G.S./Schneider, D.K. (Reporting Accounting Changes 1998), S. 194.
Eine weitere Untersuchung stammt von Elliott und Philbrick. Sie untersuchten in den Jahren 1976 bis 1984 die Auswirkungen des Wechsels der Bilanzierungs- oder Bewertungsmethoden auf die Erfolgsprognosen von Analysten anhand von 612 Unternehmen, die Methodenwechsel vornahmen. Sie kamen zu dem Ergebnis, daß Analysten zum einen Schwierigkeiten haben, den Erfolg für das Jahr, in dem der Methodenwechsel stattfindet, zu prognostizieren. Zum anderen revidierten Analysten, die über einen Methodenwechsel informiert waren, ihre Erfolgsprognosen tendenziell in die entgegengesetzte Richtung der Auswirkungen des Methodenwechsels auf den Periodenerfolg, d.h. Methodenwechsel, die eine Erhöhung des Erfolgs zur Folge haben, führten zu einem niedrigeren erwarteten Erfolg seitens des Analysten. Vgl. Elliott, J.A./ and Philbrick, D.R. (Accounting Changes 1990), S. 157 ff.

434 Der größte Teil der Unternehmen nahm den Methodenwechsel vor, um die Aufwendungen den dazugehörigen Erträgen gegenüberzustellen (52,3%). Die wörtliche Begründung lautete bspw. „to better conform to the matching process"; May, G.S./Schneider, D.K. (Reporting Accounting Changes 1998), S. 195. Weitere 19,2% wechselten die Bilanzierungs- oder Bewertungsmethoden lediglich deshalb, um sich den Gepflogenheiten der Branche anzupassen. Lediglich 11,5% gaben als Begründung eine genauere Darstellung des tatsächlichen Abschreibungsverlaufs, eine zuverlässigere Bewertung der Vorräte oder der Investitionen an. Vgl. May, G.S./Schneider, D.K. (Reporting Accounting Changes 1998), S. 195.

435 May, G.S./Schneider, D.K. (Reporting Accounting Changes 1998), S. 196.

serte Schätzung zugrunde gelegt werden.[436] Zu den Änderungen der Schätzannahmen zählen bspw. eine neue Schätzung des Restwerts oder der Nutzungsdauer eines Vermögensgegenstands, die Schätzung der Höhe der Garantierückstellungen und der uneinbringlichen Forderungen.[437]

Im Fall der Änderung der Schätzannahmen ist eine Anpassung der Abschlüsse
des Vorjahrs sowie die Offenlegung von Pro-forma-Daten nicht erforderlich.
Die Änderung wird folglich nicht durch eine gesonderte Buchung erfaßt, sondern wirkt sich indirekt auf die laufende und die kommenden Perioden aus
(**prospective approach**). APB Opinion 20 fordert des weiteren, daß die Auswirkungen der Änderung von Rechnungslegungsannahmen auf das income
before extraordinary items und das net income sowie auf die korrespondierenden EPS-Daten der Berichtsperiode angegeben werden müssen.[438]

Beispiel 7:   **Change in accounting estimates (prospective approach)**

Ein Vermögensgegenstand wurde Anfang 1997 gekauft. Die Anschaffungskosten betragen $ 300.000 und die Nutzungsdauer beläuft sich auf 10 Jahre. Im
Geschäftsjahr 1999 wird festgestellt, daß die Nutzungsdauer voraussichtlich 12
Jahre beträgt. Der Restbuchwert von $ 240.000 im Jahr 1999 wird beim pro-
spective approach durch die neue (Rest-)Nutzungsdauer dividiert:

Prospective approach

Anschaffungskosten	$ 300.000
Kumulierte Abschreibungen ($ 30.000 · 2)	$ 60.000
Restbuchwert zu Beginn des Jahres 1999	$ 240.000
Abschreibung des Jahres 1999 ($ 240.000 : 10 Jahre)	$ 24.000

Das Beispiel verdeutlicht die Nachteile des prospective approach gegenüber
dem current und dem retroactive approach. Wird lediglich die Erfolgskompo-
nente betrachtet und nicht die damit korrespondierende Bewertung des dazugehörigen Vermögensgegenstands, so zeigt sich, daß in sämtlichen Perioden
aus betriebswirtschaftlicher Sicht falsche Abschreibungsbeträge in das net in-

---

436 Die Definition der Änderung der Rechnungslegungsannahmen beruht darauf, daß so-
     wohl die ursprüngliche Schätzung als auch die neue Schätzung zum entsprechenden
     Zeitpunkt realistisch und unter Einbeziehung aller bekannten Umstände getroffen wor-
     den sind. Mit anderen Worten darf es sich nicht um einen Fehler handeln.

437 Vgl. Delaney, P.R./Adler, J.R./Epstein, B.J./Foran, M.F. (GAAP 1999), S. 751.

438 Vgl. APB Opinion 20, Abs. 33. Eine Angabe ist erforderlich, sofern mehrere Perioden
     von der Änderung der Rechnungslegungsannahmen betroffen sind.

come eingehen. Die korrekte Abschreibung beträgt für alle Perioden $ 25.000.[439] Aufgrund der ursprünglichen Schätzung der Nutzungsdauer wurden in den Jahren 1997 und 1998 zu hohe Abschreibungen verrechnet ($ 30.000). Nach der Änderung der Nutzungsdauer werden dagegen in den Folgejahren zu niedrige Abschreibungen berücksichtigt ($ 24.000).

Die fehlerhafte Bewertung im Änderungszeitpunkt wird aufgrund ungenügender Informationen in der Vergangenheit durch eine fehlerhafte Bewertung in allen Folgeperioden ausgeglichen, um im Saldo das richtige Ergebnis, d.h. einen Restbuchwert von $ 0 zum Ende der Nutzungsdauer, zu erhalten. Während sich in der Totalbetrachtung die Fehler ausgleichen, werden folglich sämtliche Periodenergebnisse und damit auch die EPS-Daten falsch ausgewiesen.

Als letzte Komponente der accounting changes ist die Änderung des Konsolidierungskreises (change in reporting entity) zu nennen. Bei ihr müssen gemäß dem retroactive approach alle offengelegten Abschlüsse angepaßt werden.[440] Auch die Auswirkungen auf das income before extraordinary items und das net income sowie die entsprechenden EPS-Daten sind für alle Offenlegungsperioden zu zeigen.[441]

Die Korrektur von fundamentalen Fehlern (fundamental errors) zählt nicht zu den accounting changes. „Errors in financial statements result from mathematical mistakes, mistakes in application of accounting principles, or oversight or misuse of facts that existed at the time the financial statements were prepared."[442]

Werden wesentliche Fehler erst in einer nachfolgenden Berichtsperiode entdeckt, muß gemäß dem retroactive approach die Anpassung, die sich auf die Vorperioden bezieht, erfolgsneutral mit den Gewinnrücklagen verrechnet wer-

---

439 $ 300.000 : 12 Jahre = $ 25.000.
440 Vgl. Spiceland, J.D./Sepe, J.F. (Intermediate Accounting 1998), S. 119. Die Änderung des Umfangs des Berichtsobjekts bzw. des Konsolidierungskreises wird wie folgt beschrieben: „One special type of change in accounting principles results in financial statements which, in effect, are those of a different reporting entity. This type is limited mainly to (a) presenting consolidated or combined statements in place of statements of individual companies, (b) changing specific subsidiaries comprising the group of companies for which consolidated statements are presented, and (c) changing the companies included in combined financial statements. A different group of companies comprise the reporting entity after each change." APB Opinion 20, Abs. 12.
441 Vgl. APB Opinion 20, Abs. 35.
442 ABP Opinion 20, Abs. 13.

den. Die Abschlüsse der Vorperioden werden ebenfalls korrigiert. Des weiteren hat im Jahr der Korrektur eine Angabe der Auswirkungen auf das income before extraordinary items, das net income sowie auf die dazugehörigen EPS-Daten zu erfolgen.[443]

f) Comprehensive Income

Das comprehensive income[444] umfaßt neben dem **net income** der Gewinn- und Verlustrechnung auch andere Eigenkapitalveränderungen der Periode (**other comprehensive income**).[445] Letztgenannte Veränderungen dürfen jedoch nicht die Folge von Einzahlungen der Aktionäre oder Ausschüttungen an diese sein.[446] Das comprehensive income beinhaltet somit 'Ergebniskomponenten', die an der Gewinn- und Verlustrechnung vorbeigeführt und direkt mit dem Eigenkapital verrechnet werden.[447]

Zu den im other comprehensive income auszuweisenden Komponenten gehören bspw. unrealisierte Gewinne und Verluste bestimmter Wertpapiere[448], Anpassungen der minimum pension liability[449] bei der Bilanzierung von Pensions-

---

443 Vgl. ABP Opinion 20, Abs. 37; Spiceland, J.D./Sepe, J.F. (Intermediate Accounting 1998), S. 120; Delaney, P.R./Adler, J.R./Epstein, B.J./Foran, M.F. (GAAP 1999), S. 752 f.

444 Als Synonym gilt die Bezeichnung total non-owner changes in equity in SFAC 5, Abs. 13.

445 Vgl. Spiceland, J.D./Sepe, J.F. (Intermediate Accounting 1998), S. 123; Williams, J.R. (GAAP-Guide 1999), S. 42.12.

446 Vgl. SFAS 130, Abs. 11; SFAC 6, Abs. 70; Brownlee, E.R./Ferris, K.R./Haskins, M.E. (Corporate Financial Reporting 1998), S. 738.

447 Theoretisch betrachtet werden die Beträge, die im other comprehensive income erfaßt werden, grundsätzlich auch im net income berücksichtigt. Damit es zu keinen Doppelerfassungen kommt, müssen sog. reclassification adjustments vorgenommen werden. Wird bspw. ein Wertpapier, das als available-for-sale security klassifiziert worden ist, mit einem Gewinn in Höhe von $ 600 in der Periode 2 verkauft, muß dieser Erfolg im net income berücksichtigt werden. Wurde aber bereits in der Vorperiode ein unrealisierter Gewinn in Höhe von $ 100 im other comprehensive income erfaßt, muß eine (negative) Anpassung im other comprehensive income von $ 100 vorgenommen werden.

448 Hierbei handelt es sich um bestimmte unrealisierte Gewinne und Verluste aus available-for-sale securities gemäß SFAS 115.

449 Die minimum pension liability stellt die Differenz zwischen der accumulated pension benefit obligation (Barwert der erdienten Pensionsansprüche ohne Berücksichtigung zukünftiger Gehaltssteigerungen zum Bewertungsstichtag) und dem Vermögen des Pensionsfonds dar. Sie kann nur bei leistungsorientierten Pensionsplänen, bei denen das Unternehmen die Leistung eventuell auch selbst erbringen muß, entstehen.

verpflichtungen sowie bestimmte Gewinne und Verluste, die aus der Fremdwährungsumrechnung[450] oder aus Fremdwährungsgeschäften (foreign currency items) resultieren.[451]

Den Unternehmen bieten sich drei Möglichkeiten hinsichtlich des **Ausweises**
des other comprehensive income:[452] Erstens können die einzelnen Komponenten des other comprehensive income direkt im Anschluß an das net income
in der Gewinn- und Verlustrechnung ausgewiesen werden. Als letzte Saldo-
größe wird dann das (vollständige) comprehensive income gezeigt. Zweitens
kann das comprehensive income in einem eigenen statement offengelegt werden. Dabei werden die Komponenten des other comprehensive income nach
dem net income aufgeführt. Drittens besteht die Möglichkeit, die Bestandteile
des other comprehensive income gesondert im statement of changes in equity
zu zeigen.[453]

SFAS 130 fordert für das (other) comprehensive income **keine** Offenlegung
von **EPS-Daten**, wie es eingangs vom Exposure Draft noch vorgesehen war.
Begründet wird der Verzicht damit, daß vor der Verpflichtung zur Offenlegung
entsprechender EPS-Werte noch eine Reihe von konzeptionellen Fragen geklärt werden müssen.[454] Dazu zählen vor allem die Fragen, unter welchen Umständen Komponenten des comprehensive income bilanziert werden und welche Kriterien die Zuordnung eines Sachverhalts zum net income oder zum
other comprehensive income bestimmen.[455]

---

450 Währungsumrechnungsdifferenzen, die erfolgsneutral zu behandeln sind, werden nach
SFAS 52, Abs. 13, im Eigenkapital als cumulative currency translation adjustment
ausgewiesen.

451 Vgl. SFAS 130, Abs. 17; Beresford, D.R./Johnson, L.T./Reither, C.L. (Second Income
Statement 1996), S. 70; Munter, P. (Comprehensive Income 1996), S. 36.

452 Vgl. Brauchle, G.J./Reither, C. (Comprehensive Income 1997), S. 42 f.; Delaney,
P.R./Adler, J.R./Epstein, B.J./Foran, M.F. (GAAP 1999), S. 62.

453 Vgl. SFAS 130, Abs. 22. Das FASB befürwortet dabei insbesondere die Offenlegung in
der Gewinn- und Verlustrechnung, die dann als statement of income and comprehensive income bezeichnet wird.

454 Vgl. SFAS 130, Abs. 76 f.; Williams, J.R. (GAAP-Guide 1999), S. 42.12.; Johnson,
L.T./Reither, C.L./Swieringa, R.J. (Comprehensive Income 1998), S. 179.

455 SFAS 130 behandelt lediglich den Ausweis der verschiedenen Komponenten. „Although SFAS No. 130 requires the reporting and display of comprehensive income and
its components, it does so without addressing the more conceptual questions such as
when components of comprehensive income should be recognized, how those components should be measured, and what are the distinguishing characteristics between
items included in net income versus items included in other comprehensive income.
Even so, the requirement for a more transparent display of information about compre-

Ein Ausweis der EPS-Daten bezogen auf das comprehensive income kann nur befürwortet werden. Dies gilt insbesondere vor dem Hintergrund, daß bei bestimmten Fallkonstellationen und einer entsprechenden Ausnutzung bilanzpolitischer Spielräume sowohl eine Erfassung im net income als auch im other comprehensive income möglich sein kann. Je nach der bilanzpolitischen Zielsetzung des Unternehmens wird dann ein Ausweis innerhalb des net income oder des other comprehensive income gewählt.[456] Entsprechende EPS-Daten würden daher sicherstellen, daß sämtliche 'Ergebniskomponenten' berücksichtigt werden.[457] Abbildung 21 stellt nochmals die EPS-Daten zusammen, die nach US-GAAP ausgewiesen werden müssen.

Abbildung 21:   Ausweis von EPS-Daten nach US-GAAP

Erfolgsgröße	EPS-Angaben
Income from continuing operations	Gewinn- und Verlustrechnung
Discontinued operations	Gewinn- und Verlustrechnung oder Anhang
Extraordinary items	Gewinn- und Verlustrechnung oder Anhang
Cumulative Effect of Changes in Accounting Principles	Gewinn- und Verlustrechnung oder Anhang
Net income	Gewinn- und Verlustrechnung

---

hensive income and its components should enable financial statement users to evaluate that information more efficiently and effectively and to consider its relationship to the overall economic and financial performance of a company." Brauchle, G.J./Reither, C.L. (Comprehensive Income 1997), S. 45 f.

456 Ein prägnantes Beispiel – allerdings auf Grundlage der Vorschriften des HGB – stellt die erfolgsneutrale Behandlung des Geschäfts- oder Firmenwerts gemäß § 309 HGB dar. Vgl. Küting, K./Dusemond, M./Nardmann, B. (Kapitalkonsolidierung 1994), S. 7 ff.; Küting, K. (Geschäfts- oder Firmenwert 1997), S. 447 ff.

457 „The statement ensures that these items would not be buried." O.V. (Comprehensive Income Reporting 1996), S. 19.

Zusätzliche EPS-Angaben bei accounting changes und fundamental errors	
Accounting changes Change in accounting principles Current approach	Pro-forma-Daten bezogen auf das income before extraordinary items und das net income für alle Offenlegungsperioden.
Retroactive approach	Auswirkungen auf das income before extraordinary items und das net income für alle Offenlegungsperioden.
Prospective approach	Auswirkungen auf das income before extraordinary items und das net income der gegenwärtigen Periode.
Change in accounting estimates (prospective approach)	Auswirkungen auf das income before extraordinary items und das net income der gegenwärtigen Periode.
Change in reporting entity (retroactive approach)	Auswirkungen auf das income before extraordinary items und das net income für alle Offenlegungsperioden.
Fundamental error (retroactive approach)	Auswirkungen auf das income before extraordinary items und das net income für alle Offenlegungsperioden.

3. Ermittlung der Anzahl der Aktien im Nenner der Earnings per Share

a) Überblick

Die nach SFAS 128 offenzulegenden EPS-Daten knüpfen nicht nur an die individuelle Erfolgsstruktur eines Unternehmens, sondern auch an dessen Kapitalstruktur an: Hat ein Unternehmen lediglich Stammaktien im Umlauf, liegt eine **einfache Kapitalstruktur** vor. Ein Unternehmen mit einer **komplexen Kapitalstruktur** hat dagegen sowohl Stammaktien begeben als auch potentielle Stammaktien ausstehen.[458] Als potentielle Stammaktien gelten dabei solche Aktien, die bei der Ausübung oder Umwandlung von Rechten (z.B. Optionsrechten) entstehen.

Bei Vorliegen einer einfachen Kapitalstruktur müssen Unternehmen, die nach US-GAAP Rechnung legen, nur die **basic EPS** ermitteln. Dabei werden die verschiedenen Erfolgsgrößen zum gewichteten Durchschnitt der in der Rechnungsperiode im Umlauf befindlichen Stammaktien in Beziehung gesetzt. Die

---

458 Die potentiellen Stammaktien müssen dabei verwässernd wirken, um eine komplexe Kapitalstruktur im Sinne der EPS darzustellen. Vgl. Munter, P. (Earnings Per Share Reporting 1997), S. 21; Spiceland, J.D./Sepe, J.F. (Intermediate Accounting 1998), S. 876; Teil 5 Gliederungspunkt I. B. 3. c).

basic EPS geben damit die tatsächlichen Verhältnisse aufgrund der historischen Kapitalstruktur wieder.[459]

Liegt eine komplexe Kapitalstruktur vor, müssen neben den basic EPS zusätzlich die sog. **diluted EPS** offengelegt werden. Die diluted EPS beziehen neben den tatsächlich ausstehenden Aktien auch potentielle Aktien in den Nenner mit ein. Sie geben die zukünftige maximal mögliche Verwässerung im Sinne einer 'Als-ob-Rechnung' wieder.[460] Als Verwässerungseffekt wird dabei die Verringerung des ursprünglichen EPS-Betrags betrachtet, die durch die im Nenner zu berücksichtigende fiktiv steigende Anzahl von Aktien verursacht wird.[461]

Die Offenlegung der basic EPS und der diluted EPS zeigt dem Analysten die beiden Extreme an, zwischen denen sich die EPS – bezogen auf ihre Nennergröße – bewegen können.[462] Mit der Unterscheidung zwischen basic EPS und diluted EPS hat das FASB in SFAS 128 die Konzeption der primary EPS aufgegeben, die eine wahrscheinliche Verwässerung andeuten sollten.[463]

---

459 Vgl. Elsea, J.E./Cox, B.D. (FASB's New Earnings per Share 1997), S. 29.

460 „While basic EPS is determined from historical data, dilutive EPS also takes prospective events into consideration and presents a conservative scenario." Elsea, J.E./Cox, B.D. (FASB's New Earnings per Share 1997), S. 29. Nach einer Befragung von Analysten wird den diluted EPS eine größere Bedeutung als den basic EPS beigemessen. Vgl. Matsumoto, K./Shivaswamy, M./Hoban, J.P. (Financial Ratios 1995), S. 47; Balsam, S./Lipka, R. (Earnings Per Share 1998), S. 234 ff.

461 „A reduction in EPS ... is a dilution if it results from one of the following assumptions: Convertible securities have been converted, options and warrants have been exercised, or other contingently issuable shares have been issued in fulfillment of certain conditions." Goldberg, I. (Income Statement Presentation 1996), S. 17. Vgl. zum Verwässerungseffekt Teil 5 Gliederungspunkt I. B. 3. c) (3).

462 „Presenting undiluted and diluted EPS data would give users the most factually supportable range of EPS possibilities. The spread between basic and diluted EPS would provide information about an entity's capital structure by disclosing a reasonable estimate of how much potential dilution exists." SFAS 128, Abs. 89. Vgl. auch Teil 5 Gliederungspunkt I. B. 3. c).

463 Vgl. zu den primary EPS Goldberg, I. (Income Statement Presentation 1996), S. 19; DeBerg, C.L. (Immateriality of Primary EPS 1991), S. 91 ff. Die primary EPS lassen sich zwischen den basic und diluted EPS einordnen, denn sie versuchten, anhand von Annahmen die zukünftige wahrscheinliche Verwässerung zu berechnen. Die diluted EPS nach SFAS 128 stimmen grundsätzlich mit den fully diluted EPS nach APB Opinion 15 überein. Sie wurden in der alten Fassung als fully diluted bezeichnet, da die primary EPS bereits bestimmte zukünftige Verwässerungseffekte berücksichtigten. Der Verwässerungseffekt, den die primary EPS widerspiegeln, siedelt sich somit zwischen der tatsächlichen Verwässerung und der maximalen potentiellen Verwässerung an. Es wurden nicht sämtliche potentielle Aktien berücksichtigt, sondern nur die Verwässerungseffekte der sog. common stock equivalents, die materiell betrachtet den Stammaktien äquivalent sind. Die Klassifizierung von potentiellen Aktien als common stock

Im folgenden wird die Berechnung der basic und der diluted EPS dargestellt. Die Bezeichnung basic bzw. diluted bezieht sich lediglich auf die zu berücksichtigende Anzahl von Aktien im Nenner. Je nach der (Teil-)Erfolgsgröße, die in den Zähler eingeht, lassen sich des weiteren – wie bereits erörtert – bis zu fünf verschiedene Varianten der basic und der diluted EPS unterscheiden.[464]

b)   Basic Earnings per Share

(1)   Basisgleichung

Die basic EPS setzen den Erfolg, der den Stammaktionären zuzurechnen ist (income available to common stockholders), in Relation zum gewichteten Durchschnitt der in der Rechnungsperiode im Umlauf befindlichen **Stammaktien** (weighted average number of common shares outstanding):[465]

$$\text{basic EPS} = \frac{\text{income available to common stockholders}}{\text{weighted average number of common shares outstanding}}$$

$$= \frac{\text{Erfolg, der den Stammaktionären zuzurechnen ist}}{\text{gewichteter Durchschnitt der in der Periode ausstehenden Stammaktien}}$$

Im einfachsten Fall werden die basic EPS ermittelt, indem die betreffende Erfolgsgröße durch die Anzahl an Stammaktien dividiert wird. Dies gilt, sofern das Unternehmen nur eine Klasse von Stammaktien ausgegeben hat, sich

---

equivalents wurde allerdings als äußerst willkürlich betrachtet. Vgl. FASB (Earnings per Share 1996), Abs. 80. Diese willkürlichen Bestimmungen zur Ermittlung der common stock equivalents sowie das komplexe Berechnungsschema der primary EPS führten dazu, daß die primary EPS in der Praxis – und insbesondere im Ausland – oft mißverstanden wurden: „Several empirical studies indicated that EPS rules often are misunderstood by preparers and auditors and are not always applied correctly. The primary EPS statistic itself had been widely criticized as not being useful. Considerable evidence showed that many users of financial statements think that primary EPS is based on an undiluted weighted-average number of common shares outstanding ...". SFAS 128, Abs. 86.

464   Vgl. Teil 5 Gliederungspunkt I. B. 2.

465   Vgl. SFAS 128, Abs. 8; Munter, P. (Earnings Per Share Reporting 1997), S. 18; Niehus, R.J./Thyll, A. (Konzernabschluß nach US-GAAP 1998), Rn. 462.

während der Betrachtungsperiode die Anzahl der ausgegebenen Stammaktien nicht geändert hat und sich keine Vorzugsaktien im Umlauf befanden.

Gewöhnlich geben US-amerikanische Unternehmen nur eine Klasse von Stammaktien aus, d.h., alle Stammaktien verbriefen die gleichen Rechte.[466] In Einzelfällen werden jedoch auch mehrere Klassen von Stammaktien begeben, die unterschiedliche Stimm- oder Dividendenrechte gewähren.[467]

Werden **unterschiedliche Dividendenrechte** gewährt,[468] muß sowohl zur Ermittlung der basic EPS als auch der diluted EPS die sog. **two-class-method** angewandt werden.[469] Dabei wird der Gewinn entsprechend den unterschiedlich ausgestalteten Dividendenanrechten der Aktienklassen auf diese aufgeteilt und anschließend für jede Aktienklasse eine EPS-Kennzahl berechnet.[470] Die two-class-method wird an folgendem Beispiel illustriert.

Beispiel 8:   **Two-class-method**

	Klasse A	Klasse B
Dividende je Aktie	$ 5	$ 2
Anzahl an Aktien	10.000 Aktien	5.000 Aktien
Net income	$ 200.000	

---

466   Stammaktien (common stocks) gewähren ein Stimmrecht, einen Anspruch auf den Gewinn (Dividende) sowie auf den Liquidationserlös. Ein Bezugsrecht auf junge Aktien bei Kapitalerhöhungen gewähren dagegen in den USA nicht alle Stammaktien: „Traditionally, common shareholders had preemptive rights, such as the right to maintain their proportionate interest when more shares are issued. More recently, however, the cost of satisfying this requirement has led many corporations to eliminate it. The certificate of incorporation may limit these rights; however, limitation of the rights of any class is precluded unless one class has no such limitations." Benis, M. (Shareholders' Equity 1996), S. 4.

467   Zu den Unternehmen mit dual-class shares gehören Ford, Reader's Digest, Smukker's, Washington Post Group und Adolph Coors. Diese Unternehmen standen lange Zeit in Familienbesitz, bis aufgrund der stark wachsenden Unternehmensaktivitäten weitere Eigenkapitalgeber aufgenommen werden mußten. Um dennoch die Kontrolle zu behalten, wurden zwei Arten von Stammaktien ausgegeben, die unterschiedliche Stimmrechte verbriefen. Vgl. Grinblatt, M./Titman, S. (Financial Markets 1998), S. 77.

468   Stammaktien mit unterschiedlichen Dividendenrechten dürfen nicht mit Vorzugsaktien verwechselt werden, die vor den Stammaktien bedient werden.

469   Vgl. SFAS 128, Abs. 60 f.

470   Vgl. auch Mertens, U. (Earnings per Share 1995), 23 f.

Ein Unternehmen hat zwei Klassen von Stammaktien im Umlauf. Die Dividende der Klasse A beträgt $ 5/Aktie und die der Klasse B $ 2/Aktie. Eine eventuell darüber hinausgehende Gesamtausschüttung wird im Verhältnis 60:40 aufgeteilt. In der hier betrachteten Periode wird jedoch auf eine zusätzliche Dividende verzichtet. Die EPS müssen für jede Klasse getrennt berechnet werden. Sie ergeben sich aus der Summe der Dividende je Aktie und des auf die betreffende Aktiengattung entfallenden unverteilten Gewinns je Aktie:

Der Gewinn, der nicht ausgeschüttet wird, beträgt $ 140.000 (= $ 200.000 − $ 5 · 10.000 Aktien − $ 2 · 5.000 Aktien). Dieser wird nun − wie eine weitere Ausschüttung − im Verhältnis 60:40 aufgeteilt:

$$\text{Klasse A}: \quad \frac{0{,}6 \cdot 10.000 \text{ Aktien}}{0{,}6 \cdot 10.000 \text{ Aktien} + 0{,}4 \cdot 5.000 \text{ Aktien}} \cdot \$ 140.000 = \$ 105.000$$

$$\text{Klasse B}: \quad \frac{0{,}4 \cdot 5.000 \text{ Aktien}}{0{,}6 \cdot 10.000 \text{ Aktien} + 0{,}4 \cdot 5.000 \text{ Aktien}} \cdot \$ 140.000 = \$ 35.000$$

Die EPS für die Klassen A und B ergeben sich letztlich als Summe aus dem ausgeschütteten Gewinn und dem nicht ausgeschütteten Gewinn je Aktie:

$$\text{Klasse A}: \quad \frac{\$ 5}{\text{Aktie}} + \frac{\$ 105.000}{10.000 \text{ Aktien}} = \frac{\$ 15{,}5}{\text{Aktie}}$$

$$\text{Klasse B}: \quad \frac{\$ 2}{\text{Aktie}} + \frac{\$ 35.000}{5.000 \text{ Aktien}} = \frac{\$ 9}{\text{Aktie}}$$

Die two-class-method wird neben der Ermittlung der EPS bei Unternehmen mit Stammaktien unterschiedlicher Dividendenberechtigung auch bei solchen Wertpapieren angewandt, die gemeinsam **mit den Stammaktien** in einem **festgelegten Verhältnis am Gewinn** beteiligt sind.[471] Demnach muß die two-class-method insbesondere auch für **Vorzugsaktien**, die voll oder teilweise in einem festgelegten Verhältnis am Gewinn beteiligt werden (**fully participating**

---

471 Vgl. SFAS 128, Abs. 60a. Diese Wertpapiere dürfen jedoch nicht in Stammaktien wandelbar sein, da in diesem Fall die if-converted-method angewandt werden muß. Vgl. Teil 5 Gliederungspunkt I. B. 3. c) (2) (a).

preferred stock und **partially participating preferred stock**), angewendet werden.[472]

(2) Vorzugsaktien

Vorzugsaktien, die nach ihrer Dividendenbedienung keine weiteren Ansprüche mehr auf die Gewinne der Gesellschaft beinhalten (**nonparticipating preferred stock**), werden bei der Ermittlung der EPS-Kennziffern ausgeklammert.[473] Stehen derartige Vorzugsaktien aus, ist es nicht mehr möglich, die jeweilige(n) Erfolgsgröße(n) direkt aus der Gewinn- und Verlustrechnung zu übernehmen. Um zum Erfolg, der auf die Stammaktionäre entfällt (income available to common stockholders), zu gelangen, muß die Vorzugsdividende zuvor von der betreffenden Erfolgsgröße abgezogen werden:[474]

$$\text{basic EPS} = \frac{\text{income from continuing operations bzw. net income} - \text{preferred stock dividends}}{\text{weighted average number of common shares outstanding}}$$

---

472 Vgl. SFAS 128, Abs. 155. Wird bspw. eine Vorzugsaktie mit einem Dividendenanspruch von 5% voll am Gewinn beteiligt (fully participating preferred stock), so erhalten Vorzugs- und Stammaktien, nachdem auch die Stammaktien mit 5% am Gewinn beteiligt worden sind, auf Pro-rata-Basis eine zusätzliche Dividende. Liegen partially participating preferred stocks vor, wird der über den festen Dividendenanspruch hinausgehende Gewinn für die Vorzugsaktionäre auf einen bestimmten Prozentsatz begrenzt. Participating preferred stocks werden nur gelegentlich von US-amerikanischen Unternehmen ausgegeben. Sie bedürfen einer Sonderregelung in den articles of corporation. Vgl. Gitman, L.J. (Managerial Finance 1994), S. 566; Merkt, H. (US-amerikanisches Gesellschaftsrecht 1991) S. 254. Auch in **Deutschland** erhalten **Vorzugsaktionäre** in manchen Fällen eine Beteiligung an dem über eine feste Dividende hinaus erzielten Gewinn (partizipierende Vorzugsaktien). Vgl. Süchting, J. (Finanzmanagement 1995), S. 121 ff.

473 Vorzugsaktien wird bei der Ausschüttung von Gewinnen oder bei der Aufteilung eines Liquidationserlöses die Priorität vor den Stammaktien eingeräumt. Gewöhnlich haben Vorzugsaktionäre in den USA nach der Dividendenzahlung keine weiteren Ansprüche mehr auf die Gewinne der Gesellschaft (nonparticipating preferred stock). Vgl. Gitman, L.J. (Managerial Finance 1994), S. 566; Merkt, H. (US-amerikanisches Gesellschaftsrecht 1991) S. 253 f.; Brownlee, E.R./Ferris, K.R./Haskins, M.E. (Corporate Financial Reporting 1998), S. 721.

474 Der Abzug der Vorzugsdividende darf dabei nur für das income from continuing operations und das net income vorgenommen werden. Bei den anderen EPS-Kennziffern (discontinued operations, extraordinary items, changes in accounting principles) kommt eine Berücksichtigung der Vorzugsdividende konzeptionell nicht in Betracht.

Hinsichtlich der fixen Dividendenrate weisen Vorzugsaktien Ähnlichkeiten mit festverzinslichen Wertpapieren auf und werden infolgedessen bei der EPS-Berechnung gemäß dem Prinzip substance over form wie solche behandelt.[475]

Die überwiegende Mehrheit ausgegebener Vorzugsaktien sind in den USA als **kumulative Vorzugsaktien** (cumulative preferred stock) ausgestattet.[476] Ist das Unternehmen in einer Periode nicht dazu in der Lage, eine Dividende an die Vorzugsaktionäre auszuschütten, so erhalten die Stammaktionäre erst dann wieder eine Dividende, bis alle Rückstände ausgeglichen worden sind.[477] Bei kumulativen Vorzugsaktien muß die für das Geschäftsjahr vorgesehene Dividende auch dann im Zähler der EPS berücksichtigt werden, wenn keine Beschlußfassung über ihre Ausschüttung erfolgte.[478] Demzufolge dürfen nach-

---

475 Vorzugsaktien, die gemeinsam mit Stammaktien über die feste Dividendenzahlung hinaus in einem bestimmten Verhältnis am Gewinn beteiligt und nicht wandelbar sind, müssen entsprechend der two-class-method berücksichtigt werden. Vgl. Teil 5 Gliederungspunkt I. B. 3. b) (1).

Die konkrete Ausgestaltung einiger Vorzugsaktien hat in den vergangenen Jahren in den USA zu einer weiteren Annäherung an die festverzinslichen Wertpapiere geführt: Einige Vorzugsaktien geben bspw. dem Unternehmen das Recht, diese zu einem vorher festgelegten Preis oder zum Marktpreis zurückzukaufen. Statt des Rechts kann aber auch eine Verpflichtung des Unternehmens zum Rückkauf vorgesehen sein (preferred stock subject to mandatory redemption). Die materielle Klassifizierung derartiger Vorzugsaktien zum Eigen- oder Fremdkapital ist schwierig. SFAS 115 betrachtet sie nicht als Eigenkapitalinstrumente. Die SEC verlangt neben den Stammaktien einen gesonderten Ausweis der Vorzugsaktien, die mit einer Verpflichtung zum Rückkauf ausgestattet sind bzw. deren Rückkauf außerhalb des Einflußbereichs des Unternehmens steht. Gleiches gilt für Vorzugsaktien, die entweder nicht zurückgekauft werden müssen oder die lediglich mit einem Rückkaufrecht ausgestattet sind. Sind neben den Stammaktien Vorzugsaktien im Umlauf, die das Unternehmen zurückkaufen muß, darf die Überschrift 'Stockholders' Equity' nicht mehr verwendet werden. Einige Unternehmen weisen derartige Vorzugsaktien zwischen Fremd- und Eigenkapital aus. In diesem Fall schlägt die SEC vor, die Bezeichnung 'Non-Redeemable Preferred Stocks, Common Stocks, and Other Stockholders' Equity' zu wählen. Die SEC stellt jedoch nicht fest, ob es sich bei dieser Art von Vorzugsaktien nun um Fremdkapital handelt oder nicht. Vgl. Benis, M. (Shareholders' Equity 1996), S. 6.

476 Gewöhnlich wird den Vorzugsaktien kein Stimmrecht zugebilligt; dieses lebt allerdings bei ausstehenden Dividendenzahlungen auf. „The denial of voting rights to preferred stock is generally contingent on the maintenance of dividends." Benis, M. (Shareholders' Equity 1996), S. 8. **Deutsche Vorzugsaktien** können ebenfalls mit einem Nachzahlungsanspruch bei teilweisem oder vollständigem Ausfall der Dividende ausgestattet sein. Nur unter dieser Voraussetzung darf gemäß § 139 AktG der Stimmrechtsausschluß erfolgen. Vgl. Süchting, J. (Finanzmanagement 1995), S. 121.

477 Vgl. Benis, M. (Shareholders' Equity 1996), S. 6; Grinblatt, M./Titman, S. (Financial Markets 1998), S. 78.

478 Vgl. Spiceland, J.D./Sepe, J.F. (Intermediate Accounting 1998), S. 879. Ein Verlust erhöht sich um die zu berücksichtigende Dividende.

geholte Dividendenzahlungen in den kommenden Perioden, die frühere Geschäftsjahre betreffen, nicht mehr berücksichtigt werden.[479]

(3) Nicht voll eingezahlte Stammaktien

Stammaktien, die noch nicht voll eingezahlt worden und **erst bei vollständiger Erbringung der Leistung dividendenberechtigt** sind, gehen nicht in die basic EPS ein. Sie werden erst bei der Ermittlung der diluted EPS – in der gleichen Weise wie Optionsscheine (warrants) – erfaßt.[480]

Nicht voll eingezahlte Stammaktien, die im Verhältnis zum eingezahlten Betrag **dividendenberechtigt** sind, werden demgegenüber bei den basic EPS gemäß ihres eingezahlten Anteils berücksichtigt. Sie sind demzufolge nach ihrem eingezahlten Anteil in Äquivalenzaktien (common share equivalent) umzurechnen.[481]

(4) Aktienausgaben und Aktienrückkäufe

Den EPS-Kennzahlen wird der gewogene Durchschnitt der im Geschäftsjahr im Umlauf befindlichen Stammaktien zugrunde gelegt. Werden neue Aktien während der Rechnungsperiode ausgegeben, dürfen diese nur **zeitanteilig** erfaßt werden, wobei der gewichtete Durchschnitt auf Tagesbasis berechnet werden sollte.[482]

Gleiches gilt auch für den Rückerwerb von Aktien (Erwerb eigener Aktien).[483] **Eigene Aktien** bleiben bei der Ermittlung der Aktienanzahl unberücksichtigt, da sie nicht zur Erzielung des Erfolgs beigetragen haben. Die damit verbunde-

---

479 Vgl. SFAS 128, Abs. 9.

480 Vgl. SFAS 128, Abs. 64. Als Basispreis wird dabei die Differenz zwischen einzuzahlendem und bereits eingezahltem Betrag angesehen. Vgl. Teil 5 Gliederungspunkt I. B. 3. c) (2) (b).

481 Vgl. SFAS 128, Abs. 64.

482 „The most precise average would be the sum of the shares determined on a daily basis divided by the number of days in the period. Less-precise averaging methods may be used, however, as long as they produce reasonable results." SFAS 128, Abs. 45.

483 Vgl. Spiceland, J.D./Sepe, J.F. (Intermediate Accounting 1998), S. 878 f. Der Erwerb eigener Aktien ist in den USA grundsätzlich in einem unbeschränkten Umfang möglich, soweit es die gesetzlichen Vorschriften über die Ausschüttung von Gesellschaftsvermögen zulassen. Vgl. Kübler, F. (Unternehmensfinanzierung 1989), S. 44 f. In Deutschland wird dagegen der Erwerb eigener Aktien gemäß § 71 Abs. 2 AktG grundsätzlich auf 10% des Grundkapitals beschränkt.

ne Erhöhung der EPS-Kennziffern wird in den USA als ein Hauptmotiv für den Erwerb eigener Aktien angesehen.[484]

(5) Gratisaktien und Aktiensplits

Bei einer Ausgabe von Gratis-, Berichtigungs- oder Zusatzaktien (stock dividends)[485], bei Aktiensplits (stock splits)[486] oder bei einer Zusammenlegung von

---

484 Vgl. Kieso, D.E./Weygandt, J.J. (Intermediate Accounting 1995), S. 747. Bspw. weist The Coca-Cola Company in ihrem Geschäftsbericht 1997 auf die positive Auswirkung von Aktienrückkäufen hin: „Accelerated by our Company's share repurchase program, our basic net income per share grew 19 percent in 1997, 1996 and 1995, and diluted earnings per share grew 19 percent in 1997, 18 percent in 1996 and 19 percent in 1995." The Coca-Cola Company (Annual Report 1997), S. 39. Vgl. auch Küting, K. (Erwerb eigener Aktien 1998), S. 4.

Weitere Motive für den Erwerb eigener Aktien sind die Abwehr einer feindlichen Übernahme, die Einflußnahme auf den eigenen Borsenkurs (Aktienrückkäufe an der Börse und konventionelle öffentliche Aktienrückkaufangebote führen dabei zu signifikanten Kurserhöhungen, während Paketrückkäufe eigener Aktien mit einer Kurssenkung verbunden sind), die Gestaltung der Kapitalstruktur durch eine Ausschüttung überflüssiger Liquidität an Aktionäre und die Reduktion von Shareholder Servicing-Kosten bei einer zahlenmäßigen Verkleinerung des Aktionärskreises. Vgl. Kopp, H.J. (Erwerb eigener Aktien 1996), S. 40 ff.

485 Bei der Ausgabe von Berichtigungsaktien handelt es sich um eine Kapitalerhöhung aus Gesellschaftsmitteln, bei der sich die Höhe des buchmäßigen Eigenkapitals nicht ändert. Rücklagen werden dabei dem gezeichneten Kapital zugeführt.

Folgende Beweggründe können Ursache einer Ausgabe von Berichtigungsaktien sein: (1) Erhöhung der Anzahl der Aktien (liquidity hypothesis), (2) Senkung des Kurses bzw. Halten des Kurses innerhalb einer bestimmten Bandbreite (trading range hypothesis), (3) Zahlung einer 'Dividende' ohne Abfluß liquider Mittel (cash substitution hypothesis), (4) Informationsvermittlung von seiten des Managements (signaling hypothesis). Vgl. Benis, M. (Shareholders' Equity 1996), S. 26; Baker, H.K./Phillips, A.L./Powell, G.E. (Stock Distribution Puzzle 1995), S. 30 ff.; Baker, H.K./Phillips, A.L. (Stock Dividends 1993), S. 30 f.

486 Bei einem Aktiensplit wird i.d.R. der Nennwert der Aktien herabgesetzt. Das gezeichnete Kapital (par value) sowie die restlichen Eigenkapitalbestandteile bleiben dabei unverändert. Eine weitere Möglichkeit besteht darin, den Nennwert der Aktien beizubehalten. In diesem Fall wird der Betrag, der dem Nennwert der zusätzlichen Aktien entspricht, aus der Kapitalrücklage dem gezeichneten Kapital zugeführt. Das Eigenkapital bleibt ebenfalls unverändert. Vgl. Benis, M. (Shareholders' Equity 1996), S. 13; Brownlee, E.R./Ferris, K.R./Haskins, M.E. (Corporate Financial Reporting 1998), S. 726. Letztgenanntes Verfahren wird in Deutschland zu der Kapitalerhöhung aus Gesellschaftsmitteln gezählt.

Die Gründe für einen Aktiensplit stimmen mit denen für die Ausgabe von Berichtigungsaktien (bis auf Punkt 3) überein. Vgl. Baker, H.K./Phillips, A.L./Powell, G.E. (Stock Distribution Puzzle 1995), S. 26 ff.

Aktien (reverse stock splits)[487] im Verlauf der Rechnungsperiode darf keine zeitanteilige Gewichtung vorgenommen werden.[488] Statt dessen wird unterstellt, daß die zusätzlichen Stammaktien bereits **seit Beginn der Periode** ausstehen. Des weiteren müssen die EPS-Daten für alle Offenlegungsperioden rückwirkend angepaßt werden.[489]

Diese Vorgehensweise wird damit begründet, daß sich zwar die Anzahl der im Umlauf befindlichen Stammaktien ändert, aber das dem Unternehmen zur Verfügung stehende **Kapital** sowohl bei der Ausgabe von Berichtigungsaktien als auch bei Aktiensplits **unverändert** bleibt.[490] Gleiches gilt für die EPS: Diese sinken proportional zu der Erhöhung der Aktienanzahl eines Aktionärs, so daß die EPS, die insgesamt auf einen Aktionär entfallen, konstant bleiben. Mittels der Berücksichtigung der Kapitalstrukturveränderungen zu Beginn der Periode sowie der Anpassung der Vorperioden wird ein zeitlicher Vergleich auf Basis der aktuellen Kapitalstruktur ermöglicht.

Beispiel 9:   Ausgabe von Berichtigungsaktien

	Datum	Anzahl der Stammaktien
Anzahl der Stammaktien zum Geschäftsjahresbeginn	1.1	200.000 Aktien
Ausgabe von jungen Aktien (Stück)	1.5	50.000 Aktien
Ausgabe von Berichtigungsaktien im Verhältnis 2:1	1.9	125.000 Aktien
Anzahl der Stammaktien zum Geschäftsjahresende	31.12	375.000 Aktien

Ein Unternehmen hat zu Periodenbeginn 200.000 Stammaktien im Umlauf. Anfang Mai werden 50.000 junge Aktien ausgegeben und Anfang September allen Aktionären Berichtigungsaktien im Verhältnis 2:1 gewährt. Bei der Ermittlung des gewichteten Durchschnitts der während der Rechnungsperiode ausstehenden Stammaktien müssen die Gratisaktien grundsätzlich bereits auf den Periodenbeginn bezogen werden. Allerdings können die Gratisaktien, die

---

487 Werden Aktien zusammengelegt, sinkt die Anzahl der ausstehenden Aktien. Der Nennwert sowie der Marktpreis je Aktie steigen entsprechend. Vgl. Benis, M. (Shareholders' Equity 1996), S. 13.

488 Das StückAG ermöglicht mit der Einführung von Stückaktien nun auch in Deutschland eine Kapitalerhöhung aus Gesellschaftsmitteln ohne Ausgabe neuer Aktien. Vgl. Kopp, B. (Stückaktie 1998), S. 703.

489 Eine Anpassung muß auch dann vorgenommen werden, wenn die genannten Kapitalstrukturveränderungen nach dem Abschlußstichtag, aber vor der Aufstellung des Abschlusses durchgeführt werden. Vgl. SFAS 128, Abs. 54.

490 Vgl. Spiceland, J.D./Sepe, J.F. (Intermediate Accounting 1998), S. 877.

auf die jungen Aktien entfallen (Ausgabe Anfang Mai), auch erst zu diesem Zeitpunkt berücksichtigt werden. Die Anzahl der Aktien ermittelt sich somit wie folgt:

$$(200.000\,\text{Aktien} + 100.000\,\text{Aktien}) \cdot \frac{12}{12} + (50.000\,\text{Aktien} + 25.000\,\text{Aktien}) \cdot \frac{8}{12} = 350.000\,\text{Aktien}$$

Während das Eigenkapital in seiner Höhe bei der Ausgabe der Berichtigungsaktien konstant bleibt und sich lediglich seine Struktur ändert, bleibt der **Gesamtkurswert des Unternehmens** nur **theoretisch unverändert.**[491] Die Ursachen von in empirischen Untersuchungen festgestellten (Gesamt)Kursänderungen liegen darin, daß weder das Management noch der Markt die Ausgabe von Berichtigungsaktien (oder auch die Durchführung von Aktiensplits) als reine kosmetische Maßnahme betrachten. So zeigen Studien, daß Aktiensplits sowie die Ausgabe von Berichtigungsaktien meist mit einem steigendem Gesamtkurswert einhergehen.[492] Die positive Reaktion der Aktienkurse wird dabei oftmals mit der Signaling-Hypothese begründet.[493] Danach sieht das Management die Ausgabe von Gratisaktien als ein Instrument zur positiven Informationsvermittlung an.[494]

---

491   Vgl. Wöhe, G./Bilstein, J. (Unternehmensfinanzierung 1998), S. 83.

492   Vgl. bspw. Fama, E.F./Fisher, L./Jensen, M.C./Roll, R. (Adjustment of Stock Prices 1969), S. 1 ff.; Bar-Yosef, S./Brown, L.D. (Reexamination of Stock Splits 1977), S. 1069 ff.; Charest, G. (Split Information 1978), S. 265 ff.; Reilly, F.K./Drzycimski, E.F. (Stock Splits 1981), S. 64 ff.; Grinblatt, M.S./Masulis, R.W./Titman, S. (Stock Splits and Stock Dividends 1984), S. 461 ff.; Woolridge, J.R. (Stock Dividends as Signals 1983), S. 1 ff.

493   Die Signaling-Theorie schreibt bestimmten Variablen, die durch Unternehmensinsider beeinflußbar sind, einen bestimmten Informationsgehalt zu. Allerdings muß der betreffenden Variable von seiten des Managements nicht zwangsläufig eine Signalwirkung zugedacht sein. „According to the signaling hypothesis, managers can use stock distributions to signal good news or optimistic expectations to capital market participants." Baker, H.K./Phillips, A.L./Powell, G.E. (Stock Distribution Puzzle 1995), S. 26.

494   Nach einer Management-Befragung von Baker und Phillips stimmen 95% damit überein, daß die Ausgabe von Berichtigungsaktien eine positive psychologische Wirkung auf die Investoren ausübt. 78,3% sehen darin zudem ein Signal positiver Zukunftsaussichten. Vgl. Baker, H.K./Phillips, A.L. (Stock Dividends 1993), S. 32.

(6)   Bedingt emissionsfähige Stammaktien

Stammaktien, die erst bei der Erfüllung bestimmter Bedingungen[495] ausgegeben werden, sind in die basic EPS **zeitanteilig** einzubeziehen, sofern in der abgelaufenen Periode die jeweiligen **Bedingungen erfüllt** worden sind.[496] Der Ausgabe von Stammaktien steht in diesem Fall nichts mehr entgegen.

Beispiel 10:   **Bedingt emissionsfähige Aktien**

Bedingt emissionsfähige Aktien	
Anzahl der ausstehenden Stammaktien	200.000 Aktien
Erfolg, der auf die Stammaktionäre entfällt	$ 1.000.000
davon	$ 200.000 im ersten Quartal
	$ 300.000 im zweiten Quartal
	$ 600.000 im dritten Quartal
	- $ 100.000 im vierten Quartal
Eröffnung einer Filiale am	1. Juni 01
	1. August 01

Die Emissionsbedingungen des Unternehmens sehen vor, daß den Aktionären für jede Filiale, die während des Jahres 01 eröffnet wird, 2.000 junge Aktien gewährt werden. Die basic EPS für die Quartalsabschlüsse und den Jahresabschluß ermitteln sich wie folgt:[497]

---

495   Die Bedingungen können bspw. an eine Erfolgsgröße, den Marktpreis der Aktie oder die Anzahl von neu eröffneten Filialen knüpfen. Vgl. Fischer, P.M./Taylor, W.J./Cheng, R.H. (Advanced Accounting 1999), S. 13-9.

496   Vgl. SFAS 128, Abs. 10.

497   Bei der Berechnung der **diluted EPS** für das ganze Jahr werden **nicht** wie bei der Ermittlung der basic EPS die **Monate, sondern** die **Quartale** zugrunde gelegt. Vgl. SFAS 128, Abs. 46, 152; Teil 5 Gliederungspunkt I. B. c). 2. (e).

1. Quartal: $\dfrac{\$\,200.000}{200.000 \text{ Aktien}}$ $\qquad = \qquad$ $\$\,1$ je Aktie

2. Quartal: $\dfrac{\$\,300.000}{200.000 \text{ Aktien} + \dfrac{1}{3} \cdot 2.000 \text{ Aktien}}$ $\qquad = \qquad$ $\$\,1{,}5$ je Aktie

3. Quartal: $\dfrac{\$\,600.000}{200.000 \text{ Aktien} + 2.000 \text{ Aktien} + \dfrac{2}{3} \cdot 2.000 \text{ Aktien}}$ $\qquad = \qquad$ $\$\,2{,}95$ je Aktie

4. Quartal: $\dfrac{\$\,{-}100.000}{200.000 \text{ Aktien} + 4.000 \text{ Aktien}}$ $\qquad = \qquad$ $\$\,{-}0{,}49$ je Aktie

Jahr 01: $\dfrac{\$\,1.000.000}{200.000 \text{ Aktien} + \dfrac{7}{12} \cdot 2.000 \text{ Aktien} + \dfrac{5}{12} \cdot 2.000 \text{ Aktien}}$ $\qquad = \qquad$ $\$\,4{,}95$ je Aktie

Hängt die Ausgabe der Stammaktien dagegen von Bedingungen ab, die in einem bestimmten Zeitpunkt (oder einer Zeitperiode) erfüllt sein müssen, so dürfen diese Aktien erst bei der Berechnung der diluted EPS erfaßt werden.[498] Denn es ist durchaus möglich, daß die Bedingung – bspw. ein Kursziel – lediglich in der Berichtsperiode und nicht zum vertraglich festgelegten Zeitpunkt erreicht wird.[499]

(7) Bonus-Elemente

Die **theoretical-ex-rights-method** ist eine der beiden neuen Methoden, die SFAS 128 zur Behandlung von Bonus-Elementen bei der **Ausgabe von jungen Aktien**, deren **Ausgabepreis unter dem Marktwert** liegt, vorschreibt. Das Bonus-Element bei einer derartigen Kapitalerhöhung liegt dabei in der Differenz zwischen Marktpreis und dem zu zahlenden Bezugspreis.

Bonus-Elemente entstehen immer dann, wenn sich die Anzahl der im Umlauf befindlichen Stammaktien **ohne** eine gleichzeitige **Veränderung der finanziellen Mittel** des Unternehmens ändert. Dies ist vor allem bei der bereits er-

---

498 Vgl. SFAS 128, Abs. 10, 30.
499 Vgl. Teil 5 Gliederungspunkt I. B. 3. c) (2) (e).

läuterten Ausgabe von Gratisaktien der Fall.[500] Da sich lediglich die Kapitalstruktur des Unternehmens ändert, ohne daß ihm finanzielle Mittel zufließen, wurden die neu ausgegebenen Stammaktien bereits zum Beginn der Periode berücksichtigt. Entsprechend dieser Vorgehensweise fordert das FASB auch bei der Ausgabe von Bezugsrechten, die ein Bonus-Element beinhalten, eine Anpassung des gewogenen Durchschnitts der ausstehenden Aktien in der Berichtsperiode sowie eine Berichtigung der EPS-Daten der Vorjahre.

Die Ausgabe von Rechten, die einen Bezug von Stammaktien zu einem unter dem Marktpreis liegenden Preis ermöglichen, kann in zwei Elemente unterteilt werden:

(1) Zum einen gehen dem Unternehmen **finanzielle Mittel in Höhe des Bezugspreises** zu. In dem Umfang, in dem die Ausgabe der jungen Aktien einer Emission zum vollen Marktpreis gleichkommt, werden die EPS auf Basis des gewogenen Durchschnitts ermittelt.

(2) Zum anderen erhalten die Aktionäre durch den unter dem Marktpreis liegenden Bezugskurs ein **Bonus-Element**. Folgerichtig sind die jungen Aktien, die einer Ausgabe von Berichtigungsaktien entsprechen, bereits seit Beginn der Periode zu berücksichtigen und gehen auch in die offengelegten EPS-Daten der Vorperioden ein.

Zur vereinfachenden Berechnung der Aktienanzahl, die einer Ausgabe von Gratisaktien gleichkommt, wird die **ursprüngliche Anzahl an Stammaktien** mit dem folgenden **Anpassungsfaktor** multipliziert:[501]

$$\text{Anpassungsfaktor} = \frac{\text{Marktwert der Stammaktie vor Ausgabe}}{\text{Theoretischer Marktwert der Stammaktie nach Ausgabe}}$$

Der theoretische Marktwert der Stammaktie nach Ausübung des Bezugsrechts (theoretical ex-rights fair value) stellt nichts anderes als den Mischkurs dar.[502]

---

500 Vgl. Teil 5 Gliederungspunkt I. B. 3. b) (5).

501 „Die Relation zwischen (höherem) altem Fair Value pro Aktie und (niedrigerem) neuen Fair Value pro Aktie bringt zum Ausdruck, inwieweit eine Erhöhung der Aktienanzahl ohne entsprechenden Mittelzufluß erfolgte." Förschle, G. (Earnings Per Share 1997), S. 508.

Beispiel 11:   Theoretical-ex-rights-method

Theoretical-ex-rights-method	
Periode 1:	
Erfolg, der den Stammaktionären zuzurechnen ist	$ 200.000
Gewichteter Durchschnitt der in der Periode ausstehenden Aktien	100.000 Aktien
Basic EPS	$ 2
Periode 2:	
Ausgabe von jungen Aktien am 31. März	Verhältnis 4:1
Ausgabepreis je Aktie	$ 7,2
Marktpreis je Aktie vor Ausgabe	$ 13,2

Gemäß den Daten der obigen Tabelle gibt das Unternehmen Ende März der zweiten Periode 25.000 neue Stammaktien aus. Die Ausgabe enthält ein Bonus-Element in Höhe von $ 6 (= $ 13,2 − $ 7,2). Die Anzahl an Aktien, die in Periode 1 bereits berücksichtigt werden müssen, berechnet sich wie folgt:

$$\text{Marktwert der Aktie }^{\text{nach Ausgabe}} = \frac{100.000 \text{ Aktien} \cdot \dfrac{\$13,2}{\text{Aktie}} + 25.000 \text{ Aktien} \cdot \dfrac{\$7,2}{\text{Aktie}}}{125.000 \text{ Aktien}} = \$12 \text{ je Aktie}$$

$$\text{Anpassungsfaktor} = \frac{\text{Marktwert der Aktie}^{\text{vor Ausgabe}}}{\text{Marktwert der Aktie }^{\text{nach Ausgabe}}} = \frac{\$13,2}{\$12}$$

Um die berichtigten EPS der ersten Periode zu ermitteln, wird die ursprüngliche Anzahl an Stammaktien mit dem Anpassungsfaktor multipliziert:[503]

$$\text{Basic EPS}_{\text{Periode 1 nach Berichtigung}} = \frac{\$200.000}{100.000 \text{ Aktien} \cdot \dfrac{\$13,2}{\$12}} = \frac{\$200.000}{110.000 \text{ Aktien}} = \$1,81 \text{ je Aktie}$$

---

502 Theoretischer Marktwert der Aktie nach Ausgabe $= \dfrac{\text{Marktwert der Aktien vor Ausgabe} + \text{Bezugskurserlöse}}{\text{Anzahl der Aktien nach Ausgabe}}$

503 Die berichtigten EPS können alternativ auch durch Multiplikation des ursprünglichen EPS-Betrags mit dem Kehrwert des Anpassungsfaktors ermittelt werden $\left(2\$ \cdot \dfrac{12}{13,2} = 1,81\$\right)$.

10.000 Stammaktien werden infolgedessen wie Gratisaktien behandelt und sind bereits zu Periodenbeginn zu berücksichtigen, während weitere 15.000 Stück erst ab Ende März in den gewichteten Durchschnitt eingehen. Die Anzahl der im Jahresdurchschnitt ausstehenden Aktien ermittelt sich für die zweite Periode demnach wie folgt:

Gewichteter Durchschnitt

der ausstehenden Aktien in Periode 2: $110.000 \text{ Aktien} + 15.000 \text{ Aktien} \cdot \frac{9}{12} = 121.250 \text{ Aktien}$

Kernelement der Neuregelung der Bonus-Element-Berücksichtigung in den EPS ist der Anpassungsfaktor. Im obigen Beispiel liegen seiner Ermittlung folgende Gedanken zugrunde:[504]

Die theoretical-ex-rights-method geht davon aus, daß das Unternehmen zuerst Gratisaktien im Verhältnis 1:10 gewährt. Die Aktienanzahl steigt demgemäß auf 110.000. Aufgrund der Aktienausgabe sinkt der theoretische Aktienkurs auf $ 12 (= ($ 13,2 · 100.000 Aktien) : 110.000 Aktien). Zu diesem niedrigeren Marktpreis (Mischkurs) kann das Unternehmen die restlichen Aktien gegen Entgelt – in Höhe der Bezugskurserlöse ($ 180.000) – ausgeben.[505]

	Aktienanzahl zu Periodenbeginn	100.000 Aktien
+	Gratisaktien (Verhältnis 1:10)	10.000 Aktien
=	Berichtigte Aktienanzahl zu Periodenbeginn	110.000 Aktien
+	Ausgabe von Aktien am 31.03.02	15.000 Aktien
	($ 180.000 : $ 12)	
=	Aktienanzahl am Periodenende	125.000 Aktien

Abbildung 22 faßt anhand eines Flußdiagramms die Ermittlung der basic EPS nach SFAS 128 graphisch zusammen.

---

504 Vgl. auch Küting, K./Bender, J./Eidel, U. (Earnings per Share und DVFA/SG-Ergebnis 1998), Rn. 501.

505 Ursprünglich hatte das FASB anstatt der theoretical-ex-rights-method die treasury-stock-method (vgl. Teil 5 Gliederungspunkt I. B. 3. c) (2) (b)) vorgesehen. Vgl. FASB (Earnings per Share 1996), Abs. 49. Die treasury-stock-method unterstellt, daß mit den Bezugsrechtserlösen von $ 180.000 am Markt 13.636 Aktien zum ursprünglichen Marktpreis von $ 13,2 zurückgekauft werden können. Die Differenz zwischen den potentiell am Markt zurückgekauften (13.636 Stück) und insgesamt auszugebenden Aktien (25.000 Stück) werden als Gratisaktien betrachtet. Dies wären im obigen Beispiel 11.364 Stück. Im Vergleich zur theoretical-ex-rights-method berücksichtigt die treasury-stock-method somit mehr Gratisaktien, da die Aktien annahmegemäß zum ursprünglichen Marktpreis zurückgekauft werden.

Abbildung 22:   Ermittlung der basic EPS nach US-GAAP

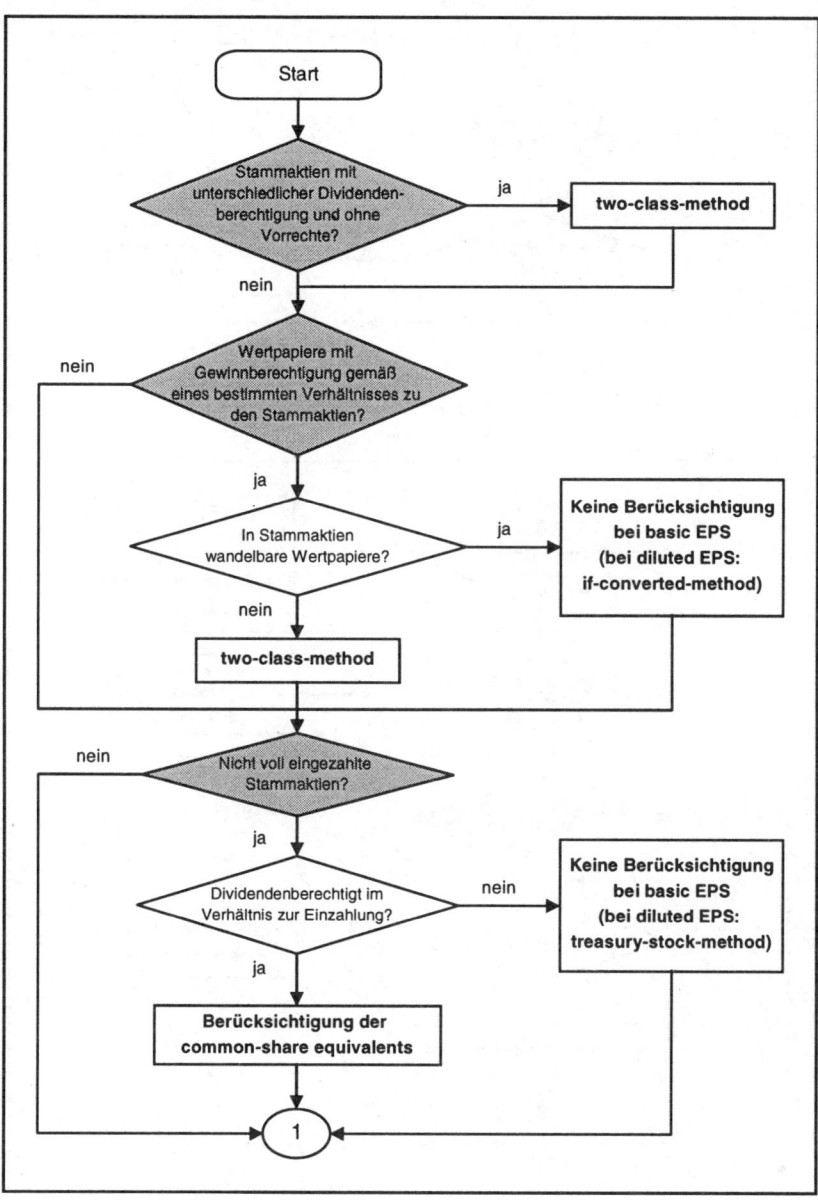

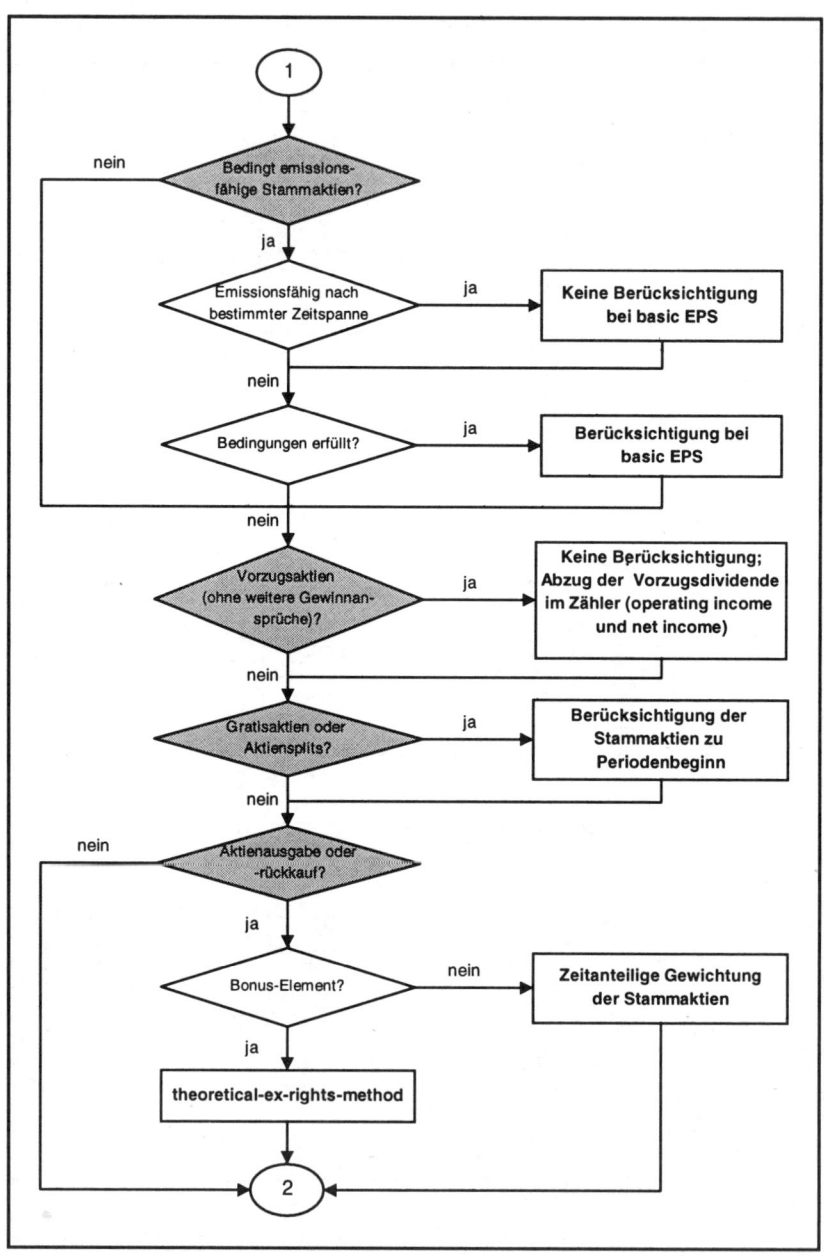

c) Diluted Earnings per Share

(1) Basisgleichung

Unternehmen mit einer komplexen Kapitalstruktur[506] müssen neben den basic EPS die diluted EPS ausweisen. Ziel der diluted EPS ist es, im Sinne eines worst case-Szenarios den **potentiell niedrigsten Ergebniswert je Aktie** zu ermitteln.[507] Dieser ergibt sich daraus, daß neben den tatsächlich ausstehenden Stammaktien auch potentielle Stammaktien in den Nenner eingehen.[508] Potentielle Stammaktien können sich insbesondere aus folgenden Wertpapieren oder Rechten ergeben:

(1) convertible securities[509] (in Stammaktien wandelbare Wertpapiere);

(2) stock options[510] (Aktienoptionen);

(3) stock warrants[511] und stock rights[512] (Aktienoptionsscheine);

(4) contingent shares (bedingt emissionsfähige Stammaktien).

---

506 Vgl. Teil 5 Gliederungspunkt I. B. 3. a).

507 Vgl. Kuhlewind, A.-M. (Gewinn- und Verlustrechnung 1998), S. 214. Ziel ist es nicht, eine Vorhersage für die wahrscheinliche Verwässerung zu treffen.

508 Die Berechnung der Aktienanzahl für die diluted EPS knüpft an den gewichteten Durchschnitt der im Umlauf befindlichen Aktien, der bereits für die basic EPS ermittelt wurde, an.

509 Dazu gehören convertible debts (Wandelschuldverschreibungen), convertible preferred stocks (wandelbare Vorzugsaktien) und convertible participating securities (wandelbare Wertpapiere mit Gewinnbeteiligung).

510 „Stock options are nontransferable rights granted by a corporation to its employees to purchase shares of the corporation at a stated price." Benis, M. (Shareholders' Equity 1996), S. 20.

511 Warrants berechtigen den Inhaber, Aktien (i.d.R. Stammaktien) zu einem festgelegten Preis entweder innerhalb einer festgelegten Zeitperiode oder aber auch ohne eine zeitliche Beschränkung zu kaufen. Warrants sind damit „long-term call options on the issuing firm's stock." Grinblatt, M./Titman, S. (Financial Markets 1998), S. 79. „Stock warrants are issued in conjunction with and attached to debt securities, are sold separately, or are given to investment bankers, stockbrokers, and attorneys as compensation for services rendered in the issuance of the company's stock." Benis, M. (Shareholders' Equity 1996), S. 18.

512 Stock rights werden im Gegensatz zu stock warrants i.d.R. zusammen mit dem verbundenen Wertpapier gehandelt. Des weiteren sind zum Erwerb einer Aktie gewöhnlich ein warrant, aber mehrere stock rights erforderlich. Der Unterschied liegt daher im wesentlichen in der praktischen Anwendung. Vgl. Benis, M. (Shareholders' Equity 1996), S. 19.

Potentielle Stammaktien dürfen jedoch nur berücksichtigt werden, soweit ihre Ausgabe zu einem **Verwässerungseffekt** (dilution) in bezug auf die ursprünglichen EPS führt. Ein Verwässerungseffekt liegt immer dann vor, wenn sich die basic EPS vermindern.[513] Potentielle Aktien, die zu einer Erhöhung der EPS führen (anti-dilutive securities), bleiben außen vor.[514]

Neben der Berücksichtigung der potentiellen Stammaktien im Nenner der EPS-Formel kann die zu antizipierende Veränderung der Aktienanzahl ggf. auch die **Erfolgsgröße** beeinflussen.[515] Die Basisgleichung zur Ermittlung der diluted EPS ergibt sich damit wie folgt:

$$\text{Diluted EPS} = \frac{\text{Erfolg, der den Stammaktionären zuzurechnen ist} + \text{Veränderung des Erfolgs aufgrund der erfaßten potentiellen Stammaktien}}{\text{gewichteter Durchschnitt der in der Periode ausstehenden Stammaktien} + \text{potentielle Stammaktien}}$$

Im folgenden werden zum einen die Methoden zur Ermittlung der Anzahl potentieller Stammaktien und zum anderen die konkrete Vorgehensweise zur Berechnung des maximalen Verwässerungseffekts erläutert. Die Methode zur Berechnung der Anzahl potentieller Stammaktien hängt dabei von dem jeweiligen Wertpapier oder Recht ab, das eine Wandlung in Stammaktien bzw. deren Bezug ermöglicht.

(2) Methoden zur Ermittlung der Anzahl potentieller Aktien

(a) If-converted-method

Hat ein Unternehmen Wertpapiere im Umlauf, die eine **Wandlung in Stammaktien** ermöglichen (z.B. Wandelschuldverschreibungen oder konvertible Vorzugsaktien), so wird zur Ermittlung der Anzahl potentieller Stammaktien sowie zur Berechnung der Erfolgsveränderungen aufgrund der fingierten Wandlung

---

513 Zur Feststellung, ob ein Verwässerungseffekt vorliegt, werden die basic EPS auf Basis des income from continuing operations herangezogen. Vgl. Teil 5 Gliederungspunkt I. B. 2. d).

514 Die Ermittlung des **maximal** möglichen Verwässerungseffekts, der sich in den diluted EPS widerspiegelt, geht folglich **nicht** zwangsläufig mit der Berücksichtigung **sämtlicher** potentieller Aktien im Nenner einher. Vgl. Teil 5 Gliederungspunkt I. B. 3. c) (3).

515 Vgl. Teil 5 Gliederungspunkt I. B. 3. c) (2) (a).

die if-converted-method angewandt.[516] Die if-converted-method unterstellt, daß das Wandlungsrecht zu Beginn der betrachteten Periode in Anspruch genommen wurde. Wurden die wandelbaren Wertpapiere erst während der Periode ausgegeben, so wird eine Wandlung zum (späteren) Ausgabezeitpunkt angenommen.[517] Die fiktive Wandlung wirkt sich auf die diluted EPS in zweifacher Weise aus:

(1) Zum einen steigt die **Anzahl der Stammaktien** im Nenner gemäß dem vereinbarten Wandlungsverhältnis.

(2) Infolge der hypothetischen Wandlung zum Periodenanfang fällt zum anderen die tatsächlich geleistete Zinsbelastung auf die Wandelschuldverschreibungen bzw. die Dividendenzahlung auf die wandelbaren Vorzugsaktien fiktiv weg. Die dadurch **sinkenden Zinsaufwendungen** führen gleichzeitig zu einer **Erhöhung der Steuerschuld**.[518] Das income available to common stockholders ist infolgedessen um die Vorzugsdividende bzw. um die entfallenden Zinsaufwendungen, die um etwaige Steuereffekte zu korrigieren sind, zu erhöhen.

Aufgrund der Korrektur der Zählergröße müssen potentielle Stammaktien nicht zwangsläufig zu einer Verwässerung (Verminderung) der basic EPS führen. Übersteigt die aufgrund der fiktiven Wandlung zu erfassende Erfolgsänderung je potentieller Aktie die basic EPS, so würde eine Berücksichtigung dieser potentiellen Aktien vielmehr anti-verwässernd wirken. Die if-converted-method wird an folgendem Beispiel illustriert:

---

516 Vgl. SFAS 128, Abs. 26 ff.; Fischer, P.M./Taylor, W.J./Cheng, R.H. (Advanced Accounting 1999), S. 13-1; Munter, P. (Earnings Per Share Reporting 1997), S. 21 ff.; Niehus, R.J./Thyll, A. (Konzernabschluß nach US-GAAP 1998), Rn. 478 f.

517 Vgl. Spiceland, J.D./Sepe, J.F. (Intermediate Accounting 1998), S. 882.

518 Des weiteren ist es möglich, daß aufgrund des gestiegenen Erfolgs noch andere Aufwendungen, die erfolgsabhängig sind (nondiscretionary adjustments), angepaßt werden müssen. Vgl. Williams, J.R. (GAAP-Guide 1999), S. 13.16 f.

Beispiel 12:   If-converted-method

If-converted-method	A	B
Erfolg, der den Stammaktionären zuzurechnen ist	$ 80.000	$ 80.000
Gewichteter Durchschnitt der in der Periode ausstehenden Aktien	50.000 Aktien	50.000 Aktien
Basic EPS	$ 1,6	$ 1,6
Anzahl der Wandelschuldverschreibungen je $ 100 (Wandlungsverhältnis 1:1)	3.000 Stück	3.000 Stück
Verzinsung	6%	3%
Steuersatz	30%	60%

Gemäß den obigen Ausgangsdaten unterscheiden sich die Unternehmen A und B lediglich hinsichtlich der Verzinsung der Wandelschuldverschreibungen sowie des Steuersatzes. Der isolierte Erfolgseffekt der Wandelschuldverschreibungen (Erfolgsänderung je potentieller Stammaktie) übersteigt bei Unternehmen A die basic EPS ($ 4,2 > $ 1,6). Die Wandelschuldverschreibungen wirken demzufolge anti-verwässernd. Von einem Ausweis der diluted EPS ist abzusehen.

$$\text{Isolierter Erfolgseffekt bei Unternehmen A} = \frac{\$\,18.000\,(1-0,3)}{3.000\,\text{Aktien}} = \$\,4,2\,\text{je Aktie}$$

Demgegenüber ist der isolierte Erfolgseffekt der Wandelschuldverschreibungen bei Unternehmen B kleiner als die basic EPS ($ 1,2 < $ 1,6). Die diluted EPS, die eine eventuelle zukünftige Verminderung aufgrund der Wandlung anzeigen, betragen $ 1,58 (= $ 83.600/53.000).[519]

$$\text{Isolierter Erfolgseffekt bei Unternehmen B} = \frac{\$\,9.000\,(1-0,6)}{3.000\,\text{Aktien}} = \$\,1,2\,\text{je Aktie}$$

(b) Treasury-stock-method

Hat ein Unternehmen Optionsscheine (warrants), Optionen (stock options) oder deren Äquivalente (z.B. fixed awards[520] und stock subscriptions not fully

---

519 Wurden die Wandelschuldverschreibungen des Unternehmens B tatsächlich während der Berichtsperiode gewandelt, ändern sich die diluted EPS nicht. Vgl. Spiceland, J.D./Sepe, J.F. (Intermediate Accounting 1998), S. 890 f.

520 SFAS 123 unterscheidet zwischen fixed awards und performance awards: Fixed awards verlangen lediglich, daß der Arbeitnehmer für eine bestimmte Zeit für das Unternehmen arbeitet, während performance awards die Vergütung zusätzlich an das Er-

paid[521]) ausgegeben, muß die treasury-stock-method zur Berechnung der Anzahl potentieller Aktien angewandt werden.[522] Auch die treasury-stock-method geht davon aus, daß die Optionsrechte bereits zu **Beginn der Periode** oder, falls sie während der Periode ausgegeben wurden, zum späteren Zeitpunkt der Ausgabe fiktiv ausgeübt werden.[523]

Im Gegensatz zur if-converted-method wird bei der treasury-stock-method keine Korrektur der Erfolgsgröße im Zähler vorgenommen. Damit deutet sich bereits an, daß Optionsrechte und deren Äquivalente – unter realistischen Annahmen[524] – stets zu einer Verringerung der basic EPS führen. Die Anzahl potentieller Aktien, die aus einer fiktiven Ausübung der **Optionen** oder **Optionsscheine** zu Beginn der Periode resultiert, berechnet sich dabei in vier Schritten:[525]

(1) Bestimmung der Anzahl an Stammaktien, die bei unterstellter Ausübung der Optionsrechte und deren Äquivalente ausgegeben werden müßten.

(2) Berechnung der Einnahmen aus der fiktiven Ausübung der Optionsrechte (z.B. Multiplikation der Optionen mit ihrem Basispreis).[526]

(3) Berechnung der Anzahl an Stammaktien, die mit den Einnahmen aus der fiktiven Ausübung der Optionsrechte, am Markt zurückgekauft werden

---

reichen festgelegter Ziele (bspw. das Erreichen einer bestimmten Wachstumsrate der Gesamtkapitalrendite) knüpfen. Vgl. SFAS 123, Abs. 395. Performance awards bzw. performance based stock options (Vergütungen, die erfolgsabhängig sind) werden wie bedingt emissionsfähige Stammaktien behandelt. Vgl. SFAS 128, Abs. 23; Teil 5 Gliederungspunkt I. B. 3. b) (6) sowie Teil 5 Gliederungspunkt I. B. 3. c) (2) (e).

521 Vgl. Teil 5 Gliederungspunkt I. B. 3. b) (3). Die treasury-stock-method darf nur für teilweise einbezahlte Stammaktien, die erst bei voller Einzahlung dividendenberechtigt sind, angewandt werden. Vgl. SFAS 128, Abs. 64.

522 Vgl. SFAS 128, Abs. 17 ff.; Munter, P. (Earnings Per Share Reporting 1997), S. 23 ff.; Niehus, R.J./Thyll, A. (Konzernabschluß nach US-GAAP 1998), Rn. 473 ff.

523 Vgl. SFAS 128, Abs. 17a; Spiceland, J.D./Sepe, J.F. (Intermediate Accounting 1998), S. 880 ff.

524 Dies gilt insoweit, als der durchschnittliche Marktpreis der Stammaktien größer als der Basispreis ist.

525 Vgl. Fischer, P.M./Taylor, W.J./Cheng, R.H. (Advanced Accounting 1999), S. 13-5 f.; Mertens, U. (Earnings per Share 1995), S. 26; Williams, J.R. (GAAP-Guide 1999), S. 13.11.

526 Vgl. zur Berechnung der Erlöse, die dem Unternehmen bei stock-based compensation arrangements fiktiv zufließen, SFAS 128, Abs. 21; Law, D.B./Meeting, D.T. (Contingent Shares 1998), S. 52.

können (Division der Einnahmen durch den durchschnittlichen Marktpreis der Stammaktien). [527]

(4) Die Differenz aus der benötigten Anzahl der Stammaktien (1) und den am Markt zurückgekauften Aktien, die annahmegemäß zur Bedienung der Optionsrechtsinhaber verwendet werden (3), stellt die **Anzahl potentieller Aktien** dar, die – ohne Zufluß finanzieller Mittel – zu emittieren wäre. Letztere gehen schließlich in die Berechnung der diluted EPS ein.

Beispiel 13:   **Treasury-stock-method**

Treasury-stock-method	
Erfolg, der den Stammaktionären zuzurechnen ist	$ 80.000
Gewichteter Durchschnitt der in der Periode ausstehenden Aktien	50.000 Aktien
Basic EPS	$ 1,6
Anzahl der Aktienoptionsscheine (Bezugsverhältnis 1:1)	2.000 Stück
Ausübung der ausstehenden Optionsrechte am 30. Juni der Berichtsperiode	
Basispreis für eine Aktie	$ 10
Durchschnittlicher Marktpreis je Aktie während der Periode	$ 15

Gemäß den obigen Unternehmensdaten müßten bei fiktiver Ausübung der Optionsrechte zum Beginn der Periode 2.000 Stammaktien am 1. Januar gewährt werden. Das Unternehmen würde in diesem Fall Bezugsrechtserlöse in Höhe von $ 20.000 (= $ 10 · 2.000 Stück) erzielen. Damit können 1.333 Stammaktien am Markt zum durchschnittlichen Marktpreis zurückgekauft und fiktiv weitergegeben werden (= $ 20.000/$ 15). Da aber insgesamt 2.000 Aktien den Ausübenden zustünden, müßten 667 Aktien ohne Entgelt zusätzlich emittiert werden. Diese stellen potentielle Stammaktien dar, die im Nenner der EPS zu berücksichtigen sind.

---

527 Werden die EPS-Daten für Quartalsberichte ermittelt, so wird der durchschnittliche Marktpreis der betreffenden 3 Monate verwendet. Ein einfacher Durchschnitt der wöchentlichen oder monatlichen Marktpreise wird als angemessen betrachtet, solange keine bedeutenden Schwankungen aufgetreten sind. Dabei wird gewöhnlich der Schlußkurs angewandt, bei starken Preisschwankungen ein Durchschnittskurs. Entscheidend ist, daß die Berechnungsweise des durchschnittlichen Marktpreises – zumindest bei unveränderten Bedingungen – beibehalten wird. Bei einer anschließenden Berechnung der EPS-Daten bezogen auf das Geschäftsjahr werden die potentiellen Aktien jedes Quartals mit einem Viertel gewichtet. Vgl. SFAS 128, Abs. 46 ff.

Am 30. Juni der Berichtsperiode werden jedoch sämtliche Optionsrechte tatsächlich ausgeübt. Die daraus resultierenden Stammaktien werden somit bereits im gewichteten Durchschnitt der ausstehenden Stammaktien im Nenner der basic EPS erfaßt. Folglich dürfen die 667 potentiellen Stammaktien nur zeitanteilig eingehen.[528] Die diluted EPS betragen $ 1,59 (= $ 80.000/(50.000 Aktien + 0,5 · 667 Aktien)).

Die Anzahl potentieller Stammaktien kann vereinfachend auch anhand der folgenden Formel berechnet werden:[529]

$$\text{Anzahl potentieller Aktien} = \text{Anzahl der Aktien}^{\text{Optionsausübung}} \cdot \left(\frac{\varnothing\text{Marktpreis} - \text{Basispreis}}{\varnothing\text{Marktpreis}} \right)$$

Teilweise eingezahlte Aktien, die erst dann dividendenberechtigt sind, wenn sie voll eingezahlt worden sind, werden wie Optionsscheine behandelt. Als ‚Basispreis' ist in diesem Fall der von den Aktionären noch einzuzahlende Betrag zu betrachten.[530]

Die **Grundidee der treasury-stock-method** besteht darin, „daß das neue Kapital (bzw. die Erlöse aus der Ausübung der Optionsrechte; d.Verf.) dieselbe Rendite erwirtschaftet, wie das schon bestehende."[531] Damit wirken die am Markt zurückgekauften und fiktiv an die 'neuen' Aktionäre weitergegebenen Stammaktien weder verwässernd noch anti-verwässernd.[532] Das Argument, daß in manchen Ländern der Kauf von eigenen Aktien unzulässig ist, spricht

---

528 Vgl. SFAS 128, Abs. 19. Eine analoge Behandlung erfolgt, soweit die Optionsfrist während der Periode endet. Die zusätzlichen potentiellen Stammaktien werden daher für die Zeit, in der die Optionen oder ihre Äquivalente ausstanden, gewichtet. Die tatsächlich ausgegebenen Aktien werden für die Zeit gewichtet, für die die Stammaktien ausstehen.

529 Die Berechnungsformel zeigt, daß ein Verwässerungseffekt nur dann eintreten kann, soweit der durchschnittliche Marktpreis der Periode den Basispreis übersteigt.

530 Die Anzahl potentieller Stammaktien ergibt sich aus der Differenz zwischen der Anzahl der gezeichneten Aktien und der Anzahl der fiktiv mit den Erlösen am Markt zurückgekauften Aktien. Vgl. SFAS 128, Abs. 64.

531 Mertens, U. (Earnings per Share 1995), S. 26.

532 Vgl. auch Förschle, G. (Earnings Per Share 1997), S. 512.

daher nicht gegen die treasury-stock-method.[533] Denn sie unterstellt lediglich einen fiktiven Rückkauf von Aktien. Faktisch wird er nicht durchgeführt.[534]

Andere Methoden, die jedoch nach SFAS 128 nicht zulässig sind, sehen anstatt des Rückkaufs von Stammaktien eine anderweitige Verwendung der fiktiven Erlöse aus der Optionsrechtsausübung – bspw. die Tilgung von Schulden oder eine Anlage in bestimmte Wertpapiere – vor. Damit ändert sich nicht nur die Anzahl der Stammaktien im Nenner, sondern auch die Erfolgsgröße im Zähler der EPS. Die Problematik dieser Methoden ist, daß entsprechende Annahmen bzgl. der Tilgung der Schulden oder der Verzinsung getroffen werden müssen.[535]

Ein **Vorteil der treasury-stock-method** besteht deshalb darin, daß sie von einer allzu willkürlichen subjektiven Verwendung der Erlöse absieht. Es darf dennoch nicht übersehen werden, daß auch sie (implizite) Annahmen bzgl. der Verzinsung der Erlöse aus der fiktiven Ausübung der Optionsrechte trifft, die nicht mit der tatsächlich geplanten Verwendung der Mittel des betreffenden Unternehmens übereinstimmen müssen. Der Ermessensspielraum ist allerdings relativ gering, da unternehmensindividuelle Gestaltungen ausgeschlossen werden. Ferner ist die treasury-stock-method für Außenstehende leicht nachvollziehbar.[536]

Darüber hinaus wird es als Vorteil der treasury-stock-method gewertet, daß Optionsrechte, bei denen der Basispreis den durchschnittlichen Marktpreis der

---

533   Vgl. Mertens, U. (Earnings per Share 1995), S. 27.

534   In der Praxis kaufen in den USA jedoch viele Unternehmen Aktien am Markt zurück, um sie wieder auszugeben, wenn Optionsrechte ausgeübt werden. Vgl. Spiceland, J.D./Sepe, J.F. (Intermediate Accounting 1998), S. 882.

535   Die imputed-earnings-method, die in einigen Ländern angewandt wird, geht bspw. davon aus, daß die Erlöse aus einer fiktiven Ausübung der Optionsrechte zur Tilgung von Schulden verwendet oder anderweitig investiert werden. Damit gehen die Aktien, die aus der Ausübung sämtlicher Optionsrechte entstehen, in den Nenner der diluted EPS ein, und des weiteren erhöht sich die Erfolgsgröße im Zähler. Der Nachteil dieser Methode besteht zum einen jedoch darin, daß recht willkürliche Annahmen über die Verwendung der Erlöse getroffen werden müssen. Zum anderen wird selbst bei einem über dem durchschnittlichen Marktpreis liegenden Basispreis eine Ausübung unterstellt. Vgl. Mertens, U. (Earnings per Share 1995), S. 27 ff. Nach der maximumdilution-method werden sämtliche Optionsrechte und deren Äquivalente ausgeübt und ihr Pendant an Stammaktien im Nenner berücksichtigt. Die Erfolgsgröße bleibt indes unverändert. Das Verfahren dieser Methode ist unrealistisch, da die Erlöse aus der Optionsrechtsausübung überhaupt nicht erfaßt werden. Vgl. zu diesen und anderen Methoden SFAS 128, Abs. 101 ff.

536   Vgl. zur Begründung des FASB auch SFAS 128, Abs. 105.

Aktie während der Periode übersteigt, nicht berücksichtigt werden und folglich keinen verwässernden Effekt auf die diluted EPS ausüben. Diese Annahme ist nachzuvollziehen, denn eine Ausübung eines Optionsrechts, dessen Basispreis über dem Marktpreis der Stammaktie liegt, ist aus der Sicht des Investors unrealistisch.[537] Dennoch können derartige Optionsrechte bei steigenden Marktpreisen durchaus zukünftig zu einer Verwässerung führen. Mit anderen Worten geben die diluted EPS nicht zwangsläufig – ihrem Ziel entsprechend – den maximal möglichen Verwässerungseffekt wieder. Entsprechende Anhangangaben erlauben dem Analysten aber eine Berücksichtigung dieser Optionsrechte.[538]

(c) If-converted-method und treasury-stock-method

Neben der isolierten Anwendung der if-converted-method und treasury-stock-method verlangt SFAS 128 bei entsprechend ausgestalteten Wertpapieren eine **gemeinsame Anwendung** beider Methoden:[539]

- Sieht eine **Wandelschuldverschreibung** eine **Zuzahlung** des Inhabers bei der Wandlung in Stammaktien vor, so wird mittels der treasury-stock-method berechnet, wieviel Stammaktien mit den Erlösen am Markt zurückgekauft werden können. Für die eigentliche Wandlung wird anschließend die if-converted-method angewandt.[540]

- Ist ein Unternehmen dazu verpflichtet, die Erlöse aus der Ausübung von Optionen oder Optionsscheinen zur **Tilgung von Schulden** zu verwenden, wird zunächst auf Basis der if-converted-method die Veränderung des Erfolgs (entfallende Zinsen incl. Steuereffekt) im Zähler der EPS berechnet. Die treasury-stock-method gelangt danach zur Anwendung, sofern die Erlöse die erforderliche Begleichung von Schulden übersteigen.[541]

---

537 Des weiteren wird lediglich auf den durchschnittlichen Marktpreis abgestellt. Es ist durchaus denkbar, daß zu einem bestimmten Zeitpunkt der Basispreis unter dem Marktpreis liegt und damit eine verwässernde Wirkung bestehen würde.

538 Vgl. Teil 5 Gliederungspunkt I. B. 4.

539 Vgl. auch Meeting, D.T./ Law, D.B./Luecke, R.W. (EPS 1997), S. 68 f.

540 Vgl. SFAS 128, Abs. 53. Die Anzahl der im Nenner zu berücksichtigenden potentiellen Aktien ergibt sich aus der Differenz zwischen den gemäß dem Wandlungsverhältnis auszugebenden Stammaktien und den mittels der Zuzahlung am Markt erworbenen Aktien.

541 Vgl. SFAS 128, Abs. 52. Die treasury-stock-method darf nur für die Erlöse angewandt werden, die über die Schuldentilgung hinausgehen.

- Optionen oder Optionsscheine können neben der Zahlung des Basispreises in bar alternativ etwa die **Rückgabe von Wertpapieren oder den Erlaß von Schulden** des betreffenden Unternehmens vorsehen. Erlauben die Optionsbedingungen eine Barzahlung und ist diese für den Inhaber des Optionsrechts vorteilhafter, muß die treasury-stock-method angewandt werden. Andernfalls ist nach der if-converted-method vorzugehen.[542]

(d)   Reverse treasury-stock-method

Die reverse treasury-stock-method ist die zweite der beiden neuen Methoden, die SFAS 128 erstmalig vorschreibt.[543] Sie wird zur Ermittlung des Verwässerungseffekts von Verträgen verwendet, die das **Unternehmen verpflichten, eigene Aktien zu kaufen** (z.B. Put-Optionen (put options) und Rückkaufvereinbarungen (forward purchase contracts)). Die Vorgehensweise der reverse treasury-stock-method verhält sich spiegelverkehrt zur treasury-stock-method:[544]

Die reverse treasury-stock-method unterstellt, daß das Unternehmen zu Beginn der Periode eine Kapitalerhöhung durchführt. Die Erlöse hieraus müssen mit dem Betrag übereinstimmen, den das Unternehmen für den Rückkauf der eigenen Aktien – bspw. bei Ausübung der Put-Optionen – aufbringen muß. Die Stammaktien, die in die diluted EPS eingehen, ergeben sich aus der Differenz zwischen der Anzahl der Aktien, die das Unternehmen fiktiv zu Beginn der Periode ausgegeben hat, um den Rückkauf zu finanzieren, und der Anzahl an Aktien, die zurückgekauft werden müßte.

Beispiel 14:   Reverse treasury-stock-method

Reverse treasury-stock-method	
Anzahl der Put-Optionen (Bezugsverhältnis 1:1)	2.000 Stück
Basispreis für eine Aktie	$ 30
Durchschnittlicher Marktpreis je Aktie während der Periode	$ 20

Gemäß den Ausgangsdaten der obigen Tabelle hat das Unternehmen 2.000 Put-Optionen ausgegeben. Der Basispreis liegt über dem durchschnittlichen

---

542   Vgl. SFAS 128, Abs. 51.
543   Zur ersten neuen Methode vgl. Teil 5 Gliederungspunkt I. B. 3. b) (7).
544   Vgl. SFAS 128, Abs. 24; Williams, J.R. (GAAP-Guide 1999), S. 13.15 f.

Marktpreis. Bei der Berechnung der diluted EPS wird unterstellt, daß das Unternehmen zu Beginn der Periode 3.000 Stammaktien ausgeben muß, um den fiktiven Rückkauf der Aktien ($ 30 · 2.000 Aktien = $ 60.000) zu finanzieren. Das Unternehmen kauft mit den Erlösen aus der fiktiven Kapitalerhöhung ($ 60.000) 2.000 Stammaktien gemäß den Optionsbedingungen zurück. Als potentielle Aktien mit Verwässerungseffekt gehen somit 1.000 Aktien in die diluted EPS ein (3.000 **ausgegebene Aktien abzüglich** 2.000 **erworbene Aktien**).

(e) Bedingt emissionsfähige Stammaktien

Bedingt emissionsfähige Stammaktien werden bereits in den basic EPS berücksichtigt, soweit **am Ende der Berichtsperiode alle Bedingungen** erfüllt worden sind.[545] Während die basic EPS die Stammaktien aber lediglich **zeitanteilig** erfassen, wird bei der Berechnung der diluted EPS für die Zwischenberichterstattung unterstellt, daß sie zu **Beginn der Periode** ausgegeben wurden.[546] Bei der anschließenden Ermittlung der EPS-Daten für das Geschäftsjahr werden die potentiellen Aktien der Quartalsberichte mit einem Viertel gewichtet.[547] In Fortführung des Beispiels 10 ermitteln sich die diluted EPS wie folgt:

---

545 Vgl. Teil 5 Gliederungspunkt I. B. 3. b) (6).
546 Vgl. Williams, J.R. (GAAP-Guide 1999), S. 13.28 f.
547 Dies Vorgehen unterscheidet sich somit von der Berechnungsweise der basic EPS-Daten, bei denen die Stammaktien seit dem Tag der Erfüllung der Bedingung entweder auf Monats- oder Tagesbasis eingehen. „For year-to-date computations, contingent shares shall be included on a weighted-average basis. That is, contingent shares shall be weighted for the interim periods in which they were included in the computation of diluted EPS." SFAS 128, FN 18. Diese Vorgehensweise gilt im übrigen auch für die treasury-stock-method. Vgl. SFAS 128, Abs. 46. Mit anderen Worten wird bei der Berechnung der EPS für das Geschäftsjahr keine Ausgabe der Stammaktien zu Beginn des Jahres unterstellt.

1. Quartal: $\dfrac{\$\,200.000}{200.000\ \text{Aktien}}$ $=$ $\$\,1\,\text{je Aktie}$

2. Quartal: $\dfrac{\$\,300.000}{200.000\ \text{Aktien}+2.000\ \text{Aktien}}$ $=$ $\$\,1{,}49\ \text{je Aktie}$

3. Quartal: $\dfrac{\$\,600.000}{200.000\ \text{Aktien}+2.000\ \text{Aktien}+2.000\ \text{Aktien}}=$ $\$\,2{,}94\ \text{je Aktie}$

4. Quartal: $\dfrac{\$\,-100.000}{200.000\ \text{Aktien}+4.000\ \text{Aktien}}$ $=$ $\$\,-0{,}49\ \text{je Aktie}$

Jahr 01: $\dfrac{\$\,1.000.000}{\dfrac{1}{4}\cdot 200.000\ \text{Aktien}+\dfrac{1}{4}\cdot 202.000\ \text{Aktien}+\dfrac{2}{4}\cdot 204.000\ \text{Aktien}}=\$\,4{,}94\ \text{je Aktie}$

Des weiteren werden in den diluted EPS auch die bedingt emissionsfähigen Stammaktien erfaßt, die ausgegeben würden, wenn das **Ende der Berichts-periode** mit dem **Ende der Bedingungsperiode** (contingency period) zusammenfallen würde.[548] Werden bspw. bestimmten Aktionären 10.000 Stammaktien gewährt, soweit der Jahreserfolg $ 1.000.000 übersteigt, und ist diese Grenze bereits im zweiten Quartal überschritten worden, gehen 10.000 Stammaktien in die diluted EPS des zweiten Quartals ein.[549] Des weiteren werden die bedingt emissionsfähigen Stammaktien, die nach einer bestimmten Zeit ohne weitere Bedingungen ausgegeben werden, im Nenner der diluted EPS berücksichtigt.[550]

Das folgende Flußdiagramm faßt die verschiedenen Methoden, die bei der Berechnung der diluted EPS angewandt werden, zusammen.

---

548   Die Bedingungen können dabei an die Erzielung eines bestimmten Periodenerfolgs und/oder an das Erreichen eines bestimmten zukünftigen Kursniveaus anknüpfen. Vgl. SFAS 128, Abs. 31 ff.; Law, D.B./Meeting, D.T. (Contingent Shares 1998), S. 53; Spiceland, J.D./Sepe, J.F. (Intermediate Accounting 1998), S. 889 f.; Elsea, J.E./Cox, B.D. (FASB's New Earnings per Share 1997), S. 30.

549   Die basic EPS berücksichtigen derartige emissionsfähige Stammaktien nicht, da es möglich ist, daß am Jahresende aufgrund von Verlusten im 4. Quartal die Bedingungen nicht erfüllt werden.

550   Vgl. Munter, P. (Earnings Per Share Reporting 1997), S. 25.

Abbildung 23:   Berechnung der diluted EPS nach US-GAAP

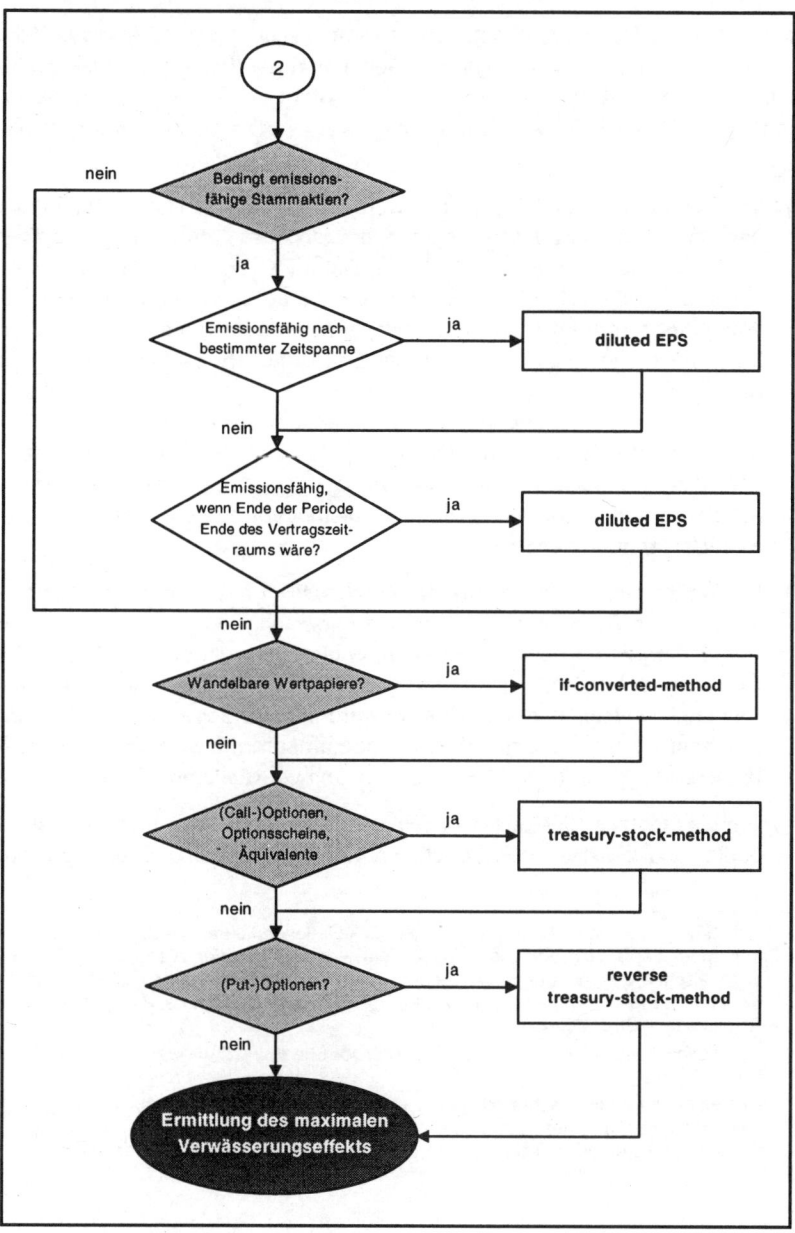

(3) Bestimmung des maximalen Verwässerungseffekts

Ziel der diluted EPS ist es, den maximalen Verwässerungseffekt, der durch die Berücksichtigung potentieller Stammaktien hervorgerufen wird, widerzuspiegeln. Eine maximale Verwässerung liegt aber **nicht** unbedingt dann vor, wenn **sämtliche** potentielle Aktien berücksichtigt werden. Die Berechnung des maximalen Verwässerungseffekts erfolgt vielmehr in zwei Schritten:

(1) Im ersten Schritt muß festgestellt werden, ob die potentiellen Aktien aus den jeweiligen gewährten Rechten bei isolierter Betrachtung zu einer Verminderung der basic EPS führen. Dabei scheiden bereits im Vorfeld diejenigen potentiellen Stammaktien aus, deren **Erfolgsänderung je zusätzlicher potentieller Stammaktie** (earnings per incremental share) die basic EPS übersteigt.[551] Den vorstehend diskutierten Methoden kommt daher zunächst die Aufgabe zu, festzustellen, ob sich die Einbeziehung von wandelbaren Wertpapieren oder Rechten verwässernd auf die ursprünglichen EPS auswirkt oder nicht.[552] Des weiteren werden die einzelnen Daten (Minderung der Zinsaufwendungen, Anzahl der zusätzlichen Aktien aufgrund der verschiedenen Methoden) für die abschließende EPS-Berechnung benötigt.

(2) Im zweiten Schritt wird überprüft, ob tatsächlich alle potentiellen Stammaktien, die bei der obigen isolierten Betrachtungsweise jeweils zu einer Verminderung der basic EPS führen, in die offenzulegenden diluted EPS einbezogen werden. Denn es ist durchaus möglich, daß potentielle Stammaktien isoliert zu einer Verwässerung der ursprünglichen EPS führen, aber insgesamt, d.h. sofern sie **gemeinsam mit anderen potentiellen Stammaktien** in die EPS eingehen, anti-verwässernd wirken.[553]

Um dies festzustellen, schreibt SFAS 128 nunmehr explizit vor, die Wertpapiere sukzessive nach abnehmendem Verwässerungseffekt einzube-

---

551 Vgl. SFAS 128, Abs. 13. Bspw. werden Call-Optionen, deren Basispreis über dem Marktpreis liegt, nicht berücksichtigt. Zudem wird z.B. von der Wandlung derjenigen Wandelschuldverschreibungen abgesehen, die eine Erhöhung der basic EPS aufgrund der entfallenden Zinsen zur Folge haben. Vgl. Spiceland, J.D./Sepe, J.F. (Intermediate Accounting 1998), S. 881.

552 Vgl. Küting, K./Bender, J./Eidel, U. (Earnings per Share und DVFA/SG-Ergebnis 1998), Rn. 498.

553 Die Reihenfolge, in welcher die potentiellen Stammaktien einbezogen werden, spielt dabei die entscheidende Rolle dafür, ob die Einbeziehung einer bestimmten Kategorie von Wertpapieren oder Rechten einen verwässernden Einfluß ausübt oder nicht.

ziehen bzw. eine **Rangfolge** der einzelnen Kategorien von der **kleinsten** Erfolgsänderung je zusätzlicher Aktie (größter Verwässerungseffekt) **bis zur größten Erfolgsänderung je Aktie** (kleinster Verwässerungseffekt) aufzustellen.[554] Dementsprechend werden zunächst die Wertpapiere bzw. Rechte mit dem größten isolierten Verwässerungseffekt berücksichtigt, anschließend diejenigen mit dem zweitgrößten, drittgrößten usw. Sofern bei dieser Berechnung der EPS-Betrag steigt, darf die entsprechende Kategorie von Wertpapieren und Rechten nicht mehr berücksichtigt werden.

Bei der Ermittlung, ob eine Verwässerung vorliegt oder nicht, stellt SFAS 128 neuerdings auf das income from continuing operations ab. [555] Die Verwendung dieses Erfolgsmaßstabs als **Referenzgröße** hat folgende Konsequenzen:

- Bei einem **income from continuing operations** ergibt sich – auf diesen Maßstab bezogen – eine verwässernde Wirkung; sämtliche potentielle Stammaktien werden also gemäß der dargestellten Vorgehensweise in den diluted EPS berücksichtigt. Dies gilt auch, wenn das Unternehmen letztlich einen Jahresfehlbetrag (net loss) erzielt hat. Der diluted EPS-Betrag, der sich auf den Jahresfehlbetrag bezieht, gibt infolgedessen die anti-verwässernden Auswirkungen der potentiellen Stammaktien wieder.[556]

---

554 Vgl. SFAS 128, Abs. 14; Meeting, D.T./ Law, D.B./Luecke, R.W. (EPS 1997), S. 67; Spiceland, J.D./Sepe, J.F. (Intermediate Accounting 1998), S. 887; Elsea, J.E./Cox, B.D. (FASB's New Earnings per Share 1997), S. 30.

555 Genau genommen handelt es sich hierbei um das income from continuing operations abzüglich der Vorzugsdividende (income from continuing operations available to common stockholders). Bei APB Opinion 15 diente das net income als Referenzgröße zur Ermittlung, ob potentielle Stammaktien verwässernd oder anti-verwässernd wirken.

Bei fehlendem Ausweis der discontinued operations ist dies das income before extraordinary items and cumulative effects of changes in accounting principles oder – bei zusätzlichem Fehlen eines außerordentlichen Erfolgs und von Bilanzierungs- oder Bewertungswechseln – das net income. Vgl. Williams, J.R. (GAAP-Guide 1999), S. 13.12.

556 Würde statt dem income from continuing operations der net loss als Kontrollgröße dienen, dürften keine potentiellen Stammaktien in die diluted EPS einbezogen werden. Denn die Einbeziehung der potentiellen Stammaktien würde anti-verwässernd wirken, d.h., die diluted EPS würden die basic EPS übersteigen (aufgrund der Division durch eine größere Anzahl Stammaktien sinkt der Verlust je Aktie). In diesem Fall würden sich somit basic net loss per share und diluted net loss per share entsprechen.

- Bei einem **loss from continuing operations**[557] hätte dagegen die Einbeziehung von potentiellen Stammaktien eine anti-verwässernde Wirkung. Die potentiellen Stammaktien werden daher nicht bei der Berechnung der diluted EPS erfaßt. Dies gilt auch dann, wenn die Einbeziehung der potentiellen Stammaktien bei anderen EPS-Kennziffern eine verwässernde Wirkung hätte.

Der Verweis des FASB auf das income from continuing operations als Referenzgröße zeigt, welche Bedeutung dieser Teilerfolgsgröße im Vergleich zum Jahreserfolg beigemessen wird. Des weiteren weist das FASB darauf hin, daß Jahresfehlbeträge oftmals ihre Ursache in der Aufgabe bzw. Stillegung wesentlicher Geschäftsbereiche und in den außerordentlichen Aufwendungen finden oder aber auf den Wechsel von Bilanzierungs- und Bewertungsmethoden zurückzuführen sind.[558] Die Ermittlung der offenzulegenden EPS-Daten illustriert das folgende Beispiel.

Beispiel 15:   **Bestimmung des maximalen Verwässerungseffekts**

Basic und diluted EPS	
Income from continuing operations	$ 130.000
Extraordinary items	$ - 200.000
Net loss	$ - 70.000
Gewichteter Durchschnitt der ausstehenden Stammaktien	50.000 Aktien
Wandelbare Vorzugsaktien (Wandlungsverhältnis 1:1)	10.000 Stück
Vorzugsdividende $ 2 je Vorzugsaktie	$ 20.000
Optionsscheine (Bezugsverhältnis 1:1)	5.000 Stück
Basispreis für eine Aktie	$ 14
Durchschnittliche Marktpreis je Aktie der Periode	$ 20
Wandelschuldverschreibungen (Wandlungsverhältnis 1:1)	2.000 Stück
Nennwert	$ 200.000
Zinssatz	3,65%
Steuersatz	40%

Die obige Tabelle faßt alle benötigten Daten für die Ermittlung der basic und diluted EPS-Kennzahlen eines Unternehmens zusammen. Bei der Ermittlung der **basic EPS** muß sowohl vom income from continuing operations als auch

---

557   Gleiches gilt bei einem income from continuing operations, das kleiner als die Vorzugsdividende ist (loss from continuing operations available to common stockholders).

558   Vgl. SFAS 128, Abs. 97.

vom net loss die Vorzugsdividende abgezogen werden, um zu dem den Stammaktionären zuzurechnenden Erfolg zu gelangen.

Basic EPS:[559]

Income from continuing operations: $\dfrac{\$130.000 - \$20.000}{50.000\,\text{Aktien}} = \$2{,}20\,\text{je Aktie}$

Extraordinary items: $\dfrac{\$ - 200.000}{50.000\,\text{Aktien}} = \$ - 4\,\text{je Aktie}$

Net loss: $\dfrac{\$ - 70.000 - \$20.000}{50.000\,\text{Aktien}} = \$ - 1{,}8\,\text{je Aktie}$

Zur Berechnung der **diluted EPS** muß zunächst der isolierte Verwässerungseffekt (Veränderung des Erfolgs je zusätzlicher potentieller Stammaktie) berechnet werden. Als Referenzgröße dient dabei das income from continuing operations.

Bei der fiktiven Wandlung der Vorzugsaktien entfällt zum einen die Vorzugsdividende in Höhe von $ 20.000, zum anderen steigt die Anzahl potentieller Stammaktien um 10.000 Stück. Bei der fingierten Ausübung der Optionsrechte zu Beginn der Berichtsperiode müssen gemäß der treasury-stock-method 1.500 potentielle Stammaktien erfaßt werden.[560] Wird des weiteren angenommen, daß die Wandelschuldverschreibungen zu Beginn der Periode gewandelt werden, so steigt gemäß der if-converted-method der Erfolg um $ 4.380 und die Anzahl der potentiellen Stammaktien um 2.000.[561]

---

559 Bei der Offenlegung der EPS-Daten wird dabei anstatt des Begriffs basic EPS die Bezeichnung earnings per common share verwendet. Vgl. SFAS 128, Abs. 39. Vgl. auch Williams, J.R. (GAAP-Guide 1999), S. 13.20.

560 Die Anzahl der zusätzlich zu erfassenden potentiellen Stammaktien ermittelt sich wie folgt: $\dfrac{\$20-\$14}{\$20} \cdot 5.000\,\text{Aktien} = 1.500\,\text{Aktien}$.

Vgl. zur Berechnung der potentiellen Stammaktien mittels der treasury-stock-method auch Teil 5 Gliederungspunkt I. B. 3. c) (2) (b).

561 Die aufgrund der unterstellten Wandlung entfallenden Zinsaufwendungen (incl. Steuereffekt) berechnet sich wie folgt: 200.000 · 0,0365 · (1-0,4) = 4.380. Vgl. zur if-converted-method auch Teil 5 Gliederungspunkt I. B. 3. c) (2) (a).

	Vorzugsaktien	Optionen	Wandelschuld-verschreibungen
Veränderung des income from continuing operations, das auf die Stammaktionäre entfällt	$ 20.000	-	$ 4.380
Veränderung der Anzahl Stammaktien	10.000 Aktien	1.500 Aktien	2.000 Aktien
Veränderung des income from continuing operations je potentieller Stammaktie	$ 2,0	$ 0	$ 2,19
Rang	2	1	3

Die Tabelle gibt die Veränderung des income from continuing operations je potentieller Stammaktie für jede Kategorie von Wertpapieren bzw. Rechten wieder. Bezogen auf das income from continuing operations wirken bei dieser isolierten Betrachtung alle potentiellen Stammaktien verwässernd. Die Erfolgsänderung je potentieller Stammaktie ist jeweils kleiner als die basic EPS ($ 2,2 je Aktie). Die verschiedenen Kategorien werden nun entsprechend ihres Verwässerungseffekts – von der maximalen bis zur minimalen Verwässerung – sukzessive in die ursprünglichen EPS einbezogen.

1. Erfassung der Optionen:

$$\frac{\$130.000 - \$20.000}{50.000 \, \text{Aktien} + 1.500 \, \text{Aktien}} = \$2,14 \, \text{je Aktie}$$

2. Erfassung der Optionen und Vorzugsaktien:

$$\frac{\$130.000 - \$20.000 + \$20.000}{50.000 \, \text{Aktien} + 1.500 \, \text{Aktien} + 10.000 \, \text{Aktien}} = \$2,11 \, \text{je Aktie}$$

3. Erfassung der Optionen, Vorzugsaktien und Wandelschuldverschreibungen:

$$\frac{\$130.000 - \$20.000 + \$20.000 + \$4.380}{50.000 \, \text{Aktien} + 1.500 \, \text{Aktien} + 10.000 \, \text{Aktien} + 2.000 \, \text{Aktien}} = \$2,12 \, \text{je Aktie}$$

Obwohl die Wandelschuldverschreibungen isoliert betrachtet zu einer Verminderung der basic EPS führen, dürfen sie nicht in den diluted EPS berücksichtigt werden, da diese im Anschluß an die Erfassung der Optionen und Vorzugsaktien von $ 2,11 auf $ 2,12 steigen würden. Bei einer aggregierten Betrachtung wirken die Wandelschuldverschreibungen somit anti-verwässernd. Die diluted EPS ermitteln sich für die verschiedenen Erfolgsgrößen also wie folgt:

Diluted EPS:[562]

Income from continuing operations:

$$\frac{\$130.000 - \$20.000 + \$20.000}{50.000\,\text{Aktien} + 1.500\ \text{Aktien} + 10.000\,\text{Aktien}} = \$2,11\,\text{je Aktie}$$

Extraordinary items:[563]

$$\frac{\$ - 200.000}{50.000\,\text{Aktien} + 1.500\,\text{Aktien} + 10.000\,\text{Aktien}} = \$ - 3,25\,\text{je Aktie}$$

Net loss:

$$\frac{\$ - 70.000 - \$20.000 + \$20.000}{50.000\,\text{Aktien} + 1.500\ \text{Aktien} + 10.000\,\text{Aktien}} = \$ - 1,14\,\text{je Aktie}$$

Die potentiellen Stammaktien werden sowohl beim net loss als auch bei den extraordinary items berücksichtigt, obwohl sie im Vergleich zu den basic EPS zu einer Erhöhung der EPS führen. Eine Verwässerung tritt lediglich bei den EPS bezogen auf das income from continuing operations ein.

Das folgende Flußdiagramm stellt die Vorgehensweise zur Berechnung der maximalen Verwässerungseffekts nochmals graphisch dar:[564]

---

562 Bei der Offenlegung der EPS-Daten wird anstatt des Begriffs diluted EPS die Bezeichnung und earnings per common share - assuming dilution verwendet. Vgl. SFAS 128, Abs. 39. Vgl. auch Williams, J.R. (GAAP-Guide 1999), S. 13.20.

563 Da die Vorzugsdividende nicht bei den extraordinary items berücksichtigt wird, darf sie auch bei der Ermittlung der diluted EPS nicht addiert werden. Entsprechendes würde für den cumulative effect of accounting changes sowie die discontinued operations gelten.

564 Flußdiagramm modifiziert entnommen aus Meeting, D.T./ Law, D.B./Luecke, R.W. (EPS 1997), S. 66.

Abbildung 24:   Ermittlung des maximalen Verwässerungseffekts nach US-GAAP

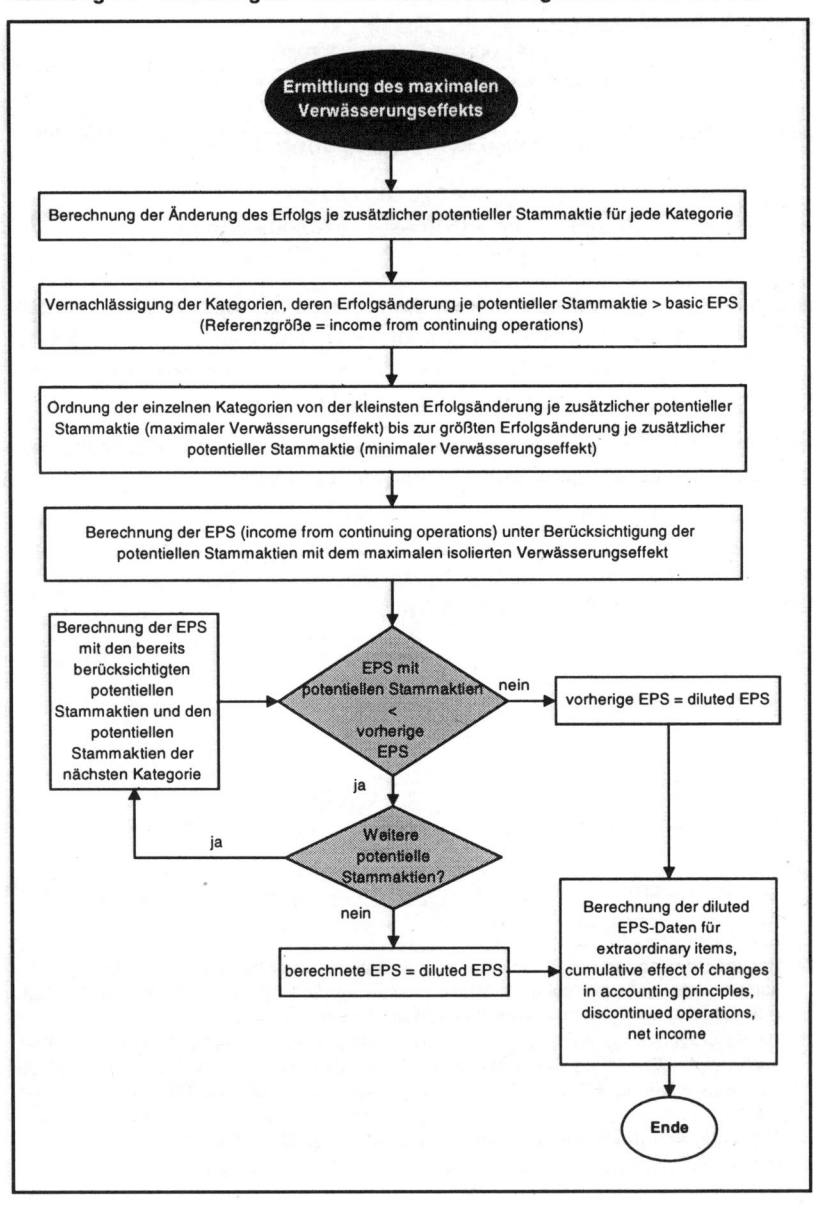

d) Konsolidierte Earnings per Share

Bei der Ermittlung der EPS-Daten für einen rechnungslegungspflichtigen Konzern wird auf das **consolidated net income** abgestellt. Gemäß den gegenwärtig geltenden Regelungen entspricht das consolidated net income dem Konzernjahreserfolg, der um die Gewinn- bzw. Verlustanteile der Minderheiten gekürzt bzw. erhöht wird.[565]

Das Exposure Draft 'Consolidated Financial Statements: Policy and Procedure' sieht jedoch künftig eine abweichende Bezeichnung vor: Bei der Berechnung des Erfolgs, der dem Mutterunternehmen zuzurechnen ist (net income attributable to the controlling interest), werden vom Konzernjahreserfolg (nunmehr consolidated net income) die Erfolgsanteile der Minderheiten (net income attributable to the noncontrolling interest) abgezogen.[566] Dementsprechend fordert das FASB, daß die EPS-Daten als **„amount attributable to the controlling interest"** auszuweisen sind.[567]

Die Ermittlung der konsolidierten EPS-Daten entspricht konzeptionell grundsätzlich der Berechnungsweise für nicht in einem Konzernverbund stehende Unternehmen. Es ergeben sich keine Abweichungen, soweit keine **potentiellen Stammaktien von Tochterunternehmen oder gemäß der Equity-Methode bilanzierten Unternehmen**[568] ausstehen.[569]

In letzterem Fall können sich sowohl der **Erfolg des Tochterunternehmens** oder des gemäß der Equity-Methode bilanzierten Unternehmens als auch die

---

565 Dementsprechend stellen die Gewinnanteile der Minderheiten einen Aufwand des Konzerns dar. Diese Darstellungsweise ist Ausdruck der Interessentheorie, die den Konzernabschluß als erweiterten Abschluß des Mutterunternehmens auffaßt. Vgl. zur Interessentheorie Göth, P. (Eigenkapital 1997), S. 30 ff.

566 Vgl. FASB (Consolidated Financial Statements 1995), Abs. 23. Die Gewinnanteile der Minderheiten stellen eine Komponente des Konzerngewinns dar. Diese Darstellungsweise ist Ausdruck der Einheitstheorie. „Kennzeichnend ist hierfür die Vernachlässigung der Gesellschafterstruktur der Konzernunternehmen, die sich in der Annahme einer homogenen Interessenlage sämtlicher Anteilseigner bzgl. des Konzerns manifestiert." Göth, P. (Eigenkapital 1997), S. 28.

567 Vgl. FASB (Consolidated Financial Statements 1995), Abs. 25; SFAS 128, Abs. 140.

568 Die Quotenkonsolidierung (pro rata consolidation) wird in der Praxis in den USA kaum angewandt. Incorporated joint ventures müssen stets at equity bilanziert werden. Lediglich unincorporated joint ventures dürfen, wenn es in der betreffenden Branche üblich ist, pro rata konsolidiert werden. Vgl. AIN-APB Opinion 18, Abschnitt 2; Niehus, R.J./Thyll, A. (Konzernabschluß nach US-GAAP 1998), Rn. 1116 f.

569 Vgl. Pahler, A.J./Mori, J.E. (Advanced Accounting 1997), S. 289.

Beteiligungsverhältnisse ändern. Beide Änderungen beeinflussen wiederum den Gesamterfolg des Mutterunternehmens.

Die Berechnung der konsolidierten EPS vollzieht sich dabei grundsätzlich in zwei Schritten:[570]

(1) Zuerst werden die basic und die diluted **EPS des Tochterunternehmens** berechnet.

(2) Die (basic bzw. diluted) EPS gehen anschließend in die **konsolidierten EPS** ein:

$$\text{Konsolidierte EPS} = \frac{\text{Net income}_{MU} + \text{Anpassung} + \left(SA_{MU} \cdot EPS_{TU}\right) + \left(SA_{potMU} \cdot EPS_{TU}\right)}{SA + SA_{pot}}$$

Net income$_{MU}$: Net income des Mutterunternehmens, das um sämtliche innerkonzernlichen Vorgänge mit dem Tochterunternehmen bereinigt worden ist

Anpassung: Anpassungen der Erfolgsgröße des Mutterunternehmens aufgrund von potentiellen Stammaktien des Mutterunternehmens

SA: Anzahl der Stammaktien des Mutterunternehmens

SA$_{pot}$: Anzahl der potentiellen Stammaktien des Mutterunternehmens

SA$_{MU}$: Anzahl der Stammaktien des Tochterunternehmens, die dem Konzern zuzurechnen sind

SA$_{potMU}$: Anzahl der potentiellen Stammaktien des Tochterunternehmens, die dem Konzern zuzurechnen sind

EPS$_{TU}$: Basic oder diluted EPS des Tochterunternehmens

- Ausgangspunkt ist der **Erfolg des Mutterunternehmens** (ohne den Erfolg des Tochterunternehmens), der um die innerkonzernlichen Vorgänge mit dem Tochterunternehmen bereinigt worden ist (Term 1).

- Term 2 berücksichtigt bei der Ermittlung der **diluted EPS** sämtliche Erfolgsänderungen aufgrund von **potentiellen Stammaktien des Mutterunternehmens**.

---

570 Vgl. Fischer, P.M./Taylor, W.J./Cheng, R.H. (Advanced Accounting 1999), S. 6-9 ff.; Boatsman, J.R./ Griffin, C.H./Vickrey, D.W./Williams, T.H. (Advanced Accounting 1994), S. 153; Baker, R.E./Lembke, V.C./King, T.E. (Advanced Financial Accounting 1996), S. 562; Hoyle, J.B./Schaefer, T.F./Doupnik, T.S. (Advanced Accounting 1998), S. 269 ff.

- Der **Erfolg des Tochterunternehmens** geht anschließend indirekt über die (basic oder diluted) EPS des Tochterunternehmens in die konsolidierten EPS ein. Bei der Berechnung der konsolidierten basic EPS werden die dem Konzern zustehenden Stammaktien des Tochterunternehmens mit den basic EPS multipliziert. Term 3 gibt damit den Erfolg, der dem Konzern zuzurechnen ist, wieder.

- Bei der Ermittlung der **diluted EPS** wird anhand der Multiplikation der dem Konzern zustehenden Stammaktien des Tochterunternehmens mit den diluted EPS des Tochterunternehmens die Erfolgsminderung des Tochterunternehmens aufgrund von potentiellen Stammaktien berücksichtigt.[571] Die Anzahl an Stammaktien, die dem Konzern zusteht, erhöht sich jedoch um die Anzahl der ihm zuzurechnenden potentiellen Stammaktien (Term 4). Dies ist bspw. der Fall, wenn das Mutterunternehmen Optionen oder Wandelschuldverschreibungen besitzt, die zum Bezug von Aktien des Tochterunternehmens berechtigen.

Die konkrete Umsetzung der vorangegangenen Erläuterungen wird an den folgenden drei Fällen i.V.m. Beispiel 16 illustriert:

Abbildung 25:   Fallkonstruktionen bei der Ermittlung der konsolidierten EPS[572]

	Ausgabe von Rechten bzw. Wertpapieren durch	Berechtigung zum Erwerb von Stammaktien an
Fall 1	Tochterunternehmen	Tochterunternehmen
Fall 2	Mutterunternehmen	Tochterunternehmen
Fall 3	Tochterunternehmen	Mutterunternehmen

---

571 Bspw. steigt der Erfolg des Tochterunternehmens bei der fiktiven Wandlung von Wandelschuldverschreibungen, da die Zinszahlungen entfallen. Gleichzeitig steigt aber auch die Anzahl der Stammaktien des Tochterunternehmens, und der Anteil des Konzerns am Tochterunternehmen sinkt dementsprechend.

572 Die Erläuterungen gelten analog für Unternehmen, die gemäß der Equity-Methode in den Konzernabschluß eingehen.

Beispiel 16:   Konsolidierte EPS

Konsolidierte EPS	
Mutterunternehmen	
Net income (ohne Erfolg und ohne Dividende des Tochterunternehmens)	$ 100.000
Anzahl Stammaktien	20.000 Aktien
Anzahl der Stammaktien am Tochterunternehmen	2.000 Aktien
Anzahl der Optionsscheine, die vom Tochterunternehmen ausgegeben wurden	400 Aktien
Tochterunternehmen	
Net income	$ 10.000
Anzahl Stammaktien	4.000 Aktien
Optionsscheine (Bezugsverhältnis 1:1)	1.000 Stück
Basispreis für eine Aktie	$ 10
Durchschnittlicher Marktpreis einer Stammaktie	$ 16

Fall 1:

Gemäß den in der obigen Tabelle enthaltenen Ausgangsdaten wird angenommen, daß die vom Tochterunternehmen ausgegebenen Optionsscheine den Inhaber berechtigen, Stammaktien des Tochterunternehmens zu erwerben. Die basic und diluted EPS des Tochterunternehmens (TU) berechnen sich wie bisher: [573]

$$\text{basic EPS}_{TU}: \frac{\$10.000}{4.000\,\text{Aktien}} = \$\,2{,}5\,\text{je Aktie}$$

$$\text{diluted EPS}_{TU}:^{574} \frac{\$10.000}{4.000\,\text{Aktien} + 375\,\text{Aktien}} = \$\,2{,}29\,\text{je Aktie}$$

Bei der Berechnung der **konsolidierten basic EPS** ergibt sich der Konzernerfolg, der auf das Mutterunternehmen entfällt, aus der Summe des Erfolgs

---

573 Vgl. SFAS 128, Abs. 62a.

574 Die Anzahl der zusätzlich zu erfassenden potentiellen Stammaktien beim Tochterunternehmen ermittelt sich wie folgt:

$$\frac{\$16 - \$10}{\$16} \cdot 1.000\,\text{Aktien} = 375\,\text{Aktien}.$$

Vgl. zur Berechnung der potentiellen Stammaktien mittels der treasury-stock-method auch Teil 5 Gliederungspunkt I. B. 3. c) (2) (b).

des Mutterunternehmens[575] und des dem Konzern zuzurechnenden Anteils[576] am Erfolg des Tochterunternehmens.[577]

$$\text{basic EPS}_{\text{konsolidiert:}} \quad \frac{\$\,100.000 \; + \; \dfrac{2.000}{4.000} \cdot 4.000\,\text{Aktien} \cdot \dfrac{\$\,2,5}{\text{Aktie}}}{20.000\,\text{Aktien}} \; = \; \$\; 5,25\,\text{je Aktie}$$

Die anschließende Ermittlung der **konsolidierten diluted EPS** kann in drei Komponenten zerlegt werden:

*   Die erste Komponente stellt der Erfolg des Mutterunternehmens dar.

*   Die zweite Komponente erfaßt den dem Konzern zuzurechnenden Anteil am verwässerten Ergebnis des Tochterunternehmens.[578] Dabei werden die diluted EPS des Tochterunternehmens im Beispiel mit den dem Mutterunternehmen aufgrund der tatsächlichen Anteilsquote zuzurechnenden Stammaktien multipliziert.

*   Wären im obigen Beispiel sämtliche Optionsscheine im Fremdbesitz, müßte die dritte Komponente nicht mehr berücksichtigt werden. Da aber das Mutterunternehmen 40% der Optionsscheine hält, muß es auch zu 40% an der fiktiven Ausgabe der potentiellen Stammaktien (375 Stück) zu Periodenbeginn beteiligt werden. Mittels der dritten Komponente wird somit ein zukünftiges Anteilsverhältnis antizipiert.[579]

---

575 Es wird unterstellt, daß während der Berichtsperiode keine innerkonzernlichen Beziehungen stattgefunden haben.

576 Der Anteil am Tochterunternehmen, der dem Konzern zuzurechnen ist, stimmt hier mit dem Anteil des Mutterunternehmens am Tochterunternehmen überein.

577 Zur Berechnung des Konzernerfolgs, der auf das Mutterunternehmen entfällt, wird hier die Anzahl der Aktien des Mutterunternehmens am Tochterunternehmen mit den basic EPS des Tochterunternehmens multipliziert.

578 Das Ergebnis je Aktie des Tochterunternehmens ist aufgrund der von der treasury-stock-method fingierten Ausgabe von 'Gratisaktien' gesunken.

579 Wären bspw. noch wandelbare Vorzugsaktien im Umlauf und besäße das Mutterunternehmen einen Anteil dieser Vorzugsaktien, so müßte das fiktive neue Anteilsverhältnis ebenfalls in der dritten Komponente erfaßt werden.

diluted EPS konsolidiert:

$$\frac{\$100.000 + \dfrac{2.000}{4.000} \cdot 4.000\,\text{Aktien} \cdot \dfrac{\$2,29}{\text{Aktie}} + \dfrac{400}{1.000} \cdot 375\,\text{Aktien} \cdot \dfrac{\$2,29}{\text{Aktie}}}{20.000\,\text{Aktien}} = \$5,23\,\text{je Aktie}$$

Fall 2:

Wurden die Optionsscheine statt vom Tochterunternehmen vom Mutterunternehmen ausgegeben und berechtigen diese ihre Inhaber, Stammaktien des Tochterunternehmens zu beziehen, so ändern sich die EPS-Daten im obigen Beispiel nicht.[580]

Fall 3:

Im folgenden wird unterstellt, daß die vom Tochterunternehmen ausgegebenen Optionsscheine den Inhaber berechtigen, Stammaktien des Mutterunternehmens (Bezugsverhältnis 1:1) zu erwerben. Entgegen den Angaben im Beispiel befinden sich alle Optionsscheine im Fremdbesitz. Zudem beträgt der durchschnittliche Marktpreis der Stammaktien des Mutterunternehmens $ 16, während der Basispreis bei $ 10 liegt.

Basic und diluted EPS des Tochterunternehmens stimmen in diesem Fall überein, da die Anzahl der Stammaktien des Tochterunternehmens bei fiktiver Ausübung der Optionsrechte unverändert bleibt.[581] Des weiteren bleiben die **konsolidierten basic EPS** unverändert. Bei der Berechnung der **konsolidierten diluted EPS** erhöht sich jedoch die Anzahl der Stammaktien des Mutterunternehmens um 375 Stück.

---

580 Hat das Mutterunternehmen statt der Optionsscheine Wandelschuldverschreibungen ausgegeben, wird die if-converted-method unverändert angewandt. Vgl. SFAS, Abs. 63. Dabei ergeben sich für das Mutterunternehmen lediglich Änderungen in der Erfolgsgröße, da die Anzahl der Stammaktien des Mutterunternehmens unverändert bleibt. Die zu berücksichtigenden Änderungen in der Zählergröße der EPS können neben den entfallenden Zinsaufwendungen (incl. Steuerauswirkungen) auch weitere Anpassungen erfassen, die sich bspw. aus einer veränderten Dividende aufgrund einer niedrigeren Anteilsquote ergeben.

581 Vgl. Fall 1 des Beispiels.

$$\text{diluted EPS}_{\text{konsolidiert}}: \quad \frac{\$100.000 + \dfrac{2.000}{4.000} \cdot 4.000\,\text{Aktien} \cdot \dfrac{\$\,2,5}{\text{Aktie}}}{20.000\,\text{Aktien} + 375\,\text{Aktien}} = \$\,5,15\,\text{je Aktie}$$

4. Anhanginformationen

Neben der Offenlegung der verschiedenen EPS-Daten in der Gewinn- und Verlustrechnung und im Anhang sieht SFAS 128 im Vergleich zu den ehemaligen Vorschriften der APB Opinion 15 erweiterte Erläuterungen im Anhang vor. Diese ermöglichen es den Jahresabschlußadressaten, die Berechnung der basic und der diluted EPS nachzuvollziehen. .

Die wesentliche Neuerung besteht in der Offenlegung einer **Überleitungsrechnung** der **basic EPS zu** den **diluted EPS** auf Basis des income from continuing operations. Dabei müssen die isolierten Auswirkungen der jeweiligen potentiellen Stammaktien auf die Erfolgsgröße im Zähler sowie auf die Anzahl der Aktien im Nenner angegeben werden. Zusätzlich fordert SFAS 128 eine Überleitung vom income from continuing operations zum income available to common stockholders und somit einen Ausweis der Vorzugsdividende.[582]

Ferner müssen sämtliche **potentielle Stammaktien,** die in der vergangenen Periode im Umlauf waren, aber nicht in die EPS-Daten einbezogen worden sind, weil sie **anti-verwässernd** wirkten, angegeben werden. Dies gilt bspw. für Optionsrechte, deren Basispreis über dem durchschnittlichen Marktpreis der Stammaktie lag. Die Angabe derartiger potentieller Stammaktien ermöglicht Analysten eine individuelle Berechnung von EPS-Daten.[583]

Des weiteren sind alle Transaktionen, die **nach dem Ende der Berichtsperiode, aber vor der Aufstellung des Jahresabschlusses** die **Anzahl der (potentiellen) Stammaktien** wesentlich ändern, auszuweisen. Dazu gehören

---

582 Vgl. SFAS 128, Abs. 40a, 40b; Meeting, D.T./Law, D.B./Luecke, R.W. (EPS 1997), S. 69; Elsea, J.E./Cox, B.D. (FASB's New Earnings per Share 1997), S. 30; Munter, P. (Earnings Per Share Reporting 1997), S. 17; Delaney, P.R./Adler, J.R./Epstein, B.J./Foran, M.F. (GAAP 1999), S. 711.

583 Vgl. SFAS 128, Abs. 40c; Meeting, D.T./Law, D.B./Luecke, R.W. (EPS 1997), S. 69; Elsea, J.E./Cox, B.D. (FASB's New Earnings per Share 1997), S. 30; Munter, P. (Earnings Per Share Reporting 1997), S. 17; Delaney, P.R./Adler, J.R./Epstein, B.J./Foran, M.F. (GAAP 1999), S. 711.

bspw. die Ausgabe von Stammaktien, Wandelschuldverschreibungen und Optionsrechten.[584]

Die Anhanginformationen (warning signal disclosures)[585] ermöglichen dem Analysten die Berechnung von EPS-Daten, die eine mögliche zukünftige Verwässerung der EPS reflektieren. Er kann dabei unter Einbringung seiner eigenen Zukunftserwartungen die EPS selbst prognostizieren. Die Prognose des Verwässerungseffekts in den offengelegten diluted EPS gibt infolgedessen nicht individuelle Einschätzungen über zukünftige Entwicklungen wieder, sondern beruht auf vergangenheits- und periodenbezogenen Daten. Den entscheidenden Vorteil dieser Objektivierung sieht das FASB dabei in der zeitlichen Vergleichbarkeit der diluted EPS-Daten.[586]

5.   Zusammenfassende Beurteilung der inhaltlichen Konzeption der Earnings per Share nach US-GAAP

Die inhaltliche Ausgestaltung der EPS-Kennziffern nach US-GAAP kann abschließend wie folgt beurteilt werden:

(1)   Die Berechnung der EPS-Daten ist intersubjektiv **nachvollziehbar** und wird von externer Seite als Bestandteil der Gewinn- und Verlustrechnung und des Anhangs **geprüft**.

(2)   Die Offenlegung verschiedener EPS-Daten gemäß der relativ **fein gegliederten Erfolgsspaltung** nach US-GAAP ermöglicht dem Analysten einen Einblick, inwieweit die EPS – bezogen auf das net income – auf außerordentliche Bestandteile, Wechsel der Bilanzierungs- und Bewertungsmethoden oder die Aufgabe von Geschäftsbereichen zurückzuführen sind.

---

584   Vgl. SFAS 128, Abs. 41; Meeting, D.T./Law, D.B./Luecke, R.W. (EPS 1997), S. 70.

585   Vgl. SFAS 128, Abs. 139.

586   Das FASB verweist in seiner Begründung auf SFAC 1 'Objectives of Financial Reporting by Business Enterprises', wonach die Jahresabschlußadressaten ihre eigenen Prognosen auf der Grundlage vergangenheitsorientierter Jahresabschlußinformationen machen können sollten (vgl. SFAC 1, Abs. 32 ff.), und SFAC 2 'Qualitative Characteristics of Accounting Information'. SFAC 2 beschreibt den Prognosewert (predictive value) von Jahresabschlußinformationen wie folgt: „Predictive value here means value as an input into a predictive process, not value directly as prediction." SFAC 2, Abs. 53.

(3) Die umfangreichen **Erläuterungspflichten bei accounting changes** erleichtern einen durchgängigen zeitlichen Vergleich.

(4) Die EPS-Daten betreffend das income from continuing operations, die aussagekräftigste Erfolgsgröße bei der Beurteilung der nachhaltigen Ertragskraft eines Unternehmens, weisen den Nachteil auf, daß darin **ungewöhnliche und unregelmäßige Erfolgsbestandteile** erfaßt werden. Eine entsprechende Ausgliederung muß von **externer Seite** erfolgen. Dabei erweist sich der Brutto-Ausweis der ungewöhnlichen und unregelmäßigen Erfolgsbestandteile als problematisch.

(5) Ein Ausweis der EPS-Daten für das **comprehensive income** als umfassende 'Erfolgsgröße' ist wünschenswert, wird bisher aber noch nicht gefordert.

(6) Der Informationsgehalt von EPS-Daten ist des weiteren eng mit der individuellen Ausnutzung von Ermessensspielräumen und Wahlrechten gemäß der bilanzpolitischen Zielsetzung des Unternehmens (income smoothing) und der korrekten Klassifizierung von Geschäftsvorfällen innerhalb des income from continuing operations oder in den nachfolgenden separaten Posten für die irregular items (classificatory smoothing) verbunden.[587]

(7) SFAS 128 hat die Berechnung der Anzahl an (potentiellen) Stammaktien im Nenner der EPS im Vergleich zu den ehemals geltenden komplexen Vorschriften der APB Opinion 15 wesentlich **vereinfacht**.[588] Ferner **ver-**

---

587 Vgl. White, G.I./Sondhi, A.C./Fried, D. (Financial Statements 1997), S. 66 f.; Bernstein, L.A./Siegel, J.G. (The Concept of Earnings Quality 1990), S. 24 ff.

588 Folgende wesentliche Vereinfachungen sieht SFAS 128 im Vergleich zu APB Opinion 15 vor (vgl. auch Munter, P. (Earnings Per Share Reporting 1997), S.18):
1.   Wegfall der Ermittlung der primary EPS, die die wahrscheinliche Verwässerung wiedergeben sollen.
2.   Wegfall der 3%-Klausel, die den Ausweis von verwässerten EPS nur dann fordert, wenn diese die basic EPS um 3% oder mehr verringern.
3.   Explizite Regelung zur Berechnung des maximalen Verwässerungseffekts.
Bei einer Untersuchung der Fortune 500 wiesen in den Jahren 1992/93 66% der Unternehmen unverwässerte EPS-Daten aus, 22% zeigten sowohl primary als auch fully diluted EPS und 12% zeigten lediglich primary EPS in ihren Jahresabschlüssen. Vgl. Pactor, P./Petrone, K.R. (Earnings per Share 1994), S. 462.

zichten die neuen Regelungen auf einige **willkürliche Annahmen** bei der Berechnung der Anzahl von potentiellen Stammaktien.[589]

(8)	Der Ausweis der basic und der diluted EPS soll dem Anleger die Bandbreite, in der sich die EPS hinsichtlich der Anzahl der Aktien bewegen können, – von keiner bis zur maximalen Verwässerung – signalisieren.[590] Die Umstellung von APB Opinion 15 auf SFAS 128 führt dazu, daß sämtliche Unternehmen **unverwässerte EPS-Daten** ausweisen müssen und nicht – wie bisher – lediglich EPS-Daten offenlegen, die bereits Verwässerungseffekte widerspiegeln.[591]

589	SFAS 128 ermöglicht nicht mehr die Anwendung der modifizierten treasury-stock-method. Die modifizierte treasury-stock-method ging davon aus, daß mit den Erlösen aus der Ausübung der Optionsrechte maximal 20% der Stammaktien zurückgekauft werden können. Ein verbleibender Betrag wird fiktiv für die Rückzahlung von Krediten und schließlich zum Erwerb von Staats- oder Industrieanleihen verwendet. Es müssen somit zusätzlich geringere Zinsaufwendungen oder höhere Erträge berücksichtigt werden. Folge der Anwendung der modifizierten treasury-stock-method kann sein, daß der Verwässerungseffekt aufgrund der Berücksichtigung von Erträgen vollständig aufgehoben wird. Vgl. zur Kritik an der modifizierten treasury-stock-method Barlev, B. (Dilutive Effect on EPS 1983), S. 385 ff.

Des weiteren kommt bei der Bestimmung der zusätzlichen Aktien für die diluted EPS bei der treasury-stock-method generell der durchschnittliche Marktpreis der Aktie der Periode zur Anwendung. Nach APB Opinion 15 mußte dagegen zur Berechnung der fully diluted EPS von dem durchschnittlichen Marktpreis der Periode und dem Marktpreis am Ende der Periode der höhere Preis gewählt werden. Das FASB begründet die Änderung damit, daß zukünftige Aktienkäufe zu verschiedenen Preisen – nicht nur zum Marktpreis am Ende der Periode – getätigt werden und der Marktpreis am Ende der Periode ansonsten einen unangemessenen Einfluß auf die EPS hat. Des weiteren basieren die EPS auf periodenbezogenen Daten und verfolgen nicht das Ziel, aufgrund von Schätzungen künftige EPS zu prognostizieren. Vgl. auch SFAS 128, Abs. 107; Elsea, J.E./Cox, B.D. (FASB's New Earnings per Share 1997), S. 29.

Aufgrund des Wegfalls der primary EPS müssen Unternehmen nicht mehr die sog. common stock equivalents bestimmen, die annahmegemäß mit einer höheren Wahrscheinlichkeit gewandelt werden. Bspw. mußte bei der Klassifizierung von convertible debts ein sog. effective-yield-test durchgeführt werden: „A convertible security shall be considered a common stock equivalent, if at time of issuance, it has an effective yield of less than 66 2/3% of the then current average Aa corporate bond yield." SFAS 85, Abs. 3. Vgl. auch Bierman, H. (Earnings per Share 1986), S. 63; Gibson, C.H./Williams, J.D. (Earnings Per Share 1973), S. 210.

590	Vgl. SFAS 128, Abs. 89.

591	Vgl. zur Kritik der Offenlegung von primary und fully diluted EPS Millar, J.A./Nunthirapakorn, T./Courtenay, S. (Information Content of Primary and Fully Diluted Earnings Per Share 1987), S. 77 ff.; Barth, M.E. u.a. (Response 1994), S. 112, sowie zum Informationsgehalt der diluted EPS Rice, S.J. (Fully Diluted Earnings Per Share 1978), S. 429 ff.

(9) Allerdings geben die diluted EPS gemäß den Vorschriften von SFAS 128 **nicht den Endpunkt einer potentiellen Verwässerung** an.[592] Die Ursache liegt in der Konzeption der treasury-stock-method, die davon ausgeht, daß die Erlöse aus der Ausübung der Optionsrechte fiktiv zum Rückkauf von Stammaktien verwendet werden. Im Nenner der diluted EPS wird lediglich die Differenz zwischen der Anzahl der Aktien, die aufgrund der Ausübung der Optionsrechte auszugeben sind, und den ‚zurückerworbenen' Aktien berücksichtigt. Diese Vorgehensweise unterstellt, daß das ‚neue' Kapital die gleiche Rendite wie das ‚alte' Kapital erzielt.

In der Realität bestehen aber für ein Unternehmen zahlreiche Anlagealternativen, die unterschiedliche Renditen erwirtschaften können. Die konservativste Methode, die den größten Verwässerungseffekt widerspiegeln würde, bestünde in der einfachen Kassenhaltung der Erlöse. Der Nenner der diluted EPS würde in diesem Fall um die Anzahl der Stammaktien steigen, die aufgrund der Ausübung der Optionsrechte auszugeben sind.

Des weiteren geht die treasury-stock-method nur von einer Ausübung der Optionsrechte aus, falls der durchschnittliche Marktpreis der Periode über dem Basispreis liegt. Steigt der Marktpreis in der folgenden Periode, so steigt auch die potentielle Anzahl an Aktien im Nenner und damit die erfaßte Verwässerung. Um den maximalen Verwässerungseffekt zu berechnen, müßte folglich indes die Ausübung sämtlicher Optionsrechte unterstellt werden.[593]

(10) Aufgrund der **erweiterten Informationspflichten** im Anhang ist es jedoch möglich, von externer Seite die maximale Verwässerung zu bestimmen. Ferner bleibt es dem Analysten überlassen, mit Hilfe der gegebenen Zusatzinformationen individuell zusätzliche EPS-Daten, die eine wahrscheinliche Verwässerung wiedergeben, zu ermitteln.

Brackney, Collins und Mautz untersuchten die Wirkung der Umstellung von APB Opinion 15 auf SFAS 128 auf die Höhe der EPS-Daten bei 4.161 US-amerikanischen Unternehmen. Dabei wurden die Unternehmen analysiert, die bisher keine unverwässerten EPS (basic EPS), sondern lediglich EPS-Kennzahlen, die die wahrscheinliche Verwässerung (primary EPS) und die maximale Verwässerung (fully diluted EPS) wiedergeben, offenlegt hatten. Diese Unternehmen weisen nun anstatt der primary EPS basic EPS-Daten

---

592 Vgl. auch Mautz, R.D./Hogan, T.J. (Earnings Per Share Reporting 1995), S. 187.
593 Vgl. Dudley, L.W. (Critical Look at EPS 1985), S. 108.

aus. Brackney, Collins und Mautz kamen zu dem Ergebnis, daß bei dem Großteil der Unternehmen die neuen EPS-Regelungen keine wesentlichen Veränderungen hervorrufen. Jedoch führt die Anwendung von SFAS 128 bei 14% der Unternehmen (583) zu einer Erhöhung der EPS zwischen 5 und 10%; und für 7,4% der Unternehmen (306) wurde eine Steigerung der EPS um mehr als 10% festgestellt.[594]

C. Earnings per Share nach IAS

1. Überblick

Das IASC veröffentlichte gleichzeitig mit dem FASB einen neuen Standard (IAS 33) zur Ermittlung von EPS-Daten, der erstmals die Offenlegung von EPS-Kennziffern auch in IAS-Abschlüssen vorsieht.[595] Beide Standards (SFAS 128 und IAS 33) sind das Ergebnis einer **Zusammenarbeit** von IASC und FASB im Rahmen des plan for international activities, aufgrund dessen sich das FASB zunehmend mit der internationalen Rechnungslegung auseinandersetzt.[596]

Da das FASB und das IASC etwaige abweichende Vorgehensweisen in ihren eigenen Konzeptionen zur Ermittlung der EPS diskutierten, stimmen die verlautbarten Regelungen weitgehend überein. Dies gilt zumindest für die Berechnung der **Anzahl der Aktien im Nenner**, denn auch IAS 33 verzichtet auf eine gesonderte Ermittlung einer Erfolgsgröße und knüpft direkt an die Gewinn- und Verlustrechnung an. Im folgenden wird auf Unterschiede zwischen den beiden Standards hinsichtlich der Berechnung der Anzahl der Aktien im Nenner eingegangen. Des weiteren werden grundlegende Unterschiede der Abgrenzung und Definition der (Teil-)Erfolgsgrößen, auf die sich die EPS-

---

594   Vgl. Brackney, K.S./Collins, W.A./Mautz, R.D. (EPS Calculation Rules 1998), S. 54.

      Bei 12,1% der Unternehmen steigen die EPS-Daten zwischen 5 und 10 cents, während bei 6,2% der Unternehmen sich die EPS um mehr als 10 cents erhöhen. Folgende Branchen sind insbesondere von SFAS 128 betroffen (die Bezeichnungen beziehen sich auf den Standard Industrial Classification Code): computer and data processing services, nonstore retailers, computer and office equipment, electronic components and accessories, special industry machinery, personal supply services, communications equipment, measuring and controlling devices, health and allied services, professional and commercial equipment, medical instruments and supplies.

595   IAS 33 gilt erstmalig für Rechnungsperioden, die nach dem 31. Dezember 1997 enden. Vgl. IAS 33, Abs. 53.

596   Vgl. Epstein, B.J./Mirza, A.A. (IAS 1999), S. 633 ff.

Daten beziehen können, erläutert. Weitere Bilanzierungs- und Bewertungsunterschiede zwischen IAS und US-GAAP bleiben außen vor.[597]

2. Ermittlung der Anzahl der Aktien im Nenner der Earnings per Share

Unterschiede **können** sich bei der Ermittlung der Anzahl der Stammaktien insbesondere daraus ergeben, daß das IASC im Gegensatz zum FASB in einigen Teilbereichen auf eingehende Erläuterungen[598] verzichtet:[599]

(1) SFAS 128 geht detailliert auf die Ermittlung des Verwässerungseffekts ein, der aus **Optionen, die an Arbeitnehmer** ausgegeben worden sind (stock options) und einen Bezug von Stammaktien erlauben, resultiert.[600] Dagegen regelt IAS 33 diesen Bereich nicht gesondert.

(2) Des weiteren verzichtet IAS 33 auf die explizite Behandlung von Verwässerungseffekten von Put-Optionen oder Rückkaufvereinbarungen. Gemäß SFAS 128 muß der verwässernde Effekt derartiger Rechte demgegenüber mit Hilfe der **reverse-treasury-stock-method** ermittelt werden.[601]

(3) Bei **Verträgen,** die das Unternehmen entweder durch **Barzahlung** oder aber durch **Hingabe von Stammaktien** erfüllen kann,[602] verlangt SFAS 128, daß für die Berechnung der EPS grundsätzlich eine Hingabe von

---

597 Vgl. zum Vergleich von IAS und US-GAAP grundlegend Bloomer, C. (Comparison Project 1996); Hayn, S. (Internationale Rechnungslegung 1997), S. 377 ff.

598 Ein wesentlicher struktureller Unterschied zwischen den IAS und den US-GAAP besteht – neben der Normenfülle – in der Normentiefe der US-GAAP, die die verschiedenen Regelungsbereiche detaillierter darstellen und erläutern. Vgl. Hayn, S. (Internationale Rechnungslegung 1997), S. 380 f.

599 Vgl. auch Petrone, K.R. (Comparative Analysis of IAS 33), URL: http://www.rutgers.edu/Accounting/raw/fasb/IASC/iasc33.htm.

600 Vgl. SFAS 128, Abs. 21. Die Erlöse, mit denen gemäß der treasury-stock-method Aktien am Markt zurückgekauft werden können, berücksichtigen nicht nur die Erlöse aus der Ausübung der Optionen, sondern auch die compensation costs, die noch nicht als Aufwand verrechnet wurden. Vgl. zur buchungstechnischen Behandlung von stock options Nikolai, L.A./Bazley, J.D. (Intermediate Accounting 1997), S. 651 ff.; Kieso, D.E./Weygandt, J.J. (Intermediate Accounting 1995), S. 824 ff.

601 Vgl. SFAS 128, Abs. 24.

602 Dazu gehören bspw. Put-Optionen, die den Inhaber berechtigen, zwischen einer Zahlung in bar oder in Aktien zu wählen. Des weiteren zählen hierzu auch bestimmte Vergütungen von Arbeitnehmern, die sowohl in bar als auch in Stammaktien abgegolten werden können. Vgl. SFAS 128, FN 17.

Stammaktien unterstellt wird.[603] Der Verwässerungseffekt der diluted EPS kann in diesem Fall größer als nach den Vorschriften von IAS 33 sein, soweit von anderen Annahmen ausgegangen wird.

(4) IAS 33 sieht für die Ermittlung des Verwässerungseffekts von Options-rechten und deren Äquivalenten **nicht explizit** die **treasury-stock-method** vor, sondern geht davon aus, daß in Höhe der Bezugsrechtserlö-se Aktien zum Marktwert ausgegeben werden. Die Differenz zwischen der Anzahl der insgesamt ausgegebenen Aktien und der Anzahl der Aktien, welche zum Marktwert ausgegeben werden könnten, ist dabei als Ausga-be von Aktien ohne Entgelt zu behandeln.[604] Der Unterschied zur treasury-stock-method ist jedoch rein formeller Natur.[605]

(5) IAS 33 trifft bzgl. der Ermittlung der EPS keine Unterscheidung dahinge-hend, ob sich die Berechnung auf **Zwischenperioden** oder auf das ganze **Geschäftsjahr** bezieht. Infolgedessen werden die EPS für das Ge-schäftsjahr in gleicher Weise wie für Zwischenperioden berechnet. SFAS 128 dagegen sieht bei der Ermittlung der diluted EPS und der Anwendung der treasury-stock-method eine Gewichtung der potentiellen Stammaktien jeder Zwischenperiode vor (year-to-date diluted EPS).[606] Das Geschäfts-jahr wird damit nicht wie eine Zwischenperiode behandelt.[607]

---

603   Vgl. SFAS 128, Abs. 29.

604   Vgl. IAS 33, Abs. 33; Reinhart, A. (Earnings per Share 1998), S. 644; Pellens, B./Gassen, J. (Kommentierung des IAS 33 1997), Rn. 30.

605   Vgl. Küting, K./Eidel, U. (Erfolgszahlen 1997), S. 11.

606   „For year-to-date diluted EPS, the number of incremental shares to be included in the denominator shall be determined by computing a year-to-date weighted average of the number of incremental shares included in each quarterly diluted EPS computation." SFAS 128, Abs. 46

607   Vgl. Teil 5 Gliederungspunkt I. B. 3. c) (2) (e).

Beispiel 17:   Year-to-date Berechnung der diluted EPS

Year-to-date Berechnung der diluted EPS	
Gewichteter Durchschnitt ausstehender Stammaktien	200.000 Aktien
(ohne Ausübung der Optionsrechte) Optionsscheine (Bezugsverhältnis 1:1) Basispreis für eine Stammaktie	100.000 Stück $ 100
1. Quartal Erfolg, der den Stammaktionären zuzurechnen ist Durchschnittlicher Marktpreis einer Stammaktie	$ 100.000 $ 200
2. Quartal Erfolg, der den Stammaktionären zuzurechnen ist Durchschnittlicher Marktpreis einer Stammaktie	$ 100.000 $ 90
3. Quartal Erfolg, der den Stammaktionären zuzurechnen ist Durchschnittlicher Marktpreis einer Stammaktie	$ 100.000 $ 120
4. Quartal Erfolg, der den Stammaktionären zuzurechnen ist Durchschnittlicher Marktpreis einer Stammaktie vom 1.10. bis 1.12. Ausübung sämtlicher Optionsrechte am 1.12.	$ 100.000 $ 300

Zur Berechnung der diluted EPS für die einzelnen Quartale werden vorerst die potentiellen Stammaktien gemäß der treasury-stock-method für jedes Quartal ermittelt:

Potentielle Stammaktien	Diluted EPS
1. Quartal: $\dfrac{\$200 - \$100}{\$200} \cdot 100.000\ \text{Aktien} \quad = 50.000\ \text{Aktien}$	$\dfrac{\$100.000}{250.000\ \text{Aktien}} = \$\,0{,}4\ \text{je Aktie}$
2. Quartal: Basispreis > ø Marktpreis[608] –	–
3. Quartal: $\dfrac{\$120 - \$100}{\$120} \cdot 100.000\ \text{Aktien} \quad = 16.667\ \text{Aktien}$	$\dfrac{\$100.000}{216.667\ \text{Aktien}} = \$\,0{,}46\ \text{je Aktie}$
4. Quartal: $\dfrac{\$300 - \$100}{\underset{609}{\$300}} \cdot 100.000\ \text{Aktien} \cdot \dfrac{2}{3} = 44.444\ \text{Aktien}$	$\dfrac{\$100.000}{277.777\ \text{Aktien}} = \$\,0{,}36\ \text{je Aktie}^{610}$

Nach SFAS 128 gehen 27.778 potentielle Stammaktien in die diluted EPS des Geschäftsjahrs ein. Sie ergeben sich aus der gewichteten Anzahl der potentiellen Stammaktien der Quartale (50.000 Aktien· ¼ + 0 Aktien · ¼ + 16.667 Aktien· ¼ + 44.444 Aktien · ¼).

Würde statt dessen das Geschäftsjahr wie eine Zwischenperiode betrachtet – wie es IAS 33 implizit vorsieht –, müßten 31.557 potentielle Stammaktien in die diluted EPS eingehen. Denn der durchschnittliche Marktpreis der Stammaktie in der Zeit vom 1.1 bis 1.12 beträgt $ 152,5. Die Anzahl der potentiellen Stammaktien berechnet sich somit wie folgt:

$$\frac{\$152,5 - \$100}{\$152,5} \cdot 100.000\ \text{Aktien} \cdot \frac{11}{12} = 31.557\ \text{Aktien}$$

Das Beispiel verdeutlicht, daß unter Umständen die EPS nach IAS eine unterschiedliche (hier größere) Verwässerung widerspiegeln als die EPS nach US-GAAP.

---

608   Vgl. Teil 5 Gliederungspunkt I. B. 3. c) (2) (b) sowie Teil 5 Gliederungspunkt I. B. 3. c) (3).

609   Die Optionen werden am 1.11.01 gewandelt und dürfen daher nur zu einem Drittel in die diluted EPS des 4. Quartals eingehen.

610   Da zum 1.12 sämtliche Optionen ausgeübt werden, steigt der gewichtete Durchschnitt ausstehender Stammaktien auf 233.333:

$$\frac{2}{3} \cdot 200.000\ \text{Aktien} + \frac{1}{3} \cdot 300.000\ \text{Aktien} = 233.333\ \text{Aktien}$$

3. Ermittlung des Erfolgs im Zähler der Earnings per Share

a) Überblick

Der entscheidende Unterschied in der Ermittlung der EPS nach US-GAAP und IAS findet sich nicht in der Berechnung der Anzahl der (potentiellen) Stammaktien im Nenner, sondern in der Ermittlung der Erfolgsgröße. IAS 33 verpflichtet börsennotierte Unternehmen lediglich, basic und diluted EPS-Daten bezogen auf das **net income** offenzulegen. Ein Ausweis der EPS-Daten auf Basis der sog. ordinary items (entspricht inhaltlich weitgehend dem income from continuing operations nach US-GAAP), die unter aktienanalytischen Gesichtspunkten die aussagekräftigste Erfolgsgröße darstellen, unterbleibt.

Im Gegensatz zu den Vorschriften der SEC ist die Gewinn- und Verlustrechnung gemäß IAS 1 zudem gröber gegliedert.[611] Folgende Posten müssen gemäß dem Mindestgliederungsschema ausgewiesen werden:[612]

Abbildung 26: **Mindestgliederungsschema der Gewinn- und Verlustrechnung nach IAS**

Income Statement
1. Revenue
2. The results of operations
3. Finance costs
4. Share of profits and losses of associated and joint ventures accounted for using the equity method
5. Tax expense
6. Profit or loss from ordinary activities
7. Extraordinary items
8. Minority interests[613]
9. Net profit or loss for the period

---

611 Die Gewinn- und Verlustrechnung kann nach IAS sowohl nach dem Gesamtkosten-(nature of expense method) als auch nach dem Umsatzkostenverfahren (cost of sales method) gegliedert werden. Vgl. IAS 1, Abs. 77 ff.

612 Vgl. IAS 1, Abs. 75; Epstein, B.J./Mirza, A.A. (IAS 1999), S. 75.

613 Die minority interests (Gewinn- und Verlustanteile der Minderheiten) können auch direkt nach dem profit after tax from ordinary items ausgewiesen werden. Als Saldo ergibt sich dann der net profit from ordinary activities, von dem schließlich noch die extraordinary items zu subtrahieren sind. Vgl. IAS 1, Appendix.

Die IAS sehen neben der gliederungsschematischen Klassifizierung in ordinary und extraordinary items zusätzliche Angaben sowohl zu den discontinued operations (IAS 35) als auch zu den changes in accounting policies (IAS 8) vor.

Werden EPS-Daten auf freiwilliger Basis von externer Seite für die verschiedenen Teilerfolgsgrößen berechnet, so sind diese allerdings nicht zwangsläufig mit den EPS nach den Vorschriften der US-GAAP vergleichbar. Unterschiede zwischen den EPS-Daten nach US-GAAP und den extern ermittelten EPS-Kennzahlen gemäß IAS können zum einen aus der unterschiedlichen **Abgrenzung und Definition der (Teil-)Erfolgsgrößen** resultieren. Zum anderen ergeben sich Unterschiede aus den **übrigen Bilanzierungs- und Bewertungsvorschriften**. Im folgenden wird nur auf die erstgenannten Unterschiede eingegangen.

b) Discontinuing operations

Nach IAS 35 müssen Aufwendungen und Erträge, die im Zusammenhang mit der Veräußerung oder Aufgabe eines wesentlichen Geschäftsbereichs (separate major line of business or geographical area of operations)[614] stehen, gesondert ausgewiesen werden.[615] IAS 35 nennt im Vergleich zu APB Opinion 30 weitere Kriterien, die eine abgehende Geschäftseinheit kennzeichnen.[616] Damit

---

614 IAS 35 stellt somit – übereinstimmend mit der Segmentdefinition für Zwecke der Segmentberichterstattung, die in IAS 14 geregelt ist – entweder auf Geschäftsbereiche (business segments) oder regionale Segmente (geographical segments) ab. Demgegenüber nennt APB Opinion 30 neben den Geschäftsbereichen auch Hauptkunden als Segment. Entsprechend ist es nach SFAS 131 ebenfalls möglich, bei der Segmentberichterstattung eine Einteilung nach den Hauptkunden vorzunehmen. Vgl. Nichols, L.M./Gallun, R.A. (New Segment Standard 1998), S. 54; Böcking, H.-J./Benecke, B. (Segmentberichterstattung 1998), S. 100.

615 Vgl. Epstein, B.J./Mirza, A.A. (IAS 1999), S. 79 ff. Im Gegensatz zu APB Opinion 30 spricht IAS 35 nicht von discontinued, sondern von discontinuing operations. „This Standard uses the term 'discontinuing operation' rather than the traditional 'discontinued operation' because 'discontinued operation' (past tense) implies that recognition of a discontinuance is necessary only at or near the end of the process of discontinuing the operation. This Standard requires that disclosures about a discontinuing operation begin earlier than that – when a detailed formal plan for disposal has been adopted and announced or when the enterprise has already contracted for the disposal." IAS 35, Introduction.

616 IAS 35 zählt bspw. ausdrücklich auch den stückweisen Verkauf von Vermögensgegenständen und die schrittweise Tilgung von Verbindlichkeiten zu den discontinuing operations. Vgl. IAS 35, Abs. 2. Des weiteren erfüllt ein Segment gemäß IAS 14 'Segment Reporting' grundsätzlich auch die Definition in IAS 35. Allerdings kann auch ein

sind Fallgestaltungen denkbar, in denen nach US-GAAP und IAS eine unterschiedliche Einordnung in die continuing bzw. discontinuing section erfolgt.[617]

Ferner sieht IAS 35 bei der Aufgabe oder Veräußerung eines Geschäftsbereichs **keine abweichenden Bilanzierungsregelungen** als beim Abgang von einzelnen Vermögensgegenständen vor.[618] Die abgehenden Aktiva der einzustellenden Geschäftseinheit werden demnach weiterhin nach dem Niederstwertprinzip zu Buchwerten oder den absatzmarktorientierten Marktwerten (recoverable amount)[619] bewertet. Ein Veräußerungsverlust wird zudem dann erfaßt, sobald die Abgangsentscheidung verbindlich getroffen worden ist, während ein Veräußerungsgewinn erst bei Verlust der Verfügungsmacht über die abgehenden Vermögensgegenstände ausgewiesen werden darf. Schließlich darf im Gegensatz zu den Vorschriften von APB Opinion 30 keine Rückstellung für erwartete betriebliche Verluste gebildet werden.[620]

IAS 35 verlangt, daß sowohl die operativen Aufwendungen und Erträge, die den abgehenden Geschäftsbereich betreffen, als auch ein Veräußerungsgewinn oder -verlust gesondert ausgewiesen werden.[621]

c) Extraordinary items

Gemäß IAS 8 sind außerordentliche Posten Aufwendungen und Erträge, die **selten** (infrequent) anfallen und gleichzeitig **ungewöhnlich** (clearly distinct)

Teil eines Segments als einzustellende Geschäftseinheit verstanden werden. Vgl. IAS 35, Abs. 9.

617 Vgl. Hayn, S. (Internationale Rechnungslegung 1997), S. 529.

618 Es wird insoweit auf IAS 36 'Impairment of Assets' sowie IAS 37 'Provisions, Contingent Liabilities and Contingent Assets' verwiesen.

619 Das Unternehmen muß nach IAS 36 für die Aktiva der abgehenden Geschäftseinheit den recoverable amount bestimmen, der mit dem Buchwert verglichen wird. Der recoverable amount ist der höhere Wert des net selling price und des value in use. Der value in use stellt den Gegenwartswert der geschätzten zukünftigen Einzahlungsüberschüsse, deren Zufluß aus der fortgesetzten Nutzung des Vermögensgegenstands und seiner Beseitigung am Ende der voraussichtlichen Nutzungsdauer erwartet wird, dar. Vgl. Schmidt, M. (Folgebewertung des Sachanlagevermögens 1998), S. 810 ff.

620 Vgl. IAS 37, Abs. 63. „An expectation of future operating losses is an indication that certain assets of the operation may be impaired." IAS 37, Abs. 65.

621 Vgl. IAS 35, Abs. 27, 31. Ertragsteuern, die auf die operative Tätigkeit der abgehenden Geschäftseinheit oder den Veräußerungserfolg entfallen, müssen jeweils gesondert ausgewiesen werden. Vgl. IAS 12, Abs. 81h.

sind.[622] Die allgemeine Abgrenzung von ordentlichen und außerordentlichen Erfolgskomponenten entspricht folglich der Definition gemäß APB Opinion 30.[623] Allerdings können sich Unterschiede bei der konkreten Umsetzung der Definition ergeben. Denn zum einen verzichtet IAS 8 im Gegensatz zu APB Opinion 30 auf eine nähere Erläuterung der beiden Klassifizierungsmerkmale clearly distinct und infrequent. Zum anderen nennt IAS 8 keine Einzelposten, die nicht unter die außerordentlichen Posten fallen.[624]

d) Accounting changes

IAS 8 unterscheidet zwischen der Änderung der Bilanzierungs- und Bewertungsmethoden (accounting policies) und der Änderung der Schätz- bzw. Rechnungslegungsannahmen (accounting estimates). Des weiteren wird an dieser Stelle die Behandlung von fundamentalen Fehlern (fundamental errors) geregelt.

Ein erster wesentlicher Unterschied zwischen US-GAAP und IAS bei der Erfassung von Änderungen der Bilanzierungs- und Bewertungsmethoden (**changes in accounting policies**) resultiert daraus, daß die IAS eine teilweise abweichende Klassifizierung in Methodenwechseln und Schätzannahmen vornehmen. Bspw. zählt ein Wechsel der Abschreibungsmethode gemäß IAS zu den Änderungen der Schätzannahmen und gilt nicht als Methodenwechsel.[625] Je nach Einordnung kann die Änderung jedoch eine unterschiedliche Abbildung im Jahreserfolg mit sich bringen.

- Nach der bevorzugten Methode (benchmark treatment)[626] muß ein Methodenwechsel rückwirkend erfaßt werden, d.h., der Anpassungsbetrag ist **erfolgsneutral** mit den Gewinnrücklagen zu verrechnen.[627]

---

622 Vgl. IAS 8, Abs. 6; Epstein, B.J./Mirza, A.A. (IAS 1999), S. 84.

623 Vgl. Teil 5 Gliederungspunkt I. B. 2. c).

624 Vgl. Lopez, G.A. (Comparative Analysis of IAS 8 1996), S. 159.

625 Vgl. IAS 8, Abs. 27; Lopez, G.A. (Comparative Analysis of IAS 8 1996), S. 161; Epstein, B.J./Mirza, A.A. (IAS 1999), S. 696.

626 Die IAS beinhalten einige Wahlrechte: Dabei wird eine Alternative als Regelverfahren (benchmark treatment) und die alternativ geduldete Vorgehensweise als allowed alternative treatment gekennzeichnet. Vgl. Küting, K./Hayn, S. (Unterschiede 1995), S. 1644.

627 Vgl. IAS 8, Abs. 49; Epstein, B.J./Mirza, A.A. (IAS 1999), S. 689.

- Die alternative Methode (alternative treatment) sieht dagegen eine **erfolgswirksame** Behandlung des Anpassungsbetrags in der Gewinn- und Verlustrechnung vor.[628] Letztgenannte Vorgehensweise entspricht dem Regelverfahren von APB Opinion 30 (current approach). Des weiteren müssen Pro-forma-Daten für alle Offenlegungsperioden ausgewiesen werden.

- Kann der zu berücksichtigende Anpassungsbetrag nicht zuverlässig ermittelt werden, so ist der Methodenwechsel **prospektiv** zu erfassen.[629] Mit anderen Worten wird die neue Bilanzierungs- oder Bewertungsmethode auf die vorhandenen Salden zum Beginn der Periode, in der die Änderung stattfindet, angewandt.[630]

Da bei einer erfolgswirksamen Erfassung der alternativen Methode der Betrag des cumulative effect of changes in accounting methods angegeben werden muß,[631] können von externer Seite entsprechende EPS-Daten berechnet werden. Zudem müssen sowohl bei Anwendung der bevorzugten als auch der alternativen Methode Vergleichszahlen für frühere Perioden offengelegt werden. Die Angaben ermöglichen somit eine externe Ermittlung von Pro-forma-EPS-Daten.[632]

Die Bilanzierung bei Änderungen von bisherigen Schätzungen (**changes in accounting estimates**) stimmt in beiden Normensystemen grundsätzlich überein. Die Vorgehensweise nach dem **prospective approach** führt – wie bereits erläutert[633] – im Gegensatz zum current oder retrospective approach zu einem falschen Erfolgsausweis der laufenden und nachfolgenden Perioden. Wesentliche Unterschiede können dabei im Hinblick auf etwaige Wechsel der Abschreibungsmethoden, die im Gegensatz zu den US-GAAP nach IAS prospektiv zu erfassen sind, insbesondere bei anlageintensiven Unternehmen auftreten. Da der Betrag der Änderung der Schätzung, soweit er quantifiziert

---

628 Vgl. IAS 8, Abs. 54; Epstein, B.J./Mirza, A.A. (IAS 1999), S. 690 f.

629 Vgl. IAS 8, Abs. 52, 56. IAS 8 erläutert nicht, wann der Anpassungsbetrag nicht zuverlässig ermittelt werden kann.

630 Vgl. auch Biener, H. (Kommentierung des IAS 8 1997), Rn. 75 ff.

631 Vgl. IAS 8, Abs. 57b. Dies gilt, soweit die Änderung einer Bilanzierungs- oder Bewertungsmethode wesentliche Auswirkungen auf die Berichtsperiode, eine frühere Periode oder spätere Perioden hat.

632 Vgl. IAS 8, Abs. 49, 54.

633 Vgl. Teil 5 Gliederungspunkt I. B. 2. e).

werden kann, angegeben werden muß,[634] kann der Einfluß auf die EPS, die sich auf das net income beziehen, allerdings berechnet werden.

Des weiteren definieren IAS und US-GAAP fundamentale Fehler (**fundamental errors**) abweichend. „Fundamental errors are of such significance that the financial statements of one or more prior periods can no longer be considered to have been reliable at the date of their issue."[635] APB Opinion 20 stellt dagegen nicht auf die Bedeutung des Fehlers (significant error), sondern – neben der Art des Fehlers – auf seine Wesentlichkeit (material error) ab. Soweit ein Unternehmen im konkreten Einzelfall eine Unterscheidung zwischen significant error und material error vornehmen sollte, gewinnt die abweichende Definition praktische Relevanz.[636]

Entgegen APB Opinion 20 läßt IAS 8 neben der **erfolgsneutralen** Verrechnung des Anpassungsbetrags aus fundamentalen Fehlern mit den Gewinnrücklagen alternativ dessen **erfolgswirksame** Erfassung in der Gewinn- und Verlustrechnung zu. Der Betrag der Berichtigung für das laufende Geschäftsjahr sowie Pro-forma-Daten für jede frühere Vergleichsperiode müssen angegeben werden.[637] Ferner wird darauf hingewiesen, daß häufig in gesonderten Spalten ergänzende Informationen gegeben werden, um das Ergebnis der Berichtsperiode und früherer Perioden so darzustellen, als sei der grundlegende Fehler in der Periode berichtigt worden, in der aufgetreten ist.[638] In diesem Fall können von externer Seite entsprechende EPS-Daten berechnet werden, die einen zeitlichen Vergleich ermöglichen.

e)   Comprehensive income

Auch IAS 1 fordert den gesonderten Ausweis von Gewinnen und Verlusten, die gegenwärtig noch nicht in der Gewinn- und Verlustrechnung erfaßt werden, bzw. Eigenkapitalveränderungen, die nicht Folge von Einzahlungen der Aktionäre oder Ausschüttungen sind (other comprehensive income). Diese müssen entweder gesondert in einem statement of performance oder statement of recognised gains and losses ausgewiesen oder innerhalb des statement of

---

634 Vgl. IAS 8, Abs. 30; Biener, H. (Kommentierung des IAS 8 1997), Rn. 53.
635 IAS 8, Abs. 6.
636 Vgl. Lopez, G.A. (Comparative Analysis of IAS 8 1996), S. 160.
637 Vgl. IAS 8, Abs. 34, 38; Epstein, B.J./Mirza, A.A. (IAS 1999), S. 697 ff.
638 Vgl. IAS 8, Abs. 39.

changes in equity offengelegt werden.[639] EPS-Daten bzgl. des comprehensive income können damit auf freiwilliger Basis berechnet werden.

4. Zusammenfassende Beurteilung der inhaltlichen Konzeption der Earnings per Share nach IAS

Die inhaltliche Ausgestaltung der EPS-Kennziffern nach IAS im Vergleich zu den Vorschriften nach US-GAAP kann abschließend wie folgt beurteilt werden:

(1) Hinsichtlich der Berechnung der **Aktienanzahl** im Nenner der EPS ergeben sich zwischen den Vorschriften der IAS und US-GAAP **keine gravierenden Unterschiede**, so daß auch keine abweichende Beurteilung erfolgt.[640]

Differenzen können sich in Einzelfällen bei der Ermittlung des Verwässerungseffekts aus Put-Optionen oder Rückkaufvereinbarungen, bei Verträgen, die entweder durch Barzahlung oder durch Hingabe von Stammaktien erfüllt werden können, sowie bei Optionen, die an Arbeitnehmer weitergegeben wurden, ergeben. Ferner werden die diluted EPS für das ganze Geschäftsjahr bei Anwendung der treasury-stock-method nach IAS und US-GAAP unterschiedlich berechnet.

(2) Die EPS-Kennzahlen, die nach IAS 33 offenzulegen sind, beziehen sich **lediglich** auf das **net income** und erfassen damit sämtliche unregelmäßigen und/oder ungewöhnlichen Aufwendungen und Erträge. Sie stellen insofern keine zuverlässige Ausgangsgrundlage zur Abschätzung der nachhaltigen Ertragskraft eines Unternehmens dar. SFAS 128 dagegen fordert den Ausweis von EPS-Daten für bis zu fünf (Teil-)Erfolgsgrößen und legt den Schwerpunkt auf das income from continuing operations, das weitgehend von ungewöhnlichen Erfolgskomponenten absieht. Auch das deutsche Pendant – das Ergebnis je Aktie nach DVFA/SG – sieht von ungewöhnlichen Sachverhalten ab, um als Ausgangsposition für die Abschätzung der zukünftigen Erfolgsentwicklung dienen zu können.[641] Zur

---

639 Vgl. IAS 1, Abs. 7, Appendix; Teil 5 Gliederungspunkt I. B. 2. f).

640 Vgl. Teil 5 Gliederungspunkt I. B. 5. und Gliederungspunkt I. C. 2.; Meeting, D.T./Law, D.B./Luecke, R.W. (EPS 1997), S. 70.

641 Vgl. Teil 5 Gliederungspunkt I. D. 2. Vgl. auch Pellens, B./Gassen, J. (Kommentierung des IAS 33 1997), Rn. 37 ff.; DVFA (Jahresbericht 1996), S. 25.

Zeit stellt damit das Ergebnis je Aktie nach IAS 33 hinsichtlich der Erfolgsgröße keine solide Beurteilungsgrundlage dar.[642]

(3) Analysten sind daher gezwungen, für Unternehmen, die nach den IAS Rechnung legen, von externer Seite EPS-Kennzahlen zu ermitteln.[643] Freiwillig ermittelte EPS-Kennzahlen für die verschiedenen Teilerfolgsgrößen sind jedoch aufgrund einer unterschiedlichen **Abgrenzung** und **Definition** der **Teilerfolgsgrößen** in den IAS und US-GAAP sowie weiterer **Bilanzierungs- und Bewertungsunterschiede** nicht zwangsläufig mit den nach US-GAAP auszuweisenden Kennziffern vergleichbar.

D. Ergebnis je Aktie nach DVFA/SG

1. Überblick

Entgegen den Vorschriften der IAS und US-GAAP besteht in Deutschland für Unternehmen, die einen Jahresabschluß nach HGB aufstellen, grundsätzlich keine Verpflichtung, Ergebnis je Aktie-Kennzahlen zu veröffentlichen.[644] Seit Ende der 60er Jahre hat sich jedoch das Ermittlungsschema der Deutschen Vereinigung für Finanzanalyse und Anlageberatung (DVFA), das mittlerweile gemeinsam mit der Schmalenbach-Gesellschaft – Deutsche Gesellschaft für Betriebswirtschaft e.V. (SG) entwickelt wird, als allgemein akzeptierter Standard durchgesetzt. Die aktuelle Fassung wurde 1996 veröffentlicht. Aufgrund des durch das KapAEG forcierten Trends zur Internationalisierung der Rechnungslegung ist die zur Zeit noch gültige Fassung grundlegend überarbeitet worden. Die folgenden Ausführungen verzichten daher auf eine Darstellung der ‚alten‘ Empfehlung und berücksichtigen die wesentlichen Regelungen der

---

642 „While these standards bring some comparability to EPS in companies from different countries, users must be aware that the net income computation is not necessarily comparable and hence EPS amounts of such companies are not completely comparable." Meeting, D.T./Law, D.B./Luecke, R.W. (EPS 1997), S. 70. Damit haben das IASC und das FASB sich in eher unbedeutenden Fragestellungen einigen müssen.

643 Vgl. Küting, K./Bender, J./Eidel, U. (Earnings per Share und DVFA/SG-Ergebnis 1998), Rn. 504.

644 Nur die Börsenzulassungsverordnung sieht einen verpflichtenden Ausweis von Ergebnis je Aktie-Kennzahlen für die vergangenen drei Jahre vor. Dabei wird entsprechend der Vorschriften der IAS und US-GAAP auf den unkorrigierten Konzernjahreserfolg abgestellt. Vgl. § 21 Abs. 2 Nr. 1 BörsZulV.

Neufassung, die Mitte 1999 veröffentlicht wird und für Geschäftsjahre, die nach dem 31.12.1998 enden, anzuwenden ist.[645]

Obwohl Unternehmen nicht gesetzlich zu einer Offenlegung des Ergebnisses nach DVFA/SG verpflichtet sind, publizierten im Geschäftsjahr 1996 (95/96) nach einer Untersuchung am Institut für Wirtschaftsprüfung 62% von 200 untersuchten Konzernen das Ergebnis je Aktie nach DVFA/SG in ihrem Geschäftsbericht auf freiwilliger Basis. Dahinter steht der Druck der Finanzanalysten, die bei einer fehlenden freiwilligen Offenlegung dieser Kennzahl ausgehend von den veröffentlichten Jahresabschlußdaten eine eher vorsichtige externe Schätzung vornehmen.[646]

Das Ergebnis nach DVFA/SG wird im Gegensatz zu den EPS-Konzeptionen nach US-GAAP und IAS aus dem ausgewiesenen Jahreserfolg ermittelt. Es verfolgt das **Ziel**, ein um Sondereinflüsse bereinigtes Jahresergebnis darzustellen, das besser als das tatsächlich ausgewiesene geeignet ist, den Ergebnistrend eines Unternehmens im Zeitablauf aufzuzeigen. Ferner soll das Ergebnis nach DVFA/SG als Ausgangsposition für die Abschätzung der zukünftigen Erfolgsentwicklung dienen sowie Vergleiche zwischen verschiedenen Unternehmen ermöglichen, und zwar **unabhängig von den Rechnungslegungsvorschriften,** nach denen der Abschluß erstellt worden ist.[647] Dem ausgewiesenen Jahreserfolg wird somit die Fähigkeit aberkannt, als Grundlage für Prognose- und Vergleichszwecke zu dienen.[648]

Im folgenden wird die Ermittlung des Erfolgs im Zähler und die Berechnung der Anzahl der Aktien im Nenner des Ergebnisses je Aktie nach DVFA/SG erläutert. Daran schließt sich die Frage an, inwieweit das Ergebnis nach DVFA/SG eine notwendige Erfolgsgröße für die externe Unternehmensanalyse darstellt. Dies gilt insbesondere vor dem Hintergrund, daß die Unternehmen teilweise

---

645 Vgl. Gemeinsame Arbeitsgruppe der DVFA/SG (Fortentwicklung 1998), S. 2542. Zur historischen Entwicklung des Ergebnisses nach DVFA/SG sowie zur Darstellung der Regelungen der Empfehlung von 1996 vgl. Bender, J. (Ergebnisbereinigung nach DVFA/SG 1996), S. 91 ff.

646 Vgl. Pellens, B./Gassen, J. (Kommentierung des IAS 33 1997), Rn. 4.

647 Vgl. Diehl, U./Loistl, O./Rehkugler, H. (Kapitalmarktkommunikation 1998), 39 f.; Busse von Colbe, W. u.a. (Ergebnis nach DVFA/SG 1996), S. 3; Möller, H.P./Schmidt, F. (Aktienbewertung 1998), S. 488 ff.; Gemeinsame Arbeitsgruppe der DVFA/SG (Fortentwicklung 1998), S. 2537.

648 Die Jahresabschlußdaten nach US-GAAP besitzen nach SFAC 2, Abs. 53, demgegenüber einen Prognosewert (predictive value).

EPS-Daten nach US-GAAP oder IAS veröffentlichen und gleichzeitig das Ergebnis nach DVFA/SG ausweisen.[649]

2. Ermittlung des Erfolgs im Zähler des Ergebnisses je Aktie nach DVFA/SG

Die Bereinigungsmaßnahmen, die bei der Ermittlung des Ergebnisses nach DVFA/SG zur Erhöhung der Vergleichbarkeit und des Prognosewerts vorgenommen werden, sind aus drei Gründen erforderlich:[650]

(1) Das Prinzip der umgekehrten Maßgeblichkeit läßt im Konzernabschluß nach HGB die **Beibehaltung steuerrechtlicher Wertansätze** zu.[651]

(2) Die Vorschriften des HGB werden weitgehend allgemein gehalten, um eine größtmögliche Flexibilität im Hinblick auf die in der Realität vorzufindenden Verhältnisse sicherzustellen.[652] Die Konsequenz ist eine **Fülle von Wahlrechten und Ermessensspielräumen**, die bei unterschiedlicher Ausübung die Vergleichbarkeit einschränken.[653]

---

649 Bspw. weist die Veba AG in ihrem Geschäftsbericht 1997 das Ergebnis nach DVFA/SG und die EPS nach US-GAAP aus. Vgl. Veba AG (Geschäftsbericht 1997), S. 15, 74. Vgl. zu weiteren Konzernen, die einen parallelen Ausweis vornehmen, Teil 5 Gliederungspunkt I. D. 4.

650 Vgl. Bender, J. (Ergebnisbereinigung nach DVFA/SG 1996), S. 107 ff.

651 Vgl. § 308 Abs. 3 HGB. In den USA gilt die umgekehrte Maßgeblichkeit nur bei Anwendung des LIFO-Verfahrens. Vgl. Haller, A. (Verhältnis von steuerrechtlicher und 'handelsrechtlicher' Rechnungslegung 1988), S. 728.

652 Heintges nennt beispielhaft die Vorschriften zur Währungsumrechnung im Konzernabschluß. SFAS 52 regelt auf 30 Seiten die funktionale Umrechnungsmethode, während detaillierte gesetzliche Vorschriften zur Währungsumrechnung für den HGB-Abschluß nicht existieren. Vgl. Heintges, S. (Bilanzkultur und Bilanzpolitik 1997), S. 18 f.

653 Die detaillierten Vorschriften der US-GAAP schränken bilanzpolitische Spielräume, die auf Wahlrechten beruhen, stark ein. Dies bedeutet aber nicht, daß nach US-GAAP keine Bilanzpolitik betrieben werden kann. Die Bilanzpolitik konzentriert sich insbesondere auf Sachverhaltsgestaltungen, die ebenfalls die Vergleichbarkeit von Jahresabschlüssen beeinträchtigen. „Da die bestehenden Vorschriften durch das 'Vermeiden' ihrer Voraussetzungen umgangen werden und da die bilanzierende Praxis immer neue Sachverhalte 'kreiert', die durch bisherige Vorschriften nicht abgedeckt sind, entsteht für die Institutionen, die die Rechnungslegungsvorschriften erlassen, ständig neuer Regelungsbedarf. Im Laufe der Zeit entsteht ein 'Regelungsdickicht', das kaum noch zu überschauen ist. Der Praxis wird es auch in Zukunft gelingen, neue bilanzpolitisch motivierte Sachverhaltsgestaltungen zu erfinden, für die noch keine Regelungen vorliegen." Heintges, S. (Bilanzkultur und Bilanzpolitik 1997), S. 16.

Des weiteren erhöht sich das bilanzpolitische Gestaltungspotential aufgrund der börsennotierten Unternehmen durch § 292a HGB eröffneten Möglichkeit, einen **Jahresabschluß nach IAS oder US-GAAP** aufzustellen. Damit wird zwar einerseits die internationale Vergleichbarkeit erheblich verbessert, andererseits beeinträchtigt die Neuregelung jedoch die Vergleichbarkeit deutscher HGB-Abschlüsse mit deutschen US-GAAP-oder IAS-Abschlüssen.[654]

(3) Die HGB-Vorschriften fordern – insbesondere im Vergleich zu dem fein ausgestalteten Erfolgsspaltungskonzept nach US-GAAP – keine hinreichend zuverlässige **Trennung zwischen unregelmäßigen und regelmäßigen Erfolgskomponenten.**[655] Darüber hinaus werden EPS-Daten nach IAS nur auf Basis des net income veröffentlicht, das sämtliche ungewöhnlichen und/oder seltenen Aufwendungen und Erträge einschließt.

Entsprechend der Zielsetzung der DVFA/SG zielen die Bereinigungsmaßnahmen darauf ab, aus dem **ausgewiesenen Jahreserfolg (nach HGB, IAS oder US-GAAP)** einen nachhaltigen Erfolg zu ermitteln, wobei die „unterschiedlichen Bilanzierungsregeln und -wahlrechte in Richtung auf eine größtmögliche Gemeinsamkeit zwischen den Vorschriften des deutschen Handelsrechts, der International Accounting Standards (IAS) und Generally Accepted Accounting Standards (US-GAAP)"[656] zu berücksichtigen sind. Zu bereinigen sind damit sowohl ungewöhnliche als auch dispositionsbedingte Sondereinflüsse, die durch die Ausübung von Bilanzierungs- und Bewertungswahlrechten, das Ausnutzen von Ermessensspielräumen sowie die Wahl eines bestimmten Normengefüges (IAS, US-GAAP oder HGB) entstehen. Letztgenannte Sondereinflüsse verzerren den Einblick in die Erfolgslage, soweit Unternehmen die Spielräume im Zeitablauf oder im Vergleich zu anderen Unternehmen unterschiedlich ausüben.[657]

---

654 Zu einer umfassenden Gegenüberstellung der HGB-Normen und den Vorschriften der IAS und/oder US-GAAP vgl. Frankenberg, P. (Vergleich 1993); Haller, A. (Rechnungslegung in den USA 1994); Demming, C. (Grundlagen 1997); Niehus, R.J./Thyll, A. (Konzernabschluß nach US-GAAP 1998); Pape, J./Heintges, S. (US-GAAP und IAS 1998), S. 219 ff.; Pellens, B. (Internationale Rechnungslegung 1998). Zu einem Vergleich von US-GAAP und IAS vgl. Bloomer, C. (Comparison Project 1996); Hayn, S. (Internationale Rechnungslegung 1997), S. 377 ff.

655 Vgl. Teil 5 Gliederungspunkt I. B. 2. sowie Gliederungspunkt I. B. 5.

656 Gemeinsame Arbeitsgruppe der DVFA/SG (Fortentwicklung 1998), S. 2537.

657 Die Zielsetzung der alten Fassung wird beibehalten. Vgl. Gemeinsame Arbeitsgruppe der DVFA/SG (Fortentwicklung 1998), S. 2537; Busse von Colbe, W. u.a. (Ergebnis nach DVFA/SG 1996), S. 3.

Das Ergebnis nach DVFA/SG wird **nach ertragsabhängigen Steuern** ermittelt.[658] Dies hat zur Folge, daß sämtliche steuerwirksamen Bereinigungspositionen nur insoweit zum Jahreserfolg addiert oder davon abgezogen werden, wie sie zu dessen Erhöhung oder Verminderung beigetragen haben.[659] Nach Vornahme der Bereinigungsmaßnahmen müssen vom (zum) Ergebnis nach DVFA/SG für das Gesamtunternehmen noch die bereinigten Gewinn-(Verlust-)Anteile der Minderheitsgesellschafter subtrahiert (hinzuaddiert) werden.[660]

Das Bereinigungsschema nach DVFA/SG stützt sich auf eine Analyse der einzelnen Bilanzposten. Daneben werden unabhängig von den einzelnen Bilanzposten weitere zu bereinigende Tatbestände genannt.[661] Abbildung 27 faßt die wesentlichen Bereinigungsmaßnahmen nach DVFA/SG zusammen.[662]

---

658   Vgl. Gemeinsame Arbeitsgruppe der DVFA/SG (Fortentwicklung 1998), S. 2537 f. Die Verwendung einer Erfolgsgröße nach ertragsabhängigen Steuern stößt dabei im Schrifttum auf Kritik. Born macht darauf aufmerksam, daß aufgrund des gespaltenen Körperschaftsteuersatzes die Höhe des Ergebnisses nach Steuern von der Ausschüttungsquote des Unternehmens beeinflußt wird. Vgl. Born, K. (Bilanzanalyse 1994), S. 457. Ferner wird darauf hingewiesen, daß Aktionäre den Teil der Körperschaftsteuer, der sich auf den auszuschüttenden Betrag bezieht, bei der Ermittlung der persönlichen Steuern anrechnen können. Aus Sicht der Aktionäre müßte damit das Ergebnis nach DVFA/SG zumindest um das Steuerguthaben erhöht werden. Das Ergebnis nach DVFA/SG einschließlich Steuergutschrift, das nach früheren Fassungen zu ermitteln war, ist aber nicht mit einer reinen Brutto-Erfolgsgröße zu verwechseln. Vgl. Bender, J. (Ergebnisbereinigung nach DVFA/SG 1996), S. 131 f. Vgl. hierzu Teil 5 Gliederungspunkt II. B. 3.

659   Vgl. Gemeinsame Arbeitsgruppe der DVFA/SG (Fortentwicklung 1998), S. 2537 f. Bei inländischen Abschlüssen ist grundsätzlich der aktuelle Steuersatz für thesaurierte Gewinne anzusetzen. Damit wird davon ausgegangen, daß die Ausschüttung nicht durch die vorgenommenen Bereinigungen beeinflußt wird. Der Ausschüttungssatz kommt zur Anwendung, soweit das Ergebnis nach DVFA/SG die Ausschüttungssumme nicht übersteigt. Bei ausländischen Abschlüssen sind entweder die landesspezifischen Ertragsteuersätze oder ein konzerndurchschnittlicher Steuersatz zu verwenden. Dabei wird auch die Gewerbeertragsteuer berücksichtigt.

660   Vgl. Gemeinsame Arbeitsgruppe der DVFA/SG (Fortentwicklung 1998), S. 2541 f.; Diehl, U./Loistl, O./Rehkugler, H. (Kapitalmarktkommunikation 1998), 40.

661   Die Aufwendungen und Erträge erhöhen oder vermindern den Konzernjahreserfolg unter der fakultativen Beachtung des Wesentlichkeitskriteriums. Vgl. zum Wesentlichkeitskriterium Küting, K./Bender, J. (Earnings per Share und DVFA/SG-Ergebnis 1998), Rn. 522 f.

662   Die neuen Regelungen dürfen bereits auf Geschäftsjahre, die am 31.12.1998 enden, angewendet werden. Vgl. Gemeinsame Arbeitsgruppe der DVFA/SG (Fortentwicklung 1998), S. 2538 ff.

Abbildung 27:   Bereinigungsmaßnahmen nach DVFA/SG

Position	Bilanzierung gemäß DVFA/SG
Ingangsetzungs- und Erweiterungsaufwendungen	Sofortige Aufwandsverrechnung
Geschäfts- oder Firmenwert	Aktivierung und Abschreibung über eine Nutzungsdauer zwischen 5 und 20 Jahren
	Erfolgsneutrale Behandlung des Geschäfts- oder Firmenwerts als Zusatzinformation möglich
Immaterielles Anlagevermögen und	Forschungs- und Entwicklungskosten werden als Aufwand verrechnet
	Nach IAS aktivierte Entwicklungskosten werden planmäßig abgeschrieben
Sachanlagevermögen	Bereinigung rein steuerrechtlicher Abschreibungen
	Bereinigung der außerplanmäßigen Abschreibungen, soweit sie im Zusammenhang mit der Aufgabe eines Geschäftsbereichs stehen oder bei einer nur voraussichtlich vorübergehenden Wertminderung vorgenommen wurden
	Bereinigung der planmäßigen Abschreibungen, soweit diese außerhalb der bei börsennotierten Unternehmen üblichen Bandbreiten liegen
	Zuschreibungsgebot
	Ausnahme: Zuschreibungsverbot, wenn die dadurch korrigierten Abschreibungen früherer Jahre ergebniserhöhend bereinigt worden sind
	Bereinigung von ungewöhnlichen Abgangserfolgen (z.B. Verkauf oder Aufgabe eines Geschäftsbereichs oder einer Produktlinie, Sale- and Leaseback-Transaktionen)
	Änderung von Abschreibungsmethoden und/oder –dauern: Anpassung der Vorjahreszahlen wird empfohlen; keine Bereinigung des nach der Änderung eingetretenen Abschreibungsaufwands
Selbsterstellte Vermögensgegenstände des Sachanlagevermögens	Bewertung zu Einzelkosten zuzüglich Material- und Fertigungsgemeinkosten inklusive Abschreibungen
Finanzanlagevermögen	Bereinigung von Abschreibungen aufgrund vorübergehender Wertminderung
	Zuschreibungsgebot
	Ausnahme: Zuschreibungsverbot, wenn die dadurch korrigierten Abschreibungen früherer Jahre ergebniserhöhend bereinigt worden sind

Position	Bilanzierung gemäß DVFA/SG
Vorräte und noch nicht abgerechnete Leistungen	Bewertung zu Einzelkosten zuzüglich Material- und Fertigungsgemeinkosten inklusive Abschreibungen
	Bereinigung der Ergebnisauswirkungen aufgrund eines Wechsels der Bewertungsmethode und/oder des Verbrauchsfolgeverfahrens, so daß das Berichtsjahr mit den Folgejahren vergleichbar ist
	Bereinigung von steuerrechtlichen Abschreibungen
	Bereinigung von Abschreibungen auf den nahen Zukunftswert
Langfristige Auftragsfertigung	Aktivierungsfähige Herstellungskosten; bei abrechnungsfähigen Teilleistungen volle Selbstkosten
Forderungen	Bereinigung der Abschreibungen, die über die Berücksichtigung aktueller Verlust- oder Wertminderungsrisiken hinausgehen
Disagio	Aktivierung des Disagios und Abschreibung über die Laufzeit
Wertpapiere des Anlage- oder Umlaufvermögens	Einzelbewertung zu Anschaffungs- bzw. niedrigeren Marktwerten, Einzelbewertung zu Marktwerten oder Portfoliobewertung
Passivischer Unterschiedsbetrag aus der Kapitalkonsolidierung	Bereinigung der Erträge aus der Auflösung des Unterschiedsbetrags, wenn es sich um einen realisierten Gewinn (lucky buy) handelt
	Erträge aus der Auflösung, die zum Ausgleich von Verlusten oder Aufwendungen dienen, werden grundsätzlich nicht bereinigt
Rückstellungen für Pensionen und ähnliche Verpflichtungen	Bereinigung von Einmaleffekten, die sich aus einem Methodenwechsel oder Änderungen von Parametern (z.B. Rechnungszinsfuß) ergeben
	Bereinigung von dispositiven/ungewöhnlich hohen Nachholungen
	Bereinigung von dispositiven Unterlassungen der Bildung von Rückstellungen
Sonstige Rückstellungen	Bereinigung der Aufwandsrückstellungen
	Bereinigung der Instandhaltungsrückstellungen gemäß § 249 Abs. 1 Satz 3 HGB
	Bewertung: Schätzung mit der höchsten Wahrscheinlichkeit soll verwendet werden
Latente Steuerpositionen	Vollständiger Ansatz aktiver und passiver latenter Steuern ist erwünscht, aber nur für die folgenden zwei Positionen zwingend. Zu berücksichtigen sind (1) latente Steuerpositionen, die sich aus dem bilanziellen Ansatz von Rückstellungen und deren abweichender steuerlicher Berücksichtigung ergeben und (2) latente Steuererträge auf Verluste des Jahres, sofern mit einem zukünftigen Verlustausgleich oder einem Ausgleich mit Steuerzahlungen auf frühere Gewinne (Verlustrücktrag) mit großer Wahrscheinlichkeit gerechnet werden kann.
Fremdwährungseinflüsse	Konzept der funktionalen Währung: Modifizierte Stichtagskursmethode für foreign entities Zeitbezugsmethode für foreign operations

Die Bereinigungsmaßnahmen zeigen, daß die Normbilanzierung nach DVFA/SG teilweise zu einer Annäherung an die US-GAAP und IAS führt. So werden Rückstellungen für Innenverpflichtungen wieder rückgängig gemacht, selbsterstellte Vermögensgegenstände mit den produktionsbezogenen Vollkosten aktiviert sowie rein steuerrechtliche Abschreibungen korrigiert. Dennoch stimmt die Normbilanzierung nicht in allen Bereichen – bspw. bei der Behandlung eines passivischen Unterschiedsbetrags – mit den Vorschriften nach US-GAAP oder IAS überein.[663]

Im Gegensatz zu den Regelungen gemäß US-GAAP wird das Ergebnis je Aktie nach DVFA/SG nur auf den korrigierten Jahreserfolg bezogen. Ausgehend von obigem Ermittlungsschema kommt seine Konzeption dem **income from continuing operations**, das von externer Seite noch um die unsual or infrequently occurring items korrigiert werden kann,[664] **am nähesten**:

(1) Beide Erfolgsgrößen sehen von ungewöhnlichen Erfolgskomponenten ab.[665] Dies gilt insoweit, als das income from continuing operations um die unsual or infrequently occurring items korrigiert wurde.

(2) Sowohl das income from continuing operations als auch das Ergebnis nach DVFA/SG berücksichtigen keine Aufwendungen und Erträge, die mit der Aufgabe wesentlicher Geschäftsbereiche in Verbindung stehen (discontinued operations).[666]

(3) Das Ergebnis nach DVFA/SG verlangt explizit Bereinigungen wesentlicher erfolgswirksamer Auswirkungen, die sich bei Änderung der Ansatz- und Bewertungsvorschriften ergeben. Dabei muß das Berichtsjahr mit den Folgejahren vergleichbar sein. [667] Wechselt ein Unternehmen Bilanzie-

663 Vgl. Ordelheide, D. (Rechnungslegung 1998), S. 515 ff.

664 Vgl. Teil 5 Gliederungspunkt I. B. 2. d).

665 Obwohl sowohl nach HGB als auch nach US-GAAP und IAS außerordentliche Erfolgskomponenten als ungewöhnlich und selten klassifiziert werden, können die Posteninhalte abweichen. Vgl. Teil 5 Gliederungspunkt I. B. 2. c).

666 Vgl. Gemeinsame Arbeitsgruppe der DVFA/SG (Fortentwicklung 1998), S. 2538; Teil 5 Gliederungspunkt I. B. 2. b).

667 Vgl. Gemeinsame Arbeitsgruppe der DVFA/SG (Fortentwicklung 1998), S. 2538. Wechsel der Rechnungslegungsmethoden erfahren im HGB keine besondere Behandlung. § 284 Abs. 2 Nr. 3 HGB verlangt, daß im Anhang bei Abweichungen von Bilanzierungs- und Bewertungsmethoden der Einfluß auf die Vermögens-, Finanz- und Ertragslage angeben wird. Allerdings besteht damit keine Pflicht zur Offenlegung angepaßter Vorjahreszahlen. Ferner kann der Einfluß auf die Vermögens-, Finanz- und Ertragslage lediglich verbal – ohne betragsmäßige Angaben – erfolgen. Vgl. Dörner, D./Wirth, M. (Kommentierung der §§ 284-288 HGB 1995), Rn. 116. Im HGB-Abschluß

rungs- und Bewertungsmethoden, so können nach US-GAAP drei verschiedene bilanzielle Behandlungsweisen greifen. Dabei werden grundsätzlich die Pro-forma-Daten oder die Auswirkungen auf den Erfolg offengelegt.[668]

3. Ermittlung der Anzahl der Aktien im Nenner des Ergebnisses je Aktie nach DVFA/SG

Die Berechnung der Anzahl der Aktien im Nenner des Ergebnisses je Aktie wird nach den Empfehlungen der DVFA/SG wesentlich weniger detailliert erläutert als die Ermittlung der **Erfolgsgröße im Zähler.** Da die Vorabveröffentlichung der Neufassung keine Neuerungen enthält, stützen sich die folgenden Ausführungen auf die Erläuterungen der zweiten Fassung.

Den US-amerikanischen und internationalen Regelungen folgend wird ebenfalls zwischen einem unverwässerten und einem verwässerten Ergebnis je Aktie unterschieden.[669] Das **unverwässerte Ergebnis je Aktie nach DVFA/SG** wird durch Gegenüberstellung des Ergebnisses nach DVFA/SG ohne Anteile Dritter mit der Anzahl der adjustierten durchschnittlich dividendenberechtigten Aktien berechnet. Damit sind sämtliche Vorzugsaktien – auch wenn sie nach ihrer festen Dividendenzahlung keine weiteren Ansprüche auf die Gewinne der Gesellschaft verbriefen („nicht-partizipierende' Vorzugsaktien)[670] – bei der Ermittlung des Ergebnisses je Aktie nach DVFA/SG zu berücksichtigen.

---

wirken Änderungen der Abschreibungsmethoden oder Nutzungsdauern grundsätzlich vom Beginn des Geschäftsjahrs. Ausnahmsweise ist auch ein ‚Auswechseln' der Abschreibungsmethode möglich, indem Abschreibungen nachgeholt oder bisherige planmäßige Abschreibungen rückgängig gemacht werden. Vgl. Schnicke, C./Schramm, M./Bail, U. (Kommentierung des § 253 HGB 1995), Rn. 273. Dieser Ausnahmefall entspricht dem Regelfall der US-GAAP.

668   Vgl. Teil 5 Gliederungspunkt I. B. 2. e).

669   Vgl. Diehl, U./Loistl, O./Rehkugler, H. (Kapitalmarktkommunikation 1998), S. 41. Neben Stückaktien sind in Deutschland Nennbetragsaktien zugelassen (vgl. § 8 Abs. 1 AktG). Lauten Aktien auf unterschiedliche Nennbeträge, kann das Ergebnis je Aktie differenziert nach den unterschiedlichen Nennbeträgen ermittelt werden oder eine Umrechnung auf einen bestimmten Nennbetrag erfolgen. Vgl. Küting, K./Bender, J./Eidel, U. (Earnings per Share und DVFA/SG-Ergebnis 1998), Rn. 456.

670   Vgl. Teil 5 Gliederungspunkt I. B. 3. b) (2).

Eine **Adjustierung** des Ergebnisses je Aktie hat immer dann zu erfolgen, wenn die Änderung des gezeichneten Kapitals nicht mit einem Ab- oder Zufluß finanzieller Mittel einhergeht. Dies gilt für die Ausgabe von Berichtigungsaktien, Aktiensplits sowie ggf. Kapitalherabsetzungen. Eine Anpassung muß damit auch bei der derzeit in Deutschland noch üblichen Kapitalerhöhung, die ein Bezugsrecht der Aktionäre auf Aktien zu einem Kurs vorsieht, der unter dem Kurs der bereits notierten Aktien liegt, vorgenommen werden. [671]

Zur Berechnung des **verwässerten Ergebnisses je Aktie nach DVFA/SG** wird auf die if-converted- und die treasury-stock-method verwiesen. Unterschiede zu den internationalen und US-amerikanischen Vorschriften ergeben sich daraus, daß stets von der Anzahl der am Geschäftsjahresende ausstehenden Aktien und nicht von der durchschnittlichen Anzahl der während des Geschäftsjahrs ausstehenden Aktien auszugehen ist:

$$\text{Ergebnis je Aktie}_{\text{verwässert}} = \frac{\text{Ergebnis nach DVFA / SG ohne Anteile Dritter} + \text{Zinsersparnis bei Wandlung}}{\substack{\text{Anzahl der am Geschäftsjahresende ausstehenden Aktien} \\ + \text{ Anzahl der duch Wandlung auszugebenden Aktien} \\ + \text{ Anzahl der durch Optionsausübung entstehenden Aktien}}}$$

Ferner soll die Ermittlung des verwässerten Ergebnisses nur erfolgen, wenn bei den jeweiligen Marktbedingungen die **Ausübung der Wandel- oder Optionsrechte realistisch** erscheint und der Verwässerungseffekt wesentlich ist.[672] Da keine näheren Erläuterungen bzgl. der realistischen Möglichkeit einer Wandlung gegeben werden, ist es möglich, ein Ergebnis je Aktie nach DVFA/SG zu veröffentlichen, das auf Basis der Aktienanzahl von IAS 33 oder SFAS 128 beruht.[673]

---

671 Der Zeitpunkt, ab dem die jungen Aktien bei einer Kapitalerhöhung mit Bezugsrechten einzubeziehen sind, unterscheidet sich jedoch von den internationalen und US-amerikanischen Vorschriften. Nach den Empfehlungen der DVFA/SG dürfen die jungen Aktien erst mit dem **Beginn ihrer Dividendenberechtigung** berücksichtigt werden. Fällt die Dividendenberechtigung mit dem Beginn des Geschäftsjahrs zusammen, ist die Anzahl der Aktien für alle Vergleichsperioden anzupassen. Vgl. Busse von Colbe, W. u.a. (Ergebnis nach DVFA/SG 1996), S. 121. Nach den Vorschriften von IAS 33 werden dagegen die jungen Aktien bereits ab dem Zeitpunkt der Gegenleistung berücksichtigt. Vgl. IAS 33, Abs. 16; Pellens, B./Gassen, J. (Kommentierung des IAS 33 1997), Rn. 41.

672 Vgl. Busse von Colbe, W. u.a. (Ergebnis nach DVFA/SG 1996), S. 123.

673 Vgl. Pellens, B./Gassen, J. (Kommentierung des IAS 33 1997), Rn. 42.

4. Zusammenfassende Beurteilung der inhaltlichen Konzeption des Ergebnisses je Aktie nach DVFA/SG

Die inhaltliche Ausgestaltung des Ergebnisses je Aktie nach DVFA/SG im Vergleich zu den Regelungen nach IAS und US-GAAP kann abschließend wie folgt beurteilt werden:

(1) Ermittlung und Ausweis des Ergebnisses je Aktie nach DVFA/SG erfolgen weitgehend auf **freiwilliger** Basis. Es steht daher außerhalb der Rechnungslegungsnormen und ist nicht in die Jahresabschlußsystematik eingebunden. Die Konsequenz ist, daß das Ergebnis je Aktie nach DVFA/SG grundsätzlich **nicht** vom Abschlußprüfer **geprüft** wird.[674] Ausgenommen hiervon ist der Fall, daß es als (freiwilliger) Bestandteil des Jahresabschlusses oder Lageberichts publiziert wird.

(2) Eine zuverlässige externe Ermittlung ist nur mit Hilfe zusätzlicher **unternehmensinterner Daten** möglich. Allerdings sind auch die von Unternehmen bereitgestellten Informationen nicht immer nachprüfbar, so daß das Unternehmen im Zweifel die stärkere Position innehat.[675] Ferner eröffnet die Entscheidung, ob überhaupt und in welcher Höhe eliminierungspflichtige Sondereinflüsse vorliegen, dem Unternehmen einen erheblichen Ermessensspielraum.[676] Einen Ermessensspielraum besitzen allerdings auch die nach US-GAAP oder IAS bilanzierenden Unternehmen bei der Zuordnung von Erfolgskomponenten in die continuing oder non-continuing section.[677]

(3) Das Ergebnis nach DVFA/SG weist im Vergleich zum handelsrechtlichen Jahreserfolg sowie zu den EPS-Daten nach IAS, die sich lediglich auf das net income beziehen, eine **höhere prognostische Aussagefähigkeit** und **Vergleichbarkeit** auf, da einerseits unregelmäßige Erfolgskompo-

---

674   Die DVFA benennt allerdings im Einklang mit dem Wertpapierhandelsgesetz (Insiderregelung) auf Anfrage DVFA-Kapitalmarktexperten, die für Unternehmen ein Ergebnis nach DVFA/SG und die Überleitung vom Jahresüberschuß zum DVFA/SG-Ergebnis ermitteln bzw. prüfen. Dieses Ergebnis sowie die Überleitung darf schließlich von den Unternehmen als 'Geprüftes DVFA-Ergebnis' veröffentlicht werden. Vgl. DVFA (Jahresbericht 1996), S. 19.

675   Vgl. Küting, K./Bender, J. (Earnings per Share und DVFA/SG-Ergebnis 1998), Rn. 546.

676   Vgl. Weber, C.-P. (Jahresüberschuß vs. DVFA/SG 1993), S. 119.

677   Vgl. Teil 5 Gliederungspunkt I. B. 2. b) sowie Teil 5 Gliederungspunkt I. B. 2. d).

nenten eliminiert und andererseits bilanzpolitische Aktionsparameter ausgeschaltet werden.[678]

(4) Die von der DVFA/SG zugrunde gelegte Normbilanzierung, die sich teil-
     weise eher an der international praktizierten Bilanzierungsweise (US-
     GAAP und IAS) als an den **inhaltlichen Zielen** der Erfolgsbereinigung
     orientiert, ist allerdings fragwürdig.[679] Der härtesten Prüfung wird das
     DVFA/SG-Ergebnis damit aufgrund der jüngeren Trendwende hin zu einer
     internationalen Rechnungslegung unterzogen. Bei einem Vergleich des
     DVFA/SG-Ergebnisses je Aktie mit den EPS nach US-GAAP[680] wird deut-
     lich, daß die **EPS-Regelungen nach US-GAAP den Empfehlungen der
     DVFA/SG überlegen** sind:

Nach US-GAAP werden die EPS u.a. auf den ordentlichen nachhaltigen
Jahreserfolg (income from continuing operations) berechnet. Zusätzlich
erfolgt eine Aufschlüsselung des EPS-Betrags, der auf den gesamten
Jahreserfolg entfällt, auf die unterschiedlichen unregelmäßigen Erfolgs-
komponenten (außerordentlicher Erfolg, Erfolg, der auf einzustellende
Geschäftsbereiche entfällt, und Erfolg der auf Bilanzierungs- und Bewer-
tungswechsel zurückzuführen ist).[681] Bei einem Vergleich mit dem EPS-
Daten nach IAS bietet das DVFA/SG-Ergebnis je Aktie dagegen den
Vorteil, daß es auf einer nachhaltigen Erfolgsgröße beruht.

Es liegt nahe, daß Unternehmen, die einen Jahresabschluß nach internationalen Rechnungslegungsgrundsätzen aufstellen, auf einen **parallelen**

---

678 Vgl. Küting, K./Bender, J. (Earnings per Share und DVFA/SG-Ergebnis 1998), Rn. 548.
     Harris, Lang und Möller stellten ferner auch empirisch fest, daß das Ergebnis nach
     DVFA/SG enger mit der Aktienrendite korreliert ist als der handelsrechtliche Jahreser-
     folg: „... we find evidence that the adjustments made by analysts in arriving at DVFA
     earnings modestly increase the explanatory power of earnings for returns. Further, in a
     regression of returns on the level of reported earnings and changes in DVFA earnings,
     both are significant. The significance of changes in DVFA earnings is consistent with
     the DVFA's goal of increasing comparability of earnings over time." Harris, T.S./Lang,
     M./Möller, H.P. (Value Relevance of German Accounting Measures 1994), S. 207 f.

679 Zu den Zielen einer Ergebnisbereinigung vgl. Teil 3 Gliederungspunkt IV. B. sowie Teil
     5 Gliederungspunkt II. Beispielhaft sei hier die sofortige Aufwandsverrechnung der In-
     gangsetzungs- und Entwicklungsaufwendungen genannt, die grundsätzlich auch in
     folgenden Perioden Nutzen stiften und somit aus aktienanalytischer Sicht zu aktivieren
     wären.

680 Vgl. auch Förschle, G. (Earnings Per Share 1997), S. 514.

681 „Der Regelung des FASB gelingt es, die in den beiden anderen Stellungnahmen ver-
     folgten, graduell divergierenden Zielsetzungen (sinnvoll) zu integrieren." Förschle, G.
     (Earnings Per Share 1997), S. 514 f.

Ausweis des DVFA/SG-Ergebnisses je Aktie und der EPS nach IAS bzw. US-GAAP verzichten, um nicht in Erklärungsnot zu geraten.[682]

Ein sachgerechter Vergleich ist jedoch noch nicht vollständig möglich, da IAS 33 erst für Berichtsperioden gilt, die nach dem 31.12.1997 enden, während SFAS 128 bereits für Geschäftsjahre, die nach dem 15.12.1997 enden, anzuwenden ist.[683] Ein Ausweis des DVFA/SG-Ergebnisses je Aktie, das nach dem neuen Ermittlungsschema auch internationale Rechnungslegungssachverhalte berücksichtigt, wird des weiteren erst für Geschäftsjahre, die nach dem 31.12.1998 enden, gefordert.

Im Geschäftsjahr 1997 weisen von den 16 international bilanzierenden deutschen Unternehmen des DAX und MDAX sieben gleichzeitig das Ergebnis je Aktie nach DVFA/SG und die EPS nach US-GAAP bzw. IAS aus.

Abbildung 28:   **Offenlegung von EPS-Daten nach IAS durch deutsche Unternehmen**

Unternehmen (IAS-Bilanzierer)	EPS nach IAS	Ergebnis nach DVFA/SG
adidas-Salomon	√	
Bayer	√	
Henkel	√	√
Hoechst	√	√
Schering	√	
Dyckerhoff		√
Heidelberger Zement	√	√
Merck	√	
Puma	Ergebnis je Aktie bereinigt um außerodentliche Erfolge	
Tarkett-Sommer		√

---

682   Vgl. Weber, C.-P./Eidel, U. (Ergebnis nach DVFA/SG 1997), S. 334.
683   Vgl. IAS 33, Abs. 53; SFAS 128, Abs. 43.

Abbildung 29: Offenlegung von EPS-Daten nach US-GAAP durch deutsche Unternehmen

Unternehmen (US-GAAP-Bilanzierer)	EPS nach US-GAAP	Ergebnis nach DVFA/SG
Daimler-Benz	√	
Deutsche Telekom	√	√
Veba	√	√
Fresenius Medical Care	√	
Schwarz Pharma	√	√
SGL Carbon	√	√

Für den Jahresabschlußadressaten kann es jedoch verwirrend sein, wenn sowohl **Höhe** als auch **Veränderung der EPS-Daten** der unterschiedlichen Regelungsbereiche voneinander abweichen:

So ist das DVFA/SG-Ergebnis je Aktie im Konzernjahresabschluß der Veba Ag für das Geschäftsjahr 1995 größer als die EPS nach US-GAAP, während der Konzernerfolg nach HGB den nach US-GAAP unterschreitet. Des weiteren korrespondieren die Veränderungen des DVFA/SG-Ergebnisses je Aktie (38,3%) und der EPS (18,1%) im Jahr 1995 ebenfalls nicht.[684] Auch bei der Hoechst AG klaffen beide Kennzahlen auseinander: Im Geschäftsjahr 1997 sanken die EPS nach IAS um 37%, während das Ergebnis je Aktie nach DVFA/SG um 13% stieg.[685]

Abbildung 30: EPS-Daten der Veba AG und Hoechst AG

Veba AG (US-GAAP)	1994	1995	1996	1997
Ergebnis je Aktie nach DVFA/SG (in DM)	3,13	4,33	5,04	5,58
Basic EPS nach US-GAAP (in DM)	3,49	4,12	5,05	5,83
Diluted EPS nach US-GAAP (in DM)	-	-	4,97	5,77
Konzernjahresüberschuß nach HGB (in DM)	1.366	1.915	2.458	2.810
Konzernjahresüberschuß nach US-GAAP (in DM)	1.713	2.027	2.467	2.881

---

684 Vgl. Veba AG (Geschäftsbericht 1995), S. 72, 105. Der Konzernjahresüberschuß nach HGB berücksichtigt keine Anteile Konzernfremder.

685 Vgl. Hoechst AG (Geschäftsbericht 1997), S. 31.

Hoechst AG (IAS)	1994	1995	1996	1997
Ergebnis je Aktie nach DVFA/SG (in DM)	2,10	2,40	2,75	3,10
Ergebnis je Aktie nach IAS (in DM)	1,51	2,91	3,60	2,28

E. Beurteilung der Earnings per Share als Performance-Maßstab

1. Überblick

EPS-Daten können aus zwei verschiedenen Blickwinkeln heraus betrachtet werden: zum einen als Bestandteil des P/E-Ratio-Modells[686] und zum anderen als isolierter Performance-Maßstab. Die Beurteilung der EPS als Performance-Maßstab konzentriert sich zunächst auf den konzeptionellen **Aufbau der Kennzahl** EPS und ihre Eignung als Spiegel der Rentabilität des Unternehmens. Anschließend wird die oftmals geäußerte Kritik hinsichtlich der Verwendung von **Erfolgs-** anstatt von Cash Flow-Größen aufgegriffen und untersucht, inwieweit diese einen Indikator für die nachhaltige Ertragskraft des Unternehmens darstellen und sich somit am Aktionärswert orientieren.

2. Beurteilung der Konzeption der Earnings per Share

a) Überblick

Die Kritik am Aufbau der Kennzahl EPS stützt sich im wesentlichen darauf, daß eine undifferenzierte Verwendung der EPS als Performance-Maßstab zu krassen Fehleinschätzungen in folgenden Entscheidungssituationen führen kann:

(1) EPS-Daten sind keine Maßgröße für die **Rentabilität** eines Unternehmens. Ein zeitlicher oder zwischenbetrieblicher Vergleich kann daher zu einer falschen Einschätzung der Erfolgslage führen.

(2) Bei der Beurteilung von **Akquisitionen** können EPS-Daten zu Fehlschlüssen verleiten, da eine an sich vorteilhafte Akquisition mit der Begründung abgelehnt werden könnte, daß die EPS nach dem Kauf sinken. Eine Verminderung der EPS nach einem Unternehmenskauf kann eintre-

---

686 Vgl. zur Beurteilung des P/E-Ratio-Modells Teil 4 Gliederungspunkt III. E.

ten, wenn die P/E-Ratio des zu erwerbenden Unternehmens die des Käufers übersteigt.

Mit diesen beiden Kritikpunkten geht einher, daß es nicht sinnvoll ist, eine erfolgsabhängige Vergütung an die Veränderung der EPS zu knüpfen.[687] Die aufgeführten Beanstandungen werden im folgenden näher betrachtet.

b) Earnings per Share als Instrument zur Rentabilitätsmessung

Eine Erhöhung oder Verringerung der EPS läßt **keine** unmittelbaren **Rückschlüsse** auf die **Eigenkapitalrentabilität** oder das **Gewinnwachstum** des betreffenden Unternehmens zu.[688] Mit anderen Worten können die EPS steigen, während gleichzeitig die Gewinne und die Eigenkapitalrentabilität sinken.[689] Dies kann allein durch eine Veränderung der Eigenkapitalstruktur bewirkt werden, wie das folgende Beispiel[690] veranschaulicht:

Beispiel 18:   **EPS als Instrument zur Rentabilitätsmessung**

	Unternehmen A Periode 1	Periode 2	Unternehmen B Periode 1
Gezeichnetes Kapital (in GE)	100 Mio.	100 Mio.	150 Mio.
Rücklagen (in GE)	100 Mio.	120 Mio.	50 Mio.
Eigenkapital (in GE)	200 Mio.	220 Mio.	200 Mio.
Gewinn (in GE)	30 Mio.	33 Mio.	30 Mio.
Gewinn je Aktie (in GE)	15	16,5	10
(Nominalwert = 50 GE)			
Eigenkapitalrentabilität	15%	15%	15%

Die Unternehmen A und B weisen in der Periode 1 betragsmäßig den gleichen Gewinn und die gleiche Eigenkapitalrentabilität von 15% auf. Dennoch ist der Gewinn je Aktie bei Unternehmen A aufgrund der geringeren Anzahl an Aktien höher.

---

687 Vgl. Stewart, G.B. (Quest for Value 1991), S. 37.

688 „Many chief executives still believe that relative rates of EPS growth explain differences in returns to shareholders, despite the overwhelming evidence to the contrary from as far back as the late 1960s." Brossy, R./Balkcom, J.E. (Create Value 1994), S. 21. Vgl. auch Rappaport, A. (Shareholder Value 1995), S. 28 ff.

689 Vgl. Mahoney, J.J. (Earnings per Share 1990), S. 147; Bender, J. (Grundsatzfragen 1996), S. 10.

690 Vgl. Coenenberg, A.G. (Jahresabschluß 1997), S. 703; Reinhart, A. (Earnings per Share 1998), S. 645.

Thesauriert und reinvestiert nun Unternehmen A einen Teil seines Gewinns (20 Mio. GE), so erhöhen sich die Rücklagen. Die Gewinne steigen aufgrund der damit finanzierten Investitionen bei Unterstellung einer identischen Rentabilität von 15% in der kommenden Periode ebenfalls. Der Gewinn je Aktie steigt bei konstanter Eigenkapitalrentabilität um 10%. „That is, earnings per share, all other factors being equal, will probably increase year after year if the corporation reinvests earnings in the business, because a larger earnings figure is generated without a corresponding increase in the number of shares outstanding."[691]

Die Ursache für die divergierende Entwicklung der EPS und der Eigenkapitalrentabilität liegt im Aufbau der EPS begründet. In ihrer Grundausprägung stellen sie den Quotienten aus Erfolg und ausstehenden Aktien dar und genügen insofern nicht dem sog. **Entsprechungsprinzip**, wonach die Erfolgsgröße im Zähler durch die Kapitalgröße im Nenner erwirtschaftet werden muß. Die Kennzahl Gewinn je Aktie berücksichtigt jedoch nur das gezeichnete Kapital und läßt die übrigen Eigenkapitalbestandteile außer Betracht.[692] Nenner und Zähler der EPS-Daten werden unter dem Gesichtspunkt einer Rentabilitätsbeurteilung nicht konsistent ermittelt bzw. gegenübergestellt.

EPS-Daten reflektieren daher nicht die Rentabilität eines Unternehmens und sind **als isolierter Performance-Maßstab ungeeignet.**[693] Allein aus diesem Grund scheiden sie auch als Maßstab für eine erfolgsabhängige Vergütung aus. EPS-Daten erlangen ihren vollen Informationsgehalt somit erst, wenn sie in Beziehung zum Aktienkurs des Unternehmens gesetzt werden[694] oder in das P/E-Ratio-Modell eingehen.[695]

---

691   Kieso, D.E./Weygandt, J.J. (Intermediate 1995), S. 1311.

692   Vgl. Bender, J. (Grundsatzfragen 1996), S. 10.

693   Werden EPS-Daten als Performance-Maßstab verwendet, so wird implizit unterstellt, daß die P/E-Ratio unverändert bleibt. Ein Anstieg der EPS um 10% führt dann theoretisch zu einem 10%igen Anstieg des Aktienkurses. Vgl. Muehlhauser, G.R. (Performance Measures 1995), S. 49.

694   Vgl. auch Kimmel, P.D./Weygandt, J.J./Kieso, D.E. (Financial Accounting 1998), S. 512.

695   „One of the most critical items of information that is drawn from accounting reports is earnings per share (EPS). As a summary indicator of current success and future expectations of success, the amount, periodic variation, and growth rate of earnings per share probably have more informational significance than any other data that can be extracted from financial statements. Nonetheless, accountants frequently warn against the dangers of placing an exaggerated emphasis on earnings per share. This summary indicator should always be interpreted in light of all of the other information ob-

c) Earnings per Share als Instrument zur Beurteilung von Akquisitionen

Bei einer Befragung der Fortune 1000 gaben 58% der antwortenden Unternehmen an, daß der kurzfristige Effekt einer Akquisition auf die EPS ein wichtiger Bestandteil des abgegebenen Kaufangebots ist.[696] Viele Praktiker scheinen somit bei der Übernahme von Unternehmen lediglich bereit zu sein, **maximal die P/E-Ratio des eigenen Unternehmens** für das zu erwerbende Unternehmen zu **zahlen.**[697] Im Falle eines höheren Kaufpreises kann eine Verwässerung, d.h. **Verminderung, der EPS** eintreten.[698] Diese empirisch festgestellte Haltung ist besonders dann nachvollziehbar, sofern die Vergütung trotz der bereits geäußerten Bedenken an die (Veränderung der) EPS geknüpft wird. Die Argumentation wird nachfolgend an einem Beispiel von Stewart[699] illustriert.

Beispiel 19: **EPS als Instrument zur Beurteilung von Akquisitionen**

	Unternehmen A	Unternehmen B	A kauft B	B kauft A
Anzahl der Aktien	1.000 Aktien	1.000 Aktien	1.500 Aktien	3.000 Aktien
Gewinn	$ 1.000	$ 1.000	$ 2.000	$ 2.000
Marktpreis	$ 20.000	$ 10.000	$ 30.000	$ 30.000
Kurs je Aktie	$ 20	$ 10	$ 20	$ 10
EPS	$ 1	$ 1	$ 1,33	$ 0,66
P/E-Ratio	20	10	15	15

tainable from financial statements and other sources. Prudent accountants acknowledge that proper analysis of all available data is superior to undue reliance on any single item such as earnings per share. Nevertheless, earnings per share continues to be of great importance to the investing community." Boatsman, J.R./Griffin, C.H./Vickrey, D.W./Williams, T.H. (Advanced Accounting 1994), S. 152.

696 Vgl. Mohan, N./Ainina, M.F./Kaufman, D./Winger, B.J. (Acquisition/Divestiture Valuation 1991), S. 80. Von den 1000 befragten Unternehmen konnten 122 ausgewertet werden.

697 „... the popular practice of buying companies with lower P/Es in stock-for-stock exchanges automatically boosted reported EPS ...". Stern, J.M./Chew, D.H. (EVA® Financial Management System 1995), S. 33.

698 Vgl. Gitman, L.J. (Managerial Finance 1994), S. 776 ff.; Gaughan, P.A. (Mergers 1996), S. 492 ff.

699 Vgl. Stewart, G.B. (Quest for Value 1991), S. 35 ff.

Gemäß den Ausgangsdaten im obigen Beispiel werden zwei Fälle unterschieden: im ersten Fall erwirbt das Unternehmen A das Unternehmen B; im zweiten Fall übernimmt das Unternehmen B das Unternehmen A. Die Unternehmen A und B unterscheiden sich aufgrund ihrer Wachstumserwartungen, die sich im jeweiligen Aktienkurs ausdrücken. Synergie-Effekte entstehen beim Erwerb nicht.

A muß zum Kauf des Unternehmens B 500 junge Aktien zum Marktpreis ausgeben, um den Preis des Unternehmens B zu zahlen (500 Aktien · $ 20 = $ 10.000); B muß dagegen zum Erwerb von A 2.000 Aktien neu emittieren (2.000 Aktien · $10 = $ 20.000).

Betrachtet man lediglich die Veränderung der EPS, so scheint die Akquisition, je nachdem, wer als Erwerber auftritt, einmal vorteilhaft[700] und das andere Mal nachteilig: Bei einem Kauf von B durch A steigen die EPS, während sie umgekehrt sinken.

Bei einer Gesamtbetrachtung bleibt jedoch – gleichgültig vom Käufer – der Unternehmenswert nach dem **P/E-Ratio-Modell** konstant (15 · $ 1,33 je Aktie · 1.500 Aktien = 15 · $ 0,66 je Aktie · 3.000 Aktien = $ 30.000). Es besteht also kein Grund, eine Akquisition abzulehnen, nur weil das zu erwerbende Unternehmen eine höhere P/E-Ratio aufweist und es damit zu einer Verminderung der EPS kommt.

Die **Verminderung** (Verwässerung) **der EPS**, die bei einem Kauf von A durch B eintritt, wird nur von **kurzfristiger Dauer** sein.[701] Die EPS des Unternehmens B werden nach dem Kauf in den künftigen Perioden ceteris paribus stärker steigen, da die Wachstumserwartungen des akquirierten Unternehmens A, die sich in der hohen P/E-Ratio widerspiegelt, vergleichsweise höher ist.

Stewart belegt damit, daß das Argument, maximal die P/E-Ratio des Käuferunternehmens zu zahlen, immer noch als unausrottbare **falsche Anwendung der EPS in der Praxis** kursiert. Und dies, obwohl seit Jahren die Konsequenzen in der Literatur aufgezeigt werden. Vielleicht liegt der Fortbestand auch darin begründet, daß der Mythos der – wenn auch kurzfristigen – Ver-

---

700 „Bootstrapping earnings per share refers to the corporation's ability to increase its EPS through the purchase of other companies." Gaughan, P.A. (Mergers 1996), S. 497.

701 Vgl. Gitman, L.J. (Managerial Finance 1994), S. 776 ff.; Davis, H.A. (Cash Flow and Performance Measurement 1996), S. 48.

wässerung der Aktien zumindest argumentativ bei Kaufverhandlungen eingesetzt werden kann.[702]

Die relative Bedeutungslosigkeit der kurzfristigen Verwässerung der EPS ist
demnach kein Grund, das P/E-Ratio-Modell strikt abzulehnen. Führt es doch,
wie das Beispiel belegt, zu einer korrekten Beurteilung der Akquisition: Der
Unternehmenswert bleibt unverändert. Die Aussage der Kritiker, daß „P/E
counters EPS, rendering it a meaningless measure of an acquisition's me-
rits"[703], ist belanglos. Die EPS sind ein integraler Bestandteil des P/E-Ratio-
Modells und sollten von daher nicht als isolierter Bewertungsmaßstab dienen.

EPS-Kennzahlen werden allerdings – wie die vorangegangenen Beispiele gezeigt haben – nicht dem vom **FASB formulierten Ziel der Performance-
Messung** gerecht: „... the objective of basic EPS is to measure the performance of an entity over the reporting period and ... the objective of diluted EPS
should be consistent with the basic EPS objective while giving effect to all dilutive potential common shares that were outstanding during the period."[704]

Vor diesem Hintergrund ist es bedenklich, daß bei einer Analyse von 317 US-
amerikanischen Unternehmen in den Jahren 1993 und 1994 28,5% der Unternehmen die **erfolgsabhängige Vergütung des Managements** an die EPS
knüpfen und damit die EPS vor allen anderen Performance-Maßstäben ran-
gierten.[705] Da die Unternehmen zudem im allgemeinen nur noch einen weiteren
Performance-Maßstab berücksichtigen,[706] erhalten die EPS ein unangemesse-
nes Gewicht. Denn wie gezeigt worden ist, hat ein Unternehmen vielfältige
Möglichkeiten, die EPS – Zähler- sowie Nennergröße – positiv zu beeinflussen.

---

702 Vgl. Gerling, C. (Unternehmensbewertung 1985), S. 243 f., 392 f.

703 Stewart, G.B. (Quest for Value 1991), S. 36.

704 SFAS 128, Abs. 79. Vgl. auch Fischer, P.M./Taylor, W.J./Cheng, R.H. (Advanced Accounting 1999), S. 13-1.

705 Vgl. Ittner, C.D./Larcker, D.F./Rajan, M.V. (Performance Measures in Annual Bonus
Contracts 1997), S. 240. Vgl. zur Problematik der erfolgsabhängigen Vergütung auch
Watts, R.L./Zimmermann, J.L. (Positive Accounting Theory 1986), S. 200 ff.; Holthausen, R.W./Larcker, D.F./Sloan, R.G. (Annual Bonus Schemes 1995), S. 29 ff.
Weitere Bezugsgrößen für die Vergütung des Managements, die explizit genannt wurden, sind net income (27,2%), operating income or income before tax (25,3%), return
on equity (19,5%), sales (13,7%), Cash Flows (12,8%), return on assets (9,6%), cost
reduction (7,6%), return on invested capital (5,4%), stock price return (4,4%) und Economic Value Added (0,9%).

706 Die durchschnittliche Anzahl der verwendeten Performance-Maßstäbe beträgt 1,7
(Median 1,0).

3. Performance-Messung auf Basis von Erfolgen und Cash Flows

a) Überblick

Der Wert eines Unternehmens kann theoretisch sowohl auf der Grundlage zukünftiger Gewinne als auch auf Basis erwarteter Cash Flows ermittelt werden.[707] Während in der Praxis bisher Erfolgsgrößen zur Beurteilung der Ertragskraft eines Unternehmens im Vordergrund standen, fordert eine Reihe von Autoren und Analysten mittlerweile eine verstärkte Konzentration auf den freien Cash Flow.[708]

Hiermit korrespondierend wird teilweise davon ausgegangen, daß gegenwärtige Cash Flows eine bessere **Prognose zukünftiger Cash Flows eines Unternehmens**, die letztlich seinen Unternehmenswert bestimmen, ermöglichen als gegenwärtige Gewinne. Das FASB dagegen unterstellt, daß sich gegenwärtige Gewinne besser zur Prognose zukünftiger Cash Flows eignen als gegenwärtige Cash Flows.[709] Ausgangspunkt einer Unternehmensbewertung sind nach den Vorstellungen des FASB demnach die Erfolge des Unternehmens. So basiert auch die DCF-Methode – wie bereits gezeigt wurde – letztlich auf der Prognose von Erfolgen.[710]

Demzufolge **verbietet** das FASB sogar ausdrücklich einen Ausweis von **Cash Flow per Share**-Daten. Denn diese könnten den Eindruck erwecken, daß Cash Flows eine Alternative zur Performance-Messung mittels periodisierter

---

707 Vgl. Teil 3 Gliederungspunkt II. Nach einer Befragung von Unternehmen in den USA und Canada geben allerdings 47,1% von 153 Unternehmen an, daß die Erfolgsgröße net income einen größeren Einfluß auf den Aktienkurs ausübt als der freie Cash Flow, während 45,8% der Unternehmen dem freien Cash Flow eine höhere Bedeutung beimessen. Vgl. Davis, H.A. (Cash Flow and Performance Measurement 1996), S. 193.

708 Vgl. Ballwieser, W. (Shareholder Value-Ansatz 1994), S. 1399; Dreyfus, P. (Cash Flow 1988), S. 55 ff.

709 „Information about enterprise earnings and its components measured by accrual accounting generally provides a better indication of enterprise performance than information about current cash receipts and payments." SFAC 1, Abs. 44.

   Die Prognose von Cash Flows vollzieht sich nach den Vorstellungen des FASB in zwei Schritten: „The relationship may be identified in a two-stage process for the assessment of future cash flows: a) Reports of past earnings are used for the assessment of future earnings. b) An adjustment is then made to the assessment of future earnings to derive an assessment of furture cash flows." FASB (Discussion Memorandum 1979), Abs. 8.

710 Vgl. Teil 3 Gliederungspunkt III. C.

Größen darstellen.[711] Im folgenden wird untersucht, welche Vor- und Nachteile Gewinn- und Cash Flow-Größen bei der Performance-Messung aufweisen.

b) Erfolgsgrößen als Basis zur Performance-Messung

Erfolgsgrößen lassen sich stets in zwei Komponenten aufspalten: einen zahlungswirksamen Bestandteil (Cash Flow-Komponente) und Korrekturen, die bestimmte Zahlungen[712] früherer oder späterer Perioden (accruals bzw. deferrals) in der Berichtsperiode berücksichtigen.[713] Letztgenannte Korrekturen ermöglichen die Berechnung einer Art 'freien Cash Flow', der durch die Umsatzerlöse der jeweiligen Periode erzielt wurde.[714] Erfolgsgrößen passen auf diese Weise die Cash Flows an den **Geschäftszyklus** eines Unternehmens an.[715] Ein Unternehmen wird – solange es keine tiefgreifenden strukturellen Veränderungen vornimmt – immer wieder seinen Zyklus wiederholen. Erwirtschaftet es positive Erfolge, so ist es wahrscheinlich, daß auch in Zukunft Gewinne und positive Cash Flows erzielt werden.

Die **Anpassung an den Geschäftszyklus** eines Unternehmens verfolgt das Ziel, die Ertragskraft des Unternehmens zuverlässiger widerzuspiegeln als der Cash Flow. Dies gilt insbesondere für Wachstumsphasen (Regressionsphasen), in denen ein Unternehmen sehr niedrige bzw. negative (hohe) Cash Flows aufweist, die die Erfolgslage nicht sachgerecht wiedergeben.[716]

Die Anpassung an den Geschäftszyklus bzw. die Periodisierung erfolgt mittels **zwei grundlegender Prinzipien** der Rechnungslegung:

(1) Gemäß dem **realization principle** (Realisationsprinzip) dürfen Gewinne grundsätzlich erst dann realisiert werden, wenn sie durch einen Um-

---

711 Vgl. Niehus, R.J./Thyll, A. (Konzernabschluß nach US-GAAP 1998), Rn. 429.

712 Je nach der zugrundeliegenden Cash Flow-Definition periodisieren die Korrekturen anstatt Einzahlungen und Auszahlungen (auch) Ausgaben und Einnahmen.

713 Vgl. Dechow, P.M. (Accounting Earnings and Cash Flows 1994), S. 6.

714 Vgl. Sloan, R.G. (Earnings and Free Cash Flow 1996), S. 71.

715 „The operating cycle is the key to understanding why earnings are useful for predicting cash flows." O'Brien, P. (Earnings and Cash Flow 1997), S. 8.

716 Vgl. O'Brien, P. (Earnings and Cash Flow 1997), S. 8 f. Ist das Unternehmenswachstum dagegen lediglich gering, ist es möglich, daß Cash Flows eine genauso gute Grundlage zur Abschätzung zukünftiger Cash Flows oder Gewinne darstellen.

satzakt realisiert worden sind, d.h. die vereinbarte Leistung erbracht worden ist. Der Zeitpunkt der Zahlung ist unerheblich.[717]

(2) Das **matching principle** (Prinzip der Aufwandszuordnung) regelt, daß Ausgaben den ihnen zugehörigen Erträgen aufwandswirksam direkt zuzurechnen sind. Bspw. werden die Ausgaben für den Wareneinsatz in der Periode aufwandswirksam, in der auch die Umsatzerlöse der betreffenden Produkte berücksichtigt werden. Allerdings können nicht alle Ausgaben den entsprechenden Erträgen direkt zugeordnet werden. In diesem Fall hat die Zurechnung auf Basis rationaler und systematischer Annahmen zu erfolgen. Die Ausgaben sind dann bei fehlender direkter Zuordnung planmäßig über die Perioden zu verteilen. Dies gilt bspw. für Abschreibungen auf Maschinen. Kann keine eindeutige Beziehung zwischen Ausgaben und Erträgen festgestellt werden, so mindern die Ausgaben in der Periode den Erfolg, in der sie entstanden sind.[718]

c) Cash Flow-Größen als Basis zur Performance-Messung

Die Periodisierung, die die Nachteile von Cash Flow-Größen bzgl. der Performance-Messung zu beseitigen versucht, basiert zwangsläufig auf Annahmen, die zwei wesentliche Schattenseiten zeigen:

(1) Ein Nachteil besteht darin, daß ein Unternehmen nicht zwangsläufig seinen Geschäftszyklus unter den **gleichen Umweltbedingungen** wieder-

---

717　Vgl. Kieso, D.E./Weygandt, J.J. (Intermediate 1995), S. 44 f. Vgl. für das deutsche Bilanzrecht die umfassende Darstellung bei Bender, J. (Ergebnisbereinigung nach DVFA/SG 1996), S. 59 ff.

718　Vgl. SFAC 6, Abs. 146 ff.; Kieso, D.E./Weygandt, J.J. (Intermediate 1995), S. 46 f.; Strobl, E. (Matching Principle 1994), S. 411. Nach dem Matching-Konzept des IASC sind Ausgaben ebenfalls den ihnen zugehörigen Erträgen zuzurechnen. Sie dürfen nach systematischen und rationalen Gesichtspunkten aktiviert werden, sofern ihnen in Zukunft wahrscheinlich ein ökonomischer Nutzen beigemessen werden kann. Vgl. IASC (Framework), Abs. 94 ff. Im deutschen Bilanzrecht kommt dagegen dem Prinzip der periodengerechten Gewinnermittlung nach § 252 Abs. 1 Nr. 5 HGB gegenüber dem Vorsichtsprinzip eine nachgeordnete Funktion zu. Während die Periodisierung von Erträgen durch das Realisationsprinzip bestimmt wird, sind Aufwendungen nach dem Imparitätsprinzip im Zweifel der abgelaufenen Berichtsperiode zuzurechnen. Vgl. Strobl, E. (Matching Principle 1994), S. 419 f.; Bieg, H./Kußmaul, H. (Externes Rechnungswesen 1998), S. 38 ff. Vgl. zum matching principle auch Moxter, A. (Matching Principle 1995), S. 489 ff.

holt. Der gegenwärtige Erfolg reflektiert dann nicht die Ertragskraft des Unternehmens.[719]

(2) Des weiteren baut die Anwendung des realization principle und des matching principle oftmals auf **subjektiven Beurteilungen** auf. Ein nicht zu unterschätzendes Maß bei der Beurteilung von Geschäftsvorfällen wird damit in die Hände des Managements gelegt. Dies kann einerseits versuchen, mittels einer zutreffenden Periodisierung interne Informationen weiterzugeben (Signaling).[720] Andererseits besteht die Gefahr, daß das Management mittels einer unzutreffenden Periodisierung den Erfolg entsprechend den persönlichen Zielsetzungen manipuliert. Die Zuverlässigkeit von Erfolgsgrößen als Performance-Maßstab wird im letztgenannten Fall erheblich verringert, so daß die Frage aufgeworfen werden kann, ob nicht doch Cash Flows die Performance wirklichkeitsgetreuer widerspiegeln.

Cash Flows sind somit glaubwürdiger als Erfolgsgrößen, während der Erfolg eines Geschäftszyklusses die Performance eines Unternehmens von der Konzeption her besser wiedergibt als Cash Flows.[721]

Dechow untersuchte die **Fähigkeit von gegenwärtigen Gewinnen und Cash Flows, zukünftige Cash Flows zu prognostizieren**, indem Unternehmen entsprechend der Höhe der Cash Flows und Erfolge in zwei Gruppen eingeteilt wurden.[722] In den fünf folgenden Jahren wiesen die Unternehmen mit einem hohen Gewinn in der Betrachtungsperiode höhere Cash Flows auf als die Unternehmen mit gegenwärtig hohen Cash Flows. Andere empirische Untersuchungen stellten bisher allenfalls eine Gleichwertigkeit von Gewinnen und

---

719 Vgl. O'Brien, P. (Earnings and Cash Flow 1997), S. 8; Sloan, R.G. (Earnings and Free Cash Flow 1996), S. 71.

720 „Signaling is expected to improve the ability of earnings to measure firm performance since management presumably have superior information about their firm's cash generating ability ... Therefore, a credible signal will reduce information asymmetry and result in more efficient contracting." Dechow, P.M. (Accounting Earnings and Cash Flows 1994), S. 5.

721 Die Periodisierung ist damit eine Gradwanderung zwischen den vom FASB geforderten Maßstäben Relevanz (relevance) und Zuverlässigkeit (reliability). Vgl. SFAC 2, Abs. 46 ff. Keine der beiden Maßstäbe kann beide Anforderungen zugleich erfüllen.

722 Vgl. zur Vorgehensweise Sloan, R.G. (Earnings and Free Cash Flow 1996), S. 72 f.

Cash Flows – jedoch grundsätzlich keine Überlegenheit von Cash Flows – für die Prognose künftiger Cash Flows fest.[723]

Die Ergebnisse deuten darauf hin, daß sich Erfolge besser zur Prognose künftiger Cash Flows eignen als Cash Flows. Dies impliziert jedoch nicht, daß gegenwärtige Cash Flows keine zusätzlichen Informationen, die bei der Abschätzung der Ertragskraft dienlich sein können, liefern. Die empirische Studie von Dechow zeigte vielmehr, daß die Gruppe von Unternehmen, die gleichzeitig den höchsten (niedrigsten) Erfolg und Cash Flow erzielt hatten, in den kommenden Perioden höhere (niedrigere) Cash Flows erwirtschafteten als die Gruppe von Unternehmen mit den höchsten Cash Flows oder höchsten Gewinnen.[724]

Werden somit Cash Flow und Erfolg zusammen als Performance-Maßstab betrachtet, verliert die Korrekturkomponente des Erfolgs, die eine Periodisierung der Ausgaben und Einnahmen vornimmt, relativ an Bedeutung. Gegenwärtige Gewinne, die mit einem Cash Flow korrespondieren, spiegeln die Ertragskraft zuverlässiger wider und werden auch in Zukunft eher erzielt werden als Gewinne, denen keine Cash Flows gegenüberstehen.[725] Mit anderen Worten läßt sich durch eine **Gegenüberstellung von Erfolg und Cash Flow** die **Qualität der Erfolge** überprüfen.[726]

Eine weitere Untersuchung von Unternehmen, die aufgrund eines überhöhten Erfolgsausweises von der SEC angeklagt wurden, untermauert die Bedeutung

---

723   Verschiedene empirische Studien haben die Eignung (gegenwärtiger) Gewinne und Cash Flows, zukünftige Cash Flows zu prognostizieren, untersucht: Die Studie von Bowen, Burgstahler und Daley kam zu dem Ergebnis, daß Gewinne sich nicht besser zur Prognose zukünftiger Cash Flows eignen als Cash Flows. Allerdings wurde auf der anderen Seite auch keine Überlegenheit der Cash Flows bei der Prognose festgestellt. Vgl. Bowen, R.M./Burgstahler, D./Daley, L.A. (Relationships Between Earnings and Various Measures of Cash Flow 1986), S. 719 ff. Auch nach den Untersuchungen von Finger eignen sich sowohl Cash Flows als auch Gewinne bei einer langfristigen Betrachtung zur Prognose zukünftiger Cash Flows. Vgl. Finger, C.A. (Earnings and Cash Flow 1994), S. 215 ff. Nach der Untersuchung von Greenberg, Johnson und Ramesh erlauben gegenwärtige Gewinne dagegen eine zuverlässigere Prognose zukünftiger Cash Flows. Vgl. Greenberg, R.R./Johnson, G.L./Ramesh, K. (Earnings versus Cash Flow 1986), S. 266 ff. Zu dem gleichen Ergebnis kommt Dechow. Vgl. Sloan, R.G. (Earnings and Free Cash Flow 1996), S. 72 f.; Dechow, P.M. (Accounting Earnings and Cash Flows 1994), S. 7 ff.

724   Vgl. Sloan, R.G. (Earnings and Free Cash Flow 1996), S. 74.

725   „... earnings are of higher quality if they are backed up by cash." Siegel, J.G. (Analyze Businesses 1991), S. 83.

726   Bernstein, L. (Financial Statement Analysis 1993), S. 461.

der Cash Flow-Komponente der Erfolge. In dem Jahr, in denen die SEC den betreffenden 66 Unternehmen einen falschen Erfolgsausweis unterstellte, klafften Cash Flow und Erfolg stets weit auseinander. In den Folgejahren kehrte sich das Bild schließlich um und die Cash Flows überstiegen die Erfolge.[727]

Die Untersuchung verdeutlicht die Bedeutung von Cash Flows für die Performance-Messung. Niedrige Erfolge bei gleichzeitig hohen Cash Flows können ein **Anzeichen** dafür sein, daß das Unternehmen **gegenwärtig konservative Bilanzierungs- und Bewertungsmethoden** wählt. Ferner besteht die Möglichkeit, daß das Unternehmen **in den vergangenen Jahren progressiv** bilanziert hat und sich nun die Umkehrung im gegenwärtigen Erfolg widerspiegelt.

Die Performance-Messung sollte daher über einen reine Erfolgsbetrachtung hinausgehen und auch den Cash Flow in der Analyse berücksichtigen. Werden die vorangegangenen Überlegungen auf die EPS bezogen, so bedeutet dies, daß die EPS als periodisierte Größe durch einen entsprechenden **Ausweis von Cash Flow per Share-Daten**[728] ergänzt werden sollten.

---

727 Vgl. Sloan, R.G. (Earnings and Free Cash Flow 1996), S. 75 f.
728 Vgl. zum Kurs/Cash Flow-Verhältnis Haeseler, H.R. (Kurs/Cash Flow-Verhältnis 1988), S. 951 ff.; Perridon, L./Steiner, M. (Finanzwirtschaft 1997), S. 221.

II. Economic Value Added

A. Überblick

„The EVA is simply the after-tax operating profit minus the total annual cost of capital of the firm."[729] Der Residualgewinn wird gemäß dieser Definition überwiegend nach dem **Entity-Ansatz** berechnet, der von dem betrieblichen Erfolg vor Fremdkapitalzinsen und nach Steuern[730] ausgeht. Allerdings besteht auch die Möglichkeit, den Residualgewinn – analog zu den verschiedenen Varianten des DCF-Verfahrens – auf Basis des **Equity-Ansatzes** zu ermitteln:[731]

EVA Entity-Ansatz   = Erfolg vor Fremdkapitalzinsen – Ø Gesamtkapitalkosten

EVA Equity-Ansatz   = Erfolg nach Fremdkapitalzinsen – Eigenkapitalkosten

Ausgehend vom Entity-Ansatz müssen der betriebliche Erfolg sowie die durchschnittlichen Gesamtkapitalkosten, die sich aus dem investierten Kapital[732] und dem Gesamtkapitalkostensatz des Unternehmens ergeben, berechnet werden.[733] Ausgangspunkt ist der Jahresabschluß, dessen Daten gemäß den Zielsetzungen des EVA bereinigt werden.

Im folgenden wird zunächst die konkrete Berechnung des Residualgewinns für Unternehmen, die nach US-GAAP, IAS und HGB Rechnung legen, dargestellt. Ansatzpunkt ist der EVA™ des Beratungsunternehmens Stern Stewart & Co. Anschließend erfolgt eine Würdigung des Residualgewinns als periodenbezogener Performance-Maßstab, wobei der konzeptionelle Aufbau des EVA untersucht und auf Schwierigkeiten seiner konkreten Ermittlung eingegangen wird. Die daran anknüpfende Frage zielt auf seinen Informationsgehalt als Performance-Maßstab ab: Erlaubt der EVA im Vergleich zu den traditionellen Rentabilitätskennziffern eine zuverlässigere Performance-Messung bzw. orientiert er

---

729 Kolb, R.W./Rodríguez, R.J. (Financial Management 1996), S. 201.

730 Dabei wird grundsätzlich nicht auf die tatsächliche Steuerbelastung abgestellt, sondern vorerst ein unverschuldetes Unternehmen zugrunde gelegt. Vgl. Teil 3 Gliederungspunkt III. C.

731 Der Unternehmenswert auf Basis der Übergewinne (EVA) kann sowohl gemäß dem Equity- als auch dem Entity-Ansatz berechnet werden. Vgl. Teil 4 Gliederungspunkt II. B.; Richter, F. (Steuerungs- und Monitoringsystem 1996), S. 223.

732 Das investierte Kapital entspricht dem Kapital zu Beginn der Periode. Vgl. Teil 4 Gliederungspunkt II. B. Bei wesentlichen Änderungen in der Höhe des investierten Kapitals räumt Stewart die Möglichkeit ein, das gebundene Kapital als arithmetisches Mittel aus Anfangs- und Endbestand zu berechnen. Vgl. Stewart, G.B. (Quest for Value 1991), S. 742.

733 Vgl. Teil 4 Gliederungspunkt II. B.

sich mehr als traditionelle Performance-Maßstäbe am Aktionärswert des Unternehmens?

B. Berechnung des Economic Value Added

1. Ziele der Datenaufbereitung

Die Bereinigungsmaßnahmen, die bei der Ermittlung des betrieblichen Erfolgs sowie des investierten Kapitals vorgenommen werden, erlauben die Transformation des Zahlenmaterials des sog. accounting model in das sog. economic model.[734] Das **accounting model**, das durch die jeweiligen Rechnungslegungsvorschriften im Jahresabschluß abgebildet wird, gibt entsprechend der Zielsetzung der Rechnungslegungsvorschriften primär die Sichtweise eines Gläubigers wieder, der die Daten eher vorsichtig interpretiert. Dies gilt insbesondere für Jahresabschlüsse, die den Vorschriften des HGB nachkommen, aber auch – zum Teil eingeschränkt – für US-GAAP- sowie IAS-Abschlüsse.[735]

Das **economic model** legt dagegen seinen Schwerpunkt auf „Aktionärsorientierung, Vergleichbarkeit der Konzernabschlüsse und Konsistenz der finan-

---

734 Vgl. Stewart, G.B. (Quest for Value 1991), S. 24; Volkart, R. (Shareholder Value 1998), S. 147 f. Der Gewinn, der auf Basis des economic model berechnet wird, ist nicht mit dem ökonomischen Gewinn zu verwechseln. Vgl. Teil 4 Gliederungspunkt II. C. 1.

735 Nach US-GAAP soll der Jahresabschluß sowohl auf die Informationsbedürfnisse von Gläubigern als auch von Anlegern eingehen. Vgl. Kübler, F. (Kapitalmarktinformation 1995), S. 364 f. Demnach müssen auch bei den vergleichsweise eher eigentümerorientierten US-GAAP-Abschlüssen Anpassungen vorgenommen werden. „... GAAP accounting was not really designed to help shareholders value companies; its fundamental purpose was to help people such as creditors monitor debt agreements and to establish liquidation values." Stern Stewart (EVA™ Roundtable 1994), S. 65. Vgl. auch Hostettler, S. (Economic Value Added 1997), S. 35.
Vgl. zu den handelsrechtlichen Jahresabschlußzwecken Bieg, H./Kußmaul, H. (Externes Rechnungswesen 1998), S. 49 ff.; Moxter, A. (Zweck des Jahresabschlusses 1987), S. 361 ff.; zu den Jahresabschlußzielen nach US-GAAP Kieso, D.E./Weygandt, J.J. (Intermediate Accounting 1995), S. 36 ff.; Selchert, F.W./Erhardt, M. (Internationale Rechnungslegung 1998), S. 32 f.; zu der Zielsetzungen des IASC Demming, C. (Grundlagen 1997), S. 45 ff.; und zu einem Vergleich der Zwecke nach HGB und US-GAAP Engel-Ciric, D. (Bilanzierungsgrundsätze nach HGB und US-GAAP 1998), S. 776 f.; Pape, J./Heintges, S. (US-GAAP und IAS 1998), S. 207 ff.; sowie einem Vergleich der Zwecke nach HGB und IAS IDW (International Accounting Standards 1995), S. 12 f.

ziellen Daten."[736] Aus dem Blickwinkel des Aktionärs wird nach Hostettler das Zahlenmaterial eher optimistisch oder risikofreudig interpretiert.[737]

Stewart setzt das economic model mit einer Erfassung zukünftiger Cash Flows gleich.[738] „The accounting model relies on two distinct financial statements – an income statement and balance sheet – whereas the economic model uses only one: sources and uses of cash."[739] Damit wird der Eindruck erweckt, daß zur Performance-Beurteilung Erfolgsgrößen statt Cash Flow-Größen verwendet werden.

Entgegen diesem ersten Eindruck zeichnet sich das economic model jedoch auf der einen Seite gerade durch eine besonders strenge **Erfolgsorientierung** bzw. Befolgung des matching principle aus.[740] So werden Ausgaben mit Investitionscharakter zum investierten Kapital gezählt, selbst wenn deren Aktivierung nach den Vorschriften des HGB, der US-GAAP oder den IAS nicht gestattet ist, weil weder eine direkte Zuordnung zu Erträgen noch eine planmäßige Verteilung der Ausgaben gerechtfertigt ist.[741] Die fiktive Aktivierung von Ausgaben mit Investitionscharakter führt zu einer Periodisierung der Ausgaben. Auf diese Weise werden die Cash Flows im economic model an den Geschäftszyklus des Unternehmens angepaßt. Subjektive Beurteilungen nimmt das economic model dabei bewußt in Kauf und mißt dem Grundsatz der Vorsicht[742] eine untergeordnete Bedeutung bei.[743]

---

736 Hostettler, S. (Economic Value Added 1997), S. 79.

737 Vgl. Hostettler, S. (Economic Value Added 1997), S. 35.

738 „A company's earnings explain its share price only to the extent that earnings reflect cash." Stewart, G.B. (Quest for Value 1991), S. 26, 28.

739 Stewart, G.B. (Quest for Value 1991), S. 24.

740 Vgl. Teil 5 Gliederungspunkt II. B. 2.

741 Bspw. wird selbst bei Unsicherheiten hinsichtlich der Bestimmung der Nutzungsdauer von Forschungs- und Entwicklungsaufwendungen nicht auf die Zahlungswirksamkeit abgestellt, sondern eine Aktivierung vorgenommen. Gemäß einer strengen Auslegung des matching principle, das die Aufwendungen mit den zugehörigen Erträgen verbindet, ist dies theoretisch die korrekte Vorgehensweise. Sie wird jedoch aufgrund der Unsicherheit bei der Bestimmung der Nutzungsdauer sowohl nach den Vorschriften der US-GAAP als auch des HGB abgelehnt. Vgl. Kieso, D.E./Weygandt, J.J. (Intermediate Accounting 1995), S. 586.

742 Dem Vorsichtsprinzip entspricht nach US-GAAP der Grundsatz des conservatism (oder prudence). Das Vorsichtsprinzip ist in den USA jedoch weniger stark ausgeprägt, d.h., es hat nicht – wie nach dem Verständnis des HGB – eine übergeordnete Stellung. So werden bspw. bestimmte Wertpapiere zu eventuell höheren Marktwerten bewertet und bei Langfristfertigung grundsätzlich die percentage of completion method angewandt. Des weiteren besteht eine Aktivierungspflicht für Fremdkapitalzinsen bei An-

Auf der anderen Seite verlangt das economic model eine Rückgängigmachung von Periodisierungen des accounting model, soweit diese keine Rückschlüsse auf die zukünftige Ertragskraft zulassen bzw. den Cash Flow nicht an den Geschäftszyklus des Unternehmens anpassen. Eine verstärkte **Cash Flow-Orientierung** fordert Stewart bei der Behandlung von stillen Reserven, die zum täglichen Geschäft des Unternehmens gehören und mit dem Unternehmen wachsen.[744]

Sowohl die Bereinigungsmaßnahmen, die das Resultat einer strengen Erfolgsorientierung (Aktivierung von Ausgaben mit Investitionscharakter) sind, als auch die Bereinigungsmaßnahmen, die sich aus der Cash Flow-Orientierung ergeben (Auflösung von stillen Reserven), werden in den **sonstigen eigenkapitalähnlichen Posten** (equity equivalents) im Rahmen der sog. **shareholder conversion** erfaßt.[745]

Hier ist anzumerken, daß die Vorgehensweise des EVA zur Modifikation der Periodisierung, die bei Ausgaben mit Investitionscharakter eine strenge Erfolgs- und bei der Berücksichtigung von stillen Reserven eine Cash Flow-Orientierung fordert, auf der Unbeachtlichkeit des bilanziellen Vorsichtsprinzips gründet. Der **Grundsatz der Unbeachtlichkeit des Vorsichtsprinzips** ist bereits einer der zentralen Grundsätze des **Ertragswertverfahrens**.[746] Dies verlangt, daß der Bewerter bei der Ermittlung subjektiver Entscheidungswerte die konkrete Risikoeinstellung berücksichtigen muß.[747] Die Folge ist, daß auch beim Ertragswertverfahren halbfertige Arbeiten periodengerecht zu anteiligen

---

schaffung oder Herstellung bestimmter Vermögensgegenstände. Vgl. zum Vorsichtsprinzip Kieso, D.E./Weygandt, J.J. (Intermediate Accounting 1995), S. 51 f.; Haller, A. (Generally Accepted Accounting Principles 1990), S. 771 f.; Niehus, R.J. (Vorsichtsprinzip 1997), S. 1421 ff. Vgl. zum Vorsichtsprinzip nach IAS IDW (Hrsg.) (International Accounting Standards 1995), S. 39 ff.; und zum Vorsichtsprinzip nach HGB Bieg, H./Kußmaul, H. (Externes Rechnungswesen 1998), S. 38 ff.

743 „Many cost items fall into the a gray area, in which the decision to expense or to capitalize the expenditure is subjective." Pratt, S.P./Reilly, R.F./Schweihs, R.P. (Valuing a Business 1996), S. 116.

744 Zu Fragen stiller Reserven vgl. grundlegend Küting, K. (Betragsmäßige Erfolgsanalyse 1998), S. 1 ff.; Küting, K. (Grenzen der externen Erfolgsanalyse 1998), S. 908 ff.; Küting, K. (Stille Rücklagen 1995), S. 1 ff.

745 Vgl. Stewart, G.B. (Quest for Value 1991), S. 91; Hostettler, S. (Economic Value Added 1997), S. 103 f.

746 Vgl. WP-Handbuch (Band II 1998), S. 44 f.; HFA (Stellungnahme 2/1983), S. 475; Kußmaul, H. (Gesamtbewertung 1996), S. 353.

747 Vgl. WP-Handbuch (Band II 1998), S. 45.

Erlösen zu bewerten sind sowie wesentliche aperiodische Aufwendungen und Erträge (z.B. Auflösungen von Rückstellungen) periodengerecht zuzuordnen sind.[748]

Darüber hinaus betrachtet das economic model lediglich die **operative Tätigkeit** eines Unternehmens. Operative Vermögensgegenstände dienen zur Herstellung und zum Verkauf von Gütern bzw. der Erbringung von Dienstleistungen sowie zur langfristigen Aufrechterhaltung der Betriebsbereitschaft.[749] Strenggenommen dürfen folglich bei der Ermittlung des operativ eingesetzten Kapitals und des operativen Erfolgs Finanzanlagen bzw. das Finanzergebnis nicht berücksichtigt werden, da sie nicht der eigentlichen betrieblichen Tätigkeit zuzurechnen sind.[750]

Während nach US-GAAP das income from operations[751] gesondert ausgewiesen wird, erfolgt in der Gewinn- und Verlustrechnung gemäß § 275 HGB und nach IAS[752] eine implizite Trennung zwischen Betriebs- und Finanzergebnis. Sowohl die explizite Abgrenzung in den USA als auch die gliederungsschematische Unterteilung in Deutschland ist jedoch nicht eindeutig. Die Grenze zwischen Finanz- (other income) und Betriebsergebnis (income from operations) ist fließend.

So können etwa (nicht konsolidierte) Beteiligungen, die im Finanzanlagevermögen ausgewiesen werden, durchaus der operativen Tätigkeit dienen.[753] Dies gilt insbesondere für Beteiligungen an assoziierten Unternehmen oder Gemeinschaftsunternehmen, die gemäß US-GAAP nach der Equity-Methode bilanziert werden.[754] Aber auch bei anderen Finanzanlagen, die eine Grundlage

---

748 Vgl. WP-Handbuch (Band II 1998), S. 82; Bieg, H. (Investition 1997), S. 214.

749 Vgl. Krökel, E. (Vermögens- und Kapitalrechnung 1981), S. 56, 58.

750 „Im Finanzergebnis werden hingegen alle Aufwands- und Ertragsbestandteile zusammengefaßt, die zwar zur gewöhnlichen Geschäftstätigkeit gehören, aber nicht unmittelbar die Leistungserstellung betreffen. Das Finanzergebnis wird deshalb auch als betriebsfremdes Ergebnis bezeichnet." Küting, K. (Grenzen der externen Erfolgsanalyse 1998), S. 948.

751 Vgl. Williams, J.R./Stanga, K.G./Holder, W.W. (Intermediate Accounting 1995), S. 114.

752 Vgl. IAS 1, Abs. 75.

753 Die Beteiligungsdefinition nach § 271 Abs. 1 HGB fordert dies sogar: „Beteiligungen sind Anteile an anderen Unternehmen, die bestimmt sind, dem eigenen Geschäftsbetrieb durch Herstellung einer dauernden Verbindung zu jenen Unternehmen zu dienen." Vgl. zur Begriffsbestimmung, Bieg, H. (Kommentierung des § 271 HGB 1995), Rn. 7 ff.

754 Vgl. Davis, H.A. (Cash Flow and Performance Measurement 1996), S. 90; Hostettler, S. (Economic Value Added 1997), S. 114 ff.

für Kooperationsverträge oder strategische Positionierungen darstellen, ließe sich durchaus eine Zuordnung zum operativen Bereich rechtfertigen.[755]

Bei der **operating conversion** eröffnen sich dem Analysten daher zwei Wege:

(1) Es kann einer **strengen Interpretation** des betrieblichen Erfolgs gefolgt werden, die nur die im Betriebsergebnis ausgewiesenen nachhaltigen Erfolgskomponenten berücksichtigt.[756] Diesen Weg wählt bspw. Richter bei der Ermittlung des Residualgewinns auf Basis eines HGB-Abschlusses.[757]

(2) Der betriebliche Erfolg kann weniger restriktiv auch als **nachhaltiger Erfolg**, der – soweit möglich – lediglich Erträge und Aufwendungen aus ‚passiven' Investitionen, die in keiner Verbindung mit der operativen Tätigkeit stehen, ausgrenzt, verstanden werden. Finanzanlagen bzw. - ergebnis verbleiben dann weitgehend im investierten Kapital bzw. der korrespondierenden Erfolgsgröße. Dieser Interpretation folgt Stewart, der zwar vom in der Gewinn- und Verlustrechnung ausgewiesenen operating income ausgeht, jedoch bei der Ermittlung des EVA weitere Komponenten des other income zum net operating profit after tax zählt.[758] Auch das hier vorgeschlagene Ermittlungsschema zur Berechnung des EVA präferiert die weitere Interpretation des operativen Erfolgs als nachhaltigem Erfolg.[759]

Die vom economic model vorgesehene operating conversion ist auch dem Ertragswertverfahren nicht fremd: So muß nach dem **Grundsatz der gesonderten Bewertung des nicht-betriebsnotwendigen Vermögens** das nicht-

---

755 Vgl. Hostettler, S. (Economic Value Added 1997), S. 116.

756 Finanzerfolge werden damit im Hinblick auf ihre Indikatorfunktion für die nachhaltige Ertragskraft eines Unternehmens nicht so hoch eingeschätzt wie Betriebserfolge.

757 Vgl. Richter, F. (Steuerungs- und Monitoringsystem 1996), S. 235.

758 Vgl. Stewart, G.B. (Quest for Value 1991), S. 742.

759 „Eine Unterteilung in Betriebs- und Finanzerfolg im Lichte der in der Praxis zu beobachtenden Unternehmensentwicklungen vom Einproduktunternehmen hin zum heterogenen Mehrproduktunternehmen (-konzern) erscheint auch in der theoretischen Abgrenzung zweifelhaft." Küting, K./Weber, C.-P. (Bilanzanalyse 1998), S. 484. Vgl. auch Lachnit, L./Ammann, H. (Finanzergebnis 1995), S. 1281 ff.; Küting, K./Weber, C.-P. (Bilanzanalyse 1999), S. 229.

betriebsnotwendige Vermögen abgegrenzt werden. Dieses ist anschließend zum Liquidationswert anzusetzen.[760]

Neben der shareholder und der operating conversion erfolgt im economic model des weiteren die sog. **funding conversion**, die die Vergleichbarkeit von Jahresabschlußdaten insoweit sicherstellen soll, als auch versteckte Finanzierungsformen berücksichtigt werden.[761] Hinter der funding conversion steht der Gedanke, daß Unternehmen mit gekauften Aktiva gegenüber Unternehmen mit gemietetem oder geleastem Vermögen nicht benachteiligt werden dürfen.[762] Während im US-amerikanischen Abschluß die Vergleichbarkeit der Jahresabschlußdaten bereits durch die funding conversion hergestellt wird, bietet es sich an, im HGB-Abschluß aufgrund der zahlreichen Bilanzierungswahlrechte noch weitere Bereinigungsmaßnahmen durchzuführen.[763] Die funding conversion wird daher hier als ein Teil der sog. **comparability conversion** verstanden.

Die letzten Anpassungsmaßnahmen erfolgen im Zuge der sog. **tax conversion**. Mittels dieser werden erstens die ertragsabhängigen Steuern ermittelt, die den nachhaltigen Aufwendungen und Erträgen zuzurechnen sind.[764] Dabei müssen ggf. beim Eigentümer anrechnungsfähige Steuern bereinigt werden. Zweitens sollen – soweit möglich – nur zahlungswirksame Steuern berücksichtigt werden. Latente Steuern sind somit grundsätzlich eliminierungspflichtig.

Die praktische Umsetzung des economic model erfolgt in einer Strukturbilanz und Struktur-Gewinn- und Verlustrechnung. Abbildung 30 faßt graphisch die vier Bereinigungsgruppen zusammen, wobei die Bereinigungsmaßnahmen in den gestrichelten Kästchen nur bei deutschen Unternehmen[765] ggf. zu beachten sind.

---

760 Dabei ist eine funktionale Abgrenzung vorzunehmen. Zum nicht-betriebsnotwendigen Vermögen gehören alle Vermögensgegenstände, die frei veräußert werden könnten, ohne daß der eigentliche Unternehmenszweck berührt würde. Vgl. WP-Handbuch (Band II 1998), S. 43; HFA (Stellungnahme 2/1983), S. 474; Bieg, H. (Investition 1997), S. 202; Kußmaul, H. (Gesamtbewertung 1996), S. 352.

761 Vgl. Hostettler, S. (Economic Value Added 1997), S. 100 ff.

762 Unternehmen mit gekauften Aktiva weisen ein höheres Kapital und damit eine geringere Rendite aus als Unternehmen, die Aktiva mieten oder leasen.

763 Vgl. zu den expliziten Wahlrechten nach US-GAAP Schildbach, T. (Rechnungslegung 1998), S. 57 ff.

764 Vgl. Hostettler, S. (Economic Value Added 1997), S. 102 f.

765 Das gilt auch für deutsche Unternehmen, die nach US-GAAP oder IAS bilanzieren.

Abbildung 31:   Konversionen des Economic Model

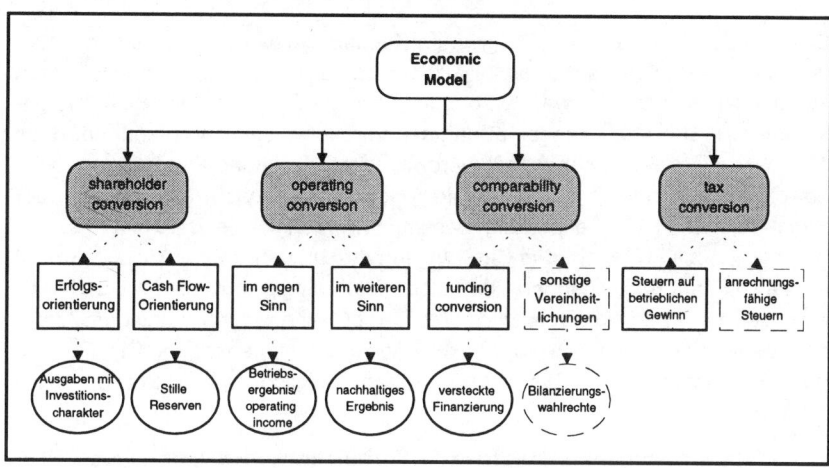

In den folgenden Abschnitten wird auf die konkrete Berechnung des investierten Kapitals und des betrieblichen Erfolgs eingegangen. Ausgangspunkt ist
das Ermittlungsschema des Beratungsunternehmens Stern Stewart & Co., das
sich jedoch im wesentlichen auf US-GAAP-Abschlüsse konzentriert. Da bisher
für HGB-Abschlüsse nur ein stark vereinfachtes Schema vorgestellt wurde,[766]
wird hier überprüft, inwieweit die für einen US-GAAP-Abschluß empfohlenen
Bereinigungsmaßnahmen auf einen HGB- oder IAS-Abschluß übertragen werden können. Die Ermittlungsschemata werden ferner so modifiziert, daß HGB-
bzw. IAS-spezifische Sachverhalte berücksichtigt werden können.

---

766   Vgl. zu der von Stern & Stewart Co. vorgeschlagenen Berechnungsweise für deutsche
      Unternehmen, die einen HGB-Abschluß veröffentlichen, Hillebrand, W./Jahn, T. (Wert
      1997), S. 60 ff.

2. Ermittlung des investierten Kapitals (invested capital)

Das Ziel der Ermittlung des investierten Kapitals besteht darin, aus den Daten des Jahresabschlusses die Kapitalgröße herauszufiltern, die mit Kapitalkosten zu belasten ist. Stern Stewart & Co. sehen bei der Ermittlung des EVA™ insgesamt bis zu 164 Anpassungsmaßnahmen vor, von denen jedoch nur ca. 5 bis 10 als praktisch relevant beurteilt werden.[767] Das investierte Kapital kann dabei sowohl ausgehend von der Aktivseite (operating approach) als auch von der Passivseite (financing approach) bestimmt werden.[768] Die Bereinigungsmaßnahmen (1) bis (10) sieht das Beratungsunternehmen im wesentlichen explizit in seinen Veröffentlichungen, die sich durchgängig auf einen US-GAAP-Abschluß beziehen, vor. Zusätzlich wird hier auf eine mögliche analoge Vorgehensweise bei einem IAS- oder HGB-Abschluß eingegangen. Die Bereinigungsmaßnahmen (11) bis (21) betreffen lediglich IAS- und/oder HGB-Abschlüsse:

(1) **Nicht zinstragende, kurzfristige Verbindlichkeiten** (non interest bearing current liabilities) werden mit dem Umlaufvermögen (current assets) verrechnet, da die Finanzierungskosten bereits in den betrieblichen Aufwendungen enthalten sind.[769] Zu den nicht zinstragenden kurzfristigen Verbindlichkeiten gehören nach US-GAAP folgende Verpflichtungen:

- Verbindlichkeiten aus Lieferungen und Leistungen (accounts payable); Wechselverbindlichkeiten (notes payable), die ebenfalls unter den kurzfristigen Verbindlichkeiten ausgewiesen werden, sind dagegen meist zinstragend;[770]

---

767 „In most cases, we find it necessary to address only some 15 to 25 key issues in detail – and as few as five or ten key adjustments are actually made in practice." Stern, J.M./Chew, D.H. (EVA® Financial Management System 1995), S. 41. Vgl. auch Myers, R. (Measure for Measure 1997), URL: http://www.cfonet.com/html/Articles/CFO/1997/97Nomeas.html.

768 Für Banken sind gesonderte Bereinigungsmaßnahmen entwickelt worden. Vgl. Uyemura, D.G./Kantor, C.C./Pettit, J.M. (EVA® for Banks 1996), S. 94 ff.

769 Vgl. Stewart, G.B. (Quest for Value 1991), S. 93. Anstatt der Verrechnung der nicht zinstragenden kurzfristigen Verbindlichkeiten mit dem Umlaufvermögen können die Zinsen, die bereits in den betrieblichen Aufwendungen enthalten sind, geschätzt und zum betrieblichen Gewinn hinzugezählt werden.

770 Vgl. Spiceland, J.D./Sepe, J.F. (Intermediate Accounting 1998), S. 532 f. Es gibt auch notes payable, die nicht zinspflichtig sind. Vgl. Williams, J.R./Stanga, K.G./Holder, W.W. (Intermediate Accounting 1995), S. 601 f.

- kurzfristige passive Rechnungsabgrenzungsposten (unearned revenues);[771]

- kurzfristige, nicht zinstragende Verbindlichkeiten, die grundsätzlich entstehen, wenn Dienstleistungen über bestimmte Zeitperioden bezogen werden bzw. der Zahlungsvorgang der Aufwandsverrechnung nachgelagert ist (accrued liabilities/expenses);[772] dazu zählen Verbindlichkeiten für Gehälter und Löhne (salaries and wages payable) sowie Rückstellungen und Verbindlichkeiten für die Steuerzahlung des laufenden Jahres (income tax payable);[773]

- sonstige nicht zinstragende kurzfristige Verbindlichkeiten (bspw. erhaltene Anzahlungen (advances from customers)).

---

771 Unearned revenues zählen neben den prepaid expenses zu den Vorauszahlungen (prepayments oder deferrals). Während bei den prepaid expenses von seiten des Unternehmens bereits Zahlungen an Dritte getätigt wurden, die erst in einer folgenden Periode zu Aufwand führen, hat das Unternehmen bei den unearned revenues (deferred income) bereits Zahlungen von Dritten erhalten, aber die betreffenden Leistungen noch nicht erbracht. Vgl. Spiceland, J.D./Sepe, J.F. (Intermediate Accounting 1998), S. 70 f. „A common example is found in the insurance field, where premiums are regularly collected in advance. Tickets, service contracts, and subscriptions are other deferred revenue items." Mellman, M./Lilien, S.B. (Liabilities 1996), S. 11.

Prepaid expenses und unearned revenues sind mit den aktivischen und passivischen Rechnungsabgrenzungsposten eines HGB-Abschlusses vergleichbar. Jedoch erfolgt im US-GAAP-Abschluß eine Differenzierung zwischen langfristigen und kurzfristigen prepayments, die je nach Zuordnung unter den current assets (liabilities) oder den long-term assets (liabilities) auszuweisen sind. Der Ausweis erfolgt bei den long-term assets unter den other assets als deferred charges. „Deferred charges ... are considered to be intangible assets." Groveman, H./Moody, L. (Intangible Assets 1996), S. 2.

Des weiteren dürfen nach § 250 HGB nur solche Ausgaben (Einnahmen) aktiviert (passiviert) werden, die Aufwand (Ertrag) für eine bestimmte Zeit nach dem Abschlußstichtag darstellen. Das Erfordernis der 'bestimmten Zeit' ist keine Voraussetzung für eine Aktivierung bzw. Passivierung im US-GAAP-Abschluß. Die deferred charges umfassen damit nicht nur transitorische Rechnungsabgrenzungsposten i.S.v. § 250 HGB, die sich auf eine bestimmte Zeit beziehen, sondern auch Aufwendungen einer Periode, die über mehrere Perioden hinweg Nutzen stiften und gemäß dem matching principle den zukünftigen Perioden zuzurechnen sind. Vgl. Haller, A. (Rechnungslegung in den USA 1994), S. 291 f.

772 Vgl. Kolb, R.W./Rodríguez, R.J. (Financial Management 1996), S. 274; Spiceland, J.D./Sepe, J.F. (Intermediate Accounting 1998), S. 72 f. Im Gegensatz zu deferrals bzw. prepayments erfolgt bei accruals der Zahlungsvorgang erst nachdem entweder ein Aufwand (accrued liability) oder ein Ertrag (accrued receivables) erfaßt worden ist. In der Praxis werden accrued expenses meist gemeinsam mit accounts payable in einem Posten ausgewiesen. Vgl. Mellman, M./Lilien, S.B. (Liabilities 1996), S. 10.

773 Coca-Cola weist bspw. im Geschäftsbericht 1997 unter den accrued expenses auch eine Position accrued marketing aus. Vgl. The Coca-Cola Company (Annual Report 1997), S. 52.

Ausgehend von einem HGB-Abschluß können zu den kurzfristigen, nicht zinstragenden Verbindlichkeiten neben den Verbindlichkeiten aus Lieferungen und Leistungen mangels näherer Informationen die Verbindlichkeiten gegenüber Unternehmen, mit denen ein Beteiligungsverhältnis besteht, die Verbindlichkeiten gegenüber verbundenen Unternehmen, die Verbindlichkeiten aus Steuern und im Rahmen der sozialen Sicherheit, die erhaltenen Anzahlungen auf Bestellungen, die sonstigen Verbindlichkeiten sowie die passivischen Rechnungsabgrenzungsposten gezählt werden.[774]

Ferner empfiehlt es sich, einen in der Position Bilanzgewinn enthaltenen auszuschüttenden Gewinn in das kurzfristige, nicht zinstragende Fremdkapital umzugliedern. In einem US-amerikanischen Abschluß unterbleibt diese Korrektur, da die Dividende bereits unter den current liabilities ausgewiesen wird.[775] Die Bestimmung der nicht zinstragenden Verbindlichkeiten auf Basis eines IAS-Abschlusses erfolgt analog zu den genannten Abgrenzungskriterien.

Im folgenden soll jedoch entgegen der Vorgehensweise von Stern Stewart & Co. eine weitere Abgrenzung der **nicht zinspflichtigen Verbindlichkeiten (operative Passiva)**, die von den operativen Aktiva abgezogen werden, erfolgen. Als operative Passiva gelten die Finanzierungsquellen, die bei der betrieblichen Aktivität entstehen und deren Kapitalkosten bereits in den betrieblichen Aufwendungen enthalten sind. Den operativen Passiva werden dabei auch Finanzierungsquellen, die im Rahmen der Innenfinanzierung erschlossen werden, zugeordnet. Voraussetzung ist, daß diese Mittel nicht ausgeschüttet werden können bzw. keine alternative Verwendungsmöglichkeit gegeben ist.

Zu den operativen Passiva zählen daher neben den kurzfristigen, nicht zinstragenden Verbindlichkeiten auch **Steuerrückstellungen** (abzüglich

---

774 Vgl. Richter, F. (Steuerungs- und Monitoringsystem 1996), S. 246.

775 In den USA legt das board of directors die Dividendenhöhe fest. Demzufolge gibt eine US-amerikanische Bilanz grundsätzlich das Bild nach vollständiger Gewinnverwendung wieder. Nach dem Dividendenbeschluß wird die Dividende unter den current liabilities ausgewiesen, da die Gesellschaft in dieser Höhe eine Schuld gegenüber den Anteilseignern eingeht, die im allgemeinen nach 3 Monaten, zumindest aber innerhalb des darauffolgenden Jahres beglichen wird. Vgl. Kieso, D.E./Weygandt, J.J. (Intermediate Accounting 1995), S. 629. Deutsche Aktiengesellschaften dagegen stellen ihren Jahresabschluß i.d.R. nach teilweiser Gewinnverwendung auf und weisen einen Bilanzgewinn aus, über dessen Verwendung erst in der Hauptversammlung beschlossen wird. Der vorgesehene Ausschüttungsbetrag ist Bestandteil des Eigenkapitals.

passivischer latenter Steuern, die in das Eigenkapital umgegliedert werden, und zuzüglich des Fremdkapitalanteils des Sonderpostens mit Rücklageanteil[776]) sowie die sonstigen Rückstellungen.[777] Die Behandlung der **sonstigen Rückstellungen** erweist sich allerdings als problematisch.[778] Ist eine alternative Verwendung nicht möglich, müssen

---

776 Der Fremdkapitalanteil des Sonderpostens mit Rücklageanteil kann alternativ auch den Rückstellungen für latente Steuern zugeordnet werden. Vgl. Punkt (6) und Punkt (18).

777 Vgl. Richter, F. (Steuerungs- und Monitoringsystem 1996), S. 246, 248 ff.

778 Rückstellungen, die mit den in Deutschland unter der Position 'Sonstige Rückstellungen' ausgewiesenen Rückstellungen korrespondieren, spielen bei US-amerikanischen Unternehmen, die nach US-GAAP bilanzieren, aus den folgenden Gründen eine geringere Bedeutung:

1. Der Schuldbegriff ist auf Verpflichtungen gegenüber Dritten begrenzt (Außenverpflichtungen). Vgl. SFAS 5, Abs. 8a. Aufwandsrückstellungen, die nach deutschem Recht für bestimmte Innenverpflichtungen gebildet werden dürfen, sind aus diesem Grund nicht zulässig.

2. Eine Rückstellung muß nach SFAS 5 gebildet werden, wenn die folgenden zwei Bedingungen kumulativ erfüllt sind: Zum einen muß mit dem Eintritt des Ereignisses fast sicher gerechnet werden (probable), während in Deutschland bereits bei einer mittleren Eintrittswahrscheinlichkeit Vorsorge durch Bildung einer Rückstellung zu treffen ist. Ist der Eintritt dagegen nur möglich (reasonably possible), so ist nur ein Vermerk im Anhang erforderlich. Zum anderen muß der Betrag oder zumindest ein Schätzrahmen bestimmbar sein. So weisen von 600 US-amerikanischen Unternehmen im Geschäftsjahr 1996 lediglich neun Garantierückstellungen aus. Vgl. Yarnall, G.L./Rikert, R. (Accounting Trends & Techniques 1997), S. 243.

   An die Quantifizierbarkeit der Verpflichtung werden dabei höhere Anforderungen gestellt als nach den Vorschriften des HGB. Ist eine der beiden Bedingungen nicht erfüllt, so hat eine Berichterstattung nur im Anhang zu erfolgen. Vgl. Mellman, M./Lilien, S.B. (Liabilities 1996), S. 18 f.; Kupsch, P. (Rückstellungen 1998), S. 120.

3. Ferner werden Rückstellungen in US-amerikanischen Abschlüssen tendenziell niedriger bewertet. Liegen Werte mit der gleichen Wahrscheinlichkeit vor, ist nach dem deutschen Vorsichtsprinzip der höchste Wert zu wählen, während nach US-GAAP der untere Grenzwert bevorzugt wird. Vgl. Kupsch, P. (Rückstellungen 1998), S. 122 f. Bei einer Bandbreite möglicher Werte ist zunächst der wahrscheinlichste Wert zu wählen.

Bei US-amerikanischen Unternehmen haben Rückstellungen eine geringere Bedeutung. Neben Steuerrückstellungen (deferred income taxes) weisen US-amerikanische Unternehmen insbesondere folgende Rückstellungsarten gesondert aus: Umweltschutzrückstellungen (environmental costs), Rückstellungen, die in Verbindung mit dem Abgang von Unternehmensteilen (discontinued operations) stehen, Rückstellungen aufgrund von Versicherungsklagen (insurance claims) und vereinzelt Garantierückstellungen (warranties). Vgl. Yarnall, G.L./Rikert, R. (Accounting Trends & Techniques 1997), S. 243.

sonstige Rückstellungen dem operativen Bereich zugeordnet und mit den Aktiva verrechnet werden. Sie verursachen in diesem Fall keine Kapitalkosten. Ausschüttungsfähige Mittel dagegen führen zu Kapitalkosten.[779]

Da es von externer Seite schwierig ist, nicht-operative (ausschüttungsfähige) und operative (nicht ausschüttungsfähige) sonstige Rückstellungen zu unterscheiden, wird hier folgende Vorgehensweise vorgeschlagen: Soweit die Wahrscheinlichkeit, daß Rückstellungen zur Legung von stillen Reserven verwendet werden, als hoch eingestuft wird, sind diese in das Eigenkapital umzugliedern und verursachen somit Kapitalkosten.[780] Der Restbetrag wird anschließend von den Aktiva abgesetzt.[781]

(2) Bei der Behandlung eines **Geschäfts- oder Firmenwerts** (goodwill)[782] eröffnen sich dem Analysten verschiedene Möglichkeiten:

Wird der Geschäfts- oder Firmenwert mit dem Eigenkapital **saldiert**, so steht die Gläubigerperspektive im Vordergrund.[783] Schwierigkeiten ergeben sich dann, wenn das Eigenkapital kleiner als der Geschäfts- oder Firmenwert ist und bei Saldierung negativ wird. Wird eine Rentabilitätsanalyse durchgeführt, führt eine Verrechnung des Geschäfts- oder Fir-

---

Nach IAS 37 ist eine Rückstellung zu bilden, soweit mehr Gründe für das Eintreten des Ereignisses sprechen als dagegen (more likely than not) und zugleich der Betrag zuverlässig geschätzt werden kann. Der Begriff probable, der sowohl in IAS 37 als auch in SFAS 5 verwendet wird, meint damit nicht dieselbe Eintrittswahrscheinlichkeit. Des weiteren dürfen nach IAS 37 nur Außenverpflichtungen erfaßt werden. Vgl. auch Förschle, G./Kroner, M./Heddäus, B. (Ungewisse Verpflichtungen 1999), S. 51 f.

779   Vgl. Richter, F. (Steuerungs- und Monitoringsystem 1996), S. 242 f.

780   Vgl. Punkt (7) und Punkt (19).

781   Richter geht dagegen von folgender Finanzierungsfiktion aus: Die sonstigen Rückstellungen werden als nicht-operativ eingestuft und dienen zur Finanzierung nicht-operativer Aktiva (Wertpapiere des Umlaufvermögens). Ein verbleibender Restbetrag wird infolge fehlender Informationen als operativ betrachtet und vom Umlaufvermögen abgezogen. Vgl. zur Anwendung der Finanzierungsfiktion Krökel, E. (Vermögens- und Kapitalrechnung 1981), S. 169 ff. Bei der Berechnung des Übergewinns von Bauunternehmen wird in analoger Weise unterstellt, daß die erhaltenen Anzahlungen in Wertpapieren angelegt werden. Vgl. Richter, F. (Steuerungs- und Monitoringsystem 1996), S. 265 f.

782   Ein Geschäfts- oder Firmenwert ist nach den Vorschriften der US-GAAP zu aktivieren und abzuschreiben, wobei die Nutzungsdauer 40 Jahre nicht überschreiten darf. Für die Gesundheitsindustrie und Unternehmen im Technologiebereich wird eine Abschreibungsdauer von weniger als 20 bzw. 10 Jahren von der SEC als angemessen betrachtet. Vgl. Heckler, B.L. (Accounting for Goodwill 1997), S. 17.

783   Vgl. Küting, K./Weber, C.-P. (Bilanzanalyse 1999), S. 62.

menwerts mit dem Eigenkapital zu vergleichsweise höheren Renditen. Im Hinblick auf die Zielsetzung der Bereinigung, die gesamte Kapitalbasis zu erfassen, bleiben jedoch nicht bilanzierungsfähige Vermögensgegenstände, die im Geschäfts- oder Firmenwert enthalten sind und eigentlich echte Vermögenswerte darstellen, bei Berechnung außen vor bzw. kürzen die Kapitalbasis.[784]

Auf der anderen Seite wird argumentiert, daß die Behandlung des Geschäfts- oder Firmenwerts vom **Zweck der Analyse** abhängig gemacht werden muß. „Soll die Akquisition rückblickend als Investment beurteilt werden, so ist der bezahlte Goodwill der Investitionsbasis zuzurechnen. Die daraus resultierende Rentabilität erlaubt eine Aussage über die Berechtigung des bezahlten Preises, nicht jedoch eine Beurteilung des Geschäfts: das Geschäft kann nichts dafür, wenn man 'zuviel' bezahlt hat."[785] Da hier jedoch keine Performance-Messung für Zwecke der Ressourcenallokation durchgeführt werden soll, gilt eine Aktivierung als sachgerecht.

Demzufolge ist auch ein mit dem Eigenkapital verrechneter Geschäfts- oder Firmenwert aus der **pooling-of-interests method** dem Kapital hinzuzufügen.[786] „Because the amount of tax-deductible expense is not affected by the method of acquisition accounting, cash flows are not affected, and the NPV (net present value; d. Verf.) of the acquisition should be the same whether pooling or purchase accounting is used."[787]

784 Allerdings stellt die Saldierung eine Gleichbehandlung von externem und internem Wachstum sicher. Das Bild kehrt sich jedoch bei der Berechnung der Erfolgsgröße um: Unternehmen, die extern wachsen, werden bei einer erfolgsneutralen Verrechnung des Geschäfts- oder Firmenwerts gegenüber Unternehmen, die intern wachsen, bevorzugt. Während bei Unternehmen, die Akquisitionen durchführen, der Erfolg nicht durch Abschreibungen des Geschäfts- oder Firmenwerts, der auch nicht bilanzierungsfähige immaterielle Vermögensgegenstände erfaßt, belastet wird, werden bei Unternehmen, die intern wachsen, die für nicht bilanzierungsfähige immaterielle Vermögensgegenstände getätigten Ausgaben (in Vorperioden) unmittelbar aufwandswirksam. Vgl. Bender, J. (Ergebnisbereinigung nach DVFA/SG 1996), S. 210.

785 Lewis, T.G. (Steigerung 1995), S. 60. Vgl. auch Copeland, T./Koller, T./Murrin, J. (Valuation 1994), S. 170 f.

786 Bei der pooling-of-interests method handelt es sich um die Zusammenlegung der Eigentümerinteressen von zwei oder mehreren Unternehmen. Diesem Konsolidierungsverfahren liegt die fiktive Verschmelzung von Mutter- und Tochterunternehmen mit Buchwertfortführung zugrunde. Vgl. Kessler, H./Strickmann, M. (Konzernrechnungslegung 1998), S. 684; Bitton, V.R./Pacter, P. (Business Combinations 1996), S. 3 ff.

787 Ross, S.A./Westerfield, R.W./Jordan, B.D. (Fundamentals 1998), S. 717. Vgl. auch Lowenstein, R. (Pooling 1996), S. C1.

Stewart fordert des weiteren, daß die **kumulierten Abschreibungen auf den Geschäfts- oder Firmenwert** diesem wieder hinzugerechnet werden: „To make the noncash, non-tax-deductible amortization of goodwill the nonissue it really is, it should be added back to reported earnings. And, to be consistent, the cumulative goodwill amortization must be added back to equity capital and to goodwill remaining on the books."[788] Implizit wird damit unterstellt, daß sich die Werthaltigkeit des Geschäfts- oder Firmenwerts im Zeitablauf nicht ändert.[789]

Diese Annahme sowie die damit verbundene Vernachlässigung der Abschreibungen bei der Ermittlung des betrieblichen Gewinns ist fragwürdig. Enthält der Geschäfts- oder Firmenwert identifizierbare Werte, sollte analog zur Abschreibung der fiktiv aktivierten Forschungs- und Entwicklungsaufwendungen auch eine Abschreibung des Geschäfts- oder Firmenwerts erfolgen. Bei nicht identifizierbaren Vermögenswerten muß zumindest überprüft werden, ob eine Wertminderung eingetreten ist. Aus externer Sicht ist dies allerdings schwierig.[790]

Eine fehlende Aktivierung des Geschäfts- oder Firmenwerts ist auch bei einem HGB- oder IAS-Abschluß[791] (im Fall der pooling-of-interests method) nachzuholen. Beim HGB-Abschluß ist diese Aktivierung schon allein aufgrund der vielfältigen bilanzpolitischen Möglichkeiten, die das HGB bei der Behandlung des Geschäfts- oder Firmenwerts eröffnet,[792] aus Gründen der Vergleichbarkeit angebracht.

---

788 Stewart, G.B. (Quest for Value 1991), S. 114.

789 „The reason for not amortizing goodwill for economic analysis is that goodwill, unlike other fixed assets, does not wear out and is not replaced. For other assets, depreciation or amortization is a proxy for the physical deterioration of the asset with the recognition that the asset must be replaced if the company wishes to remain in business." Copeland, T./Koller, T./Murrin, J. (Valuation 1994), S. 171.

790 Im Vereinigten Königreich wird in Betracht gezogen, einen aktivierten Geschäfts- oder Firmenwert nicht planmäßig abzuschreiben. Allerdings ist gemäß des Vorschlags die Werthaltigkeit des Geschäfts- oder Firmenwerts in jeder Periode neu zu überprüfen und ggf. außerplanmäßige eine Wertminderung zu erfassen. Vgl. Heckler, B.L. (Accounting for Goodwill 1997), S. 24.

791 Ein Geschäfts- oder Firmenwert aus der Kapitalkonsolidierung ist nach IAS zu aktivieren und grundsätzlich linear über höchstens 5 Jahre abzuschreiben. Ist ein längerer Zeitraum gerechtfertigt, so darf dieser 20 Jahre nicht überschreiten. Vgl. IAS 22, Abs. 42; Epstein, B.J./Mirza, A.A. (IAS 1999), S. 373.

792 Das HGB gewährt dem Bilanzierenden bei Geschäfts- oder Firmenwerten aus der Kapitalkonsolidierung die folgenden drei Möglichkeiten: Die pauschale Abschreibung, bei der der Geschäfts- oder Firmenwert ist in jedem Folgejahr zu mindestens einem Viertel

(3) Korrespondierend mit der Behandlung des Geschäfts- oder Firmenwerts sind **Ausgaben, die eine Investition in die Zukunft darstellen,** zu aktivieren und abzuschreiben.[793] Dazu gehören insbesondere Forschungs- und Entwicklungsaufwendungen,[794] Markterschließungskosten, Ausbildungskosten[795] und Marketingaufwendungen,[796] die zu einem höheren

---

abgeschrieben wird (§ 309 Abs. 1 Satz 1 HGB), die planmäßige Abschreibung über die voraussichtliche Nutzungsdauer (§ 309 Abs. 1 Satz 2 HGB) und die (volle oder ratierliche) erfolgsneutrale Verrechnung mit den Konzernrücklagen (§ 309 Abs. 1 Satz 3 HGB). Vgl. Küting, K./Dusemond, M./Nardmann, B. (Kapitalkonsolidierung 1994), S. 7 ff.; Küting, K. (Geschäfts- oder Firmenwert 1997), S. 447 ff.

793 Bei der internen Anwendung des EVA-Konzepts wird fallweise jedoch wie folgt verfahren: „... we have also developed a procedure for keeping such capital „off the books" (for internal evaluation purposes) and then gradually readmitting it into the manager's internal capital account to reflect the expected payoffs over time. ... EVA can be used to encourage a more far-sighted corporate investment policy than traditional financial measures based upon GAAP accounting principles" Stern, J.M./Chew, D.H. (EVA® Financial Management System 1995), S. 40 f.

794 Da Forschungs- und Entwicklungsaufwendungen keinen direkt erkennbaren Nutzen stiften und somit auch keinen Erträgen direkt oder zumindest planmäßig zugeordnet werden können, müssen diese nach SFAS 2, Abs. 49, als Aufwand verrechnet werden. Das FASB gibt bei der Bilanzierung der Forschungs- und Entwicklungsaufwendungen dem Vorsichtsgrundsatz (principle of conservatism) Vorrang vor dem Prinzip der periodengerechten Gewinnermittlung (matching principle). Nach SFAS 2, Abs. 13, erfolgt aber ein gesonderter Ausweis der Forschungs- und Entwicklungsaufwendungen.

Einige empirische Studien weisen darauf hin, daß Forschungs- und Entwicklungsaufwendungen vom Markt bei der Bewertung berücksichtigt werden und somit zumindest für Zwecke der Unternehmens- oder Aktienbewertung zu berücksichtigen sind. „... on average, a one-dollar increase in R&D leads to a two-dollar increase in profit over a seven-year period and a five-dollar increase in market value." Sougiannis, T. (Valuation of Corporate R&D Activity 1994), S. 65.

795 Vgl. Burkette, G.D./Hedley, T.P. (Economic Value Added 1997), S. 46, 48.

796 Das Statement of Position (SOP) 93-7 'Reporting on Advertising Costs' verlangt, daß Ausgaben beim Direkt-Marketing aktiviert werden und über die voraussichtliche Nutzungsdauer gemäß der cost-pool method abgeschrieben werden. Voraussetzung ist, daß die Direkt-Werbung einen künftigen wirtschaftlichen Nutzen hat und der Kauf der Produkte oder Dienstleistungen im direkten Zusammenhang mit der Werbung steht. Allgemeine Verwaltungskosten, Mietaufwendungen, Abschreibungen etc. dürfen jedoch nicht aktiviert werden. Vgl. auch Groveman, H./Moody, L. (Intangible Assets 1996), S. 18 f.; Keitz, I.v. (Immaterielle Güter 1997), S. 162 ff.

Andere Arten von Werbung sind nach SOP 93-7 entweder bei Anfall oder bei erstmaliger Ausstrahlung oder Veröffentlichung als Aufwand zu verrechnen. Soll bspw. eine Werbung, die bereits bezahlt worden ist, in der kommenden Geschäftsperiode im Radio gesendet werden, so wird in der Bilanz ein Posten prepaid advertising ausgewiesen. Der Aufwand wird schließlich in der Folgeperiode bei Ausstrahlung erfaßt. Da Werbung allerdings einen Nutzen über die erstmalige Ausstrahlung hinaus stiften soll, erfolgt im economic model eine Aktivierung. Die Beträge für die aktivierten und die als

künftigen Absatzvolumen führen sollen.[797] **Nicht aktivierte Forschungs-
und Entwicklungsaufwendungen** sowie **Werbeaufwendungen** werden
nach US-GAAP gesondert ausgewiesen.[798] Auch bestimmte Arten von
Rückstellungen (z.B. Rückstellungen für Restrukturierungsaufwendungen)
können als Aufwendungen mit Investitionscharakter betrachtet werden.[799]

Die Aktivierung von Ausgaben mit Investitionscharakter verhindert, daß
der Erfolg von Unternehmen, die sich in der Wachstumsphase befinden,
unverhältnismäßig stark vermindert wird. In der Reifephase dagegen entsprechen sich ungefähr die in der Periode getätigten Ausgaben für immaterielle 'Vermögensgegenstände' im accounting model und die Abschreibungen auf die fiktiv aktivierten Vermögensgegenstände im economic model, so daß der Erfolg in seiner Höhe unverändert bleibt.[800]

Dies bedeutet aber nicht, daß auf eine Aktivierung der betreffenden Ausgaben in der Strukturbilanz verzichtet werden kann. Denn in diesem Fall
wären die Ausgaben nicht Bestandteil des investierten Kapitals und würden keine Kapitalkosten erzeugen, was zu einer Erhöhung des Residualgewinns führt.[801]

Forschungs- und Entwicklungsaufwendungen sowie sonstige Ausgaben,
die zukünftig einen Nutzen stiften, müssen entsprechend den Vorschriften
des HGB nicht gesondert ausgewiesen werden. Eine Aktivierung und Abschreibung ist damit in der HGB-Strukturbilanz nur in Einzelfällen bei freiwilligen Angaben möglich. Demgegenüber können Forschungs- und nicht
aktivierte Entwicklungsaufwendungen[802] in der Strukturbilanz auf Basis ei-

---

Aufwand verrechneten Werbeausgaben müssen gemäß SOP 93-7, Abs. 49, angegeben werden.

797   Die genannten Aufwendungen werden nach US-GAAP grundsätzlich als Aufwand ver-
      rechnet, da entweder Unsicherheit besteht, ob die Ausgaben künftig zu Erträgen füh-
      ren, oder der Betrag, der zu einem wirtschaftlichen Nutzen führt, nicht hinreichend si-
      cher ermittelt werden kann. Vgl. Bradow, J.R. (Deferred Charges 1987), S. 51.

798   Vgl. SFAS 2, Abs. 13; SOP 93-7, Abs. 49.

799   Vgl. Hostettler, S. (Economic Value Added 1997), S. 143.

800   Vgl. Stewart, G.B. (Quest for Value 1991), S. 116; Kaplan, R.S. (Advanced Manage-
      ment Accounting 1982), S. 539.

801   Vgl. Kaplan, R.S. (Advanced Management Accounting 1982), S. 539.

802   Nach IAS 38 'Intangible Assets' müssen Entwicklungsaufwendungen bei Erfüllung be-
      stimmter Voraussetzungen aktiviert werden. Dazu gehören die technische Realisier-
      barkeit des Produkts sowie die Existenz eines Markts für das Produkt bzw. bei interner
      Verwendung der Produktnutzen. Vgl. zu den einzelnen Voraussetzungen IAS 38, Abs.

nes IAS-Abschlusses nachaktiviert werden, da sie gesondert anzugeben sind.[803]

(4) Da die Erfolgsgröße lediglich nachhaltige Aufwendungen und Erträge enthalten darf, ist auch das Eigenkapital um die Verzerrungen der ungewöhnlichen Erfolgskomponenten zu korrigieren, indem die **kumulierten ungewöhnlichen Verluste (Gewinne)** nach Steuern zum Kapital hinzugerechnet (abgezogen) werden.[804] Stewart erfaßt dabei in der aufbereiteten Bilanz die ungewöhnlichen Verluste und Gewinne der vergangenen fünfzehn Jahre.[805]

Hinter der Korrektur derartiger Gewinne und Verluste steht – wie auch bei der unveränderten Erfassung des vollen Geschäfts- oder Firmenwerts – der Gedanke, daß im Kapital **sämtliche Investitionen** zu berücksichtigen sind. „Not writing off assets for restructured or discontinued operations is consistent with the philosophy of earning a return on every dollar invested."[806] Zu den ungewöhnlichen Verlusten und Gewinnen zählen insbesondere Restrukturierungsmaßnahmen, die mit außerplanmäßigen Abschreibungen auf Vermögensgegenstände oder Geschäftsbereiche und Veräußerungen derselben verbunden sind.[807]

---

45. Forschungsaufwendungen sind dagegen nach IAS 38, Abs. 42, stets als Aufwand zu verrechnen.

803 Vgl. IAS 38, Abs. 115.

804 „NOPAT therefore should be normalized to exclude nonrecurring gains and losses, such as restructuring charges and gains and losses on dispositions of assets. To be consistent, though (and this is where corporate practice falls down), the cumulative unusual losses, less gains, after taxes must be added back to capital." Stewart, G.B. (Quest for Value 1991), S. 116 f. Richter dagegen verzichtet auf die Berücksichtigung der kumulierten ungewöhnlichen Verluste und Gewinne im Eigenkapital. Vgl. Richter, F. (Steuerungs- und Monitoringsystem 1996), S. 240 f. Die Addition der kumulierten ungewöhnlichen Verluste soll insbesondere Buchverluste bereinigen, die schließlich zu (optisch) höheren Renditen führen. Vgl. Stewart, G.B. (Quest for Value 1991), S. 144. Vgl. auch Stewart, G.B. (EVA™: Fact and Fantasy 1994), S. 79.

805 Vgl. Stewart, G.B. (Quest for Value 1991), S.186, 188.

806 Davis, H.A. (Cash Flow and Performance Measurement 1996), S. 19. Vgl. auch Stewart, G.B. (EVA™: Fact and Fantasy 1994), S. 79.

807 Vgl. Davis, H.A. (Cash Flow and Performance Measurement 1996), S. 19, 91.

Beispiel 20:   **Berücksichtigung von ungewöhnlichen Verlusten und Gewinnen aus Anlagenverkäufen**

Ein Unternehmen verkauft einen Vermögensgegenstand mit einem Buchwert von $ 6.000 zu einem Preis von $ 2.000. Der Verlust von $ 4.000 vermindert im economic model nicht den betrieblichen Erfolg. Bei der Ermittlung der Kapitalkosten gehen jedoch ohne Berücksichtigung steuerlicher Auswirkungen $ 4.000 zusätzlich in das investierte Kapital ein, so daß das investierte Kapital $ 6.000 beträgt und dem ursprünglichen Buchwert entspricht. Wird der Vermögensgegenstand statt dessen für $ 7.000 verkauft, so beträgt das investierte Kapital ebenfalls $ 6.000 ($ 7.000 – $ 1.000). Das economic model berechnet somit **für beide Transaktionen identische Kapitalkosten.**

Beispiel 21:   **Berücksichtigung von ungewöhnlichen Verlusten und Gewinnen aus dem Verkauf eines Geschäftsbereichs**

Ein Unternehmen plant, einen unrentablen Geschäftsbereich zu veräußern (Netto-Buchwert $ 1.000), und schreibt diesen um $ 800 auf den realizable value ab. Der ungewöhnliche Verlust ohne Berücksichtigung von steuerlichen Auswirkungen wird im economic model als Investition betrachtet und ist im investierten Kapital, das bei der Ermittlung des EVA letztlich mit Kapitalkosten zu belasten ist, zu berücksichtigen. In der Folgeperiode wird der Geschäftsbereich jedoch mit einem Gewinn von $ 100 nach Steuern verkauft. Der ungewöhnliche Gewinn dieser Periode ($ 100) kürzt das um die Investition aus dem ungewöhnlichen Verlust der vergangenen Periode ($ 800) erhöhte Kapital des accounting model. In beiden Perioden beträgt das investierte Kapital daher $ 1.000.

	Periode 1	Periode 2
Kapital (accounting model)	$ 200	$ 300
+ Ungewöhnlicher Verlust	$ 800	$ 800
– Ungewöhnlicher Gewinn		$ 100
= Kapital (economic model)	$ 1.000	$ 1.000

(5)   Ferner ist die **LIFO-Reserve,** die nach US-GAAP grundsätzlich die Differenz zwischen den gemäß dem LIFO-Verfahren und den entsprechend

dem FIFO-Verfahren bewerteten Vorräten wiedergibt und gesondert angegeben wird,[808] dem Eigenkapital hinzuzurechnen.[809]

Die Korrektur einer Bewertungsreserve im Vorratsvermögen ist auch beim HGB-Abschluß unproblematisch, da nach § 284 Abs. 2 Nr. 4 HGB der Unterschiedsbetrag zu nennen ist, der sich ergibt, wenn die Bewertung im Vergleich zu einer Bewertung auf der Grundlage des letzten bekannten Börsenkurses oder Marktpreises einen erheblichen Unterschied aufweist.[810] Ein Unterschiedsbetrag ist aber nur anzugeben, soweit der Börsenkurs oder Marktpreis höher liegt als der gewogene Durchschnittspreis oder der aufgrund eines Bewertungsvereinfachungsverfahrens i.S.v. § 256 HGB angesetzte Preis. Denn im umgekehrten Fall kommt das Niederstwertprinzip zum Tragen.[811]

Wendet ein nach IAS Rechnung legendes Unternehmen die LIFO-Methode[812] an, so muß es die Differenz zwischen dem Wertansatz in der Bilanz und dem niedrigeren Betrag, der sich bei Anwendung der FIFO-Methode oder der Methode des gewogenen Durchschnitts im Vergleich mit dem Netto-Veräußerungswert ergibt, angeben. Alternativ kann der niedrigere Betrag aus den Wiederbeschaffungskosten und dem Netto-Veräußerungswert herangezogen werden.[813] Die angegebene Bewertungsreserve kann somit im investierten Kapital berücksichtigt werden.

---

808   Vgl. Gibson, S. (LIFO vs. FIFO 1991), S. 39; Stewart, G.B. (Quest for Value 1991), S. 113; Regulation S-X § 210.5-02. Vgl. zu den Auswirkungen der Anwendung des LIFO-Verfahrens auf den Aktienkurs Kang, S.H. (LIFO Tax Benefits 1993), S. 50 ff.

809   Das LIFO-Verfahren (last in-first out) geht davon aus, daß die zuletzt gekaufte Einheit eines Vorrats zuerst verbraucht wird. Bei steigenden Preisen sinken – im Vergleich zur Bewertung gemäß dem FIFO-Verfahren (first in-first out) – sowohl der Wert der Vorräte als auch die Gewinne. Vgl. zu den einzelnen Ausprägungen des LIFO-Verfahrens Mahoney, F.C. (Inventory 1996), S. 22 ff. „Much of the existing literature predicts a positive stock price reaction to a switch to LIFO under the hypothesis that LIFO tax savings are valued by investors." Kang, S.H. (LIFO Tax Benefits 1993), S. 60. Vgl. auch Mahoney, F.C. (Inventory 1996), S. 22.

810   Die Höhe des Unterschiedsbetrags nach HGB-Vorschriften weicht allerdings insoweit von der Höhe nach US-GAAP Vorschriften ab, als dieser die Differenz zwischen einer LIFO- und FIFO-Bewertung wiedergibt.

811   Vgl. Ellrott, H. (Kommentierung des § 284 HGB 1995), Rn. 186.

812   IAS 2 gestattet die Anwendung der FIFO-Methode, die Methode des gewogenen Durchschnitts sowie alternativ die LIFO-Methode. Vgl. zur Anwendung der einzelnen Bewertungsvereinfachungen Jacobs, O. (Kommentierung des IAS 2 1997), Rn. 47 ff.; Selchert, F.W./Erhardt, M. (Internationale Rechnungslegung 1998), S. 121 f.

813   Vgl. IAS 2, Abs. 36; Jacobs, O. (Kommentierung des IAS 2 1997), Rn. 70.

(6) **Rückstellungen für latente Steuern** (deferred income taxes)[814] werden dem Eigenkapital zugeordnet, da sie eher einer stillen Reserve als einer Verpflichtung gleichen. Denn solange ein Unternehmen die Vermögensgegenstände, die zur Erfassung latenter Steuern führen, regelmäßig ersetzt, stellen die entsprechenden Rückstellungen aus bilanzanalytischer Sicht **Quasi-Eigenkapital** dar: „Deferred income taxes are quasi-equity account. For accounting purposes, they are treated like a liability. For economic analysis, they are more like equity. Until the taxes are paid to the government, the funds belong to the shareholders, and the shareholders expect to earn a return on these funds."[815] Dieses Vorgehen führt auch dazu, daß der betriebliche Gewinn nur mit den tatsächlich gezahlten Steuern belastet wird. Die Kapitalbasis ändert sich durch die Umgliederung nicht.[816] Analog sind aktivierte latente Steuern mit dem Eigenkapital zu verrechnen.

(7) **Stille Reserven**, die mit der Geschäftstätigkeit des Unternehmens wachsen, werden dem Eigenkapital hinzugerechnet, soweit sie erkennbar

---

814 Die Steuerabgrenzung hat in den USA im Vergleich zu Deutschland eine größere Bedeutung, da die US-amerikanische Handels- und Steuerbilanz weitgehend voneinander unabhängig sind. Für aktivische (deferred tax assets) und passivische latente Steuern (deferred tax liabilities) besteht eine Bilanzierungspflicht. Sowohl nach US-GAAP als auch nach den HGB-Vorschriften dürfen nur latente Steuern für zeitliche Differenzen zwischen dem Handels- und dem Steuerbilanzergebnis gebildet werden. Quasi-permanente Differenzen, deren zeitliche Ergebnisunterschiede sich erst in ferner Zukunft ausgleichen, werden allerdings nach deutschem Recht mit den permanenten Differenzen gleichgesetzt. Die US-GAAP unterscheiden bei den temporary differences die timing differences und andere temporary differences. Timing differences entstehen aufgrund einer abweichenden Ertrags- und Aufwandsrealisation in Handels- und Steuerbilanz. Die anderen temporary differences resultieren aus einem unterschiedlichen Wertansatz der Vermögensgegenstände und Verbindlichkeiten in der Handels- und Steuerbilanz. Sie stimmen inhaltlich mit den quasi-permanenten Differenzen überein. Für sie müssen nach SFAS 109 im Gegensatz zu den HGB-Vorschriften ebenfalls latente Steuern gebildet werden, vorausgesetzt, es wird eine Kompensation der Ergebnisunterschiede erwartet. Einige temporary differences beziehen sich jedoch nicht auf einen bestimmten Vermögensgegenstand oder eine Verbindlichkeit. Bspw. müssen Forschungs- und Entwicklungskosten sofort als Aufwand verrechnet werden. Für steuerliche Zwecke dürfen sie dagegen über mehrere Perioden verteilt werden. Vgl. Ball, J.T./Simpson, E.R. (Income Taxes 1996), S. 7 ff. Auch IAS 12 verfolgt eine Abgrenzung der latenten Steuern nach dem temporary-Konzept. Vgl. IAS 12, Abs. 15.

815 Copeland, T./Koller, T./Murrin, J. (Valuation 1994), S. 167 f. Vgl. auch Stewart, G.B. (Quest for Value 1991), S. 113.

816 Die Höhe des Fremdkapitals spielt erst bei der Ermittlung des Eigenkapitalwerts bei der Unternehmensbewertung eine Rolle.

sind.[817] Dabei erfolgt nun im Gegensatz zu den Aufwendungen mit Investitionscharakter eine verstärkte Cash Flow-Orientierung. Zu den stillen Reserven können nach Stewart bspw. **Abschreibungen auf Forderungen** (reserves for bad debt)[818] und die Bildung von **Garantierückstellungen** (warranties)[819] zählen.

Geschäftsjahresabschreibungen auf Forderungen können in HGB- und IAS-Abschlüssen nicht rückgängig gemacht werden, da sie von externer Seite grundsätzlich nicht zu erkennen sind.[820] Des weiteren muß auch keine Angabe der kumulierten Forderungsabschreibungen (allowance for doubtful accounts and notes receivable) auf die jeweiligen Bilanzposten

---

817 Nach Kübler ist die durch Vorsichts-, Imparitäts- und Realisationsprinzip eingeräumte Befugnis zur verdeckten Bildung und Auflösung von Rücklagen nicht mit dem Bilanzziel, die Rationalität unternehmensbezogenen Handelns durch verbesserte Information zu fördern, vereinbar. Vgl. Kübler, F. (Kapitalmarktinformation 1995), S. 373.

818 Vgl. Yarnall, G.L./Rikert, R. (Accounting Trends & Techniques 1997), S. 259; Kieso, D.E./Weygandt, J.J. (Intermediate Accounting 1995), S. 84; Spiceland, J.D./Sepe, J.F. (Intermediate Accounting 1998), S. 283. Im Jahresabschluß müssen Forderungsabschreibungen (provision for doubtful accounts and notes) des Geschäftsjahrs in der Gewinn- und Verlustrechnung sowie die kumulierten Forderungsabschreibungen (allowance for doubtful accounts and notes receivable) in der Bilanz als Abzugsposten auf der Aktivseite gesondert erscheinen. Vgl. Regulation S-X § 210.5-03 und § 210.5-02; Chasteen, L.G./Flaherty, R.E./O'Connor, M.C. (Intermediate Accounting 1995), S. 110.

819 „In general, the warranty reserve increases with the passage of time because, given their conservative bent, accountants are inclined to debit earnings more often than they will feel obliged to credit cash. The warranty reserve thus becomes a buffer to absorb swings in the actual loss experience year by year, a valued tool of earnings management. ... In computing NOPAT, they bring the change in the warranty reserve into earnings. The change adds back the warranty expense to profits, canceling out the bookkeeping entry, and substitutes the actual cash cost of satisfying warranties. Thus, NOPAT reflects the actual timing of the warranty charges as they are incurred, and not the accounting bookkeeping entry." Stewart, G.B. (Quest for Value 1991), S. 117.
Rückstellungen können in der US-amerikanischen Bilanz sowohl unter den current als auch unter den noncurrent liabilities ausgewiesen werden. Vgl. Mellman, M./Lilien, S.B. (Liabilities 1996), S. 11, 18 ff.

820 Beim Gesamtkostenverfahren werden Abschreibungen auf unfertige und fertige Erzeugnisse in dem Posten Erhöhung oder Verminderung des Bestands an fertigen und unfertigen Erzeugnissen und Abschreibungen auf Roh- und Hilfsstoffe in dem Posten Materialaufwand erfaßt, soweit diese den üblichen Rahmen nicht übersteigen. Abschreibungen auf Forderungen gehen in die sonstigen betrieblichen Aufwendungen ein. Beim Umsatzkostenverfahren dagegen werden Abschreibungen auf Kundenforderungen grundsätzlich bei den Vertriebskosten erfaßt, während alle Abschreibungen, die den Herstellungsbereich betreffen, in die Herstellungskosten der zur Erzielung der Umsatzerlöse erbrachten Leistungen eingehen. Vgl. Förschle, G. (Kommentierung des § 275 HGB 1995), Rn. 77, 120, 161, 274, 285.

erfolgen, die für eine Korrektur des investierten Kapitals erforderlich wären.

(8) Bei der Berechnung des investierten Kapitals sind sämtliche **Wertpapiere** und **Finanzanlagen**, die **nicht der operativen Tätigkeit** des Unternehmens dienen, auszugliedern. Des weiteren müssen die ihnen zuzurechnenden Erträge und Aufwendungen aus dem betrieblichen Erfolg eliminiert werden können, damit eine Konsistenz zwischen Erfolgs- und Kapitalgröße gegeben ist.

Von externer Seite ist es jedoch zum einen schwierig, eine Unterscheidung zwischen betriebsbedingten und nicht betriebsbedingten Wertpapieren (marketable securities) und anderen Finanzanlagen vorzunehmen.[821] Zum anderen sind die den einzelnen Positionen zuzuordnenden Erfolgskomponenten nicht ersichtlich. Damit sind bei einer externen Analyse zwangsläufig Vereinfachungsregeln zu treffen:

Stewart schlägt vor, das investierte Kapital um die Wertpapiere (marketable securities) zu kürzen[822]. Er geht jedoch nicht näher darauf ein, ob sich seine Forderung lediglich auf short-term marketable securities oder auch auf long-term marketable securities bezieht.[823] Copeland, Koller und Mur-

---

821 Brownlee, Ferris und Haskins gehen bspw. vereinfachend davon aus, daß Beteiligungen, bei denen das Unternehmen weniger als 20% der Stimmrechte hält, zu den passiven Anlagen zählen. Vgl. Brownlee, E.R./Ferris, K.R./Haskins, M.E. (Corporate Financial Reporting 1998), S. 380.

822 Vgl. Stewart, G.B. (Quest for Value 1991), S. 744. Marketable securities können nach SFAS 115 in Handelspapiere, die der kurzfristigen Anlage dienen (trading), in Gläubigerpapiere, die bis zum Fälligkeitstermin gehalten werden sollen (held-to-maturity), und veräußerungsfähige Wertpapiere (available-for-sale), die nicht zu den beiden erstgenannten Kategorien zugeordnet werden können, eingeteilt werden. Zu den Wertpapieren, die als available-for-sale securities eingeordnet werden, zählen Schuldverschreibungen, die nicht bis zum Fälligkeitstermin gehalten werden sollen, und Beteiligungspapiere, d.h. längerfristige Investitionen in Anteile anderer Unternehmen, für die ein Börsen- oder Marktpreis ermittelt werden kann. Trading securites sind stets unter den current assets auszuweisen, während available-for-sale securities je nach Absicht unter den current oder non-current assets offengelegt werden und held-to-maturity securities nur dann unter den current assets erscheinen, wenn sie innerhalb der nächsten Periode fällig werden. Beteiligungen an assoziierten Unternehmen oder Gemeinschaftsunternehmen, die gemäß der Equity-Methode bewertet werden, werden nicht unter die marketable securities subsumiert.

823 Hostettler korrigiert bei der Ermittlung des investierten Kapitals nur die Wertpapiere des Umlaufvermögens. Vgl. Hostettler, S. (Economic Value Added 1997), S. 112 f. Allerdings können marketable securities auch im Anlagevermögen ausgewiesen werden, wenn das Management beabsichtigt, diese für einen längeren Zeitraum zu halten. Vgl. Spiceland, J.D./Sepe, J.F. (Intermediate Accounting 1998), S. 194; Williams, J.R.

rin unterstellen dagegen, daß lediglich die liquiden Mittel und marketable securities, die über 0,5 bis 2% der betrieblichen Erträge hinausgehen, nicht mehr betriebsnotwendig sind.[824] Im Vergleich zu den beiden genannten Vorschlägen nimmt Richter eine enge Abgrenzung bei der Ermittlung des operativen Kapitals vor und rechnet vereinfachend das gesamte Finanzanlagevermögen nicht zum operativen investierten Kapital, d.h., er nimmt eine entsprechende Kürzung vor.[825]

Da die enge Auslegung des Betriebserfolgs hier abgelehnt wurde und eine Differenzierung der einzelnen Finanzanlagen und Wertpapiere in betrieblich notwendige und nicht notwendige von externer Seite nur unter pauschalen Annahmen vorgenommen werden kann, verbleiben nach der hier präferierten Vorgehensweise sämtliche Wertpapiere und andere Finanzanlagen im investierten Kapital.[826]

Analog wird im HGB- und IAS-Abschluß verfahren. Auch auf eine Ausgliederung der Wertpapiere des Umlaufvermögens im HGB-Abschluß bzw. der current investments im IAS-Abschluß wird verzichtet, da eine Eliminierung der zugehörigen Erfolgspositionen von externer Seite nicht hinreichend exakt durchführbar ist.[827] Ferner können die Wertpapiere des Umlaufvermögens durchaus betriebsnotwendig sein.

(Financial Statements 1996), S. 6, sowie beispielhaft den Ausweis im Geschäftsbericht von Coca-Cola. Vgl. The Coca-Cola Company (Annual Report 1997), S. 44.

824 Vgl. Copeland, T./Koller, T./Murrin, J. (Valuation 1994), S. 166.

825 Vgl. Richter, F. (Steuerungs- und Monitoringsystem 1996), S. 235.

826 Der Nachteil einer Ausgliederung von Finanzanlagen aus dem operativen Vermögen liegt allerdings darin, „daß unter Umständen solche Finanzanlagen zur wirtschaftlichen Realität des Unternehmens in dem Sinne gehören, als sie entweder betriebsbedingt oder erklärtermaßen an die Existenz des Unternehmens gekoppelt sind. Betriebsbedingt dann, wenn das finanzielle Engagement als Voraussetzung für umfangreiche Kooperationsverträge oder auch als strategische Positionierung relevant ist. Erklärtermaßen, wenn sich das Management (wiederholt) in Richtung einer dauernden Beteiligung ausgesprochen hat." Hostettler, S. (Economic Value Added 1997), S. 116.

827 So werden bspw. im HGB-Abschluß Zinsen und Dividenden auf Wertpapiere des Umlaufvermögens unter den sonstigen Zinsen und ähnlichen Erträgen erfaßt, während Erträge aus dem Verkauf von Wertpapieren des Umlaufvermögens oder von Bezugsrechten unter den sonstigen betrieblichen Erträgen erscheinen. Vgl. Förschle, G. (Kommentierung des § 275 HGB 1995), Rn. 91, 191.

(9) **Anlagen im Bau** (construction in progress)[828] gehen nach Stewart nicht in das investierte Kapital ein, da sie noch nicht zur operativen Geschäftstätigkeit zur Verfügung stehen.[829] Mit der Begründung, daß jede Investition jedoch im investierten Kapital zu berücksichtigen sei, zählen manche Unternehmen bei der internen Berechnung des EVA die Anlagen im Bau zum investierten Kapital hinzu.[830] Anlagen im Bau sind sowohl nach IAS und US-GAAP als auch nach HGB gesondert auszuweisen.

(10) Leasinggegenstände sind grundsätzlich beim Leasingnehmer zu aktivieren, wenn dieser gemäß den Vertragsbedingungen Träger der Risiken und der Chancen des Objekts ist (capital/financial lease). Sind jedoch die an diese allgemeine Beurteilung geknüpften Bedingungen nicht erfüllt, erfolgt eine Bilanzierung beim Leasinggeber.[831] Unternehmen mit gekauften Vermögensgegenständen weisen damit eine höhere Kapitalbasis auf, die mit höheren Kapitalkosten einhergeht. Um diese Unternehmen seitens des EVA nicht zu benachteiligen, wird der **Barwert der Leasingraten** sowohl zum Anlagevermögen als auch zum Fremdkapital addiert. Die künftigen Leasingraten sind hierfür mit einem risikolosen Zins zu diskontieren.[832]

Da nach US-GAAP bilanzierende Unternehmen jedoch lediglich die Leasingraten (minimum rent) für die nächsten fünf Jahre angeben müssen,[833] werden darüber hinausgehende Raten nicht in die Berechnung des Bar-

---

828   Anlagen im Bau dürfen nicht mit den unfertigen Erzeugnissen bei der langfristigen Auftragsfertigung (construction contracts) verwechselt werden.

829   Vgl. Stewart, G.B. (Quest for Value 1991), S. 744; Hostettler, S. (Economic Value Added 1997), S. 120.

830   Vgl. Davis, H.A. (Cash Flow and Performance Measurement 1996), S. 91.

831   Beispielhaft seien hier die Voraussetzungen des SFAS 13 für die Bilanzierung eines Leasingobjekts beim Leasingnehmer genannt: (1) Das Eigentum an dem Leasinggegenstand wird nach Ablauf des Vertrags auf den Leasingnehmer übertragen, (2) der Leasingvertrag beinhaltet eine günstige Kaufoption, (3) die Vertragszeit stimmt mindestens mit 75% der Nutzungsdauer des Leasinggegenstands überein oder (4) der Barwert der Leasingraten (minimum lease payments) zu Vertragsbeginn entspricht zumindest 90% des Werts (fair value) des Leasingobjekts. Ansonsten erscheint der Leasinggegenstand in der Bilanz des Leasinggebers (operating lease). Vgl. auch Adler, J.R. (Leases 1996), S. 6; Woelfel, C.J. (Financial Statement Analysis 1994), S. 37 f.; Reichertz, R./Frey, D. (Leasingverträge nach US-GAAP 1997), S. 662 ff. Vgl. zur Klassifizierung der Leasingverträge nach IAS-Regelungen IAS 17, Abs. 5 ff.

832   Vgl. Stewart, G.B. (Quest for Value 1991), S. 98 f.

833   Vgl. Williams, J.R. (GAAP-Guide 1999), S. 30.31.

werts einbezogen. Dies kann zu erheblichen Verzerrungen der Bereinigung führen.[834]

Statt der zukünftigen Leasingraten ist im HGB-Abschluß gemäß § 285 Nr. 3 HGB grundsätzlich der Gesamtbetrag der **sonstigen finanziellen Verpflichtungen** anzugeben, wobei deren Abzinsung nicht zulässig ist.[835] Bestehen die sonstigen finanziellen Verpflichtungen nur aus Dauerschuldverhältnissen, können alternativ auch die jährlich zu zahlenden Beträge und die Dauer der Verpflichtung aufgeführt werden.[836] Da Verpflichtungen aus Miet- und Leasingverträgen nur einen Teil der Dauerschuldverhältnisse darstellen, ist die Berechnung des Barwerts der Leasingraten nur bei freiwilligen Angaben möglich. Demgegenüber verlangt IAS 17 'Leases' den Ausweis der minimum lease payments für das kommende Jahr, für den Zeitraum ab dem zweiten darauffolgenden Jahr bis zu fünf Jahren und für die Zeit danach.[837]

Auf eine Addition des Barwerts der Leasingraten zum investierten Kapital und eine damit einhergehende Korrektur der Erfolgsgröße kann allerdings unter der Annahme verzichtet werden, daß die Leasingraten mit den Abschreibungen und den Kapitalkosten übereinstimmen. In diesem Fall ist bei der Berechnung des Übergewinns die Erfolgsgröße zwar um den Zinsanteil der Leasingraten kleiner. Die Kapitalkosten sinken aber ebenfalls, da die Kapitalbasis aufgrund der fehlenden Aktivierung niedriger ist. Beide Effekte gleichen sich mithin aus.[838]

(11) Bei Abschlüssen deutscher Unternehmen stellt sich ferner die Frage, ob **Pensionsrückstellungen** im investierten Kapital zu berücksichtigen sind. Werden sie zum investierten Kapital gezählt, so sind sie anschließend auch mit Kapitalkosten zu belasten.

---

834 Vgl. Peterson, P.P./Peterson, D.R. (Measures of Value Added 1994), S. 15. Bei der Berechnung des EVA der Hershey Foods Corporation für das Geschäftsjahr 1993 würden bei dieser Vorgehensweise $ 100 Mio. nicht als Fremdkapital berücksichtigt werden.

835 Vgl. Ellrott, H. (Kommentierung des § 285 HGB 1995), Rn. 40; Adler, H./Düring, W./Schmaltz, K. (Teilband 2 1995), § 285 HGB, Rn. 78.

836 Vgl. Dörner, D./Wirth, M. (Kommentierung der §§ 284-288 HGB 1995), Rn. 152; Ellrott, H. (Kommentierung des § 285 HGB 1995), Rn. 40; Sabi (Stellungnahme 1986), S. 671; Adler, H./Düring, W./Schmaltz, K. (Teilband 2 1995), § 285 HGB, Rn. 76.

837 Vgl. IAS 17, Abs. 26.

838 Vgl. Richter, F. (Steuerungs- und Monitoringsystem 1996), S. 235; Röttger, B. (Added Value 1994), S. 89 f.

Deutsche Unternehmen finanzieren i.d.R. ihre Pensionsverpflichtungen von innen und übernehmen damit gleichzeitig zwangsläufig die Verpflichtung ihrer Erfüllung (unmittelbare Pensionsverpflichtungen). Dagegen schalten **US-amerikanische Unternehmen** regelmäßig selbständige Versorgungsträger (Pensionsfonds, Versicherungsunternehmen) ein (mittelbare Pensionsverpflichtungen). Die unterschiedlichen Durchführungswege haben zur Folge, daß deutsche Unternehmen im allgemeinen weitaus höhere Pensionsrückstellungen ausweisen. Denn bei einer mittelbaren Durchführung der Altersversorgung sind Rückstellungen nur im Fall einer Deckungslücke beim selbständigen Versorgungsträger zu bilden.

Pensionsverpflichtungen können als Darlehen, das die Arbeitnehmer dem Unternehmen gewähren, interpretiert werden. Auf dieses Darlehen werden die Zinsen zugeschlagen, so daß die in der Leistungsphase an die Arbeitnehmer zu erbringenden Pensionsleistungen eine Zins- und Tilgungskomponente beinhalten.[839]

Zur Berücksichtigung der Zinskomponente bei der Bewertung von Pensionsrückstellungen ist nach deutschem Steuerbilanzrecht ein Zinssatz von 6% p.a. verbindlich vorgeschrieben. Handelsrechtlich ist nach h.M. dagegen als Rechnungszinsfuß der landesübliche Marktzinssatz für langfristige Verbindlichkeiten zu verwenden, wobei ein Zinskorridor von 3-6% als angemessen betrachtet wird.[840] Allerdings wird der **Zinsanteil des Zuführungsbetrags zu den Pensionsrückstellungen** in HGB-Abschlüssen in aller Regel nicht gesondert ausgewiesen, sondern als Aufwandskomponente des betrieblichen Erfolgs erfaßt.[841]

Um eine Doppelverrechnung zu vermeiden, dürfen in diesem Fall die Pensionsrückstellungen nicht mehr zum zinspflichtigen Fremdkapital gezählt werden. Da Unternehmen unterschiedliche Zinssätze bei der Be-

---

839 Vgl. Rhiel, R. (Pensionsverpflichtungen 1999), S. 72.

840 Vgl. Schülen, W. (Pensionsrückstellungen 1992), Rn. 49; Küting, K. (Bilanzpolitik 1998), S. 580; Adler, H./Düring, W./Schmaltz, K. (Teilband 1 1995), § 253 HGB, Rn. 310. Nach IAS 19 wird dagegen die Rendite laufzeitäquivalenter Industrieobligationen und nach SFAS 87 der aktuelle Kapitalmarktzins hochqualifizierter festverzinslicher Wertpapiere verwendet.

841 Eine Ausgliederung des Zinsanteils aus dem betrieblichen Erfolg ist beim Ausweis von Pensionsrückstellungen in IAS- und US-GAAP-Abschlüssen dagegen aufgrund erweiterter Anhangangaben möglich. Vgl. Teil 5 Gliederungspunkt II. B. 3.

messung des Zinsanteils anwenden,[842] kommen zwangsläufig unterschiedliche Kapitalkosten zum Tragen. Konnte der Zinsanteil dagegen
aus dem operativen Erfolg ausgegliedert werden, gehen die Pensionsrückstellungen mit in das investierte Kapital ein und werden mit dem gleichen Kapitalkostensatz wie die anderen Fremdkapitalien belastet.[843]

US-amerikanische weisen im Gegensatz zu deutschen Unternehmen nur
in Sonderfällen Pensionsrückstellungen aus,[844] so daß i.d.R. auf eine ge-

---

842 Vgl. zu Unternehmen, die bei der Abzinsung von Pensionsrückstellungen in ihren Kon-
     zernabschlüssen einen von 6% abweichenden Zinsfuß anwenden Küting,
     K./Strickmann, M. (Betriebliche Altersversorgung 1997), S. 10.

843 Hachmeister sieht in den Kapitalkosten für vergleichbares anderweitiges Fremdkapital
     eine sinnvolle Indikatorgröße. Vgl. Hachmeister, D. (Discounted Cash Flow 1995), S.
     256. Vgl. zur Berechnung der Fremdkapitalkosten Teil 5 Gliederungspunkt II. B. 4. b).

     Empirische Untersuchungen zeigen jedoch, daß die effektiven Kapitalkosten den steu-
     erlichen Diskontierungssatz von 6% p.a. übersteigen. Vgl. Drukarczyk, J. (Altersver-
     sorgungszusagen 1990), S. 345; Günther, T. (Controlling 1997), S. 189. Über den
     Fremdkapitalkostensatz müßte folglich noch der Restbetrag verrechnet werden, der
     bislang nicht das operative Ergebnis gemindert hat. Vgl. zur Berechnung des Kapital-
     kostensatzes für den Restbetrag Richter, F. (Steuerungs- und Monitoringsystem
     1996), S. 228; Schmidt, J.G. (Discounted Cash-flow-Methode 1995), S. 1094 f. Auf die
     Verrechnung eines Restbetrags wird hier verzichtet.

844 Zu einer Rückstellungsbildung kann es nach US-GAAP nur bei leistungsorientierten
     Pensionsplänen (defined benefit plans) kommen, da sich die Unternehmen bei bei-
     tragsorientierten Versorgungswerken (defined contribution plans) nur zu periodischen
     Zahlungen an einen Pensionstrust verpflichten, ohne für die Höhe der Versorgungslei-
     stung einzustehen. Gemäß SFAS 87 müssen nach der projected unit credit method
     Pensionsverpflichtungen mit dem Barwert der am Bewertungsstichtag erdienten Pen-
     sionsansprüche der aktiven und inaktiven Arbeitnehmer unter Berücksichtigung der
     zukünftigen Lohn- und Gehaltsentwicklung bewertet werden (projected benefit obliga-
     tion).

     Eine Rückstellung ist dann zu passivieren, wenn der Barwert der erdienten Anwart-
     schaften ohne Trendexpolation (accumulated benefit obligation) den Zeitwert (fair va-
     lue) der zur Erfüllung der Versorgungsverpflichtungen ausgegliederten Vermögens-
     werte übersteigt. Dieser Differenzbetrag repräsentiert grundsätzlich die erforderliche
     Mindestrückstellung (minimum liability). Des weiteren ist aber auch die Differenz zwi-
     schen Pensionsaufwand und der tatsächlichen Auszahlung in der Bilanz zu erfassen.
     Der Pensionsaufwand besteht aus dem Dienstzeitaufwand (service cost), dem
     Zinsaufwand (interest cost), dem Ertrag auf das Planvermögen (actual return on pen-
     sion plan assets), der Abschreibung von rückwirkenden Planänderungen (amortization
     of unrecognized prior service cost) und der Abschreibung des Übergangssaldos
     (amortization of transition cost). Je nachdem, ob die Auszahlung größer oder kleiner
     als der Aufwand ist, wird auf der Aktivseite die Position prepaid pension costs oder auf
     der Passivseite die Position unfunded accrued pension costs gebucht. Die Position
     unfunded accrued pension costs verringert die bereits ermittelte minimum liability, wäh-
     rend die Aktivposition prepaid pension costs die minimum liability erhöht. Vgl. Amoro-
     so, V./Wirth, P.C. (Pension Plans 1996), S. 16 f.; Munscheck, K./Braun, M. (Pensions-
     verpflichtungen in Jahresabschlüssen nach US-GAAP 1998), S. 500; Williams,

sonderte Behandlung der Pensionsrückstellungen bei ihnen verzichtet werden kann.[845] Werden in Ausnahmefällen Pensionsrückstellungen in US-amerikanischen Abschlüssen gebildet, so werden diese als accrued pension costs ausgewiesen. Bei wesentlichen Beträgen sollten auch hier die accrued pension costs dem verzinslichen Kapital zugeordnet werden. Die Zinskomponente, die auf die passivierte Pensionsrückstellung entfällt und das operating income gemindert hat, muß dann zum Erfolg hinzuaddiert werden.[846] Allerdings wird nur die Zinskomponente, die auf die bisher angesammelte Pensionsverpflichtung (projected benefit obligation) entfällt, gesondert angegeben,[847] so daß eine Schätzung des Zinsanteils, der der Rückstellung zuzurechnen ist, erfolgen muß.

(12) Ein **Disagio**, das sowohl in einem HGB- als auch in einem IAS-Abschluß[848] ausgewiesen werden kann, wird mit dem Eigenkapital saldiert. Da das Disagio keinen Vermögensgegenstand repräsentiert, ist es nicht bei der Berechnung der Kapitalkosten zu berücksichtigen.[849]

J.R./Stanga, K.G./Holder, W.W. (Intermediate Accounting 1995), S. 1100 ff. Auch nach IAS ist künftig nur noch die projected unit credit method zulässig. Vgl. zur Bilanzierung von Pensionsverpflichtungen IAS 19.

845 Im Geschäftsjahr 1996 wiesen bspw. lediglich 22% der 600 untersuchten Unternehmen Pensionsrückstellungen aus. Zudem bilanzierten 239 Unternehmen gemäß SFAS 106 anderweitige Verpflichtungen des Unternehmens gegenüber den Arbeitnehmern (accrued postretirement benefit costs). Vgl. Yarnall, G.L./Rikert, R. (Accounting Trends & Techniques 1997), S. 243. Dazu gehören insbesondere Verpflichtungen aus der Übernahme von Kosten der medizinischen Versorgung. Die bilanzielle Behandlung verläuft im wesentlichen parallel zu den Vorschriften für Pensionsverpflichtungen. Vgl. Amoroso, V./Wirth, P.C. (Pension Plans 1996), S. 51 ff.

846 Vgl. Copeland, T./Koller, T./Murrin, J. (Valuation 1994), S. 180 f.

847 „In determining the PBO (projected benefit obligation; d. Verf.) of a plan, SFAS No. 87 gives appropriate consideration to the time value of money, through the use of discounts for interest cost. Therefore, the Statement requires that an employer recognize, as a component of net periodic pension costs, interest on the projected benefit obligation. This interest component is equal to the increase in the amount of the PBO due to the passage of time. The accretion of interest on the PBO is based on the assumed discount rate." Amoroso, V./Wirth, P.C. (Pension Plans 1996), S. 12.

848 Vgl. IAS 23, Abs. 5b, 7; Selchert, F.W./Erhardt, M. (Internationale Rechnungslegung 1998), S. 150 f.; Schönbrunn, N. (Kommentierung des IAS 23 1997), Rn. 5 ff.

849 Nach US-GAAP entspricht der Buchwert einer langfristigen Verbindlichkeit dagegen dem Rückzahlungsbetrag abzüglich des noch nicht abgeschriebenen Disagios. Das Disagio wird dabei in den USA grundsätzlich über die Laufzeit der Verbindlichkeit verteilt und der Darlehensverbindlichkeit zugeschrieben. Vgl. Nikolai, L.A./Bazley, J.D. (Intermediate Accounting 1997), S. 535 ff.; Kieso, D.E./Weygandt, J.J. (Intermediate

(13) **Eigene Anteile** sind, soweit deren Einzug nicht geplant ist, in einem HGB-Abschluß unter den Wertpapieren des Umlaufvermögens zu zeigen.[850] Sie werden mit dem Eigenkapital verrechnet, da sie i.d.R. keine Vermögenswerte darstellen.[851] Während eigene Anteile nach den Vorschriften des HGB nur unter bestimmten Voraussetzungen mit dem Eigenkapital verrechnet werden, sind sie in US-GAAP-[852] und IAS-Abschlüssen[853] grundsätzlich vom Eigenkapital abzusetzen, so daß sich dieser Bereinigungsschritt erübrigt.

(14) Des weiteren erfolgt im HGB-Abschluß eine Saldierung der **ausstehenden Einlagen auf das gezeichnete Kapital**, soweit sie nicht eingefordert sind, mit dem Eigenkapital.[854] Nach IAS[855] und US-GAAP[856] dagegen kommt eine Aktivierung für nicht eingeforderte Einlagen nicht in Betracht.

Accounting 1995), S. 675 ff. In Deutschland dagegen sind Verbindlichkeiten mit ihrem Rückzahlungsbetrag, d.h. zuzüglich des Disagios, zu passivieren. Neben dem Ausweis des Disagios innerhalb des aktivischen Rechnungsabgrenzungspostens und einer damit einhergehenden aufwandswirksamen Verteilung des Unterschiedsbetrags über die Laufzeit der Verbindlichkeit kommt auch eine sofortige Aufwandsverrechnung in Betracht. Vgl. § 250 Abs. 3 HGB.

850 In gleicher Höhe ist auf der Passivseite eine korrespondierende Rücklage zu bilden, wodurch die gehaltenen eigenen Anteile auf der Aktivseite neutralisiert werden. Ist dagegen der Einzug der eigenen Anteile geplant oder besteht für eine spätere Weiterveräußerung die Notwendigkeit einer Drei-Viertel-Mehrheit in der Hauptversammlung, muß gemäß § 272 Abs. 1, Satz 4 bis 6 HGB der Nennbetrag offen vom gezeichneten Kapital abgesetzt werden. Vgl. auch Günther, T./Muche, T./White, M. (Behandlung des Rückkaufs eigener Anteile 1998), S. 577.

851 Eigene Anteile können Vermögenswerte darstellen, wenn sie z.B. den Arbeitnehmern zum Erwerb angeboten werden sollen. Auch in diesem Fall sollte eine Aufrechnung mit dem Eigenkapital erfolgen, da keine Kapitalkosten für selbstgehaltene Anteile anfallen. Vgl. Richter, F. (Steuerungs- und Monitoringsystem 1996), S. 239.

852 Vgl. Nikolai, L.A./Bazley, J.D. (Intermediate Accounting 1997), S. 667 ff.; Kieso, D.E./Weygandt, J.J. (Intermediate Accounting 1995), S. 748 ff.; Günther, T./Muche, T./White, M. (Behandlung des Rückkaufs eigener Anteile 1998), S. 574 ff.

853 Vgl. Epstein, B.J./Mirza, A.A. (IAS 1999), S. 616 ff.; IDW (International Accounting Standards 1995), S. 168. Nach IAS 1, Abs. 74, müssen eigene Anteile gesondert gezeigt werden.

854 Ausstehende Einlagen besitzen eine Doppelnatur. Sie können, soweit sie eingefordert worden sind und ihre Einzahlung nicht gefährdet ist, als echte Vermögenswerte angesehen werden. Sind die Einlagen noch nicht eingefordert oder bestehen Bedenken hinsichtlich der Solvenz der Anteilseigner, stellen sie wirtschaftlich betrachtet einen Korrekturposten zum gezeichneten Kapital dar. Bei der Erstellung der Strukturbilanz sollten sie daher mit dem gezeichneten Kapital verrechnet werden. Vgl. Küting, K./Eidel, U. (Internationale Bilanzanalyse 1996), S. 846 f. In Deutschland kann der Bi-

(15) Der **Ausgleichsposten für Anteile anderer Gesellschafter**, der im HGB- und IAS-Abschluß im Gegensatz zum US-GAAP-Abschluß[857] als Bestandteil des Eigenkapitals bzw. zwischen Eigen- und Fremdkapital[858] gezeigt wird, ist in das Fremdkapital umzugliedern. Die Minderheitsgesellschafter werden damit als außenstehende Gläubiger betrachtet.[859]

(16) Eventuell vorhandene **Fehlbeträge**, die aus dem Ansatzwahlrecht für bestimmte **Pensionsverpflichtungen** resultieren, werden im HGB-Abschluß zum Fremdkapital hinzuaddiert und gleichzeitig von den sonstigen eigenkapitalähnlichen Posten subtrahiert.[860] Nach den US-GAAP sowie IAS besteht generell kein Passivierungswahlrecht für Altzusagen.[861]

---

lanzierende zwischen der Netto- und der Bruttomethode wählen (vgl. § 272 Abs. 1 HGB). Beim Bruttoausweis ist das gezeichnete Kapital in voller Höhe in der Endspalte auf der Passivseite auszuweisen. Die ausstehenden Einlagen auf das gezeichnete Kapital sind auf der Aktivseite vor dem Anlagevermögen gesondert aufzuführen; die davon eingeforderten Einlagen sind zu vermerken. Beim Netto-Ausweis werden die noch nicht eingeforderten ausstehenden Einlagen vom gezeichneten Kapital offen abgesetzt. Der eingeforderte, aber noch nicht eingezahlte Betrag ist unter den Forderungen zu bilanzieren.

855 Vgl. IDW (International Accounting Standards 1995), S. 71; Epstein, B.J./Mirza, A.A. (IAS 1999), S. 610 f.

856 Auch in den USA muß das gezeichnete Kapital nicht in voller Höhe eingezahlt werden. Die SEC verlangt in diesem Fall eine passivische Erfassung des noch nicht eingezahlten Betrags als negativer Posten. Ein Ausweis der subscriptions receivable unter den Aktiva kommt nach der SEC nur dann in Betracht, wenn diese noch vor der Veröffentlichung des Jahresabschlusses eingezahlt werden sollen. Vgl. Kieso, D.E./Weygandt, J.J. (Intermediate Accounting 1995), S. 742 ff.

857 Minority interests (Minderheitenanteile) sind in US-Abschlüssen von untergeordneter Bedeutung und werden unter den long-term liabilities ausgewiesen. Vgl. Niehus, R.J./Thyll, A. (Konzernabschluß nach US-GAAP 1998), Rn. 1078.

858 Nach IAS 1, Appendix, werden die minority interests zwischen Eigen- und Fremdkapital gezeigt werden. Vgl. Epstein, B.J./Mirza, A.A. (IAS 1999), S. 55.

859 Die Vorgehensweise entspricht der Interessentheorie, die anders als die Einheitstheorie die Minderheitsgesellschafter nicht im Eigenkapital berücksichtigt. Vgl. hierzu auch Teil 5 Gliederungspunkt I. B. 3. d).

860 Für sogenannte Altzusagen (Zusagen, die vor dem 1.1.1987 erteilt worden sind) sowie für mittelbare Pensionsverpflichtungen besteht ein Passivierungswahlrecht. Vgl. Küting, K./Strickmann, M. (Betriebliche Altersversorgung 1997), S. 5; Küting, K./Nardmann, B. (Pensionsverpflichtungen 1993), S. 1835.

861 In Sonderfällen wird auch in der US-amerikanischen Bilanz eine an sich erforderliche Pensionsrückstellung nicht passiviert. Vgl. Amoroso, V./Wirth, P.C. (Pension Plans 1996), S. 26. In diesem Fall muß ebenfalls ein entsprechender Betrag aus dem Eigen-

(17) Eines der größten Probleme im HGB-Abschluß stellt die Erfassung von rein **steuerrechtlichen Abschreibungen** bei der Ermittlung des investierten Kapitals dar. Solche auch als steuerrechtliche Mehrabschreibungen[862] bezeichneten Abwertungen sind gemäß § 281 Abs. 2 HGB getrennt nach Anlage- und Umlaufvermögen anzugeben.[863] Der Bilanzansatz der Vermögensgegenstände (und damit das investierte Kapital) wird im Jahr der Vornahme der steuerrechtlichen Abschreibung unterschätzt. In den Folgejahren dagegen werden zu niedrige Abschreibungen erfaßt, womit sich der Bilanzansatz über die Jahre hinweg sukzessive dem 'richtigen' Wert, der sich ohne die Vornahme steuerrechtlicher Abschreibungen ergäbe, wieder nähert. Eine Korrektur der Minderabschreibungen ist allerdings aufgrund fehlender Angaben im Regelfall unmöglich. [864]

Im **Umlaufvermögen** dagegen können bei einer unterstellten Umschlagsdauer von höchstens einem Jahr folgende Anpassungen vorgenommen werden:[865] Zum einen sind die gesondert ausgewiesenen steuerrechtlichen Abschreibungen, die das Umlaufvermögen betreffen, zum Umlaufvermögen und zum Kapital zu addieren. Im Folgejahr bleibt infolge der Umschlagsannahme die Höhe des Kapitals im Vergleich zur originären Bilanz unverändert. Lediglich die Zusammensetzung des Eigenkapitals ändert sich: Der Jahreserfolg sinkt um die steuerrechtlichen Abschreibungen des Vorjahrs, während die Gewinnrücklagen um den gleichen Betrag steigen. Die Erhöhung der Gewinnrücklagen ist auf die Anpassung des Eigenkapitals der originären Bilanz an das Eigenkapital der Strukturbilanz des Vorjahrs zurückzuführen.

Sind die steuerrechtlichen Abschreibungen im Umlaufvermögen wesentlich, sollte diese Korrektur vorgenommen werden, während Bereini-

---

in das Fremdkapital umgegliedert werden. Vgl. Copeland, T./Koller, T./Murrin, J. (Valuation 1994), S. 180 f.

862 Vgl. Küting, K./Haeger, B. (Kommentierung des § 254 HGB 1995), Rn. 25.

863 Berichtspflichtig ist lediglich der Unterschiedsbetrag zwischen der nach § 253 HGB zulässigen und der nach § 254 HGB gewählten niedrigeren Bewertung.

864 Vgl. Küting, K. (Betragsmäßige Erfolgsanalyse 1998), S. 8 f.

865 Die getrennt nach Umlauf- und Anlagevermögen anzugebenden steuerrechtlichen Abschreibungen umfassen sowohl die aktivisch abgesetzten rein steuerlichen Abschreibungen als auch die Abschreibungen, die in den Sonderposten mit Rücklageanteil eingestellt werden. Bei der Korrektur kann es daher zu Doppelerfassungen kommen. Vgl. Tietze, H. (Kommentierung des § 281 HGB 1995), Rn. 79.

gungsmaßnahmen beim Anlagevermögen aufgrund fehlender Angaben der Minderabschreibungen in den Folgejahren unterbleiben.[866] Nach den Regelungen der US-GAAP sowie IAS sind aufgrund der fehlenden umgekehrten Maßgeblichkeit keine Korrekturen erforderlich.

(18) Der **Sonderposten mit Rücklageanteil,** der aufgrund des Prinzips der umgekehrten Maßgeblichkeit lediglich im HGB-Abschluß erscheint, wird entsprechend dem zugrunde gelegten Steuersatz (s)[867] dem Eigen- und Fremdkapital zugeordnet.[868]

(19) **Aufwandsrückstellungen,** die häufig zur Legung von stillen Reserven verwendet werden,[869] sollten vollständig in das Eigenkapital umgegliedert werden.[870] Ihnen liegt keine rechtliche oder wirtschaftliche Verpflichtung

---

866 Englert und Scholich zählen dagegen sämtliche rein steuerrechtlichen Abschreibungen zum investierten Kapital. Vgl. Englert, J./Scholich, M. (Unternehmensführung 1998), S. 687. Auch bei Zuschreibungen kann nur eine asymmetrische Korrektur vorgenommen werden. Theoretisch betrachtet müßte das investierte Kapital um den Betrag der unterlassenen Zuschreibungen, der nach § 280 Abs. 3 HGB gesondert anzugeben ist, erhöht werden. In den Folgejahren kann jedoch – analog zu den steuerrechtlichen Abschreibungen – aufgrund fehlender Angaben keine Korrektur des investierten Kapitals erfolgen, so daß keine Anpassungsmaßnahmen durchgeführt werden.

867 Vgl. hierzu Teil 5 Gliederungspunkt II. B. 3.

868 Der Sonderposten mit Rücklageanteil setzt sich zum einen aus den noch nicht versteuerten Rücklagen als Pflichtbestandteil und zum anderen aus den steuerrechtlichen Mehrabschreibungen als Wahlbestandteil zusammen. Er hat den Charakter eines Mischpostens, da er zum einen die bei seiner Auflösung anfallenden Ertragsteuern und zum anderen eine Eigenkapitalkomponente, die nach Abzug der künftigen Ertragsteuerbelastung verbleibt, umfaßt. Vgl. Küting, K. (Bilanzpolitik 1998), S. 565. Wird der Fremdkapitalanteils als Rückstellung für latente Steuern aufgefaßt und ist es wahrscheinlich, daß das Unternehmen die Vermögensgegenstände, die dem Sonderposten zuzuordnen sind, ersetzt, kann der Sonderposten mit Rücklageanteil nach hier vertretener Auffassung zu 100% in das Eigenkapital umgegliedert werden. Vgl. Punkt (6).

869 Vgl. Küting, K./Weber, C.-P. (Bilanzanalyse 1999), S. 70 f.; Gräfer, H. (Bilanzanalyse 1997), S. 78.

870 Über den Ansatz von Rückstellungen für unterlassene Instandhaltung und Abraumbeseitigung hinaus (vgl. § 249 Abs. 1 Satz 2 Nr. 1 und Satz 3 HGB) besteht nach deutschem Recht ein allgemeines Ansatzwahlrecht zur Bildung von Aufwandsrückstellungen (vgl. § 249 Abs. 2 HGB). Da Aufwandsrückstellungen weder auf einer rechtlichen noch auf einer wirtschaftlichen Verpflichtung gegenüber Dritten beruhen, als Vorsorge für konkrete zukünftige Ausgaben den Charakter einer Bilanzierungshilfe haben und Unternehmen, die diese Bilanzierungshilfe in Anspruch nehmen, eine relative Schlechterstellung im Vergleich zu jenen Unternehmen erfahren, die keine Aufwandsrückstellungen passiviert haben, sollten sie auch aus diesem Grund in das Eigenkapital umgegliedert werden. Dies ist aber nur möglich, wenn die Aufwandsrückstellungen, die innerhalb der sonstigen Rückstellungen ausgewiesen werden, aufgrund ihres er-

gegenüber einem Dritten zugrunde. Sie repräsentieren lediglich eine In-
nenverpflichtung. Bei der Bildung von Aufwandsrückstellungen handelt es
sich i.d.R. um eine versteuerte Gewinnverwendung. Im Gegensatz zu den
Vorschriften des HGB können im US-GAAP- und IAS-Abschluß keine
Aufwandsrückstellungen passiviert werden.

(20) IAS 16 'Property, Plant and Equipment' fordert des weiteren die Offenlegung der Buchwerte von vorübergehend **ungenutzten Gegenständen
des Sachanlagevermögens** sowie von solchen Gegenständen des
Sachanlagevermögens, die nicht mehr genutzt werden und zur Veräußerung vorgesehen sind. Da es sich bei beiden Positionen um nicht-
betriebsnotwendige Vermögensgegenstände handelt, müssen diese vom
investierten Kapital abgezogen werden.[871]

(21) Des weiteren erlauben die IAS, für bestimmte Positionen des Sachanla-
ge-, des Finanzanlage- und des Umlaufvermögens eine **Neubewertung**
auf den beizulegenden Zeitwert abzüglich kumulierter Abschreibungen
vorzunehmen. Da bei einer Neubewertung sowohl der Buchwert bei Bilanzierung zu fortgeführten Anschaffungs- oder Herstellungskosten als
auch die Neubewertungsrücklage angegeben werden müssen,[872] kann für
Zwecke eines zwischenbetrieblichen Vergleichs eine Bereinigung erfolgen. Bei einer Einzelbetrachtung muß dagegen keine Anpassung vorgenommen werden, da die Berechnung des investierten Kapitals letztlich der
Bestimmung der Kapitalkosten dient, und diese basiert – zumindest theoretisch – auf dem Wert der alternativen Einsatzmöglichkeiten der gebundenen Vermögensgegenstände, die sich im Marktwert widerspiegeln.

Die folgenden Abbildungen zeigen die Aufstellung der Strukturbilanz gemäß
dem economic model ausgehend von einer Bilanz nach US-GAAP, HGB und
IAS.

---

heblichen Umfangs im Anhang näher erläutert oder in der Bilanz vermerkt werden (vgl.
§ 285 Nr. 12 HGB).
871 Vgl. IAS 16, Abs. 71.
872 Vgl. IAS 16, Abs. 70.

Abbildung 32: Berechnung des investierten Kapitals auf Basis eines US-GAAP-Abschlusses[873]

Economic model : balance sheet	
Operating Approach	**Financing Approach**
Current assets − Non interest bearing liabilities[874] + LIFO reserve + Reserves for bad debt − Deferred tax asset	**Liabilities** Interest bearing current liabilities − Non interest bearing liabilities Long-term interest bearing liabilities + Capitalized leases − Deferred tax reserve − Warranty reserve
Long-term assets + Unrecorded goodwill + Ggf. cumulative goodwill amortization + (Net) capitalized intangibles + Capitalized leases +/− Cumulative unusual loss/gain after tax − Construction in progress − Deferred tax asset	**Equity** − Construction in progress **Equity Equivalents** + LIFO reserve + Unrecorded goodwill + Ggf. cumulative goodwill amortization + (Net) capitalized intangibles + Reserves for bad debt +/− Cumulative unusual loss/gain after tax − Deferred tax asset + Deferred tax reserve + Warranty reserve
= Investiertes Kapital nach US-GAAP	

---

873   Bei der Ermittlung des EVA auf Basis eines US-GAAP-Abschlusses wird in der Abbildung ein US-amerikanisches Unternehmen unterstellt.

874   Zu den liabilities zählen auch Rückstellungen (deferred credits sowie contingent liabilities). Vgl. Teil 5 Gliederungspunkt II. B. 2. Punkt (1).

Abbildung 33: Berechnung des investierten Kapitals auf Basis eines HGB-Abschlusses[875]

Economic model: Bilanz

Aktiva	Passiva
– Ausstehende Einlagen auf das gezeichnete Kapital (nicht eingefordert)	**Eigenkapital**
	– Ausstehende Einlagen auf das gezeichnete Kapital (nicht eingefordert)
Anlagevermögen	– Auszuschüttender Betrag des
+ Nicht bilanzierter Geschäfts- oder Firmenwert	Mutterunternehmens
	– Eigene Anteile
+ Ggf. kumulierte Abschreibungen auf Geschäfts- oder Firmenwerte	– Anlagen im Bau
	– Ausgleichsposten für Anteile anderer
+ Barwert der Leasingraten	Gesellschafter
– Anlagen im Bau	– Disagio
+/– Kumulierter ungewöhnlicher Verlust/Gewinn nach Steuern	
Umlaufvermögen	**Sonstige eigenkapitalähnliche Posten**
– Nicht zinstragende Verbindlichkeiten /Rückstellungen (incl. auszuschüttender Betrag des Mutterunternehmens, ggf. Pensionsrückstellungen, ggf. s · Sonderposten mit Rücklagenanteil)	+ Nicht bilanzierter Geschäfts- oder Firmenwert
	+ Ggf. kumulierte Abschreibungen auf Geschäfts- oder Firmenwerte
	– Fehlbetrag Pensionsrückstellungen
+ Bewertungsreserve im Vorratsvermögen	+ Rückstellungen für latente Steuern
– Eigene Anteile	+ Rückstellungen mit Reservecharakter (z.B. Aufwandsrückstellungen)
– Disagio	– Aktivische latente Steuern
– Aktivische latente Steuern	+ (1-s) · Sonderposten mit Rücklagenanteil
	+ Bewertungsreserve im Vorratsvermögen
	+/– Kumulierter ungewöhnlicher Verlust/Gewinn nach Steuern
	Fremdkapital
	– Nicht zinstragende Verbindlichkeiten/Rückstellungen
	+ Ausgleichsposten für Anteile anderer Gesellschafter
	– Rückstellungen für latente Steuern
	– Rückstellungen mit Reservecharakter (z.B. Aufwandsrückstellungen)
	+ Fehlbetrag Pensionsrückstellungen
	+ Barwert der Leasingraten
	= Investiertes Kapital nach HGB

---

875 Ohne Berücksichtigung der rein steuerrechtlichen Abschreibungen. Vgl. hierzu Teil 5 Gliederungspunkt II. B. 2. Punkt (17).

Abbildung 34:   Berechnung des investierten Kapitals auf Basis eines IAS-Abschlusses

Economic model: Bilanz	
Aktiva	**Passiva**
Anlagevermögen	**Eigenkapital**
+ Nicht bilanzierter Geschäfts- oder Firmen- wert + Ggf. kumulierte Abschreibungen auf Ge- schäfts- oder Firmenwerte + Barwert der Leasingraten − Anlagen im Bau + Nicht aktivierte Forschungs- und Entwicklungsaufwendungen etc. +/− Kumulierter ungewöhnlicher Verlust/Gewinn nach Steuern − Ungenutztes Sachanlagevermögen	− Anlagen im Bau − Disagio − Auszuschüttender Betrag des Mutterunter- nehmens − Ungenutztes Sachanlagevermögen − Ausgleichsposten für Anteile anderer Gesellschafter
Umlaufvermögen	**Sonstige eigenkapitalähnliche Posten**
− Nicht zinstragende Verbindlichkei- ten/Rückstellungen (incl. auszuschüttender Betrag des Mutterunternehmens) + Bewertungsreserve im Vorratsvermögen − Aktivische latente Steuern − Disagio	+ Nicht bilanzierter Geschäfts- oder Firmen- wert + Ggf. kumulierte Abschreibungen auf Geschäfts- oder Firmenwerte + Rückstellungen für latente Steuern − Aktivische latente Steuern + Rückstellungen mit Reservecharakter + Bewertungsreserve im Vorratsvermögen +/− Kumulierter ungewöhnlicher Verlust/Gewinn nach Steuern + Nicht aktivierte Forschungs- und Entwicklungsaufwendungen etc. **Fremdkapital** − Nicht zinstragende Verbindlichkeiten + Ausgleichsposten für Anteile anderer Gesell- schafter − Rückstellungen für latente Steuern − Rückstellungen mit Reservecharakter + Barwert der Leasingraten
= Investiertes Kapital nach IAS	

Neben den genannten Anpassungsmaßnahmen können unter dem Gesichtspunkt der Wesentlichkeit individuell weitere Bereinigungen vorgenommen werden. So wird etwa diskutiert, ob es sinnvoll ist, anstatt von Buchwerten des Vermögens deren Marktwerte heranzuziehen, da bei der Ermittlung der Kapitalkosten die alternative Einsatzmöglichkeit der Vermögensgegenstände entscheidend ist.[876] Marktwerte lassen sich jedoch nur für eine beschränkte Anzahl von Vermögensgegenständen ermitteln.[877] Ferner kann eine Saldierung des Ausgleichspostens aus der Währungsumrechnung (foreign currency translation adjustment) mit dem Eigenkapital erfolgen.[878] Auch Forderungen gegen verbundene Unternehmen können mit den Verbindlichkeiten gegenüber verbundenen Unternehmen im HGB-Abschluß saldiert werden.[879]

Zu den häufigsten **Bereinigungen**, die **US-amerikanische** und **kanadische** Großunternehmen bei der Berechnung des investierten Kapitals im Rahmen ihrer internen Performance-Messung vornehmen, gehören die Kapitalisierung des Gegenwartswerts der Leasingraten (47,6%), die Addition der LIFO-Reserve zum Eigenkapital (25,4%), die Umgliederung der Rückstellungen für latente Steuern in das Eigenkapital (25,4%), die Addition der kumulierten Abschreibungen auf den Geschäfts- oder Firmenwert (23,8%) sowie die Bilanzierung eines Geschäfts- oder Firmenwerts bei der pooling-of-interests method.[880]

Interessanterweise kapitalisieren lediglich 2,6% der Unternehmen Forschungs- und Entwicklungsaufwendungen und 1,9% Ausbildungskosten.[881] Ein Pharmazieunternehmen begründet dies damit, daß „the probability that a product will materialize is 1 in 10 or even 1 in 30."[882] Bei der Berechnung des investierten

---

876 „It could be argued, that the reason for writing up the assets and for not including the appreciation in profits is to get a sense of whether a company's assets would be better used some other way." Copeland, T./Koller, T./Murrin, J. (Valuation 1994), S. 170.

877 Hostettler bspw. berücksichtigt Equity-Beteiligungen auf Basis von Marktwerten. Vgl. Hostettler, S. (Economic Value Added 1997), S. 137.

878 Vgl. Davis, H.A. (Cash Flow and Performance Measurement 1996), S. 198.

879 Die Einbeziehungswahlrechte (vgl. § 296 HGB) und das Einbeziehungsverbot (vgl. § 295 HGB) bei der Konsolidierung führen dazu, daß nicht sämtliche Unternehmen vollkonsolidiert und infolgedessen auch im Konzernabschluß Verbundbeziehungen ausgewiesen werden können. Ein verbleibender Restbetrag wird mit dem Eigenkapital saldiert oder in das Eigenkapital eingestellt. Vgl. Richter, F. (Steuerungs- und Monitoringsystem 1996), S. 236, 245.

880 Es wurden 153 Unternehmen befragt. Vgl. Davis, H.A. (Cash Flow and Performance Measurement 1996), S. 197.

881 Vgl. Davis, H.A. (Cash Flow and Performance Measurement 1996), S. 44.

882 Davis, H.A. (Cash Flow and Performance Measurement 1996), S. 45 f. In der Softwarebranche ist bspw. nach SFAS 86 das entscheidende Kriterium für die Aktivierung von

Kapitals wird jedoch das Ziel verfolgt, auch solches Kapital zu berücksichtigen, daß sich eventuell später als Fehlinvestition herausstellt. Diese Argumentation ist somit zumindest unter konzeptionellen Aspekten des EVA-Modells fragwürdig.

3. Ermittlung des betrieblichen Erfolgs (net operating profit after tax)

Die Berechnung des betrieblichen Erfolgs nach Steuern bzw. des net operating profit after tax (NOPAT) sollte mit der Ermittlung des investierten Kapitals einhergehen. Jedoch nehmen nur zwei Drittel der befragten US-amerikanischen und kanadischen Unternehmen[883], die für interne Zwecke die Kapitalgröße korrigieren, auch die korrespondierenden Anpassungen bei der Erfolgsgröße vor.[884] Im einzelnen sind – in Anlehnung an die Bereinigungsmaßnahmen zur Ermittlung des investierten Kapitals – folgende Anpassungsmaßnahmen notwendig:

(1) Ausgangspunkt bei der Ermittlung des betrieblichen Erfolgs für einen US-GAAP-Abschluß ist das in der Gewinn- und Verlustrechnung ausgewiesene **income from continuing operations**.[885] Dieses erfaßt neben dem operating income[886] weitere Erfolgskomponenten (other revenues and gains bzw. other expenses and losses).[887]

Zu den in den Jahresabschlüssen am häufigsten ausgewiesenen gains zählen Zinserträge (interest income), Gewinne aus dem Verkauf von Vermögensgegenständen (sale of assets), Dividendeneinnahmen (divi-

---

Ausgaben zur Herstellung der Software, die verkauft werden soll, die technische Realisierbarkeit. Vgl. Keitz, I.v. (Immaterielle Güter 1997), S. 144.

883 Vgl. Teil 5 Gliederungspunkt II. B. 2.

884 Vgl. Davis, H.A. (Cash Flow and Performance Measurement 1996), S. 42.

885 Vgl. Teil 5 Gliederungspunkt I. B. 2. d).

886 Neben dem Begriff des operating income wird auch die Bezeichnung income from operations verwendet. Vgl. Williams, J.R./Stanga, K.G./Holder, W.W. (Intermediate Accounting 1995), S. 114.

887 Vgl. Haller, A. (Rechnungslegung in den USA 1994), S. 284. Unter den other revenues/gains and expenses/losses werden neben Aufwendungen und Erträgen, die im HGB-Abschluß unter den sonstigen betrieblichen Erträgen und Aufwendungen erscheinen, auch Erfolgskomponenten aus dem Bereich des Finanzergebnisses ausgewiesen. Während revenues und expenses dem eigentlichen Geschäftsfeld des Unternehmens zugeordnet werden, entstehen losses und gains aufgrund von nebensächlichen Tätigkeiten und Ereignissen. Vgl. SFAC 6, Par. 78, 80, 82, 83.

dends), das anteilige Ergebnis an gemäß der Equity-Methode bilanzierten Unternehmen (equity in earnings of investees) und Mieterträge (rentals),[888] während unter den losses insbesondere Restrukturierungsaufwendungen (restructuring of operations), außerplanmäßige Abschreibungen von Vermögensgegenständen (write-down of assets) und Abschreibungen von immateriellen Vermögensgegenständen (intangible asset amortization) erfaßt werden.[889] Abschreibungen werden insofern ebenfalls als cash-relevanter Aufwand berücksichtigt.[890]

Beim HGB-Abschluß dient das **Ergebnis der gewöhnlichen Geschäftstätigkeit**, beim IAS-Abschluß der **profit or loss from ordinary activities**[891] als Ausgangsgrundlage für die Ermittlung des betrieblichen Erfolgs. Die sonstigen Steuern sind vom Erfolg zu subtrahieren. Wird allerdings von Unternehmensseite das **Ergebnis nach DVFA/SG** ausgewiesen, bietet es sich an, dieses als Ausgangspunkt für die Ermittlung des operativen Erfolgs zu verwenden.

(2) Da sämtliche Positionen des Finanzanlagevermögens in das investierte Kapital eingehen, werden auch sämtliche Finanzerfolge im operativen Erfolg berücksichtigt.[892] Ausgeklammert wird lediglich die Position **Zinsen und ähnliche Aufwendungen** (interest expenses), da die Kosten des

---

888 Vgl. Yarnall, G.L./Rikert, R. (Accounting Trends & Techniques 1997), S. 283.

889 Vgl. Yarnall, G.L./Rikert, R. (Accounting Trends & Techniques 1997), S. 290. Zinsaufwendungen zählen zu den expenses während Zinserträge den gains zugerechnet werden.

890 Abschreibungen sichern die Aufrechterhaltung der langfristigen Betriebsbereitschaft. Des weiteren wird argumentiert, daß bei Leasingverträgen die Abschreibungen auf die betreffenden Vermögensgegenstände in den zu zahlenden Leasingraten enthalten sind und somit ebenfalls bei der Ermittlung des NOPAT berücksichtigt werden. Vgl. Stewart, G.B. (EVA™: Fact and Fantasy 1994), S. 80.

891 Das nach IAS 35, Abs. 27, gesondert auszuweisende Ergebnis, das auf einzustellende Geschäftsbereiche entfällt, darf dabei nicht berücksichtigt werden oder wird alternativ als ungewöhnliches Ergebnis ausgeklammert.

892 Werden die Wertpapiere des Umlaufvermögens nicht im investierten Kapital berücksichtigt, ist es von externer Seite nicht möglich, eine konsistente Ermittlung von investiertem Kapital und betrieblichem Erfolg durchzuführen. Zum einen können Erträge aus dem Verkauf von Wertpapieren des Umlaufvermögens nur bei freiwilligen Anhangangaben aus den sonstigen betrieblichen Erträgen eliminiert werden, zum anderen enthält die Position sonstige Zinsen und ähnliche Erträge neben den Zinsen und Dividenden auf Wertpapiere des Umlaufvermögens auch Zinsen auf Einlagen bei Kreditinstituten, Verzugszinsen von Kunden, Zinsen auf Darlehen etc. Vgl. Förschle, G. (Kommentierung des § 275 HGB 1995), Rn. 91.

Fremdkapitals im Kapitalkostensatz, der schließlich das gesamte investierte Kapital belastet, enthalten sind.[893]

(3) Ferner sind **implizite Zinszahlungen in den Leasingraten** im Einklang mit der Berechnung des investierten Kapitals aus dem betrieblichen Erfolg auszuklammern. Der Teil der Leasingraten, der mit Abschreibungen der betreffenden Vermögensgegenstände korrespondiert, schmälert dagegen weiterhin den betrieblichen Erfolg.

Zur externen Berechnung der impliziten Zinszahlungen kann der während der Periode durchschnittlich gebundene Barwert der Leasingraten mit dem risikofreien Zinssatz des Unternehmens multipliziert werden.[894] Alternativ ist es möglich, den jährlichen Leasing- und Mietaufwand hilfsweise mittels Division der nicht bilanzierten Leasing- und Mietverpflichtungen durch die durchschnittliche Restlaufzeit zu berechnen. Die implizite Zinszahlung ergibt sich dann durch Multiplikation des risikofreien Zinssatzes mit dem jährlichen Leasing- und Mietaufwand.[895]

(4) Auch der **Zinsanteil des Zuführungsbetrags zu den Pensionsrückstellungen** sollte aus dem betrieblichen Erfolg eliminiert werden, soweit Pensionsrückstellungen im investierten Kapital berücksichtigt werden.[896]

Der Zinsanteil kann nach IAS 19 'Employee Benefits' sowie nach den Vorschriften des HGB sowohl unter den Personal- als auch unter den Zinsaufwendungen ausgewiesen werden.[897] Da sowohl der Betrag als

---

893 Vgl. Teil 5 Gliederungspunkt II. B. 4. b).

894 Der Zinssatz soll dem Zins entsprechen, mit dem die Leasingraten zur Berechnung des Barwerts diskontiert werden. „The discount rate should in general be the rate the company pays on secured indebtedness." Stewart geht (im Jahr 1988) von einem pauschalen Zinssatz von 10% für alle Unternehmen aus. Vgl. Stewart, G.B. (Quest for Value 1991), S. 98 f.

895 Vgl. Hostettler, S. (Economic Value Added 1997), S. 124 ff. Hostettler unterstellt, daß die durchschnittliche Restlaufzeit vier Jahre beträgt. Ferner addiert er zum risikofreien Zins einen pauschalen Risikozuschlag.

896 Vgl. Teil 5 Gliederungspunkt II. B. 2. Punkt (11).

897 Der Zinsanteil, der die Verzinsung der am Beginn des Geschäftsjahrs vorhandenen Pensionsrückstellungen und damit eine Vergütung für die bis zur Fälligkeit gestundete Versorgungszahlung darstellt, wird im Gesamtkostenverfahren meist zusammen mit der Nettoprämie unter den sozialen Abgaben und Aufwendungen für die Altersversorgung und Unterstützung im Personalaufwand ausgewiesen. Bei Anwendung des Umsatzkostenverfahrens erfolgt der Ausweis meist in den einzelnen Funktionsbereichen. Daneben ist es möglich – und dies ist betriebswirtschaftlich betrachtet korrekt – den Zinsanteil unter den Zinsen und ähnlichen Aufwendungen auszuweisen. Vgl. zu den Folgewirkungen des Ausweises des Zinsanteils innerhalb des Betriebsergebnisses Kü-

auch der Ausweisposten des Zinsanteils nach IAS anzugeben sind, kann dieser in den Zinsaufwand umgegliedert werden.[898] Eine entsprechende Umgliederung ist im HGB-Abschluß nur bei freiwilligen Zusatzangaben möglich. Deutsche Unternehmen, die nach US-GAAP bilanzieren, müssen jedoch den Zinsanteil ebenfalls im Anhang angeben.

Wird in Einzelfällen eine Pensionsrückstellung in einer US-amerikanischen Bilanz ausgewiesen, die wesentlich ist,[899] so sollte der Zinsanteil, der diesem Posten zuzurechnen ist, geschätzt werden und aus den operating expenses in den Zinsaufwand (interest expenses) umgegliedert werden.[900]

(5) Anschließend sind **ungewöhnliche Erfolgskomponenten** (unusual or infrequently occurring items) zu eliminieren. Aufgrund des gesonderten Ausweises dieser Erfolgsbestandteile im US-GAAP-Abschluß kann eine Analyse der einzelnen Posten in der Gewinn- und Verlustrechnung unterbleiben.[901]

In HGB- und IAS-Abschlüssen sieht man sich dagegen der Schwierigkeit ausgesetzt, daß ungewöhnliche Erfolgskomponenten grundsätzlich nicht gesondert anzugeben sind. Allerdings sind nach IAS Ertrags- oder Aufwandsposten, die von einer derartigen Größe, Art oder Häufigkeit sind, daß ihre Angabe für die Erklärung der Ertragskraft des Unternehmens in einer Periode bedeutsam ist, betragsmäßig gesondert zu erläutern.[902] Des

---

ting, K./Strickmann, M. (Betriebliche Altersversorgung 1997), S. 15; Küting, K. (Gesamtkapitalrentabilität 1998), S. 16.

898 Vgl. IAS 19, Abs. 120 f.

899 Eine unwesentliche Unterdeckung, die als Verbindlichkeit ausgewiesen wird, kann zu den unverzinslichen Verbindlichkeiten gezählt werden. Vgl. Copeland, T./Koller, T./Murrin, J. (Valuation 1994), S. 180.

900 Besteht keine Differenz zwischen Pensionsverpflichtung und Fondsvermögen und wird somit keine Pensionsrückstellung ausgewiesen, müssen keine Anpassungen vorgenommen werden. Vgl. Copeland, T./Koller, T./Murrin, J. (Valuation 1994), S. 180. Vgl. zum Ausweis von Pensionsrückstellungen in US-amerikanischen Bilanzen Teil 5 Gliederungspunkt II. B. 2. Punkt (11).

901 Vgl. Teil 5 Gliederungspunkt I. B. 2. d).

902 Vgl. IAS 8, Abs. 16. Dazu gehören Restrukturierungsaufwendungen, Abgänge von Vermögenswerten des Sachanlagevermögens und langfristigen Finanzinvestitionen, Beendigungen von Rechtsstreitigkeiten sowie sonstige Auflösungen von Rückstellungen. Ferner werden unter dieser Ausweispflicht auch außerplanmäßige Abschreibun-

weiteren werden auch sämtliche Aufwendungen und Erträge, die im Zusammenhang mit einzustellenden Geschäftsbereichen stehen, gesondert ausgewiesen.[903]

Auch in HGB-Abschlüssen können **ungewöhnliche** Aufwendungen und Erträge erst nach einer eingehenden Analyse der Angaben im Anhang eliminiert werden.[904] Dies gilt allerdings nur unter der Voraussetzung, daß das Unternehmen freiwillige Zusatzangaben bereitstellt. Ungewöhnliche Erfolgskomponenten finden sich dabei insbesondere in den sonstigen betrieblichen Erträgen und Aufwendungen.[905]

Überdies sind in HGB-Abschlüssen **rein steuerrechtliche Abschreibungen** – als bewertungsbedingte Erfolgskomponenten – zu eliminieren. Problematisch erweist sich diese Korrektur insoweit, als die steuerrechtlichen (Mehr-)Abschreibungen nur im Entstehungsjahr korrigiert werden können, während dadurch verursachte (Minder-)Abschreibungen der Folgeperioden in aller Regel nicht angegeben werden. Sie führen somit in den Folgejahren zu einem überhöhten Erfolgsausweis.[906] An dieser Stelle sei nur auf den Volkswagen-Konzern hingewiesen, der im Geschäftsjahr 1995 einen Jahresüberschuß von 336 Mio. DM auswies und bei dem nach eigenen Aussagen ohne steuerrechtliche Maßnahmen das Ergebnis negativ gewesen wäre.[907]

Wird statt dem Ergebnis der gewöhnlichen Geschäftstätigkeit das **Ergebnis nach DVFA/SG** herangezogen, stellt sich die Situation wesentlich einfacher dar. Gemäß den Zielsetzungen der DVFA/SG ist das Ergebnis bereits um ungewöhnliche und dispositionsbedingte Erfolgsbestandteile bereinigt worden. Die Bereinigungsmaßnahmen umfassen dabei die Korrektur der steuerrechtlichen Sonderabschreibungen, soweit sie die Normalabschreibungen übersteigen. Zudem werden auch die durch steuer-

---

gen der Vorräte auf den Netto-Veräußerungswert erfaßt, die, soweit sie nicht vorübergehender Natur sind, rückgängig gemacht werden.

903 Vgl. IAS 35, Abs. 27.
904 Vgl. Küting, K./Weber, C.-P. (Bilanzanalyse 1998), S. 482 ff.
905 Vgl. Küting, K. (Erfolgsspaltungs-Konzeption 1998), S. 696 ff.
906 Vgl. Küting, K. (Betragsmäßige Erfolgsanalyse 1998), S. 8 f.
907 Vgl. Volkswagen AG (Geschäftsbericht 1995), S. 90.

rechtliche Sonderabschreibungen vorweggenommenen Normalabschreibungen in den Folgejahren ergebnismindernd berücksichtigt.[908]

(6) Schließlich sind noch die einzelnen **Veränderungen der eigenkapitalähnlichen Posten** zum betrieblichen Erfolg hinzuzurechnen bzw. davon zu subtrahieren. Dafür müssen Schätzungen zur Festlegung der Nutzungsdauer der zusätzlich aktivierten immateriellen Vermögensgegenstände (Entwicklungs- und Forschungsaufwendungen, Ausbildungsaufwendungen etc.) vorgenommen werden. Stewart legt pauschal eine Nutzungsdauer dieser immateriellen Werte von fünf Jahren fest.[909]

Wird für deutsche Unternehmen das **Ergebnis nach DVFA/SG** zugrunde gelegt, wurden folgende Veränderungen eigenkapitalähnlicher Posten bereits bei der Ergebnisermittlung berücksichtigt: [910]

- Abschreibungen auf den Geschäfts- oder Firmenwert haben das Ergebnis gemindert. Ggf. müssen sie jedoch wieder rückgängig gemacht werden, soweit keine Wertminderung festgestellt wurde.

- Die Bildung und Auflösung von Aufwandsrückstellungen, dispositionsbedingten Rückstellungen sowie des Sonderpostens mit Rücklageanteil wurden ebenfalls bereinigt. Auch unterlassene Dotierungen der Pensionsrückstellungen wurden korrigiert.

Somit müssen nur noch eine Erhöhung oder Verminderung der Bewertungsreserve im Vorratsvermögen sowie eine Veränderung der passivischen (aktivischen) latenten Steuern korrigiert werden.[911]

(7) Da es sich beim NOPAT um eine Erfolgsgröße nach Unternehmenssteuern handelt, werden die in der Gewinn- und Verlustrechnung ausgewiese-

---

908 Vgl. Gemeinsame Arbeitsgruppe der DVFA/SG (Fortentwicklung 1998), S. 2539; Busse von Colbe, W. u.a. (Ergebnis nach DVFA/SG 1996), S. 23.

909 Vgl. Stewart, G.B. (Quest for Value 1991), S. 744.

910 Vgl. Teil 5 Gliederungspunkt I. D. 2.

911 Die Bereinigungen für das Ergebnis nach DVFA/SG erfolgen in der Weise, „daß eine zu bereinigende Position nur insoweit vom Jahresergebnis abgezogen oder hinzugerechnet wird, wie sie – einschließlich der Berücksichtigung latenter Steuern – zu dessen Erhöhung oder Verminderung im Konzern beigetragen hat." Busse von Colbe, W. u.a. (Ergebnis nach DVFA/SG 1996), S. 11; Gemeinsame Arbeitsgruppe der DVFA/SG (Fortentwicklung 1998), S. 2537.

nen Steuern an den nachhaltigen Erfolg angepaßt.[912] Ertragsabhängige Steuern, die auf **ungewöhnliche Erfolgsbestandteile** oder **Zinsaufwendungen** zurückzuführen sind, dürfen nicht darin eingerechnet werden. Es wird damit zunächst ein fiktiv unverschuldetes Unternehmen der Beurteilung zugrunde gelegt. Der relative steuerliche Vorteil einer Fremdfinanzierung ist anschließend bei der Ermittlung der Kapitalkosten zu berücksichtigen.

Bei Verwendung des Ergebnisses nach DVFA/SG ist lediglich der relative Vorteil der Fremdfinanzierung zu eliminieren, da die ungewöhnlichen Erfolgsbestandteile bereits unter Berücksichtigung ihrer steuerlichen Wirkungen korrigiert worden sind.[913]

Stewart geht bei der externen Performance-Beurteilung von einem für alle Unternehmen **konstanten Grenzsteuersatz** aus.[914] Des weiteren soll nur der Anteil an Ertragsteuern berücksichtigt werden, der **zahlungswirksam** ist. Ausgehend von den in der Gewinn- und Verlustrechnung ausgewiesenen ertragsabhängigen Steuern (provision for income taxes) wird daher eine Erhöhung der Rückstellungen für latente Steuern (deferred taxes) vom Steueraufwand abgezogen bzw. deren Verminderung zum Steueraufwand addiert.

Bei deutschen Unternehmen ist die Anwendung eines bestimmten Steuersatzes auf den betrieblichen Erfolg allerdings problematisch. Denn im Gegensatz zum US-amerikanischen Steuersystem sieht das deutsche Recht einen gespaltenen Steuersatz und ein körperschaftsteuerliches Anrechnungsverfahren vor. Danach ist die von den Unternehmen gezahlte Körperschaftsteuer auf Ausschüttungen auf die persönliche Ertragsteuerschuld des Anteilseigners anrechenbar.[915] Sie stellt infolgedessen für ihn

---

912 Hierbei wird vom US-amerikanischen Steuersystem ausgegangen, bei dem eine Doppelbesteuerung erfolgt. Der NOPAT gibt den Erfolg nach Unternehmenssteuern und vor der persönlichen Besteuerung der Anteilseigner wieder.

913 Dabei wird allerdings grundsätzlich der Steuersatz für thesaurierte Gewinne verwendet. Des weiteren wird die Gewerbeertragsteuer berücksichtigt. Vgl. zur Berechnung der Nettogewinnsätze Busse von Colbe, W. u.a. (Ergebnis nach DVFA/SG 1996), S. 111.

914 Vgl. Stewart, G.B. (Quest for Value 1991), S. 743. „The marginal tax rate is generally the statutory marginal rate, including state and local taxes." Copeland, T./Koller, T./Murrin, J. (Valuation 1994), S. 162.

915 Es wird eine Performance-Messung nach Unternehmenssteuern und vor der persönlichen Besteuerung der Anteilseigner angestrebt, um nicht individuelle Einflußgrößen der Investoren berücksichtigen zu müssen. Der Körperschaftsteuersatz beträgt für

einen Ertragsbestandteil dar.[916] Von daher macht es keinen Sinn – ungeachtet der Gewerbeertragsteuer –, den Thesaurierungssatz zu verwenden.

Statt einen pauschalen Steuersatz für alle Unternehmen zu ermitteln, wird daher empfohlen, alternativ einen **empirischen Steuersatz**, der die individuelle Ausschüttung des Unternehmens berücksichtigt, zu berechnen.[917] Zuvor muß dabei die anrechnungsfähige Körperschaftsteuer bestimmt werden:[918]

$$\text{AnrechnungsfähigeKörperschaftsteuer} = \frac{\text{Dividende} \cdot \text{Steuersatz für Ausschüttung}}{(1 - \text{Steuersatz für Ausschüttung})}$$

Der empirische Steuersatz kann anschließend näherungsweise berechnet werden, indem die Steuern vom Einkommen und Ertrag abzüglich der anrechnungsfähigen Ausschüttungsbelastung durch den ausgewiesenen Erfolg vor Steuern dividiert werden:

$$\text{Steuersatz} = \frac{\text{Steuern}^{\text{Einkommen und Ertrag}} - \text{Körperschaftsteuer auf Dividende}}{\text{Jahresüberschuß vor Steuern}^{\text{Einkommen und Ertrag}}}$$

Die Eliminierung des Steueranteils, der auf Ausschüttungen beruht, geht jedoch von einigen drastischen **Vereinfachungen** aus:[919] Der Körperschaftsteueranteil aufgrund einer Thesaurierung geht vollständig verloren, d.h., es wird nicht berücksichtigt, daß im Falle einer teilweisen Thesaurierung die Körperschaftsteuergutschrift bei der Ausschüttung von Gewinnen in späteren Perioden erfolgen kann. Ferner wird unterstellt, daß der handelsbilanzielle Vorsteuergewinn ungefähr mit der steuerlichen Bemessungsgrundlage übereinstimmt und der Anteil anrechnungsberechtigter inländischer Aktionäre 100% beträgt.

---

thesaurierte Gewinne gegenwärtig grundsätzlich 45% (vgl. § 23 Abs. 1 KStG) und 30% für ausgeschüttete Gewinne (vgl. § 27 Abs. 1 KStG).

916 Vgl. § 20 EStG, Abs. 1, Nr. 3.
917 Vgl. Richter, F. (Steuerungs- und Monitoringsystem 1996), S. 225 ff.
918 Die vorgesehene Dividende, die sich aus dem Gewinnverwendungsbeschluß entnehmen läßt, wird nach Steuern angegeben.
919 Vgl. Richter, F. (Steuerungs- und Monitoringsystem 1996), S. 226. Ausschüttungen erfolgen des weiteren aus positiven Erträgen der Periode oder aus unbelastetem Eigenkapital der Vorjahre.

Insbesondere die erstgenannte Annahme, daß der Körperschaftsteueranteil aufgrund von Thesaurierungen vollständig verlorengeht und damit bei der Ermittlung des Erfolgs abzuziehen ist, ist fragwürdig: Der Investor könnte durch eine sofortige Ausschüttung und gleichzeitige Kapitalerhöhung (**Schütt-aus-Hol-zurück-Politik**) Wertsteigerungen erzielen. [920] Das folgende einfache Beispiel demonstriert dies:

Beispiel 22: Berücksichtigung der Körperschaftsteuer auf einbehaltene Gewinne

	Unternehmen A	Unternehmen B
Gewinn vor KSt (in GE)	100	100
KSt (30% auf ausgeschüttete Gewinne) (in GE)	30	–
KSt (45% auf einbehaltene Gewinne) (in GE)	–	45
Einbehaltener Gewinn nach KSt (in GE)	–	55
Ausschüttung (Bardividende) (in GE)	70	–
Bruttodividende des Aktionärs (in GE)	100	–
Persönliche ESt (Annahme 45%) (in GE)	45	–
Einkommen nach Steuern (in GE)	55	–

Die Unternehmen A und B unterscheiden sich lediglich in ihrer Art und Weise, ihre Investitionen zu finanzieren: Unternehmen A schüttet den Erfolg erst an die Aktionäre aus. Die Körperschaftsteuer auf ausgeschüttete Gewinne können die Aktionäre schließlich bei der Bemessung ihrer persönlichen Einkommensteuerschuld anrechnen. Unter der vereinfachenden Annahme eines konstanten Grenzsteuersatzes der Einkommensteuer

---

920 Bei einer teilweisen Thesaurierung von Gewinnen erfolgt die Körperschaftsteuergutschrift erst bei einer späteren Ausschüttung der Gewinne. Jonas weist darauf hin, daß bei einer teilweisen Thesaurierung die Vernachlässigung von Körperschaftsteuergutschriften für spätere Ausschüttungen nicht sinnvoll ist: „Würde jedoch eine 'Schütt aus - Hol zurück'-Politik unterstellt, könnte derselbe Finanzbedarf ohne körperschaftsteuerliche Belastung gedeckt werden. In diesem Fall würde keine Definitivbelastung abgezogen. Da aber die Körperschaftsteuer nichts anderes ist als eine Vorauszahlung auf die spätere, bei Ausschüttung fällige Einkommensteuer des Gesellschafters, kann die Thesaurierung steuerlich solange nicht ungünstiger sein als 'Schütt aus - Hol zurück', wie der Körperschaftsteuertarif nicht deutlich über dem durchschnittlichen Grenzsteuersatz der Einkommensteuer liegt. Aus diesem Grund ist kein Abzug der Körperschaftsteuer-Definitivbelastung auf die Thesaurierung vorzunehmen." Jonas, M. (Unternehmensbewertung 1995), S. 94. Vgl. auch Günther, T. (Controlling 1997), S. 133; Ballwieser, W. (Shareholder Value-Ansatz 1994), S. 1402.

von 45% werden anschließend 55 GE dem Unternehmen wieder zugeführt. Der Gewinn des Unternehmens B wird dagegen direkt einbehalten und mit der Körperschaftsteuer auf thesaurierte Gewinne belastet, so daß dem Unternehmen ebenfalls 55 GE für seine Investitionen zur Verfügung stehen.

Bei einer Unternehmensbewertung würden die beiden Unternehmen jedoch unterschiedlich bewertet: Unter der vereinfachenden Annahme, daß die Ertragsüberschüsse in Zukunft konstant bleiben, betragen die einzelnen Periodenerfolge des Unternehmens A 100 GE, da die Körperschaftsteuer auf ausgeschüttete Gewinne als Ertragsbestandteil berücksichtigt wird. Dagegen belaufen sich die Ertragsüberschüsse des Unternehmens B auf 55 GE, denn die Körperschaftsteuer auf die thesaurierten Gewinne mindert den Erfolg. Bei einem Kapitalisierungszins von 10% beträgt der Unternehmenswert von A 1.000 GE und von B 550 GE. Dieses Ergebnis ist aus Sicht eines Anlegers unbefriedigend, da sich die Unternehmen lediglich in ihrer Finanzierungspolitik unterscheiden.

Es wird daher hier vorgeschlagen, keinen Abzug der Körperschaftsteuer auf Thesaurierungen vorzunehmen.[921] Der empirische Steuersatz dürfte dann lediglich die Gewerbeertragsteuer erfassen.[922] Der **effektive Gewerbeertragsteuersatz** (s^{GewESt}) berechnet sich wie folgt:[923]

$$s^{GewESt} = \frac{\text{Steuermeßzahl(5\%) x Hebesatz}}{1 + \text{Steuermeßzahl(5\%) x Hebesatz}}$$

---

921 Die Körperschaftsteuer-Definitivbelastung auf nicht abziehbare Aufwendungen wird hier vernachlässigt.

922 Vgl. zur vereinfachten Berechnung der Gewerbeertragsteuer Teil 5 Gliederungspunkt II. B. 4. b).

923 Die zu zahlende Gewerbeertragsteuer ergibt sich wie folgt: Der maßgebliche Gewerbeertrag wird ausgehend vom Steuerbilanzgewinn (Gewinn aus Gewerbebetrieb) berechnet, der durch Hinzurechnungen nach § 8 GewStG und Kürzungen nach § 9 GewStG verändert wird. Als wichtigste Hinzurechnung ist die Addition von 50% der bei der Ermittlung des Gewinns aus Gewerbebetrieb abgezogenen Dauerschuldentgelte anzusehen. Zu beachten ist, daß die Gewerbeertragsteuer von ihrer eigenen Bemessungsgrundlage abzugsfähig ist. Der maßgebliche Gewerbeertrag ist mit der Steuermeßzahl (bei Kapitalgesellschaften 5%, bei Personengesellschaften und Einzelunternehmen mit einem Staffeltarif zwischen 1%-5%) sowie dem Hebesatz der Gemeinde zu multiplizieren. Bei der externen Ermittlung der Kapitalkosten kann zur Vereinfachung auch von einem einheitlichen Hebesatz ausgegangen werden.

Unter der Annahme, daß der handelsbilanzielle Vorsteuergewinn ungefähr mit der steuerlichen Bemessungsgrundlage übereinstimmt, alle Fremdkapitalzinsen Dauerschuldentgelte darstellen und der Hebesatz 400% beträgt, wird die Gewerbeertragsteuer von externer Seite für ein fiktiv unverschuldetes Unternehmen vereinfachend wie folgt berechnet:

$$= \frac{\text{Jahresüberschuß vor Steuern vom Einkommen und Ertrag}}{\text{Bemessungsgrundlage für GewESt} \cdot s^{\text{GewESt}} (= 16, 67\%)}$$

$$= \text{Gewerbeertragsteuer}$$

Nach der Zielsetzung des economic model dürfen des weiteren lediglich zahlungswirksame Steuern erfaßt werden. Da bei deutschen Unternehmen nach der hier präferierten Vorgehensweise lediglich die Gewerbeertragsteuer den operativen Erfolg mindert, dürfen auch nur die latenten Steuern, die sich auf die Gewerbeertragsteuer beziehen, eliminiert werden. Da diese jedoch nicht gesondert ausgewiesen werden, wird auf eine entsprechende Korrektur verzichtet und damit unterstellt, daß die Gewerbeertragsteuer zahlungswirksam ist.

Im übrigen sei nochmals darauf hingewiesen, daß das **Ergebnis nach DVFA/SG** den Erfolg **nach Körperschaftsteuer** sowohl auf **ausgeschüttete** als auch **thesaurierte** Gewinne wiedergibt, was nicht den Anforderungen eines Performance-Maßstabs entspricht. Damit werden die Vorteile, die das Ergebnis nach DVFA/SG als Ausgangsgrundlage bietet, indem es ungewöhnliche und insbesondere steuerrechtliche Sachverhalte – zumindest theoretisch – korrekt eliminiert, erheblich nivelliert. Da folglich das Ergebnis nach DVFA/SG auch um die Körperschaftsteuer gemindert wurde, bietet es sich an, eine Korrektur der latenten Steuern vorzunehmen.

Die folgenden Abbildungen stellen die Ermittlung des operativen Erfolgs zusammenfassend dar.

Abbildung 35:   Berechnung des NOPAT auf Basis eines US-GAAP-Abschlusses[924]

Economic model : Income Statement

Income from continuing operations before taxes
+/– Unusual or infrequently occurring items
+   Interest expenses
+   Interest expenses on accrued pension costs
+   Implied interest expenses on operating leases
+/– Increase/decrease in equity equivalents
     +   Increase in LIFO reserve
     +   Ggf. goodwill amortization
     +   Increase in (net) capitalized intangibles
     +   Increase in warranty reserve
     +   Increase in reserves for bad debt
=   Adjusted operating profit before taxes
 	
–   Cash operating taxes
     +   Provision for income taxes
     –   Increase in deferred income tax reserve
     +   Tax saved by deducting interest expenses at a marginal tax rate
     +/ Tax saved by deducting any unusual loss/gain at a marginal tax rate
     –

=   Net operating profit after tax

---

924 Bei der Ermittlung des EVA auf Basis eines US-GAAP-Abschlusses wird in der Abbildung ein US-amerikanisches Unternehmen unterstellt.

Abbildung 36:   Berechnung des betrieblichen Erfolgs auf Basis eines HGB-Abschlusses[925]

Economic model: Gewinn- und Verlustrechnung
Ergebnis der gewöhnlichen Geschäftstätigkeit − Sonstige Steuern + Zinsen und ähnliche Aufwendungen + Zinsanteil des Zuführungsbetrags zu den Pensionsrückstellungen + Zinsanteil der Leasingraten −/+ Ungewöhnliche Erträge/Aufwendungen
= **Operativer Erfolg I**

− Steuern (Operativer Erfolg I · s^{GewESt})
+/− Veränderung der sonstigen eigenkapitalähnlichen Positionen
    +   Ggf. Abschreibungen auf Geschäfts- oder Firmenwerte (es wird keine Wertminderung unterstellt)
    −   Ggf. Abschreibungen auf Geschäfts- oder Firmenwerte (es wird eine Wertminderung unterstellt, und die Geschäfts- oder Firmenwerte wurden erfolgsneutral verrechnet)
    +/− Erhöhung/Verminderung der Bewertungsreserve im Vorratsvermögen
    +/− Erhöhung/Verminderung des Sonderpostens mit Rücklageanteil $(1 − s^{GewESt})$
    +/− Erhöhung/Verminderung der Rückstellungen mit Reservecharakter (z.B. Aufwandsrückstellungen)
    −/+ Erhöhung/Verminderung des Fehlbetrags der Pensionsrückstellungen

= **Operativer Erfolg II**

---

925 Ohne Berücksichtigung der rein steuerrechtlichen Abschreibungen. Vgl. hierzu Teil 5 Gliederungspunkt II. B. 2. Punkt (17); Teil 5 Gliederungspunkt II. B. 3. Punkt (5).

Economic model: Ergebnis nach DVFA/SG[926]

	Ergebnis nach DVFA/SG (nach Steuern)
+	Zinsen und ähnliche Aufwendungen · (1– s)
+	Zinsanteil des Zuführungsbetrags zu den Pensionsrückstellungen · (1– s)
+	Zinsanteil der Leasingraten · (1– s)
=	**Operativer Erfolg I**
+/–	Veränderung der sonstigen eigenkapitalähnlichen Positionen
	+ Ggf. Abschreibungen auf Geschäfts- oder Firmenwerte (es wird keine Wertminderung unterstellt)
	+/– Erhöhung/Verminderung der Bewertungsreserve im Vorratsvermögen
	+/– Erhöhung/Verminderung der passivischen latenten Steuern
	–/+ Erhöhung/Verminderung der aktivischen latenten Steuern
=	**Operativer Erfolg II**

Abbildung 37: Berechnung des betrieblichen Erfolgs auf Basis eines IAS-Abschlusses

Economic model: Gewinn- und Verlustrechnung

	Ergebnis der gewöhnlichen Geschäftstätigkeit (profit/loss from ordinary activities)
–	Sonstige Steuern
+	Zinsaufwendungen
+	Zinsanteil der Leasingraten
+	Ggf. Zinsanteil des Zuführungsbetrags zu den Pensionsrückstellungen[927]
–/+	Ungewöhnliche Erträge/Aufwendungen
=	**Operativer Erfolg I**
–	Steuern (Operativer Erfolg I · s^{GewESt})
+/–	Veränderung der sonstigen eigenkapitalähnlichen Positionen
	+ Abschreibungen auf Geschäfts- oder Firmenwerte
	+/– Veränderung der aktivierten Forschungs- und Entwicklungsaufwendungen etc.
	+/– Erhöhung/Verminderung der Bewertungsreserve im Vorratsvermögen
	+/– Erhöhung/Verminderung der Rückstellungen mit Reservecharakter
=	**Operativer Erfolg II**

---

926 Da das Ergebnis nach DVFA/SG nach Körperschaftsteuer auf ausgeschüttete und thesaurierte Gewinne ermittelt wird, sollten die Korrekturbuchungen ebenfalls die entsprechenden steuerlichen Auswirkungen berücksichtigen. Vgl. Gemeinsame Arbeitsgruppe der DVFA/SG (Fortentwicklung 1998), S. 2538.

927 Die Addition wird nur vorgenommen, soweit nicht bereits ein Ausweis unter den Zinsaufwendungen erfolgt.

Die dargestellten Bereinigungen bei der Berechnung des EVA werden allerdings nicht einheitlich durchgeführt. Meist beschränken sich die Unternehmen auf eine äußerst **geringe Zahl von Bereinigungsmaßnahmen.** The Coca-Cola Company, die das EVA-Modell nach den Grundsätzen von Stern Stewart & Co. anwendet, definiert bspw. im Geschäftsbericht 1997 den EVA wie folgt: „Economic profit and economic value added provide a framework by which we measure the value of our actions. We define economic profit as income from continuing operations after taxes, excluding interest, in excess of a computed capital charge for average operating capital employed. Economic value added represents the growth in economic profit from year to year."[928] Eine Ausgliederung ungewöhnlicher Erfolge (unusual gains and losses), die noch im income from continuing operations enthalten sein können, erfolgt demnach – soweit ersichtlich – nicht.

4. Ermittlung der Kapitalkosten

a) Überblick

Der Kapitalkostensatz, mit dem das investierte Kapital zu belasten ist, erfüllt im EVA-Modell zwei Aufgaben:[929] Zum einen wird er bei der **Performance-Messung** der Vergangenheit benötigt, um durch Subtraktion der Kapitalkosten vom operativen Erfolg des Unternehmens den Residualgewinn einer Periode zu ermitteln. Zum anderen dient er zur Abzinsung der prognostizierten EVA, die bei der **Ermittlung des Unternehmenswerts** zum Buchwert des Vermögens addiert werden.[930] Für beide Zwecke wird ein und derselbe Kapitalkostensatz verwendet.

Die Kapitalkosten können aus **drei** verschiedenen **Perspektiven** betrachtet werden:[931] Ausgehend von der Aktivseite stellen sie den Diskontierungssatz dar, mit dem die zukünftigen Cash Flows abgezinst werden.[932] Von der Passivseite aus betrachtet spiegeln sie die Kosten des Unternehmens für die Kapitalaufnahme wider. Aus dem Blickwinkel der Investoren gibt der Kapitalkosten-

---

928 The Coca-Cola Company (Annual Report 1997), S. 36.

929 Vgl. auch Ross, S.A./Westerfield, R.W./Jordan, B.D. (Fundamentals 1998), S. 415.

930 Vgl. Teil 4 Gliederungspunkt II. C.

931 Vgl. Ibbotson Associates (Yearbook 1998), S. 147.

932 Mittels der Diskontierung werden zukünftige Beträge gleichnamig gemacht, so daß sie addiert werden können. Vgl. Helbling, C. (Unternehmensbewertung 1995), S. 398.

satz gemäß dem Opportunitätskostenprinzip[933] schließlich die geforderte Mindestrendite oder -verzinsung der Eigen- und Fremdkapitalgeber wieder.[934]

Der Kapitalkostensatz umfaßt sowohl die Kosten für das Fremd- (FK) als auch für das Eigenkapital (EK) des Unternehmens, die entsprechend ihrer Anteile am Gesamtkapital (GK) gewichtet werden. Ohne die Berücksichtigung von steuerlichen Auswirkungen und die Differenzierung in verschiedene Fremd- und Eigenkapitalarten ermittelt sich der Kapitalkostensatz (**weighted average cost of capital**; WACC) wie folgt:[935]

$$WACC = k_{FK} \cdot \frac{FK}{GK} + k_{EK} \cdot \frac{EK}{GK},$$

wobei k_{EK} = Kosten des Eigenkapitals

k_{FK} = Kosten des Fremdkapitals

Im folgenden wird die Berechnung der drei Komponenten – Fremdkapitalkosten, Eigenkapitalkosten und Gewichtungsverhältnis – des WACC dargestellt.

---

933 „The opportunity cost of an investment is the expected return that would be earned on the next best investment. In a competitive world with many investment choices, a given investment and the next best investment have practically identical expected returns." Ibbotson Associates (Yearbook 1998), S. 148.

934 Neben dem Begriff der Kapitalkosten (cost of capital) werden auch die Begriffe Mindestverzinsung (required return) und geeigneter Abzinsungssatz (appropriate discount rate) verwendet. Vgl. bspw. Ross, S.A./Westerfield, R.W./Jordan, B.D. (Fundamentals 1998), S. 403.
Die Kapitalkosten umfassen neben dem Zeit- ein Risikoentgelt für das leistungswirtschaftliche Risiko (business risk) und das finanzwirtschaftliche Risiko (financial risk). Das leistungswirtschaftliche Risiko oder Geschäftsrisiko wird insbesondere durch die Branche des Unternehmens sowie die allgemeine wirtschaftliche Lage bestimmt. Das finanzwirtschaftliche Risiko hängt von der Finanzierung des Unternehmens ab. So steigt gemäß dem Leverage Effekt die Eigenkapitalrendite proportional zum Verschuldungsgrad eines Unternehmens, solange die Gesamtkapitalrendite den Fremdkapitalkostensatz übersteigt. Vgl. Fischer, D.E./Jordan, R.J. (Security Analysis 1995), S. 74 ff.; Stewart, G.B. (Quest for Value 1991), S. 432.

935 „The weighted average cost of capital is defined as the weighted average of the costs of the different components of financing used by the firm." Damodaran, A. (Investment 1996), S. 62. Vgl. auch Gitman, L.J. (Managerial Finance 1994), S. 415; Arbeitskreis „Finanzierung" der Schmalenbach-Gesellschaft - Deutsche Gesellschaft für Betriebswirtschaft e.V (Kapitalkosten 1996), S. 563; Knüsel, D. (Discounted Cash Flow-Methode 1994), S. 199; Helbling, C. (Unternehmensbewertung 1995), S. 410 ff.; Ibbotson Associates (Yearbook 1998), S. 510; Peemöller, V.H./Keller, B. (Unternehmensbewertung 1998), S. 887 f.

b) Ermittlung der Fremdkapitalkosten

Die Berechnung der Fremdkapitalkosten ist verglichen mit der Ermittlung der Eigenkapitalkosten weitgehend problemlos möglich. Bei der externen Berechnung wird grundsätzlich auf einen einheitlichen Fremdkapitalkostensatz abgestellt, d.h., es wird von einer Zerlegung des Fremdkapitals in verschiedene Fremdkapitalarten abgesehen.

Da in den USA die Ausgabe von Industrieobligationen weit verbreitet ist, wird auf die **Rendite börsennotierter Anleihen** zurückgegriffen.[936] Diese Rendite ist der interne Zins (yield to maturity),[937] bei dem die zukünftigen Zinszahlungen und der Rückzahlungsbetrag dem Emissionskurs oder der Kursnotiz entsprechen. Der Fremdkapitalkostensatz als Effektivrendite festverzinslicher Wertpapiere gibt somit die aktuellen Kosten wieder und schwankt mit dem Ankaufskurs eines Investors.

Sowohl Mittelwerte aus historischen Renditen als auch gegenwärtige Marktrenditen können dabei zur Anwendung gelangen.[938] Bei der externen Performance-Messung sollte der Analyst jedoch die **gegenwärtige Rendite** wählen.[939] Gemäß der Konzeption der Kapitalkosten liefert sie die beste Schätzung für die marginalen Fremdkapitalkosten, d.h. die Kosten, die bei der Aufnahme zusätzlichen Fremdkapitals anfallen. Theoretisch müßten sogar – zumindest bei der Abzinsung zukünftiger EVA im Rahmen der Unternehmensbewertung – antizipierte Renditen verwendet werden.[940]

Hat das betreffende Unternehmen keine Anleihen ausgegeben, wird in den USA die **Anleihe eines** entsprechenden **Vergleichsunternehmens** herange-

---

936 Vgl. Stewart, G.B. (Quest for Value 1991), S. 434; Hachmeister, D. (Discounted Cash Flow 1995), S. 239; Ross, S.A./Westerfield, R.W./Jordan, B.D. (Fundamentals 1998), S. 408; Peemöller, V.H./Keller, B. (Unternehmensbewertung 1998), S. 887.

937 Es wird zwischen Nominalzins (coupon yield), der die Zinszahlung auf den Nennwert der Anleihe bezieht, und Effektivzinssatz (yield to maturity) unterschieden. Vgl. Veale, S.R. (Stocks 1987), S. 89 ff.; Perridon, L./Steiner, M. (Finanzwirtschaft 1997), S. 180 f.

938 Vgl. Ross, S.A./Westerfield, R.W./Jordan, B.D. (Fundamentals 1998), S. 421; Ibbotson Associates (Yearbook 1998), S. 150.

939 „Always use the most current market rate on debt of equivalent risk." Copeland,T./Koller, T./Murrin, J. (Valuation 1994), S. 259. Vgl. auch Stewart, G.B. (Quest for Value 1991), S. 434.

940 Hershey Foods Corporation berechnet die Fremdkapitalkosten dementsprechend wie folgt: „The cost of debt is calculated as the anticipated weighted average aftertax cost of debt in that final year based upon the coupon rates attached to that debt." Ross, S.A./Westerfield, R.W./Jordan, B.D. (Fundamentals 1998), S. 421.

zogen.[941] In Deutschland ist jedoch diese Vorgehensweise eher begrenzt möglich, da nur Schuldner erstklassiger Bonität an der Börse zugelassen sind.[942] Läßt sich kein geeignetes Vergleichsunternehmen am inländischen Kapitalmarkt finden, kann sich die Ermittlung der Fremdkapitalkosten für deutsche Unternehmen auch auf die Kapitalmarktdaten in den USA stützen.[943]

Eine weitere Möglichkeit zur Berechnung der unternehmensspezifischen Fremdkapitalkosten besteht darin, einen **Zuschlag zur aktuellen Rendite eines risikolosen Wertpapiers** zu addieren, der je nach Größe und Bonität des Unternehmens variiert.[944] Problematisch ist allerdings die adäquate Berechnung eines solchen unternehmensindividuellen Zuschlags.

Nachdem der Fremdkapitalkostensatz vor Steuern festgelegt wurde, werden in einem zweiten Schritt die **steuerlichen Auswirkungen** berücksichtigt. Dabei ist auf die Konsistenz zwischen der Berechnung des betrieblichen Erfolgs und der Kapitalkosten zu achten: Bei der Ermittlung der **Erfolgsgröße** wurde eine **100%ige Eigenkapitalfinanzierung** unterstellt und damit die Abzugsfähigkeit der Fremdkapitalzinsen von den ertragsabhängigen Steuern ausgeblendet. Die steuerliche Abzugsfähigkeit der Zinsen wird nun als Steuerschild (tax shield) im Fremdkapitalkostensatz berücksichtigt und mindert diesen entsprechend.[945] Das folgende – stark vereinfachte – Beispiel illustriert die Berücksichtigung des Steuerschilds des Fremdkapitals.

---

941 Das Vergleichsunternehmen muß das gleiche Rating wie das betrachtete Unternehmen aufweisen. Liegt kein öffentliches Rating vor, kann ein eigenes Rating auf Basis von Kennzahlen vorgenommen werden. Stern Stewart & Co. bieten bspw. ein Bond Rating System an, das mittels der multivariaten Diskriminanzanalyse eine Beurteilung vornimmt. Dabei erklären fünf Kennzahlen 70% der untersuchten Klassifizierungen. Vgl. Stewart, G.B. (Quest for Value 1991), S. 396 ff.

942 Vgl. Uhlir, H./Steiner, P. (Wertpapieranalyse 1994), S. 58.

943 Vgl. Arbeitskreis „Finanzierung" der Schmalenbach-Gesellschaft – Deutsche Gesellschaft für Betriebswirtschaft e.V. (Kapitalkosten 1996), S. 559. Es geht hierbei nur um die Bestimmung einer Marge, die die Differenz zwischen den Kapitalkosten eines Vergleichsunternehmens und den Kapitalkosten eines Unternehmens ‚erster Adresse' wiedergibt.

944 „... we add the corporate bond default premium ... to the yield on a government bond of the desired maturity to arrive at the expected return on corporate bonds, or cost of capital for risky debt." Ibbotson Associates (Yearbook 1998), S. 151. Vgl. auch Hostettler, S. (Economic Value Added 1997), S. 172.

945 „Since interest on debt is tax deductible, the rate of return that must be earned on debt proportion of the company's capital structure to maintain the earnings available to common stockholders is the aftertax (sic!) cost of debt." Rappaport, A. (Strategic Analysis 1979), S. 105.

Beispiel 23:   **Berücksichtigung des Steuerschilds im Fremdkapitalkostensatz**

Berücksichtigung des Steuerschilds des Fremdkapitals	
Erfolg vor Zinsen (in GE)	2.100
Zinsen (10%) auf das Fremdkapital (1.000 GE) (in GE)	100
Erfolg nach Zinsen (in GE)	2.000
Steuern (30%) (in GE)	600
Erfolg nach Zinsen und nach Steuern (in GE)	1.400
Erfolg vor Zinsen (in GE)	2.100
Steuern (30%) (in GE)	630
Betrieblicher Erfolg nach Steuern (100%ige Eigenkapitalfinanzierung) (in GE)	1.470
Fremdkapitalkostensatz mit Berücksichtigung des Steuerschilds	0,1 (1 − 0,3) = 0,07
Fremdkapitalkosten (= 1.000 GE · 0,07) (in GE)	70
EVA (ohne Berücksichtigung der Eigenkapitalkosten (in GE)	1.400

Für das Unternehmen mit den obigen Ausgangsdaten wird der EVA ohne Berücksichtigung von Eigenkapitalkosten berechnet. Der EVA entspricht in diesem Fall dem Erfolg vor Zinsen und nach fiktiven Steuern eines unverschuldeten Unternehmens abzüglich der Fremdkapitalkosten. Die steuerliche Abzugsfähigkeit der Zinsen wird nicht im operativen Erfolg berücksichtigt, so daß dieser um 30 GE zu niedrig ausgewiesen wird. Das Steuerschild des Fremdkapitals (30 GE) geht erst bei der Berechnung der Fremdkapitalkosten in den Fremdkapitalkostensatz ein und mindert diesen entsprechend. Da keine Eigenkapitalkosten berücksichtigt werden, entspricht der EVA dem Erfolg nach Zinsen und nach Steuern (1.400 GE).

Damit stellt sich die Frage, welche ertragsabhängigen Steuern den operativen Erfolg mindern. Denn nur für diese darf anschließend im Fremdkapitalkostensatz das Steuerschild berücksichtigt werden. Im Gegensatz zu Deutschland besteht in den USA eine steuerrechtliche Doppelbelastung von Unternehmensgewinnen. Diese werden sowohl auf Gesellschaftsebene als auch auf Ebene der Anteilseigner besteuert. Die Unternehmenssteuern werden bei den Aktionären nicht auf ihre persönliche Einkommmensteuerbelastung angerechnet und mindern den betrieblichen Erfolg. Im US-amerikanischen Steuersystem berechnet sich der Fremdkapitalkostensatz nach Steuern daher wie folgt, wobei $s_{corporate\ tax}$ den Grenzsteuersatz (marginal tax rate)[946] darstellt:[947]

---

946   „The marginal tax rate is the rate applied to a marginal dollar of interest expense. Usually it is the statutory rate." Copeland, T./Koller, T./Murrin, J. (Valuation 1994), S. 248. 1996 kamen im US-amerikanischen Steuersystem je nach der Höhe der Unternehmensgewinne sechs verschiedene Steuersätze (federal corporate tax rates) zwischen 15% und 39% zur Anwendung. Daneben können noch state, local und andere Steuern

Fremdkapitalkostensatz nach Steuern[948] = k_{FK} $(1 - s_{\text{corporate tax}})$

Neben dem **marginalen Steuersatz** wird in der Praxis auch der **gegenwärtige durchschnittliche Steuersatz** angewandt.[949] So benutzen nach der Studie von Bruner, Eades, Harris und Higgins lediglich 60% der befragten Investmentberatungsgesellschaften und 52% der Unternehmen den marginalen Steuersatz.[950]

Für deutsche Aktionäre stellt sich die Situation aufgrund des **Anrechnungsverfahrens** bei der Körperschaftsteuer differenzierter dar: Die Körperschaftsteuer auf ausgeschüttete Gewinne wird gemäß § 36 Abs. 2 Nr. 3 EStG auf die Einkommensteuer des Investors angerechnet. Im Falle einer Vollausschüttung entfällt somit das Steuerschild bzgl. der Körperschaftsteuer vollständig, da die Körperschaftsteuer nicht den betrieblichen Erfolg kürzt.

Bei einer teilweisen Thesaurierung der Gewinne wird nun davon ausgegangen, daß die Steuern auf die einbehaltenen Gewinne nicht verlorengehen, d.h., die einbehaltenen Gewinne werden nicht dem Thesaurierungssatz der Körperschaftsteuer unterworfen.[951] Ein Steuerschild des Fremdkapitals hinsichtlich der Körperschaftsteuer entfällt daher unter den vereinfachenden Prämissen vollständig im deutschen Steuersystem.

Ein Steuerschild besteht dagegen für die **Gewerbeertragsteuer**, die nicht beim Eigentümer angerechnet werden kann und den betrieblichen Erfolg mindert.[952] Der niedrigeren Steuerbelastung wird durch eine Minderung der

---

erhoben werden. Vgl. zur Ermittlung der corporate income taxes Ross, S.A./Westerfield, R.W./Jordan, B.D. (Fundamentals 1998), S. 28 ff.

Stern Stewart & Co. gehen bei der externen Ermittlung von einem konstanten marginalen Steuersatz aus. Vgl. Stewart, G.B. (Quest for Value 1991), S. 743.

947 Vgl. Copeland, T./Koller, T./Murrin, J. (Valuation 1994), S. 248; Stewart, G.B. (Quest for Value 1991), S. 433; Günther, T. (Controlling 1997), S. 132, 195.

948 Vgl. zur Konsistenz mit der Erfolgsgröße Teil 5 Gliederungspunkt II. B. 3.

949 Vgl. Ross, S.A./Westerfield, R.W./Jordan, B.D. (Fundamentals 1998), S. 28 ff. Zur Ermittlung des durchschnittlichen Steuersatzes werden die Steuerzahlungen durch das zu versteuernde Einkommen dividiert.

950 Vgl. Bruner, R.F./Eades, K.M./Harris, R.S./Higgins, R.C. (Survey and Synthesis 1998), S. 17.

951 Vgl. Jonas, M. (Unternehmensbewertung 1995), S. 94; Günther, T. (Controlling 1997), S. 133. Vgl. hierzu auch Teil 5 Gliederungspunkt II. B. 3.

952 Die Vermögensteuer wird ab 1.1.1997 nicht mehr erhoben. Die Gewerbekapitalsteuer entfällt ab dem Erhebungszeitraum 1998.

Fremdkapitalkosten Rechnung getragen. Dabei ist zu beachten, daß auch die Hälfte der Dauerschuldzinsen der Gewerbeertragsteuer unterliegen. Unter der Annahme, daß alle Zinsen Dauerschuldzinsen darstellen, berechnet sich der Fremdkapitalkostensatz nach Steuern wie folgt:[953]

Fremdkapitalkostensatz nach Steuern = $k_{FK} (1 - 0,5 \, s^{GewESt})$

c) Ermittlung der Eigenkapitalkosten

(1) Überblick

Die Ermittlung der Eigenkapitalkosten ist wohl der heikelste Bereich bei der Berechnung des gewogenen Durchschnitts der Kapitalkosten. Die in der Literatur am häufigsten verwendeten Methoden zur Berechnung der Eigenkapitalkosten sind das Dividenden-Barwert-Modell, das Capital Asset Pricing Model (CAPM) sowie der Risikokomponentenansatz.

Das mit Abstand am meisten verbreitete Modell in Theorie und Praxis ist jedoch das CAPM.[954] Von 10 führenden Investmentberatungen in den USA wenden 8 dieses Modell an.[955] Die Verhältnisse stimmen mit denen in den Unternehmen überein. Nach der Untersuchung von Bruner, Eades, Harris, Higgins messen 81% der befragten Unternehmen die Eigenkapitalkosten auf Basis des CAPM, weitere 4% wenden eine modifizierte Fassung an.[956] Auch Stern Ste-

---

953 Vgl. Jonas, M. (Unternehmensbewertung 1995), S. 94; Ballwieser, W. (Discounted Cash Flow-Verfahren 1998), S. 87; Günther, T. (Controlling 1997), S. 194 f., der noch die Gewerbekapitalsteuer und die Vermögensteuer berücksichtigt. Stern Stewart & Co. setzen dagegen einen pauschalen Steuersatz von 40% an, der den Steuervorteil auf Unternehmensebene berücksichtigt. Vgl. Hillebrand, W./Jahn, T. (Wert 1997), S. 63.

954 In den USA wird ferner dem Dividenden-Barwert-Modell (dividend valuation model) in der Praxis eine große Bedeutung beigemessen. Vgl. Teil 5 Gliederungspunkt II. B. 4. c) (4).

955 Befragt wurden folgende Investmentberatungen: CS First Boston, Dillon/Read, Donaldson/Lufkin/Jenrette, J.P. Morgan, Lehman Brothers, Merrill Lynch, Morgan Stanley, Solomon Brothers, Smith Barney, Wasserstein Perella. Vgl. Bruner, R.F./Eades, K.M./Harris, R.S./Higgins, R.C. (Survey and Synthesis 1998), S. 16 f.

956 Insgesamt wurden 27 Unternehmen befragt, deren Finanzmanagement gemäß einer vorangegangenen Studie als überdurchschnittlich beurteilt wurde. Dazu gehören bspw. Black & Decker, Eastman Kodak, Gillette, Henkel, Hewlett-Packard, McDonald's, PepsiCo, Quakter Oats, Walt Disney. Vgl. Bruner, R.F./Eades; K.M./Harris, R.S./Higgins, R.C. (Survey and Synthesis 1998), S. 15, 17.

wart & Co. sehen zur Eigenkapitalkostenermittlung das CAPM vor.[957] Im folgenden wird darauf eingegangen.

(2) Das Capital Asset Pricing Model

„The CAPM is a simple and elegant model that describes the expected (future) rate of return on any security or portfolio of securities."[958] Es läßt sich im wesentlichen auf die Arbeiten von Markowitz,[959] Tobin[960] und Sharpe[961] zurückführen.[962] Die Eigenkapitalkosten für ein bestimmtes Unternehmen werden gemäß

---

957 Vgl. Stewart, G.B. (Quest for Value 1991), S. 743; Stewart, G.B. (EVA™: Fact and Fantasy 1994), S. 73; Brossy, R./Balkcom, J.E. (Create Value 1994), S. 19.

958 Ibbotson Associates (Yearbook 1998), S.152.

959 Vgl. Markowitz, H.M. (Portfolio Selection 1952), S. 77 ff. Markowitz stellte die einseitige Zielausrichtung auf eine Renditemaximierung in Frage. Während sich die erwartete Rendite eines Portefeuilles als gewichtetes arithmetisches Mittel der erwarteten Einzelrenditen ermittelt, lassen sich bei der Berechnung des Risikos eines Portefeuilles die Einzelrisiken nicht so einfach aggregieren: Es muß auch die Korrelation (Kovarianz) zwischen den einzelnen Renditen berücksichtigt werden. Sind die Aktien teilweise unkorreliert, kann das Portefeuillerisiko durch Diversifikation verringert werden. Dies bedeutet, „that there is a diversified portfolio which is preferable to all non-diversified portfolios." Markowitz, H.M. (Portfolio Selection 1952), S. 77.

960 Vgl. Tobin, J. (Liquidity Preference 1957), S. 65 ff.

961 Vgl. Sharpe, W.F. (Capital Asset Prices 1964), S. 425 ff. Sharpe vereinfachte den Ansatz von Markowitz, indem er die Kovarianzen einer Aktie zu allen anderen Aktien nicht berücksichtigt und statt dessen die Beziehung jeder Aktie zum Markt beschreibt. Er entwickelte damit das Sharp'sche Indexmodell auf das schließlich das Markt-Modell und das CAPM zurückgehen.

962 Das CAPM baut auf den folgenden Annahmen auf: (1) Die Anleger bevorzugen bei gleicher erwarteter Rendite die Anlage mit dem geringerem Risiko, (2) die Anleger maximieren ihre Risiko-Nutzen-Relation des Endvermögens zum Ende eines Planjahrs, (3) der Kapitalmarkt besteht aus einem Markt für risikobehaftete Papiere und einem Markt für risikolose Geldanlagen und - aufnahmen, (4) der Kapitalmarkt ist vollkommen (d.h. insbesondere, es existieren keine Transaktionskosten, Informationen stehen allen Interessenten frei und alle Marktteilnehmer haben dieselben Renditeerwartungen), (5) die Investitions- und Finanzierungsmöglichkeiten werden auf vom Kapitalmarkt getrennten Märkten gehandelt und können mit einem Marktpreis auf dem Kapitalmarkt bewertet werden und (6) die Investitions- sowie Finanzierungsmöglichkeiten sind beliebig teilbar. Vgl. stellvertretend für viele Bieg, H. (Investition 1997), S. 176 f.; Perridon, L./Steiner, M. (Finanzwirtschaft 1997), S. 260; Sharpe, W.F./Alexander, G.J./Bailey, J.V. (Investments 1999), S. 227 f.; Günther, T. (Controlling 1997), S. 163; Baetge, J./Krause, C. (Berücksichtigung des Risikos 1994), S. 438; Damodaran, A. (Models of Risk 1998), S. 67.

dem CAPM als Summe des Zinses einer risikolosen Anlage und eines Betrags, der das Risiko der Anlage in das Unternehmen reflektiert,[963] dargestellt:[964]

$$k_{EK}^{u} = r_f + \beta^{u} \cdot ERP$$

wobei $k_{EK}{}^{u}$ = Erwartete Eigenkapitalkosten des Unternehmens u

r_f = Erwartete Rendite einer risikolosen Anlage

β^{u} = Beta des Unternehmens u

ERP = Erwartete Risikoprämie

Die Bestimmung der Eigenkapitalkosten mittels des CAPM bietet zwei Angriffsflächen zur Kritik: Zum einen teilen sich die Ansichten hinsichtlich der **konkreten Ausgestaltung** der obigen Gleichung. Zum anderen wird die **empirische Gültigkeit** des CAPM angezweifelt.

Bereits bei der Bestimmung der **Rendite der risikolosen Anlage** r_f stellt sich die Frage, ob hierfür die Rendite einer kurzfristigen oder einer langfristigen Staatsanleihe[965] zu wählen ist. Für die Verwendung der Rendite einer kurzfristigen Anleihe spricht, daß das CAPM ein Ein-Perioden-Modell ist und die Rendite eine gute Prognose für zukünftige kurzfristige Renditen liefert.[966] Allerdings spiegelt sie nur die gegenwärtige Inflationsrate wider, und die Volatilität

---

963 Die erwartete Risikoprämie gibt nur das systematische Risiko (systematic, market or nondiversifable risk) wieder, das sich im Gegensatz zum unsystematischen Risiko (unsystematic, company-specific or diversifiable risk) durch Portfoliobildung nicht ‚wegdiversifizieren' läßt. Das systematische Risiko hängt i.d.R. von äußeren, makroökonomischen Faktoren ab, die alle Unternehmen betreffen. Bspw. hat ein wesentlicher Anstieg der Zinsen meist einen negativen Einfluß auf die Renditen aller Aktien. Gleiches gilt für Rezessionsphasen. Dagegen ist das unsystematische Risiko eher auf unternehmensspezifische Faktoren zurückzuführen. Dazu gehören Marketingstrategien, Prozesse oder Streiks. Vgl. Weston, J.F./Besley, S./Brigham, E.F. (Managerial Finance 1996), 201; Ross, S.A./Westerfield, R.W./Jordan, B.D. (Fundamentals 1998), S. 406; Baetge, J./Krause,C. (Berücksichtigung des Risikos 1994), S. 437; Damodaran, A. (Models of Risk 1998), S. 62 ff.

964 Vgl. Bieg, H. (Investition 1997), S. 173; Benninga, S.Z./Sarig, O.H. (Corporate Finance 1997), S. 298; Ross, S.A./Westerfield, R.W./Jordan, B.D. (Fundamentals 1998), S. 406; Copeland, T./Koller, T./Murrin, J. (Valuation 1994), S. 266; Baetge, J./Krause, C. (Berücksichtigung des Risikos 1994), S. 438; Fischer, D.E./Jordan, R.J. (Security Analysis 1995), S. 82; Peemöller, V.H./Keller, B. (Unternehmensbewertung 1998), S. 887; Brealey, R.A./Myers, S.C./Marcus, A.J. (Fundamentals 1995), S. 285.

965 Auch Staatsanleihen unterliegen allerdings einem Zinsänderungs- und Geldentwertungsrisiko, so daß es einen risikolosen Zins nur theoretisch gibt. Die Rückzahlung und Zinszahlungen von Staatsanleihen sind dagegen gesichert. Die Bezeichnung risikofrei erfaßt somit lediglich das Bonitätsrisiko.

966 Vgl. Damodaran, A. (Investment 1996), S. 52.

kurzfristiger Wertpapiere ist meist höher als die von langfristigen Anleihen.[967] Des weiteren bieten langfristige Wertpapiere den Vorteil, daß ihre Laufzeit eher mit dem Planungshorizont der prognostizierten EVA übereinstimmt.[968]

Je nach Wahl der Wertpapierkategorie im konkreten Einzelfall kamen zum Ende des Jahres 1997 in den USA sehr unterschiedliche Renditen zum Tragen: So betrug die Rendite der langfristigen US Treasury Coupon Bonds (Laufzeit 20 Jahre) 6,0% und der mittelfristigen US Treasury Coupon Notes[969] (Laufzeit 5 Jahre) 5,7% während die Rendite der kurzfristigen US Treasury Bills[970] (Laufzeit 30 Tage) sich auf 5,1% belief.[971] Angesichts der Tatsache, daß schon einige Prozentpunkte zu erheblichen Bewertungsunterschieden führen können, sind die Differenzen nicht zu unterschätzen. In Deutschland können zur Bestimmung der risikolosen Rendite Schatzwechsel des Bundes (Laufzeit 30 bis 90 Tage), Schatzanweisungen (Laufzeit 6 Monate bis 2 Jahre) oder Bundesanleihen (Laufzeit 10 Jahre) herangezogen werden.[972]

Neben der Verwendung von gegenwärtigen Renditen kommt eine Durchschnittsbildung anhand historischer Renditen in Betracht. In der Praxis greifen jedoch sowohl Unternehmen als auch Investmentgesellschaften auf die aktuellen Zinssätze zurück[973] und messen diesen damit eine höhere Prognosefähigkeit bei. Als risikolose Rendite wird dabei meist die **gegenwärtige Rendite**

---

967 Vgl. Brigham, E.F./Gapenski, L.C. (Financial Management 1996), S. 174; Harrington, D.R. (Modern Portfolio Theory 1987), S. 153 f.

968 Vgl. Damodaran, A. (Investment 1996), S. 52; Copeland, T./Koller, T./Murrin, J. (Valuation 1994), S. 267 f.

969 „U.S. Treasury notes and bonds have original maturities of more than one year. They are interest-bearing securities. The interest is exempt from state and local taxes." Ross, S.A./Westerfield, R.W./Jaffe, J. (Corporate Finance 1996), S. 743. Vgl. auch Veale, S.R. (Stocks 1987), S. 95 f.

970 „U.S. Treasury bills are obligations of the U.S. government that mature in (30; d. Verf.), 90, 180, 270, or 360 days. They are pure-discount securities. The 90-day and 180-day bills are sold by auction every week, and 270-day and 360-day bills are sold every month." Ross, S.A./Westerfield, R.W./Jaffe, J. (Corporate Finance 1996), S. 743. Vgl. auch Veale, S.R. (Stocks 1987), S. 94 f.

971 Vgl. Ibbotson Associates (Yearbook 1998), S. 165.

972 Vgl. Richter, F. (Steuerungs- und Monitoringsystem 1996), S. 260.

973 Vgl. Bruner, R.F./Eades, K.M./Harris, R.S./Higgins, R.C. (Survey and Synthesis 1998), S. 17.

einer langfristigen Staatsanleihe (long-term treasury bond bzw. Bundesanleihen[974]) herangezogen.

Ibbotson Associates weisen darauf hin, daß einige Analysten in den USA aus der gesamten Rendite (**total return**) den Teil der Rendite ausklammern, der die Veränderungen des Kurses der Anleihe, die auf Änderungen des Zinsniveaus zurückzuführen sind, erfaßt (**capital appreciation**[975]).[976] Sie gehen davon aus, daß Investoren die Anleihe bis zur Rückzahlung halten können und damit sowohl die Zinserträge als auch der Ertrag aus der Rückzahlung der Anleihe sicher sind. Werden dagegen Anleihen vor Ablauf ihrer Laufzeit bei steigenden Zinsen verkauft, treten Kapitalverluste ein.[977] Ibbotson Associates lehnen daher historische Renditen, die auf Basis der Gesamtrendite (total return) ermittelt wurden, ab: „There is no evidence that investors expect bond capital losses to be repeated in the future (otherwise bond prices would be adjusted accordingly), so that historical total returns are biased downward as indicators of future expectations. Historical income returns, in contrast, are unbiased estimators of the returns hat investors expected."[978] In dieser Hinsicht stellen income returns die risikolose Komponente der total returns dar.

Die zweite Komponente der Eigenkapitalkosten stellt die Risikoprämie für das Unternehmen dar, die sich aus dem beta-Faktor und der Risikoprämie des Markts zusammensetzt. Der **beta-Faktor $ß^u$** gibt die Volatilität der erwarteten Rendite einer Kapitalanlage im Verhältnis zur Rendite des Marktportefeuilles an.[979] Aktien mit einem beta größer (kleiner) als 1 sind risikoreicher (risikoär-

---

974 Bimberg bestimmt die Renditen der Bundesanleihen aus den Renditen eines Portfolios mit öffentlichen Anleihen (Restlaufzeit mehr als acht Jahre). Vgl. Bimberg, L.H. (Langfristige Renditenberechnung 1990), S. 63 ff.

975 „A bond's capital appreciation is defined as the total return minus the income return; that is, the return in excess of yield. This definition omits the capital gain or loss that comes from the movement of a bond's price toward par (in absence of interest rate change) as it matures. Capital appreciation, as defined here, captures changes in bond prices caused by changes in the interest rate." Ibbotson Associates (Yearbook 1998), S. 62.

„... the income return is calculated as the change in flat price plus any coupon actually paid from one period to the next, holding the yield constant over the period." Ibbotson Associates (Yearbook 1998), S. 62.

976 Vgl. Annin, M./Falaschetti, D. (Equity Risk Premium 1998), URL: http://www.ibbotson.com/Research/Equity_Risk_Pre/page0003.asp.

977 Festverzinsliche Wertpapiere sind bei Marktzinsänderungen einem Kursrisiko ausgesetzt, das sich gegenläufig auf den gegenwärtigen Kurswert auswirkt.

978 Ibbotson Associates (Yearbook 1998), S. 155.

979 Vgl. Brigham, E.F./Gapenski, L.C. (Financial Management 1996), S. 89.

mer) als das Marktportefeuille, d.h., sie reagieren überproportional (unterproportional) auf Veränderungen der Marktrendite. Anlagen mit einem beta von 1 reagieren dagegen proportional zum Marktportefeuille, das ebenfalls ein beta von 1 besitzt, und Anlagen mit einem beta von Null sind risikolos.[980]

Der beta-Faktor eines Unternehmens wird von drei Faktoren beeinflußt:[981] Gehört das Unternehmen einer Branche an, die in besonderem Maße konjunkturabhängig ist, so wird das beta meist über eins liegen.[982] Ferner beeinflussen der operating und der financial leverage die Höhe des beta. Der operating leverage hängt von der individuellen Kostenstruktur des Unternehmens ab. Unternehmen, die ein hohes Verhältnis von fixen Kosten zu ihren Gesamtkosten aufweisen, sind i.d.R. risikoreicher als Unternehmen, deren Kosten im wesentlichen variabel sind (**operating leverage**). Ebenso wird eine Erhöhung des Fremdkapitalanteils isoliert betrachtet grundsätzlich zu einer Erhöhung des beta führen (**financial leverage**).[983]

Der beta-Faktor einer einzelnen Kapitalanlage stellt das Verhältnis der Kovarianz der Kapitalanlage mit dem Marktportefeuille zu der Varianz des Marktportefeuilles dar:

$$\beta^u = \frac{Kovarianz(r_u; r_m)}{Varianz(r_m)}$$

Vgl. Grinblatt, M./Titman, S. (Financial Markets 1998), S. 161; Ibbotson Associates (Yearbook 1998), S. 153; Damodaran, A. (Models of Risk 1998), S. 68. Die Kovarianz ist das Maß der Parallelität von zwei Zeitreihen. Eine positive (negative) Kovarianz gibt an, daß sich die Rendite einer bestimmten Kapitalanlage in die gleiche (entgegengesetzte) Richtung bewegt wie die Rendite des Marktportefeuilles. Die Varianz gibt das Ausmaß der Abweichung der Rendite von der erwarteten Rendite wieder.

980 Vgl. Weston, J.F./Besley, S./Brigham, E.F. (Managerial Finance 1996), 202 ff. Ein beta-Faktor von 1,5 bis 1,7 gibt ein hohes Risiko wieder, während von einem geringen Risiko bei einem beta-Faktor von 0,6 bis 0,7 gesprochen werden kann. Vgl. Helbling, C. (Unternehmensbewertung 1995), S. 414.

981 Vgl. Damodaran, A. (Investment 1996), S. 55 ff.

982 Bei Konzernen, die in verschiedenen Branchen tätig sind, ergibt sich das beta für den Konzern grundsätzlich aus dem gewogenen Durchschnitt der beta-Werte der unterschiedlichen Geschäftszweige. Vgl. Damodaran, A. (Investment 1996), S. 55 f.

983 Soll bspw. das beta für ein Unternehmen, für das keine Kapitalmarktdaten vorliegen, ermittelt werden, wird auf das beta eines Vergleichsunternehmens zurückgegriffen. Dieses levered beta wird anschließend in ein unlevered beta umgerechnet, das lediglich das Geschäftsrisiko wiedergibt und das Finanzierungsrisiko aufgrund der individuellen Kapitalstruktur ausklammert. Mit anderen Worten wird das beta eines fiktiv unverschuldeten Unternehmens berechnet:

Aus theoretischer Sicht müßte das beta eines Unternehmens – wie die risikolose Rendite – prognostiziert werden. Da dieses Vorgehen jedoch mit zu großen Unsicherheiten behaftet ist, wird das beta meist aus historischen Daten mittels einer **linearen Regressionsgleichung** der vergangenen Aktienrenditen über die Rendite des Marktportefeuilles berechnet.[984] Damit wird implizit unterstellt, daß die beta-Faktoren im Zeitablauf konstant bleiben.[985] Ferner kann sich die Ermittlung des beta eines Unternehmens auf fundamentale Daten stützen.[986] Auf der Basis von Jahresabschlußdaten wird dabei untersucht, wel-

---

$$\beta^{unlevered} = \beta^{levered} \times \frac{1}{1 + (1-s)\dfrac{FK}{EK}}$$

mit s = Steuersatz, FK = Fremdkapital und EK = Eigenkapital.

In einem weiteren Schritt muß nun das unlevered beta wiederum in ein levered beta, das die neuen Finanzierungsverhältnisse berücksichtigt, umgerechnet werden. Vgl. Damodaran, A. (Investment 1996), S. 57. Vgl. zur Herleitung Steiner, M./Bauer, C. (Prognose des Marktrisikos 1992), S. 349 f., und zu den Annahmen Ballwieser, W. (Discounted Cash Flow-Verfahren 1998), S. 91.

984   Vgl. Damodaran, A. (Models of Risk 1998), S. 69. Die Regressionsgleichung kann sich wie folgt darstellen: $(r_u - r_f) = \alpha_u + \beta_u \cdot (r_m - r_f) + \varepsilon_u$ mit r_u = Rendite der Aktie u, r_f = risikolose Rendite, α_u = Regressionskonstante, r_m = Rendite des Marktportfolios und ε_u = Regressionsfehler. Baetge und Krause verwenden das Marktmodell in folgender Form zur Schätzung der beta-Werte: $r_u = \alpha_u + \beta_u \cdot r_m$. Vgl. Baetge, J./Krause, C. (Berücksichtigung des Risikos 1994), S. 439 f.

Für die Bestimmung der Aktienrenditen sowie der Renditen des Marktportefeuilles können Tages-, Wochen- oder Monatsrenditen verwendet werden. Die Wahl der Länge des Zeitintervalls hat einen Einfluß auf die Höhe des beta-Faktors. Vgl. Baetge, J./Krause, C. (Berücksichtigung des Risikos 1994), S. 441 f. I.d.R. werden zur Bestimmung von beta die Monatsrenditen der letzten 5 Jahre verwendet. Die risikolose Rendite wird dann durch die kurzfristiger U.S. Treasury bills (Laufzeit 30 Tage) abgebildet. Vgl. Ibbotson Associates (Yearbook 1998), S. 154; Hachmeister, D. (Discounted Cash Flow 1995), S. 185.

985   Empirische Untersuchungen haben jedoch eine sog. autoregressive Tendenz der beta-Faktoren im Zeitablauf festgestellt: beta-Faktoren streben demnach stets zum Mittelwert hin. Vgl. Bauer, C. (Risiko von Aktienanlagen 1992), S. 143 ff.

986   BARRA bspw. ermittelt fundamentale beta-Größen wie folgt: „Predicted beta, the beta BARRA derives its risk model, is a forecast of a stock's sensitivity to the market. It is also known as fundamental beta, because it is derived from fundamental risk factors. In the BARRA model these risk factors include 13 attributes – such as size, yield, and price/earnings ratio – plus industry exposure allocated across a maximum of six of 55 industry groups. Because we reestimate these risk factors monthly, the predicted beta reflects changes in the company's underlying risk structure in a timely manner." Barra (Equity Risk Data 1998), URL: http://www.barra.com/xls/betas.asp.

30% der befragten Investmentberatungen in den USA greifen auf fundamentale beta zurück. Vgl. Bruner, R.F./Eades, K.M./Harris, R.S./Higgins, R.C. (Survey and Synthe-

che Faktoren das beta am besten erklären und welchen Einfluß sie darauf ausüben.[987]

Die dritte Variable, die zur Berechnung der Eigenkapitalkosten benötigt wird, ist die **Risikoprämie des Markts**. Sie stellt die Differenz zwischen der Rendite des Marktportefeuilles und der risikolosen Rendite dar. Die Risikoprämie des Markts wird wie das beta eines Unternehmens gewöhnlich aus historischen Daten abgeleitet. Drei Faktoren beeinflussen die Höhe der Risikoprämie:[988] die Wahl des Marktportfolios, die Betrachtungsperiode und die risikolose Rendite.

In den USA werden Risikoprämien von mindestens vier verschiedenen **Markt-portfolios** ermittelt. Das Center for Research in Security Prices (CRSP) in Chicago berechnet die Risikoprämien für drei verschiedene Portefeuilles: Das erste beinhaltet allein die Aktien der New York Stock Exchange (NYSE), das zweite die der NYSE und der American Stock Exchange (AMEX) und das dritte schließlich die Aktien, die an der NYSE, der AMEX oder der NASDAQ (National Association of Securities Dealers Automated Quotation)[989] notiert sind. Ibbotson Associates dagegen ermittelt die Risikoprämie auf Basis der Standard & Poors 500. Die Risikoprämie für die genannten Marktportfolios liegt für den Betrachtungszeitraum 1926 bis 1996 zwischen 7,1% und 7,5%.[990]

In Deutschland werden zur Berechnung der Risikoprämie die Aktienmarktrenditen auf Basis des Indexes des statistischen Bundesamtes,[991] des FAZ-

---

sis 1998), S. 18. Vgl. auch Brigham, E.F./Gapenski, L.C. (Financial Management 1996), S. 178; Kleeberg, J.M. (Portfoliomanagement 1992), S. 475 ff.

987   Bspw. wird gemäß einer Regressionsanalyse im Jahr 1991 für die NYSE und AMEX das beta eines Unternehmens durch die folgenden Faktoren bestimmt: Veränderung des operating income, die Ausschüttungsquote, das Verhältnis von Fremdkapital zu Eigenkapital, die Wachstumsrate der EPS und das Gesamtvermögen. Vgl. Damodaran, A. (Investment 1996), S. 58 f. In der Untersuchung von Stewart dagegen kristallisierten sich vier andere fundamentale Faktoren als Risikoeinflußfaktoren heraus: operating risk, strategic risk, asset management und size and diversity. Vgl. zur Defintion Stewart, G.B. (Quest for Value 1991), S. 452 ff.

988   Vgl. Annin, M./Falaschetti, D. (Equity Risk Premium 1998), URL: http://www.ibbotson.com/Research/Equity_Risk_Pre/page0001.asp.

989   Für die AMEX und die NASDAQ sind Daten erst ab 1962 und 1982 erhältlich.

990   Vgl. Annin, M./Falaschetti, D. (Equity Risk Premium 1998), URL: http://www.ibbotson.com/Research/Equity_Risk_Pre/page0003.asp

991   Vgl. Bimberg, L.H. (Langfristige Renditenberechnung 1990), S. 96, 104, 109; Uhlir, H./Steiner, P. (Wertpapieranalyse 1994), S. 160.

Indexes[992] und aller in Frankfurt amtlich gehandelten Aktien[993] herangezogen. Die Renditen werden sowohl in den USA als auch in Deutschland grundsätzlich nach Unternehmenssteuern und vor persönlichen Steuern der Kapitalgeber berechnet.[994]

Nachdem sowohl das Marktportfolio als auch die risikolose Rendite ausgewählt worden ist, müssen über den Betrachtungszeitraum hinweg für beide Größen Durchschnittswerte gebildet werden.[995] In Betracht kommt sowohl eine **geometrische** als auch eine **arithmetische Durchschnittsbildung**. Erstere unterstellt eine Reinvestition der Erträge und berücksichtigt somit Zinseszinseffekte.[996] Der arithmetische Durchschnitt ermittelt sich dagegen als einfache Durchschnittsrendite der einzelnen Perioden.[997] Es wird angenommen, daß zu Beginn jeder Periode gekauft und am Ende der Periode verkauft wird sowie das Anfangskapital konstant bleibt. Eine Reinvestition der Erträge erfolgt nicht. Der arithmetische Durchschnitt ist daher stets größer als der geometrische Durchschnitt.[998]

In Theorie und Praxis werden sowohl geometrische als auch arithmetische Durchschnittswerte verwendet.[999] „Those who use the arithmetic mean argue

---

992 Vgl. Uhlir, H./Steiner, P. (Wertpapieranalyse 1994), S. 160; Baetge, J./Krause,C. (Berücksichtigung des Risikos 1994), S. 441.

993 Vgl. Stehle, R./Hartmond, A. (Durchschnittsrenditen 1991), S. 380.

994 Vgl. Ibbotson Associates (Yearbook 1998), S. 155; Bimberg, L.H. (Langfristige Renditenberechnung 1990), S. 60. In Deutschland wird somit die Kurssteigerung und die Bruttodividende einschließlich der Körperschaftsteuergutschrift berücksichtigt.

995 Die Renditen der langfristigen Staatsanleihen müssen über den gleichen Zeitraum wie die Renditen des Marktportfolios betrachtet werden.

996 Das geometrische Mittel wird auch als konstante Rendite (constant rate of return oder annualized return) bezeichnet. Vgl. Kritzman, M. (Future Value 1994), S. 12. Das geometrische Mittel (r_G) der Renditen (r_t) über n Perioden berechnet sich folgt:

$$r_G = \left[\prod_{t=1}^{n} \left(1 + r_t\right) \right]^{\frac{1}{n}} - 1$$

997 Das arithmetische Mittel (r_A) der Renditen (r_t) über n Perioden sich berechnet wie folgt:

$$r_A = \frac{1}{n} \sum_{t=1}^{n} r_t$$

998 Vgl. Copeland, T./Koller, T./Murrin, J. (Valuation 1994), S. 271; Damodaran, A. (Investment 1996), S. 48.

999 Vgl. Benninga, S.Z./Sarig, O.H. (Corporate Finance 1997), S. 281; Ibbotson Associates (Yearbook 1998), S. 157; Bruner, R.F./Eades, K.M./Harris, R.S./Higgins, R.C. (Survey and Synthesis 1998), S. 18.

that it is much more consistent with the mean-variance framework of the CAPM and a better predictor of the premium in the next period. Use of the geometric mean is justified on the grounds that it takes into account compounding and that it is a better predictor of the average premium in the long-term."[1000] Die Begründung wird an folgendem Beispiel erläutert.

Beispiel 24:   Geometrischer und arithmetischer Durchschnitt

Das Anfangskapital, das zu Beginn der ersten Perioden eingesetzt wurde, beträgt $ 100. In der ersten Periode wird eine Rendite von -50% erwirtschaftet, in der zweiten Periode beträgt die Rendite +100%. Der arithmetische (r_A) und geometrische Durchschnitt (r_G) der Renditen (r_t) über n Perioden (t = 1 bis n) berechnet sich wie folgt:

geometrischer Durchschnitt: $$r_G = \left[\prod_{t=1}^{n}(1+r_t)\right]^{\frac{1}{n}} - 1 = \left[\left[(1-0,5)(1+1)\right]^{\frac{1}{2}} - 1\right]100 = 0\%$$

arithmetischer Durchschnitt: $$r_A = \frac{1}{n}\sum_{t=1}^{n}r_t = \left[\frac{1}{2}(-0,5+1)\right]100 = 25\%$$

Nach dem geometrischen Durchschnitt wurde im Betrachtungszeitraum keine Rendite erwirtschaftet. Aus dem Blickwinkel der Investoren ist dieses Ergebnis zutreffend. Wird nun aber angenommen, daß die beiden historischen Renditen der Prognose der Rendite der nächsten Periode zugrunde gelegt werden und jeweils mit einer Wahrscheinlichkeit von 50% eintreffen, so berechnet sich die erwartete Rendite für die kommende Periode gemäß dem arithmetischen Mittel.[1001]

Bei einer Betrachtung über einen längeren Zeithorizont wird dennoch das geometrische Mittel meist als zutreffendere Schätzung angesehen.[1002] Die

1000 Damodaran, A. (Investment 1996), S. 48.

1001 „When using historical data to predict future expected returns, we generally prefer the arithmetic average. This is because we are interested in the expected annual return and we view each year's actual return as a draw from the distribution of possible annual returns." Benninga, S.Z./Sarig, O.H. (Corporate Finance 1997), S. 281.

1002 Vgl. Damodaran, A. (Investment 1996), S. 48. Benninga und Sarig befürworten allerdings die Anwendung des arithmetischen Durchschnitts auch bei Renditeschätzungen für einen längeren Zeithorizont. „The geometric average, although a good estimate of the compound rate of return, is a downward-biased estimate of the average annual return ... " Benninga, S.Z./Sarig, O.H. (Corporate Finance 1997), S. 281. Vgl. auch Kritzman, M. (Future Value 1994), S. 13.

Auswirkungen der Durchschnittsbildung auf die Höhe der Risikoprämie sind gravierend:[1003] Die Risikoprämie, die auf Basis der Renditen der US Treasury Bills (US Treasury Bonds) von 1926 bis 1995 berechnet wird, beläuft sich bei arithmetischer Durchschnittsbildung auf 8,5% (7%) und beträgt bei geometrischer Durchschnittsbildung lediglich 6,5% (5,4%).

Einen weiteren Ermessensspielraum bei der Ermittlung der Kapitalkosten bietet der **Wahl des Betrachtungszeitraums** selbst. Während sich die Risikoprämie bei langen Betrachtungszeiträumen um die 7,5% bewegt, können bei kürzeren Zeiträumen entscheidende Unterschiede auftreten. Ibbotson Associates ermittelt für die Zeit von 1926 bis 1997 eine Risikoprämie von 7,8%.[1004] Wird statt dessen auf die Periode von 1966 bis 1996 abgestellt, beträgt die Risikoprämie lediglich 4,3%.[1005]

Soweit möglich, sollte eine Risikoprämie herangezogen werden, die auf Basis einer **möglichst langen** Betrachtungsperiode ermittelt wurde.[1006] Zum einen gewinnen dadurch ungewöhnliche Effekte – wie etwa das Ölembargo in den Jahren 1973 und 1974 – keine übermäßige Bedeutung. Zum anderen werden sie aber doch angemessen berücksichtigt, da selbst 'ungewöhnliche' Ereignisse von Zeit zu Zeit eintreten können. Ferner wird der Ermessensspielraum begrenzt, der ansonsten durch die Wahl eines geeigneten Zeitraums, je nach persönlicher Zielsetzung, ausgeübt werden könnte.[1007]

Die Gestaltungsmöglichkeiten bei der Ermittlung der Bestimmungsfaktoren der Eigenkapitalkosten – der Rendite der risikolosen Anlage, des beta-Faktors und der Risikoprämie des Marktes – sind vielfältig. Ihre Auswirkungen sind – insbesondere kumulativ betrachtet – dementsprechend schwerwiegend.[1008]

1003 Vgl. Bruner, R.F./Eades, K.M./Harris, R.S./Higgins, R.C. (Survey and Synthesis 1998), S. 21 f.

1004 Vgl. Ibbotson Associates (Yearbook 1998), S. 165.

1005 Die niedrige Risikoprämie ist insbesondere auf die Jahre 1973 und 1974 zurückzuführen, in denen das Ölembargo den Markt wesentlich beeinflußte und bei isolierter Betrachtung der beiden Jahre zu negativen Risikoprämien führte (-21% bzw. -34%). Vgl. Annin, M./Falaschetti, D. (Equity Risk Premium 1998), URL: http://www.ibbotson.com/Research/Equity_Risk_Pre/page0006.asp.

1006 Vgl. Copeland, T./Koller, T./Murrin, J. (Valuation 1994), S. 267 f.

1007 Vgl. Ibbotson Associates (Yearbook 1998), S. 156 f.

1008 „Die Ermessensspielräume scheinen bei CAPM sogar größer zu sein als bei einem pauschalen Risikozuschlag." Baetge, J./Krause, C. (Berücksichtigung des Risikos 1994), S. 453.

Bruner, Eades, Harris und Higgins berechneten auf Basis der 1995 verfügbaren Daten die Eigenkapitalkosten für die Unternehmen Black & Decker und McDonald's unter der Annahme verschiedener Kombinationen hinsichtlich der beta-Werte, der Risikoprämie und der risikolosen Rendite.[1009] Für Black & Decker wurden gewogene durchschnittliche Kapitalkosten zwischen 12,8% und 8,5% (Differenz von 430 Basis-Punkten) berechnet, bei McDonalds ergab sich eine Bandbreite zwischen 11,6% und 9,3% (Differenz von 230 Basis-Punkten). Der Einfluß auf den Unternehmenswert ist gewaltig. Der Barwert einer fiktiven ewigen Rente von $ 10 Mio. rangiert bei Black & Decker je nach verwendetem Kapitalkostensatz zwischen $ 78 Mio. und $ 118 Mio. und bei McDonald's zwischen $ 86 Mio. und $ 108 Mio.[1010]

Gleiches gilt für die Auswirkungen auf den EVA einer einzelnen Periode: Der EVA der Hershey Foods Corporation im Geschäftsjahr 1993 beträgt bei Kapitalkosten von 9,86% $ 7.503 Mio., während sich bei Kapitalkosten von 7,86% ein EVA von $ 61.276 Mio. ergibt.[1011] Dies entspricht einer Erhöhung um ca. 800%.

Neben der Diskussion um die konkrete Ermittlung der Eigenkapitalkosten mittels des CAPM wird die **empirische Gültigkeit** des Modells angezweifelt. Hierzu liegen zahlreiche Studien vor.[1012] Das Problem dieser Untersuchungen besteht nach Roll allerdings darin, daß sie das CAPM und das zugrunde gelegte Marktportfolio gleichzeitig testen.[1013] Zum einen kann eine fehlende Kor-

---

1009 Im ersten Fall wird die risikolose Rendite (5,36%) der kurzfristigen Treasury Bills (Laufzeit 90 Tage) mit dem arithmetischen Mittel der Risikoprämie von Ibbotson Associates verbunden. Im zweiten Fall wird zur Berechnung der Eigenkapitalkosten die Rendite (6,26%) der langfristigen Treasury Bonds (Laufzeit 30 Jahre) und eine Risikoprämie, die von Finanzanalysten vorgeschlagen wurde (7,2%), herangezogen. Im dritten Fall geht anstatt der Risikoprämie, die Finanzanalysten vorschlagen, die Risikoprämie, die die Unternehmen im Durchschnitt verwenden (5,5%), in die Ermittlung der Eigenkapitalkosten ein. Als beta wurden alternativ die unterschiedlichen Werte von Bloomberg, Value Line und Standard & Poors eingesetzt. Bei Black & Decker ging ein beta von 1,06, 1,65 oder 1,78 in die Berechnung ein. Vgl. Bruner, R.F./Eades, K.M./Harris, R.S./Higgins, R.C. (Survey and Synthesis 1998), S. 22 ff.

1010 Vgl. Bruner, R.F./Eades, K.M./Harris, R.S./Higgins, R.C. (Survey and Synthesis 1998), S. 23.

1011 Vgl. Peterson, P.P./Peterson, D.R. (Measures of Value Added 1994), S. 23.

1012 Ziel ist es, die Frage zu beantworten, ob beta ein geeignetes Risikomaß darstellt und mit der erwarteten Rendite korreliert ist.

1013 Vgl. Damodaran, A. (Investment 1996), S. 33; Grinblatt, M./Titman, S. (Financial Markets 1998), S. 177. „Es kann nicht das CAPM überprüft werden, sondern lediglich, ob die Durchschnittsrendite durch bestimmte Faktoren (statistisch) erklärt wird und ob

relation zwischen beta-Werten und Renditen das CAPM in Frage stellen. Zum anderen ist es möglich, daß der gewählte Index nicht repräsentativ für das Marktportfolio ist, das theoretisch sämtliche Investitionen (z.b. auch Immobilien) erfassen sollte.

Fama und French stellten in einer jüngeren Studie fest, daß das beta und die durchschnittliche Rendite insbesondere in jüngerer Zeit nur schwach miteinander korreliert sind.[1014] Allerdings kamen Amihu, Christensen und Mendelson, die andere statistische Tests auf Basis des gleichen Datenmaterials wie Fama und French durchführten, zu dem entgegengesetzten Ergebnis.[1015] Die beiden Ergebnisse demonstrieren die Widersprüchlichkeit der mittlerweile unüberschaubaren Anzahl empirischer Untersuchungen.[1016] Auch in Deutschland können empirisch keine eindeutigen Aussagen zur Gültigkeit des CAPM getroffen werden.[1017] Theorie und Praxis sind dennoch gegenüber diesem Modell generell positiv gestimmt.[1018]

Eine möglicher Schwachpunkt des CAPM kann schließlich darin liegen, daß es über die Risikoprämie des Markts und den beta-Faktor hinaus **nicht alle Risikokomponenten** erfaßt. Als alternative Möglichkeit zur Erklärung erwarteter Aktienrenditen haben Ross und Roll deshalb die Arbitrage Pricing Theory entwickelt, die mehrere Risikofaktoren berücksichtigt.[1019] In dieser Hinsicht ist die

---

dies mit dem CAPM vereinbar ist oder nicht." Hachmeister, D. (Discounted Cash Flow 1995), S. 189.

1014 Vgl. Fama, E.F./French, K.R. (Expected Returns 1992), S. 449. Vgl. auch Grinblatt, M./Titman, S. (Financial Markets 1998), S. 184 f.; Keppler, M. (CAPM 1992), S. 268 f.

1015 Vgl. Amihud, Y./Christensen, B./Mendelson, H., Further Evidence on the Risk-Return Relationship, Working Paper, New York University 1992, zitiert nach Damodaran, A. (Investment 1996), S. 33.

1016 Vgl. auch Grinblatt, M./Titman, S. (Financial Markets 1998), S. 177 ff.

1017 Vgl. eine Auflistung der empirischen Arbeiten bei Hachmeister, D. (Discounted Cash Flow 1995), S. 190 ff. sowie Möller, H.P. (Informationseffizienz des deutschen Aktienmarktes 1985), S. 512.

1018 Vgl. Bruner, R.F./Eades, K.M./Harris, R.S./Higgins, R.C. (Survey and Synthesis 1998), S. 15 f.; „The continued use of the CAPM attests to both its intuitive appeal and its simplicity." Damodaran, A. (Investment 1996), S. 39.

1019 Vgl. Ross, S.A. (Capital Asset Pricing 1976), S. 341 ff.; Roll, R./Ross, S.A. (Arbitrage Pricing Theory 1980), S. 1073 ff.

Arbitrage Pricing Theory eine Erweiterung des CAPM. Ihre praktische Umsetzung steckt jedoch noch in den Kinderschuhen.[1020]

(3) Risikokomponentenansatz

Der Risikokomponentenansatz, den 80% der befragten Unternehmen zur Bestimmung der Eigenkapitalkosten in der Schweiz anwenden[1021] und der auch in Deutschland die vorherrschende Methode zur Bestimmung des Kapitalisierungszinses darstellt,[1022] berücksichtigt ebenfalls (mehrere) Risikokomponenten. Auf den risikolosen Zins werden dabei Zu- und Abschläge vorgenommen, die beliebig ausgestaltet werden können. So werden im allgemeinen der Zuschlag für erschwerte Verkäuflichkeit (1%-3%) und der Zuschlag für größeres Risiko gegenüber dem Risiko von Staatsanleihen (2%-4%) hinzuaddiert.[1023] Der Vorteil des Risikokomponentenansatzes liegt in seiner einfachen Nach-

---

1020 Neben den bereits beim CAPM beschriebenen Schwierigkeiten bei der Ausgestaltung der einzelnen Größen, tritt die Auswahl der die Rendite bestimmenden Faktoren. „Insgesamt zeigen die bisherigen empirischen Untersuchungen ein uneinheitliches Bild, da immer wieder andere Faktoren als preisbestimmend identifiziert wurden." Hamerle, A./Rösch, D. (Faktorenmodelle im Portfoliomanagement 1998), S. 45. Neben makroökonomischen Faktoren können auch unternehmensspezifische Faktoren eingehen. Vgl. Grinblatt, M./Titman, S. (Financial Markets 1998), S. 202 ff. Vgl. auch Damodaran, A. (Models of Risk 1998), S. 75. Daß empirische Untersuchungen die Überlegenheit der APT über das CAPM hinsichtlich der Erklärung vergangener Renditen zeigen, ist nicht überraschend. Schließlich berücksichtigt das CAPM nur einen Faktor, während die APT mehrere Faktoren in die Analyse einbezieht. Sollen jedoch Renditen prognostiziert werden, kann sich die Situation schnell ändern. Denn sobald mehrere beta-Werte und erwartete Renditen des Marktportfolios geschätzt werden müssen, wird zwangsläufig auch die Fehlerquelle steigen. Vgl. Damodaran, A. (Investment 1996), S. 39.

1021 Vgl. Knüsel, D. (Discounted Cash Flow-Methode 1994), S. 31.

1022 Gemäß der HFA-Stellungnahme 2/1983 wird der Kapitalisierungszins zweistufig ermittelt, indem zum Basiszins (landesüblicher Zinssatz) zur Berücksichtigung des allgemeinen Unternehmensrisikos ein Risikozuschlag addiert wird. Ferner ist ggf. ein Geldentwertungsabschlag vom Basiszins vorzunehmen. Vgl. HFA (Stellungnahme 2/1983), S. 472. Vgl. zur Problematik der Berücksichtigung eines Geldentwertungsabschlags Bieg, H. (Investition 1997), S. 229, 233 f.; Bender, J./Lorson, P. (Unternehmensbewertung (II) 1996), S. 3.

Das Risiko kann grundsätzlich auf zwei verschiedene Arten erfaßt werden. Gemäß der Sicherheitsäquivalenzmethode (Ergebnisabschlagsmethode) wird ein Abschlag von den erwarteten Nettoüberschüssen vorgenommen. Die Zinszuschlagsmethode (Risikozuschlagsmethode) erfaßt das Risiko durch einen Zuschlag zum Kapitalisierungszins. Vgl. Siepe, G. (Kapitalisierungszinssatz 1998), S. 326.

1023 Vgl. Helbling, C. (Unternehmensbewertung 1995), S. 402 ff.

vollziehbarkeit. Allerdings erfolgt die Quantifizierung der Risikozuschläge oftmals nach Faustregeln, wobei letztlich auf das erforderliche Fingerspitzengefühl hingewiesen wird.[1024]

Auch die Eigenkapitalkosten gemäß dem CAPM können durchaus als Grundlage dieses Ansatzes dienen. Fama und French schlagen vor, zu den Eigenkapitalkosten, die gemäß dem CAPM berechnet worden sind, eine Risikoprämie für die Unternehmensgröße und für die Konkursgefahr zu addieren.[1025] Erstgenannte Risikoprämie wird durch den **Marktwert des Eigenkapitals**[1026] dargestellt, während die letztgenannte durch das **Verhältnis von Buch- und Marktwert des Eigenkapitals**[1027] erfaßt wird.[1028] Der Zuschlag einer Risikoprämie für Unternehmen mit niedriger Marktkapitalisierung berücksichtigt die Tatsache, daß gemäß empirischen Studien die Renditen für Aktien solcher Unternehmen gemäß dem CAPM unterschätzt wurden.[1029]

Ibbotson Associates berechnet den Erkenntnissen von Fama und French folgend drei verschiedene Risikozuschläge nach der jeweiligen Unternehmensgröße, die sich nach dem Marktwert des Eigenkapitals richtet; diese sind dann

---

1024 Vgl. Bender, J./Lorson, P. (Unternehmensbewertung (II) 1996), S. 653; Knüsel, D. (Discounted Cash Flow-Methode 1994), S. 205. „Man ist geradezu geschockt, wenn man liest: Wir gehen vom Landeszinsfuß am Bewertungsstichtag aus, z.B. 6% (er wird immer gerundet, obwohl schon eine Abweichung um ¼ % einen Unterschied von Millionen Mark ausmachen kann.) Diesem schlägt man einen Satz für das Branchenrisiko, für das Immobilitätsrisiko und für andere Risiken, z.B. das der Kleinheit des Betriebes, zu. Diese Zuschläge sind so willkürlich und weichen in den Gutachten so weit voneinander ab, daß man sich fragt, ob die Bewerter etwa Würfel geworfen haben, um die Zuschlagsgröße zu ermitteln." Zimmerer, C. (Ertragswertgutachten 1988), S. 418.

1025 Vgl. Fama, E.F./French, K.R. (Multifactor Explanations 1996), S. 55 ff.; Fama, E.F./French, K.R. (Industry costs of equity 1997), S. 154 ff.; Annin, M./Falaschetti, D. (Equity Risk Premium 1998), URL: http://www.ibbotson.com/Research/Equity_Risk_ Pre/page0002.asp.

1026 Mit zunehmender Unternehmensgröße sinken die Eigenkapitalkosten.

1027 Die durchschnittlichen Renditen sind mit dem Verhältnis von Buchwert zu Marktwert des Eigenkapitals positiv korreliert.

1028 „Our main result is that two easily measured variables, size and book-to-market equity, seem to describe the cross-section of average stock returns." Fama, E.F./French, K.R. (Expected Returns 1992), S. 451.

1029 Vgl. Ibbotson Associates (Yearbook 1998), S. 129; Grinblatt, M./Titman, S. (Financial Markets 1998), S. 177; Copeland, T./Koller, T./Murrin, J. (Valuation 1994), S. 274. Begründet wird dies damit, daß kleinere Unternehmen in stärkerem Maße von Konjunkturbewegungen abhängig sind. Vgl. Chan, K./Chen, N./Hsieh, D. (Firm Size Effect 1985), S. 470.

zu den gemäß dem CAPM errechneten Kapitalkosten zu addieren.[1030] Auch Hostettler erweitert das CAPM, indem er zusätzlich einen Risikozuschlag für erschwerte Verkäuflichkeit und für das spezifische Unternehmensrisiko berücksichtigt.[1031] Allerdings weisen Fama und French in einer neueren Untersuchung darauf hin, daß auch das **Drei-Faktoren-Modell** nur unpräzise Schätzungen der Eigenkapitalkosten liefert.[1032]

(4) Dividenden-Barwert-Modell

Die Eigenkapitalkosten werden ferner zum Teil aus dem Dividenden-Barwert-Modell[1033] abgeleitet, wobei die zukünftig zu erwartenden Dividenden mit dem Kurs der Aktie gleichgesetzt werden:[1034]

$$P_0 = \sum_{t-1}^{\infty} \frac{D_0 (1+g)^t}{(1+EKS)^t} = \frac{D_0 (1+g)}{EKS-g} = \frac{D_1}{EKS-g}$$

$$EKS = \frac{D_1}{P_0} + g$$

wobei EKS = Erwartete Eigenkapitalkosten des Unternehmens u
D_1 = Erwartete Dividende zum Ende der ersten Periode
P_0 = Kurs der Aktie zu Beginn der Periode
g = (konstante) Wachstumsrate der Dividenden

In den USA wenden 30% der 1.000 größten Gesellschaften das Dividenden-Barwert-Modell zur Ermittlung der Eigenkapitalkosten an.[1035] Die Anwendung ist jedoch nur zu empfehlen, soweit ein Unternehmen tatsächlich Dividenden

---

1030 Vgl. Ibbotson Associates (Yearbook 1998), S. 165. Die Risikozuschläge bewegen sich je nach Marktkapitalisierung zwischen 0,9% und 3,3%.

1031 Vgl. Hostettler, S. (Economic Value Added 1997), S. 173 ff.

1032 „Estimates of the cost of equity are distressingly imprecise. Standard errors of more than 3.0% per year are typical when we use the CAPM or the three-factor model to estimate industry CE's (costs of equity; d.Verf.)." Fama, E.F./French, K.R. (Industry costs of equity 1997), S. 178.

1033 Vgl. Teil 3 Gliederungspunkt I. A.

1034 Vgl. Benninga, S.Z./Sarig, O.H. (Corporate Finance 1997), 289 ff.; Damodaran, A. (Investment 1996), S. 61; Ibbotson Associates (Yearbook 1998), S. 160 f.; Ross, S.A./Westerfield, R.W./Jordan, B.D. (Fundamentals 1998), S. 404 ff.; Harris, R.S./Marston, F.C. (Shareholder Risk Premia 1992), S. 64; Brealey, R.A./Myers, S.C./Marcus, A.J. (Fundamentals 1995), S. 285 f.

1035 Vgl. Hostettler, S. (Economic Value Added 1997), S. 173.

zahlt, diese mit hinreichender Zuverlässigkeit prognostiziert werden können[1036] und mit einer konstanten Wachstumsrate wachsen.[1036] Ein Nachteil des Modells besteht darin, daß das Risiko nicht explizit berücksichtigt wird. Ferner reagieren die Eigenkapitalkosten extrem sensibel auf eine kleine Veränderung der Wachstumsrate der Dividende.[1037]

Das Dividenden-Barwert-Modell wird insbesondere zur Ermittlung der Eigenkapitalkosten von **Vorzugsaktien** herangezogen.[1038] Da in Deutschland der Anteil der Vorzugsaktien am Grundkapital durchschnittlich nur ca. 5% beträgt,[1039] wird auf eine Differenzierung von Kosten des Stamm- und Kosten des Vorzugskapitals meist verzichtet.

In den USA dagegen sollten die Eigenkapitalkosten der Vorzugsaktien aufgrund der Bedeutung des Vorzugskapitals gesondert berechnet werden. Unter der Annahme, daß die Vorzugsdividende konstant bleibt, ergeben sich die Eigenkapitalkosten durch die Division der Vorzugsdividende je Aktie durch den Marktpreis der Vorzugsaktie.[1040] Die Eigenkapitalkosten des Vorzugskapitals liegen dabei i.d.R. zwischen den Kosten des Fremd- und den Kosten des Stammkapitals.

Trotz der Mängel des CAPM wird hier empfohlen, bei der Ermittlung der Eigenkapitalkosten auf das CAPM zurückzugreifen, wobei ggf. zusätzlich eine Risikoprämie für Unternehmen mit niedriger Marktkapitalisierung berücksichtigt werden sollte. Das CAPM bietet insbesondere bei der externen Unternehmens- und Aktienbewertung eine solide Grundlage, da die erforderlichen Daten für verschiedene Märkte leicht zugänglich und damit nachvollziehbar sind.

1036 Hershey Foods Corporation begründet die Anwendung des Dividenden-Barwert-Modells wie folgt: „Our experience has been that the dividend growth model works better at Hershey. We do pay dividends, and we do experience steady, stable growth in our dividends. This growth is also projected within our strategic plan. Consequently, the dividend growth model is technically applicable and appealing to management since it reflects their best estimate of the future long-term growth rate." Ross, S.A./Westerfield, R.W./Jordan, B.D. (Fundamentals 1998), S. 421. Allerdings wird zusätzlich bei Hershey Foods Corporation noch das CAPM angwandt.

1037 „For a given stock price, an upward revision of g (dividend growth rate; d. Verf.) by just one percentage point, for example, increases the estimated cost of equity by at least a full percentage point." Ross, S.A./Westerfield, R.W./Jordan, B.D. (Fundamentals 1998), S. 406.

1038 Vgl. Ross, S.A./Westerfield, R.W./Jordan, B.D. (Fundamentals 1998), S. 409.

1039 Vgl. Weber, M./Berg, E./Kruse, H. (Stamm- und Vorzugsaktien 1992), S. 548.

1040 Vgl. Damodaran, A. (Investment 1996), S. 63. Ggf. müssen noch weitere Kosten zur Vorzugsdividende addiert werden.

Entsprechendes gilt auch für eine zusätzlich berücksichtigte Risikoprämie für ‚kleine' Unternehmen. Werden die Bestimmungsfaktoren der Eigenkapitalkosten für die jeweiligen Unternehmen einheitlich ermittelt, beeinflußt eine aus theoretischer Sicht eventuell fehlerhafte Berechnung der einzelnen Komponenten der Eigenkapitalkosten alle Unternehmen. Die Vergleichbarkeit wird daher i.d.R. nicht beeinträchtigt.

d) Ermittlung des Gewichtungsverhältnisses

Die Ermittlung des gewogenen durchschnittlichen Kapitalkostensatzes erfordert, daß sowohl der Eigenkapital- als auch der Fremdkapitalkostensatz mit dem Anteil des Eigen- bzw. Fremdkapitals am Gesamtkapital gewichtet werden. Dabei stellt sich zum einen die Frage, ob auf das Verhältnis der Markt- oder Buchwerte abzustellen ist. Zum anderen kann die Zielkapitalstruktur oder die gegenwärtige Kapitalstruktur der Gewichtung zugrunde gelegt werden.

Da die Kapitalkosten marginale Kosten darstellen und auf die Frage abstellen, was die zusätzliche Kapitalaufnahme von einer Geldeinheit kostet, sollten **Marktwerte** verwendet werden. Denn **Buchwerte** geben lediglich das Finanzierungsverhältnis bei der Kapitalaufnahme in der Vergangenheit wieder.[1041] „The rationale rests on the fact that the cost of capital measures the cost of issuing securities, stocks as well as bonds, to finance projects, and that these securities are issued at market value, not at book value."[1042]

Ferner sollten aus dem gleichen Grund[1043] die Gewichte die **Zielkapitalstruktur** (target capital structure) wiedergeben.[1044] Unternehmen sowie Investment-

---

1041 Vgl. Ross, S.A./Westerfield, R.W./Jordan, B.D. (Fundamentals 1998), S. 410; Gitman, L.J. (Managerial Finance 1994), S. 417.

1042 Damodaran, A. (Investment 1996), S. 64.

1043 Vgl. Gitman, L.J. (Managerial Finance 1994), S. 417.

1044 „The second reason for using a target capital structure is that it solves the problem of circularity involved in estimating the WACC. The circularity arises because we need to know market value weights to determine the WACC, but we cannot know the market value weights without knowing what the market value is in the first place – especially the market value of equity. And to determine the value of equity, which is the objective of the valuation process itself, we must discount the expected free cash flow at the WACC. In essence, we cannot know the WACC without knowing the market value of equity, and we cannot know the market value of equity without knowing the WACC. One way out of the circularity problem is to simply iterate between the weights used in the WACC and the resulting value of equity. The second approach is to work with the idea of a target capital structure ..." Copeland, T./Koller, T./Murrin, J. (Valuation 1994),

beratungsgesellschaften folgen weitgehend dieser theoretisch richtigen Vorgehensweise.[1045] Copeland, Koller und Murrin schlagen zur Ermittlung der Zielkapitalstruktur ein dreistufiges Verfahren vor.[1046] Nach der Bestimmung des gegenwärtigen Verhältnisses auf Basis von Marktwerten wird die Kapitalstruktur
von Vergleichsunternehmen analysiert. Dies erlaubt eine Beurteilung, ob die
festgestellte Kapitalstruktur auch bei vergleichbaren Unternehmen auftritt oder
eher als ungewöhnlich zu beurteilen ist. Des weiteren werden zur Berechnung
der Zielkapitalstruktur explizite oder implizite Äußerungen des Managements
berücksichtigt. Sollten (gegenwärtige) Marktwerte nicht ermittelt werden können, muß jedoch hilfsweise auf Buchwerte zurückgegriffen werden.[1047]

Peterson und Peterson dagegen sprechen sich für die Verwendung von
Buchwerten aus: „Mixing a market-value-determined cost of capital with book
value of invested capital results in distortions."[1048] Dieser Ansicht kann teilweise
gefolgt werden, soweit der EVA lediglich als Kontrolle der Performance einer
vergangenen Periode dient. Werden allerdings EVA-Werte für künftige Perioden prognostiziert, um ein Unternehmen zu bewerten, so ist eine Konzentration auf Marktwerte bzw. die Zielkapitalstruktur unumgänglich, da zukünftige
Erfolge nicht mit vergangenen Kapitalkosten abgezinst werden dürfen.[1049]

S. 250. Vgl. auch Ballwieser, W. (Shareholder Value-Ansatz 1994), S. 1385; Siepe, G.
(Kapitalisierungszinssatz 1998), S. 331; Peemöller, V.H./Keller, B. (Unternehmensbewertung 1998), S. 888. Die Zielkapitalstruktur sollte auch gemäß der Vorgehensweise
von Stern Stewart & Co. angewandt werden. Vgl. Stewart, G.B. (EVA™: Fact and
Fantasy 1994), S. 73.

1045 Vgl. Bruner, R.F./Eades, K.M./Harris, R.S./Higgins, R.C. (Survey and Synthesis 1998),
S. 17.

1046 Vgl. Copeland, T./Koller, T./Murrin, J. (Valuation 1994), S. 250 ff.

1047 Vgl. Hostettler, S. (Economic Value Added 1997), S. 215 ff.

1048 Peterson, P.P./Peterson, D.R. (Measures of Value Added 1994), S. 22.

1049 Ferner ist es auch bei der Performance-Messung von vergangenen Perioden angebracht, die Kapitalkosten auf der Grundlage der aktuellen Marktwerte zu berechnen,
da auch die Erfolgsgröße durch die Ausklammerung von ungewöhnlichen Komponenten bereits künftige Entwicklungen berücksichtigt. Der Performance-Maßstab dient
somit als Indikator für die zukünftige Ertragskraft.

C. Beurteilung des Economic Value Added als Instrument zur Performance-Messung

1. Beurteilung der Konzeption des Economic Value Added

Der Performance-Maßstab EVA ist die wesentliche Komponente bei der Unternehmensbewertung auf Basis von Übergewinnen.[1050] Um zu einem korrekten Unternehmenswert zu gelangen, muß der EVA als Differenz zwischen dem betrieblichen Erfolg vor Fremdkapitalzinsen und den Eigen- sowie Fremdkapitalkosten berechnet werden.[1051] Die Kapitalkosten sind dabei auf den Buchwert des betrieblichen Vermögens zu Beginn der Periode zu beziehen.

Bacidore, Boquist, Milbourn und Thakor schlagen nun vor, die Konzeption des EVA zu modifizieren, um eine zutreffendere Beurteilung der Performance zu erzielen: Der sog. **Refined Economic Value Added** (REVA) multipliziert bei der Ermittlung der Kapitalkosten den Kapitalkostensatz mit dem **Marktwert des investierten Kapitals**.[1052] Die Folge ist, daß der REVA meist kleiner als der EVA ist und eine Performance-Beurteilung dementsprechend negativer ausfällt.

Implizit unterstellen die Autoren, daß nicht der Buchwert, sondern der Marktwert des Kapitals die Gewinne der betreffenden Periode erwirtschaftet hat. Folglich sei der Marktwert des Kapitals ihrer Auffassung nach der richtige Ausgangspunkt, da die Kapitalgeber das Unternehmen zu Beginn der Periode verkaufen und die Erlöse in eine risikoäquivalente Anlage zu dem gewogenen durchschnittlichen Kapitalkostensatz investieren könnten.[1053]

Der REVA läßt sich jedoch im Gegensatz zum EVA nicht in ein theoretisch richtiges Unternehmensbewertungsmodell integrieren: Das dem Unternehmen zur Verfügung gestellte Kapital, d.h. das Kapital in Höhe des Buchwerts des Vermögens, ist nicht mit dem Kapital, das die Investoren beim Kauf der Aktien

---

1050 Vgl. Teil 4 Gliederungspunkt II. C. 1.

1051 Alternativ ist es möglich, den EVA auf Basis des Equity-Ansatzes als Differenz zwischen dem Erfolg nach Fremdkapitalzinsen und den Eigenkapitalkosten zu berechnen. Vgl. Teil 4 Gliederungspunkt II. B.

1052 Vgl. Bacidore, J.M./Boquist, J.A./Milbourn, T.T./Thakor, A.V. (Financial Performance Measure 1997), S. 15.

1053 „The capital commitment of the firm's financiers is represented by the total market value of the firm, not simply the economic book value of the assets in place." Bacidore, J.M./Boquist, J.A./Milbourn, T.T./Thakor, A.V. (Financial Performance Measure 1997), S. 13 f.

für das Unternehmen zahlen, zu verwechseln. Das Unternehmen kann sein Vermögen zu den einzelnen **Zeitwerten** verkaufen. Das investierte Kapital entspricht infolgedessen der Summe der Zeitwerte[1054] der einzelnen Vermögensgegenstände und nicht dem Marktwert des Eigen- und Fremdkapitals.[1055]

Der REVA setzt sich in dieser Hinsicht aus zwei nicht miteinander kompatiblen Komponenten zusammen: den Erfolgen, die auf der Basis von Buchwerten ermittelt wurden, und dem Marktwert des Kapitals, das bereits Erwartungen hinsichtlich zukünftiger Erfolge vorwegnimmt.[1056] Die Konzeption des EVA ist daher der des REVA überlegen.

Des weiteren ist zu beachten, daß der EVA den Übergewinn als **absolute Größe** angibt. Im Vergleich zu den traditionellen Performance-Maßstäben stellt der EVA keine relative Rentabilitätskennzahl dar[1057] und umgeht somit **Nachteile von prozentualen Rentabilitätsmaßstäben**. So kann etwa der Spread zwischen Gesamtkapitalrendite und Gesamtkapitalkostensatz oder die Rentabilität sinken und gleichzeitig der EVA absolut steigen.[1058] Mit anderen Worten ist es möglich, daß einer gesunkenen Rentabilität ein positiver Übergewinn und damit ein Wertzuwachs gegenübersteht.

Beispiel 25:   **Nachteile von prozentualen Rentabilitätsmaßstäben**

Ein Unternehmen erzielt mit einem Kapital von 100 GE eine Vermögensrendite von 50%. Der Kapitalkostensatz beträgt 20% und der Spread, d.h. die Differenz zwischen Vermögensrendite und Kapitalkostensatz, somit 30%.

Im folgenden Jahr erwirtschaftet das Unternehmen mit einem Kapital von 110 GE eine Vermögensrendite von 48,2%. Da der Kapitalkostensatz unverändert bleibt, beträgt der Spread nunmehr 28,2%. Sowohl die Vermögensrendite als

---

1054 Aus Vereinfachungsgründen wird bei der Ermittlung des EVA grundsätzlich der Buchwert der einzelnen Vermögensgegenstände angesetzt. Vgl. Teil 5 Gliederungspunkt II. B. 2.

1055 Vgl. Ferguson, R./Leistikow, D. (Basics are Better 1998), S. 84.

1056 Vgl. Albrecht, T. (Best Financial Performance Measure: A Comment 1998), S. 86.

1057 Vgl. Anthony, R.N./Govindarajan, V. (Management Control Systems 1998), S. 255.

1058 Vgl. Hansen, D.R./Mowen, M.M. (Management Accounting 1997), S. 490 f.; Engler, C. (Managerial Accounting 1993), S. 835; Kaplan, R.S. (Advanced Management Accounting 1982), S. 523; Stewart, G.B. (Quest for Value 1991), S. 210; Anthony, R.N./Govindarajan, V. (Management Control Systems 1998), S. 270; Reece, J.S./Cool, W.R. (Investment Center Performance 1978), S. 29 f.

auch der Spread sinken, während der EVA (Erfolg minus Kapitalkosten) von 30 GE auf 31,02 GE steigt.[1059] Das Unternehmen hat folglich Wert geschaffen.

Absolute EVA-Beträge haben jedoch den Nachteil, daß sie sich im Gegensatz zu relativen Rentabilitätskennzahlen nicht zu einem zwischenbetrieblichen Vergleich eignen.[1060] Bei einem Unternehmensvergleich müssen sie daher entweder standardisiert oder mittels einer Kennzahlenbildung größenbereinigt werden:

Bei der Ermittlung eines standardisierten bzw. **größennormierten EVA** wird angenommen, daß alle Unternehmen zu Beginn des Betrachtungszeitraums mit einem Kapital von $ 100 ausgestattet sind. Das standardisierte Kapital der nachfolgenden Perioden entwickelt sich proportional zur tatsächlichen Kapitalentwicklung des jeweiligen Unternehmens.[1061] Der größennormierte EVA ergibt sich dann durch Multiplikation des standardisierten Kapitals mit dem value spread, d.h. der Differenz zwischen Vermögensrendite und Kapitalkostensatz.[1062]

1059 Nach einer Untersuchung von Reece und Cool im Jahr 1978 wendeten 28% der befragten Unternehmen zur Performance-Beurteilung sowohl den Residualgewinn als auch die Gesamtkapitalrentabilität an, während 65% ausschließlich die Gesamtkapitalrentabilität heranzogen. Vgl. Reece, J.S./Cool, W.R. (Investment Center Performance 1978), S. 46; Kaplan, R.S. (Advanced Management Accounting 1982), S. 526.

Wird nun im Unternehmen anstatt des EVA eine Rentabilitätskennziffer zur Beurteilung verschiedener Sparten herangezogen, kann dies zu Unterinvestitionen führen. So kann eine Sparte, die gegenwärtig eine Rendite von 40% erzielt, diese noch erhöhen, indem sie Teilbereiche veräußert, die eine Rendite von 30% erwirtschaften. Liegen die Kapitalkosten jedoch unter 30%, wird dadurch absolut betrachtet der Residualgewinn sinken.

Bei interner Anwendung können ferner unterschiedliche Zinsen für verschiedene Vermögensgegenstände verwendet werden. Ähnliche Vermögensgegenstände müssen demnach die gleiche Mindestrendite in allen Sparten erwirtschaften. Vgl. Anthony, R.N./Govindarajan, V. (Management Control Systems 1998), S. 270.

1060 Vgl. Anthony, R.N./Govindarajan, V. (Management Control Systems 1998), S. 268; Kaplan, R.S. (Advanced Management Accounting 1982), S. 525.

1061 Bsp.: $ \text{S tan dardisiertes Kapital}_{\text{Periode}2} = \left(\dfrac{\text{Kapital}_{\text{Periode}2}}{\text{Kapital}_{\text{Periode}1}} \right) \cdot 100 \, GE $

1062 Vgl. Stewart, G.B. (Quest for Value 1991), S. 167 ff. Stewart illustriert die Aussagekraft des standardisierten EVA für die Unternehmen K-Mart und Woolworth. Absolut betrachtet wies K-Mart einen EVA von -$ 41,6 Mio. in 1984 und $ 79,9 Mio. in 1988 aus (Wertzuwachs $121,5 Mio.). Woolworth wies im gleichen Zeitraum eine ähnlich hohe Wertsteigerung von $130,4 Mio. auf. Bei der anschließenden standardisierten Betrachtung verzeichnete K-Mart dagegen einen Wertzuwachs von $ 2 und Woolworth einen Zuwachs von $ 5,4. Die standardisierte Ermittlung zeigt, daß die Änderung des

Eine weitere Möglichkeit, absolute EVA-Beträge vergleichbar zu machen, besteht in der **Bildung von Kennzahlen**. Der EVA wird dabei in Beziehung zu anderen Größen (z.B. Umsatz, betriebliches Vermögen oder betriebliche Wertschöpfung) gesetzt.[1063]

2. Beurteilung des Informationsgehalts des Economic Value Added

a) Theoretischer Informationsgehalt

Die Beurteilung von Unternehmen mittels des EVA-Konzepts konzentriert sich nicht nur auf den in einer Periode erwirtschafteten absoluten Residualgewinn, sondern insbesondere auf die Veränderung dieser Größe im Zeitablauf.[1064] „There is suggestive evidence that increasing EVA is indeed the key to building a premium-valued company ... The theory and the evidence all point to the same fundamental conclusion: Increasing EVA should be adopted as the paramount objective of any company that professes to be concerned about maximizing shareholders' wealth."[1065]

Stewart deutet damit an, daß eine **Erhöhung des Übergewinns** zu einer **Steigerung des Unternehmenswerts** führt, die sich letztlich auch in den Akti-

---

EVA bei Woolworth relativ betrachtet wesentlich höher ist als bei K-Mart. Vgl. Stewart, G.B. (Quest for Value 1991), S. 172.

Der MVA kann dabei in ähnlicher Weise wie der EVA standardisiert werden:

$$MVA_{s\,tan\,dardisiert} = \left(\frac{Marktwert}{Kapital} - 1 \right) Kapital_{s\,tan\,dardisiert}$$

Vgl. Stewart, G.B. (Quest for Value 1991), S. 209. Der MVA wird allerdings nicht auf das Kapital zum Beginn des Betrachtungszeitraumes bezogen, sondern auf das Kapital zum Ende der ersten Periode der Betrachtungsperiode: „The reason for this discrepancy is that rates of return and EVA are measured on capital at the beginning of the year but MVA is measured on the basis of capital outstanding at the end of a given year." Stewart, G.B. (Quest for Value 1991), S. 173.

1063 Vgl. Hostettler, S. (Economic Value Added 1997), S. 252; Hansen, D.R./Mowen, M.M. (Management Accounting 1997), S. 491; Reece, J.S./Cool, W.R. (Investment Center Performance 1978), S. 46. In der Literatur werden noch weitere Kennzahlen vorgeschlagen, die den EVA integrieren. Die Kennzahl people value added beschreibt bspw. das Verhältnis des EVA zum Gegenwartswert sämtlicher Arbeitnehmerkosten. Vgl. Schneier, R. (People Value Added 1997), S. 14 ff.

1064 Vgl. Stewart, G.B. (EVA™: Fact and Fantasy 1994), S. 78.

1065 Stewart, G.B. (Quest for Value 1991), S. 222.

enrenditen widerspiegelt. Einige Unternehmen, die das EVA-Modell als Instrument der sog. wertorientierten Unternehmensführung implementiert haben, veröffentlichen in ihren Geschäftsberichten dieser Aussage entsprechend den Betrag der Veränderung ihres EVA.[1066]

Eine Erhöhung des EVA führt jedoch nicht zwangsläufig zu einer Erhöhung des Unternehmenswerts. Es lassen sich mindestens zwei Situationen konstruieren, in denen eine Steigerung des EVA von einer **Verminderung des Unternehmenswerts** begleitet wird:

(1) Ein Unternehmen kann den gegenwärtigen EVA **zu Lasten zukünftiger Übergewinne** erhöhen.[1067] Da bei der Ermittlung des Unternehmenswerts zukünftige EVA-Beträge auf den Bewertungszeitpunkt abgezinst werden, kann die Verringerung künftiger Residualgewinne mehr ins Gewicht fallen als die Erhöhung gegenwärtiger Übergewinne.

Beispiel 26:   **Erhöhung von EVA und Verminderung des Unternehmenswerts**

Strategie 1	Jahr 1	Jahr 2	Jahr 3
NOPAT	$ 100	$ 125	$ 160
Invested capital	$ 100	$ 150	$ 200
Cost of capital	$ 10	$ 15	$ 20
EVA	$ 90	$ 110	$ 140

Strategie 2	Jahr 1	Jahr 2	Jahr 3
NOPAT	$ 100	$ 135	$ 145
Cost of capital	$ 10	$ 15	$ 20
EVA	$ 90	$ 120	$ 125

Der gewogene durchschnittliche Kapitalkostensatz des Unternehmens A beträgt 10%. Gemäß der obigen Tabelle steigt der EVA im Zeitablauf, ebenso wie der Buchwert des Vermögens, der zu Beginn der ersten Periode $ 100 beträgt. Unter Vernachlässigung eines Restwerts ergibt sich ein Unternehmenswert ($U_o^{\text{Strategie 1}}$) von $ 377,9:

1066 „Economic Value Added (EVA) improved almost $ 400 million over 1994 and $ 800 million compared to 1993." Vgl. Reynolds Metal Company (Annual Report 1995), S. 2.

1067 Das Problem der kurzfristigen Steigerung des EVA auf Kosten zukünftiger Residualgewinne besteht analog bei der Verwendung von traditionellen Rentabilitätskennzahlen. Vgl. Hansen, D.R./Mowen, M.M. (Management Accounting 1997), S. 491; Davis, H.A. (Cash Flow and Performance Measurement 1996), S. 39.

$$U_o^{\text{Strategie 1}} = \$100 + \frac{\$90}{(1+0,1)} + \frac{\$110}{(1+0,1)^2} + \frac{\$140}{(1+0,1)^3} = \$377,9$$

Im folgenden wird angenommen, daß der EVA bei gleichen Kapitalkosten im zweiten Jahr auf $120 steigt, im Jahr 3 dagegen nur auf $125. Der Unternehmenswert ($U_o^{\text{Strategie 2}}$) sinkt auf $374,9, denn die Erhöhung des EVA im zweiten Jahr ging zu Lasten des Residualgewinns im dritten Jahr:

$$U_o^{\text{Strategie 2}} = \$100 + \frac{\$90}{(1+0,1)} + \frac{\$120}{(1+0,1)^2} + \frac{\$125}{(1+0,1)^3} = \$374,9$$

(2) Eine Steigerung des EVA kann mit einer **Erhöhung der Kapitalkosten** einhergehen. Die Ursache für die gestiegenen Kapitalkosten kann z.b. in einem höheren Geschäfts- oder Finanzierungsrisiko liegen. Anknüpfend an das obige Beispiel läßt sich zeigen, daß trotz identischem EVA der Unternehmenswert aufgrund des gestiegenen Kapitalkostensatzes sinkt:

Beispiel 27:   **Erhöhung des EVA und Verminderung des Unternehmenswerts**

Strategie 3	Jahr 1	Jahr 2	Jahr 3
NOPAT	$ 100	$ 130	$ 170
Cost of capital	$ 10	$ 20	$ 30
EVA	$ 90	$ 110	$ 140

Die Kapitalkosten des Unternehmens steigen von 10% im ersten Jahr auf 13,3% im zweiten und 15% im dritten Jahr. Dies hat einen sinkenden Unternehmenswert ($U_o^{\text{Strategie 3}}$) zur Folge:

$$U_o^{\text{Strategie 3}} = \$100 + \frac{\$90}{(1+0,1)} + \frac{\$110}{(1+0,133)^2} + \frac{\$140}{(1+0,15)^3} = \$359,5$$

Die beiden Beispiele verdeutlichen die Grenzen des EVA-Konzepts. Eine gegenwärtige Steigerung des Übergewinns muß nicht zwangsläufig mit einer Erhöhung des Unternehmenswerts einhergehen. Entscheidend ist die **Nachhaltigkeit des Residualgewinns und des Kapitalkostensatzes.**

Für ein Unternehmen, das in einer **wachsenden Branche** tätig ist oder sein wird und dessen Risikoprofil entsprechenden Schwankungen ausgesetzt ist, ist die Konzentration auf gegenwärtige bzw. vergangene Residualgewinne ge-

fährlich.[1068] Auf eine Prognose künftiger Übergewinne kann somit nicht verzichtet werden. Hiervon sind insbesondere Unternehmen mit einem langen
Produktlebenszyklus betroffen, da sich der Erfolg von Investitionen erst viel
später in einem Übergewinn niederschlägt. Beil, Vice President bei Boeing,
lehnt daher den EVA zur Beurteilung der Performance in ‚seinem' Unternehmen strikt ab.[1069] Im Jahr 1992 sank bspw. der MVA von Boeing trotz hoher
Erfolge, da der Markt einen Auftragsrückgang antizipierte.

Selbst für Unternehmen, die nur ein geringes Investitionsvolumen aufweisen,
ist die Beurteilung des Erfolgs einer vergangenen Periode mittels des EVA
problematisch. So kann der **EVA** von Unternehmen, die nicht investieren,
temporär steigen, obwohl der operative **Erfolg** und der **Kapitalkostensatz**
im Zeitablauf **konstant** bleiben. Ursache allein sind die sinkenden Kapitalkosten aufgrund der durch Abschreibungen verminderten Kapitalbasis.[1070] Die
proklamierten Vorteile des EVA-Modells – die einfache Beobachtung gegenwärtiger Residualgewinne und die Einfachheit der Berechnung – nivellieren
sich.

b) Empirischer Informationsgehalt

(1) Überblick

Zum Informationsgehalt des EVA liegen einige empirische Arbeiten vor. Nicht
ganz unbedeutend ist dabei allerdings, welche Institution bzw. Person die jeweilige Studie durchgeführt hat. So ist es gängig, daß fast jedes neue Bewertungsinstrument von einer empirischen Untersuchung von Mitarbeitern der Be-
ratungsgesellschaft, die den betreffenden Performance-Maßstab vermarktet,
begleitet wird.

Im folgenden wird zunächst auf eine Studie der Stern Stewart & Co. eingegangen, die den Zusammenhang zwischen dem EVA und dem MVA (Differenz
zwischen Marktwert und buchhalterischem Vermögen), in dem sich der Wert-

---

1068 „The measure is particularly unsuited for growing businesses." Barfield, R. (Nearly New
     1998), S. 41.
1069 „Beil admits that economic value added might make sense for a company with a prod-
     uct life cycle of 5 years or less, but not for a company like Boeing with a 20-year hori-
     zon." Davis, H.A. (Cash Flow and Performance Measurement 1996), S. 80.
1070 Vgl. Anthony, R.N./Govindarajan, V. (Management Control Systems 1998), S. 272 f.;
     Dirrigl, H. (Unternehmensbewertung 1998), S. 21.

zuwachs an der Börse widerspiegelt, untersucht. Die Studie von Peterson und Peterson vergleicht dagegen den EVA mit traditionellen Rentabilitätskennzahlen und untersucht ihren Zusammenhang mit der Aktienrendite.

(2) Studie der Stern Stewart & Co.

Stewart untersuchte für die Jahre 1984 bis 1988 für 638 Unternehmen den Zusammenhang zwischen (Änderungen des) EVA und (Änderungen des) MVA, der Differenz zwischen dem Marktwert des Unternehmens und dem investierten Kapital.[1071] Dabei sollte überprüft werden, ob Unternehmen mit einem positiven EVA auch mit einem positiven MVA als Prämie am Markt belohnt werden.

Für diesen Zweck wurden die Unternehmen entsprechend ihres value spread (Differenz zwischen Rendite und Kapitalkostensatz) sowie des Wachstums des investierten Kapitals in die folgenden fünf Klassen eingeteilt:[1072]

Abbildung 38:   Klassifizierung von Unternehmen nach dem Spread und der Wachstumsrate

Klasse	Spread	Wachstumsrate
X-Minus	≤ - 2,5%	y < 25%
X	-2,5% < x < 2,5% ·	Wachstum bedeutungslos
Y	≥ 2,5%	y ≤ 25%
Z	≥ 2,5%	y > 25%
Pre-Z	≤ -2,5%	y ≥ 25%

Unternehmen, deren Rendite sich über die fünf betrachteten Jahre wesentlich veränderte, wurden nicht in die Analyse einbezogen. Dementsprechend konnten 92 Unternehmen nicht den einzelnen Klassen zugeordnet werden. Die übrigen 638 Unternehmen wurden anschließend zu fünf Klassenunternehmen aggregiert und für jede Klasse bzw. jedes Klassenunternehmen ein standardisierter EVA und MVA berechnet. Bis auf die Klasse Pre-Z stellte Stewart dabei einen engen Zusammenhang zwischen EVA und MVA fest.[1073]

1071 Stewart legte der Untersuchung standardisierte (größennormierte) Werte von EVA und MVA zugrunde. Vgl. zur Berechnung der standardisierten Werte Teil 5 Gliederungspunkt II. C. 1.

1072 Vgl. Stewart, G.B. (Quest for Value 1991), S. 199 f.

1073 Vgl. Stewart, G.B. (Quest for Value 1991), S. 203.

In einer zweiten Untersuchung wurden sämtliche Unternehmen entsprechend der Höhe ihres absoluten EVA (Durchschnitt der Jahre 1987 und 1988) in 25 Klassen eingeordnet. Für jede Klasse wurde dabei ein durchschnittlicher EVA und MVA berechnet. In gleicher Weise wurde eine Rangfolge der Unternehmen gemäß der Veränderung des EVA gebildet und der Veränderung des MVA gegenübergestellt. Die Ergebnisse indizierten ebenfalls einen deutlichen Zusammenhang zwischen EVA und MVA für Unternehmen mit einem positiven EVA.[1074]

Beide Untersuchungen sind insoweit kritisch zu beurteilen, als alle Unternehmen in verschiedene Klassen eingeordnet wurden, für die jeweils Durchschnittswerte gebildet wurden. Ferner gingen 13% der Unternehmen aufgrund einer fehlenden Klassifikationsmöglichkeit erst gar nicht in die Studie ein. Ohne die vorgenommene Gruppierung sänke der Korrelationskoeffizient nach Copeland, Richter und Stiglbrunner auf 32%.[1075] Wird ein einzelnes Unternehmen betrachtet, so entziehen sich Unternehmen mit einem **negativen EVA** genauso einer eindeutigen Beurteilung wie Unternehmen mit **positiven Übergewinnen**, die der Markt als **nicht nachhaltig** einstuft oder die **unter der Erwartung des Markts** liegen.[1076]

(3) Studie von Peterson und Peterson

Peterson und Peterson verglichen für die Jahre 1988 bis 1992 die Aussagefähigkeit der in Abbildung 38 dargestellten traditionellen Rentabilitätskennzahlen mit dem EVA sowie seinen Komponenten, der Vermögensrendite und dem value spread (Differenz zwischen Vermögensrendite und Kapitalkostensatz).[1077]

1074 Der Korrelationskoeffizient r^2 beträgt 97%. Vgl. Stewart, G.B. (Quest for Value 1991), S. 215 f.

1075 Vgl. Copeland, T./Richter, F./Stiglbrunner, K., Märkte übertreffen - Anwendung des Shareholder-Value-Konzeptes in Deutschland, unveröffentlichte Präsentation von dem Arbeitskreis Finanzierung der Schmalenbach-Gesellschaft am 1.6.1994, New York, zitiert nach Richter, F. (Steuerungs- und Monitoringsystem 1996), S. 218.
Ein ähnliches Ergebnis erzielte die Untersuchung von Thomas für das Jahr 1988. Vgl. Kramer, J.K./Pushner, G. (Empirical Analysis of Economic Value Added 1997), S. 42.
Auch Lehn und Makhija stellten einen signifikant positiven Zusammenhang zwischen EVA und MVA für 241 Unternehmen in den Jahren 1987 bis 1993 fest. Vgl. Lehn, K./Makhija, A.K. (EVA & MVA as performance measures 1996), S. 38.

1076 Bspw. wies Ford in den Jahren 1995 und 1996 gleichzeitig einen positiven EVA und einen negativen MVA aus.

1077 Vgl. Peterson, P.P./Peterson, D.R. (Measures of Value Added 1994), S. 36 f.

Abbildung 39: Traditionelle Rentabilitätskennzahlen und EVA-Kennzahlen

Traditionelle Rentabilitätskennzahlen	EVA-Kennzahlen
$\text{basic earnings power ratio} = \dfrac{\text{operating profit}}{\text{total assets}}$	EVA
$\text{return on assets} = \dfrac{\text{net income}}{\text{total assets}}$ [1078]	$\text{return on capital} = \dfrac{\text{net operating profit after tax}}{\text{capital}}$ [1079]
$\text{return on equity} = \dfrac{\text{net income}}{\text{book value of equity}}$	$\dfrac{\text{net operating profit after tax}}{\text{capital}} - \text{cos t of capital (in \%)}$
$\text{cash flow return on assets} = \dfrac{\text{cash flow}}{\text{total assets}}$	
$\text{Tobin's q} = \dfrac{\begin{array}{c}\text{book value of debt + liquidating value}\\ \text{of preferred stock + market value of}\\ \text{common stock}\end{array}}{\text{total assets}}$ [1080]	

Zur Überprüfung des Informationsgehalts hinsichtlich des Aktionärswerts wurden alle acht Performance-Maßstäbe mit der Aktienrendite, die die Performance aus Sicht des Markts widerspiegelt, verglichen.[1081] Die Studie führte zu folgenden Ergebnissen:[1082]

(1) Die isolierte Betrachtung der traditionellen Maßstäbe ergab, daß die **basic earnings power ratio**, der **return on assets** und **Tobin's q** einen engeren Zusammenhang mit den Aktienrenditen aufweisen als der cash

---

1078 Der return on assets ist nicht mit der Gesamtkapitalrentabilität zu verwechseln, die im Zähler zusätzlich die Zinsen auf das Fremdkapital berücksichtigt. Ein return on assets von 10% besagt, daß jeder Dollar der in das Unternehmen investiert wurde, 20 cents für die Eigentümer des Unternehmens erwirtschaftet hat.

1079 Der net operating profit after tax wird gemäß den von Stern Stewart & Co. vorgeschlagenen Bereinigungsmaßnahmen aus dem ausgewiesenen operating profit abgeleitet. Vgl. Teil 5 Gliederungspunkt II. B. 3.

1080 Das Verhältnis beschreibt die Näherungslösung für Tobin's q. Vgl. Teil 4 Gliederungspunkt III. E.

1081 Die Aktienrendite wird dabei auf drei verschiedene Weisen berechnet: Erstens wird als Rendite die Aktienrendite des Jahres – als geometrisches Mittel der monatlichen Renditen – herangezogen. Zweitens wird die Differenz zwischen der tatsächlichen Rendite und der gemäß dem Marktmodell erwarteten Rendite berechnet. Die Differenz gibt die Überrendite wieder. Die dritte Aktienrendite stellt die Differenz zwischen der tatsächlichen Rendite und der durchschnittlichen Rendite der Größenklasse, in die das Unternehmen zuvor eingeordnet wurde, dar. Die Größenklassen werden dabei entsprechend des Marktwerts des Eigenkapitals gebildet. Vgl. Peterson, P.P./Peterson, D.R. (Measures of Value Added 1994), S. 34 f.

1082 Vgl. Peterson, P.P./Peterson, D.R. (Measures of Value Added 1994), S. 38 ff.

flow return on assets und der return on equity. Für die Jahre 1988 und 1992 wurde jedoch nur eine schwache Korrelation festgestellt.

(2) Einen schwachen Zusammenhang zeigten für die gleichen Jahre auch die EVA-Maßstäbe. Ferner wurde nur für das Jahr 1990 ein bedeutender Zusammenhang zwischen dem EVA und der Aktienrendite entdeckt, während im Jahr 1992 sogar ein signifikant negativer Zusammenhang bestand.

(3) Der **return on capital** sowie die Differenz zwischen Rendite und Kapitalkostensatz (**value spread**) wiesen dagegen für drei Jahre einen hohen positiven Zusammenhang auf. Dies ist ein interessantes Ergebnis, da die Berücksichtigung von Eigen- und Fremdkapitalkosten, die nur in den value spread und nicht in den return on capital eingehen, nicht zu einer höheren Erklärungskraft beiträgt.

Eine zweite Untersuchung teilte die Unternehmen entsprechend dem Vorzeichen ihres EVA (positiv oder negativ) in zwei Gruppen ein. Dabei erzielten Unternehmen mit einem negativen EVA in einem Jahr eine höhere Rendite als Unternehmen mit einem positiven EVA. Peterson und Peterson stellen letztlich fest, daß EVA-Kennzahlen, obwohl sie theoretisch in einer engeren Verbindung zum Unternehmenswert stehen, als Periodenmaßstab keinen wesentlich engeren Zusammenhang zu der Aktienrendite aufweisen.[1083]

Auch Kramer und Pushner kommen zu einem vergleichbaren Ergebnis: „In all, we have found no clear evidence to support the contention that EVA is the best internal measure of corporate success in adding value to shareholder investments. On the contrary, the market seems more focused on 'profit' than EVA."[1084] Dies stimmt mit dem Ergebnis von Peterson und Peterson überein, die auch durch die Einbeziehung der Eigenkapitalkosten keine anderslautenden Resultate erzielten. Gemäß den empirischen Arbeiten von Dodd und Chen erklärt der EVA sogar nur 20,2% der Veränderung der Aktienrendite, der return on assets dagegen 24,5%.[1085]

Die empirischen Arbeiten blieben von Stern Stewart & Co. nicht unbeantwortet. O'Byrne, Vice President der Stern Stewart & Co., weist auf einen Vergleich des EVA mit dem NOPAT hin, der einen engeren Zusammenhang zwischen dem

---

1083 Vgl. Peterson, P.P./Peterson, D.R. (Measures of Value Added 1994), S. 45.
1084 Kramer, J.K./Pushner, G. (Empirical Analysis of Economic Value Added 1997), S. 47.
1085 Vgl. Dodd, J./Chen, S. (EVA 1996), S. 26 ff.

EVA und dem Marktwert ergab. Allerdings nimmt er einige – von wissenschaftlicher Seite angezweifelte[1086] – Anpassungsmaßnahmen vor. So wird bspw. berücksichtigt, daß der Markt positive EVA höher bewertet als negative, während die 'Marktwirkung' eines Gewinns dem eines Verlusts gleichgesetzt wird.[1087]

Bei den durchgeführten Untersuchungen ist jedoch zu kritisieren, daß ein periodenbezogener Performance-Maßstab nicht zwangsläufig mit der **Aktienrendite der gleichen Periode** in einem engen Zusammenhang stehen muß.[1088] Eine Entscheidung des Managements kann den Wert des Unternehmens drastisch erhöhen und gleichzeitig zu einer Verschlechterung der Performance in der Periode der Entscheidung führen. Unter diesem Gesichtspunkt ist die Beurteilung eines Performance-Maßstabs nach seiner Korrelation zur Aktienrendite in der gleichen Periode aussagelos. Hostettler kam dementsprechend zu dem Ergebnis, daß der Schweizer Aktienmarkt eine erwartete herausragende EVA-Performance mit hohen Aktienrenditen in der vorangegangenen Periode belohnt.[1089]

Die empirischen Studien untermauern die Beurteilung des Informationsgehalts von theoretischer Seite: Letztlich sind immer die Erwartungen bzgl. der zukünftigen Performance – der Übergewinne sowie der Kapitalkosten – entscheidend. Der EVA nimmt dem Bewerter nicht die Aufgabe der Prognose ab. Aller-

---

1086 Vgl. Myers, R. (Measure for Measure 1997), URL:
http://www.cfonet.com/html/Articles/CFO/1997/97Nomeas.html.

1087 „The first important difference in methodology is that my EVA models use separate variables for positive and negative EVA ... " O'Byrne, S. F. (EVA® and Shareholder Return 1997), S. 51. „First, investors capitalize positive EVA at much higher multiples than negative EVA. Positive EVA is a sign of future EVA improvement because a growing company can create EVA improvement simply by maintaining its current rate of return. Negative EVA reduces market value, but by significantly less than if such substandard performance were expected to continue forever. Lower multiples on negative EVA imply that the market expects a turnaround, whether engineered internally or through some external corrective force." O'Byrne, S. (EVA® and Market Value 1996), S. 125.

1088 Vgl. Ferguson, R./Leistikow, D. (Basics are Better 1998), S. 81, 83.

1089 Hostettler berechnete für 168 Unternehmen des Schweizer Aktienmarkts für die Jahre 1992 bis 1997 den absoluten EVA-Betrag sowie die drei bereits genannten EVA-Kennzahlen (value spread, EVA-Return on Sales, relative EVA). Diese werden entsprechend ihrer Höhe jeweils mit Rangnummern versehen. Die EVA-Gesamtperformance ergibt sich dann aus der Addition der Rangnummern für jede Kennzahl. Hostettler stellte dabei fest, daß die zehn Unternehmen mit der kleinsten Rangnummer, sog. EVA-Performer der Jahre 1993 bis 1996, im jeweils vorangegangenen Jahr die höchste Aktienrendite erzielten. Bspw. wurde die höchste Aktienrendite 1992 durch die EVA-Performer des Jahres 1993 erreicht. Vgl. Hostettler, S. (Economic Value Added 1997), S. 259 ff.

dings ist bei nachhaltigen positiven Übergewinnen in der Vergangenheit die Erwartung berechtigt, daß das Unternehmen wertsteigernd operiert.

3. Beurteilung der praktischen Berechnung des Economic Value Added

Die Vielfalt an Gestaltungsmöglichkeiten bei der konkreten Berechnung des EVA haben sich bereits im vorangegangenen Kapitel abgezeichnet. Zwar werden auf der einen Seite einige buchhalterische Verzerrungen mittels der Berücksichtigung der eigenkapitalähnlichen Posten – bspw. die Aktivierung des Geschäfts- oder Firmenwerts – vermieden. Jedoch eröffnen die Bereinigungsmaßnahmen selbst auf der anderen Seite wiederum neue Spielräume, so daß die Ermittlung des betrieblichen Erfolgs und des investierten Kapitals nicht zwangsläufig objektiver ist als bei der konventionellen bzw. buchhalterischen Erfolgsermittlung. Insbesondere bei der externen Ermittlung müssen einige Annahmen getroffen werden. Ermessensspielräume ergeben sich insbesondere bei

(1)   der Unterscheidung von **operativen** und **nicht-operativen** Erfolgskomponenten und Vermögensgegenständen,

(2)   der Unterscheidung zwischen **gewöhnlichen** und **ungewöhnlichen** Erfolgskomponenten,[1090]

(3)   der Aufdeckung von **stillen Reserven**, die dem Eigenkapital zuzurechnen sind,

(4)   der Festlegung einer (pauschalen) **Nutzungsdauer** der aktivierten Ausgaben mit Investitionscharakter,[1091]

(5)   der Ermittlung der **Steuern**, die auf das operative Ergebnis entfallen, und

(6)   der Berechnung des Barwerts der **Leasingverpflichtungen** und des Zinsanteils der Leasingraten.[1092]

Die größte Quelle für Gestaltungsmöglichkeiten bietet allerdings die Berechnung der Kapitalkosten. Die Auswahl der Daten zur Berechnung der Fremd-,

---

1090   Dies gilt insbesondere für einen HGB-Abschluß, da das Erfolgsspaltungskonzept der Gewinn- und Verlustrechnung in den USA wesentlich feiner ausgestaltet ist. Vgl. Teil 5 Gliederungspunkt I. B. 2.

1091   „5 years was somewhat arbitrarily chosen to represent the typical payoff period for a successful R&D investment." Stewart, G.B. (Quest for Value 1991), S. 190. „No one can say what their useful life is, so make your best guess – say five years. It's truer than calling them expenses." Tully, S. (Creating Wealth 1993), S. 42.

1092   So werden in den meisten US-GAAP-Abschlüssen lediglich die Leasingverpflichtungen der nächsten fünf Jahre angegeben.

Eigenkapitalkosten sowie des Gewichtungsverhältnisses kann – wie gezeigt wurde – zu Unterschieden in der Höhe des Kapitalkostensatzes von +/- 100 Basispunkten führen, was wiederum eine Erhöhung bzw. Verminderung des EVA um mehr als 100% zur Folge haben kann.[1093] Die Ermittlung der Eigenkapitalkosten kann nur dann als zuverlässig beurteilt werden, wenn die einzelnen Parameter sowohl in zeitlicher als auch in zwischenbetrieblicher Hinsicht einheitlich berechnet werden.

Selbst **intern** ermittelte **EVA-Kennzahlen** lassen sich nicht immer unmittelbar miteinander vergleichen. Je nachdem, welche der mehr als 160 Bereinigungsmaßnahmen Unternehmen – entsprechend ihrer individuellen Verhältnisse oder Zielsetzung – vornehmen, können identische Sachverhalte unter Umständen unterschiedlich abgebildet werden. Hierbei sei nur auf The Coca-Cola Company verwiesen, die ohne nähere Erläuterungen eine Änderung bei der Ermittlung des EVA im Jahr 1996 vornahm.[1094] Intern ermittelte und im Geschäftsbericht offengelegte EVA-Beträge sind infolgedessen nicht uneingeschränkt miteinander vergleichbar.

1093 Vgl. Teil 5 Gliederungspunkt II. B. 4. c) (2).

1094 „In 1996, we modified the calculation of economic profit to include both gains and losses on transactions relating to our bottling system. As modified, economic profit now includes all of our identified value streams." The Coca-Cola Company (Annual Report 1996), S. 42. Vgl. auch Freedman, J. (EVA for Stock Picks 1998), S. 63.

III. Cash Flow Return on Investment

A. Überblick

Der CFROI dient zum einen zur Abbildung der nachhaltigen Profitabilität eines Unternehmens und zum anderen als Ausgangspunkt für die Prognose zukünftiger Cash Flows mittels des Free Cash Flow-Konvergenz-Verfahrens bei der Berechnung des Unternehmenswerts.[1095] Die Vertrauenswürdigkeit dieses Prognoseverfahrens hängt insbesondere von der Qualität des Performance-Maßstabs CFROI ab.

Die Berechnung des CFROI erfolgt – wie dargestellt wurde[1096] – in fünf Schritten. Nach der Ermittlung der Bruttoinvestitionsbasis, des Brutto Cash Flows, der nicht abschreibbaren Aktiva und der Nutzungsdauer kann der CFROI berechnet werden. Der CFROI ist der (interne) Zins, bei dem die Bruttoinvestitionsbasis dem Kapitalwert der Investition entspricht:

$$\text{Bruttoinvestitionsbasis}_0 = \sum_{t=1}^{n} \frac{\text{Brutto Cash Flow}_t}{(1+\text{CFROI})^t} + \frac{\text{Nicht abschreibbare Aktiva}_n}{(1+\text{CFROI})^n}$$

Im folgenden wird die Ermittlung der einzelnen Komponenten für Unternehmen, die gemäß den Vorschriften der US-GAAP, der IAS oder des HGB Rechnung legen, näher erläutert. Bei der darauffolgenden Beurteilung des CFROI als externem Performance-Maßstab wird zunächst auf seine Konzeption als interner Zinsfuß und die Verbindung zu rein buchhalterischen Rentabilitätskennzahlen eingegangen. Anschließend werden Probleme bei der externen Berechnung aufgegriffen.

B. Berechnung des Cash Flow Return on Investment

1. Ermittlung der Bruttoinvestitionsbasis

Die Bruttoinvestitionsbasis (gross cash investment) setzt sich aus den **planmäßig abschreibbaren Aktiva** (depreciating assets) und den **nicht planmäßig abschreibbaren Aktiva** (nondepreciating assets) zusammen. Letztere gehen zweifach in die Zahlungsreihe ein: Sie sind zum einen eine Komponente der fiktiven Anfangsauszahlung. Zum anderen wird angenommen, daß sie am

---

1095 Vgl. Teil 4 Gliederungspunkt I. C. 2.
1096 Vgl. Teil 4 Gliederungspunkt I. C. 1.

Ende der Nutzungsdauer gemeinsam mit dem Brutto Cash Flow der letzten Periode zurückfließen.[1097]

(1) Zu den **nicht abschreibbaren Aktiva** zählen nach US-GAAP das Netto-Umlaufvermögen (current assets), das Finanzanlagevermögen (long-term investments and funds), sonstige Vermögensgegenstände (other assets)[1098] sowie Grund und Boden (land). Da der Großteil der US-amerikanischen Unternehmen Grundstücke gesondert unter dem Sachanlagevermögen (plant, property and equipment) ausweist, ist eine Trennung vom übrigen Sachanlagevermögen möglich.[1099]

Nach den Vorschriften des HGB werden **Grundstücke** demgegenüber gemeinsam mit den Gebäuden in einer Position ‚Grundstücke, grundstücksgleiche Rechte und Bauten einschließlich der Bauten auf fremden Grundstücken' in der Bilanz erfaßt. Aufgrund fehlender Angabepflichten kann regelmäßig keine Aussonderung aus den planmäßig abschreibbaren Aktiva erfolgen. Auch die IAS fordern keine explizite Trennung zwischen

---

1097 „Dieser **Nettowert der nicht planmäßig abschreibbaren Aktiva** unterscheidet sich von den ... planmäßig abschreibbaren Aktiva dadurch, daß sich die in ihm enthaltenen Aktiva nicht im Verlauf der Nutzungsdauer abnutzen. Das bedeutet, daß ihr Wert nicht im Verlauf der Nutzungsdauer über die Abschreibung zurückfließt, sondern daß sie am Ende der Nutzungsdauer in einem Block zu ihrem Buchwert theoretisch liquidiert werden können." Lehmann, S. (Neue Wege 1994), S. 105.

Da die nicht abschreibbaren Aktiva sowohl in die Bruttoinvestitionsbasis als auch in den Brutto Cash Flow des letzten Jahres eingehen, wird angenommen, daß alle übrigen Werte am Ende des Zeitraums vollständig abgeschrieben sind. Vgl. Hagemann, H. (Vorwort 1998), S. 13. Des weiteren führt dies dazu, daß auch höhere Brutto Cash Flows erzielt werden müssen, um einen sinkenden CFROI zu vermeiden. Vgl. Kloock, J./Coenen, M. (Cash-Flow-Return on Investment 1996), S. 1106.

1098 Unter den other assets im Anlagevermögen werden alle Vermögensgegenstände ausgewiesen, die nicht einem anderen Posten zugeordnet werden können. Der wesentliche Teil der other assets besteht meist aus den deferred charges, die langfristige Vorauszahlungen darstellen, die erst später als Aufwand verrechnet werden (bspw. Miet- und Steuervorauszahlungen). Vgl. Williams, J.R./Stanga, K.G./Holder, W.W. (Intermediate Accounting 1995), S. 126. Allerdings sind in praxi einige Vermögensgegenstände, die unter den other assets ausgewiesen werden, eigentlich einer anderen Position zuzuordnen. Vgl. Nikolai, L.A./Bazley, J.D. (Intermediate Accounting 1997), S. 68.

1099 Gemäß APB Opinion 12, Abs. 5, müssen Unternehmen die wesentlichen Klassen der Vermögensgegenstände, die unter dem Posten property, plant and equipment erscheinen, gesondert ausweisen. Von 600 Unternehmen weisen im Geschäftsjahr 1996 lediglich 42 Unternehmen einen gemischten Posten land and buildings aus. Vgl. Yarnall, G.L./Rikert, R. (Accounting Trends & Techniques 1997), S. 167.

Grundstücken und Gebäuden.[1100] Die Position wird daher vereinfachend als abschreibbar betrachtet.[1101]

Unverzinsliche Verbindlichkeiten und **Rückstellungen** werden – analog zur Berechnung des EVA – grundsätzlich vom Umlaufvermögen abgesetzt.[1102] Rückstellungen mit Reservecharakter (z.B. Aufwandsrückstellungen) werden indes – entgegen der vorgeschlagenen Berechnungsweise von Lewis – dem Eigenkapital zugeordnet und nicht zum Abzugskapital gerechnet. Damit wird angenommen, daß es sich bei den Innenverpflichtungen um die Bildung stiller Reserven handelt, wofür Opportunitätskosten anfallen. Ferner erhöht die Zurechnung der Aufwandsrückstellungen zum Eigenkapital die Vergleichbarkeit mit internationalen Jahresabschlüssen.

Des weiteren sollten **Pensionsrückstellungen** nur von der Bruttoinvestitionsbasis abgezogen werden, soweit der Zinsanteil des Zuführungsbetrags zu den Pensionsrückstellungen nicht aus dem Brutto Cash Flow ausgeklammert werden kann.[1103] Bei der Berechnung des CFROI auf Basis eines HGB-Abschlusses werden daher Pensionsrückstellungen grundsätzlich zum unverzinslichen Fremdkapital gezählt, während in IAS- und US-GAAP-Abschlüssen aufgrund des gesonderten Ausweises des Zinsanteils – entgegen dem Berechnungsschema von Lewis – die Pensionsrückstellungen in der Bruttoinvestitionsbasis verbleiben sollten.[1104]

(2) Bei der Berechnung des **abschreibbaren Anlagevermögens** werden zum immateriellen Anlagevermögen (intangible assets) sowie dem Sachanlagevermögen ohne Grund und Boden die kumulierten Abschreibungen addiert, so daß ein Ausweis zu den historischen Anschaffungs- oder Herstellungskosten erfolgt. Auf diese Weise wird die fiktive Anfangsauszahlung erfaßt, der schließlich die Brutto Cash Flows vor Abschreibungen gegenübergestellt werden.

1100 Vgl. IAS 16, Abs. 68; Ballwieser, W. (Kommentierung des IAS 16 1997), Rn. 68.

1101 Vgl. Lehmann, S. (Neue Wege 1994), S. 111.

1102 Vgl. zur Ermittlung der unverzinslichen Verbindlichkeiten Teil 5 Gliederungspunkt II. B. 2. Punkt (1).

1103 Vgl. zur Behandlung der Pensionsrückstellungen bei der Berechnung des EVA Teil 5 Gliederungspunkt II. B. 2. Punkt (11).

1104 Vgl. Lewis, T.G. (Steigerung 1995), S. 61 f. Aus externer Sicht wird dieser pragmatischen Vorgehensweise zugestimmt, obwohl Pensionszusagen verzinslich sind. Vgl. Günther, T. (Controlling 1997), S. 215.

Des weiteren muß der **Gegenwartswert der Leasingraten** zur Bruttoinvestitionsbasis gezählt werden, um Unternehmen mit gemieteten oder
geleasten Vermögensgegenständen nicht gegenüber Unternehmen mit
gekauftem Vermögen zu bevorzugen.[1105] Der Barwert der Leasingraten
wird – abweichend von der Vorgehensweise bei der Berechnung des investierten Kapitals für den EVA – lediglich aus den Leasingraten der gegenwärtigen Periode bestimmt. Diese werden für über die noch zu be-
rechnende Nutzungsdauer des Sachanlagevermögens als konstant angenommen und mit dem Fremdkapitalkostensatz des Unternehmens abgezinst.[1106] Während nach den Vorschriften der US-GAAP und IAS die für
die vergangene Periode entrichteten Leasingaufwendungen gesondert
ausgewiesen werden müssen,[1107] ist ein solcher Ausweis nach den HGB-
Vorschriften nicht gefordert.[1108]

Die Behandlung des **Geschäfts- oder Firmenwerts** (goodwill) richtet sich
nach dem Zweck der Analyse:[1109] Wird das Ziel verfolgt, die Akquisitionen
des Unternehmens zu beurteilen, muß der Geschäfts- oder Firmenwert
einschließlich der kumulierten Abschreibungen in der Bruttoinvestitionsbasis berücksichtigt werden. Soll dagegen nur die Rentabilität des 'täglichen Geschäfts' beurteilt werden, geht der Geschäfts- oder Firmenwert
nicht in die fiktive Anfangsauszahlung ein.[1110]

1105 Ohne Berücksichtigung des Gegenwartswerts der Leasingraten würden Unternehmen
mit gekauften Aktiva eine höhere Bruttoinvestitionsbasis und damit gleichzeitig einen
niedrigeren CFROI ausweisen. Vgl. Lehmann, S. (Neue Wege 1994), S. 88; Lewis,
T.G. (Steigerung 1995), S. 60 f.

1106 Vgl. Peterson, P.P./Peterson, D.R. (Measures of Value Added 1994), S. 28.

1107 Vgl. SFAS 13, Abs. 16; IAS 17, Abs. 26.

1108 Vgl. zur vereinfachenden Berechnung der Leasingraten Teil 5 Gliederungspunkt II. B.
3.

1109 Vgl. Lewis, T.G. (Steigerung 1995), S. 59 f.

1110 Eine Verrechnung des Geschäfts- oder Firmenwerts mit der Kapitalbasis führt dazu,
daß Unternehmen, die intern wachsen, und Unternehmen, die extern wachsen, vergleichbar gemacht werden. Des weiteren spricht für eine Eliminierung des Geschäfts-
oder Firmenwerts aus der Bruttoinvestitionsbasis, daß dieser nicht wie die anderen
Aktiva durch Investitionen ersetzt werden muß. Abschreibungen auf den Geschäfts-
oder Firmenwert dienen bei dieser Betrachtungsweise nicht dem Ersatz dieses Ver-
mögenspostens. Es wird somit davon ausgegangen, daß dieser durch andere Auf-
wandspositionen – bspw. Werbeaufwand – entsteht, die nicht bei der Berechnung des
Brutto Cash Flow neutralisiert werden. Vgl. Lehmann, S. (Neue Wege 1994), S. 88 f.,
99; Thomas, R./Edwards, L. (HOLT Methods 1993), S. 40.

Zudem können nicht aktivierungsfähige **Ausgaben mit Investitionscharakter** (Forschungs- und Entwicklungsaufwendungen,[1111] Werbeaufwendungen[1112] etc.), soweit sie gesondert angegeben sind, zur Bruttoinvestitionsbasis gezählt werden.[1113] Gehen solche Aufwendungen in die Bruttoinvestitionsbasis ein, muß eine Nutzungsdauer festgelegt werden. Die BCG schreibt aktivierte Werbeaufwendungen i.d.R. über vier bis fünf Jahre und aktivierte Aufwendungen für Forschung und Entwicklung je nach Branche über drei bis zehn Jahre ab.[1114]

Eine **Inflationsanpassung** ist schließlich sowohl für das Sachanlagevermögen als auch für den Grund und Boden durchzuführen.[1115] Die übrigen nicht abschreibbaren Aktiva werden mit ihrem Buchwert bewertet. Dahinter steht der Gedanke, daß die meisten nicht abschreibbaren Aktiva – mit Ausnahme der Grundstücke – in jedem Geschäftsjahr neu bewertet werden.[1116]

Ausgehend von der noch zu berechnenden durchschnittlichen **Nutzungsdauer** des Sachanlagevermögens (n) wird dieses (bewertet zu Anschaffungs- oder Herstellungskosten) in n Investitionen aufgespalten. Bei der Aufteilung auf die verschiedenen Jahre wird eine konstante Wachstumsrate der Investitionen in der Vergangenheit zugrunde gelegt.[1117] Die vergangene Wachstumsrate wird dabei auf Basis des Verhältnisses der Buchwerte zu den historischen Anschaffungskosten geschätzt.[1118] Anschließend müssen die einzelnen Investitio-

---

1111 Nach US-GAAP und IAS erfolgt für Forschungs- und (nicht aktivierte) Entwicklungsaufwendungen ein gesonderter Ausweis. Vgl. SFAS 2, Abs. 13; IAS 38, Abs. 115.

1112 Nach US-GAAP sind die als Aufwand verrechneten Werbeaufwendungen gesondert anzugeben. Vgl. SOP 93-7, Abs. 49.

1113 Vgl. Lewis, T.G. (Steigerung 1995), S. 58. Bei der internen Berechnung werden diese Ausgaben jedoch nicht bei allen Unternehmen zur Investitionsbasis addiert.

1114 Vgl. Lewis, T.G. (Steigerung 1995), S. 58.

1115 Lehmann nimmt keine Inflationsanpassung für Grund und Boden vor. Sie ist jedoch von dem Beratungsunternehmen Holt Value Associates vorgesehen. Vgl. Peterson, P.P./Peterson, D.R. (Measures of Value Added 1994), S. 28 f.

Werden Ausgaben mit Investitionscharakter in die Bruttoinvestitionsbasis einbezogen und/oder ist der Anteil der immateriellen Vermögensgegenstände – abgesehen vom Geschäfts- oder Firmenwert – am gesamten Anlagevermögen wesentlich, so sollte ebenfalls eine Inflationsanpassung durchgeführt werden. „Die Gesamtnutzungsdauer des Investments entspräche dann einem gewichteten Durchschnitt aller aktivierten Positionen sowie des übrigen Sachanlagevermögens." Lewis, T.G. (Steigerung 1995), S. 58.

1116 Vgl. Lehmann, S. (Neue Wege 1994), S. 99.

1117 Vgl. auch McGugan, I. (Follow the cash 1998), S. 38.

1118 Vgl. Lewis, T.G. (Steigerung 1995), S. 245 f.; Lehmann, S. (Neue Wege 1994), S. 135 f.

nen (Zugänge) mit einem entsprechenden Inflationsindex auf den Bewertungszeitpunkt hochgerechnet werden.[1119] Die nachfolgenden Abbildungen geben die Ermittlung der Bruttoinvestitionsbasis zusammenfassend wieder.

Abbildung 40: Berechnung der Bruttoinvestitionsbasis auf Grundlage eines US-GAAP-Abschlusses

gross cash investment = nondepreciating assets + depreciating assets

Current assets	Plant, property and equipment
− Non-interest bearing liabilities[1120]	− Land
+ Long-term investments and funds	+ Accumulated depreciation
+ Land	+ Inflation adjustment
+ Inflation adjustment	+ Intangible assets
+ Other assets	+ Accumulated depreciation
= **Nondepreciating assets**	+ Capitalized intangibles
	+ Present value of operating leases
	= **Depreciating assets I**
	− Goodwill
	+ Accumulated depreciation
	= **Depreciating assets II**

Die Relation Buchwert zu historischen Anschaffungskosten wird allerdings zum einen durch rein steuerrechtlich zulässige Abschreibungen und zum anderen durch die in Deutschland überwiegend angewandte gemischte Abschreibung geprägt. Die BCG berechnet jedoch mittels eines Algorithmus ein fiktives Verhältnis von Buchwert zu historischen Anschaffungskosten unter der Annahme der Anwendung der linearen Abschreibung. Steuerliche Abschreibungen werden jedoch bei der Berechnung nicht berücksichtigt. Zu den rein steuerrechtlich zulässigen Abschreibungen gehören Sonderabschreibungen, erhöhte Absetzungen und Bewertungsabschläge. Vgl. hierzu Küting, K./Haeger, B. (Kommentierung des § 254 HGB 1995), Rn. 36 ff.

Ist die Relation von Buchwert zu historischen Anschaffungskosten hoch (niedrig), so zeigt dies an, daß die Aktiva relativ neu (alt) sind, und eine in der Vergangenheit vergleichsweise hohe (niedrige oder negative) Wachstumsrate vorlag. Ein Verhältnis von 50% entspricht einem Nullwachstum. Vgl. Lewis, T.G. (Steigerung 1995), S. 239.

1119 Vgl. Lehmann, S. (Neue Wege 1994), S. 150.

1120 Zu den liabilities zählen nach US-GAAP auch Rückstellungen.

Abbildung 41:   Ermittlung der Bruttoinvestitionsbasis auf Grundlage eines HGB-Abschlusses

Bruttoinvestitionsbasis = nicht abschreibbare Aktiva + abschreibbare Aktiva	

Umlaufvermögen
+ Aktive Rechnungsabgrenzungsposten
− Nicht zinstragende Verbindlichkeiten
 	
− Steuerrückstellungen
− Ggf. Rückstellungen für Pensionen
   und ähnliche Verpflichtungen
− Sonstige Rückstellungen
   − Rückstellungen mit Reservecharakter
+ Finanzanlagevermögen
= Nicht abschreibbare Aktiva
	Sachanlagevermögen
	   + Kumulierte Abschreibungen
	   + Inflationsanpassung des Sachanlagevermögens
	+ Immaterielles Anlagevermögen
	   + Kumulierte Abschreibungen
	+ Kapitalisierte Miet- und
	   Leasingaufwendungen
	= Abschreibbare Aktiva I
	
	− Geschäfts- oder Firmenwert
	   + Kumulierte Abschreibungen
	= Abschreibbare Aktiva II

Abbildung 42:   Ermittlung der Bruttoinvestitionsbasis auf Grundlage eines IAS-Abschlusses

Bruttoinvestitionsbasis = nicht abschreibbare Aktiva + abschreibbare Aktiva	

Umlaufvermögen
− Nicht zinstragende Verbindlichkeiten
− Steuerrückstellungen
 	
− Sonstige Rückstellungen
   − Rückstellungen mit Reservecharakter
+ Finanzanlagevermögen
= Nicht abschreibbare Aktiva
	Sachanlagevermögen
	   + Kumulierte Abschreibungen
	   + Inflationsanpassung des Sachanlagevermögens
	+ Immaterielles Anlagevermögen
	   + Kumulierte Abschreibungen
	+ Nicht aktivierte Aufwendungen mit Investitionscharakter
	+ Kapitalisierte Miet- und Leasingaufwendungen
	= Abschreibbare Aktiva I
	− Geschäfts- oder Firmenwert
	   + Kumulierte Abschreibungen
	= Abschreibbare Aktiva II

2.   Ermittlung des Brutto Cash Flow

Der Brutto Cash Flow (gross cash flow) wird ausgehend vom ausgewiesenen Jahreserfolg berechnet. Er stellt demzufolge eine **Nach-Steuer**-Größe dar. Nach Lehmann wird der Brutto Cash Flow nach Körperschaftsteuer sowohl auf thesaurierte als auch auf ausgeschüttete Gewinne ermittelt.[1121] Mit anderen Worten bleibt die Anrechnungsfähigkeit der Körperschaftsteuer bzgl. ausgeschütteter Gewinne bei der Ermittlung der persönlichen Steuerlast der Anteilseigner unberücksichtigt. In dieser Hinsicht wird eine Managementsicht, aber keine Eigentümersicht vertreten.[1122]

Hier wird jedoch zur praktischen Berechnung des Brutto Cash Flow auf die Ermittlung des betrieblichen Erfolgs zur Berechnung des EVA verwiesen, bei der die Anrechnungsfähigkeit der Körperschaftsteuer auf ausgeschüttete Gewinne und ggf. auch die Körperschaftsteuer auf thesaurierte Gewinne berücksichtigt wird.[1123] Des weiteren wird das **Steuerschild** bzw. die steuerliche Abzugsfähigkeit der Fremdkapitalzinsen – im Gegensatz zur Berechnung des operativen Erfolgs bei der Ermittlung des EVA – **im Brutto Cash Flow** erfaßt. Eine Berücksichtigung in den Kapitalkosten ist nicht möglich, da der CFROI als interner Zinsfuß selbst den Abzinsungssatz darstellt.[1124]

Der Jahreserfolg wird in einem ersten Schritt um **ungewöhnliche** Erfolgsbestandteile bereinigt, wobei die steuerlichen Auswirkungen zu berücksichtigen sind. Zu dem insoweit bereinigten Erfolg sind im zweiten Schritt zum einen **Zinsaufwendungen** (interest expenses) und zum anderen **Abschreibungen** (amortization and depreciation)[1125] zu addieren. Die Hinzurechnung der Abschreibungen erfolgt aufgrund der Konzeption des CFROI als interner Zinssatz: Der Anfangsauszahlung in Höhe der zu Anschaffungs- oder Herstellungskosten bewerteten und inflationsbereinigten Bruttoinvestitionsbasis zu Beginn der Betrachtungsperiode werden die Einzahlungsüberschüsse in Form der Brutto Cash Flows gegenübergestellt. Da ferner die steuerliche Abzugsfähigkeit der Fremdkapitalzinsen im Brutto Cash Flow berücksichtigt wird, ist der Zinsaufwand vollständig zum operativen Erfolg nach Steuern zu addieren.[1126]

1121 Vgl. Lehmann, S. (Neue Wege 1994), S. 125.

1122 Vgl. Günther, T. (Controlling 1997), S. 218.

1123 Vgl. Teil 5 Gliederungspunkt II. B. 3.

1124 Bei der Ermittlung des betrieblichen Erfolgs zur Bestimmung des EVA wird dagegen ein fiktiv unverschuldetes Unternehmen zugrunde gelegt. Der Steueraufwand übersteigt in diesem Fall die tatsächlichen Steuerzahlungen um den steuerlichen Einfluß der Zinsaufwendungen. Der steuerliche Vorteil der Fremdfinanzierung wird anschließend im Kapitalkostensatz berücksichtigt.

1125 Es werden lediglich die jährlichen Abschreibungen des Sachanlagevermögens und ggf. des immateriellen Anlagevermögens berücksichtigt.

1126 Die Vorgehensweise entspricht dem Total Cash Flow-Ansatz des DCF-Verfahrens. Vgl. Teil 3 Gliederungspunkt III. C.

Des weiteren müssen in Übereinstimmung mit der Berechnung der Bruttoinvestitionsbasis **Leasingaufwendungen** einschließlich ihres Zinsanteils zum Brutto Cash Flow addiert werden. Implizit werden damit die fiktiven Abschreibungen und die Zinsaufwendungen, die in den Leasingraten enthalten sind, berücksichtigt. Die Leasingaufwendungen können dabei direkt aus dem US-GAAP- oder IAS-Abschluß entnommen werden, da sie dort gesondert auszuweisen sind. [1127] Liegt ein HGB-Abschluß vor, so muß auf die vereinfachende Berechnung der Leasingraten anhand der sonstigen finanziellen Verpflichtungen verwiesen werden. [1128]

Ferner werden in den Brutto Cash Flow **Inflationsverluste oder -gewinne** einbezogen. [1129] Ist der Saldo aus Umlaufvermögen ohne Vorräte und Finanzanlagevermögen abzüglich der nicht-verzinslichen Verbindlichkeiten (nettomonetäre Aktiva) positiv, so entsteht für das Unternehmen im Zeitablauf ein Inflationsverlust, bei negativem Saldo ein Inflationsgewinn. [1130] In Hochinflationsländern ist des weiteren eine LIFO- oder FIFO-Anpassung vorzunehmen. [1131]

Lewis schlägt vor, bei deutschen Unternehmen – soweit möglich – vom **Ergebnis nach DVFA/SG** auszugehen. [1132] Dabei ergeben sich allerdings folgende Schwierigkeiten:

(1) Das Ergebnis nach DVFA/SG wird **nach Körperschaftsteuer auf thesaurierte und ausgeschüttete Gewinne** berechnet. Die Anrechnungsfähigkeit der Körperschaftsteuer wird damit nicht berücksichtigt. [1133]

(2) Bei der **Addition der Abschreibungen** zum Erfolg können **Unstimmigkeiten** auftreten: Im Ergebnis nach DVFA/SG werden keine rein steuerrechtlichen Abschreibungen berücksichtigt und des weiteren die hierdurch vorweggenommenen Normalabschreibungen in den Folgejahren ergeb-

---

1127 Vgl. SFAS 13, Abs. 16; IAS 17, Abs. 26.

1128 Vgl. Teil 5 Gliederungspunkt II. B. 3.

1129 Vgl. Lehmann, S. (Neue Wege 1994), S. 123; Lewis, T.G. (Steigerung 1995), S. 42; Peterson, P.P./Peterson, D.R. (Measures of Value Added 1994), S. 28.

1130 Der Inflationsverlust oder -gewinn ergibt sich durch Multiplikation der jährlichen Inflationsrate mit den netto-monetären Aktiva. Vgl. Lehmann, S. (Neue Wege 1994), S. 132.

1131 Vgl. Lewis, T.G. (Steigerung 1995), S. 42; Thomas, R./Edwards, L. (HOLT Methods 1993), S. 38. Bei steigenden Preisen führt eine Bewertung zu FIFO (first in-first out) zu einer Unterschätzung des Materialaufwands, während eine Bewertung zu LIFO (last in-first out) eine Überschätzung des Wareneinsatzes zur Folge hat. In den USA und in Deutschland werden grundsätzlich keine Anpassungen vorgenommen.

1132 Vgl. Lewis, T.G. (Steigerung 1995), S. 41.

1133 Vgl. hierzu Teil 5 Gliederungspunkt II. B. 3.

nismindernd erfaßt.[1134] Anschließend können jedoch bei der Berechnung des Brutto Cash Flow nur die ausgewiesenen Abschreibungen addiert werden, die von den im Ergebnis nach DVFA/SG berücksichtigten Abschreibungen ggf. abweichen. So gehen bspw. in das Ergebnis nach DVFA/SG nach der Vornahme einer Sonderabschreibung in den Folgejahren im Vergleich zum handelsrechtlichen Erfolg höhere Abschreibungen ein. Bei der Berechnung des Brutto Cash Flow ist jedoch die Höhe der im DVFA/SG-Ergebnis berücksichtigten und theoretisch korrekten Abschreibung unbekannt, denn aus dem Jahresabschluß kann nur die tatsächlich vorgenommene Abschreibung entnommen werden.

Die nachfolgenden Abbildungen geben die Ermittlung des Brutto Cash Flow wieder.[1135]

Abbildung 43: Ermittlung des gross cash flow auf Basis eines US-GAAP-Abschlusses

Gross cash flow	
	Income/loss from continuing operations after taxes
+/–	Unusual items
+/–	Tax benefit/loss from unusual items
+	Interest expenses
+	Depreciation and amortization
+	Operating lease expenses
+/–	Monetary inflation adjustment to reflect monetary gains/losses
=	**Gross cash flow**

1134 Vgl. Busse von Colbe, W. u.a. (Ergebnis nach DVFA/SG 1996), S. 23.

1135 Bei der Ermittlung des gross cash flow auf Basis eines US-GAAP-Abschlusses wird ein US-amerikanisches Unternehmen unterstellt, das keine Pensionsrückstellungen ausweist. Ansonsten ist der Zinsanteil des Zuführungsbetrags zu den Pensionsrückstellungen noch zu berücksichtigen.

Abbildung 44:   Ermittlung des Brutto Cash Flow auf Basis eines HGB-Abschlusses

Brutto Cash Flow
Ergebnis der gewöhnlichen Geschäftstätigkeit − Sonstige Steuern −/+ Ungewöhnliche Erträge/Aufwendungen
= Operativer Erfolg − Steuern (Operativer Erfolg · s^{GewESt}) + Zinsaufwand + Abschreibungen auf Sachanlagevermögen und immaterielles Anlagevermögen + Leasingaufwendungen +/− Inflationsgewinn/-verlust auf Netto-Liquidität
= Brutto Cash Flow

Abbildung 45:   Ermittlung des Brutto Cash Flow auf Basis eines IAS-Abschlusses

Brutto Cash Flow
Ergebnis der gewöhnlichen Geschäftstätigkeit − Sonstige Steuern −/+ Ungewöhnliche Erträge/Aufwendungen
= Operativer Erfolg I − Steuern (Operativer Erfolg I · s^{GewESt}) + Zinsaufwand + Zinsanteil des Zuführungsbetrags zu den Pensionsrückstellungen[1136] + Abschreibungen auf Sachanlagevermögen und immaterielles Anlagevermögen + Leasingaufwendungen +/− Inflationsgewinn/-verlust auf Netto-Liquidität
= Brutto Cash Flow

3. Ermittlung der Nutzungsdauer

Die durchschnittliche Nutzungsdauer der abschreibbaren Aktiva wird auf Basis eines US-GAAP-Abschlusses mittels der Nutzungsdauer des Sachanlagevermögens (plant, property and equipment) approximiert, wobei nicht abschreibbare Aktiva wie Grundstücke (land) sowie Anlagen im Bau (construction in progress) zu subtrahieren sind. Die Nutzungsdauer ergibt sich dann aus der **Division** des abschreibbaren **Sachanlagevermögens** durch die **jährliche lineare Abschreibung.**[1137] Neben der linearen Abschreibung (straight-line method) finden in den USA allerdings vereinzelt auch die geometrisch-degressive Abschreibung (declining balance method),[1138] die arithmetisch-degressive Abschreibung (sum-of-the-year's-digits method), die Leistungsabschreibung

---

1136 Die Addition des Zinsanteils wird nur vorgenommen, soweit nicht bereits ein Ausweis unter den Zinsaufwendungen erfolgt.

(units of production method) sowie weitere nicht genauer in den Geschäftsberichten spezifizierte Abschreibungsmethoden Anwendung.[1139] Wendet ein Unternehmen neben der linearen auch andere Abschreibungsmethoden an, führt die obige Nutzungsdauerberechnung zu Verzerrungen.

Peterson und Peterson schlagen vor, die Nutzungsdauer als Durchschnitt der betrachteten und der beiden vorangegangenen Perioden zu berechnen.[1140] Die durchschnittliche Nutzungsdauer der abschreibbaren Aktiva ist dabei nicht mit deren durchschnittlichem Alter zu verwechseln. Da die durchschnittliche Nutzungsdauer in voller Höhe angesetzt wird – unabhängig davon, wieviel Jahre der Nutzung bereits vergangen sind – werden implizit Ersatzinvestitionen unterstellt.[1141]

Bei der Ermittlung der Nutzungsdauer auf Basis eines HGB-Abschlusses ergeben sich einige Berechnungsschwierigkeiten. So kann eine Division des Sachanlagevermögens durch die jährliche Abschreibung aus folgenden Gründen zu erheblichen Verzerrungen führen:

(1) Aktivisch abgesetzte rein steuerliche Abschreibungen verfälschen den tatsächlichen Verlauf der Wertminderung.[1142]

(2) Ein Großteil der deutschen Unternehmen wendet aus steuerlichen Gründen nicht die lineare, sondern die gemischte Abschreibung an.[1143]

1137 Bei Unternehmen mit überwiegend immateriellen Aktiva werden zur Bestimmung der Nutzungsdauer auch die immateriellen Werte berücksichtigt. Vgl. Lewis, T.G. (Steigerung 1995), S. 58.

1138 Es wird zwischen der fixed-percentage-of-declining-balance method, bei der die Abschreibung mittels Multiplikation eines festen Prozentsatzes mit dem Restbuchwert des Vermögensgegenstands berechnet wird, und der double-declining-balance method, bei der der feste Prozentsatz dem zweifachen des Abschreibungssatzes bei linearer Abschreibung entspricht, unterschieden. Vgl. Arcady, A./Blankenship, L. (Property, Plant, and Equipment 1996), S. 24 ff.

1139 Im Geschäftsjahr 1996 wandten von 600 Unternehmen 575 die lineare Abschreibung, 42 die Leistungsabschreibung, 28 die geometrisch-degressive, 12 die arithmetisch-degressive und 48 weitere nicht genauer spezifizierte Abschreibungsmethoden an. Vgl. Yarnall, G.L./Rikert, R. (Accounting Trends & Techniques 1997), S. 359.

1140 Vgl. Peterson, P.P./Peterson, D.R. (Measures of Value Added 1994), S. 27.

1141 Vgl. Kloock, J./Coenen, M. (Cash-Flow-Return on Investment 1996), S. 1106.

1142 Werden dagegen die steuerlichen (Mehr-)Abschreibungen dem Sonderposten mit Rücklageanteil zugeführt, ergeben sich keine Verzerrungen.

(3)   In der Position Sachanlagevermögen sind noch nicht abschreibbare Aktiva (Grund und Boden) enthalten.

Die BCG hat zur Umrechnung der gemischten in die lineare Abschreibung einen **Algorithmus** entwickelt, der nach eigenen Angaben eine Fehlervarianz
von etwa 10% aufweist, und von dem Beratungsunternehmen jedoch nicht näher erläutert wird.[1144] Allerdings werden dabei – soweit ersichtlich – steuerliche
Abschreibungen nicht korrigiert.

Bei einem IAS-Abschluß besteht keine Möglichkeit, allein steuerrechtlich zulässige Abschreibungen vorzunehmen.[1145] Als Abschreibungsmethoden werden
die lineare, die degressive sowie die Abschreibung nach der Inanspruchnahme
(Leistungsabschreibung) genannt.[1146] Auch Mischungen dieser Methoden sind
zulässig, „sofern sie mit der zeitlichen Struktur der aus dem Vermögensgegenstand zu ziehenden Vorteile vereint werden können ..."[1147] Des weiteren können
auch im IAS-Abschluß nur bei freiwilligen Angaben die Grundstücke aus dem
Sachanlagevermögen eliminiert werden.

C.   Beurteilung des Cash Flow Return on Investment

1.   Beurteilung der Konzeption und des Informationsgehalts des Cash Flow Return on Investment

a)   Cash Flow Return on Investment und interner Zinssatz

Der CFROI mißt, wieviel Cash Flow während der Nutzungsdauer auf das eingesetzte Kapital zurückfließt.[1148] Jedoch werden nicht zukünftige erwartete
Zahlungsüberschüsse auf den Bewertungszeitpunkt abgezinst, sondern es
wird ein nachhaltiger Cash Flow für die betrachtete Periode ermittelt und über

---

1143 Bei der gemischten oder gebrochenen Abschreibung wird zunächst geometrisch-
degressiv und anschließend linear abgeschrieben; der Wechsel erfolgt in aller Regel in
dem Zeitpunkt, in dem der Abschreibungsbetrag der linearen Abschreibung den der
geometrisch-degressiven erstmals übersteigt.
1144 Vgl. Lewis, T.G. (Steigerung 1995), S. 44; Lehmann, S. (Neue Wege 1994), S. 134.
1145 Vgl. IDW (International Accounting Standards 1995), S. 98.
1146 Vgl. IAS 16, Abs. 50.
1147 Vgl. Ballwieser, W. (Kommentierung des IAS 16 1997), Rn. 48.
1148 Vgl. Kloock, J./Coenen, M. (Cash-Flow-Return on Investment 1996), S. 1102.

die Nutzungsdauer konstant gehalten. Der CFROI bezieht sich daher auf einen fixen Zeitraum – meist ein Geschäftsjahr – und ermittelt die **in der vergangenen Periode realisierte Verzinsung.**[1149] Einen Zukunftsbezug erhält der CFROI dadurch, daß ungewöhnliche Erfolgskomponenten nicht in den Brutto Cash Flow eingehen.[1150] Die Annahme eines nachhaltigen Cash Flow ist allerdings nur in ‚reifen' Industrien sinnvoll.[1151] Eine Erhöhung des CFROI führt nicht zwangsläufig – analog zu einer Erhöhung des EVA – zu einer Erhöhung des Unternehmenswerts.[1152]

Im Gegensatz zum internen Zins einer Investition dient der CFROI aufgrund der Annahme konstanter Brutto Cash Flows zur Beurteilung der Performance innerhalb einer bestimmten Periode und **nicht zur Bewertung der Investition** an sich. Die Bewertung der Investition bzw. des Unternehmens impliziert die Prognose zukünftiger Cash Flows nach dem Free Cash Flow-Konvergenz-Verfahren, die erst durch das CFROI-Modell vorgenommen wird.[1153]

b)   Cash Flow Return on Investment und Gesamtkapitalrentabilität

Der CFROI wird von der BCG/Holt als eine Weiterentwicklung der traditionellen Rentabilitätskennzahlen betrachtet. Im Vergleich zur Gesamtkapitalrentabilität weist der CFROI folgende Vorteile auf:

(1)   **Unterschiedliche Abschreibungsmethoden** führen zu Verzerrungen der Erfolgs- und Kapitalgröße bei der Ermittlung der Gesamtkapitalrentabilität. Bspw. weisen degressiv abschreibende Unternehmen im Vergleich zu linear abschreibenden Unternehmen niedrigere Aktiva aus. Ferner treten Unterschiede in der Höhe des Erfolgs auf, je nachdem, ob das Unternehmen eher mit ‚alten' oder ‚neuen' Vermögensgegenständen ausge-

---

1149 Vgl. Lewis, T.G. (Steigerung 1995), S. 44. „Das Konzept des CFROI ist zwar ein mehrperiodiges Konzept, weil die Cash-flows über (sic!) die Nutzungsdauer des Projektes (Unternehmens) ermittelt werden. Es ist zugleich statischer Natur, weil der Cash-flow der Betrachtungsperiode für alle Folgeperioden der Nutzungsdauer konstant gehalten wird." Drukarczyk, J. (Finanzierung 1996), S. 175 f.

1150 Nach Hachmeister wird implizit eine Projektion für zukünftige Jahre vorgenommen, da zum einen nicht alle Projekte in der betrachteten Periode enden und zum anderen die Logik der Methode des internen Zinses eine Projektion zukünftiger Zahlungen fordert. Vgl. Hachmeister, D. (Cash Flow Return on Investment als Erfolgsgröße 1997), S. 560.

1151 Vgl. Hagemann, H. (Vorwort 1998), S. 13.

1152 Vgl. Teil 5 Gliederungspunkt II. C. 2. a). sowie Teil 5 Gliederungspunkt III. C. 1. d).

1153 Vgl. Teil 4 Gliederungspunkt I. C. 2.

stattet ist. Der CFROI eliminiert Bilanzierungsunterschiede, die aus unterschiedlichen Abschreibungsmethoden resultieren.[1154]

In dieser Hinsicht weist der CFROI auch einen **Vorteil gegenüber** dem buchhalterischen Erfolgsansatz des **EVA** auf. Da beim CFROI sowohl die Erfolgs- als auch die Kapitalgröße **vor Abschreibungen** ermittelt werden, spiegelt sich im CFROI bei Konstanz der Anschaffungsauszahlungen lediglich die Veränderung der Erfolgsgröße wieder. Dagegen werden im EVA die automatische Verringerung der Kapitalbasis durch Abschreibungen und etwaige Veränderungen des Erfolgsniveaus vermischt.[1155]

(2) Die Gesamtkapitalrentabilität bevorzugt zudem Unternehmen mit älteren Aktiva, die eine niedrigere Aktivabasis aufweisen, und vernachlässigt **Inflationseffekte**.[1156] Erträge und Aufwendungen werden dabei grundsätzlich zu gegenwärtigen Preisen gemessen, während die Kapitalbasis zu Anschaffungs- oder Herstellungskosten bewertet wird. „The combination of overstated net income and understated investment causes the ROI (return on investment; d. Verf.) ratio or RI (residual income; d. Verf.) measure to be much higher than if inflation had not occurred. The increased ROI or RI is not a signal of higher profitability; it is due solely to a failure to adjust for the money illusion caused by inflation. We add together 1970 dollars and 1980 dollars as if they were the same units, when in fact they are different as dollars and deutschmarks."[1157] Inflationsanpassungen ermöglichen ferner einen besseren Zeitvergleich sowie einen Vergleich über nationale Grenzen hinaus.[1158]

Der höhere Informationsgehalt des CFROI wird jedoch mit einer **komplexen Berechnungsweise**, die auf einigen **Annahmen** beruht und daher zu Verzer-

---

1154 Vgl. Lewis, T.G./Lehmann, S. (Investitionsentscheidungen 1992), S. 8; Kloock, J./Coenen, M. (Cash-Flow-Return on Investment 1996), S. 1105. Vgl. zu Gründen, die für die Wahl der Bruttowertmethode (Ansatz der vollen Anschaffungs- oder Wiederbeschaffungswerte) sprechen auch Küting, K. (Unternehmensführung 1985), S. 13 ff.

1155 Vgl. Dirrigl, H. (Konvergenz in der Unternehmensrechnung 1998), S. 573. Der EVA kann als Rentabilitätskennzahl r wie folgt dargestellt werden:

$$r_t = \frac{CashFlow_t - Abschreibung_t}{Restbuchwert_{t-1}} - Kapitalkostensatz.$$

1156 Vgl. Lewis, T.G./Lehmann, S. (Investitionsentscheidungen 1992), S. 8; Kloock, J./Coenen, M. (Cash-Flow-Return on Investment 1996), S. 1105; Kaplan, R.S. (Advanced Management Accounting 1982), S. 534 ff.

1157 Kaplan, R.S. (Advanced Management Accounting 1982), S. 534.

1158 Vgl. Peterson, P.P./Peterson, D.R. (Measures of Value Added 1994), S. 29.

rungen der Realität führen kann, erkauft. Des weiteren wird zur Beurteilung der Performance der Kapitalkostensatz als Vergleichsgröße benötigt. Dieser muß ebenfalls eine reale, d.h. inflationsbereinigte Größe darstellen.[1159] Im folgenden werden Probleme bei der praktischen Berechnung des CFROI aufgegriffen, die dessen Aussagekraft erheblich mitbestimmen.

c) Anwendung der Methode des internen Zinses

Der CFROI stellt – wie dargelegt wurde – einen internen Zins dar, in dem sich die Rentabilität eines Unternehmens in einer Periode widerspiegelt. Das Unternehmen wird dabei wie ein Investitionsobjekt betrachtet. Im folgenden wird untersucht, inwieweit sich die Methode des internen Zinses für die vergleichende Beurteilung der Performance von Unternehmen in zeitlicher und zwischenbetrieblicher Hinsicht eignet.

Zur Beurteilung alternativer Objekte wird in der **Investitionsrechnung** neben der Methode des internen Zinses u.a. auch die Kapitalwert-Methode herangezogen.[1160] Ein Objekt gilt als vorteilhaft, wenn der Kapitalwert der Investition, d.h. die auf den Bewertungszeitpunkt abgezinsten Zahlungsströme, größer null ist oder der interne Zinsfuß den Kapitalkostensatz übersteigt.

Die **Kapitalwert-Methode** und die **Methode des internen Zinses** führen jedoch nur zu einer identischen Beurteilung, sofern der Kapitalwert der Investition mit steigendem Diskontierungssatz stetig abnimmt. Mit anderen Worten darf die Zahlungsreihe, die auf den Bewertungszeitpunkt diskontiert wird, nur einen Vorzeichenwechsel aufweisen.[1161] Ansonsten können sich bei der Methode des internen Zinses mehrere interne Zinsfüße ergeben.

Die folgende Abbildung veranschaulicht diese Situation. Dabei wird der Kapitalwert von zwei Investitionsprojekten in Abhängigkeit vom Kapitalisierungszins abgebildet:

1159 Vgl. Lewis, T.G./Stelter, D. (Mehrwert 1993), S. 111 f.

1160 Vgl. zur Anwendung in der Praxis Bierman, H.J. (Capital Budgeting 1993), S. 24.

1161 Den Auszahlungen dürfen somit nur noch Einzahlungsüberschüsse folgen. Dies ist dann bspw. nicht mehr der Fall, wenn am Ende der Projektlaufzeit Schließungskosten entstehen. Vgl. Bieg, H. (Investitionsrechnung 1985), S. 27; Edwards, J./Kay, J./Mayer, C. (Economic Analysis 1987), S. 15; Drukarczyk, J. (Finanzierung 1996), S. 143; Schierenbeck, H. (Betriebswirtschaftslehre 1999), S. 341.

Abbildung 46:   Methode des internen Zinses und Kapitalwertmethode

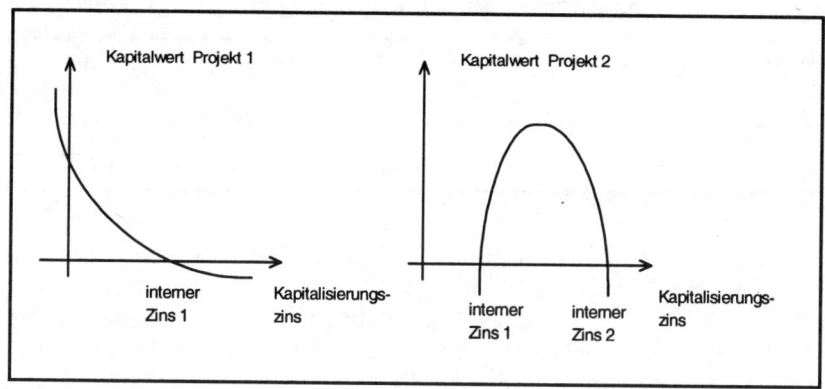

Beim ersten Projekt führen die Kapitalwertmethode und die Methode des internen Zinses zu identischen Ergebnissen, da der Barwert mit steigendem Diskontierungssatz stetig sinkt und somit nur ein interner Zinsfuß existiert. Beim zweiten Projekt kann dagegen der interne Zins 1 den Kapitalkostensatz übersteigen, während der Kapitalwert der Investition bei gegebenem Kapitalkostensatz negativ ist. Die Beurteilung des zweiten Investitionsprojekts auf Basis eines Vergleichs des internen Zinses mit dem Kapitalkostensatz kann daher zu einer Fehlentscheidung führen.

Dieser Nachteil der Methode des internen Zinses wirkt sich jedoch nicht bei der Beurteilung der Rentabilität eines Unternehmens mittels des CFROI aus: Da der **Brutto Cash Flow** über die Nutzungsdauer hinweg **konstant** gehalten wird, weist die Zahlungsreihe zwangsläufig nur einen Vorzeichenwechsel aus. Damit kann sich auch nur ein CFROI ergeben.

Die Methode des internen Zinses birgt allerdings einen weiteren Nachteil, dem sich auch der CFROI nicht entziehen kann: Die Kapitalwertmethode und die Methode des internen Zinses können – wie das folgende Beispiel illustriert – zu unterschiedlichen Ergebnissen bei der **Aufstellung einer Rangfolge** der Investitionsobjekte entsprechend der Höhe des Kapitalwerts bzw. des internen Zinses führen.[1162]

1162 Differierende Kapitalbindungen aufgrund unterschiedlich hoher Anschaffungsauszahlungen und/oder unterschiedlichem Verlauf der Kapitalfreisetzung und/oder unterschiedlichen Nutzungsdauern können wegen der unterschiedlichen Wiederanlageprämissen zu verschiedenen Rangfolgen bei der Kapitalwertmethode und der Methode

Beispiel 28:   **Aufstellung einer Rangfolge nach der Methode des internen Zinses
und der Kapitalwertmethode**

| Objekt | Cash Flow je Periode (in GE) | | | Interner Zins | Kapitalwert |
	0	1	2		(Kalkulationszins 10%)
Objekt 1	- 100	130	10	37,3%	26,5 GE
Objekt 2	- 100	5	150	25%	28,5 GE

Gemäß der Methode des internen Zinses wäre Investitionsobjekt 1 vorzuziehen, während der Kapitalwert von Investitionsobjekt 2 den des Objekts 1 übersteigt.[1163] Vom Standpunkt eines Investors ist allerdings die Kapitalwertmethode der Methode des internen Zinses vorzuziehen, da der Wertzuwachs beim
Objekt 2 größer ist als beim Objekt 1.[1164]

Das konzeptionelle Problem der Methode des internen Zinsfußes kann auf den
CFROI übertragen werden. Obwohl bspw. Unternehmen A einen höheren
CFROI als Unternehmen B bei gleich hoher Bruttoinvestitionsbasis aufweist,
kann der Barwert der Brutto Cash Flows des Unternehmens B den des Unternehmens A übersteigen. Letztgenannter Barwert kann dabei als Wert der bisher getätigten Investitionen des jeweiligen Unternehmens – unter der ein-
schränkenden Voraussetzung konstanter Umweltbedingungen – verstanden
werden. In diesem Fall würde Unternehmen B trotz eines niedrigeren CFROI
mehr Wert schaffen als Unternehmen A. Die Aufstellung einer Rangfolge gemäß dem CFROI ist daher – wie bei anderen prozentualen Rentabilitätskennziffern – problematisch.

---

des internen Zinses führen. Vgl. Bieg, H. (Investitionsrechnung 1985), S. 31 f.; Edwards, J./Kay, J./Mayer, C. (Economic Analysis 1987), S. 17 f.; Stewart, G.B. (EVA™:
Fact and Fantasy 1994), S. 81 f.; Kußmaul, H. (Investitionsrechnung 1998), S. 542.

1163 Lediglich bei Nutzungsdauern von einem Jahr führen beide Methoden stets zu einer
identischen Rangfolge. Vgl. Edwards, J./Kay, J./Mayer, C. (Economic Analysis 1987),
S. 17.

1164 „If the activities are being assessed from an investor's point of view when credit is ra-
tioned and only a portion of desired investment can be undertaken, so that the issue is
whether one project or firm yields higher returns than another, then the correct ranking
is in terms of net present values (an activity with a higher net present value implies a
larger increase in shareholder value wealth), or, if the activities have different initial
costs, in terms of net present value per unit of initial capital cost." Edwards, J./Kay,
J./Mayer, C. (Economic Analysis 1987), S. 17. Vgl. auch Stewart, G.B. (EVA™: Fact
and Fantasy 1994), S. 81 f.

d) Zusammenhang des internen Zinssatzes und der Kapitalrentabilität

Der interne Zinsfuß[1165] und die Kapitalrentabilität einer Investition über die Nutzungsdauer stehen sich nicht – wie auf den ersten Blick vielleicht vermutet wird – beziehungslos gegenüber.[1166] Während die Kapitalrentabilität zu einem bestimmten **Zeitpunkt** ermittelt wird, berechnet sich der interne Zins über die gesamte **Laufzeit** des Projekts.[1167]

Ausgehend vom Beispiel 28 beträgt die Rentabilität für das Objekt 2 unter der Annahme der linearen Abschreibung in der ersten Periode -45% und in der zweiten Periode 200%.[1168] Bei einfacher Durchschnittsbildung ergibt sich eine Rentabilität von 77,5%, bei Division des durchschnittlichen Erfolgs durch das durchschnittliche gebundene Kapital eine Rentabilität von 36,7%. Beide Rentabilitätskennziffern liegen weit über dem internen Zins der Investition von 25%.[1169]

Um eine **Identität** von **internem Zins** und **Kapitalrentabilität** zu erzielen, müssen die Aktiva gemäß der **Abschreibung nach Hotelling** abgeschrieben

---

1165 Für den Begriff der internal rate of return werden auch die Bezeichnungen marginal productivity of capital oder marginal efficiency of capital verwendet. Der interne Zins gilt als die **wahre Rentabilität** (true yield). Vgl. Solomon, E. (Return on Investment 1966), S. 233.

1166 „The ARR (accounting rate of return; d. Verf.) is a measure of the rate of return that is normally associated with a firm rather than an individual project. The IRR (internal rate of return; d. Verf.) is a measure of the rate of return that is normally associated with a project but it can also be used as a measure of a firm's rate of return." Livingstone, J.L./Salamon, G.L. (Accounting and the Internal Rate of Return Measures 1970), S. 201.

Der Zusammenhang von buchhalterischer Rentabilität und internem Zins wurde insbesondere Ende der 60er und Anfang der 70er Jahre in der Literatur diskutiert. Vgl. Solomon, E. (Return on Investment 1966), S. 232 ff.; Livingstone, J.L./Salamon, G.L. (Accounting and the Internal Rate of Return Measures 1970), S. 199 ff.; Stauffer, T.R. (Corporate Rate of Return 1971), S. 434 ff.; Salamon, G.L. (Accounting Rates of Return 1985), S. 495 ff.; Salamon, G.L. (Cash Recovery Rates 1982), S. 301.

1167 „Mit dem CFROI wird die Rentabilität des gebundenen Kapitals über die gesamte Laufzeit ermittelt; der ROIC (return on invested capital; d. Verf.) ermittelt die Rentabilität des zum Bewertungszeitpunkt noch gebundenen Vermögens." Hachmeister, D. (Cash Flow Return on Investment als Erfolgsgröße 1997), S. 573.

1168 Rentabilität für Periode $1 = \dfrac{\text{CashFlow} - \text{Abschreibung}}{\text{Buchwert zu Beginn der Periode}} = \dfrac{-45}{100} = -45\%$.

1169 „ ... the accounting rate of return is generally a very poor proxy for the economic or DCF rate of return, which is relevant either for capital budgeting decisions within the firm or for the external assessment of the firm/industry's market performance." Stauffer, T.R. (Corporate Rate of Return 1971), S. 467.

werden.[1170] Diese erfaßt die Veränderung des Kapitalwerts der verbleibenden Cash Flows, die mit dem internen Zinssatz der Investition abgezinst werden. Wird die Hotelling-Abschreibung statt der linearen oder der sonstigen Abschreibungen angewandt, entspricht die buchhalterische Rentabilität jeder einzelnen Periode dem internen Zins. Die Abschreibung nach Hotelling ist damit nicht mit der ökonomischen Abschreibung zu verwechseln, die die Veränderung des Kapitalwerts der verbleibenden Cash Flows, die mit dem Kapitalkostensatz – und nicht dem internen Zins – abgezinst werden, erfaßt.[1171]

Allerdings muß der interne Zinssatz für die Berechnung bekannt sein, und dies ist in der Praxis meist gerade nicht der Fall. Das nachfolgende Beispiel knüpft an Beispiel 28 an und zeigt die Berechnung der Rentabilität bei Anwendung der Hotelling-Abschreibung für das Objekt 2.

Beispiel 29:   **Abschreibung nach Hotelling**

	Perioden		
	0	1	2
Cash Flow (in GE)	-100	5	150
– Abschreibung[1172] (in GE)		– 20	120
= Erfolg (in GE)		25	30
./. Buchwert des eingesetzten Kapitals (in GE)		100	120
= Rentabilität		25%	25%

Abgesehen von diesem theoretischen Zusammenhang lassen sich Gewichte berechnen, so daß der **gewichtete Durchschnitt der buchhalterischen Ren-**

1170 „In order for the accounting ROI to equal the actual yield, we must use a depreciation method derived from the decline in the present value of the assets." Kaplan, R.S. (Advanced Management Accounting 1982), S. 527. Vgl. auch Hotelling, H. (Mathematical Theory of Depreciation 1990), S. 36 ff.; Edwards, J./Kay, J./Mayer, C. (Economic Analysis 1987), S. 22.

1171 Vgl. Edwards, J./Kay, J./Mayer, C. (Economic Analysis 1987), S. 22. A.A. Hesse, T. (Periodischer Unternehmenserfolg 1996), S. 139.

1172 Beispielhaft sei hier die Berechnung der Abschreibung der ersten Periode angeführt:

$$\text{Abschreibung}_1 = \left(\frac{5}{(1+0,25)} + \frac{150}{(1+0,25)^2} \right) - \left(\frac{150}{(1+0,25)} \right) = -20 .$$

tabilitäten über die gesamte Laufzeit des Investitionsobjekts (t = 1 bis T) hinweg dem internen Zinsfuß entspricht:[1173]

$$\text{interner Zins} = \frac{\displaystyle\sum_{t=1}^{T} \frac{\text{Erfolg}_t}{\text{Buchwert}_{t-1}} \cdot \frac{\text{Buchwert}_{t-1}}{\left(1+\text{interner Zins}\right)^t}}{\displaystyle\sum_{t=1}^{T} \frac{\text{Buchwert}_{t-1}}{\left(1+\text{interner Zins}\right)^t}}$$

In Fortsetzung des Beispiels 28 ermittelt sich der interne Zins für das Investitionsobjekt 2 wie folgt. Der erste Term des Zählers gibt dabei die buchhalterische Rentabilität wieder, die auf Basis der linearen Abschreibung berechnet wurde:

$$\text{interner Zins} = \frac{-0{,}45 \dfrac{100}{\left(1+0{,}25\right)} + 2 \dfrac{50}{\left(1+0{,}25\right)^2}}{\dfrac{100}{\left(1+0{,}25\right)} + \dfrac{50}{\left(1+0{,}25\right)^2}} = \frac{28}{112} = 0{,}25$$

Der interne Zins läßt sich entsprechend dieser Gleichung iterativ aus den einzelnen Kapitalrenditen bestimmen.[1174] Er kann dann aus der buchhalterischen Rentabilität abgeleitet werden, wenn sämtliche Rentabilitäten für die einzelnen Perioden bekannt sind. Dies ist in der Realität allerdings nicht der Fall.[1175] Buchhalterische Rentabilitätskennzahlen sagen dementsprechend wenig über die wahre Rentabilität einer Investition – die sich im internen Zinssatz ausdrückt – aus.[1176]

Bei der **internen Anwendung** ersetzen daher sowohl das EVA- als auch das CVA-Modell[1177] die buchhalterischen Abschreibungen durch ökonomische Abschreibungen.[1178] **Ökonomische Abschreibungen** gewährleisten, daß zu Be-

---

1173 Vgl. Edwards, J./Kay, J./Mayer, C. (Economic Analysis 1987), S. 26; Drukarczyk, J. (Finanzierung 1996), S. 164.

1174 Vgl. zur Vorgehensweise Edwards, J./Kay, J./Mayer, C. (Economic Analysis 1987), S. 29.

1175 Vgl. Solomon, E. (Return on Investment 1966), S. 234.

1176 Vgl. Salamon, G.L. (Cash Recovery Rates 1982), S. 292.

1177 Vgl. Teil 4 Gliederungspunkt II. C.

1178 Vgl. Stewart, G.B. (EVA™: Fact and Fantasy 1994), S. 80. Es wird allerdings offen gelassen, wie die ökonomischen Abschreibungen zu berechnen sind. Vgl. zu Berechnungsmöglichkeiten barwertbasierter Abschreibungen Hesse, T. (Periodischer Unternehmenserfolg 1996), S. 146 ff.

ginn der Nutzungsdauer grundsätzlich geringere Abschreibungen vorgenommen werden und damit die Rentabilität nicht – wie bei der linearen Abschreibung – unterschätzt wird. Dagegen werden zum Ende der Nutzungsdauer hin höhere Abschreibungen geltend gemacht, die eine Überschätzung der Rentabilität vermeiden. Die theoretisch zwar sinnvolle Vornahme von ökonomischen Abschreibungen ist jedoch von externer Seite nicht durchführbar.

Nach Edwards, Kay und Mayer können jedoch die folgenden Aussagen über die Beziehung von internem Zinssatz und buchhalterischer Rentabilität getroffen werden:[1179]

(1) Ändert sich die Rentabilität eines Projekts über die gesamte Nutzungsdauer nicht, entspricht diese dem internen Zins.

(2) Ist die Rentabilität des Projekts 1 stets größer als die Rentabilität des Projekts 2, so übersteigt auch der interne Zins des ersten Projekts den internen Zins des zweiten Projekts.

(3) Ist die Rentabilität eines Projekts stets größer als der Kapitalkostensatz, so ist auch der interne Zins größer als der Kapitalkostensatz.

Für die **externe Performance-Beurteilung** bedeutet dies, daß mit steigender Anzahl der über dem Kapitalkostensatz liegenden buchhalterischen Kapitalrenditen die Wahrscheinlichkeit steigt, daß das betrachtete Unternehmen wertsteigernd arbeitet.[1180] Die Differenz zwischen Kapitalrendite und Kapitalkostensatz stellt dabei nicht anderes als den **Residualgewinn** dar.

Da Rentabilitätskennzahlen, die auf Jahresabschlußdaten beruhen, mangels fehlender Informationen weiterhin als Ersatz für den internen Zins einer Investition – als die wahre Rentabilitätskennziffer – verwendet werden müssen, stellt sich die Frage, wie bestehende Kennzahlen verbessert werden können. Bereits Solomon hat als Ersatz für die traditionellen buchhalterischen Rentabilitätskennziffern das **Verhältnis** von **Cash Flow vor Abschreibung** zum **Vermögen,** bewertet zu **Anschaffungs- oder Herstellungskosten,** vorgeschlagen.[1181] Ijiri weist des weiteren darauf hin, daß diese Cash Flow-Rendite für Investoren eine bedeutende Kennzahl darstellt,[1182] die mit den Kapitalkosten verglichen werden kann. Auch die BCG befürwortet als vereinfachte Version des

---

1179 Vgl. Edwards, J./Kay, J./Mayer, C. (Economic Analysis 1987), S. 28.
1180 Vgl. Richter, F. (Steuerungs- und Monitoringsystem 1996), S. 200.
1181 Vgl. Solomon, E. (Return on Investment 1966), S. 243.
1182 Vgl. Ijiri, Y. (Recovery Rate 1980), S. 60.

CFROI die Anwendung des Profitabilitätsmaßstabs Brutto Cash Flow zu Bruttoinvestitionsbasis.[1183]

$$\text{CashFlow} - \text{Rendite} = \frac{\text{Brutto CashFlow}}{\text{Bruttoinvestitionsbasis}}$$

Neben der Bezeichnung **Cash Flow-Rendite**[1184] werden des weiteren die Bezeichnungen Gross Profitability Ratio,[1185] Cash Recovery Rate[1186] und sustainable CFROI[1187] verwendet. Da die Cash Flow-Rendite bei unendlicher Nutzungsdauer dem internen Zins entspricht, kann sie für eine Nutzungsdauer von 15 Jahren und mehr als zuverlässige Annäherung an den internen Zins verwendet werden.[1188] Im folgenden wird untersucht, inwieweit ein Übergang von der Cash Flow-Rendite zum CFROI sinnvoll ist.

2. Beurteilung der praktischen Berechnung des Cash Flow Return on Investment

Der Berechnung des Brutto Cash Flow bei der Ermittlung des CFROI liegt nicht die vorherrschende liquiditätsorientierte Sichtweise, sondern eine **erfolgsorientierte** Sichtweise zugrunde: „Wichtig ist in diesem Zusammenhang, daß der CFROI keinen liquiditätsorientierten Cash-flow abbildet, mithin nicht versucht, Bewegungen in einem Fonds liquider Mittel nachzuvollziehen. Vielmehr ist der CFROI-Cash-flow darauf ausgelegt, den ergebnisorientierten Cash-flow darzustellen, den ein Investor typischerweise aus einem Geschäft erwarten kann."[1189]

1183 Vgl. Lewis, T.G. (Steigerung 1995), S. 129 f.

1184 Vgl. Lewis, T.G. (Steigerung 1995), S. 130. Die Bayer AG verwendet die Bezeichnung Cash Flow Return on Investment. Der Brutto Cash Flow ergibt sich aus dem operativen Erfolg nach ertragsabhängigen Steuern, zu dem anschließend die Abschreibungen sowie die Veränderung der langfristigen Rückstellungen addiert werden. Der Investitionswert im Nenner setzt sich aus dem Sachanlagevermögen zu Anschaffungswerten zuzüglich den Forderungen, den Vorräten sowie dem übrigen working capital und abzüglich der zinslosen Verbindlichkeiten zusammen. Vgl. Menn, B.-J. (Kapitalergebnisrechnung 1995), S. 229 f. Vgl. auch Pfaff, D. (Unternehmenssteuerung 1998), S. 492; Küting, K./Lorson, P. (Konzernberichtswesen 1998), Rn. 689 ff.

1185 Vgl. Stauffer, T.R. (Corporate Rate of Return 1971), S. 438 ff.

1186 Vgl. Salamon, G.L. (Cash Recovery Rates 1982), S. 293; Ijiri, Y. (Recovery Rate 1980), S. 55; Ijiri, Y. (Cash-Flow Accounting 1978), S. 338; Kaplan, R.S. (Advanced Management Accounting 1982), S. 547.

1187 Vgl. Davis, H.A. (Cash Flow and Performance Measurement 1996), S. 21, 143 ff.

1188 Vgl. Kaplan, R.S. (Advanced Management Accounting 1982), S. 547.

1189 Lewis, T.G. (Steigerung 1995), S. 211.

Als zahlungsunwirksame Komponente werden nur die Abschreibungen zum Erfolg addiert. Die Addition der Abschreibungen folgt aus der Logik der Methode des internen Zinses. Zahlungsunwirksame Zuführungen zu den Rückstellungen erhöhen dagegen den Brutto Cash Flow nicht, da Rückstellungen als geschäftsspezifische Verbindlichkeiten an das tägliche Geschäft gebunden sind.[1190] Als weitere Besonderheit fällt die Ermittlung der Steuern auf: Zahlungsunwirksame ertragsabhängige Steuern werden analog zur Behandlung der Rückstellungen nicht aus dem Brutto Cash Flow eliminiert.[1191]

Die größten Schwierigkeiten bei der externen Ermittlung des CFROI ergeben sich allerdings bei der **Bestimmung der Nutzungsdauer:**

(1) Selbst wenn im Idealfall von einem Unternehmen die lineare Abschreibung angewandt wird, muß diese nicht mit der tatsächlichen Wertminderung übereinstimmen.

(2) Neben der linearen Abschreibungsmethode können nach US-GAAP, IAS und HGB weitere Abschreibungsmethoden angewandt werden.

(3) In Deutschland wird aufgrund der umgekehrten Maßgeblichkeit überwiegend die gemischte bzw. gebrochene Abschreibung angewandt.[1192] Die BCG/Holt hat hierfür einen Algorithmus zur Umrechnung entwickelt, der angeblich mit einer Fehlervarianz von 10% die lineare Abschreibung approximiert.

(4) Neben der gebrochenen Abschreibung verfälschen im HGB-Abschluß rein steuerliche Abschreibungen die Höhe der tatsächlichen Wertminderung, die – soweit ersichtlich – nicht in dem vereinfachten Algorithmus von BCG berücksichtigt werden.

(5) Des weiteren entspricht die bilanzielle Nutzungsdauer nicht zwangsläufig der tatsächlichen Nutzungsdauer; letztere kann die bilanzielle Nutzungsdauer vielmehr um das 1½- bis 2-fache übersteigen.[1193]

1190 Die Liquidität steht dem Investor nicht zur Entnahme zur Verfügung. Vgl. Lewis, T.G. (Steigerung 1995), S. 61. Wird das Ergebnis nach DVFA/SG als Ausgangspunkt gewählt, werden lediglich dispositionsbedingte oder ungewöhnliche Rückstellungsbildungen bereinigt.

1191 In dem Beispiel von Peterson und Peterson werden allerdings die in der Gewinn- und Verlustrechnung ausgewiesenen latenten Steueraufwendungen rückgängig gemacht. Vgl. Peterson, P.P./Peterson, D.R. (Measures of Value Added 1994), S. 27.

1192 Vgl. auch Drukarczyk, J. (Finanzierung 1996), S. 175.

1193 Vgl. Jung, W. (Unternehmenskauf 1993), S. 204.

(6) Da im HGB-Abschluß die Position Grund und Boden nicht gesondert ausgewiesen wird, enthält das Sachanlagevermögen auch nicht abschreibbare Aktiva.

Ungenauigkeiten bei der Ermittlung der Nutzungsdauer wirken sich direkt auf
die Länge der Periode aus, für die Brutto Cash Flows erwartet werden, und
beeinflussen indirekt die Höhe der jährlichen Investitionen in der Vergangenheit.

Gemäß empirischer Untersuchungen der BCG/Holt ist der CFROI, gefolgt von
der Cash Flow-Rendite, trotz der praktischen Ermittlungsschwierigkeiten die
geeignetste Kennzahl, um die Marktwertentwicklung an der Börse zu
erklären.[1194] Es stellt sich dennoch die Frage, ob ein Übergang von der Cash
Flow-Rendite zum CFROI sinnvoll ist.[1195] Denn dieser erfordert zum einen die
Schätzung der Nutzungsdauer und zum anderen eine Inflationsanpassung.[1196]
Beide Komponenten bergen jedoch die gravierendsten Fehlerquellen der externen Berechnung des CFROI.

1194 Die R^2-Korrelation zwischen CFROI und dem Verhältnis Börsenwert zum investierten
Kapital beträgt demnach 65%, während die R^2-Korrelation zwischen der Cash Flow-
Rendite und dem Verhältnis Börsenwert zum buchmäßigen Kapital 48% beträgt. Vgl.
Lewis, T.G./Stelter, D. (Mehrwert 1993), S. 111.
Des weiteren stellen Unternehmen oftmals eine hohe Korrelation zwischen CFROI und
Börsenkursentwicklung fest. Sie verzichten jedoch auf eine Anwendung des CFROI
zugunsten des EVA, da der EVA aufgrund der Orientierung an der traditionellen Be-
rechnung des Erfolgs wesentlich verständlicher und damit auch leichter umsetzbar ist
als eine Rentabilitätsmessung auf Basis der Methode des internen Zinses. Vgl. Davis,
H.A. (Cash Flow and Performance Measurement 1996), S. 11, 13, 50, 122.
1195 Der Arbeitskreis „Finanzierung" der Schmalenbach-Gesellschaft – Deutsche Gesellschaft für Betriebswirtschaft e.V schlägt bspw. für die interne Ermittlung als Zählergröße eine bereinigte Erfolgsgröße nach linearen Abschreibungen, vor Zinsen und vor
Steuern und als Nennergröße die Bruttoinvestitionsbasis für das abnutzbare Sachanlagevermögen als über die Nutzungsdauer auf Basis linearer Abschreibungen durchschnittlich gebundenes Kapital vor. Vgl. Arbeitskreis „Finanzierung" der Schmalenbach-Gesellschaft – Deutsche Gesellschaft für Betriebswirtschaft e.V (Kapitalkosten
1996), S. 575.
1196 Des weiteren ergeben Sensitivitätsanalysen, daß die Berücksichtigung von Inflations-
effekten bei der Ermittlung des Übergewinns zu keinen einschneidenden Veränderungen bei der Aufstellung einer Rangfolge der Unternehmen führen. Vgl. Davis,
E./Flanders, S./Star, J. (Successful Companies 1991), 32.

IV. Zusammenfassung

Die vorangegangenen Ausführungen haben gezeigt, daß die isolierte Betrachtung der **EPS** die Performance eines Unternehmens unsachgerecht wiedergibt und demzufolge zu Fehlentscheidungen bei der Beurteilung der Rentabilität sowie etwaigen Akquisitionsentscheidungen führen kann. Die Ursache liegt im wesentlichen darin, daß Nenner und Zähler der EPS-Daten unter dem Gesichtspunkt einer Rentabilitätsbeurteilung nicht konsistent ermittelt werden, da lediglich das Stammkapital berücksichtigt wird. EPS-Daten reflektieren daher nicht die Rentabilität eines Unternehmens und sind als isolierter Performance-Maßstab ungeeignet.

Werden EPS-Daten zur Ermittlung des Unternehmens- oder Aktienwerts gemäß dem P/E-Ratio-Modell herangezogen, ist zu beachten, daß diese aufgrund der unterschiedlichen Bilanzierungs- und Bewertungsvorschriften der drei **Normengefüge** (US-GAAP, IAS und Ergebnis nach DVFA/SG) nur bedingt vergleichbar sind. Bei einer Gesamtbeurteilung ist die Konzeption der EPS nach US-GAAP der der beiden anderen Regelungsbereiche eindeutig überlegen.

Das **Ergebnis nach DVFA/SG**, das ungewöhnliche und dispositionsbedingte Erfolgskomponenten eliminiert, kommt dabei dem income from continuing operations der US-GAAP von der Konzeption her am nächsten. Beide bilden eine Grundlage zur Abschätzung des zukünftigen nachhaltigen Erfolgspotentials. **EPS-Daten**, die nach den **IAS** nur auf Basis des net income ausgewiesen werden, müssen dagegen noch um ungewöhnliche Erfolgsbestandteile bereinigt werden.

Ferner bieten das Erfolgsspaltungskonzept und die entsprechend veröffentlichten **EPS-Kennzahlen nach US-GAAP** einen Einblick in die Zusammensetzung der (Gesamt-) EPS, während die beiden anderen Regelungsbereiche nur EPS-Daten für eine Erfolgsgröße fordern. Dagegen wird der Nenner der EPS nahezu einheitlich berechnet, wobei die US-GAAP die detailliertesten Vorschriften beinhalten.

Eine objektivierte Ermittlung wird insoweit gewährleistet, daß die EPS-Daten – zumindest nach US-GAAP und IAS – als Bestandteil der Gewinn- und Verlustrechnung geprüft werden und ihre Ermittlung nachvollziehbar ist. Das Ergebnis nach DVFA/SG wird dagegen, sofern es nicht als freiwilliger Bestandteil in den Konzernabschluß oder –lagebericht aufgenommen wird, grundsätzlich nicht geprüft. Allerdings benennt die DVFA auf Anfrage Kapitalmarktexperten, die für Unternehmen das Ergebnis nach DVFA/SG prüfen. Dies Ergebnis kann schließlich als 'Geprüftes DVFA-Ergebnis' veröffentlicht werden.

Die häufig geäußerte Kritik an den EPS, daß **Erfolgsgrößen** sich nicht zur Performance-Messung eignen, muß relativiert werden. Empirische Untersuchungen zeigen, daß periodisierte Größen keinen schlechteren, meist sogar einen besseren Indikator für die Ertragskraft eines Unternehmens darstellen als Cash Flows. Erfolgsgrößen eignen sich auch von ihrer theoretischen Konzeption her eher für eine Performance-Beurteilung. Die höchste Aussagekraft erhalten sie aber erst bei einer gemeinsamen Verwendung mit Cash Flow-Größen. Demnach können Cash Flow-Größen zur Performance-Beurteilung herangezogen werden, um einen Einblick in die Qualität des Erfolges zu ermöglichen.

Gegenüber den EPS ist der **EVA** ein geeigneterer Performance-Maßstab, der zudem eng mit dem Unternehmenswert verknüpft ist. Wird von den Aufbereitungsmaßnahmen bei der Ermittlung des investierten Kapitals und des Erfolgs abgesehen, so spiegelt der **Residualgewinn** im Vergleich zum buchhalterischen Erfolg lediglich die zusätzliche Berücksichtigung der Eigenkapitalkosten wider. Hinter der einfachen Formel des EVA verbergen sich bei der praktischen Berechnung eine große Anzahl von Gestaltungsspielräumen. Mit diesen Vergröberungen müssen extern vorgenommene Leistungsbeurteilungen allerdings leben.

Die **Aufbereitungsmaßnahmen**, die eine zutreffendere Periodisierung gewährleisten sollen, basieren insbesondere auf der Unbeachtlichkeit des bilanziellen Vorsichtsprinzips sowie der Trennung von operativen und nicht-operativen Tätigkeiten. Beide Grundsätze (Grundsatz der Unbeachtlichkeit des bilanziellen Vorsichtsprinzips und Grundsatz der gesonderten Bewertung des nicht-betriebsnotwendigen Vermögens) finden bereits im Ertragswertverfahren ihren Niederschlag. Das EVA-Modell lehnt sich somit nicht nur in seiner Konzeption, sondern auch in seiner konkreten inhaltlichen Ausgestaltung an das Ertragswertverfahren an.

Ein entscheidender Vorteil des EVA ist seine **einfache Konzeption**, die insbesondere für Aktienanalysten eine wichtige Rolle spielt. Ferner ermöglicht das EVA-Konzept die Verwendung 'einer Sprache' von seiten des Unternehmens und der Analysten.[1197] So können Analysten den EVA sowohl für das gesamte Unternehmen als auch für bestimmte Sparten zunächst selbst errechnen und

---

1197 „On the securities analysis side, it provides a new language ... that allows for discussion of longer-term corporate decision making and strategy." Stern Stewart (EVA™ Roundtable 1994), S. 61. Vgl. auch Jackson, A. (EVA at CS First Boston 1996), S. 103.

anschließend bei Investorengesprächen ihre Einschätzungen überprüfen.[1198] CS First Boston benutzt den EVA in dieser Hinsicht, um unrentable Sparten ausfindig zu machen.[1199] Wird ein zwischenbetrieblicher Vergleich durchgeführt, muß der absolute EVA standardisiert werden.

Ferner ist der EVA den **traditionellen Rentabilitätskennziffern** insoweit überlegen, als er eine absolute Größe darstellt. So kann der EVA steigen, während die Rentabilität sinkt. Demgegenüber ist der EVA mit dem Nachteil behaftet, daß er auf einer **Netto-Erfolgs- und Kapitalgröße** aufbaut, die Abschreibungen berücksichtigt. Veränderungen des EVA können somit allein aus einer verringerten Kapitalbasis und damit einhergehenden sinkenden Kapitalkosten resultieren.

Letztgenannten Nachteil beseitigt der **CFROI**, der auf einen Cash Flow und eine Kapitalgröße vor Abschreibungen abstellt. Der CFROI beruht auf der Methode des internen Zinses, wobei im Hinblick auf die vergangenheitsorientierte Performance-Messung die Cash Flows über die Nutzungsdauer des Sachanlagevermögens konstant gehalten werden. Bei konstanten Anschaffungsauszahlungen und unveränderter Nutzungsdauer signalisiert eine Veränderung des CFROI Veränderungen des Cash Flow. Neben der Beseitigung bilanzieller Unterschiede, die aus unterschiedlichen Abschreibungsmethoden resultieren, berücksichtigt der CFROI des weiteren Inflationseffekte. Den Brutto Cash Flows wird auf diese Weise als Kapitalbasis die Bruttoinvestitionsbasis, die zu gegenwärtigen Preisen gemessen wird, gegenübergestellt. Eine Erhöhung des CFROI spiegelt somit i.d.R. – im Gegensatz zu einer Erhöhung des EVA – keinen Scheinerfolg wider.

Die Weiterentwicklung der traditionellen Rentabilitätskennzahlen wird jedoch mit zahlreichen **Schwierigkeiten bei der praktischen Ermittlung** des CFROI erkauft. Da insbesondere die Schätzung der Nutzungsdauer sowie die Inflationsanpassung, die theoretisch zwar sinnvoll ist, mit Problemen verbunden

---

1198 Jackson von CS First Boston beschreibt die Vorgehensweise der Aktienanalysten wie folgt: „You'll provide rough estimates of how the capital is allocated and the company will tell you that you are too far off or pretty close – or give you some guidance that will get you closer to the real answer." Ross, I. (Stern Stewart Performance 1996), S. 119.
SFAS 131 fordert eine Unterteilung der Segmente nach dem management approach, d.h., die Abgrenzung der Segmente hängt von der internen Organisationsstruktur ab. Nachteil des management approach ist es, daß die offengelegten Segmentangaben schwerer vergleichbar sind. Vgl. Albrecht, W.D./Chipalkatti, N. (Segment Reporting 1998), S. 49.
1199 Vgl. Jackson, A. (EVA at CS First Boston 1996), S. 100.

sind, empfiehlt es sich, auf die einfache Cash Flow-Rendite (Cash Recovery Rate oder Gross Profitability Ratio) zurückzugreifen.

Um die Probleme, die mit der Verwendung von prozentualen Rentabilitätskennzahlen verbunden sind, zu vermeiden, kann der CFROI auch in einen Residualgewinn **(Cash Value Added**[1200]**)** umgeformt werden. Dabei wird die Differenz zwischen CFROI und Kapitalkostensatz mit der Bruttoinvestitionsbasis multipliziert. Vice versa kann der EVA auch in eine Rentabilitätsgröße (Stewart'R[1201]) umgewandelt werden, indem der operative Erfolg durch das investierte Kapital dividiert wird.

Die Aussagefähigkeit des EVA sowie des CFROI sollte dennoch nicht überstrapaziert werden. Eine **Verbindung** zwischen einem periodenbezogenen **Performance-Maßstab** und dem **Unternehmenswert** herzustellen, wie es oftmals von den Beratungsunternehmen getan wird, ist nur unter sehr restriktiven Bedingungen – Nachhaltigkeit des Erfolgs, unverändertes Risikoprofil des Unternehmens sowie konstante Kapitalmarktbedingungen – möglich.

Abbildung 46 gibt nochmals die konzeptionelle Verbindung zwischen Rentabilität, Kapitalkostensatz, Residualgewinn und Unternehmenswert des EVA- und des CVA-Modells wieder.

1200 Vgl. Teil 4 Gliederungspunkt II. C. 1.
1201 Vgl. Günther, T. (Controlling 1997), S. 234.

Abbildung 47:   Rentabilität, Residualgewinn und Unternehmenswert

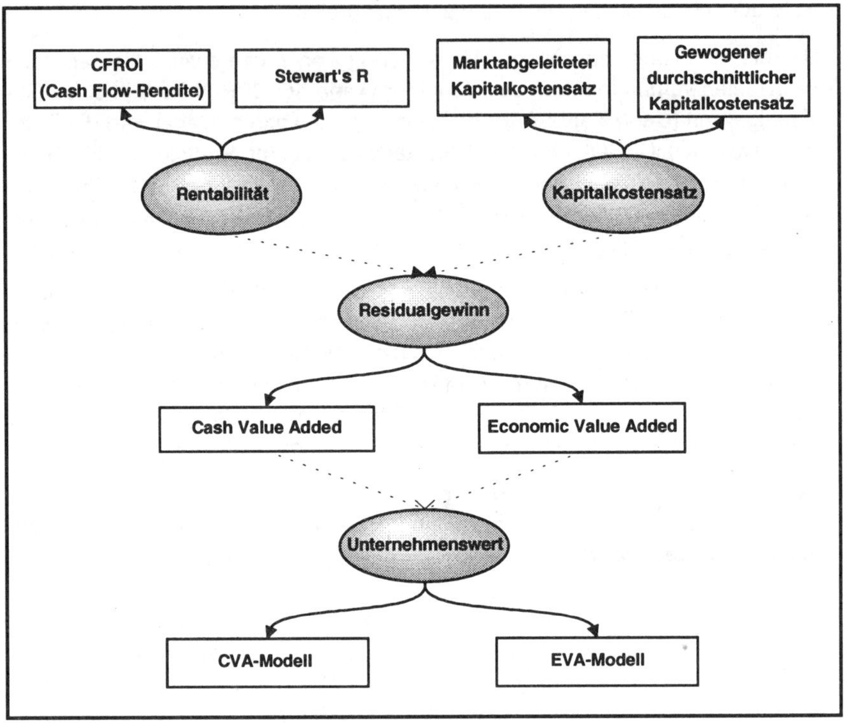

Teil 6:   Zusammenfassung und Ausblick

Die Zielsetzung der Marktwertmaximierung, die eine zunehmende Anzahl von Unternehmen unter dem Schlagwort Shareholder Value verfolgt, hat die Unternehmensbewertung in ein neues Licht gerückt. Im Hinblick auf das Gedankengut der sog. wertorientierten Unternehmensführung integrieren immer mehr Unternehmen ‚neue' Bewertungsmodelle in ihre Unternehmenspolitik. Diese Bewertungsmethoden dienen nicht nur zur internen Leistungsmessung und Bewertung alternativer Strategien, sondern stellen auch ein Kommunikationsinstrument mit dem Kapitalmarkt dar. Damit hat sich eine Wandlung im Bereich der Unternehmensbewertung insoweit vollzogen, als die leichte Kommunizierbarkeit – insbesondere mit dem Aktienmarkt – entscheidend an Bedeutung gewonnen hat.

Diese Arbeit hat gezeigt, daß sich vor dem Maßstab der leichten Kommunizierbarkeit sowohl das traditionelle P/E-Ratio-Modell als auch die ‚neuen' Bewertungsmodelle – das EVA- und das CFROI-Modell – von ihrer Grundkonzeption her als externe Unternehmens- und/oder Aktienbewertungsmethoden eignen. Als **kombinierte Bewertungsmodelle** verbinden alle drei Modelle eine Performance-Messung mit einer Unternehmensbewertung: Anhand eines Performance-Maßstabs, der von den Unternehmen als Pflichtbestandteil (EPS nach US-GAAP und IAS) veröffentlicht oder freiwillig (Ergebnis nach DVFA/SG, EVA, CFROI) kommuniziert wird, nehmen die Modelle vorerst eine Leistungsbeurteilung der vergangenen Periode(n) vor. Der Performance-Maßstab kann anschließend von externer Seite für die kommenden Perioden prognostiziert und in das zugehörige Modell (P/E-Ratio-, EVA- und CFROI-Modell) integriert werden, so daß schließlich der Unternehmenswert ermittelt werden kann.

Bei näherer Betrachtung der inhaltlichen Ausgestaltung der Modelle sind die Bewertungsverfahren jedoch wie folgt zu beurteilen:

(1)   Die Bewertung gemäß dem **CFROI-Modell** kann als konkrete Handlungsanweisung bei der Bewertung von Unternehmen auf Basis des Barwerts der Cash Flows (Entity-Ansatz) verstanden werden. Sowohl die Kapitalkosten als auch die zukünftigen freien Cash Flows werden mittels des Free Cash Flow-Konvergenz-Verfahrens berechnet. Dabei wird ein Konvergenz-Modell zugrunde gelegt, das auf für jede Periode unterschiedlichen Wachstumsraten der Rentabilität (CFROI) und der Investitionen, die gegen die Werte eines Durchschnittsunternehmens konvergieren, auf-

baut. Die vereinfachende Cash Flow-Prognose wird jedoch mit zahlreichen Annahmen ‚erkauft' und ist hinsichtlich ihrer Qualität insbesondere
von der Vertrauenswürdigkeit des CFROI abhängig. Des weiteren ist von
einer generellen Verwendung eines einheitlichen Kapitalkostensatzes, der
die unternehmensindividuelle Risikosituation nicht berücksichtigt, abzuraten.

(2) Die Bewertung mittels des **EVA-Modells** basiert auf dem Barwert der Erfolge und führt zu einer Renaissance der Residual- bzw. Übergewinnverfahren. Nach dem Entity-Ansatz ergibt sich der Unternehmensgesamtwert
aus den mit dem durchschnittlichen Kapitalkostensatz abgezinsten Übergewinnen zuzüglich des Buchwerts des Vermögens. Der Übergewinn
stellt dabei den Erfolg vor Fremdkapitalzinsen abzüglich der Kosten auf
das eingesetzte Gesamtkapital zu Beginn der Periode dar. In seinem
Equity-Ansatz entspricht das EVA-Modell konzeptionell dem **Ertragswertverfahren**. Allerdings verzichtet es auf die Annahme der Vollausschüttung sowie eine konstante Höhe des Eigenkapitals und berücksichtigt daher sowohl kalkulatorische Zinsen auf das Eigenkapital bei den Ertragsüberschüssen als auch das Eigenkapital selbst zum Bewertungszeitpunkt. Der Wert des Eigenkapitals ergibt sich nach dem Equity-Ansatz
somit aus den mit dem Eigenkapitalkostensatz auf den Bewertungszeitpunkt diskontierten zukünftigen Übergewinnen (Erfolg nach Fremdkapitalzinsen abzüglich der Eigenkapitalkosten), zu dem das Eigenkapital zum
Bewertungszeitpunkt hinzuaddiert wird. Damit muß der Bewerter bei der
Prognose der Ertragsüberschüsse beim Equity-Ansatz das Eigenkapital
bzw. beim Entity-Ansatz das Gesamtkapital für die jeweiligen Perioden
prognostizieren.

Das EVA-Modell wirbt in den USA insbesondere damit, daß es im Gegensatz zur DCF-Methode einen leicht verständlichen Ansatz für die Unternehmensbewertung bietet, indem es die Daten der Gewinn- und Verlustrechnung mit denen der Bilanz verknüpft. Interessanterweise stützt sich
bereits das alteingesessene deutsche Ertragswertverfahren auf diese
Vorgehensweise: Die Ableitung einer Einnahmenüberschußrechnung aus
den Zahlen der Aufwands- und Ertragsrechnung – wie sie grundsätzlich
die DCF-Methode vornimmt – wird als schwieriger angesehen als das Erstellen einer Ertragsüberschußrechnung. Allerdings wird im Gegensatz zu
den USA dieser Vorteil in Deutschland in jüngerer Vergangenheit eher als
Nachteil aufgefaßt und statt einer Ertrags- eine Einnahmenüberschußrechnung gefordert. Die Ursache hierfür dürfte wohl mit darin liegen, daß

bei der Bewertung ausländischer Unternehmen die Verhandlungspartner oder Analysten kaum mit dem Ertragswertverfahren vertraut sind.

(3) Während sich sowohl die Bewertung auf Basis des CFROI als auch auf der Grundlage des EVA direkt aus den klassischen Bewertungsmethoden ableiten lassen, koppelt sich das **P/E-Ratio-Modell** von den Barwertmodellen ab und stellt einen eigenen Bewertungsansatz dar. Das P/E-Ratio-Modell, das vornehmlich in der Aktienbewertung eingesetzt wird, stellt des weiteren die wichtigste Variante des sog. **Marktwertansatzes** dar. Der Marktwertansatz ist in den USA neben der DCF-Methode der am weitesten verbreitete Ansatz zur Bewertung ganzer Unternehmen, der bei den unterschiedlichsten – auch steuerlichen – Bewertungsanlässen Anwendung findet. Beim P/E-Ratio-Modell ergibt sich der Unternehmenswert, indem der nachhaltig erzielbare oder erwartete Gewinn eines Unternehmens mit einer angemessenen P/E-Ratio multipliziert wird.

Wird die angemessene P/E-Ratio mittels der Barwertmodelle berechnet, so kann das P/E-Ratio-Modell auf den investitionstheoretischen Ansatz zurückgeführt werden. Bei der Herleitung der P/E-Ratio aus dem Barwertansatz wird deutlich, daß sowohl Risikoaspekte als auch Wachstumserwartungen bzgl. der Gewinne oder Cash Flows die P/E-Ratio beeinflussen. Da in der Praxis Vergleichsunternehmen für die Ermittlung der P/E-Ratio herangezogen werden, fließt der Opportunitätskostengedanke gemeinsam mit Wachstumserwartungen über die Verwendung von tatsächlich gezahlten Marktpreisen von Vergleichsunternehmen in die P/E-Ratio und damit in den Unternehmenswert ein. Die Verwendung von tatsächlich gezahlten Marktpreisen erlaubt eine Objektivierung von Prognosen, da der Kurs als Ansammlung unterschiedlicher Prognosen bezüglich der Ertragskraft eines Unternehmens verstanden werden kann. Das Prognoseproblem und die Bestimmung des Kapitalisierungszinses – die schwierigsten Aufgaben bei der Bewertung von Unternehmen – werden auf diese Weise weitgehend ausgeschaltet. Gleichzeitig liegt aber in der Vernachlässigung der expliziten Prognose der Werttreiber auch die Schwäche des P/E-Ratio-Modells, denn unternehmensindividuelle Gegebenheiten werden unter Umständen vernachlässigt.

Das P/E-Ratio-Modell und die auf den Barwertmodellen basierenden Verfahren lösen das Problem der Bewertung von entgegengesetzten Richtungen. Während das P/E-Ratio-Modell die Bewertung vom Markt her vornimmt, untersuchen die Barwertmodelle die einzelnen Bestimmungsfaktoren des Werts. Aus diesem Grund sollte man sie nicht als konkurrierende, sondern als komplementäre Verfahren betrachten. Das P/E-Ratio-Modell stellt bei der externen Unternehmensbewertung einen unverzichtbaren Bestandteil dar, dessen Schwächen durch eine Kombination mit einer Bewertungsmethode, die auf dem investitionstheoretischen Ansatz beruht, ausgemerzt werden können. Dagegen sind die verschiedenen auf dem Barwertansatz beruhenden Bewertungsmodelle eher austauschbar, denn sie betrachten das Unternehmen aus einem identischen Blickwinkel. Das EVA- und das CFROI-Modell können damit das P/E-Ratio-Modell nicht ersetzen. Die folgende Abbildung gibt die Konzeption der kombinierten Bewertungsmodelle nochmals graphisch wieder.

Abbildung 48: Berechnung des Unternehmenswerts der kombinierten Bewertungsmodelle

	Unternehmensbewertung		
	EPS-Modell	**EVA-Modell**	**CFROI-Modell**
Definition	Multiplikation der EPS mit angemessener P/E-Ratio	Addition des Buchwerts und der abgezinsten zukünftigen Übergewinne (EVA)	DCF-Verfahren
Vergleich zu den traditionellen Barwertmodellen	Gegenpol zu den Barwertmodellen	Equity-Ansatz lehnt sich an das Ertragswertverfahren an	Konkrete inhaltliche Ausgestaltung des DCF-Verfahrens
Unternehmenswert	Wert des Eigenkapitals; Wert des Gesamtkapitals bei Multiplikation der EBIT mit der MV/EBIT-Ratio	Wert des gesamten Unternehmens bei Entity-Methode; Wert des Eigenkapitals bei Equity-Methode	Wert des gesamten Unternehmens
Ermittlung des Fremdkapitals	Marktwert des Fremdkapitals bzw. ersatzweise Buchwert des Fremdkapitals	Marktwert des Fremdkapitals bzw. ersatzweise Buchwert des Fremdkapitals	Kapitalisierung des Zinsaufwands
Kapitalkostensatz	P/E-Ratio kann unter restriktiven Annahmen als Kehrwert der Eigenkapitalkosten verstanden werden	Gewogener durchschnittlicher Kapitalkostensatz; Ermittlung der Eigenkapitalkosten gemäß CAPM	Ableitung des Gesamtkapitalkostensatzes aus dem Marktportfolio, ggf. individuelle Anpassungen
Prognose	Prognose der EPS für die kommende Periode und ggf. der P/E-Ratio	Zukünftige Übergewinne (EVA) müssen prognostiziert werden	Zukünftige Cash Flows werden auf Basis des gegenwärtigen CFROI und der Wachstumsrate der Investitionen geschätzt, die beide gegen einen Durchschnitt konvergieren
Verständlichkeit	Einfach	Einfach	Komplex
Eignung	Geeignet	Geeignet	Bedingt geeignet

Die kombinierten Bewertungsmodelle bauen auf einem Maßstab zur **Performance-Messung** auf. Sowohl die EPS als auch der EVA und der CFROI stellen Rentabilitätskennziffern dar, die das Ziel verfolgen, den Erfolg einer Periode widerzuspiegeln. Ihre Eignung zur periodenbezogenen Erfolgsbeurteilung wird wie folgt beurteilt:

(1)   Eine isolierte Betrachtung der **EPS** gibt die Performance eines Unternehmens unsachgerecht wieder. Die Ursache liegt im wesentlichen darin, daß Nenner und Zähler der EPS-Daten unter dem Gesichtspunkt einer Rentabilitätsbeurteilung nicht konsistent ermittelt werden, da lediglich das Stammkapital berücksichtigt wird. Demzufolge kann eine Beurteilung des Erfolgs auf Basis der EPS zu Fehlentscheidungen führen. Dies belegt auch die teilweise heute noch populäre Praxis, bei Akquisitionen maximal die P/E-Ratio des eigenen Unternehmens für das zu erwerbende Unternehmen zu zahlen, um einen Rückgang der EPS zu vermeiden. Die Konzentration des Managements auf eine Erhöhung der EPS ist allerdings vor dem Hintergrund nachvollziehbar, daß viele Unternehmen die Vergütung ihrer Unternehmensleitung an die EPS knüpfen und der Mythos der Verwässerung der Aktien bei Akquisitionsverhandlungen zumindest argumentativ eingesetzt werden kann. Von einer Erfolgsvergütung, die auf der Veränderung der EPS basiert, ist in jedem Fall abzuraten.

EPS-Daten erlangen ihren vollen Informationsgehalt erst in Verbindung mit der P/E-Ratio. Dabei ist zu beachten, daß sie aufgrund der unterschiedlichen Bilanzierungs- und Bewertungsvorschriften der drei Regelungsbereiche (US-GAAP, IAS und Ergebnis nach DVFA/SG) nur bedingt vergleichbar sind. Für den Jahresabschlußadressaten kann es verwirrend sein, wenn sowohl Höhe als auch Veränderung der EPS-Daten unterschiedlicher Regelungsbereiche voneinander abweichen oder sich die EPS-Kennziffern gar in entgegengesetzte Richtungen entwickeln.

Die Ermittlungsvorschriften zur Berechnung der EPS nach US-GAAP sind sowohl den Regelungen der IAS als auch denen der Empfehlung der DVFA/SG eindeutig überlegen: Die Offenlegung verschiedener EPS-Daten gemäß der relativ fein gegliederten Erfolgsspaltungskonzeption nach US-GAAP ermöglicht dem Analysten einen Einblick, inwieweit die EPS bezogen auf das net income auf außerordentliche Bestandteile, auf einen Wechsel der Bilanzierungs- und Bewertungsmethoden sowie auf die Aufgabe von Geschäftsbereichen zurückzuführen sind. Des weiteren erleichtern die umfangreichen Erläuterungspflichten bei accounting changes einen durchgängigen zeitlichen Vergleich. Die EPS-Kennzahlen, die nach IAS offenzulegen sind, beziehen sich dagegen lediglich auf das net income und stellen insofern keine zuverlässige Ausgangsgrundlage zur Abschätzung der nachhaltigen Ertragskraft eines Unternehmens dar. Demgegenüber sieht das deutsche Pendant – das Ergebnis je Aktie nach DVFA/SG – von ungewöhnlichen und dispositionsbedingten Sachverhalten ab. Allerdings orientiert sich das Ergebnis nach DVFA/SG bei der Ermittlung eines nachhaltigen Erfolgs eher an dem Kriterium der internationalen Vergleichbarkeit als an den inhaltlichen Anforderungen einer ‚aktionärorientierten' Erfolgsgröße.

Der Ausweis von basic und diluted EPS soll dem Anleger das Spektrum, in dem sich die EPS hinsichtlich der Anzahl der Aktien bewegen können – von keiner bis hin zur maximalen Verwässerung – signalisieren. Allerdings geben die diluted EPS gemäß ihrer Zielsetzung nicht den Endpunkt einer potentiellen Verwässerung an. Hinsichtlich der Berechnung der Aktienanzahl im Nenner ergeben sich nach den Vorschriften der IAS und US-GAAP keine gravierenden Unterschiede. Des weiteren ist es möglich, das Ergebnis nach DVFA/SG hinsichtlich der Anzahl an Aktien aufgrund des unzureichenden Detaillierungsgrads der Vorschriften weitgehend im Einklang mit den internationalen Regelungen zu ermitteln.

(2) Bei einem Vergleich der EPS mit dem **EVA** ist zumindest festzustellen, daß sich der EVA zur periodenbezogenen Erfolgsbeurteilung besser eignet als die EPS. Im Vergleich zum buchhalterischen Erfolg berücksichtigt der EVA als Residualgewinn – soweit von den Aufbereitungsmaßnahmen abgesehen wird – auch die Eigenkapitalkosten. Deren theoretisch korrekte Ermittlung ist jedoch äußerst schwierig, so daß zwangsläufig Vereinfachungslösungen getroffen werden müssen. Aufgrund der verfügbaren Datenbasis bietet sich – insbesondere bei der Aktienbewertung – das CAPM als Grundlage an und gewährleistet eine transparente Ermittlung der Eigenkapitalkosten. Allerdings ist darauf zu achten, daß bei einem zwischenbetrieblichen und zeitlichen Vergleich einheitliche Rechnungsgrundlagen verwendet werden.

Die Aufbereitungsmaßnahmen des economic model, die bei der Berechnung des EVA eine zutreffende Periodisierung gewährleisten sollen, fordern insbesondere eine strenge Erfolgsorientierung bei der Erfassung von Ausgaben mit Investitionscharakter, eine Cash Flow-Orientierung bei der Behandlung von stillen Reserven und eine Trennung von operativem und nicht-operativem Erfolg. Die Grundidee der Bereinigungsmaßnahmen findet sich bereits beim Ertragswertverfahren in den Grundsätzen der Unbeachtlichkeit des bilanziellen Vorsichtsprinzips und der gesonderten Bewertung des nicht-betriebsnotwendigen Vermögens. Das EVA-Modell lehnt sich somit nicht nur in seiner Konzeption, sondern auch in der inhaltlichen Ausgestaltung des EVA, der nichts anderes als die Ertragsüberschüsse nach Eigenkapitalkosten wiedergibt, an das Ertragswertverfahren an.

Die externe Berechnung des EVA ist mit einigen Problemen verbunden, die mit dem von dem jeweiligen Unternehmen gewählten Normengefüge (IAS, US-GAAP oder HGB) und dem Rechtskreis, in dem sich das Unternehmen bewegt, variieren. Abhängig von den jeweiligen Rechnungslegungsvorschriften können aufgrund fehlender Angaben nicht in allen Fällen die erforderlichen Aufbereitungsmaßnahmen durchgeführt werden. Des weiteren ist bei der Bewertung und bei der Performance-Messung von deutschen Unternehmen zu beachten, daß im Gegensatz zum US-amerikanischen Steuersystem die Körperschaftsteuer auf ausgeschüttete Gewinne bei den Anteilseignern einkommensteuerlich anrechnungsfähig ist. So wird das Ergebnis nach DVFA/SG, aus dem auch der EVA abgeleitet werden kann, unzutreffenderweise nach Steuern ermittelt. Darüber hinaus ist auch die Unterstellung, daß die Körperschaftsteuer auf thesaurierte Gewinne verlorengeht, nicht korrekt. Hier wird daher vorgeschlagen, aus externer Sicht vereinfachend eine Vollausschüttung zu fingieren und lediglich die Gewerbeertragsteuer – sowohl bei der Berechnung des Erfolgs als auch des Steuerschilds des Fremdkapitals – zu berücksichtigen.

Der EVA ist den traditionellen Rentabilitätskennziffern insoweit überlegen, als er eine absolute Größe darstellt. So kann der EVA steigen und damit zu einer Werterhöhung führen, während die Rentabilität sinkt. Wird mittels des EVA ein zwischenbetrieblicher Vergleich durchgeführt, müssen indes die absoluten Beträge mittels Kennzahlenbildung oder Standardisierung größennormiert werden. Zudem ist der EVA mit dem Nachteil behaftet, daß er auf einer Netto-Erfolgs- und Kapitalgröße aufbaut, die Abschreibungen berücksichtigt. Veränderungen des EVA können dadurch allein aus einer verringerten Kapitalbasis und damit einhergehenden sinkenden Kapitalkosten resultieren.

(3) Der **CFROI** beruht auf der Methode des internen Zinses. Jedoch werden nicht zukünftige erwartete Zahlungsüberschüsse auf den Bewertungszeitpunkt abgezinst, sondern es wird ein nachhaltiger erfolgsorientierter Cash Flow für die betrachtete Periode ermittelt. Dieser wird über die Nutzungsdauer des Sachanlagevermögens konstant gehalten und dem eingesetzten Kapital gegenübergestellt. Der CFROI ermittelt auf diese Weise die in der vergangenen Periode realisierte Verzinsung. Des weiteren ist es möglich, den CFROI in einen Residualgewinn (Cash Value Added) umzuwan-

deln, um die Nachteile, die mit prozentualen Rentabilitätskennzahlen verbunden sind, zu beseitigen.

Im Gegensatz zum EVA baut der CFROI auf einer Erfolgs- und Kapitalgröße vor Abschreibungen auf. Bei konstanten Anschaffungsauszahlungen und gleichbleibender Nutzungsdauer signalisiert daher eine Veränderung des CFROI Veränderungen des Cash Flow. Neben der Beseitigung von Bilanzierungsunterschieden, die aus unterschiedlichen Abschreibungsmethoden resultieren, berücksichtigt der CFROI des weiteren Inflationseffekte. Den Brutto Cash Flows wird auf diese Weise als Kapitalbasis die Bruttoinvestitionsbasis, die zu gegenwärtigen Preisen gemessen wird, gegenübergestellt. Eine Erhöhung des CFROI spiegelt – im Gegensatz zu einer Erhöhung des EVA – also grundsätzlich keinen Scheinerfolg wider.

Die Weiterentwicklung der traditionellen Rentabilitätskennzahlen wird mit zahlreichen Schwierigkeiten bei der praktischen Ermittlung des CFROI erkauft. Da insbesondere die Schätzung der Nutzungsdauer sowie die Inflationsanpassung, wenngleich theoretisch sinnvoll, mit Problemen verbunden ist, empfiehlt es sich, auf die einfache Cash Flow-Rendite (Cash Recovery Rate oder Gross Profitability Ratio) zurückzugreifen. Die folgende Abbildung faßt den Aufbau der Performance-Maßstäbe nochmals graphisch zusammen.

Abbildung 49:   Performance-Messung der kombinierten Bewertungsmodelle

	Performance-Maßstab		
	EPS	EVA	CFROI
Definition	Erfolg, der auf eine Aktie entfällt	Erfolg minus Kapital-kosten	Interner Zinssatz
Erfolgsgröße	Erfolg nach Steuern	Erfolg vor Zinsen und nach Steuern eines fiktiv unverschuldeten Unternehmens (Entity-Ansatz)	Erfolg vor Zinsen, Abschreibungen und nach Steuern
Kapitalgröße	Grundkapital	Gesamtkapital (Buch-wert)	Gesamtkapital (An-schaffungs- oder Herstellungskosten sowie Bereinigung der Inflationseffekte)
Ausprägung der Kennzahl	Relativ	Absolut	Relativ
Berücksichtigung der Inflation	Nominal	Nominal	Real
Beurteilung des Managements	Wachstum der EPS	EVA und Wachstum des EVA	CFROI und CFROI-Modell
Verständlichkeit	Komplexe Berech-nung der Anzahl von Aktien im Nenner der EPS	Einfach	Komplex
Eignung	Ungeeignet	Geeignet	Bedingt geeignet (ggf. Cash Flow-Rendite)

Die Aussagefähigkeit des CFROI und des EVA sollte allerdings nicht überstra-paziert werden: Eine direkte Verbindung zwischen einem periodenbezogenen **Performance-Maßstab** und dem **Unternehmenswert** herzustellen, wie es oftmals von den Beratungsunternehmen getan wird, ist nur unter sehr restrikti-ven Bedingungen – Nachhaltigkeit des Erfolgs und unverändertes Risikoprofil sowie unveränderte Kapitalmarktbedingungen – möglich. Der CFROI (bzw. der Cash Value Added) und der EVA (bzw. Stewart's R) können ansonsten stei-gen, während der Unternehmenswert sinkt. Einer sog. **wertorientierten Per-formance-Messung**, anhand derer die Wertänderung des Unternehmens zwi-schen zwei Zeitpunkten erfaßt werden soll, können vergangenheitsorientierte Maßstäbe nicht gerecht werden. Allerdings nimmt bei einer steigenden Anzahl positiver Übergewinne (EVA, CVA) bzw. von über dem Kapitalkostensatz lie-genden Renditen (Stewart's R, CFROI) die Wahrscheinlichkeit zu, daß ein Unternehmen wertsteigernd operiert.

Bewertungsmodelle stellen stets eine Vereinfachung der Realität dar, die nie in der Lage sein wird, den gesamten Facettenreichtum der Wirklichkeit einzufangen. Die Suche nach dem Bewertungsmodell schlechthin ist illusorisch. „No model, no matter how accurate, tells the entire story."[1202] Eine externe Aktien- bzw. Unternehmensbewertung sollte mindestens zwei Modelle miteinander vereinen, die das Unternehmen aus unterschiedlichen Perspektiven heraus beurteilen. Der Marktwertansatz bzw. das P/E-Ratio-Modell ist dabei ein unverzichtbarer Bestandteil, der mit einem auf dem investitionstheoretischen Ansatz beruhenden Modell kombiniert werden sollte. Das CFROI-Modell als ergänzendes Verfahren ist aufgrund seiner zahlreichen Annahmen und der praktisch schwierigen Bestimmung des CFROI nur bedingt geeignet. Dagegen bietet das EVA-Modell eine solide Grundlage für eine Unternehmensbewertung und Performance-Messung. Jedoch sollte die Herkunft des EVA-Modells nicht übersehen werden. Es baut auf einer Bewertung gemäß dem Barwert der Erfolge auf und lehnt sich in einigen wesentlichen Bereichen sowohl konzeptionell als auch inhaltlich an das in jüngerer Zeit oft angeprangerte Ertragswertverfahren an. Vielleicht trägt diese Tatsache dazu bei, daß die leichter kommunizierbare Bewertung auf der Grundlage der Ertragsüberschüsse international an Bedeutung gewinnt und der Residualgewinn als Performance-Maßstab vermehrt Aufnahme in die Geschäftsberichte findet.

1202 Lokey, O.K./Braun, R.S./Cefali, S.L. (Business Valuation 1990), S. 472.

LITERATURVERZEICHNIS

Adidas-Salomon AG (Geschäftsbericht 1997), Geschäftsbericht 1997.

Adler, H./Düring, W./Schmaltz, K. (Teilband 1 1995), Rechnungslegung und Prüfung der Unternehmen, Kommentar zum HGB, AktG, GmbHG, PublG nach den Vorschriften des Bilanzrichtlinien-Gesetzes, bearbeitet von Forster, K.-H. u.a., Teilband 1, §§ 252-263 HGB, 6. Auflage, Stuttgart 1995.

Adler, H./Düring, W./Schmaltz, K. (Teilband 2 1995), Rechnungslegung und Prüfung der Unternehmen, Kommentar zum HGB, AktG, GmbHG, PublG nach den Vorschriften des Bilanzrichtlinien-Gesetzes, bearbeitet von Forster, K.-H. u.a., Teilband 2, §§ 284-289 HGB, 6. Auflage, Stuttgart 1995.

Adler, J.R. (Leases 1996), Leases, in: Carmichael, D.R./Lilien, S.B./Mellmann, M. (Editors), Accountant's Handbook, Chapter 17, Vol. 1, New York 1996.

AIN-APB Opinion 18, AICPA Accounting Interpretations of APB Opinion 18, New York 1972.

AIN-APB Opinion 30, AICPA Accounting Interpretations of APB Opinion 30, New York 1973.

Albach, H. (Shareholder Value 1994), Shareholder Value, Editorial, Zeitschrift für Betriebswirtschaft 1994, S. 273-276.

Albrecht, T. (Best Financial Performance Measure: A Comment 1998), The Search for the Best Financial Performance Measure: A Comment, in: Financial Analysts Journal, January/February 1998, S. 86-87.

Albrecht, W.D./Chipalkatti, N. (Segment Reporting 1998), New Segment Reporting, in: The CPA Journal, May 1998, S. 46-52.

Alford, A. W. (Price-Earnings Valuation Method 1992), The Effect of the Set of Comparable Firms on the Accuracy of the Price-Earnings Valuation Method, in: Journal of Accounting Research, Spring 1992, S. 94-108.

Amoroso, V./Wirth, P.C. (Pension Plans 1996), Pension Plans And Other Postretirement And Postemployment Benefits, in: Carmichael, D.R./Lilien, S.B./Mellmann, M. (Editors), Accountant's Handbook, Chapter 32, Vol. 2, New York 1996.

Annin, M./Falaschetti, D. (Equity Risk Premium 1998), Equity Risk Premium Still Produces Debate, in: Valuation Strategies, January/February 1998, URL: http://www.ibbotson.com/Research/Equity_Risk_Pre/.

Anthony, R.N./Govindarajan, V. (Management Control Systems 1998), Management Control Systems, 9th edition, Boston 1998.

APB Opinion 9, Reporting the Results of Operations, New York 1966.

APB Opinion 12, Omnibus Opinion – 1967, New York 1967.

APB Opinion 15, Earnings per Share, New York 1969.

APB Opinion 20, Accounting Changes, New York 1971.

APB Opinion 30, Reporting the Results of Operations – Reporting the Effects of Disposal of a Segment of a Business, and Extraordinary, Unusual and Infrequently Occurring Events and Transactions, New York 1973.

ARB 43, Restatement and Revision of Accounting Research Bulletins, New York 1953.

ARB 49, Earnings per Share, New York 1958.

Arbeitskreis „Finanzierung" der Schmalenbach-Gesellschaft – Deutsche Gesellschaft für Betriebswirtschaft e.V (Kapitalkosten 1996), Wertorientierte Unternehmenssteuerung mit differenzierten Kapitalkosten, in: Zeitschrift für betriebswirtschaftliche Forschung 1996, S. 543-580.

Arcady, A./Blankenship, L. (Property, Plant, and Equipment 1996), Property, Plant, And Equipment And Depreciation, in: Carmichael, D.R./Lilien, S.B./Mellmann, M. (Editors), Accountant's Handbook, Chapter 15, Vol. 1, New York 1996.

Bacidore, J.M./Boquist, J.A./Milbourn, T.T./ Thakor, A.V. (Financial Performance Measure 1997), The Search for the Best Financial Performance Measure, in: Financial Analysts Journal, May/June 1997, S. 11-20.

Baetge, J. (Bilanzanalyse 1998), Bilanzanalyse, Düsseldorf 1998.

Baetge, J./Jerschensky, A. (Rentabilitätsanalyse 1997), Rentabilitätsanalyse, in: Buchführung, Bilanz, Kostenrechnung 1997, Fach 19, S. 413-422.

Baetge, J./Krause,C. (Berücksichtigung des Risikos 1994), Die Berücksichtigung des Risikos bei der Unternehmensbewertung, in: Betriebswirtschaftliche Forschung und Praxis 1994, S. 433-456.

Baker, H.K./Phillips, A.L. (Stock Dividends 1993), Why Companies Issue Stock Dividends, in: Financial Practice and Education, Fall 1993, S. 29-37.

Baker, H.K./Phillips, A.L./Powell, G.E. (Stock Distribution Puzzle 1995), The Stock Distribution Puzzle: A Synthesis of the Literature on Stock Splits and Stock Dividends, in: Financial Practice and Education, Spring/Summer 1995, S. 24-37.

Baker, R.E./Lembke, V.C./King, T.E. (Advanced Financial Accounting 1996), Advanced Financial Accounting, 3rd edition, New York 1996.

Ball, J.T./Simpson, E.R. (Income Taxes 1996), Accounting for Income Taxes, in: Carmichael, D.R./Lilien, S.B./Mellmann, M. (Editors), Accountant's Handbook, Chapter 18, Vol. 1, New York 1996.

Ballwieser, W. (Komplexitätsreduktion 1990), Unternehmensbewertung und Komplexitätsreduktion, 3. Auflage, Wiesbaden 1990.

Ballwieser, W. (Multiplikatoren 1991), Unternehmensbewertung mit Hilfe von Multiplikatoren, in: Rückle, D. (Hrsg.), Aktuelle Fragen der Finanzwirtschaft und der Unternehmensbesteuerung, Festschrift für Erich Loitlsberger zum 70. Geburtstag, Wien 1991, S. 47-66.

Ballwieser, W. (Shareholder Value-Ansatz 1994), Adolf Moxter und der Shareholder Value-Ansatz, in: Ballwieser, W./Böcking, H.-J./Drukarcyk, J./Schmidt, R.H. (Hrsg.), Bilanzrecht und Kapitalmarkt, Festschrift zum 65. Geburtstag von Prof. Dr. Dr. h.c. Dr. h.c. Adolf Moxter, Düsseldorf 1994, S. 1379-1405.

Ballwieser, W. (Aktuelle Aspekte 1995), Aktuelle Aspekte der Unternehmensbewertung, in: Die Wirtschaftsprüfung 1995, S. 119-129.

Ballwieser, W. (Kommentierung des IAS 16 1997), Kommentierung des IAS 16, in: Baetge, J./Dörner, D./Kleekämper, H./Wollmert, P. (Hrsg.), Rechnungslegung nach International Accounting Standards (IAS), Stuttgart 1997.

Ballwieser, W. (Discounted Cash Flow-Verfahren 1998), Unternehmensbewertung mit Discounted Cash Flow-Verfahren, in: Die Wirtschaftsprüfung 1998, S. 81-92.

Ballwieser, W./Schmid, H. (Management Buy-Outs 1990), Charakteristika und Problembereiche von Management Buy-Outs, in: Das Wirtschaftsstudium 1990, S. 299-305 (Teil 1), S. 358-363 (Teil 2).

Balsam, S./Lipka, R. (Earnings Per Share 1998), Share Prices and Alternative Measures of Earnings Per Share, in: Accounting Horizons, September 1998, S. 234-249.

Barfield, R. (Nearly New 1998), Nearly New, in: Accountancy – International Edition, January 1998, S. 41.

Barlev. B. (Dilutive Effect on EPS 1983), Contingent Equity and the Dilutive Effect on EPS, in: The Accounting Review 1983, S. 385-393.

Barnea, A./Ronen, J./ Sadan, S. (Extraordinary Items 1975), The Implementation of Accounting Objectives: An Application to Extraordinary Items, in: The Accounting Review 1975, S. 58-68.

Baron, P. (Price a Profitable Company 1996), How to Price a Profitable Company, 2nd edition, New York 1996.

Barra (Equity Risk Data 1998), Equity Risk Data, URL: http://www.barra.com/ xls/betas.asp.

Barth, M.E. u.a. (Response 1994), Response to the FASB Prospectus „Earnings Per Share", in: Accounting Horizons, June 1994, S. 111-113.

Bar-Yosef, S./Brown, L.D. (Reexamination of Stock Splits 1977), A Reexamination of Stock Splits Using Moving Betas, in: The Journal of Finance 1977, S. 1069-1080.

Bauer, C. (Risiko von Aktienanlagen 1992), Das Risiko von Aktienanlagen, Köln 1992.

Bayer AG (Geschäftsbericht 1997), Geschäftsbericht 1997.

Bell, W.E. (Price-Future Earnings Ratio 1963), The Price-Future Earnings Ratio, in: Lerner, E.M. (Editor), Readings in Financial Analysis and Investment Management, Homewood, Illinois 1963, S. 387-395.

Bender, J. (Unterschiede im internationalen Vergleich 1994), Große Unterschiede im internationalen Vergleich, in: bilanz & buchhaltung 1994, S. 417-422.

Bender, J. (Ergebnisbereinigung nach DVFA/SG 1996), Grundsatzfragen der Ergebnisbereinigung nach DVFA/SG, Stuttgart 1996.

Bender, J./Lorson, P. (Unternehmensbewertung (II) 1996), Verfahren der Unternehmensbewertung (II): Das Ertragswertverfahren nach der HFA-Stellungnahme 2/1983, in: Betrieb und Wirtschaft 1996, S. 1-6.

Bender, J./Lorson, P. (Unternehmensbewertung (III) 1996), Verfahren der Unternehmensbewertung (III): Kritische Würdigung des Ertragswertverfahrens nach der HFA-Stellungnahme 2/1983, in: Betrieb und Wirtschaft 1996, S. 650-654.

Bender, J./Lorson, P. (Unternehmensbewertung (IV) 1997), Verfahren der Unternehmensbewertung (IV): Discounted-Cash-flow Verfahren und Anmerkungen zu Shareholder-Value-Konzepten, in: Betrieb und Wirtschaft 1997, S. 1-9.

Benis, M. (Shareholders' Equity 1996), Shareholders' Equity, in: Carmichael, D.R./Lilien, S.B./Mellmann, M. (Editors), Accountant's Handbook, Chapter 21, Vol. 1, New York 1996.

Benninga, S.Z./Sarig, O.H. (Corporate Finance 1997), Corporate Finance: A Valuation Approach, New York 1997.

Beresford, D.R./Johnson, L.T./Reither, C.L. (Second Income Statement 1996), Is A Second Income Statement Needed?, in: Journal of Accountancy, April 1996, S. 69-72.

Bernhard, V.L. (Feltham-Ohlson Framework 1995), The Felthalm-Ohlson Framework: Implications for Empiricists, in: Contemporary Accounting Research 1995, S. 733-747.

Bernstein, L. (Financial Statement Analysis 1993), Financial Statement Analysis, 5th edition, Burr Ridge, Illinois, 1993.

Bernstein, L.A. (Defense 1975), In Defense of Fundamental Investment Analysis, in: Financial Analysts Journal, January/February 1975, S. 57-61.

Bernstein, L.A./Siegel, J.G. (The Concept of Earnings Quality 1990), The Concept of Earnings Quality, in: White, G. I., Sondhi, A.C. (editors), CFA Readings in Financial Statement Analysis, 2nd edition, Charlottesville 1990, S. 24-27.

Bieg, H. (Investitionsrechnung 1985), Die Verfahren der Investitionsrechnung und ihre Verwendung in der Praxis, in: Der Steuerberater 1985, S. 15-29 (Teil 1) und S. 59-77 (Teil 2).

Bieg, H. (Kommentierung des § 271 HGB 1995), Kommentierung des § 271 HGB, in: Küting, K./Weber, C.-P. (Hrsg.), Handbuch der Rechnungslegung, Band Ia, 4. Auflage, Stuttgart 1995, Rn. 1-85.

Bieg, H. (Investition 1997), Betriebswirtschaftslehre Band 1: Investition und Unternehmensbewertung, 2. Auflage, Freiburg i.Br. 1997.

Bieg, H./Kußmaul, H. (Externes Rechnungswesen 1998), Externes Rechnungswesen, 2. Auflage, München 1998.

Bielinski, D. W. (Comparable Company Approach 1990), The comparable-company approach, Measuring the true value of privately held firms, in: Corporate Cashflow Magazine, October 1990, S. 64-68.

Biener, H. (Kommentierung des IAS 8 1997), Kommentierung des IAS 8, in: Baetge, J./Dörner, D./Kleekämper, H./Wollmert, P. (Hrsg.), Rechnungslegung nach International Accounting Standards (IAS), Stuttgart 1997.

Bierman, H. (Earnings per Share 1986), Common Stock Equivalents, Earnings per Share, and Stock Valuation, in: Journal of Accounting, Auditing and Finance 1986, S. 62-69.

Bierman, H.J. (Capital Budgeting 1993), Capital Budgeting in 1992: A Survey, in: Financial Management, Autumn 1993, S. 24.

Bimberg, L.H. (Langfristige Renditenberechnung 1990), Langfristige Renditenberechnung zur Ermittlung von Risikoprämien, Dissertation, Wuppertal 1990.

Birchard, B. (New Metrics 1994), Mastering the New Metrics, in: CFO Magazine, October 1994, URL: http://www.cfonet.com/cgi-bin/vdkw_cgi/xb04302e3-2552/Search/245428/8.

Bischoff, K. (Shareholder Value-Konzept 1994), Das Shareholder Value-Konzept, Wiesbaden 1994.

Bitton, V.R./Pacter, P. (Business Combinations 1996), Accounting for Business Combinations, in: Carmichael, D.R./Lilien, S.B./Mellmann, M. (Editors), Accountant's Handbook, Chapter 7, Vol. 1, New York 1996.

Bjorklund, V. B./Meisel, S. A. (When Are Comparables Comparable Enough? 1991), Valuation: When Are Comparables Comparable Enough?, in: The Practical Tax Lawyer, Spring 1991, S. 45-59.

Black, F. (Accounting Rules 1993), Choosing Accounting Rules, in: Accounting Horizons, December 1993, S. 1-17.

Blasch, D.M./Kelliher, J./Read, W. J. (EPS 1996), The FASB and the IASC Redeliberate EPS, in: Journal of Accountancy, February 1996, S. 43-47.

Blättchen, W. (Börse 1998), Warum Sie überhaupt an die Börse gehen sollen – die Sicht des externen Beraters, in: Volk, G. (Hrsg.), Going public: der Gang an die Börse, 2. Auflage, Stuttgart 1998, S. 3-26.

Bloomer, C. (Editor) (Comparison Project 1996), The IASC-U.S. Comparison Project: A Report on the Similarities and Differences between IASC Standards and U.S. GAAP, Norwalk, Connecticut 1996.

Boatsman, J.R./Griffin, C.H./Vickrey, D.W./Williams, T.H. (Advanced Accounting 1994), Advanced Accounting, 7th edition, Burr Ridge, Illinois 1994.

Böcking, H.-J. (Rechungslegung und Kapitalmarkt 1998), Zum Verhältnis von Rechnungslegung und Kapitalmarkt: Vom „financial accounting" zum „business reporting", in: Zeitschrift für betriebswirtschaftliche Forschung 1998, Sonderheft 40, S. 17-53.

Böcking, H.-J./Benecke, B. (Segmentberichterstattung 1998), Neue Vorschriften zur Segmentberichterstattung nach IAS und US-GAAP unter dem Aspekt des Business Reporting, in: Die Wirtschaftsprüfung 1998, S. 92-107.

Born, K. (Bilanzanalyse 1994), Bilanzanalyse international, Stuttgart 1994.

Born, K. (Unternehmensanalyse 1995), Unternehmensanalyse und Unternehmensbewertung, Stuttgart 1995.

Born, K. (Überleitung 1996), Überleitung von der Discounted-Cash-flow-Methode (DCF-Methode) zur Ertragswertmethode bei der Unternehmensbewertung, in: Der Betrieb 1996, S. 1885-1889.

Börsig, C. (Unternehmenswert 1993), Unternehmenswert und Unternehmensbewertung, in: Zeitschrift für betriebswirtschaftliche Forschung 1993, S. 79-91.

Bowen, R.M./Burgstahler, D./Daley, L.A. (Relationships Between Earnings and Various Measures of Cash Flow 1986), Evidence on the Relationships Between Earnings and Various Measures of Cash Flow, in: The Accounting Review 1986, S. 713-725.

Brackney, K.S./Collins, W.A./Mautz, R.D. (EPS Calculation Rules 1998), Potential Effects of the Changing EPS Calculation Rules, in: The Journal of Financial Statement Analysis, Spring 1998, S. 51-57.

Bradow, J. R. (Deferred Charges 1987), Accounting for Deferred Charges – Is More Guidance Needed?, in: Management Accounting, April 1987, S. 51-54.

Brauchle, G.J./Reither, C.L. (Comprehensive Income 1997), SFAS 130: Reporting Comprehensive Income, in: The CPA Journal, October 1997, S. 42-46.

Brealey, R.A./Myers, S.C./Marcus, A.J. (Fundamentals 1995), Fundamentals Of Corporate Finance, International Edition, New York 1995.

Bretzke, W.-R. (Objektivitätsanspruch 1976), Zur Problematik des Objektivitätsanspruchs in der Unternehmensbewertungslehre – Ein Nachtrag zu einem Methodenstreit, in: Betriebswirtschaftliche Forschung und Praxis 1976, S. 543-553.

Brigham, E.F./Gapenski, L.C. (Financial Management 1996), Intermediate Financial Management, 5th edition, Fort Worth 1996.

Brossy, R./Balkcom, J.E. (Create Value 1994), Getting Executives to Create Value, in: Journal of Business Strategy, January/February 1994, S. 18-21.

Brown, G.T. (Free Cash Flow 1996), „Free Cash Flow" Appraisal ... A Better Way?, in: The Appraisal Journal, April 1996, S. 171-182.

Brownlee, E.R./Ferris, K.R./Haskins, M.E. (Corporate Financial Reporting 1998), Corporate Financial Reporting, 3rd edition, Boston, Massachusetts 1998.

Bruner, R.F./Eades, K.M./Harris, R.S./Higgins, R.C. (Survey and Synthesis 1998), Best Practices in Estimating the Cost of Capital: Survey and Synthesis, in: Financial Practice and Education, Spring/Summer 1998, S. 13-28.

Buchner, R. (Grundzüge 1981), Grundzüge der Finanzanalyse, München 1981.

Bühner, R./ Weinberger, H.-J. (Cash-Flow 1991), Cash-Flow und Sharholder Value, in: Betriebswirtschaftliche Forschung und Praxis 1991, S. 187-208.

Burkette, G.D./Hedley, T.P. (Economic Value Added 1997), The Truth About Economic Value Added, in: The CPA Journal, July 1997, S. 46-50.

Büschgen, H.E. (Wertpapieranalyse 1966), Wertpapieranalyse, Stuttgart 1966.

Busse von Colbe, W. (Zukunftserfolg 1957), Der Zukunftserfolg, Wiesbaden 1957.

Busse von Colbe, W. (Gesamtwert 1992), Gesamtwert der Unternehmung, in: Busse von Colbe, W./Coenenberg, A.G. (Hrsg.), Unternehmensakquisition und Unternehmensbewertung, Stuttgart 1992, S. 55-65.

Busse von Colbe, W. u.a. (Ergebnis nach DVFA/SG 1996), Ergebnis nach DVFA/SG, 2. Auflage, Stuttgart 1996.

Cameron, A.B./Stephens, L. (Treatment of Non-Recurring Items 1991), The Treatment of Non-Recurring Items in the Income Statement and their Consistency with the FASB Concept Statements, in: Abacus, September 1991, S. 81-96.

Chan, K./Chen, N./Hsieh, D. (Firm Size Effect 1985), An exploratory investigation of the firm size effect, in: Journal of Financial Economics 1985, S. 451-471.

Charest, G. (Split Information 1978), Split Information, Stock Returns and Market Efficiency - I, in: Journal of Financial Economics 1978, S. 265-296.

Chasteen, L.G./Flaherty, R.E./O'Connor, M.C. (Intermediate Accounting 1995), Intermediate Accounting, 5th edition, New York 1995.

Chew, D.H. (Buffet 1995), Why Buffet Is Different From The Rest – A Book Review, in: Bank of America – Journal of Applied Corporate Finance, Spring 1995, S. 128.

Coenenberg, A.G. (Unternehmensbewertung 1992), Unternehmensbewertung aus der Sicht der Hochschule, in: Busse von Colbe, W./Coenenberg, A.G. (Hrsg.), Unternehmensakquisition und Unternehmensbewertung, Stuttgart 1992, S. 89-108.

Coenenberg, A. G. (Jahresabschluß 1997), Jahresabschluß und Jahresabschlußanalyse, 16. Auflage, Landsberg/Lech 1997.

Copeland, T./Koller, T./Murrin, J. (Valuation 1994), Valuation – Measuring and Managing the Value of Companies, 2nd editon, New York 1994.

Cornell, B. (Corporate Valuation 1993), Corporate Valuation: Tools for Effective Appraisal and Decision Making, Burr Ridge, Illinois 1993.

Daimler Benz AG (Geschäftsbericht 1997), Geschäftsbericht 1997.

Damodaran, A. (Investment 1996), Investment Valuation, New York 1996.

Damodaran, A. (Asset Selection 1998), Asset Selection: Strategies and Evidence, in: Bernstein, P.L./Damodaran, A. (Editors), Investment Management, New York 1998, Chapter 8, S. 185-229.

Damodaran, A. (Models of Risk 1998), Models Of Risk, in: Bernstein, P.L./Damodaran, A. (Editors), Investment Management, New York 1998, Chapter 3, S. 58-80.

Davis, E./Flanders, S./Star, J. (Successful Companies 1991), Who are the world's most successful companies?, in: Business Strategy Review, Summer 1991, S. 1-33.

Davis, E./Kay, J. (Corporate Performance 1990), Assessing corporate performance, in: Business Strategy Review Summer 1990, S. 1-16.

Davis, H. A. (Cash Flow and Performance Measurement 1996), Cash Flow and Performance Measurement: Managing for Value, Morristown, New Jersey 1996.

DeAngelo, L.E. (Equity Valuation 1990), Equity Valuation and Corporate Control, in: The Accounting Review 1990, S. 93-112.

DeBerg, C.L. (Immateriality of Primary EPS 1991), The Immateriality of Primary EPS: What the Data Reveal, in: Financial Analysts Journal, September/October 1991, S. 91-95.

Dechow, P.M. (Accounting Earnings and Cash Flows 1994), Accounting earnings and cash flows as measures of firm performance – The role of accounting accruals, in: Journal of Accounting and Economics (18) 1994, S. 3-42.

Delaney, P.R./Adler, J.R./Epstein, B.J./Foran, M.F. (GAAP 1999), GAAP 99, Interpretation and Application of Generally Accepted Accounting Principles, New York 1999.

Deming, J.R. (Extraordinary Items 1974), New Guidelines for Extraordinary Items, in: The CPA Journal, February 1974, S. 21-26.

Demming, C. (Grundlagen 1997), Grundlagen der internationalen Rechnungslegung, München 1997.

Deutsche Telekom AG (Geschäftsbericht 1997), Geschäftsbericht 1997.

Diehl, U./Loistl, O./Rehkugler, H. (Kapitalmarktkommunikation 1998), Effiziente Kapitalmarktkommunikation, Stuttgart 1998.

Dillon, R.D./Owers, J.E. (EVA® as a Financial Metric 1997), EVA® as a Financial Metric: Attributes, Utilization, and Relationship to NPV, in: Financial Practice and Education, Spring/Summer 1997, S. 32-40.

Dinauer, J.W. (Aktienanalyse 1978), Methoden der Aktienanalyse und Anlageberatung und ihre Integration zu einem praxisorientierten Entscheidungskonzept unter Einbeziehung psychologischer Aspekte, Dissertation, Augsburg 1978.

Dirrigl, H. (Konvergenz in der Unternehmensrechnung 1998), Wertorientierung und Konvergenz in der Unternehmensrechnung, in: Betriebswirtschaftliche Forschung und Praxis 1998, S. 540-579.

Dirrigl, H. (Unternehmensbewertung 1998), Kollektive Investitionsrechnung und Unternehmensbewertung, in: Kruschwitz, L./Löffler, A. (Hrsg.), Ergebnisse des Berliner Workshops „Unternehmensbewertung" vom 7. Februar 1998, Diskussionsbeiträge des Fachbereichs Wirtschaftswissenschaft der Freien Universität Berlin, Nr. 1998/97, S. 3-24.

Dodd, J./Chen, S. (EVA 1996), EVA: A New Panacea?, in: Business and Economics Review, July/September 1996, S. 26-28.

Donner, O. (Kursbildung 1934), Die Kursbildung am Aktienmarkt, Grundlagen zur Konjunkturbeobachtung an den Effektenmärkten, in: Vierteljahreshefte zur Konjunkturforschung, Sonderheft 36, 1934.

Dörner, D./Wirth, M. (Kommentierung der §§ 284-288 HGB 1995), Kommentierung der §§ 284-288 HGB, in: Küting, K./Weber, C.-P. (Hrsg.), Handbuch der Rechnungslegung, Band Ia, 4. Auflage, Stuttgart 1995.

Dreyfus, P. (Cash Flow 1988), Go with the (cash) flow, in: Institutional Investor, August 1988, S. 55-59.

Drukarczyk, J. (Altersversorgungszusagen 1990), Was kosten betriebliche Altersversorgungszusagen?, in: Die Betriebswirtschaft 1990, S. 333-353.

Drukarczyk, J. (DCF-Methoden 1995), DCF-Methoden und Ertragswertmethode – einige klärende Anmerkungen, in: Die Wirtschaftsprüfung 1995, S. 329-334.

Drukarczyk, J. (Finanzierung 1996), Finanzierung, 7. Auflage, Stuttgart 1996.

Drukarczyk, J. (Unternehmensbewertung 1998), Unternehmensbewertung, 2. Auflage, München 1998.

Dudley, L.W. (Critical Look at EPS 1985), A Critical Look At EPS, in: Journal of Accountancy, August 1985, S. 102-111.

DVFA (Jahresbericht 1996), Jahresbericht 1996, Frankfurt 1996.

Gemeinsame Arbeitsgruppe der DVFA/SG (Fortentwicklung 1998), Fortentwicklung des Ergebnisses nach DVFA/SG, in: Der Betrieb 1998, S. 2537-2542.

Dyckerhoff AG (Geschäftsbericht 1997), Geschäftsbericht 1997.

Edwards, J./Kay, J./Mayer, C. (Economic Analysis 1987), The Economic Analysis of Accounting Profitability, Oxford 1987.

EITF 85-36, Discontinued Operations with Expected Gain and Interim Operating Losses, Stamford, Connecticut 1985.

EITF 87-24, Allocation of Interest to Discontinued Operations, Stamford, Connecticut 1987.

EITF 90-16, Accounting for Discontinued Operations Subsequently Retained, Norwalk, Connecticut 1990.

Elliott, J.A./ Philbrick, D.R. (Accounting Changes 1990), Accounting Changes and Earnings Predictability, in: The Accounting Review 1990, S. 157-174.

Ellrott, H. (Kommentierung des § 284 HGB 1995), Kommentierung des § 284 HGB, in: Beck'scher Bilanz-Kommentar, bearbeitet von Budde, W.D./Clemm, H./Ellrott, H./Förschle, G./Schnicke, C., 3. Auflage, München 1995.

Ellrott, H. (Kommentierung des § 285 HGB 1995), Kommentierung des § 285 HGB, in: Beck'scher Bilanz-Kommentar, bearbeitet von Budde, W.D./Clemm, H./Ellrott, H./Förschle, G./Schnicke, C., 3. Auflage, München 1995.

Elsea, J.E./Cox, B.D. (FASB's New Earnings per Share 1997), The FASB's New Earnings per Share Standard, in: The CPA Journal, August 1997, S. 26-30.

Elton, E.J./Gruber, M.J. (Modern Portfolio Theory 1991), Modern Portfolio Theory and Investment Analysis, 4th edition, New York 1991.

Engel-Ciric, D. (Bilanzierungsgrundsätze nach HGB und US-GAAP 1998), Vergleichende Betrachtung der Bilanzierungsgrundsätze nach HGB und US-GAAP, in: Recht der Internationalen Wirtschaft 1998, S. 775-780.

Englebrecht, T.D./Leeson, C.H. (Valuation 1978), Valuation of Closely Held Stock, in: The Tax Executive, October 1978, S. 57-64.

Engler, C. (Managerial Accounting 1993), Managerial Accounting, 3rd edition, Homewood, Illinois 1993.

Englert, J./Scholich, M. (Unternehmensführung 1998), Unternehmensführung auf der Basis eines umfassenden Shareholder Value-Management-Konzepts, in: Betriebs-Berater 1998, S. 684-689.

Epstein, B.J./Mirza, A.A. (IAS 1999), IAS 99, Interpretation and Application of International Accounting Standards, New York 1999.

Fairfield, P.M. (Present Value 1994), P/E, P/B and the Present Value of Future Dividends, in: Financial Analysts Journal, July/August 1994, S. 23-31.

Fairfield, P.M./Sweeney, R.J./Yohn, T.L. (Accounting Classification 1996), Accounting Classification and the Predictive Content of Earnings, in: The Accounting Review 1996, S. 337-355.

Fama, E.F. (Efficient Capital Markets 1970), Efficient Capital Markets: A Review of Theory and Empirical Work, in: The Journal of Finance 1970, S. 383-417.

Fama, E.F./Fisher, L./Jensen, M.C./Roll, R. (Adjustment of Stock Prices 1969), The Adjustment of Stock Prices to New Information, in: International Economic Review, February 1969, S. 1-21.

Fama, E.F./French, K.R. (Expected Returns 1992), The Cross-Section of Expected Returns, in: The Journal of Finance 1992, S. 427-465.

Fama, E.F./French, K.R. (Multifactor Explanations 1996), Multifactor Explanations of Asset Pricing Anomalies, in: The Journal of Finance 1996, S. 55-84.

Fama, E.F./French, K.R. (Industry costs of equity 1997), Industry costs of equity, in: Journal of Financial Economics 1997, S. 153-193.

FASB (Discussion Memorandum 1979), Discussion Memorandum: An Analysis of Issues Related to Reporting Earnings, Norwalk, Connecticut 1979.

FASB (Consolidated Financial Statements 1995), Consolidated Financial Statements: Policy and Procedures, Exposure Draft of a Proposed Statement of Financial Accounting Standards, Norwalk, Connecticut 1995.

FASB (Earnings per Share 1996), Earnings per Share and Disclosure of Information about Capital Structure, Exposure Draft of a Proposed Statement of Financial Accounting Standards, Norwalk, Connecticut 1996.

Feltham, G.A./Ohlson, J.A. (Valuation 1995), Valuation and Clean Surplus Accounting for Operating and Financial Activities, in: Contemporary Accounting Research 1995, S. 689-731.

Ferguson, R./Leistikow, D. (Basics are Better 1998), Search for the Best Financial Performance Measure: Basics are Better, in: Financial Analysts Journal, January/February 1998, S. 81-85.

Finger, C.A. (Earnings and Cash Flow 1994), The Ability of Earnings to Predict Future Earnings and Cash Flow, in: Journal of Accounting Research, Autumn 1994, S. 210-223.

Fischer, D.E./Jordan, R.J. (Security Analysis 1995), Security Analysis and Portfolio Management, 6th edition, Englewood Cliffs, New Jersey 1995.

Fischer, P.M./Taylor, W.J./Cheng, R.H. (Advanced Accounting 1999), Advanced Accounting, 7th edition, Cincinnati, Ohio 1999.

Förschle, G. (Kommentierung des § 275 HGB 1995), Kommentierung des § 275 HGB, in: Beck'scher Bilanz-Kommentar, bearbeitet von Budde, W.D./Clemm, H./Ellrott, H./Förschle, G./Schnicke, C., 3. Auflage, München 1995.

Förschle, G. (Earnings Per Share 1997), Earnings Per Share, in: Fischer, T.R./Hömberg, R. (Hrsg.), Jahresabschluß und Jahresabschlußprüfung, Festschrift zum 60. Geburtstag von Jörg Baetge, Düsseldorf 1997, S. 500-518.

Förschle, G./Kroner, M./Heddäus, B. (Ungewisse Verpflichtungen 1999), Ungewisse Verpflichtungen nach IAS 37 im Vergleich zum HGB, in: Die Wirtschaftsprüfung 1999, S. 41-54.

Frankenberg, P. (Vergleich 1993), Jahresabschlüsse im internationalen Vergleich, Analyse US-amerikanischer und deutscher Unternehmen, Wiesbaden 1993.

Freedman, J. (EVA for Stock Picks 1998), New Research Red Flaggs EVA For Stock Picks, in: Management Accounting, January 1998, S. 62-63.

French, K.R./Poterba, J.M. (Japanese Stock Prices 1991), Were Japanese Stock Prices Too High?, in: Journal of Financial Economics 1991, S. 337-364.

Fresenius Medical Care AG (Geschäftsbericht 1997), Geschäftsbericht 1997.

Fridson, M. S. (Financial Statement Analysis 1995), Financial Statement Analysis, 2nd edition, New York 1995.

Fuller, R.J./Huberts, L.C./Levinson, M.J. (Returns to E/P Strategies 1993), Returns to E/P Strategies, Higgledy-Piggledy Growth, Analysts' Forecast Errors, and Omitted Risk Factors, in: The Journal of Portfolio Management, Winter 1993, S. 13-24.

Gaughan, P.A. (Mergers 1996), Mergers, Acquisitions, and Corporate Restructurings, New York 1996.

Gerling, C. (Unternehmensbewertung 1985), Unternehmensbewertung in den USA, Bergisch Gladbach 1985.

Gibson, C.H. (Financial Statement Analysis 1998), Financial Statement Analysis, 7th edition, Cincinnati, Ohio 1998.

Gibson, C.H./Williams, J.D. (Earnings Per Share 1973), Should Common Stock Equivalents Be Considered in Earnings Per Share, in: The CPA Journal, March 1973, S. 209-213.

Gibson, S. (LIFO vs. FIFO 1991), LIFO vs. FIFO: A Return to the Basics, in: The Journal of Commercial Bank Lending, October 1991, S. 36-40.

Gitman, L.J. (Managerial Finance 1994), Principles of Managerial Finance, 7th edition, New York 1994.

Goldberg, I. (Income Statement Presentation 1996), Income Statement Presentation And Earnings Per Share, in: Carmichael, D.R./Lilien, S.B./Mellmann, M. (Editors), Accountant's Handbook, Chapter 6, Vol. 1, New York 1996.

Gordon, R.L. (Discounted Cash Flow Analysis 1988), Discounted Cash Flow Analysis: Where Do We Stand Today ?, in: The Appraisal Journal, April 1988, S. 259-263.

Göth, P. (Eigenkapital 1997), Das Eigenkapital im Konzernabschluß, Stuttgart 1997.

Gräfer, H. (Bilanzanalyse 1997), Bilanzanalyse, 7. Auflage, Herne 1997.

Grant, J.L. (EVA™ for Investment Managers 1996), Foundations of EVA™ for Investment Managers, in: The Journal of Portfolio Management, Fall 1996, S. 41-48.

Greenberg, R.R./Johnson, G.L./Ramesh, K. (Earnings versus Cash Flow 1986), Earnings versus Cash Flow as a Predictor of Future Cash Flow Measures, in: Journal of Accounting, Auditing and Finance 1986, S. 266-277.

Grinblatt, M./Titman, S. (Financial Markets 1998), Financial Markets and Corporate Strategy, Boston, Massachusetts 1998.

Grinblatt, M.S./Masulis, R.W./ Titman, S. (Stock Splits and Stock Dividends 1984), The Valuation Effects of Stock Splits and Stock Dividends, in: Journal of Financial Economics 1984, S. 461-490.

Groveman, H./Moody, L. (Intangible Assets 1996), Intangible Asset, in: Carmichael, D.R./Lilien, S.B./Mellmann, M. (Editors), Accountant's Handbook, Chapter 16, Vol. 1, New York 1996.

Grünwald, L. (Kapitalmarkteffizienz 1980), Optionsmarkt und Kapitalmarkteffizienz, München 1980.

Günther, T. (Controlling 1997), Unternehmenswertorientiertes Controlling, München 1997.

Günther, T./Muche, T./White, M. (Behandlung des Rückkaufs eigener Anteile 1998), Bilanzrechtliche und steuerrechtliche Behandlung des Rückkaufs eigener Anteile in den U.S.A. und in Deutschland, in: Die Wirtschaftsprüfung 1998, S. 574-585.

Hachmeister, D. (Discounted Cash Flow 1995), Der Discounted Cash Flow als Maß der Unternehmenswertsteigerung, Frankfurt a.M. 1995.

Hachmeister, D. (Cash Flow Return on Investment als Erfolgsgröße 1997), Der Cash Flow Return on Investment als Erfolgsgröße einer wertorientierten Unternehmensführung, in: Zeitschrift für betriebswirtschaftliche Forschung 1997, S. 556-579.

Haeseler, H.R. (Kurs/Cash Flow-Verhältnis 1988), Das Kurs/Cash Flow-Verhältnis, in: Österreichisches Bankarchiv 1988, S. 951-957.

Hafner, R. (Unternehmensbewertungen 1993), Unternehmensbewertungen als Instrumente zur Durchsetzung von Verhandlungspositionen, in: Betriebswirtschaftliche Forschung und Praxis 1993, S. 79-89.

Hagemann, H. (Vorwort 1998), Vorwort zur deutschen Ausgabe von Copeland, T./Koller, T./Murrin, J., Unternehmenswert, Frankfurt a.M. 1998.

Haller, A. (Generally Accepted Accounting Principles 1990), Die „Generally Accepted Accounting Principles" in: Zeitschrift für betriebswirtschaftliche Forschung 1990, S. 751-777.

Haller, A. (Rechnungslegung in den USA 1994), Die Grundlagen der externen Rechnungslegung in den USA, 4. Auflage, Stuttgart 1994.

Haller, A. (Verhältnis von steuerrechtlicher und 'handelsrechtlicher' Rechnungslegung 1988), Das Verhältnis von steuerrechtlicher und 'handelsrechtlicher' Rechnungslegung in den USA, in: Die Betriebswirtschaft 1988, S. 723-733.

Hamerle, A./Rösch, D. (Faktorenmodelle im Portfoliomanagement 1998), Zum Einsatz „fundamentaler" Faktorenmodelle im Portfoliomanagement, in: Die Betriebswirtschaft 1998, S. 38-48.

Hansen, D.R./Mowen, M.M. (Management Accounting 1997), Management Accounting, 4th edition, Cincinnati, Ohio 1997.

Harrington, D. R. (Modern Portfolio Theory 1987), Modern Portfolio Theory, The Capital Asset Pricing Model, And Arbitrage Pricing Theory, 2nd edition, Englewood Cliffs, New Jersey 1987.

Harrington, D.R. (Corporate financial analysis 1993), Corporate financial analysis, 4th edition, Homewood, Illinois 1993.

Harris, R.S./Marston, F.C. (Shareholder Risk Premia 1992), Estimating Shareholder Risk Premia Using Analysts' Growth Forecasts, in: Financial Management, Summer 1992, S. 63-70.

Harris, T.S./Lang, M./Möller, H.P. (Value Relevance of German Accounting Measures 1994), The Value Relevance of German Accounting Measures: An Empirical Analysis, in: Journal of Accounting Research, Autumn 1994, S. 187-209.

Hax, H. (Investitionstheorie 1993), Investitionstheorie, 5. Auflage, Heidelberg 1993.

Hayn, M. (Bewertung 1997), Bewertung junger, dynamischer und überproportional wachsender Unternehmen, Dissertation, Saarbrücken 1997.

Hayn, S. (Internationale Rechnungslegung 1997), Internationale Rechnungslegung, Stuttgart 1997.

Heckler, B. L. (Accounting for Goodwill 1997), Accounting for Goodwill in an Age of Mergers, in: Journal of Corporate Accounting and Finance, Spring 1997, S. 13-24.

Heidelberger Zement AG (Geschäftsbericht 1997), Geschäftsbericht 1997.

Heintges, S. (Bilanzkultur und Bilanzpolitik 1997), Bilanzkultur und Bilanzpolitik in den USA und in Deutschland, 2. Auflage, Berlin 1997.

Helbling, C. (Unternehmensbewertung 1995), Unternehmensbewertung und Steuern, 8. Auflage, Düsseldorf 1995.

Henkel AG (Geschäftsbericht 1997), Geschäftsbericht 1997.

Hensel, H. (Kapitalanlage 1976), Kapitalanlage in Aktien, Dissertation, Berlin 1976.

Hesse, T. (Periodischer Unternehmenserfolg 1996), Periodischer Unternehmenserfolg zwischen Realisations- und Antizipationsprinzip, Dissertation, St. Gallen 1996.

HFA (Stellungnahme 2/1983), Stellungnahme HFA 2/1983, Grundsätze zur Durchführung von Unternehmensbewertungen, in: Die Wirtschaftsprüfung 1983, S. 468-480.

Hickman, K./Petry, G.H. (Court Accepted Formulas, Dividend Discount and P/E Models 1990), A Comparison of Stock Price Predictions Using Court Accepted Formulas, Dividend Discount, and P/E Models, in: Financial Management, Summer 1990, S. 76-87.

Hillebrand, W./Jahn, T. (Wert 1997), Wer schafft Wert ..., in: Capital, November 1997, S. 36-63.

Hoechst AG (Geschäftsbericht 1997), Geschäftsbericht 1997.

Holthausen, R.W./Larcker, D.F./Sloan, R.G. (Annual Bonus Schemes 1995), Annual bonus schemes and the manipulation of earnings, in: Journal of Accounting and Economics (19) 1995, S. 29-74.

Hostettler, S. (Economic Value Added 1997), Economic Value Added (EVA), 2. Auflage, Bern 1997.

Hotelling, H. (Mathematical Theory of Depreciation 1990), A General Mathematical Theory of Depreciation, in: Darnell, A.C. (Editor), The Collected Economics Articles of Harold Hotelling, New York 1990, S. 36-49.

Howitt, I.A. (Valuing Closely Held Stock 1993), Valuing Closely Held Stock, in: The CPA Journal, September 1993, S. 44-47, 91.

Hoyle, J.B./Schaefer, T.F./Doupnik, T. S. (Advanced Accounting 1998), Advanced Accounting, 5th edition, Boston 1998.

Husmann, R. (Segmentberichterstattung 1998), Würdigung der Segmentberichterstattung nach dem Management Approach auf der Basis der deutschen Bilanzierungspraxis, in: Die Wirtschaftsprüfung 1998, S. 816-823.

IAS 1, Presentation of Financial Statements, revised, London 1997.

IAS 2, Inventories, revised, London 1993.

IAS 8, Net Profit or Loss for the Period, Fundamental Errors and Changes in Accounting Policies, revised, London 1993.

IAS 12, Income Taxes, revised, London 1996.

IAS 14, Segment Reporting, revised, London 1997.

IAS 16, Property, Plant and Equipment, revised, London 1993.

IAS 17, Leases, revised, London 1997.

IAS 19, Employee Benefits, revised, London 1998.

IAS 22, Accounting for Business Combination, revised, London 1993.

IAS 23, Borrowing Costs, revised, London 1993.

IAS 33, Earnings Per Share, London 1997.

IAS 35, Discontinuing Operations, London 1998.

IAS 37, Provisions, Contingent Liabilities and Contingent Assets, London 1998.

IAS 38, Intangible Assets, London 1998.

IAS 39, Financial Instruments: Recognition and Measurement, London 1998.

IASC (Framework 1989), Framework for the Preparation and Presentation of Financial Statements, London, 1989.

Ibbotson Associates (Yearbook 1998), Stocks, Bonds, Bills, and Inflation, 1998 Yearbook, Chicago 1998.

IDW (Hrsg.) (International Accounting Standards 1995), Rechnungslegung nach International Accounting Standards, Düsseldorf 1995.

Ijiri, Y. (Cash-Flow Accounting 1978), Cash-Flow Accounting and Its Structure, in: Journal of Accounting, Auditing and Finance 1978, S. 331-348.

Ijiri, Y. (Recovery Rate 1980), Recovery Rate and Cash Flow Accounting, in: Financial Executive, March 1980, S. 54-60.

Ittner, C.D./Larcker, D.F./Rajan, M.V. (Performance Measures in Annual Bonus Contracts 1997), The Choice of Performance Measures in Annual Bonus Contracts, in: The Accounting Review 1997, S. 231-255.

Jackson, A. (EVA at CS First Boston 1996), The How and Why of EVA at CS First Boston, in: Journal of Applied Corporate Finance, Spring 1996, S. 98-103.

Jacob, A.-F. (Investment Banking 1996), Investment Banking: Bankpolitik, Methoden und Konzepte, Wiesbaden 1996.

Jacobs, O. (Kommentierung des IAS 2 1997), Kommentierung des IAS 2, in: Baetge, J./Dörner, D./Kleekämper, H./Wollmert, P. (Hrsg.), Rechnungslegung nach International Accounting Standards (IAS), Stuttgart 1997.

Jaenicke, H.R./Rascoff, J. (Segment Disposition 1974), Segment disposition: implementing APB Opinion No. 30, in: Journal of Accountancy, April 1974, S. 63-69.

Jaensch, G. (Unternehmensbewertung 1989), Unternehmensbewertung bei Akquisitionen in den USA, in: Zeitschrift für betriebswirtschaftliche Forschung 1989, S. 329-339.

Jaffe, J./Keim, D./Westerfield, R. (Stock Returns 1989), Earnings Yields, Market Values and Stock Returns, in: The Journal of Finance 1989, S. 135-148.

Johnson, L.T./Reither, C.L./Swieringa, R.J. (Comprehensive Income 1998), Toward Reporting Comprehensive Income, in: Schroeder, R.G./Clar, M. W. (Editors), Accounting theory: Text and Readings, 6th edition, New York 1998, S.175-187.

Johnston, D./Zipprich, D.C. (Cash Flow Analysis 1992), Definitions clarify cash flow analysis, in: Oil & Gas Journal, April 27, 1992, S. 39-43.

Jonas, M. (Unternehmensbewertung 1995), Unternehmensbewertung: Zur Anwendung der Discounted-Cash-flow-Methode in Deutschland, in: Betriebswirtschaftliche Forschung und Praxis 1995, S. 83-98.

Jones, C.P. (Investments 1998), Investments, 6th edition, New York 1998.

Joyce, A.A./Roosma, J.P. (Valuation 1996), Valuation Of Nonpublic Companies, in: Carmichael, D.R./Lilien, S.B./Mellmann, M. (Hrsg.), Accountant's Handbook, Chapter 38, Vol. 2, New York 1996.

Jung, W. (Unternehmenskauf 1993), Praxis des Unternehmenskaufs, 2. Auflage, Stuttgart 1993.

Kaikan, K. (EVA and Shareholder Value 1997), EVA and Shareholder Value in Japan, in: Bank of America – Journal of Applied Corporate Finance, Winter 1997, S. 94-114.

Kang, S.H. (LIFO Tax Benefits 1993), A Conceptual Framework for the Stock Price Effects of LIFO Tax Benefits, in: Journal of Accounting Research, Spring 1993, S. 50-61.

Kaplan, R.S. (Advanced Management Accounting 1982), Advanced Management Accounting, Engelewood Cliffs, New Jersey 1982.

Kaplan, S.N./Ruback, R.S. (Discounted Cash Flow vs. The Method of „Comparables" 1996), The Market Pricing Of Cash Flow Forecasts: Discounted Cash Flows Vs. The Method of „Comparables" in: Bank of America – Journal of Applied Corporate Finance, Winter 1996, S. 45-60.

Keitz, I.v. (Immaterielle Güter 1997), Immaterielle Güter in der internationalen Rechnungslegung, Düsseldorf 1997.

Keppler, M. (CAPM 1992), „Beta"-Faktoren und CAPM – ein Nachruf, in: Die Bank 1992, S. 268-269.

Kessler, H./Strickmann, M. (Konzernrechnungslegung 1998), Konzernrechnungslegung und Konzernbilanzpolitik, in: Küting, K. (Hrsg.), Saarbrücker Handbuch der Betriebswirtschaftlichen Beratung, Herne/Berlin 1998, S. 591-760.

Keynes, J.M. (Allgemeine Theorie 1965), Allgemeine Theorie der Beschäftigung, des Zinses und des Geldes, Nachdruck, Berlin 1965.

Kiehling, H. (Kapitalmarkttheorien 1992), Eine Einführung in die Kapitalmarkttheorien, in: Deutsches Steuerrecht 1992, S. 476-482.

Kienast, R. (Aktienanalyse 1976), Aktienanalyse – Möglichkeiten rationaler Anlageentscheidungen, Dissertation, St. Gallen 1976.

Kieso, D.E./Weygandt, J.J. (Intermediate Accounting 1995), Intermediate Accounting, 8th edition, New York 1995.

Kimmel, P.D./Weygandt, J.J./Kieso, D.E. (Financial Accounting 1998), Financial Accounting: Tools for Business Decision Making, New York 1998.

King, B. (Market and Industry Factors 1966), Market And Industry Factors In Stock Price Behavior, in: The Journal of Business 1966, S. 139-190.

Kisor, M./Whitbeck, V.S. (New Tool 1963), A New Tool in Investment Decision-Making, in: Financial Analysts Journal, May/June 1963, S. 55-62.

Kleeberg, J.M. (Portfoliomanagement 1992), Der Einsatz von fundamentalen betas im modernen Portfoliomanagement, in: Die Bank 1992, S. 474-478.

Kloock, J./Coenen, M. (Cash-Flow-Return on Investment 1996), Cash-Flow-Return on Investment als Rentabilitätskennzahl aus externer Sicht, in: Das Wirtschaftsstudium 1996, S. 1101-1107.

Knüsel, D. (Discounted Cash Flow-Methode 1994), Die Anwendung der Discounted Cash Flow-Methode zur Unternehmensbewertung, Winterthur 1994.

Koch, W./Wegmann, J. (Börseneinführung 1996), Praktiker-Handbuch Börseneinführung, Stuttgart 1996.

Kolb, R.W./Rodríguez, R.J. (Financial Management 1996), Financial Management, 2nd edition, Cambridge, Massachusetts 1996.

Kopp, B. (Stückaktie 1998), Stückaktie und Euro-Umstellung, in: Betriebs-Berater 1998, S. 701-706.

Kopp, H.J. (Erwerb eigener Aktien 1996), Erwerb eigener Aktien, Wiesbaden 1996.

Krall, M. (Japanischer Aktienmarkt 1993) Das Kurs-Gewinn-Verhältnis am japanischen Aktienmarkt, Dissertation, Freiburg 1993.

Kramer, J.K./Pushner, G. (Empirical Analysis of Economic Value Added 1997), An Empirical Analysis of Economic Value Added as a Proxy for Market Value Added, in: Financial Practice and Education, Spring/Summer 1997, S. 41-49.

Kritzman, M. (Future Value 1994), What Practitioners Need To Know ... About Future Value, in: Financial Analysts Journal, May/June 1994, S. 12-15.

Krökel, E. (Vermögens- und Kapitalrechnung 1981), Die kalkulatorische Vermögens- und Kapitalrechnung, Berlin 1981.

Kübler, F. (Kapitalmarktinformation 1995), Vorsichtsprinzip versus Kapitalmarktinformation, in: Förschle, G./Kaiser, K./Moxter, A. (Hrsg.), Rechenschaftslegung im Wandel, Festschrift für Wolfgang Dieter Budde, München 1995, S. 361-375.

Kübler, F. (Unternehmensfinanzierung 1989), Aktie, Unternehmensfinanzierung und Kapitalmarkt, Köln 1989.

Kuhlewind, A.M. (Gewinn- und Verlustrechnung 1998), Die amerikanische Gewinn- und Verlustrechnung: Ermittlung und Darstellung des Unternehmenserfolgs im amerikanischen Jahresabschluß, in: Ballwieser, W. (Hrsg.), US-amerikanische Rechnungslegung, 3. Auflage, Stuttgart 1998, S. 189-221.

Kunz, R.M. (Shareholder Value 1998), Shareholder Value durch Financial Engineering, Bern 1998.

Küpper, H.-U. (Marktwertorientierung 1998), Marktwertorientierung – neue und realisierbare Ausrichtung für die interne Unternehmensrechnung?, in: Betriebswirtschaftliche Forschung und Praxis 1998, S. 517-539.

Kupsch, P. (Rückstellungen 1998), Ansatz und Bewertung von Rückstellungen im amerikanischen Jahresabschluß – eine vergleichende Betrachtung aus deutscher Sicht, in: Ballwieser, W. (Hrsg.), US-amerikanische Rechnungslegung, 3. Auflage, Stuttgart 1998, S. 109-133.

Kußmaul, H. (Gesamtbewertung 1996), Gesamtbewertung von Unternehmen als spezieller Anwendungsfall der Investitionsrechnung, in: Der Steuerberater 1996, S. 262-268 (Teil 1), S. 303-312 (Teil 2), S. 350-358 (Teil 3), S. 395-402 (Teil 4).

Kußmaul, H. (Investitionsrechnung 1998), Investitionsrechnung, in: Küting, K. (Hrsg.), Saarbrücker Handbuch der Betriebswirtschaftlichen Beratung, Herne/Berlin 1998, S. 127-212.

Küting, K. (Unternehmensführung 1985), Die spartenorientierte Rentabilitäts-(Kapitalergebnis-)Rechnung als Instrument der Unternehmensführung, in: Betriebs-Berater 1985, Beilage 8.

Küting, K. (Stille Rücklagen 1995), Stille Rücklagen – ein betriebswirtschaftliches Phänomen, in: Betriebs-Berater 1995, Beilage 15.

Küting, K. (Geschäfts- oder Firmenwert 1997), Der Geschäfts- oder Firmenwert aus der Kapitalkonsolidierung – Eine Bestandsaufnahme in Theorie und Praxis, in: Forster, K.-H./Grunewald, B./Lutter, M./Semler, J. (Hrsg.), Aktien- und Bilanzrecht, Festschrift für Bruno Kropff, Düsseldorf 1997, S. 445-471.

Küting, K. (Betragsmäßige Erfolgsanalyse 1998), Möglichkeiten und Grenzen der betragsmäßigen Erfolgsanalyse, in: Die Wirtschaftsprüfung 1998, S. 1-10.

Küting, K. (Bilanzpolitik 1998), Bilanzpolitik, in: Küting, K. (Hrsg.), Saarbrücker Handbuch der Betriebswirtschaftlichen Beratung, Herne/Berlin 1998, S. 513-590.

Küting, K. (Erfolgsspaltungs-Konzeption 1998), Die handelsbilanzielle Erfolgsspaltungs-Konzeption auf dem Prüfstand, in: Die Wirtschaftsprüfung 1997, S. 693-702.

Küting, K. (Erwerb eigener Aktien 1998), Der Erwerb eigener Aktien, in: Blick durch die Wirtschaft vom 27. Februar 1998, S. 4.

Küting, K. (Gesamtkapitalrentabilität 1998), Falscher Ausweis drückt die Gesamtkapitalrentabilität, in: Handelsblatt vom 20.7.1998 , S. 16.

Küting, K. (Grenzen der externen Erfolgsanalyse 1998), Die Grenzen der externen Erfolgsanalyse und ihre Konsequenzen, in: Deutsches Steuerrecht 1998, S. 907-912 (Teil 1), S. 948-952 (Teil 2).

Küting, K. (Shareholder-Value 1998), Shareholder-Value, in: Seicht, G. (Hrsg.), Jahrbuch für Controlling und Rechnungswesen '98, Wien 1998, S. 201-240.

Küting, K./Bender, J. (Earnings per Share und DVFA/SG-Ergebnis 1998), Earnings per Share und DVFA/SG-Ergebnis im Konzern, in: Küting, K./Weber, C.-P. (Hrsg.), Handbuch der Konzernrechnungslegung, Band II, 2. Auflage, Stuttgart 1998, Kapitel I, Rn. 506-549.

Küting, K./Bender, J./Eidel, U. (Earnings per Share und DVFA/SG-Ergebnis 1998), Earnings per Share und DVFA/SG-Ergebnis im Konzern, in: Küting, K./Weber, C.-P. (Hrsg.), Handbuch der Konzernrechnungslegung, Band II, 2. Auflage, Stuttgart 1998, Kapitel I, Rn. 452-505.

Küting, K./Dusemond, M./Nardmann, B. (Kapitalkonsolidierung 1994), Ausgewählte Probleme der Kapitalkonsolidierung in Theorie und Praxis, in: Betriebs-Berater 1994, Beilage 8.

Küting, K./Eidel, U. (Erfolgszahlen 1997), Harmonisierung der Erfolgszahlen, in: Blick durch die Wirtschaft vom 6. Juni 1997, S. 11.

Küting, K./Eidel, U. (Internationale Bilanzanalyse 1996), Problematik der internationalen Bilanzanalyse, in: Recht der Internationalen Wirtschaft 1996, S. 836-854.

Küting, K./Haeger, B. (Kommentierung des § 254 HGB 1995), Kommentierung des § 254 HGB, in: Küting, K./Weber, C.-P. (Hrsg.), Handbuch der Rechnungslegung, Band Ia, 4. Auflage, Stuttgart 1995.

Küting, K./Hayn, S. (Unterschiede 1995), Unterschiede zwischen den Rechnungslegungsvorschriften von IASC und SEC/FASB vor dem Hintergrund einer internationalisierten Rechnungslegung in Deutschland, in: Deutsches Steuerrecht 1995, S. 1601-1604 (Teil 1), S. 1642-1648 (Teil 2).

Küting, K./Lorson, P. (Kursbeeinflussung 1996), Beschwichtigung der Aktionäre oder kurzfristige Kursbeeinflussung ?, in: Blick durch die Wirtschaft vom 30.8.1996, S. 11.

Küting, K./Lorson, P. (Konzernmanagement 1997), Erfolgs(potential)orientiertes Konzernmanagement, in: Betriebs-Berater 1997, Beilage 8.

Küting, K./Lorson, P. (Konzernberichtswesen 1998), Strukturen eines Konzernberichtswesens, in: Küting, K./Weber, C.-P. (Hrsg.), Handbuch der Konzernrechnungslegung, Band II, 2. Auflage, Stuttgart 1998, Kapitel II, Rn. 623-722.

Küting, K./Nardmann, B. (Pensionsverpflichtungen 1993), Pensionsverpflichtungen im Lichte der Bilanzpolitik und Bilanzanalyse, in: Deutsches Steuerrecht 1993, S. 1834-1840.

Küting, K./Strickmann, M. (Betriebliche Altersversorgung 1997), Die betriebliche Altersversorgung im Spannungsfeld von Bilanzpolitik und Bilanzanalyse, in: Betriebs-Berater 1997, Beilage 12.

Küting, K./Weber, C.-P. (Bilanzanalyse 1998), Bilanzanalyse, in: Küting, K. (Hrsg.), Saarbrücker Handbuch der Betriebswirtschaftlichen Beratung, Herne/Berlin 1998, S. 435-511.

Küting, K./Weber, C.-P. (Bilanzanalyse 1999), Die Bilanzanalyse, 4. Auflage, Stuttgart 1999.

Lachnit, L./Ammann, H. (Finanzergebnis 1995), Sachgemäße Ermittlung des Finanzergebnisses in der externen Jahresabschlußanalyse, in: Deutsches Steuerrecht 1995, S. 1281-1288.

Larson, K.D./Spoede, C.W./Miller, P.B.W. (Fundamentals 1994), Fundamentals of Financial and Managerial Accounting, Burr Ridge, Illinois 1994.

Law, D.B./Meeting, D.T. (Contingent Shares 1998), EPS – Computational Wrinkles and Contingent Shares, in: The CPA Journal, January 1998, S. 52-53.

LeClair, M.S. (Valuing the Closely-Held Corporation 1990), Valuing the Closely-Held Corporation: The Validity and Performance of Established Valuation Procedures, in: Accounting Horizons, September 1990, S. 31-39.

Lehmann, S. (Neue Wege 1994), Neue Wege in der Bewertung börsennotierter Aktiengesellschaften: ein Cash-flow-orientiertes Ertragswertmodell, Wiesbaden 1994.

Lehn, K./Makhija, A.K. (EVA & MVA as performance measures 1996), EVA & MVA as performance measures and signals for strategic change, in: Strategy & Leadership, May/June 1996, S. 34-38.

Leibowitz, M.L./Kogelman, S. (Price/Earnings Ratio 1994), Franchise Value and the Price/Earnings Ratio, Charlottesville 1994.

Lewis, T.G./ Lehmann, S. (Investitionsentscheidungen 1992), Überlegene Investitionsentscheidungen durch CFROI, in: Betriebswirtschaftliche Forschung und Praxis 1992, S. 1-13.

Lewis, T.G./Stelter, D. (Mehrwert 1993), Mehrwert schaffen mit finanziellen Ressourcen, in: Harvard Business Manager 1993, S. 107-114.

Lewis, T.G. (Steigerung 1995), Steigerung des Unternehmenswertes, 2. Auflage, Landsberg/Lech 1995.

Livingstone, H.L./Salamon, G.L. (Accounting and the Internal Rate of Return Measures 1970), Relationship between the Accounting and the Internal Rate of Return Measures: A Synthesis and an Analysis, in: Journal of Accounting Research, Autumn 1970, S. 199-216.

Lokey, O.K./Braun, R.S./Cefali, S.L. (Business Valuation 1990), Business Valuations, in: Frank, P.B. (Editor), Litigation Service Handbook: The Role of the Accountant as Expert Witness, New York 1990, S. 459-486.

Lopez, G.A. (Comparative Analysis of IAS 8 1996), Comparative Analysis of IAS 8, Net Profit or Loss for the Period, Fundamental Errors and Changes in Accounting Policies, and Related U.S.GAAP, in: Bloomer, C. (Editor), The IASC-U.S. Comparison Project: A Report on the Similarities and Differences between IASC Standards and U.S. GAAP, Norwalk, Connecticut, 1996, S. 157-164.

Lowenstein, R. (Pooling 1996), A Modest Proposal to Stop 'Pooling', in: Wall Street Journal (Eastern Edition), May, 9 1996, S. C1.

Lowenstein, R. (Economic Elixir 1997), Rethinking the Latest Economic Elixir, in: Wall Street Journal (Eastern Edition), February, 3 1997, S. C1.

Lücke, W. (Investitionsrechnungen 1955), Investitionsrechnungen auf der Grundlage von Ausgaben oder Kosten, in: Zeitschrift für handelswissenschaftliche Forschung 1955, S. 310-324.

Lundholm, R.J. (Ohlson and Feltham/Ohlson Models 1995), A Tutorial on the Ohlson and Feltham/Ohlson Models: Answers to Some Frequently Asked Questions, in: Contemporary Accounting Research 1995, S.749-761.

Mahoney, F.C. (Inventory 1996), Inventory, in: Carmichael, D.R./Lilien, S.B./Mellmann, M. (Editors), Accountant's Handbook, Chapter 14, Vol. 1, New York 1996.

Mahoney, J.J. (Earnings per Share 1990), Earnings per Share and the Insensitive Denominator, in: White, G. I., Sondhi, A.C. (Editors), CFA Readings in Financial Statement Analysis, 2nd edition, Charlottesville 1990, S. 145-150.

Malkiel, B.G. (Equity Yields 1963), Equity Yields, Growth, And The Structure of Share Prices, in: The American Economic Review 1963, S. 1004-1031.

Mandl, G./Rabel, K. (Unternehmensbewertung 1997), Unternehmensbewertung, Wien 1997.

Markowitz, H. (Portfolio Selection 1952), Portfolio Selection, in: The Journal of Finance 1952, S. 77-91.

Marshall, A. (Economics of Industry 1912), Elements of Economics of Industry, London 1912.

Martin, W.B. (Direct Capitalization 1993), Direct Capitalization or Discounted Cash Flow Analysis?, in: The Appraisal Journal, July 1993, S. 390-393.

Matsumoto, K./Shivaswamy, M./Hoban, J.P. (Financial Ratios 1995), Security Analysts' Views of the Financial Ratios of Manufactures and Retailers, in: Financial Practice and Education, Winter 1995, S. 44-55.

Maul, K.-H. (Offene Probleme 1992), Offene Probleme der Bewertung von Unternehmen durch Wirtschaftsprüfer, in: Der Betrieb 1992, S. 1253-1259.

Mautz, R.D./Hogan, T.J. (Earnings Per Share Reporting 1995), Earnings Per Share Reporting: Time for an Overhaul?, in: Schroeder, R.G./Clar, M.W./McCullers, L.D. (Editors), Accounting Theory: Text and Readings, 5th edition, New York 1995, S. 185-192.

May, A. (Informationsverarbeitung 1991), Zum Stand der empirischen Forschung über Informationsverarbeitung am Aktienmarkt – Ein Überblick, in: Zeitschrift für betriebswirtschaftliche Forschung 1991, S. 313-335.

May, G.S./Schneider, D.K. (Reporting Accounting Changes 1998), Reporting Accounting Changes: Are Stricter Guidelines Needed?, in: Schroeder, R.G./Clar, M. W. (Editors), Accounting Theory: Text and Readings, 6th edition, New York 1998, S. 187-197.

Mayer, G. (Fundamentalanalytische Aktienbewertungsmethoden 1973), Darstellung und Kritik fundamentalanalytischer Aktienbewertungsmethoden, Dissertation, München 1973.

McGugan, I. (Follow the cash 1998), Follow the cash, in: Canadian Business, December, 26 1997/January,16 1998, S. 36-38.

Meeting, D.T./Law, D.B./Luecke, R.W. (EPS 1997), Simplifying EPS, in: Journal of Accountancy, August 1997, S. 61-70.

Mellman, M./Lilien, S.B. (Liabilities 1996), Liabilities, in: Carmichael, D.R./Lilien, S.B./Mellmann, M. (Editors), Accountant's Handbook, Chapter 19, Vol. 1, New York 1996.

Menkhoff, L./Röckemann, C. (Noise Trading 1994), Noise Trading auf Aktienmärkten, in: Zeitschrift für Betriebswirtschaft 1994, S. 277-295.

Menn, B.-J. (Kapitalergebnisrechnung 1995), Die spartenorientierte Kapitalergebnisrechnung im Bayer-Konzern, in: Küting, K./Weber, C.-P. (Hrsg.): Das Rechnungswesen im Konzern. Intern – Extern, Stuttgart 1995, S. 217-234.

Merck AG (Geschäftsbericht 1997), Geschäftsbericht 1997.

Merkt, H. (US-amerikanisches Gesellschaftsrecht 1991), US-amerikanisches Gesellschaftsrecht, Heidelberg 1991.

Mertens, U. (Earnings per Share 1995), Earnings per Share – Internationaler Vergleich, Informationsgehalt, Alternativen, Bamberg 1995.

Milbourn, T. (Performance Measure 1997), EVA's charm as a performance measure, in: Financial Times, Supplement Mastering Finance, June, 10 1997, S. 5-6.

Millar, J.A./Nunthirapakorn, T./Courtenay, S. (Information Content of Primary and Fully Diluted Earnings Per Share 1987), A Note on the Information Content of Primary and Fully Diluted Earnings Per Share, in: Financial Analysts Journal, September/October 1987, S. 77-79.

Miller, M.H./Modigliani, F. (Valuation 1961), Dividend Policy, Growth, And The Valuation Of Shares, in: The Journal of Business 1961, S. 411-433.

Milunovick, S./Tsuei, A. (EVA 1996), EVA in the Computer Industry, Bank of America – Journal of Applied Corporate Finance, Spring 1996, S. 104-115.

Modigliani, F./Miller, M. H. (Cost of Capital 1958), The Cost of Capital, Corporation Finance and the Theory of Investment, in: American Economic Review 1958, S. 261-297.

Mohan, N./Ainina, M.F./Kaufman, D./Winger, B.J. (Acquisition/Divestiture Valuation 1991), Acquisition/Divestiture Valuation Practices in Major U.S. Firms, in: Financial Practice and Education, Spring 1991, S. 73-81.

Möller, H.P. (Informationseffizienz des deutschen Aktienmarktes 1985), Informationseffizienz des deutschen Aktienmarktes – eine Zusammenfassung und Analyse empirischer Untersuchungen, in: Zeitschrift für betriebswirtschaftliche Forschung 1985, S. 500-518.

Möller, H.P./Schmidt, F. (Aktienbewertung 1998), Zur Bedeutung von Jahresabschlüssen und DVFA/SG-Daten für die fundamentale Aktienbewertung, in: Möller, H.P./Schmidt, F. (Hrsg.), Rechnungswesen als Instrument für Führungsentscheidungen, Festschrift für Prof. Dr. Dr. h.c. Adolf G. Coenenberg zum 60. Geburtstag, Stuttgart 1998, S. 477-504.

Moxter, A. (Grundsätze 1983), Grundsätze ordnungsmäßiger Unternehmensbewertung, 2. Auflage, Wiesbaden 1983.

Moxter, A. (Matching Principle 1995), Das „matching principle": Zur Integration eines internationalen Rechnungslegungs-Grundsatzes in das deutsche Recht, in: Lanfermann, J. (Hrsg.), Internationale Wirtschaftsprüfung, Festschrift zum 65. Geburtstag von Prof. Dr. Dr. h.c. Hans Havermann, Düsseldorf 1995, S. 487-504.

Moxter, A. (Modigliani-Miller-Theorem 1975), Optimaler Verschuldungsumfang und Modigliani-Miller-Theorem, in: Hax, H./Laux, H. (Hrsg.), Die Finanzierung der Unternehmung, Köln 1975, S. 133-159.

Moxter, A. (Zweck des Jahresabschlusses 1987), Zum Sinn und Zweck des handelsrechtlichen Jahresabschlusses nach neuem Recht, in: Havermann, H. (Hrsg.), Bilanz- und Konzernrecht, Festschrift zum 65. Geburtstag von Dr. Dr. h.c. Reinhard Goerdeler, Düsseldorf 1987, S. 361-374.

Muehlhauser, G.R. (Performance Measures 1995), Putting Performance Measures to Work, in: Bank of America – Journal of Applied Corporate Finance, Summer 1995, S. 47-54.

Mühlbradt, F.W./Reiss, W. (Verhalten 1980), Das Verhalten deutscher Aktienkurse, in: Die Aktiengesellschaft 1980, S. 113-125.

Munscheck, K./Braun, M. (Pensionsverpflichtungen in Jahresabschlüssen nach US-GAAP 1998), Die Berücksichtigung von Pensionsverpflichtungen in Jahresabschlüssen nach US-GAAP, in: Die Wirtschaftsprüfung 1998, S. 493-502.

Münstermann, H. (Wert 1966), Wert und Bewertung der Unternehmung, Wiesbaden 1966.

Munter, P. (Comprehensive Income 1996), Reporting Comprehensive Income, in: The Journal of Corporate Accounting and Finance, Autumn 1996, S. 31-42.

Munter, P. (Discontinued Operations 1997), Discontinued Operations: Old Standards, New Problems, in: The Journal of Corporate Accounting and Finance, Spring 1997, S. 59-74.

Munter, P. (Earnings Per Share Reporting 1997), Earnings Per Share Reporting Under the New FASB Standard, in: The Journal of Corporate Accounting and Finance, Summer 1997, S. 15-32.

Myers, R. (Measure for Measure 1997), Measure for Measure, in: CFO Magazine, November 1997, URL: http://www.cfonet.com/html/Articles/CFO/1997/97 Nomeas.html.

Nichols, D. R. (Never-to-Recur Unusual Item 1974), The „Never-to-Recur Unusual Item" – A Critique of APB Opinion No. 30, in: The CPA Journal, March 1974, S. 45-48.

Nichols, L.M./Gallun, R.A. (New Segment Standard 1998), Coping With The New Segment Standard, in: The CPA Journal, April 1998, S. 54-55.

Niehus, R. J. (Vorsichtsprinzip 1997), „Vorsichtsprinzip" und „Accrual Basis" – Disparitäten bei den Determinanten der „Fair Presentation" in der sog. internationalen Rechnungslegung, in: Der Betrieb 1997, S. 1421-1427.

Niehus, R.J./Thyll, A. (Konzernabschluß nach US-GAAP 1998), Konzernabschluß nach US-GAAP, Stuttgart 1998.

Nikolai, L.A./Bazley, J.D. (Intermediate Accounting 1997), Intermediate Accounting, 7th edition, Cincinnati, Ohio 1997.

O.V. (Comprehensive Income Reporting 1996), FASB Seeks to Revise Comprehensive Income Reporting, in: Journal of Accountancy, September 1996, S. 19.

O.V. (Berichterstattung 1997), Berichterstattung über Sitzungen, 57. bis 61. Sitzung des Arbeitskreises Unternehmensbewertung, in: IDW-Fachnachrichten Nr. 1-2 1997, S. 33-34.

O.V. (Interview 1997), „Wir optimieren ständig", Interview mit Karl-Hermann Baumann, in: Capital, November 1997, S. 46-48.

O.V. (Valuing Companies 1997), Valuing Companies, A star to sail by?, in: The Economist, August 2, 1997, S. 53-55.

O'Brien, P. (Earnings and Cash Flow 1997), Problems with earnings and cash flow, in: Financial Times, Supplement Mastering Finance vom 19.5.1997, S. 8-10.

O'Byrne, S. (EVA® and Market Value 1996), EVA® and Market Value, in: Bank of America – Journal of Applied Corporate Finance, Spring 1996, S. 116-125.

O'Byrne, S. F. (EVA® and Shareholder Return 1997), EVA® and Shareholder Return, in: Financial Practice and Education – Spring/Summer 1997, S. 50-54.

Ohlson, J.A. (Earnings 1995), Earnings, Book Values, and Dividends in Equity Valuation, in: Contemporary Accounting Research 1995, S. 661-687.

Ordelheide, D. (Rechnungslegung 1998), Rechnungslegung und internationale Aktienanalyse, in: Möller, H.P./Schmidt, F. (Hrsg.), Rechnungswesen als Instrument für Führungsentscheidungen, Festschrift für Prof. Dr. Dr. h.c. Adolf G. Coenenberg zum 60. Geburtstag, Stuttgart 1998, S. 505-524.

Pacter, P./Petrone, K.R. (Earnings per Share 1994), Earnings per Share Should Be Simplified, in: The Journal of Corporate Accounting and Finance, Summer 1994, S. 455-467.

Pahler, A.J./Mori, J.E. (Advanced Accounting 1997), Advanced Accounting, 6th edition, Fort Worth 1997.

Pape, J./Heintges, S. (US-GAAP und IAS 1998), Verhältnis von US-GAAP und IAS zur Rechnungslegung nach deutschem Handelsrecht, in: Rosen, R.v./Seifert,

W.G. (Hrsg.), Zugang zum US-Kapitalmarkt für deutsche Aktiengesellschaften, o.O. 1998, S. 201-225.

Peemöller, V.H./Bömelburg, P./Denkmann, A. (Unternehmensbewertung 1994), Unternehmensbewertung in Deutschland, in: Die Wirtschaftsprüfung 1994, S. 741-749.

Peemöller, V.H./Keller, B. (Unternehmensbewertung 1998), Unternehmensbewertung, in: Küting, K. (Hrsg.), Saarbrücker Handbuch der Betriebswirtschaftlichen Beratung, Herne/Berlin 1998, S. 841-914.

Peemöller, V.H./Keller, B./Rödl, M. (Strategische Unternehmensbewertung 1996), Verfahren strategischer Unternehmensbewertung, in: Deutsches Steuerrecht 1996, S. 74-79.

Pellens, B. (Internationale Rechnungslegung 1998), Internationale Rechnungslegung, 2. Auflage, Stuttgart 1998.

Pellens, B./Gassen, J. (Kommentierung des IAS 33 1997), Kommentierung des IAS 33, in: Baetge, J./Dörner, D./Kleekämper, H./Wollmert, P. (Hrsg.), Rechnungslegung nach International Accounting Standards (IAS), Stuttgart 1997.

Penman, S.H. (Return to Fundamentals 1992), Return to Fundamentals, in: Journal of Accounting, Auditing, and Finance 1992, S. 465-484.

Perfect, S.B./ Wiles, K.W. (Tobin's Q 1994), Alternative constructions of Tobin's q: An empirical analysis, in: Journal of Empirical Finance 1994, S. 313-341.

Perridon, L./Steiner, M. (Finanzwirtschaft 1997), Finanzwirtschaft der Unternehmung, 9. Auflage, München 1997.

Peterson, P. P./Peterson, D. R. (Measures of Value Added 1994), Company Performance and Measures of Value Added, Charlottesville 1994.

Petrone, K.R. (Comparative Analysis of IAS 33), Comparative Analysis of IAS 33, Earnings per Share, and U.S. GAAP including, FASB Statement No. 128, Earnings per Share, URL: http://www.rutgers.edu/Accounting/raw/fasb/IASC/iasc 33.htm.

Pfaff, D. (Unternehmenssteuerung 1998), Wertorientierte Unternehmenssteuerung, Investitionsentscheidungen und Anreizprobleme, in: Betriebswirtschaftliche Forschung und Praxis 1998, S. 491-516.

Pratt, S.P./Reilly, R.F./Schweihs, R.P.(Valuing a Business 1996), Valuing a Business: The Analysis and Appraisal of Closely Held Companies, 3rd edition, Chicago 1996.

Previts, G.J./Bricker, R.J./Robinson. T.R./Young, S.J. (Sell-Side Financial Analyst Company Reports 1994), A Content Analysis of Sell-Side Financial Analyst Company Reports, in: Accounting Horizons, June 1994, S. 55-70.

Puma AG (Geschäftsbericht 1997), Geschäftsbericht 1997.

Rapaccioli, D./Schiff, A. (Reporting Sales of Segments 1991), Reporting Sales of Segments Under APB Opinion No. 30, in: Accounting Horizons, December 1991, S. 53-59.

Rappaport, A. (Discounted Cash Flow Valuation 1994), Discounted Cash Flow Valuation, in: Rock, M.L./Rock, R.H./Sikora, M. (Editors), The Mergers & Acquisitions Handbook, 2nd edition, New York 1994, S. 161-178.

Rappaport, A. (Shareholder Value 1995), Shareholder Value. Wertsteigerung als Maßstab für die Unternehmensführung, Stuttgart 1995.

Rappaport, A. (Strategic Analysis 1979), Strategic analysis for more profitable acquisitions, in: Harvard Business Review, July/August 1979, S. 99-110.

Reece, J.S./Cool, W.R. (Investment Center Performance 1978), Measuring investment center performance, in: Harvard Business Review, May/June 1978, S. 28-46, 174.

Regulation S-X, United States Securities and Exchange Commission, Regulation S-X, Titel 17 Code of Federal Regulations, Part 210 – Form and Content of and Requirements for Financial Statements, Securities Act of 1933, Securities Exchange Act of 1943, Public Utility Holding Company Act of 1935, Investment Company Act of 1940, and Energy Policy and Conservation Act of 1975, OMB Number 3235-0009, SEC 1887 (3-96).

Reichertz, R./Frey, D. (Leasingverträge nach US-GAAP 1997), Bilanzierung von Leasingverträgen nach US-GAAP, in: Die Wirtschaftsprüfung 1997, S. 662-675.

Reilly, F.K./Drzycimski, E.F. (Stock Splits 1981), Short-Run Profits from Stock Splits, in: Financial Management Summer, Summer 1981, S. 64-71.

Reinhard, H. (Kommentierung des § 247 HGB 1995), Kommentierung des § 247 HGB, in: Küting, K./Weber, C.-P. (Hrsg.), Handbuch der Rechnungslegung, Band Ia, 4. Auflage, Stuttgart 1995.

Reinhart, A. (Earnings per Share 1998), „Earnings per share", „Price-Earnings-Ratios" sowie „Price-Cash Flow-Ratios" bei der Analyse von „International Accounting Standards"-Abschlüssen, in: Internationales Steuerrecht 1998, S. 641-647.

Reis, J.P./Cory, C.R. (Fine Art of Valuation 1994), The Fine Art of Valuation, in: Rock, M.L./Rock, R.H./Sikora, M. (Editors), The Mergers & Acquisitions Handbook, 2nd edition, New York 1994, S. 179-188.

Reynolds Metal Company (Annual Report 1995), Annual Report 1995.

Rhiel, R. (Pensionsverpflichtungen 1999), Pensionsverpflichtungen, Steuern, Cash Flow und Unternehmensbewertung, in: Die Wirtschaftsprüfung 1999, S. 62-73.

Rice, S.J. (Fully Diluted Earnings Per Share 1978), The Information Content of Fully Diluted Earnings Per Share, in: The Accounting Review 1978, S. 429-438.

Richter, F. (Steuerungs- und Monitoringsystem 1996), Konzeption eines marktwertorientierten Steuerungs- und Monitoringsystems, Frankfurt 1996.

Roll, R./Ross, S.A. (Arbitrage Pricing Theory 1980), An Empirical Investigation of the Arbitrage Pricing Theory, in: The Journal of Finance 1980, S. 1073-1103.

Rönz, B. /Förster, E. (Regressionsanalyse 1992), Regressions- und Korrelationsanalyse, Wiesbaden 1992.

Ross, I. (Stern Stewart Performance 1996), The 1996 Stern Stewart Performance, in: Bank of America – Journal of Applied Corporate Finance, Winter 1997, S. 115-128.

Ross, S.A. (Capital Asset Pricing 1976), The Arbitrage Theory of Capital Asset Pricing, in: Journal of Economic Theory 1976, S. 341-360.

Ross, S.A./Westerfield, R.W./Jaffe, J. (Corporate Finance 1996), Corporate Finance, 4th edition, Chicago 1996.

Ross, S.A./Westerfield, R.W./Jordan, B.D. (Fundamentals 1998), Fundamentals of Corporate Finance, 4th alternate edition, Boston, Massachusetts 1998.

Röttger, B. (Added Value 1994), Das Konzept des Added Value als Maßstab für finanzielle Performance, Kiel 1994.

SABI (Stellungnahme 1986), Stellungnahme 3/1986, Zur Darstellung der Finanzlage i.S.v. § 264 Abs. 2 HGB, in: Die Wirtschaftsprüfung 1986, S. 670-671.

Salamon, G.L. (Accounting Rates of Return 1985), Accounting Rates of Return, in: The American Economic Review 1985, S. 495-504.

Salamon, G.L. (Cash Recovery Rates 1982), Cash Recovery Rates and Measures of Firm Profitability, in: The Accounting Review 1982, S. 292-302.

Samuels, G. (Follow the Cash 1996), Follow the cash, in: Forbes, September 9, 1996, S. 216-217.

Sanfleber-Decher, M. (Unternehmensbewertung 1992), Unternehmensbewertung in den USA, in: Die Wirtschaftsprüfung 1992, S. 597-603.

Sawabe, N. (The Role of Accounting in Japan's Financial Crisis 1998), The Role of Accounting in Japan's Financial Crisis: An Account for the Failure of New Capital Adequacy Regulation, Working Paper, University of Illinois 1998.

Schader, H. (Ergebnis je Aktie 1997), Ergebnis je Aktie – Nationale Regelungen (ÖVFA, DVFA, FASB) und internationale Harmonisierung (IASC), in: Österreichisches Bankarchiv 1997, S. 149-158.

Schering AG (Geschäftsbericht 1997), Geschäftsbericht 1997.

Schierenbeck, H. (Betriebswirtschaftslehre 1999), Grundzüge der Betriebswirtschaftslehre, 14. Auflage, München 1999.

Schildbach, T (Rechnungslegung 1998), Rechnungslegung nach US-GAAP – ein Fortschritt für Deutschland?, in: Zeitschrift für betriebswirtschaftliche Forschung 1998, Sonderheft 40, S. 55-81.

Schmidt, J.G. (Discounted Cash-flow-Methode 1995), Die Discounted Cash-flow-Methode – nur eine kleine Abwandlung der Ertragswertmethode?, in: Zeitschrift für betriebswirtschaftliche Forschung 1995, S. 1088-1118.

Schmidt, M. (Folgebewertung des Sachanlagevermögens 1998), Die Folgebewertung des Sachanlagevermögens nach den International Accounting Standards, in: Die Wirtschaftsprüfung 1998, S. 808-816.

Schmidt, R.H. (Aktienkursprognose 1976), Aktienkursprognose, Wiesbaden 1976.

Schneier, R. (People Value Added 1997), People Value Added: the new performance measures, in: Strategy & Leadership, March/April 1997, S. 14-19.

Schnicke, C./Schramm, M./Bail, U. (Kommentierung des § 253 HGB 1995), Kommentierung des § 253 HGB, in: Beck'scher Bilanz-Kommentar, bearbeitet von Budde, W.D./Clemm, H./Ellrott, H./Förschle, G./Schnicke, C., 3. Auflage, München 1995.

Schönbrunn, N. (Kommentierung des IAS 23 1997), Kommentierung des IAS 23, in: Baetge, J./Dörner, D./Kleekämper, H./Wollmert, P. (Hrsg.), Rechnungslegung nach International Accounting Standards (IAS), Stuttgart 1997.

Schreier, W.T./Joy, O.M. (Judicial Valuation 1978), Judicial Valuation of „Close" Corporation Stock: Alice in Wonderland Revisited, in: Oklahoma Law Review 1978, S. 853-885.

Schroeder, R.G./Clar, M.W. (Accounting Theory 1998), Accounting Theory: Text and Readings, 6th edition, New York 1998.

Schülen, W. (Pensionsrückstellungen 1992), Die Pensionsrückstellungen, in: Wysocki, K.v./Schulze-Osterloh, J. (Hrsg.), Handbuch des Jahresabschlusses in Einzeldarstellungen, Abteilung III/2, 2. Auflage, Köln 1992.

Schwarz Pharma AG (Geschäftsbericht 1997), Geschäftsbericht 1997.

Selchert, F.W./Erhardt, M. (Internationale Rechnungslegung 1998), Internationale Rechnungslegung, München 1998.

Serfling, K./Pape, U. (Ertragswertverfahren 1995), Das Ertragswertverfahren als entscheidungsorientiertes Verfahren der Unternehmensbewertung, in: Das Wirtschaftsstudium 1995, S. 940-946.

SFAC 1, Objectives of Financial Reporting by Business Enterprises, Norwalk, Connecticut 1978.

SFAC 2, Qualitative Characteristics of Accounting Information, Norwalk, Connecticut 1980.

SFAC 5, Recognition and Measurement in Financial Statements of Business Enterprises, Norwalk, Connecticut 1984.

SFAC 6, Elements of Financial Statements, Norwalk, Connecticut 1985.

SFAS 2, Accounting for Research and Development Costs, Stamford, Connecticut 1974.

SFAS 4, Reporting Gains and Losses from Extinguishment of Debt, Norwalk, Connecticut 1975.

SFAS 5, Accounting for Contingencies, Stamford, Connecticut 1975.

SFAS 13, Accounting for Leases, Stamford, Connecticut 1976.

SFAS 16, Prior Period Adjustments, Stamford, Connecticut 1977.

SFAS 52, Foreign Currency Translation, Stamford, Connecticut 1981.

SFAS 86, Accounting for the Costs of Computer Software to be Sold, Leased or Otherwise Marketed, Stamford, Connecticut 1985.

SFAS 87, Employers' Accounting for Pensions, Stamford, Connecticut 1985.

SFAS 106, Employers' Accounting for Postretirement Benefits Other Than Pensions, Norwalk, Connecticut 1990.

SFAS 109, Accounting for Income Taxes, Norwalk, Connecticut 1992.

SFAS 115, Accounting for Certain Investments in Debt and Equity Securities, Norwalk, Connecticut 1993.

SFAS 121, Accounting for the Impairment of Long-Lived Assets and for Long Lived Assets to Be Disposed Of, Norwalk, Connecticut 1995.

SFAS 123, Accounting for Stock-Based Compensation, Norwalk, Connecticut 1995.

SFAS 128, Earnings per Share, Norwalk, Connecticut 1997.

SFAS 130, Reporting Comprehensive Income, Norwalk, Connecticut 1997.

SFAS 131, Disclosures About Segments of an Enterprise and Related Information, Norwalk, Connecticut 1997.

SGL Carbon AG (Geschäftsbericht 1997), Geschäftsbericht 1997.

Sharpe, W.F. (Capital Asset Prices 1964), Capital Asset Prices: A Theory Of Market Equilibrum Under Conditions of Risk, in: The Journal of Finance 1964, S. 425-442.

Sharpe, W.F./Alexander, G.J./Bailey, J.V. (Investments 1999), Investments, 6th editon, Upper Saddle River, New Jersey 1999.

Sheehan, T. J. (To EVA™ or not to EVA 1994), To EVA™ Or Not To EVA: Is That The Question?, in: Bank of America – Journal of Applied Corporate Finance, Summer 1994, S. 85-87.

Sieben, G (Unternehmenserfolg 1988), Der Unternehmenserfolg als Determinante des Unternehmenswerts – Berechnung auf Basis künftiger Entnahme- oder künftiger Ertragsüberschüsse?, in: Domsch, M./Eisenführ, F./Ordelheide, D./Perlitz, M. (Hrsg.), Unternehmenserfolg: Planung – Ermittlung – Kontrolle, Festschrift für Walther Busse von Colbe zum 60. Geburtstag, Wiesbaden 1988.

Sieben, G. (Unternehmensbewertung 1995), Unternehmensbewertung: Discounted Cash Flow-Verfahren und Ertragswertverfahren – Zwei völlig unterschiedliche Ansätze?, in: Lanfermann, J. (Hrsg.), Internationale Wirtschaftsprüfung, Festschrift zum 65. Geburtstag von Prof. Dr. Dr. H.c. Hans Havermann, Düsseldorf 1995, S. 713-737.

Siebert, G. (Aktienanalyse 1972), Einleitung: Aufgaben der Aktienanalyse, in: Siebert, G. (Hrsg.), Aktienanalyse. Beiträge zur Aktienanalyse, Frankfurt a. M. 1972, S. 7-8.

Siebert, H. (Grundlagen der US-amerikanischen Rechnungslegung 1996), Grundlagen der US-amerikanischen Rechnungslegung, Köln 1996.

Siegel, J.G. (Analyze Businesses 1991), How to Analyze Businesses, Financial Statements, and the Quality of Earnings, 2nd edition, Englewood Cliffs, New Jersey 1991.

Siepe, G. (Ertragsteuern 1997), Die Berücksichtigung von Ertragsteuern bei der Unternehmensbewertung, in: Die Wirtschaftsprüfung 1997, S. 1-10 (Teil1), S. 37-44 (Teil 2).

Siepe, G. (Kapitalisierungszinssatz 1998), Kapitalisierungszins und Unternehmensbewertung, in: Die Wirtschaftsprüfung 1998, S. 325-338.

Sloan, R.G. (Earnings and Free Cash Flow 1996), Using Earnings And Free Cash Flow To Evaluate Corporate Performance, in: Bank of America – Journal of Applied Corporate Finance, Spring 1996, S. 70-78.

Smith, G.D./Richard, S. (Financial Capitalism 1993), The Transformation of Financial Capitalism: An Essay on the History of American Capital Markets, in: Financial Markets, Institutions & Instruments, May 1993, S. 1-61.

Solenthaler, E. (Free-Cash-flow-Explosion 1995), Vor einer Free-Cash-flow-Explosion, in: Finanz und Wirtschaft, 2. September 1995, S. 23.

Solomon, E. (Return on Investment 1966), Return on Investment: the Relation of Book-Yield to True Yield, in: Jaedicke, R.K./Ijiri, Y./Nielson, O./American Accounting Association (Hrsg.), Research in Accounting Measurement 1966, S. 232-244.

Solomons, D. (Performance 1965), Divisional Performance, Homewood, Illinois 1965.

SOP 93-7, Statement of Position No. 93-7, Reporting on Advertising Costs, AcSEC (Editor), December 1993.

Sougiannis, T. (Valuation of Corporate R&D Activity 1994), The Accounting Based Valuation of Corporate R&D Activity, in: The Accounting Review 1994, S. 44-68.

Spiceland, J.D./Sepe, J.F. (Intermediate Accounting 1998), Intermediate Accounting, Boston, Massachusetts 1998.

Spooner, M.C. (Origin 1984), Origin of Fundamental Analysis, in: Financial Analysts Journal, July/August 1984, S. 79-80.

Stauffer, T.R. (Corporate Rate of Return 1971), The measurement of corporate rates of return: a generalized formulation, in: Bell Journal of Economics and Management Science 1971, S. 434-469.

Stehle, R./Hartmond, A. (Durchschnittsrenditen 1991), Durchschnittsrenditen deutscher Aktien 1954-1988, in: Kredit und Kapital 1991, S. 371-411.

Steiner, M./Bauer, C. (Prognose des Marktrisikos 1992), Die fundamentale Analyse und Prognose des Marktrisikos deutscher Aktien, in: Zeitschrift für betriebswirtschaftliche Forschung 1992, S. 347-368.

Stern Stewart (EVA™ Roundtable 1994), EVA™ Roundtable, in: Bank of America – Journal of Applied Corporate Finance, Summer 1994, S. 46-70.

Stern, J.M./Chew, D.H. (EVA® Financial Management System 1995), The EVA® Financial Management System, in: Bank of America – Journal of Applied Corporate Finance, Summer 1995, S. 32-46.

Stewart, G.B. (EVA™: Fact and Fantasy 1994), EVA™: Fact and Fantasy, in: Bank of America – Journal of Applied Corporate Finance, Summer 1994, S. 71-84.

Stewart, G.B. (Quest for Value 1991), The Quest for Value, New York 1991.

Strobl, E. (Matching Principle 1994), Matching Principle und deutsches Bilanzrecht, in: Ballwieser, W./Böcking, H.-J./Drukarczyk, J./Schmidt, R.H. (Hrsg.), Bilanzrecht und Kapitalmarkt, Festschrift zum 65. Geburtstag von Prof. Dr. Dr. h.c. Adolf Moxter, Düsseldorf 1994, S. 407-432.

Süchting, J. (Finanzmanagement 1995), Finanzmanagement, 6. Auflage, Wiesbaden 1995.

Tarkett Sommer AG (Geschäftsbericht 1997), Geschäftsbericht 1997.

The Coca-Cola Company (Annual Report 1996), Annual Report Pursuant To Section 13 OR 15(d) Of The Securities Exchange Act of 1934 For The Fiscal Year Ended December, 1996.

The Coca-Cola Company (Annual Report 1997), Annual Report Pursuant To Section 13 OR 15(d) Of The Securities Exchange Act of 1934 For The Fiscal Year Ended December, 1997.

Thomas, R./Edwards, L. (HOLT Methods 1993), How HOLT methods work: For good decisions, determine business values more accurately, in: Corporate Cashflow, September 1993, S. 37-40.

Tietze, H. (Kommentierung des § 281 HGB 1995), Kommentierung des § 281 HGB, in: Küting, K./Weber, C.-P. (Hrsg.), Handbuch der Rechnungslegung, Band Ia, 4. Auflage, Stuttgart 1995.

Tobin, J. (Liquidity Preference 1957), Liquidity Preference as Behaviour Towards Risk, in: Review of Economic Studies 1957, S. 65-86.

Trobitz, H.H./Wilhelm, W. (Going Public 1996), Going Public aus Sicht der emissionsbegleitenden Bank, in: Betriebswirtschaftliche Forschung und Praxis 1996, S. 164-182.

Tully, S. (Creating Wealth 1993), The Real Key to Creating Wealth, in: Fortune, September, 20 1993, S. 38-50.

Uhlir, H./Steiner, P. (Wertpapieranalyse 1994), Wertpapieranalyse, 3. Auflage, Heidelberg 1994.

Uyemura, D.G./Kantor, C.C./Pettit, J.M. (EVA® for Banks 1996), EVA® for Banks: Value Creation, Risk Management, And Profitability Measurement, in: Bank of America – Journal of Applied Corporate Finance, Summer 1996, S. 94-113.

Veale, S.R. (Stocks 1987), Stocks, Bonds, Options, Futures, New York 1987.

Veba AG (Geschäftsbericht 1995), Geschäftsbericht 1995.

Veba AG (Geschäftsbericht 1997), Geschäftsbericht 1997.

Vergoossen, R.G.A. (Accounting Changes 1994), Accounting Changes And The Use Of Financial Statements, Amsterdam 1994.

Volkart, R. (Shareholder Value 1998), Shareholder Value & Corporate Valuation, Zürich 1998.

Volkswagen AG (Geschäftsbericht 1995), Geschäftsbericht 1995.

Wagner, W. (Shareholder-Value 1996), Shareholder-Value als Managementinstrument und Aspekte des Konzeptes für die Unternehmensbewertung, in: Baetge, J. (Hrsg.), Rechnungslegung und Prüfung 1996, Düsseldorf 1996, S. 309-354.

Walbert, L. (Wealth Creators 1993), America's Best Wealth Creators, in: Fortune, December, 27 1993, S. 64-76.

Waschkowski, H. (Prognose 1971), Prognose von Aktienkursen, Frankfurt. a.M. 1971.

Watts, R.L./Zimmermann, J.L. (Positive Accounting Theory 1986), Positive Accounting Theory, Englewood Cliffs, New Jersey 1986.

Weber, C.-P. (Jahresüberschuß vs. DVFA/SG 1993), Informationsgehalt der originären und derivativen Rechnungslegungsgrößen: Jahresüberschuß vs. DVFA/SG, in: Loistl, O. (Hrsg.), Effiziente Kommunikation zwischen Unternehmen und der Investment Community. Beiträge zur Wertpapieranalyse, Heft 29, Dreieich 1993, S. 112-120.

Weber, C.-P./Eidel, U. (Ergebnis nach DVFA/SG 1997), Hat das Ergebnis nach DVFA/SG noch eine Chance?, in: Küting, K./Weber, C.-P. (Hrsg.), Das Rechnungswesen auf dem Prüfstand, Frankfurt 1997, S. 319-335.

Weber, M./Berg, E./Kruse, H. (Stamm- und Vorzugsaktien 1992), Kurs- und Renditevergleich von Stamm- und Vorzugsaktien, in: Zeitschrift für betriebswirtschaftliche Forschung 1992, S. 548-565.

Wegmann, J. (Emissionspreis 1996), Die Bestimmung des Emissionspreises als Unternehmensbewertungsproblem, in: Betriebswirtschaftliche Forschung und Praxis 1996, S. 149-163.

Weiler, L. (Bookbuilding 1998), Bookbuilding – Die neue Plazierungsform beim Gang an die Börse, in: Volk, G. (Hrsg.), Going public: der Gang an die Börse, 2. Auflage, Stuttgart 1998, S. 263-273.

Welsch, G.A./Zlatkovich, C.T. (Intermediate Accounting 1989), Intermediate Accounting, 8th edition, Homewood, Illinois 1989.

Weston, J.F./Besley, S./Brigham, E.F. (Managerial Finance 1996), Essentials of Managerial Finance, 11th edition, Fort Worth 1996.

White, G.I./Sondhi, A.C./Fried, D. (Financial Statements 1997), The analysis and use of financial statements, 2nd edition, New York 1997.

Whitis, R.E./Smith, K.W. (A Flowchart Approach to Reporting Discontinued Operations 1993), A Flowchart Approach To Reporting Discontinued Operations, in: The Practical Accountant, March 1993, S. 44-49.

Williams, J.B. (Investment Value 1938), The Theory Of Investment Value, Cambridge, Massachusetts 1938.

Williams, J.R. (GAAP-Guide 1999), Miller GAAP Guide: Restatement and Analysis of Current GAAP, New York 1999.

Williams, J.R./Stanga, K.G./Holder, W.W. (Intermediate Accounting 1995), Intermediate Accounting, 5th edition, Forth Worth 1995.

Winzer, A. (Aktienbewertung 1968), Wie Aktien-Analysten Aktien analysieren – Methoden der Aktienbewertung, Saarbrücken 1968.

Woelfel, C.J. (Financial Statement Analysis 1994), Financial Statement Analysis, revised edition, Chicago, Illinois 1994.

Wöhe, G./Bilstein, J. (Unternehmensfinanzierung 1998), Grundzüge der Unternehmensfinanzierung, 8. Auflage, München 1998.

Woolridge, J.R. (Stock Dividends as Signals 1983), Stock Dividends as Signals, in: Journal of Financial Research, Spring 1983, S. 1-12.

WP-Handbuch (Band II 1998), IDW (Hrsg.), Wirtschaftsprüfer-Handbuch 1998, Band II, 11. Auflage, Düsseldorf 1998.

Yarnall, G.L./Rikert, R. (Accounting Trends & Techniques 1997), Accounting Trends and Techniques, 51th edition, Jersey City, New Jersey 1997.

Zimmerer, C. (Ertragswertgutachten 1988), Ertragswertgutachten, in: Die Betriebswirtschaft 1988, S. 417-420.

STICHWORTVERZEICHNIS